国家社科基金重大项目资助（项目批准号：12&ZD123）
复旦大学“985工程”三期整体推进人文学科
研究项目资助（项目批准号：2011RWXKZD007）

杜威中期著作

1899—1924

复旦大学杜威与美国哲学研究中心　组译

杜威全集

Collected works of John Dewey

伦理学

第五卷

1908

魏洪钟　乐小军　杨仁瑛　等译　魏洪钟　校

华东师范大学出版社

The Middle Works of John Dewey, 1899 - 1924
Volume Five: Ethics, 1908
By John Dewey
Edited by Jo Ann Boydston

Published by agreement with Southern Illinois University Press, 1915 University Press Drive, SIUC Mail Code 6806, Carbondale, IL 62901, USA

上海市版权局著作权合同登记　图字:09 - 2004 - 377 号

《杜威全集》中文版编辑委员会

目　录

中文版序

《杜威全集》中文版终于由华东师范大学出版社出版了。作为这一项目的发起人，我当然为此高兴，但更关心它能否得到我国学界和广大读者的认可，并在相关的学术研究中起到预期作用。后者直接关涉到对杜威思想及其重要性的合理认识，这有赖专家们的研究。我愿借此机会对杜威其人、其思想的基本倾向和影响以及研究杜威哲学的意义等问题谈些看法，以期抛砖引玉。考虑到中国学界以往对杜威思想的消极方面谈论得很多，在这方面大家已非常熟悉。我在此主要谈其积极方面，但这并非认为可以忽视其消极方面。

一、杜威其人

约翰·杜威(John Dewey, 1859—1952)是美国哲学发展中最有代表性的人物。他不仅进一步阐释并发展了由皮尔士创立、由詹姆斯系统化的实用主义哲学的基本理论，而且将其运用于社会、政治、文化、教育、伦理、心理、逻辑、科学技术、艺术、宗教等众多人文和社会科学领域的研究，并在这些领域提出了重要创见。他在这些领域的不少论著，被西方各该领域的专家视为经典之作。它们不仅对促进这些领域的理论研究起过重要的作用，在这些领域的实践中也产生过深刻的影响。杜威由此被认为是美国思想史上最具影响的学者，甚至被认为是美国的精神象征；在整个西方世界，他也被公认是 20 世纪少数几个最伟大的思想家之一。

杜威出生于佛蒙特州伯灵顿市一个杂货店商人家庭。他于 1875 年进佛蒙特大学，开始受到进化论的影响。1879 年，他毕业后先后在一所中学和一所乡村学校教书。这时他阅读了大量哲学著作，深受当时美国圣路易黑格尔学派刊物《思辨哲学杂志》的影响，1882年在该刊发表了《唯物主义的形而上学假定》和《斯宾诺莎的泛神论》二文，很受鼓舞，从此决定以哲学为业。同年，他成了约翰·霍普金斯大学的哲学研究生，在此听了皮尔士的逻辑讲座，不过当时对他影响最大的是黑格尔派哲学家莫里斯（George Sylvester Morris）和实验心理学家霍尔（G. Stanley Hall）。两年后，他以《康德的心理学》论文取得哲学博士学位。

1884年，杜威到密歇根大学教哲学，在此任职10年（其间1888年在明尼苏达大学）。初期，他的哲学观点大体上接近黑格尔主义。他对心理学研究很感兴趣，并使之融化于其哲学研究中。这种研究，促使他由黑格尔主义转向实用主义。在这方面，当时已出版并享有盛誉的詹姆斯的《心理学原理》对他产生了强烈的影响。杜威对心理学的研究，又促使他进一步去研究教育学。他主张用心理学观点去进行教学，并认为应当把教育实验当作哲学在实际生活中的运用的重要内容。

1894年，杜威应聘到芝加哥大学，后曾任该校哲学系主任。他在此任教也是10年。1896年，他在此创办了有名的实验学校。这个学校抛弃传统的教学法，不片面注重书本，而更为强调接触实际生活；不片面注重理论知识的传授，而更为强调实际技能的训练。杜威后来所一再倡导的"教育就是生活，而不是生活的准备"、"从做中学"等口号，就是对这种教学法的概括。杜威在芝加哥时期，已是美国思想界一位引人注目的人物。他团聚了一批志同道合者（包括在密歇根大学就与他共事的塔夫茨、米德），形成了美国实用主义运动中著名的芝加哥学派。杜威称他们共同撰写的《逻辑理论研究》（1903年）一书是工具主义学派的"第一个宣言"，它标志着杜威已从整体上由黑格尔主义转向了实用主义。

从1905年起，杜威转到纽约哥伦比亚大学任教，直到1930年以荣誉教授退休。他以后的活动也仍以此为中心。这一时期不仅是他的学术活动的鼎盛期（他的大部分有代表性的论著都是在这一时期问世的），也是他参与各种社会和政治活动最频繁且声望最卓著的时期。他把两者有机地结合在一起。他对各种社会现实问题的评论和讲演，往往成为他的学术活动的重要组成部分。从1919年起，杜威开始了一系列国外讲学旅行，到过日本、墨西哥、俄罗斯、土耳其等国。"五四"前夕，他到了中国，在北京、南京、上海、广州等十多个城市作过系列讲演，1921年7月返美。

杜威一生出版了 40 种著作，发表了 700 多篇论文，内容涉及哲学、社会、政治、教育、伦理、心理、逻辑、文化、艺术、宗教等各个方面。其主要论著有：《学校与社会》(1899 年)、《伦理学》(1908 年与塔夫茨合著，1932 年修订)、《达尔文主义对哲学的影响》(1910 年)、《我们如何思维》(1910 年)、《实验逻辑论文集》(1910 年)、《哲学的改造》(1920 年)、《人性与行为》(1922 年)、《经验与自然》(1925 年)、《公众及其问题》(1927 年)、《确定性的寻求》(1929 年)、《新旧个人主义》(1930 年)、《作为经验的艺术》(1934 年)、《共同的信仰》(1934 年)、《逻辑：探究的理论》(1938 年)、《经验与教育》(1938 年)、《自由与文化》(1939 年)、《评价理论》(1939 年)、《人的问题》(1946 年)、《认知与所知》(1949 年与本特雷合著)等等。

二、杜威哲学的基本倾向

杜威在各个领域的思想都与他的哲学密切相关。它们不只是他的哲学的具体运用，有时甚至就是他的哲学的直接体现。我们在此不拟具体介绍他的思想的各个方面和他的哲学的各个部分，仅概略地揭示他的哲学的基本倾向。杜威哲学的各个部分，以及他的思想的各个方面，大体上都可从他的哲学的基本倾向中得到解释。这种基本倾向从其积极意义上说，主要表现为如下三点：

第一，杜威把对现实生活和实践的关注当作哲学的根本意义所在。

在现代西方各派哲学中，杜威哲学最为反对以抽象、独断、脱离实际等为特征的传统形而上学，最为肯定哲学应当面向人的现实生活和实践。如何通过人本身的行为、行动、实践(即他所谓以生活和历史为双重内容的经验)来妥善处理人与其所面对的现实世界(自然和社会环境)，以及人与人之间的关系，是杜威哲学最为关注的根本问题。杜威哲学从不同的角度说有不同的名称，例如，当他强调实验和探究的方法在其哲学中的重要意义时，称其哲学为实验主义(Experimentalism)；当他谈到思想、观念的真理性在于它们能充当引起人们的行动的工具时，称其哲学为工具主义(Instrumentalism)；当他谈到经验的存在论意义，而经验就是作为有机体的人与其自然环境的相互作用时，称其哲学为经验自然主义(Empirical Naturalism)。贯彻于所有这些称呼的概念是行动、行为、实践。杜威哲学的各个方面，都在于从实践出发并引向实践。这并不意味着实践就是一切。实践的目的是改善经验，即改善人与其自然和社会环境的关系，一句话，改善人的生活和生存条件。

杜威对实践的解释当然有片面性。例如,他没有看到人类的物质生产活动在人的实践中的基础作用,更没有科学地说明实践的社会性;但他把实践看作是全部哲学研究的核心,认为存在论、认识论、方法论等问题的研究都不能脱离实践,都具有实践的意义,则在一定意义上是合理的。

值得一提的是:与胡塞尔、海德格尔等人通过曲折的道路返回生活世界不同,与只关注逻辑和语言的意义分析的分析哲学家也不同,杜威的哲学直接面向现实生活和实践。杜威一生在哲学上所关注的,不是去建构庞大的体系,而是满腔热情地从哲学上去探究人在现实生活和实践的各个领域所面临的各种问题及其解决办法。在杜威的全部论著中,关于政治、社会、文化、教育、心理、道德、价值、科学技术、审美和宗教等各个领域的具体问题的论述占了绝大部分。他的哲学的精粹和生命力,大多是在这些论述中表现出来的。

第二,杜威的哲学改造适应和引领了西方哲学由近代到现代转向的潮流。

19 世纪中期以来,西方哲学发展出现了根本性的变更,以建构无所不包的体系为特征的近代哲学受到了广泛的批判,以超越传统的实体性形而上学和二元论为特征的现代哲学开始出现,并越来越占主导地位。多数哲学流派各以特有的方式,力图使哲学研究在不同程度上从抽象化的自在的自然界或绝对化的观念世界返回到人的现实生活世界,企图以此摆脱近代哲学所陷入的种种困境,为哲学的发展开辟新道路。西方哲学由近代到现代的这种转折,不能简单归结为由唯物主义转向唯心主义、由进步转向反动,而包含了哲学思维方式上一次具有划时代意义的转型。它标志着西方哲学发展到了一个新的、更高的阶段。杜威在哲学上的改造,不仅适应了而且在一定意义上引领了这一转型的潮流。

杜威曾像康德那样,把他在哲学上的改造称为“哥白尼革命”(Copernican revolution)。但他认为康德对人的理智的能动性过分强调,以致使它脱离了作为其存在背景的自然。而在他看来,人只有在其与自然的相互作用中才有能动作用,甚至才能存在。哲学上的真正的哥白尼革命,正在于肯定这种交互作用。如果说康德的中心是心灵,那么杜威的新的中心是自然进程中所发生的人与自然的交互作用。正如地球或太阳并不是绝对的中心一样,自我或世界、心灵或自然都不是这样的中心。一切中心都存在于交互作用之中,都只具有相对的意义。可见,杜威所谓哲学中的哥白尼革命,就是以他所主张的心物、主客、经验自然等的交互作用、或者说人的现实生活和实践来既取代客体中心论,也取代主体中心论。他也是在这种意义上，既反对忽视主体的能动性的旧的唯物主义，也反对忽视自然作为存在的根据和作用的旧的唯心主义。

不是把先验的主体或自在的客体、而是把主客的相互作用当作哲学的出发点；不是局限于建构实体性的、无所不包的体系，而是通过行动、实践来超越这样的体系；不是转向纯粹的意识世界或脱离了人的纯粹的自然界，而是转向与人和自然界、精神和物质、理性和非理性等等都有着无限牵涉的生活世界，这大体上就是杜威哲学改造的主要意义；而这在一定程度上，也正是多数西方哲学由近代到现代转向的主要意义。杜威由此体现和引领了这种转向。

第三，杜威的哲学改造与马克思在哲学上的革命变更存在某些相通之处。

西方哲学从近代到现代的转向与马克思在哲学上的革命变更的政治背景大不相同，二者必然存在原则性区别；但二者发生于大致相同的历史时代，具有共同的历史和文化背景，因而又必然存在相通之处。如果我们能够肯定杜威的哲学改造适应并引领了西方哲学从近代到现代转向的潮流，那就必须肯定杜威的哲学改造与马克思在哲学上的革命变更必然同样既有原则区别，又有相通之处。后者突出地表现在，二者都把实践当作哲学的根本意义而加以强调。马克思正是通过这种强调而得以超越旧唯物主义和唯心主义辩证法的界限，把唯物主义和辩证法有机地统一起来，建立了唯物辩证法。杜威在这些方面与马克思相距甚远。但是，他毕竟用实践来解释经验而使他的经验自然主义超越了纯粹自然主义和思辨唯心主义的界限，并由此提出了一系列超越近代哲学范围的思想。

杜威的经验自然主义并不否定自然界在人类经验以外自在地存在，不否定在人类出现以前地球和宇宙早已存在，而只是认为人的对象世界只能是人所遭遇到（经验到）的世界，这在一定程度上类似于马克思所指的与纯粹自然主义的自在世界不同的人化世界，即现实生活世界。杜威否定唯物主义，但他只是在把唯物主义归结为纯粹自然主义的唯物主义的意义上去否定唯物主义。杜威强调经验的能动性，但他不把经验看作可以离开自然（环境）而独立存在的精神实体或精神力量，而强调经验总是处于与自然、环境的统一之中，并与自然、环境发生相互作用。这与传统的唯心主义经验论也是不同的，倒是与马克思关于主客观的统一和相互作用的观点虽有原则区别，却又有相通之处。

杜威是在黑格尔影响下开始哲学活动的。他在转向实用主义以后，虽然抛弃了黑格尔的绝对唯心主义，甚至也拒绝了黑格尔的辩证法，但是在他的理论中又保留着某些辩证法的要素。例如，他把经验、自然和社会等都看作是统一整体，其间都存在着多种多样的联系；他在达尔文进化论的影响下，明确肯定世界(人类社会和自然界)处于不断进化和发展的过程之中。他所强调的连续性(如经验与自然的连续、人与世界的连续、身心的连续、个人与社会的连续等等)概念，在一定程度上就是统一整体的概念、进化和发展的概念。这种概念虽与马克思的辩证法不能相提并论，但毕竟也有相通之处。

三、杜威哲学的积极影响

杜威实用主义哲学对现实生活和实践的强调，对西方哲学从近代到现代转向的潮流的适应和引领，特别是它在一些重要方面与马克思哲学的相通，说明它在一定程度上体现了时代精神发展的要求。正因为如此，它必然是一种在一定范围内能发生积极影响的哲学。

实用主义在美国的积极影响，可以用美国人民在不长的历史时期里几乎从空地上把美国建设成为世界的超级大国来说明。实用主义当然不是美国唯一的哲学，但它却是美国最有代表性的哲学。实用主义产生以前的许多美国思想家(特别是富兰克林、杰斐逊等启蒙思想家)，大多已具有实用主义的某些特征，在一定意义上为实用主义的正式形成作了思想准备。实用主义产生以后，传入美国的欧洲各国哲学虽然能在美国哲学中占有一席之地，其中分析哲学在较长时期甚至能在哲学讲坛上占有支配地位；但是，它们几乎都毫无例外地迟早被实用主义同化，成为整个实用主义运动的组成部分。当代美国实用主义者莫利斯说：逻辑经验主义、英国语言分析哲学、现象学、存在主义同实用主义“在性质上是协同一致的”，它们“每一种所强调的，实际上是实用主义运动作为一个整体范围之内的中心问题之一”[①]。就实际影响来说，实用主义在美国哲学中始终占有优势地位。桑塔亚那等一些美国思想家也承认，美国人不管其口头上拥护的是什么样的哲学，但是从他们的内心和生活来说都是实用主义者。只有实用主义，才是美国建国以来长期形成的一种民族精神的象征。而实用主义的最大特色，就是把哲学从玄虚的抽象王国转向人所面对的现实生活世界。实用主义的主旨就在

---

① Morris, Charles W. *The Pragmatic Movement in American Philosophy*. New York: George Braziller, 1970, p. 148.

指引人们如何去面对现实生活世界，解决他们所面临的各种疑虑和困扰。实用主义当然具有各种局限性，人们也可以而且应当从各种角度去批判它，马克思主义者更应当划清与实用主义的界限；但从思想理论根源上说，正是实用主义促使美国能够在许多方面取得成功，这大概是一个不争的事实。

在美国以外，实用主义同样能发生重要的影响。与杜威等人的哲学同时代的欧洲哲学尽管不称为实用主义，但正如莫利斯说的那样，它们同实用主义"在性质上是协同一致的"。如果说它们各自在某些特定方面、在一定程度上体现了现代西方社会的时代特征，实用主义则较为综合地体现了这些特征。换言之，就体现时代特征来说，被欧洲各个哲学流派特殊地体现的，为实用主义所一般地体现了。正因为如此，实用主义能较其他现代西方哲学流派发生更为广泛的影响。

杜威的实用主义在中国也发生过重要的影响。早在"五四"时期，杜威就成了在中国最具影响的西方思想家。从外在原因上说，这是由于胡适、蒋梦麟、陶行知等他在中国的著名弟子对他作了广泛的宣扬；杜威本人在"五四"时期也来华讲学，遍访了中国东西南北十多个城市。这使他的思想为中国广大知识界所熟知。然而，更重要的原因是：他在理论中所包含的科学和民主精神，正好与"五四"时期中国先进知识分子倡导科学和民主的潮流相一致。另外，他的讲演不局限于纯哲学的思辨而尤其关注现实问题，这也与中国先进分子的社会改革的现实要求相一致。正是这种一致，使杜威的理论受到了投入"五四"新文化运动和社会改革的各阶层人士的普遍欢迎，从而使他在中国各地的讲演往往引起某种程度的轰动效应。杜威本人也由此受到很大鼓舞，原本只是一次短期的顺道访华也因此被延长到两年多。胡适在杜威起程回国时写的《杜威先生与中国》一文中曾谈到："我们可以说，自从中国与西方文化接触以来，没有一个外国学者在中国思想界的影响有杜威先生这样大的。我们还可以说，在最近的将来几十年中，也未必有别个西洋学者在中国的影响可以比杜威先生还大的。"①作为杜威的信徒，胡适所作的评价可能偏高。但就其对中国社会的现实层面的影响来说，除了马克思主义者以外，也许的确没有其他现代西方思想家可以与杜威相比。

尽管杜威的实用主义与马克思主义有原则区别，但"五四"时期中国马克思主义者对杜威及其实用主义并未简单否定。陈独秀那时就肯定了实用主义的某

① 引自《胡适哲学思想资料选》(上)，华东师范大学出版社 1981 年版，第 181 页。

些观点，甚至还成为杜威在广州讲学活动的主持人。1919 年，李大钊和胡适关于“问题与主义”的著名论战，固然表现了马克思主义与实用主义的原则分歧，但李大钊既批评了胡适的片面性，又指出自己的观点有的和胡适“完全相同”，有的“稍有差异”。他们当时的争论并未越出新文化运动统一战线这个总的范围，在倡导科学和民主精神上毋宁说大体一致。毛泽东在其青年时代也推崇胡适和杜威。

“五四”以后，随着国内形势的重大变化，上述统一战线趋向分裂。20 世纪 30 年代后期，由于受到苏联对杜威态度骤变的影响，中国马克思主义者对杜威也近乎于全盘否定了。20 世纪 50 年代中期，为了确立马克思主义在思想文化领域的主导地位，从上而下发动了一场对实用主义全盘否定的大规模批判运动。它在一定程度上达到了预期的政治目的，但在理论上却存在着很大的片面性。当时多数批判论著脱离了杜威等人的理论实际，形成了一种对西方思潮“左”的批判模式，并在中国学术界起着支配作用。从此以后，人们在对杜威等现代西方思想家、对实用主义等现代西方思潮的评判中，往往是政治标准取代了学术标准，简单否定取代了具体分析。杜威等西方学者及其理论的真实面貌就因此而被扭曲了。

对杜威等西方思想家及其理论的简单否定，势必造成多方面的消极后果。其中最突出的有两点：一是使马克思主义及其指导下的思想理论领域在一定程度上与当代世界及其思想文化的发展脱节，使前者处于封闭状态，从而妨碍其得到更大的丰富和发展；二是由于扭曲了马克思主义哲学和现代西方哲学的关系，忽视了二者在某些方面存在的共通之处，在批判杜威哲学等现代西方哲学的名义下扭曲了马克思主义哲学一些最重要的学说，例如关于真理的实践检验、关于主客观统一、关于个人与社会的关系等学说都存在这种情况。这种理论上的混乱导致实践方向上的混乱，甚至在一定程度上导致实践上的挫折。

需要说明的是：肯定杜威实用主义的积极作用并不意味着否定其消极作用，也不意味着简单否定中国学界以往对实用主义的批判。以往被作为市侩哲学、庸人哲学、极端个人主义哲学的实用主义不仅是存在的，而且在一些人群中一直发生着重要的影响。资产阶级庸人、投机商、政客以及各种形式的机会主义者所奉行的哲学，正是这样的实用主义。对这样的实用主义进行坚定的批判，是完全正当的。但是，如果对杜威的哲学作具体研究，就会发觉他的理论与这样的实用主义毕竟有着重大的区别。杜威自己就一再批判了这类庸俗习气和极端个人主义。如果简单地把杜威哲学归结为这样的实用主义，那在很大程度上就是把杜威所批判的哲学当作是他自己的哲学。

四、杜威哲学研究在当代中国的积极意义

改革开放以来，中国政治和思想文化上的"左"的路线得到纠正，哲学研究出现了求真务实的新气象，包括杜威实用主义在内的现代西方哲学研究得到了恢复和发展。以 1988 年全国实用主义学术讨论会为转折点，对杜威等人的实用主义的全盘否定倾向得到了克服，如何重新评价其在中国思想文化建设中的作用的问题也越来越受到学界的关注，对杜威等人的实用主义的研究由此进入了一个新阶段。"五四"时期，由于杜威的学说正好与当时中国的新文化运动相契合，起过重要的积极作用；今天的中国学界，由于对马克思主义哲学和现代西方哲学都已有了更为全面和深刻的理解，对杜威的思想的研究也会更加深入和具体，更能区别其中的精华和糟粕，这对促进中国的思想文化建设会产生更为积极的作用。

对杜威哲学的重新研究在当代中国的积极意义，至少包括如下三个方面：

第一，有利于对马克思主义哲学有更为全面和深刻的理解。

这是因为，杜威哲学和马克思的哲学虽有原则性区别，但二者在一些重要方面有相通之处。这主要表现在二者都批判和超越了以抽象、思辨、脱离实际等为特征的传统形而上学；都强调对现实生活和实践的关注在哲学中的决定性作用；都肯定任何观念和理论的真理性的标准是它们是否经得起实践的检验；都认为科学真理的获得是一个不断提出假设、又不断进行实验的发展过程；都认为社会历史同样是一个不断发展的过程，社会应当不断地进行改造，使之越来越能符合满足人的需要和人的全面发展的目标；都认为每一个人的自由是一切人取得自由的条件，同时个人又应当对社会负责，私利应当服从公益；都提出了使所有人共同幸福的社会理想，等等。在这些方面将马克思主义与杜威的实用主义作比较研究，既能更好地揭示它们作为不同阶级的哲学的差异，又能更好地发现二者作为同时代的哲学的共性，从而使人们既能更好地划清马克思主义和实用主义的界限，又能通过批判地借鉴后者可能包含的积极成果来丰富和发展马克思主义。

第二，有利于对中国传统文化的批判继承。

杜威哲学和中国传统文化有着两种不同的联系。以儒家为代表的中国传统文化是一种前资本主义文化，没有西方资本主义文化的理性主义特质，不会具有因把理性绝对化而导致的绝对理性主义和思辨形而上学等弊端；但未充分经理性思维的熏陶又是中国传统文化的缺陷，不利于自然科学的发展，更不利于人的个性的发展和自由民主等意识的形成。正因为如此，以儒家为代表的中国传统文化往往被历代封建统治阶级神圣化和神秘化，成为他们的意识形态，后者阻碍了中国科学技术的发展、人民的觉醒和社会历史的进步。"五四"新文化运动的主要矛头就是针对儒家文化作为封建意识形态的方面，以此来为以民主和科学精神为特征的新文化开辟道路。杜威哲学正是以倡导民主和科学为重要特征的。杜威来到中国时，正好碰上"五四"新文化运动，他成了这一运动的支持者。他的学说对于批判作为封建意识形态的儒学，自然也起了促进作用。

但是，儒家文化并不等于封建文化；孔子提出的以"仁"为核心的儒学本身并不是统治阶级的意识形态。直到汉武帝实行"罢黜百家，独尊儒术"的政策以后，儒学才取得了独特的官方地位，由此被历代封建帝王当作维护其统治的精神工具。即使如此，也不能否定儒学在学理上的意义。它既可以被封建统治阶级所利用，又能为广大民众所接受，成为他们的生活信念和道德准则。历代学者对儒学的发挥，也都具有这种二重性。正因为如此，儒学除了被封建统治阶级利用外，还能不断发扬光大，成为中华民族宝贵的思想文化遗产。儒学所强调的"以人为本"、"经世致用"、"公而忘私"、"以和为贵"、"己所不欲，勿施于人"等观念，具有超越时代和阶级的普世意义。新文化运动的代表人物并不反对这些观念，而这些观念与杜威哲学的某些观念在一定程度上是相通的。杜威哲学在"五四"时期之所以能为中国广大知识分子接受，在一定程度上正是因为中国文化传统中已有与杜威哲学相通的成分。正因为如此，研究杜威的实用主义思想，对于更清晰地理解儒家思想，特别是分清其中具有普世价值的成分与被神圣化和神秘化的成分，发扬前者，拒斥后者，能起到促进作用。

第三，有利于促进对各门社会人文学科的研究。

杜威的哲学活动的一个突出特点，是他非常自觉地超越纯粹哲学思辨的范围而扩及各门社会人文学科。我们上面曾谈到，在杜威的全部论著中，关于政治、社会、文化、教育、道德、心理、逻辑、科学技术、审美和宗教等各个领域的具体问题的论述占了绝大部分。他不只是把他的哲学观点运用于这些学科的研究，而且是通过对这些学科的研究更明确和更透彻地把他的哲学观点阐释出来。反过来说，他对这些学科的研究都不是孤立地进行的，而是通过其基本哲学观点的具体运用而与其他相关学科联系起来，从而把对这些学科的研究形成为一个有机整体，并由此使他对这些学科的研究可能具有某些独创意义。

例如，杜威极其关注教育问题并在这方面作了大量论述，除了贯彻他对现实生活和实践的重视这个基本哲学倾向、由此强调在实践中学习在整个教学过程中的决定作用以外，他还把教育与心理、道德、社会、政治等因素紧密地结合在一起，从而使教育的内容更加丰富、全面。他的教育思想也由此得到了更为广泛的认同，被公认为是当代西方最具影响的教育学家。值得一提的是：无论在中国还是在苏联，杜威在教育上的影响几乎经久不衰。即使是在政治和意识形态影响极为深刻的年代，杜威提出的许多教育思想依然能不同程度地被人肯定。陶行知的教育思想在中国就一直得到肯定，而陶行知的教育思想被公认为主要来源于杜威。

我们这样说，并不是全盘肯定杜威。无论是在哲学和教育或其他方面，杜威都有很大的局限性，需要我们通过具体研究加以识别。但与其他现代西方哲学家相比，杜威是最善于把哲学的一般理论与其他人文社会学科密切结合起来、使之相互渗透和相互促进的哲学家，这大概是不可否认的事实。在这方面，很是值得我们借鉴。

五、关于《杜威全集》中文版的翻译和出版

要在中国开展对杜威思想的研究，一个重要的条件是有完备的和翻译准确的杜威论著。中国学者早在“五四”时期就开始从事这方面的工作。当时杜威在华的讲演，为许多报刊广泛译载并汇集成册出版。“五四”以后，杜威的新著的翻译出版仍在继续。即使是杜威在中国受到严厉批判的年代，他的一些主要论著也作为供批判的材料公开或内部出版。杜威部分重要著作的英文原版，在中国一些大的图书馆里也可以找到。从对杜威哲学的一般性研究来说，材料问题不是主要障碍。但是，如果想要对杜威作全面研究或某些专题研究，特别是对他所涉及的人文和社会广泛领域的研究，这些材料就显得不足了。加上杜威论著的原有中译本出现于不同的历史年代，标准不一，有的译本存在不准确或疏漏之

处，难以为据。更为重要的是，在杜威的论著中，论文（包括书评、杂录、教学大纲等）占大部分，它们极少译成中文，原文也很难找到。为了进一步开展对杜威的研究，就需要进一步解决材料问题。

2003年，在复旦大学举行的一次大型实用主义国际学术讨论会上，我建议在复旦大学建立杜威研究中心并由该中心来主持翻译《杜威全集》，得到与会专家的赞许，复旦大学的有关领导也明确表示支持。2004年初，复旦大学正式批准以哲学学院外国哲学学科为基础，建立杜威与美国哲学研究中心，挂靠哲学学院。研究中心立即策划《杜威全集》的翻译。华东师范大学出版社朱杰人社长对出版《杜威全集》中文版表示了极大的兴趣，希望由该社出版。经过多次协商，我们与华东师范大学出版社达成了翻译出版协议，由此开始了我们后来的合作。

《杜威全集》（*Collected works of John Dewey*）由美国杜威研究中心（设在南伊利诺伊大学）组织全美研究杜威最著名的专家，经30年（1961—1991）的努力，集体编辑而成，乔·安·博伊兹顿（Jo Ann Boydston）任主编。全集分早、中、晚三期，共37卷。早期5卷，为1882—1898年的论著；中期15卷，为1899—1924年的论著；晚期17卷，为1925—1953年的论著。各卷前面都有一篇导言，分别由在这方面最有声望的美国学者撰写。另外，还出了一卷索引。这样共为38卷。尽管杜威的思想清晰明确，但文字表达相当晦涩古奥，又涉及人文、社会等众多学科；要将其准确流畅地翻译出来，是一项极其庞大和困难的任务，必须争取国内同行专家来共同完成。我们旋即与中国社会科学院哲学研究所、北京大学、清华大学、中国人民大学、北京师范大学、南京大学、浙江大学、武汉大学、北京外国语大学，以及华东师范大学和上海社会科学院哲学研究所等兄弟单位的专家联系，得到了他们参与翻译的承诺，这给了我们很大的鼓舞。

《杜威全集》英文版分精装和平装两种版本，两者的正文（包括页码）完全相同。平装本略去了精装本中的"文本的校勘原则和程序"等部分编辑技术性内容。为了力求全面，我们按照精装本翻译。由于《杜威全集》篇幅浩繁，有一千多万字，参加翻译的专家有几十人。尽管我们向大家提出在译名等各方面尽可能统一，但各人见解不一，很难做到完全统一。为了便于读者查阅，我们在索引卷中把同一词不同的译名都列出，读者通过查阅边码即原文页码不难找到原词。为了确保译文质量，特别是不出明显的差错，我们一般要求每一卷都由两人以上参与，互校译文。译者译完以后，由复旦大学杜威与美国哲学研究中心初审。如无明显的差错，交由出版社聘请译校人员逐字逐句校对，并请较有经验的专家抽查，提出意见，退回译者复核。经出版社按照编辑流程加工处理后，再由研究中心终审定稿。尽管采取了一系列较为严密的措施，但很难完全避免缺点和错误，我们衷心地希望专家和读者提出意见。

复旦大学杜威与美国哲学研究中心的工作是在哲学学院和国外马克思主义与国外思潮创新基地的支持下进行的，学院和基地的不少成员参与了《杜威全集》的翻译。为了使研究中心更好地开展工作，校领导还确定研究中心与美国研究创新基地挂钩，由该基地给予必要的支持。《杜威全集》中文版编委会由参与翻译的复旦大学和各个兄弟单位的专家共同组成，他们都一直关心着研究中心的工作。俞吾金教授和童世骏教授作为编委会副主编，对《杜威全集》的翻译工作作出了重要的贡献。汪堂家教授作为常务副主编，更是为《杜威全集》的翻译工作尽心尽力，承担了大量具体的组织和审校工作。华东师范大学出版社的编辑人员一直与我们有着良好的合作，她们默默无闻地在组织与审校等方面做了大量的工作，在此一并表示衷心的感谢。

刘放桐

2010 年 6 月 11 日

导　言

查尔斯·L·史蒂文森(Charles L. Stevenson)

I.

杜威和塔夫茨(Tufts)的《伦理学》第一版出版于1908年,后来被广泛用作 ix
教材。1932年为修订版所替代。修订版中,只有塔夫茨所写的有关道德观念和实践的历史的第一部分,可以看出是以旧的形式重新出现,不过其中也有变化。杜威所写的有关理论和分析的第二部分有了很大的修改;塔夫茨所写的有关"现在的"相对具体的问题的第三部分(除了前两章),已融入了最新的发展。因此,实际上,两位作者是在这两部相关但又不同的著作上进行合作。一部写于杜威近50岁和塔夫茨40多岁时,另一部写于杜威70岁出头和塔夫茨近70岁时。这一卷中仅仅收入1908年的《伦理学》。1932年的《伦理学》计划收在晚期第7卷中。

毫不奇怪,杜威和塔夫茨会希望合作。他们从1889年开始,在密歇根大学共事两年;从1894年开始,在芝加哥大学共事10年。在芝加哥,塔夫茨专长于伦理学。杜威尽管在教育学系忙于他的开创性工作,还是抽空讲授了几门伦理学课程。这两个人与乔治·H·米德(George H. Mead)、詹姆斯·R·安杰尔(James R. Angell)、爱迪生·W·摩尔(Addison W. Moore)和爱德华·S·埃姆斯(Edward S. Ames)交往密切。他们和这些人一起,提出了一些集中的、关注实践的观点。作为广为人知的、被威廉·詹姆斯(William James)描述为有着"真正"思想的"真正"学派的一个思想学派的创

x 始成员①，杜威和塔夫茨不可能轻易地结束他们的专业联系。因此，尽管1904年后他们不再是同事，杜威去了哥伦比亚大学，而塔夫茨仍然留在芝加哥大学，他们仍设法计划和完成了一部著作，其中每人有特别的任务而且“都对对方的工作贡献了建议和批评”（第6页）②。

长期以来，杜威一直有志于用教科书的形式表达他的伦理学观念——尽管这是一部也许可以称之为专著的、观点明确的教科书。他的早期作品——《批判的伦理学理论纲要》（*Outlines of a Critical Theory of Ethics*）（1891年）就是这样的课本，③但是他很快便不再满意。他把它描述成“收到了少量所谓‘称赞的评论’，以及数量差不多的相反意见”，然后接着说，“现在的概念结构是……这样重要的东西……以致我不敢期望这本书的成功”④。而且，他也不可能期望后来的《伦理学研究》（*The Study of Ethics*）（1894年）有更大的成功，他称这本书为“教学大纲”，主要准备“供我自己的学生们使用和作为指南”。⑤ 因此，多年来，杜威的伦理学方法只能从他的相对简短的早期论文中去了解。1908年的《伦理学》回顾了他早期的文本，并以更加系统的方式阐述了其立场，使他能够保留并丰富那些论文的内容。它是这样的一部著作，其作者充满了思想但很难清晰地表达它们；尽管如此，它还是成功地揭示了他经常受其指导的实际的见解。

关于杜威“经常”引以为指导的见解，尽管许多年来他的观念发展了，但我相信，我不必为我的谈论多作辩护。他出生于林肯当选为总统的前一年。那时的哲学学生还在阅读叔本华（Schopenhauer）的《作为意志和表象的世界》（*The*
xi *World as Will and Idea*）第3版，即最后一版，尽管那些废奴主义者也许会喜欢穆勒（John Stuart Mill，亦译密尔—译者）刚发表的论文《论自由》（*On Liberty*）。他死于艾森豪威尔（Dwight Eisenhower）接替杜鲁门担任总统的那一年。那时的哲学学生正在阅读理查德·黑尔（Richard Hare）新出版的《道德的语言》（*The*

---

① 参见詹姆斯1903年11月15日给席勒（F. C. S. Schiller）的信，发表于佩里（R. B. Perry）著的《威廉·詹姆斯的思想和品格》，两卷本（波斯顿：利特尔·布朗出版公司，1935年），第2卷，第501页。

② 括号内数字为英文原版书页码，即本书边码，全书同。——译者

③《杜威早期著作》，乔·安·博伊兹顿主编（卡本代尔：南伊利诺伊大学出版社，1969年），第3卷，第237—388页。

④ 杜威致詹姆斯，1891年5月10日。威廉·詹姆斯·佩里，2：517。

⑤《杜威早期著作》，第4卷，第221页。

Language of Morals)。人们也许会假设,他的伦理学方法在那么长的时期会有许多变化。但是,如果我们寻找突然的变化,像明显不同于来自发展(growth)的那些变化,我们仅仅会在他的学术生涯刚刚开始的时期发现它们。确切地说,他失去了许多早期对黑格尔的兴趣,而且失去了早期对(正统)宗教的兴趣。在1887年,这种兴趣导致他说:"驱逐神学,就是驱逐伦理学。"①但是,转向典型的杜威观点的变化,不久就接踵而至。1891年,他说,我们的道德观念需要"在我们对人类各种关系更深的探寻中进一步强化和重构"②——伴随着发展,这个主题不断地反复出现,不仅在1908年的《伦理学》,而且在所有杜威后来的伦理学著作中。可以说,他要促进"个人评价的解放和启蒙",而不是反复灌输"现成的体系"(第4页)的目的,也是如此。那是在1908年的《伦理学》第2部分中坦率承认了的目的;它不仅重新出现在1932年的《伦理学》中,而且可追溯到杜威在1893年所写的一篇论文。在那篇论文中,他说道(也许有些夸张地强调):"问题不是做什么,而是**如何决定要做什么**。"③在他的某些晚期著作中,特别是在《人性与行为》(*Human Nature and Conduct*)、《确定性的寻求》(*The Quest for Certainty*)中,杜威加强了他的伦理学观点,为它们提供了更加宽广的背景;但是,他的特色洞见却是在早得多的时期发展出来的。

II.

评论《伦理学》(指未修订的版本,除非我特别指明后一版)时,我将把注意力限制在第二部分,而且在那里,我仅选择那些我认为很重要的主题。我将试图完 *xii*
成杜威对那些主题的讨论,目的是解释而不是批评。

第10章(第二部分的第1个主题)是通过询问属于"反思性道德的理论分析"(第187页)的三个问题开始的。它们也许可以称为"元伦理学"问题,尽管必须记住,"元伦理学"是一个新近的术语,在杜威的语汇里是没有的。它们主要关心:(1)伦理学和行为的联系,(2)伦理学术语的意义,以及(3)伦理学术语应用于"它们恰当的行为对象"的"基础"。让我先选出这些问题中的第三个,给予特别

---

①《伦理学和物理学》,《杜威早期著作》,第1卷,第209页。

②《道德理论与实践》,《杜威早期著作》,第3卷,第103页。

③《中学伦理学教学》,《杜威早期著作》,第4卷,第56页。

关注，并以此开始。

术语“基础”从它的整个背景来看，可以看成是指**方法**：这个问题追问这样一种推理或探索，它能使人以深思熟虑的方式达到伦理的观念，而不同于那些仅仅揭示了欠考虑的冲动或者欠考虑地服从习俗的方式。由于杜威的目的是使“个人”在作判断时摆脱困惑并得到启迪，对方法的强调就成了其著作的一个重点。他希望读者形成自己的观点，接受他的**部分**指导。杜威相信，如果他们的观点是深思熟虑的，就会随着变化的条件和增长的知识（不仅关于手段，而且关于目的）而改变，他由此让他的部分指导采取方法论的形式，这就是他认为“适合”于伦理学的对推理或探索一般类型的分析。

可以这样认为，说杜威的方法论带有他广泛的自我评价的色彩，并非言过其实：他常常看起来像是倾向于自我实现伦理学，以及在心理上确信自我实现将包含对社会福利的主要兴趣。但是，不管情况怎样（我将在后面讨论这个问题），对方法的兴趣渗透在他的大量论述中，包括在《伦理学》和其他著作中，这是没有改变的。

xiii 杜威在方法论上的立场，尽管一半蕴含在他关于伦理问题来自各种冲突的态度这种主张中，但一半蕴含在他对传统作家的批评中，这一点在第16章中变得十分明确。在第16章中，我引用了下面一段话——用标题“作为戏剧排练(dramatic rehearsal)的深思熟虑”导出的一段话：

> [当]我们通过预测会发生什么或合计如果实行了会有什么后果，来估计任何目前的欲望或冲动的意义或重要性[时，我们是理性的]……每一预见的结果立即激起了我们当下的情感——我们的喜爱和厌恶、我们的欲望和反感。它们在此演化出一种流动的评价，它立即带上善或恶的价值……[因此]深思熟虑实际上是想象中的不同行为路线的排练。**在我们心里**，我们听从于某些冲动；**在我们心里**，我们盘算某个计划。沿着它的历程，通过多种步骤，我们发现自己在想象随之而来的后果；而且，根据我们对这些后果的喜欢、赞同或不喜欢、不赞同，我们得出原来的冲动或计划是好或不好的结论……这种想象……为许多一开始并不明显、后来开始起作用的冲动提供了机会……[从而创造了一种]可能性，使真正需要的、适当的自我能力发挥作用（第292—293页）。

显然，戏剧排练（正如我后面所说的那样）提供了一种达到评价观点的**方法**——一种**推理**方法，因为它要求个人预见后果。杜威不仅提出了这种方法的可能性，还用它举例说明这种在伦理学中唯一有重要地位的推理方法。而且显然，这种戏剧排练和个人的喜恶有很大的关系。他补充说，预见的后果，如果它们“**仅仅被设想为遥远的**”，“其对行为的影响，就像用数学方法思考无形的天使一样无效”（第 292 页），因此要强调排练这一方面。正如他在 30 多年以后所写的专题论文中说的那样，反思性道德并不要求头脑取代心灵，而只要求这两者“共同起作用”[①]。

请注意，在所引用的段落中，杜威的观念完全和经验心理学一致（因为我相信，“想象”这个术语并不是用来暗示我们总是在想象中思考）。我们正在进行的 *xiv*
推理并非依赖康德的实践理性能力，它只是在实践背景中的日常推理。而且，价值的标识（stamping）不是由独特的道德意义或直觉的不确定性质决定的；而是由许多不同的相互加强或相互对立的态度决定的，而且在每当理性揭示其不同对象的时候“发生作用的”。

杜威所提到的戏剧排练，仅仅与个人关于其未来行为的计划相关；但是，它很容易延伸到其他情况。例如，假设一个过去做过某事的人要确定他是否已经采取了可选择的最佳路线。他可以进入回顾性的排练（可以这么说），想想如果他以另一种方式行事会发生什么情况；而且他的评价性决定，在考察实际后果和以另一种方式可能产生的后果之后（考虑到他在此前能够知道的一些事情），将会再次带上他的欲望（desire）或厌恶的印记。或者，假设一个人正在考虑其他人的行为，那么，他可能考察**他们的**行为后果，而再次让他的欲望和厌恶打上价值的印记——尽管作为其戏剧排练的结果，其他人也许可以达到至少在开始时和他自己不同的观念。

杜威的方法可以追溯到英国经验主义者，他们对伦理学的研究在其哲学兴趣转向康德和黑格尔的时期，面临着被遗忘的危险。霍布斯对**深思熟虑**的解释，如果抛开其对权力欲望的强调，就是杜威非常可能接受的那种解释。[②] 休谟在

---

① 《价值理论》（*Theory of Valuation*），芝加哥：芝加哥大学出版社，1939 年，第 65 页。

② 下面的短文摘自霍布斯《利维坦》（*Leviathan*）的第 1 部分第 6 章中：“在一个人心里，关于同一事情的欲望和厌恶、希望和恐惧交替出现；做或不做所建议的事情的各种各样的好坏结果，连续不断地进入我们的思考；以致有时我们想做它，有时厌恶它，有时希望能做它，有时失望或（转下页）

xv 伦理学中对理性的解释，以及其中易被误解地提到的热情的奴隶，只需要一个杜威式的修正，即用"组织方式"代替"奴隶"，就如出一辙。[①] 而且，穆勒在他的《逻辑学体系》的结尾一章中，把伦理学解释为深思的(speculative)"艺术"，这为杜威的工作提供了明确的刺激背景。[②] 反过来，在从哲学史中汲取了许多养料之后，杜威也给予了回报。他最重要的主张——即戏剧排练的主张完完全全是他自己的。人们接纳它为伦理学方法论的重要方法时，要求对手段和目的的区别进行更加细致的分析，而且要防止在实践伦理学中把任何目的看成"固定不变的"可能性的方式。杜威没有在很难理解的意义上使用"固定不变"。换句话说，他的主张是：认真对待戏剧排练的人，正在决定是否把建议的目的作为值得追求的目的的人，将会发现，如果不仔细思考下列问题，就不能可靠地作出决定：

(1) 达到所建议目的可利用的手段；

(2) 运用这些手段可能伴随的附加影响；

(3) 所建议的目的可能会带来的影响。

因此，这个人的反思将会随着他的经验的增长、科学知识的增长而增长；而且，他关于目的和手段的评价，将会随着这种增长而改变。

xvi 因此，让我转向手段和目的的主题来继续我的讨论。当然，我不会因此离开戏剧排练，只不过是去完成我对它的讨论。

III.

对目的进行反思的、科学导向的修正的需要，在杜威那里是反复出现的主题

(接上页)担心去尝试它。所有的欲望、厌恶、希望和恐惧持续不断，直到这件事或者已经完成，或者被认为不可能。这些思考我们称之为深思熟虑……这样，根据经验或理性，对后果有着最大的最确定的预计的人，自己也深思熟虑得最好；而且在需要时，他会给予别人最好的忠告。"[托马斯·霍布斯，《利维坦》(纽约：科利尔-麦克米兰，科利尔出版社，1967年)，第53—55页]

① 参见休谟的《人性论》(*Treatise of Human Nature*)，第3部分的第3节，T·H·格林(Green)和T·H·格罗斯(Grose)编，2卷本(伦敦：郎曼出版社，1898年)，以及本卷第214页上杜威的引文。

② 约翰·斯图亚特·穆勒，《逻辑学体系：演绎和归纳》(*A System of Logic Ratiocinative and Inductive*)，多伦多：多伦多大学出版社，1974年，第6册，第12章。穆勒的"艺术"为把目的和手段相联系的科学的选择、组织提供了准备，但被认为是确立最终目的的某种非科学的方法(其性质仍然没有确定)。杜威在《伦理学研究》(《杜威早期著作》，第4卷，第226页)中，提到了穆勒的这一章，说它不大科学。"伦理学是科学还是艺术"这个问题在《伦理学》出现之前的一些文本中被反复讨论。

之一。他早期的文本中对此就有涉及，[①]而在晚期著作中有大量的讨论[②](在此，术语"目的"通常指"看得见的目的")。它需要极大的关注，比我在此能够给予的更多；[③]也许我能澄清在《伦理学》第10章的一句神秘但重要的话——这句话是这样的："许多关于目的的问题，实际上是关于手段的问题"(第194页)。

杜威反对过于诱人的假设。这个假设认为，伦理的评价可能围绕着某个目的E来组织，在此：

(a) E有并且只有E有内在的价值；

(b) 其他任何东西，只有在它达到E的手段时，才是好的或对的；在它阻碍E(或导致它的反面)时，就是不好的或错的。

也许没有一位哲学家敢于接受这种以无条件形式出现的假设；[④]但是有些人，也许无意识地提出了他们的观点，就**好像**他们接受了它。因为在努力确定 *xvii* "这个"希望的目的的性质时，忽略寻找它的原因和结果，这在哲学家中是常见的。这种忽略至少说明，他们使所建议的目的符合上述E。E的原因(以及达到它的手段)大概被忽略了，因为它们被认为仅仅从E处获得价值，从而被认为仅仅在E的性质被确定后，它们才能提出具有伦理意义的问题。E的结果大概被忽略了，因为它们被认为不能增加或减少其价值，本身没有自己的(积极的或消极的)内在价值。

但是，在把伦理学的方法集中在戏剧排练上，并且考虑人的态度的性质方

---

① 《杜威早期著作》，第3卷，第261—388页；也见《对必然性的迷信》，《杜威早期著作》，第4卷，第29—32页。

② 特别参见《人性与行为》(纽约：亨利·霍尔特出版公司，1932年)第6章，《伦理学》(纽约：亨利·霍尔特出版公司，1932年)第2章，以及《评价理论》第6章。

③ 关于"对杜威伦理学的思考"这个主题，在《亚历士多德学会会议记录》(*Proceedings of the Aristotelian Society*)第62期(1961—1962年)：第77—98页，我已经说了不少，并且作为第六篇论文重印在我的《事实与价值》(*Facts and Values*)(纽黑文：耶鲁大学出版社，1963年)。而且，我在我的深受杜威影响的《伦理学和语言》(*Ethics and Language*)(纽黑文：耶鲁大学出版社，1944年)的第8章讨论了相同的主题。我在那里称之为焦点目的的东西，本质上在很大程度上还是杜威的看得见的目的，尽管我是着眼于伦理辩论而不是伦理的深思熟虑来讨论它，把辩论当作"大写的"深思熟虑。

④ 例如，亚里士多德的《尼各马科伦理学》(*Nicomachean Ethics*)［第二版，F·H·彼特斯(F. H. Peters)译，伦敦：基根·保罗出版社，1884年］的第一章，和穆勒的《功利主义》(*Utilitarianism*)，《论文：政治、哲学和历史》(*Dissertations and Discussions: Political, Philosophical, and Historical*)，纽约：亨利·霍尔特出版公司，1874年，第3卷，第300—391页的第一章，用合格性为这种假设辩护。

面，杜威完全离开了这样的假设。他认为，一个目的被反思的个人接受时，就不可能像E那样。让我详细解释他满足于暗示而不是明确阐述的理由。

人们会记得，在戏剧排练中，个人的态度赋予预见的后果以价值。但是，只要这个人是人，他的态度就决不会把一个后果看成唯一具有内在价值的后果，从而决不会把任何目的看成E。相反，他们会把大量后果中的每一个都看成具有这种或那种程度的外在价值，以及这种或那种程度的内在价值(积极的或消极的)。因此，当一个反思的个人在评价所建议的目的时，他会这样做，至少是部分地考虑伴随着实现目的的手段的内在价值的得失，或者它进一步结果的附加的内在价值的得失。他的考虑有时会导致在接受所建议的目的时更有信心：实现目的的手段也许会带来他那许多具有积极的内在价值的看法的其他东西；而且
xviii 目的本身的多种结果，也许会是那种类型的。但是在其他时间，他的考虑也许会导致他修改所建议的目的，或者完全放弃它：达到该目的唯一可用的手段，也许会带来许多其他的东西，比如他的具有消极的内在价值的态度；所建议的目的本身的多种结果，也许会是那种类型的。

总之，反思的个人决不会授予一个目的以完全垄断权，比如在内在价值方面。因此，在接受一个建议的目的之前，他会询问自己关于其原因和结果的价值的问题；而且许多那样的问题(正如杜威所说)，“实际上是关于手段的问题”。如果他要躲开意在“专论”目的的学术理论，要得出为他的实际生活提供真正指导的伦理结论，那么，他必须拥有大量的科学知识啊(正如杜威可能换另一种说法所说)！

当然，杜威绝没有否认，一个人经常要决定是否接受一个非常重要的目的——它是如此重要，以至于在许多情况下，他要用目的来为达到目的的手段辩护。经过反思，个人也许会把社会福利作为这样的目的。然而，通常他会把社会福利作为由其后果加强的目的：例如，他会把它当作增进自己家庭利益的手段，而且会把后者视为高于任何其他相同规模的群体的利益。如果没有那种加强，他会觉得，社会利益只能为相对少的实现自己目的的手段辩护，特别是当那些手段对他而言代价很大的时候。对于他，我们能否比这要求得更多呢？

这种观点和“固定的”目的的关系是明显的。一个建议的目的的原因和结果会随着环境变化；因此，任何对接受或拒绝它的愿望(desirability)的反思，同样会随着环境变化。因此，根据杜威所说，追求一个可能一劳永逸的目标是愚蠢

的;而追求一个目标,同时认为可以把对科学的探索留待以后再说,则是特别愚蠢的。伦理学讨论在反思时,决不能忽视科学。

让我补充一句:在反对固定不变的目的时,杜威并没有暗示说,目的是可以 xix
三心二意地接受的。那种表面上的暗示来自另一个无根据的假设,认为在接受一个目的时,一个人会三心二意,直到他的戏剧排练把它放到**充分的**因果背景中。这种假设确实设想了三心二意——即使关于在特定条件下和相对于特定手段采纳的杜威式的目的——因为戏剧排练涉及无限的未来,不可能达到完美。但是一个人可能做的,遵照杜威所说,就是进行戏剧排练,只要他的知识和时间许可,此后遵照他带有态度印记的判断,直到他找到(正如他可能或不可能)要求他去改变这一判断的进一步的知识。如果此时根据他的判断行动,他就可能承认会有后悔的可能性;但是,那个可能性相对于他的证据,不会是或然性(probability)。与此同时,他会满怀信心地认识到,他具有环境许可的理性。三心二意的判断或行为,正如他所认为的那样,比起充满信心的判断和行为,可能将引起更为严重的后悔。

杜威本人(特别)在写作教育学著作时,接受了许多目的——当然,是和手段相联系的目的,因而,在戏剧排练过程中,它们会增长或改变。根据他的观点,他的持久排练和面临的条件密切关联;他希望他在芝加哥的实验学校伴随着它的"渐进式"教育,通过产生出进一步的知识,把它推向前进。他确实满怀热情和信心地接受他的目的,这一事实完全是和他拒绝把它们视为固定不变的观点相容的。

IV.

现在让我转向进一步的问题——原来在《伦理学》第 10 章中提出的那些问题中的第 2 个,涉及伦理学术语的**意义**问题。杜威的回答,如果他曾经清楚地作出回答,就可能在说明他的观点时给予很大的帮助:有可能确立一个他准备与直接的自然主义妥协的范围,如果有这样一个范围的话。但是,在《伦理学》中,就 xx
像在他的其他著作中那样,他从来没有完全认真地应对这个问题。他满足于这样的措辞:"作为**理性的**善的正确意味着,它与自我的所有能力和欲望相协调,并把这些能力和欲望扩展到一个合作的整体"(第 285 页)。但是,我们在什么意义上理解那个背景中的术语"意味着"?这句话是不是"正确"的一个定义?或者说，它是一个仅仅使用"正确"的判断？

因此，在讨论这个问题时，我将给出一个似乎适合杜威著作的定义（我承认，寻找的是言外之意），并且考虑它是否可以被作为说明接受。请看下文：[①]

> (A) 当某个演讲者说"X是对的"，他的意思是说，对于一个建立在科学真命题基础上的戏剧排练，如果这位演讲者要充分地进行的话，就会导致他绝对赞同X。

让我马上转到我的评论上，按序号顺序来阐述它们。

(1) 这个定义指带有价值的赞同，这种赞同会伴随着**完全的**戏剧排练，即使没有一个实际的排练（考虑到无限的未来）是完全的。但是，在我看来，这是杜威式的。注意，如果这个定义被削弱了，它仅仅规定了"时间非常长的"戏剧排练，那么演讲者的判断，在进行了这样的排练以后，就不需要进一步的修正；而杜威暗示，对进一步修正的可能需求，总是应该加以考虑。例如，他说，"没有什么行为如此理智，以致其实际后果不会超出预见的后果"（第239页）。同样，没
xxi 有什么判断具有的反思性(reflective)如此强，以至于接近（除了缺乏时间，等等）进一步的反思。[②]

(2) 这个定义至少暗示了又一个杜威式的观点：一个演讲者在某个时间非常相信X是正确的，与此同时会**暂时地**（但不是三心二意的）带有价值色彩地赞同X。后者，即立即的赞同，确实可能会不够完善地控制演讲者某些"引诱"他的

---

① 我的定义加强了悉尼·胡克(Sidney Hook)提出的定义，他写道："'X是有价值的'，对杜威来说，也许可以分析为'在思考了我的选择的相关后果之后，我将选择或赞同X'。"参见他的文章《杜威伦理学中的欲求和情感》(The Desirable and Emotive in Dewey's Ethics)，收录在《杜威：一个科学和自由的哲学家》(*John Dewey: Philosopher of Science and Freedom, A Symposium*)（纽约：巴诺书店，1967年），第194—216页。

② 我大胆地让我的定义的定义项包括一个具有不可能的前件的虚拟条件句，即使在现在的逻辑研究中，有时有人主张，所有这样的条件句是没有意义的真。这种主张是反直觉的，我希望它最终让位于更加直觉的分析。因此，"如果霍布斯成功地求出圆的面积，他就会更加出名"这个陈述，在我看来，比"如果霍布斯成功地求出圆的面积，他就不会那么出名"这个陈述有更多的真的成分。在我的定义中引入的这不可能的前件，当它被用于我给予它的这个目的时，是特别地无伤大雅(innocuous)——像康德规定的概念那样，它只是起了提醒作用，即提醒我们，思考，不管它可能多长久和多仔细，总还可能持续更长的时间，可以更加仔细。

相反的欲望;但是,也许这演讲者会因而承认他的道德软弱。或者说,是不是杜威著作中忽视了道德软弱?答案并非总是如此。下面这段话表现得很清楚:"人们可能在理论上辨认出这种善,其主张之为善主要取决于对遥远未来的考虑,然而在特定的时间直接求助于特定的行为者,也许是苍白无力的"(第 305 页)。然而,杜威也谈到,需要个人"控制其欲望和目的的形成,这样,当下的善和永恒的善、欲望中的善和反思中的善就会一致"(第 251 页)。

(3) 这个定义解释了为什么杜威把伦理学与所有科学联系起来,而不只是与心理科学相联系。当一位演讲者说,X 是正确的,他是在某种程度上说的,如果他**相信**某些建议——即那些伴随着完全的戏剧排练的建议——他就会特别赞同 X。在这个意义上,他是做出了属于心理学的断言。但他说的不仅仅如此:他是把所讨论的信念限定于**真**信念;而且要确定它们的真值(例如识别它们),他就 xxii
不得不诉诸多种不同的科学。在可能进入戏剧排练的众多信念中,只有某些可能具有能够通过心理学确定的真理性,而其他的只能求助于经济学、生物学、物理学等,才能确定其为真的(当它们是真的时候)。

让我详细地阐明我的评论。当一个人评价 X 时,他的预测很少**涉及**他的态度。它们是他脑中铭记的预测,因为它们可能对他的态度**产生影响**。当他相信 X 将引起 Y,而 Y 是他事实上喜欢的事情时,他**发现**他对 X 的赞同增加了;而且当他相信 X 将引起 Z,而 Z 是他事实上不喜欢的事情时,他**发现**他对 X 的赞同降低了。因此,他的态度对信念提供了"流动的评价",不同于其主题的构成。此外,当那些信念的出现已经被证实时,与伴随其出现的态度一起,(通过外推法)为更复杂的信念提供了科学的证据。后者实际上是**关于**态度的,即如果这个人把建立在科学真理基础上的戏剧排练进行到底的话,他的由决定促进的对 X 的态度的信念就会是赞同的(或不赞同的)。我建议的定义所强调的,正是这种比较复杂的信念。但是请注意,实际上,它与较不复杂的信念是不可分离的,后者的出现有助于为它提供证据——信念有许多种,它们是由多种不同的科学而不是仅仅由一种科学发展出来的。

(4) 这个定义并没有谈到或有意谈到伦理评价在赞扬或指责中的运用,尽管《伦理学》第 19 章开始时说了类似的话。在那一章里,杜威明确地肯定,评价可能"反作用于自身所引导的行为者的品格",因而"是品格形成过程的一部分"(第 359 页)。他补充说,"赞扬具有奖赏的性质,这种奖赏是用来证明这个人处

在正确的行为路线上”，而“斥责具有惩罚的性质，适于劝说行为者离开错误的路
xxiii 线”(第 359 页)。如果他把“正确的行为路线”代之以“根据那些表达赞扬的人的观点，其为正确的行为路线”，同时对“错误的路线”作相应改变，那么他的观点将更有说服力。但是，这段引文有趣地说明了，杜威对什么被称为伦理判断的情绪的或说明性的力量以及伦理判断影响行为的特殊力量(illocutionary force)并不敏感。他也没有完全忘记穆勒说的话——道德学家“并不用陈述语气表达自己，而是用命令语气，或者相当于命令语气的委婉语气”①。然而，杜威在提到评价的这些方面之后，却满足于略过它们。他的目的，正如我对他的解读所言，是把这些方面从伦理评价的含意中排除出去，或者仅仅在敦促另一个人更为充分地排练其计划的范围内包含它们。也就是说，杜威想从伦理评价中抽取出来的，仅仅是它影响态度的反思性指导的那些方面。在抽取之后，他拒绝了其余，因为怀疑它使人偏离反思性指导。因此，我所建议的定义可以如此表达：出于解释(尽管不是赞同)杜威观点的目的，我用纯粹认知的术语表述它。②

V.

我所说的一切是要说明：我提出的定义是杜威式的。让我再补充几句，**也许**能作出相同的证明，尽管可能会要求更加广泛的讨论。

显然，这个定义——(A)，第 xx 页——明确说明，一个演讲者的评价总是部

---

① 穆勒，《逻辑体系》，第 6 卷，第 12 章，第 1 节。在同一章的第 6 节，穆勒写道：“现在谈到的命题[即伦理的命题]并没有断言某物是什么，而是命令或劝告某物应该是什么。它们本身就是一类。一个其谓词用应该(*ought or should be*)表达的命题，通常和一个其谓词由**是或将是**(*is, or will be*)表达的命题是不同的。”请参照导言第 2 页注释③提到的部分。

② 杜威晚期的文章中有一篇《伦理学主题和语言》[《哲学杂志》(*Journal of Philosophy*)，第 42 期(1945 年)，第 701—712 页]专门讨论我的《伦理学和语言》。他对我的许多观点批评不多(正如所期望的，因为我从他那里汲取了如此之多)，但是强烈反对我强调伦理学语句意义的超认知因素。他坚持认为，它们的内容完全是“预测的”。“毫无疑问，”他写道，“**声称**是伦理学的语句常常使用超认知的‘情绪的’因素来影响行为”(第 702—703 页，注释 3)；但是他补充说，“为了成为真正伦理学的，那些语句正是因为这一点，被剥夺了许多语句应该有的性质”(第 709 页)。我要是回应了他的论文(可惜我没有)，我可能就会指出：我运用伦理学语句，像其通常被使用的那样，不管其使用是不是“真正的”伦理学的，也不管它们是否得到理性的支持。我单独地讨论理性而不是(除了作为“说服的”定义的补充)把它们融入伦理学语句的真实含意；而且，在独立地讨论它们时，我认为，我比杜威所能想到的更多地接近他自己的观点。

我怀疑杜威关于**意义**的观点，在 1945 年和在 1908 年是完全一样的——当然，这也是可以讨论的。

分地提到他自己。因此，可以提出一个相同的定义：

(B)“X 是正确的”和“对于一个建立在科学的真命题上的戏剧排练，如果我(I)把它彻底进行下去，会让我(me)赞同 X”有着相同的意义。

当然，必须理解的是，主格“我”(I)和宾格“我”(me)都指说 X 是正确的这个人。因此，这个定义暗示，“正确的”使一个人能够揭示其“假设的自传”的一部分。那时，杜威确实说过，“评价表达了说出它们的人的品格”(第 359 页)。然而，也许可以公正地问，他是否像定义暗示的那样多地关注“I”和“me”。我最好通过评论一个例子，引入我(有点仓促的)对这个问题的回答。

假设 X 是一个政府官员采取的行动。假设 A 先生说 X 是正确的，而 B 先生说它是不正确的(正如我在第 xiv 页所说，戏剧排练或与其类似的事情可以为评价其他人而非自己行为的人们所用)。而且，进一步假设在 A 先生和 B 先生之间有个体的差异，这种差异会持续下去，即使每个人都以在科学上正确的方式完成他的戏剧排练：前者在此排练基础上会特别赞同 X，后者却并非如此。这些假设是不重要的；由于下文所述理由，它们似乎使我提出的对定义的解释在可靠性方面发生了问题。

如果 A 先生和 B 先生在通常意义上，或者在接近具有伦理兴趣的通常意义 *xxiv*
上使用“正确的”，那么显然，在对 X 的价值评判上，他们存在分歧。但是，如果在定义的意义上使用“正确的”，他们就会表达逻辑上相容的观点。因此，也就是说，每个人就在某种假定的环境中他的态度会是什么样的作出断言；由于他们的个体差异可能恰如刚刚所假设的那样，他们中的每一个也许都会作出正确的断言。[①] 因此，如果我继续把我的定义归结于杜威，就必须接受这两种可能中的这一个或另一个；或者(a)杜威使“正确的”偏离了通常的意义，从而剥夺了它的伦理兴趣；或者(b)杜威含蓄地表示，并且在某种程度上尚带有一定的伦理兴趣，即人们可能对什么是正确的存在分歧，即使他们的评价在逻辑上是相容的。但是，这两种选项至少在一开始，似乎就与对杜威的观点在赞同的前提下重建格格不

---

① 参见 G·E·摩尔(G. E. Moore)，《伦理学》(*Ethics*)，纽约：亨利·霍尔特出版公司，1912 年，第 91—93 页。然而，摩尔没有明确提到杜威。

人。因此，也许他心里所想的某种定义不是我提出的那种。

然而，我想不出其他更加杜威式的定义。因此，我将保留我提出的定义(出于解释的目的)，并且冒昧地说，杜威愿意选择(b)——尽管对选项(b)满意仅仅是因为他认为，他作出了一个使(b)无害的假定。

首先必须注意，A 先生和 B 先生——假定他们是在我正考虑的定义的意义上使用“正确的”；并且假定，根据第 xxi 页的(2)，他们关于各自态度的假定性措辞，在说这些话的时候引起了相应的态度——可以说，在完全熟悉的意义上是不一致的。正如我在其他地方曾经说过[①]，他们是在态度上而不是在信念
xxvi 上不一致：他们正在展示对同一个 X 的分歧态度，而不是(大概)只满足于这种分歧。因此，把我提出的定义归于杜威，并不是说这会妨碍他接受(b)选项。杜威既没有用过术语“在态度上有分歧”，也没有用过任何类似的术语；但是和许多其他人一样，他肯定已经直觉地意识到这个术语所指的这种分歧。因此，需要讨论的唯一要点，就是在《伦理学》中他所写的部分是否具有这种意识的色彩。

有一点可以肯定，即他并没有提供一个适合像 A 先生和 B 先生这种例子的地方。这种例子即便充分运用科学，也无法解决伦理的(在态度上)分歧会带来剥夺主体间的、经过理性检验的伦理评价的威胁。这里所讨论的主体间性就是通常归于科学方法的那一类，杜威也希望将其运用于伦理学。

但是，A 先生和 B 先生的例子只是我想象的一种情况。这样的情况是否会出现在实际生活中？设想它们不会出现是可能的(尽管是危险的)。

记住这一点后，我冒昧地把下面的观点归于杜威：他含蓄地承认，科学上没有解决的态度不一致的逻辑可能性，以及伴随着这种逻辑可能性。人，即使完全理性，也会不断作出相互对立而不是相互一致的评价和行为。但是，为了充分利用科学推理，他转而假设这样的不一致事实上不会出现。换句话说，他相信(或者说“希望他相信”)有着对立态度的人们不再相互对立，相反，如果他们能够完成各自的戏剧排练，那么，他们的突出的态度会给相同的事情加上相同的价值。而且，这至少给了他理由去希望，他们仅仅持续而不用完成戏剧排练会有相同的效果。对应于那个假设，他赋予伦理学方法论以它自己的主体间性，离科学的主

---

① 参见拙作《事实与价值》的第 1 部分，或《伦理学与语言》(*Ethics and Language*)的第 1 章。

体间性不远。

再补充一点，我的解释受到了杜威在他的《批判的伦理学理论纲要》(以下简 xxvii
称《纲要》——译者)[①]中引入的一个假设的启发。这个假设，尽管时间很早，但在他后来的所有著作中都被当作理所当然的。这个假设是：道德理论必须毫无怀疑地包含信念——除非它后来“得到形而上学”的辩护——他继续以这样的方式解释它(他本人用了大写形式)[②]：

> **在实现个体性的过程中，同样也可以发现，以个体作为其一员的某种个人共同体(community，本卷译为社群——译者)也需要实现；反之，那种适当满足其所在共同体的行为者，也通过相同的行为来自我满足。**

然后，他转而暗示所说的个人的社群的规模足够大，以致预示了“世界的道德秩序”。而且不久以后，他说，这个假设和伦理学的关系非常类似自然的统一性原理和科学的关系。

在《纲要》的背景下，这个假设可以看作，并且应该看作基本上是规范意义的——一种为自我实现进行的伦理学辩护，使其免遭反社会的指控的努力。但是，它和戏剧排练结合在一起时(在《纲要》中没有形成)，也变得具有方法论的意义。如果每一个人在利用戏剧排练方面，也能够使群体中的其他人实现他们的个性，那么，我们可以期望充分反思的、完全拥有相关科学真理的人们，在态度上达成一致，达到相同的评价。这个假设是否应该仅仅在小的群体中有效，其结果并不适合杜威的方法论：它展现了科学上不能解决的，在不同群体的那些人之间的伦理学争论的可能性。但是，正如我曾经说过的，杜威暗示了在“世界的”道德秩序中的信念。[③]

也许人们会问，当群体的整体不能“感到满意”时，当人们不能就大群体中哪 xxviii

---

① 《杜威早期著作》，第 3 卷，第 322 页。

② 英文原版书中的大写形式，在中文版中均改为宋体加重。——译者

③ 我的解释把杜威的假设和休谟的假设相联系。因为休谟假设“道德的观念暗示了某些所有人类共同的情操，这种情操使得大家赞同相同的对象”——尽管为了给予“其对象的恰当辨别”以赞同，“许多理性”必须先在《论道德原理》(*An Inquiry Concerning the Principles of Morals*)，选自塞尔比-比格(Selby-Bigge)编，《休谟：人类理解论等》(*Hume's Enquiries*)，牛津，第二版，1902 年，第 272、173 页。但是，杜威并没有把赋予价值的态度局限于赞同(或不赞同)，而休谟却相反，把赞同和“自爱”相对照。想必杜威的假设是建立在下面信念的基础上，即假定以充分的反思和知识在与赞同的冲突中，自爱总会输掉。

个群体有优先权达成一致时，会发生什么情况呢？也许杜威假设，在反思的个体中间存在的那种情况只会是暂时的；或者也许他假定在那种情况下，至少会有容忍和妥协的倾向(还是在反思的个体中间)来防止严重的混乱。

当杜威撰写《伦理学》中他的那一部分时，仅仅在其1891年的著作中被强调过的假设，17年之后是否会以较少强调或修正的面目重新出现呢？也许会，尽管“也许”这个词对于谨慎的解释是必不可少的。但是在《伦理学》中，他确实讲了这样的话：“在了解全部情况之后，仍然持反社会的态度，有意牺牲他人利益的人的数量大概是很少的”(第234页)，而且“与其说[一个自私的人][1]在思考了对他人的影响之后……不再重视这些想法，不如说他习惯于根本不考虑，或者以生动的充分的方式考虑他人的利益”(第234—235页)。那些表述明显地削弱了这个假设：它们似乎要做合格的心理学概括，而不是要引入也许会“得到形而上学”辩护的假设。而且，这些表述的方法论的暗示是有点模糊的。但是，它们足以说明，杜威心里还记得他早期的假设。

在标题为《社会组织与个体》一章中，杜威写道，“与众不同的个人的道德……仅仅是社会重构的手段”(第387页)。我相信，社会重构，仅仅在作为为
xxix 他人考虑的敦促力量而起作用的个人道德，成为共有的时，才会出现——这是杜威的假设关心的实际的可能性。

而且，在杜威的晚期著作中，他喜欢在伦理学和工程学之间进行类比，指出后一领域里主要“阐述要采取的正确的行为路线”的“技术的”评价，非常明显地“扎根于”科学。[2] 现在，这些技术的评价——例如，涉及在桥梁建设中使用钢材的基本需求——来自广泛共有的欲望：它们不可能引起科学知识无法排除的态度不一致。杜威的类比说明，他通过把这样的观点扩展到道德评价来概括，尽管带着这样的理解，后者可能不是“扎根于”某一科学，而是许多科学的联合。接受这种概括的观点是不容易的；但是，如果杜威回想起他早期假设中的“信念”，也许会满足于(没有进一步的解释)接受这个根据某些不像信念的东西的观点。

我的解释远远超过了杜威明确阐述过的东西；但是，在任何对杜威的解释中，这是不可避免的。他是一个思想丰富但常常迷糊的思想家，他的观点仅仅在

---

① 方括号内的补注为导言的作者所加。——译者

② 《价值理论》，第22页。

完成时才会相互一致。因此，伴随着我提出的定义（第 xx 页或第 xxiv 页），我冒昧地把一个连贯的信念以其早期假设的某些变体的形式归于他，希望用这种最能解释他把伦理学和科学相联系的努力的方式完成他的观点。

但是，杜威把伦理学等同于科学的不妥协的自然主义吗？我想不是。他确实认为，科学——复数形式的科学（sciences）专门组织起来，指导态度的科学——本身就能给伦理评价提供理性的支持。但是，他也认为，如果我解释得正确的话，只要特殊的假设有效，伦理的推理会得出多数人能理解的既定结论（从而导致“道德秩序”）；而在正统的科学中，具有不依赖那个假设的主体间性（intersubjectivity）（在这术语某些通常的重要的意义上）。

VI.

我已经强调了杜威研究的现在被称之为元伦理学的方面；但是，正如我曾经 xxx
说过，那些方面带有杜威倾向于自我实现理论的特色——这种理论把自我实现作为**值得向往**的目的，从而超出元伦理学的范围而进入规范伦理学。对后面的联系，我再补充几句话。

如果满足于这样做的话，杜威就可能放弃他的规范性结论。他可能会中途停下来，转向纯粹方法论的主张，即在伦理学中，唯一清晰的推理就是在戏剧排练中看到的那种。这并不是要求他说，人们应该坚持运用推理。例如，他可以说，大多数人（就他所知）不应该委以运用推理；相反，应该被鼓励去遵守他们群体的风俗。或者在超越他的方法论方面，他可能中途停顿下来，转向纯粹心理学的主张，即充分运用推理，事实上会导致个人实现他自己。而且，这并不要求他把“应该”或“值得向往”与自我实现相联系。但是，每当他的规范性结论对道德进行说教时，杜威就特别不愿意放弃它们。他曾明确地和不明确地声称，人们应该相信他们的推理能力，而且自我实现就在他们这样做的值得向往的结果之中。

在某种程度上，杜威对自我实现的规范兴趣是他对方法论的兴趣的继续：他需要保卫自己的方法论，使其免受反对。他对赋以价值（value-stamping）的态度的强调，是否为处于令人苦恼的弱小境地的理性留下了地盘？他的一些读者也许会这么想；或者，与其“面对”这样“贫乏的”方法论，他们也许会自作主张，认为“必须”有某些康德式的或西季威克式的替代。因此，我认为，杜威希望表明他的方法论不需要对付，而应该得到欢迎。在设想了一个系统应用这种方法的世界

xxxi 后，他也许会排练由于自我实现而引起的后果，接着再排练自我实现的后果；而且在发现自己的态度赋予的那些后果为善的时候，他也许会得出这样的结论（就算他的假设），认为其他人经过思考，也会觉得它们是善的。情况仍然如此。当涉及这样一个复杂的主题时，我们必须比杜威更加仔细地来进行戏剧排练。而且，也许他是带着一种意向这样说的，这种意向比他情绪性地或说明性地用词的厌恶所做的暗示更有说服力。而且，杜威的自我实现立场是真正有趣的。

在第 18 章，杜威特别明确地讨论了自我实现，他把它说成“尽量公平地对待我们曾经与之论战的片面真理［例如，有关自我牺牲和自作主张］的理论”（第 351 页）。“尽量”这个词，意味着他对常见的理论形式并非不加批评，而是有保留（reservations）的。我认为，这些异议来自他的信念：理论如果“以这样夸张的视角来表述，它就会成为错的”（第 353 页）。所以，让我来考察一下他的保留。

他认为，自我实现“不是道德行为的目的——也就是说，它不是唯一的目的”（第 353 页）。考虑到他的伦理学的总的路径，不言而喻，几乎可以说，他不承认任何种类的目的。然而，当他讨论自我实现的理论时，这一理论可能极易作出如下暗示：每个人都要有那么一个确定的目的，他的关于许多可变的目的的概念需要特别强调。

在上面刚刚提到的情况中——在一个人设想一个世界的地方，其他人在实现他们自己——这设想的世界在许多目的中显然只有一个。设想世界，并被评价为是值得渴望的个人，将会发现它被其他目的所加强；对于其他目的，他认为它（接下来）是一个手段，或者他随后会发现，也许在特定条件下，它和其他目的有冲突，而且只能以他觉得过大的代价达到。诸如此类的想象，正如我在第三部分中讨论的。

xxxii 然而，还有进一步的情况特别有趣。首先，认为个人自己的自我实现在他的目的中应该拥有特殊位置的提议，并不是不合理的。而且，它不可能是他的唯一目的，因为个人的自我实现本身（正如我认为杜威设想的那样）依赖于增强他的其他目的的增强，并且在其他目的中没有冲突。但是，也许这个人的自我实现应该是一个支配其他目的的目的——所有基本目的应该服从更高层次的明确的、核心的目的。

然而，杜威拒绝了这样的建议。我们必须“放弃这个观念”，他写道，“在自愿的行为中有为自我考虑的目的，采取行动就是为了这个目的”。而且，“我们最初的本能是这样的，其目标确实在结果上基本有利于自我的福祉和利益”（第 341 页）。而且，他指出，个人的潜力常常很少为他本人所知，因为“除了根据实现了其潜能的客观目的以外，没有办法认识自我的性质；而且，除了在致力于这些客观目的时将自我忘却以外，也没有办法实现它”（第 352 页）。因此，一个人的自我实现不必是他受激励去实现的唯一的或主要的目的，除此之外，试图这样去做的个人将不仅发现自己被它愚弄，而且也将发现（还必须“发现”它的特性）他关于它的观念不总是有效的。

在杜威对心理学上的享乐主义的批评（参见第 246 页）和他对自我实现的疑虑之间的差异中，有某些相似性。正如个人的快乐可以来自他所期望目的的达到，但快乐并非因而是他的欲望的唯一对象，因此，他的自我实现可以来自通过思考确立的目的的达到（“在结果上”），但并非因此就是他的唯一目的。

然而，如果杜威期望读者完全忘记这一点，他就几乎不会引起读者对自我实现的注意。所以，我认为，他的立场本质上是这样的：他认为，个人应该偶尔回顾他的过去，考虑他实现自己的程度，当他发现程度很高时就欢欣鼓舞；但是，他也 xxxiii
认为，个人在作出某个实际决定的过程中，应该使他的自我实现仅仅处于他的注意力极端的边缘，应该把他的主要注意力（不是自我有意识地）引导到他追求改变的或者调整自己来适应的环境的和社会的情况。

不要忘记，杜威看到了（和假定了）个人的自我实现和社会需要之间的密切联系。因此，我称之为“他的自我实现伦理学的倾向”，也许还可以叫做“他的修正的但还能察觉的功利主义形式的倾向”，可以这种方式表述，即“社会快乐”让位于“社会福利”。必须注意，谈到杜威对这种或那种广义的规范结论的倾向时，要避免那种完全不正确的暗示，说他仅仅为某个包罗万象的不变的目的辩护。

VII.

正如前面表明的，我的目的是从《伦理学》中仅仅选出少数几个主题加以解释而不是批判的讨论。

如果转向进一步的主题，我就可能有益地考察杜威关于传统理论家的话，加上他关于伦理学的心理学背景和现在所谓的心灵哲学的许多建议。但是，也许我可以为忽略那些主题而得到原谅。杜威很好地陈述了自己的观点，而我已经选择的主题特别需要完成和澄清。而且，也许我还可以为抑制我的批评（除了少数暗示外)而得到原谅,不然的话,我的导论性评论会超出它们的恰当长度。

因此,让我用这些话结尾:读者不会觉得《伦理学》是一丝不苟的研究。它的
xxxiv 力量不是来自分析技巧,而是来自不断胜过这种笨拙分析的实践智慧。但是,也许必须指出,在当下这个"分析的时代",实践智慧是一种哲学的美德。在整个《伦理学》中,杜威具有激励性和鼓动性。他总是热衷于一种建立在比过去更加可靠、更加广泛的自然基础之上的道德理想主义。他认为,伦理学必须经常通过与科学的接触,通过关心日常生活中变化的问题来汲取养料。杜威的影响是巨大的,这种影响还会持续下去。

伦　理　学

前　言

这本伦理学教科书试图唤起对一些道德问题真正现实性和处理这些问题时 3
反思性思想的价值的重要性的关注。第一部分对历史材料的介绍、第二部分对不同的理论解释类型的讨论,以及第三部分对某些目前所特有的典型的社会和经济问题的考虑,都是出于这个目的。

经验表明,道德的研究者很难客观而明确地理解面前的这个领域,以便让他觉得这个领域的问题是真正的问题。行为(conduct)是非常私密的,并不容易分析。这一点如此重要,以致在很大程度上,看待它的视角已经不知不觉地被早期的训练(training)所固定。历史的探究方法在笔者的课堂经验中,被证明是一种对付这些困难的有效方法。通过道德生活发展的典型时代来领会道德生活,能够使学生认识到包含在自己的习惯性观点中的东西;它也提出了一系列可以作为分析和讨论材料的具体题材。

道德理论的经典概念在阐明道德生活的模糊之处,以及提供给学生一些将使其独自探讨道德生活的线索方面,有着显著的重要性。但是,在我们把理论概念唐突地介绍给学生时,总是存在着一种教条主义或者脱离现实的危险。这些概念不是作为理解道德事实的工具,而是可能成为这些事实的替代者。当它们被恰当提出时,其理论上的敏锐性和机巧性可能会受到称赞,但它们在实践上的
合理性和应用性会受到怀疑。这个历史简介使得学生好像出现在理智工具得到 4
锻造的那种社会情境中。他对它们与引起它们的那些条件之间的相关性作出评价,他受到鼓励在尝试目前要处理的复杂问题之前,先在简单的问题上尝试一下。通过促进它们逐步的发展,他建立起对概念和对自己运用概念的能力的

信任。

第二部分具体地致力于对道德理论最主要的概念进行分析和批判，其目的不是要灌输某个学派的观念，也不是要灌输一个现成的体系，而是要表明理论的发展来自日常行为的问题和经验，表明这些理论如何在实践的紧急关头得到应用。道德生活的诸方面已经被如此彻底地考察，以致有可能提出某些原则，并且深信它们将会受到普遍的欢迎。例如，理性主义和享乐主义已经对科学地陈述行为要素这一部分作出了贡献，虽然它们作为自我封闭的终极体系而失败。在讨论康德与穆勒、西季威克(Sidgwick)与格林、马蒂诺(Martineau)与斯宾塞(Spencer)之后，我们就可以断言在道德生活中有理性的位置和幸福的位置——即义务的位置和评价的位置。理论不是被看作必须全部接受或全部拒绝的不相容的对立体系，而是被看作审视行为问题的大致的方法。这种处理问题的方式，为科学地评价和规定道德生活复杂性中的各种因素所起的作用提供了方便。学生被放在一个可以独自判断有关行为问题的位置上。理论部分的主要目标是个人判断的解放和启蒙。

在这个领域的相当一部分中，尤其在第三部分中，至今仍不可能进行明确的论述。尽管如此，引导学生去考察这些未解决的问题是很有好处的。当整个文明世界把它的精力用于正义和民主的意义与价值时，认为那些对伦理学感兴趣
5 的人应该且必须满足于已经得到解决的概念，那些概念与行为中最确定的东西有关，而不是与现在紧迫的问题有关，这是不切实际的，令人无法忍受。此外，理论与实践彼此之间保持直接关系的好处是相互的。一方面，与个人主义和社会主义两者的先验(*a priori*)主张相比，当前的需要在我们看来，似乎是更加深思熟虑的分析与实验方法的应用。极端的保守派可能会不赞成对目前秩序进行任何形式的审查；热情的激进分子可能会无法忍受研究者和似乎有些迟缓的批判性的进程；但是，那些仔细考虑过人类正在对自然世界进行征服的人无法忍受这个信念，即不再需要用较原始的反复试验的方法，历史悠久的偏见和党派论战的方法，完全支配社会生活的管理。他们希望把科学方法大量地应用于人类福利和进步的问题。相反，一种参与促进道德秩序和道德进步的实际工作的科学，必定会受到刺激和试验的有价值的反馈影响。对正在形成中的道德和已经确立的价值进行考量，将使科学变得更加重要。无论这个主题有何影响，如果学生的材料和方法脱离那些占据他同代人心灵的问题，那么，他就几乎不能领会其材料和

方法的全部力量。

由于时间有限，教师无疑将更愿意自己来选择材料，但是以下几点建议提出了一种可能的选择方式。第一部分中有三章论述希伯来、希腊和现代的发展，任何一章都可以看作是为方法提供了一个实例；我们发现，第 9 章某些部分的分析比起对初学者所必要的分析来说，更加详细。在第二部分中，第 11—12 章可以忽略，这不会影响对整个论证有条理地把握。在第三部分，任何一个特殊主题——也就是政治国家、经济秩序、家庭——都可以撇开其他主题来考虑。某些教师可能更喜欢整体地来理解各个部分。在这种情况下，这两种方式都可以用。

就本书分工而言，作者各自对自己的一部分负责，同时对另一个人的那部分 6
充分地提出建议和批评，以便使整本书成为一个共同的作品。本书第一部分由塔夫茨先生撰写；第二部分由杜威先生撰写；第三部分的第 20—21 章由杜威先生撰写，第 22—26 章由塔夫茨先生撰写。

毋庸讳言，我们并没有试图使参考书目详尽无遗。在给出所引著作的出版日期时，一般是这样做的：就当前的文献而言，给出最新版的日期；而就某些经典论著而言，给出原版的日期。

最后，我们要感谢我们的同事和朋友赖特(Wright)博士、塔尔伯特(Talbert)先生和伊斯门(Eastman)先生在阅读校样和其他建议上所给予的帮助。

1. 导　论

7 ## §1. 定义与方法

临时定义——准确定义一门学科的地方应该在探究的结尾而不是在开头，但是，一个简洁的定义可以划定这个领域。就行为被看作是对的或错的、好的或坏的来说，伦理学是一门探讨行为的科学。“道德行为”或“道德生活”是用来研究行为的术语。用另一种相同的方式来说，伦理学的目的在于系统地说明我们对于行为的判断，这些判断从对或错、好或坏的角度来评价具体行为。

伦理的和道德的——“伦理学”(ethics)和“伦理的”(ethical)这两个术语源自希腊词 *ethos*，它的原初意思是指习俗(customs)、习惯(usages)，尤其是指那些属于某个群体而区别于另一个群体的习俗、习惯，后来它的意思是指素质(disposition)、品格(character)。因此，它们就像源自 *mores* 的拉丁词“moral”，或者源自 *Sitten* 的德语词 *sittlich* 一样。正如我们所看到的那样，恰恰是在习俗，即“ethos”、“mores”中，道德或伦理开始出现。因为习俗不只是习惯的行动方式，它们是被群体或社会所认可的方式。如果行为违反群体的习俗，就会遭到严厉的反对。这也许无法精确地根据我们的术语——对和错、好与坏——来阐述，但态度在本质上是相同的。适用于今天行为的伦理和道德术语当然包含比“ethos”和“mores”这些旧词更为复杂和高级的生活类型，就像经济学处理的是一个比“家庭管理”更为复杂的问题一样，但如果这些术语表明了道德生活起源的方式，那么，它们就具有一种独特的价值。

行为的两个方面——要科学地说明对于行为的判断，就意味着要找到一些

原则来作为这些判断的基础。行为或道德生活有两个明显的方面。一方面， 8
它是一种关于意图(purpose)的生活，包含思想和感情、理想和动机、评价和选择。这些是要通过心理学方法来研究的过程。另一方面，行为有其外在的一面。它与自然，尤其与人类社会有关系。道德生活是由个人存在或社会存在的某种需要唤起或激发的。就像普罗泰戈拉(Protagoras)以神话的形式所说的那样，神给予人一种正义感和敬畏感，好让他们能够为了彼此保存而联合起来。[1] 反之，道德生活的目的在于改变或改造自然环境和社会环境，以便建立一个"人的王国"，这个王国将是一种理想的社会秩序——一个"上帝的王国"。与自然和社会的这些关系，成为生物科学与社会科学的研究对象。社会学、经济学、政治学、法律和法学尤其论及行为的这个方面。伦理学必须把它们的方法和成果用于它自己问题的这个方面，就像它利用心理学来考察行为的内在一面一样。

伦理学的特殊问题——但是，伦理学不仅仅是这各种各样科学的总和。它有自己的问题，这个问题正是由生活和行为的双重方面所引起的。它必须把这两个方面联系起来，必须研究受外部条件决定或者改变这些外部条件的内部过程，以及受内在意图决定或者影响内心生活的外在行为(behavior)或制度。心理学研究选择和意图；伦理学研究受他人权利影响的选择，以及根据标准来判断这个选择的对与错。此外，以一个公司为研究对象的，可能是经济学、社会学或法律；而以源于人的意图或影响人的福利的公司活动为研究对象，并从这样一个观点来判断其活动好坏的，是伦理学。

发生研究——处理任何生活过程时，如果我们追溯这个过程的历史，并考虑
目前状况是如何产生的，就会发现，这对理解目前状况非常有益。就道德而言， 9
有四个考察早期阶段的特别理由。第一个理由是：这样做可以从相对简单一些的材料开始我们的研究。目前的道德生活是非常复杂的。职业的、公民的、家庭的、慈善的、教会的和社会的责任需要调整；对财富、知识、权力、友谊和社会福利的兴趣，在决定何为善时需要得到承认。首先，我希望能够考虑一个较为简单的问题。其次，这种复杂的道德生活就像人体一样，包含着"未成熟的器官"和"残存物"。我们目前有些标准和理想是在过去的一个时期形成的，有些是在另一

① 柏拉图(Plato)，《普罗泰戈拉》，第 320 节及以下。

个时期形成的，其中有些适用目前的状态，有些则不适应，有些与另一些不相一致。当我们发现道德判断起初是如何形成的时候，道德判断中许多明显的冲突就可以得到解释。只有根据早期的道德，我们才能比较容易地理解今天的道德生活。第三个理由是：我们可以得到更加客观的研究材料。道德生活是我们自身一个十分私密的部分，很难公正地评论。人们对道德生活的特征往往熟视无睹。旅行时，我们发现，其他民族的习俗、法律和道德标准很“独特”。除非一些这样的方法促使我们拿自己的行为与他人的行为相比较，才可能想到自己的标准也是独特的，因此也需要解释。这从科学上说，就像就个人而言，“像别人看我们那样来看我们自己”一样困难。仅仅像别人看我们那样来看我们自己是不够的，这无疑是正确的。彻底的道德分析要求我们把“别人”可能无法发现的动机和意图考虑进来。但是，如果通过比较研究，能够磨砺我们的洞察力和唤醒我们的注意力，那么对这种更彻底的分析会有很大的帮助。第四个理由是：它强调道德动态的、进步的特征。仅仅考察现在，可能很容易给人留下这样的印象，即道德生活不是一种生活、一种进步的过程和某种还在发展中的东西——而是一个一成不变的结构。道德秩序与道德进步都
10 存在着。这可以通过对道德行为的性质进行分析来发现，但如果我们追溯历史上的实际发展，那么，它会显得更加清楚和令人难忘。因此，在试图分析目前的道德意识及其判断之前，我们将概要地说明更早的阶段和更简单的阶段。

理论与实践——最后，如果我们能够发现伦理原则，那么，这些原则应该对不断出现的未解决的生活问题给予某种指导，以利于作出决定。不管对于其他科学来说什么是正确的，对于伦理学而言，似乎至少应该具有某种实践价值。“在这个人生的舞台上，只有上帝和天使才有资格充当旁观者。”人必须行动；他必须很好地或恶劣地、正确地或错误地行动。如果他根据人类秩序和进步的一般原则来反思和考虑自己的行为，那么，他应该更加理智和自由地行动，应该达到满足，这种满足总是伴随着与不加批判的或单凭经验法则的实践相比较的科学实践而来的。当苏格拉底说“一种未经反省和未受批判的生活是不值得人过的”时，他为行为研究提供了经典表达。

§2. 道德的标准

我并没打算在此精确或详细说明道德行为中所包含的东西，因为这是第二

部分的任务。但是，为了在第一部分中追溯道德的起源，最好拥有一张草图以便向学生指出在其探究的早期阶段所要寻找的东西，并使其能够在这条道路上保持方向。

道德的某些特征可以通过特定时刻的道德行为的一个横截面、一个关于因素的说明中得到展示。通过把后期阶段与早期阶段进行比较，其他特征会更加清晰地显现出来。我们首先给出一个横截面。

1. **横截面中的道德生活的特征**——在这个横截面中，以下事实展示了第一
个主要的区别是怎样的，即我们有时注意人们做**什么**(what)或者打算做什么，有 11
时注意行为是**怎样的**(how)或者**为什么**(why)要那样做。这些区别其实没有它们看起来那么绝对，但是日常生活中需要这些区分，道德理论常常会选择某个区分作为重要的方面。当人们要求我们寻求和平、说真话，或者以最大多数人的最大幸福为目标时，我们被命令去采取或打算采取某个明确的行为。当我们被力劝要认真或心地纯洁时，重点在一种可能伴随种种行为而来的态度上。一份报纸提倡一个好的措施，到目前为止，一切顺利。但是，人们可能会问，这件事的动机是什么？如果这被认为仅仅是出于自私，那么，他们就不会相信报纸对改革有真正的兴趣。另一方面，光有真诚是不够的。如果一个人坦率而真诚地提倡一个损公肥私的计划，那么，我们就会谴责他。我们说，这种坦率表明他完全漠视其他人。一个伟大的道德哲学家确实说过只要理性地行动就够了，但他同时宣称这意味着把每个人看作是一个目的而不只是一个手段，这就需要一种特殊的行动。因此，为了当前的目的可以假定一种普遍的同意，即我们的道德判断既要考虑做了什么或要做什么，又要考虑如何做或为什么做。这两个方面有时被叫做“质料”和“形式”，或者叫做“内容”和“态度”。我们将使用更简单的词，即什么(the What)和如何(the How)。

“什么”作为一种标准——如果暂时忽视“如何”而考虑“什么”，那么，我们就会发现，在判断中有两个主要的观点：一个是一个人自我的“较高的”和“较低的”自我的观点；另一个是他对待其他人的观点。

较高自我与较低自我之间的区别有许多形式。我们把一个人描述成“他自己欲望的奴隶”，把另一个人描述成被金钱欲望所纠缠，把第三个人说成是有着无法满足的野心。与此相对，我们听到对科学追求、文化、艺术、友谊、沉思和宗教的赞扬。我们被命令去考虑高贵**严肃**(*σεμνά*)的东西。精神的生活与肉体的

12 生活相对抗，较精致的东西与较粗糙的东西相对抗，较高贵的东西与较卑贱的东西相对抗。不管解释这些的形式怎样被误导，有一点是毫无疑问的，即现实存在着相互冲突的冲动，并由此引发了二元论。其根源是显而易见的。如果自我保存、自我肯定和性本能不是强有力地植根于身体之中，那么，我们就不会在这里。这些可能很容易成为占支配地位的激情。但是，几乎可以肯定，除非一个人通过其他的动机控制这些冲动和激情，否则，他就不可能成为他可能成为的全部。在他找到最好的生活之前，首先必须为自己创造一个新的、由理想的兴趣构成的世界。欲望和本能在它们开始的意义上可能是“自然的”；就像亚里士多德所说的那样，理智和精神的生活，在人的全部本性只有在这样的生活中才能得到发展的意义上，才是“自然的”。

没有必要在“什么”的另一个方面，即对待其他人上，耽搁我们的时间。公正、仁慈、符合黄金法则(Golden Rule)的行为，是正当的和善的东西。不公正、残忍和自私，是错误的和恶的东西。

对“如何”的分析：正当的东西和善的东西——我们已经使用了正当和善，好像它们在谈到行为时可以被互换着使用。这可能最终会被证明是正确的。如果一个行为是正当的，那么，英雄或圣人可能认为它也是善的；如果一个行为在最充分的意义上是善的，那么，它将称赞自身是正当的。但是，正当和善显然是从两个不同的视角来处理行为的。当谈到内容或“什么”时，人们可能已经注意到这些方面，但它们在考虑“如何”时变得更加重要。

显然，当我们把行为说成是正当的时，像是在法官面前考虑它一样。我们带给行为一个标准，然后用这个标准衡量这个行为。我们也把这个标准看作是我们“应该”服从的一个“道德法则”。我们尊重它的权威，并对它负责。这个标准被认为是对我们的冲动和欲望的一种控制。我们把承认这样一个法则、急于找到并履行其义务的人称为尽责的；当他控制他的冲动时，他具有自制力；当他依照标准严格地调整他的行为时，他是正直的和可靠的。

如果我考虑“**善**”，那么，我是从价值的角度来着手探讨行为的。我在考虑什
13 么是值得拥有的。这也是一个标准，但这个标准被看作是一个去寻求的目的，而不是一个法则。我将“选择”并支持它，而不是靠它来控制我自己。这是一个“理想”。从这个角度来看，尽责的人就会设法去发现真正的善，去评价他的目的，去产生理想，而不是没有经过仔细考虑就跟随冲动或接受任何表面上的善。只要

冲动由理想来引导，这个完全善的人将是正直的、“真诚的”；也就是说，他将不会因害怕惩罚或因贿赂而被促使去做善事，就像正直的人将“受到一种义务感”和“对原则的敬重感的支配”一样。

道德特征一览——为了概括道德生活在横截面中或者当其充分活动时表现出来的主要特征，我们对它们规定如下：

在“什么”一边，有两个方面：

(a) 知识、艺术、自由、权利和“精神生活”的“较高的”、理想的兴趣占支配地位。

(b) 从其公正、同情和仁慈的不同方面来尊重他人。

在“如何”一边，重要的方面是：

(a) 对某个标准的承认，这可能要么作为“权利”和“法则”伪装下的一种控制出现，要么作为以被追求的理想或被认可的善的形式的价值尺度出现。

(b)义务感和对法则的敬重；对善的真诚的爱。

后一种划分的(a)和(b)都包括在“尽责的”态度之下。

2. **作为一种成长的道德**——心理学家区分了行为的三个阶段：(a)本能的活动。(b)注意；通过想象对行动进行有意识的指导或控制的阶段；深思熟虑、欲望和选择的阶段。(c)习惯；沿着由先前行动所规定的线路进行无意识活动的阶段。因此，意识“处于一个奇怪的中间位置，一边是遗传性反射和无意识的活动，另一边是后天获得的习惯性活动”。在本能的原始装备不能满足某种新情况的地方，当出现刺激，而身体还没有对它们作出反应时，意识就产生了。它从各种 14
各样的反应中挑选出那些适合这个目的的反应，当这些反应自身变得不加思索和习惯性的时候，意识就“在到目前为止仍欠缺和需要习惯性的适应运动的其他地方致力于这些目的”。[①] 为了把这应用于道德发展，我们只需要补充说，这个过程不断重复自身。每个后面重复的出发点不是遗传性的本能，而是已经形成的习惯。因为在个人生命的一个时期或者在种族发展的一个阶段所形成的习惯，被证明不适合更复杂的情况。孩子离开家，野蛮的部落转向农业生活，而古老的习惯不再能够满足需求。因此，需要反复思考，深思熟虑，去斗争和努力。如果结果是成功的，那么新的习惯就会养成，但将在一个更高的水平上。因为新

---

① 安杰尔，《心理学》(*Psychology*)，第 59 页。

的习惯、新的品格体现了更多的智慧。第一个阶段是纯粹本能的活动,我们不称它为道德行为。它当然不是不道德的(immoral);它只是与道德无关(unmoral)。第二个阶段表明道德正在形成。它包括从冲动到欲望再到意志的过渡过程。它涉及相冲突的利益的压力、深思熟虑和评价的过程,以及最后的选择行为。它将在我们对种族发展的论述中得到说明。这种发展从早期的群体生活和习俗,转变到更高文明、更有意识的道德生活。第三个阶段具有有序的特征,它是过程的目标。但是,它显然只是一个相对的点。一个好人建立一套习惯;一个好的社会建立某些法律和道德准则。但是,除非这个人或这个社会处在一个一成不变的世界中,没有新的情况发生,否则将会产生新的问题。这意味着无论习惯怎么适合它的时机和目的,一定会有新的选择和新的评价。一个在任何情况下都无意识奔跑的人,与一个机械装置差不多。因此,这个过程的第二个阶段是积极的道德意识的阶段。我们的注意力就集中在这个阶段。

15 从一开始到第二个阶段的道德成长可以描述成一个过程,人在这个过程中变得更加理性、更具社会性,最终更加道德。我们简略地考察一下其中的每个方面。

理性化的或理想化的过程——有机体的第一需要是活着和生长着。因此,第一本能和冲动是得到食物、自卫,以及获得其他的直接必需品。原始人吃饭、睡觉、打仗、建立住所、并为后代提供食物和保护。"理性化的"过程,首先意味着更多地使用理智来满足这些相同的需求。这个过程体现在技术性的职业中,体现在工业和贸易中,体现在利用所有资源来增进人的能力和幸福中。但是,使行为理性化,也就是在行为中引入新的目的。它不仅使人能够获得他想要的东西,也改变他想要的对象的种类。这外在地体现在人所制造的东西中,体现在他的日常行为中。他当然必须有饭吃,有房住。但是,他也要建造寺庙、制作雕像和创作诗歌。他创作关于世界的神话和理论。他从事商业或政府方面的事务,与其说是为了满足身体需求的欲望,不如说是为了经验能力的增长。他通过艺术和宗教,创造一种更高水平的家庭生活。他活着并不只是为了吃饭,而是要逐步建立一种理性的生活。这在心理学上意味着:尽管起初我们想要自己身体所需要的东西,但是很快就想要心灵感兴趣的东西。当我们凭借记忆、想象和理性形成一个更加连续、固定和高度组织化的自我时,就需要一种更加永恒和理想的善来满足自己。这就产生了物质的自我与理想的自我之间的对比,或者以另一种方式即“世界”与“精神”之间的对比。

社会化的过程——这个发展过程“社会化”的一方面，代表了一种日益增加的与其他人建立关系的能力。就像理性的生长一样，它既是一种手段，又是一种目的。它根源于某些本能——性、合群性、父母本能——根源于相互支持和保护的需求。但是，这样形成的联合(associations)包含大量的活动，这些活动召唤新的力量并建立新的目的。语言就是这些最早的活动之一，是走向更彻底的社会 16
化的第一步。各种企业的合作，服务与商品的交换，参与社会职业，为各种目的而联合，家族、家庭、政府和宗教的制度，这一切都大大增加了个人的能力。另一方面，当他进入这些关系并成为所有这些团体的一个“成员”时，他必然会经受其利益的转变。从心理学上说，这个过程是建立“社会”自我的过程。模仿与暗示、同情与感情、共同目的与共同利益都有助于建立这样一个自我。当各种本能、情感和目的被更明确地组织成这样一个单位时，就有可能使其他人的利益与那些以我更加个人化的利益为中心的利益相对抗。有意识的利己主义和利他主义便有了可能。从一种解释的意义上来说，自我和他人的利益被提高到权利和公正的水平上。

使行为成为道德的需要什么条件——这一切在最充分的意义上还不是道德进步。发展出更理性、更社会化的行为，是道德不可或缺的条件，但不是事情的全部。我们需要的是：更理性和社会化的行为本身应该被视为善的，因此会被选择和寻求；或者从控制的方面来说，社会或理性规定的法律应该被自觉地看作是正当的，它被用作一种标准，必须遵守。这产生了更高与更低之间的对比，是作为一个有意识的目的，而不只是一个趣味方面的问题。它把自我与他人之间的冲突提高到了个人权利与公正、有意识的自私或仁慈的基础上。最后，它为那种社会化的和理性选择的组织提供了基础，使已经取得的进步可以得到长期保证。然而需要注意，义务与倾向之间的斗争、有意识的选择会向前发展为一个新的问题。亚里士多德解释了这些观点：

> 但是，德性在这一点上并不类同于技艺。技艺的产品在其自身之中就有其卓越，因此如果当它们产生时，就具有某种品质，这就够了；但是就德性来说，如果一个人所做的事只具有某种性质，那么，他就不会被说成是公正地或有节制地(或者像一个公正的或有节制的人那样)行动——当他做事 17

时，他还必须处于某种精神状态中：也就是说，首先，他必须知道他正在做什么；其次，他必须选择它，而且是为了它自身而选择它；第三，他的行为必须是一种成形的和稳定的品格的表达。

作为成长的道德的特征一览——整个过程有三个阶段：

(a) 本能的或习惯的行动。

(b) 在被关注的压力之下的行动，包括有意识的介入和重建在内。

(c) 有意识地指导行为，将其组织成习惯和更高级的自我：品格。

从(a)到(b)的整个发展有三个方面：

(a) 它是一个理性化和理想化的过程。理性既是一种保证其他目的的手段，又是一种决定什么应该被寻求的因素。

(b) 它是一个社会化的过程，社会既加强又改变个人。

(c) 它是这样一个过程，在这个过程中，行为本身最终成为有意识的反思、评价和批判的对象。关于权利与义务、善与德性的明确的道德概念出现在这个过程中。

§3. 论述的划分

在初步介绍了群体生活的某些重要方面之后，第一部分将首先以概论的方式来追溯道德发展的过程，然后详细说明选自以色列生活、希腊生活和现代文明生活的过程。

第二部分将分析行为或道德生活内部的、个人的方面。在更仔细地分辨道德行动的含义是什么，并表明伦理理论如何看待道德生活的某些典型方式之后，它将考察权利与善、义务与德性的意义，并力图揭示构成道德判断和道德行为基础的原则。

18 第三部分将研究作为社会行动(action)的行为(conduct)。但我们不是关注一般的概论，而是将注意力集中在行为的三个阶段，它们特别令人感兴趣并且有着重要的意义。政治权利与义务、生产、分配以及财产所有权，最后是家居(domestic)和家庭(family)生活的关系，在所有这些方面都提出了尚待解决的问题。这激发学生去进行仔细的考察，因为他作为公民必须对有关的问题持某种态度。

参考文献

我们将会在每个部分的开头和一些章节的结束处给出特定主题的参考文献。我们在这里指出一些更有用的手册和近来代表性的著作，并增加一些关于伦理学的范围和方法的特定参考书目。鲍德温(Baldwin)的《哲学和心理学词典》(*Dictionary of Philosophy and Psychology*)有选定的目录(尤其参见词条："伦理学理论"、"伦理学"、"价值")和总目录(Vol. III)。伦策(Runze)的《伦理学》(*Ethik*，1891)有非常有益的参考文献。

基本文本：Mackenzie, *Manual of Ethics*, 4th ed., 1900; Muirhead, *Elements of Ethics*, 1892; Seth, *A Study of Ethical Principles*, 6th ed., 1902; Thilly, *Introduction to Ethics*, 1900.

英语中的代表性的著作和论文：Green, *Prolegomena to Ethics*, 1883 (Idealism); Martineau, *Types of Ethical Theory*, 1885; 3d ed., 1891 (Intuitionism); Sidgwick's *Methods of Ethics*, 1874; 6th ed., 1901 (Union of Intuitionist and Utilitarian Positions with careful analysis of common sense); Spencer, *The Principles of Ethics*, 1892 - 1893 (Evolution); Stephen's *Science of Ethics*, 1882. The comprehensive work of Paulsen (*System der Ethik*, 1889, 5th ed., 1900) has been translated by Thilly, 1899; that of Wundt (*Ethik*, 1886, 3d ed., 1903), by Titchener, Gulliver, and Washburn 1897 - 1901. Among the more recent contributions, either to the whole field or to specific parts, may be noted: Alexander, *Moral Order and Progress*, 1889; 2d ed., 1891; Dewey, *Outlines of Ethics*, 1891 [*The Early Works of John Dewey* 3:237 - 388], and *The Study of Ethics: A Syllabus*, 1894 [*Early Works* 4:219 - 362]; Fite, *An Introductory Study of Ethics*, 1903; Höffding, *Ethik* (German tr.), 1888; Janet, *The Theory of Morals* (Eng. tr.), 1884; Ladd, *The Philosophy of Conduct*, 1902; Mezes, *Ethics: Descriptive and Explanatory*, 1901; Moore, *Principia Ethica*, 1903; Palmer, *The Field of Ethics*, 1901, *The Nature of Goodness*, 1903; Taylor, *The Problem of Conduct*, 1901; Rashdall, *The Theory of Good and Evil*, 1907; Bowne, *The Principles of* 19
Ethics, 1892; Rickaby, *Moral Philosophy*, 1888.

伦理学史：Sidgwick, *History of Ethics*, 3d ed., 1892; Albee, *A History of English Utilitarianism*, 1902; Stephen, *The Utilitarians*, 1900; Martineau, *Types of Ethical Theory*; Whewell, *Lectures on the History of Moral Philosophy in England*, 1852, 1862; Köstlin, *Geschichte der Ethik*, Vol. I, Part I, 1887 (ancient theories); Jodl, *Geschichte der Ethik*, 2 vols., 1882 - 89 (modern); Wundt, *Ethik*, Vol. II; the histories of philosophy by Windelband, Höffding, Erdmann, Ueberweg, Falckenberg.

伦理学的范围和方法：See the opening chapters in nearly all the works cited above, especially Palmer (*Field of Ethics*), Moore, Stephen, Spencer, Paulsen and Wundt (*Facts of the Moral Life*); see also Ritchie, *Philosophical Studies*, 1905, pp. 264 - 291; Wallace, *Lectures and Essays on Natural Theology and Ethics*, 1898, pp. 194 ff.; Dewey, *Logical Conditions of a Scientific Treatment of Morality* (University of Chicago Decennial Publications, 1903) [*The Middle Works of John Dewey* 3:3 - 39]; Stuart, *The Logic of Self-Realization*, in University of California Publications in Philosophy, I, 1904; Small, *The Significance of Sociology for Ethics*, 1902; Hadley, Articles on Economic Theory in Baldwin's *Dictionary*.

理论与生活的关系：Green, *Prolegomena*, Book IV; Dewey, *International Journal of Ethics*, Vol. I, 1891, pp. 186 - 203 [*Early Works* 3:93 - 109]; James, same journal, Vol. I, 330 - 354; Mackenzie, same journal, Vol. IV, 1894, pp. 160 - 173.

第一部分　道德的起源和发展

第一部分主要参考文献

Hobhouse, *Morals in Evolution*, 2 vols., 1906.
Westermarck, *The Origin and Development of Moral Ideas*, Vol. I, 1906.
Sutherland, *The Origin and Growth of Moral Instinct*, 2 vols., 1898.
Wundt, *Facts of the Moral Life*, 1897; also *Ethik*, 3d ed., 1903, Vol. I, pp.280 - 523.
Paulsen. *A System of Ethics*, 1899, Book I.
Sumner, *Folkways*, 1906.
Bergemann, *Ethik als Kulturphilosophie*, 1904.
Mezes, Ethics: *Descriptive and Explanatory*, Part I.
Dewey, "The Evolutionary Method as Applied to Morality," *Philosophical Review*, XI, 1902, pp.107 - 124, 353 - 371.
Adam Smith, *Theory of Moral Sentiments*, 1892.
Baldwin, *Social and Ethical Interpretations*, 1902.
Taylor, *The Problem of Conduct*, 1901, chap. iii.
Spencer, *Data of Ethics*, 1879; *Psychology*, 1872, Part IX, chs. v-viii.
Ihering, *Der Zweck im Recht*, 3d ed., 1893.
Steinthal, *Allgemeine Ethik*, 1885.

2.

早期群体生活

要了解道德生活的起源和发展,首先必须了解原始社会。尽管有许多不确 23
定的因素,但显然有个事实十分重要,这就是**群体生活的决定性影响**。这并不是在宣称所有的民族都有相同类型的群体,或者相同程度的群体团结。毋庸置疑,现代文明种族的祖先通常都生活在下面勾勒的各种类型的群体生活中,这些类型或其残余可以在今天的大部分民族中找到。

§1. 群体生活的典型事例

看看格雷(Gray)博士讲述的下列事件:

> 一个中国人在他妻子的协助下打了他的母亲。圣旨不仅下令处死罪犯;还要处死族长,近邻每人打80板并且流放;男犯考上秀才(或文学学士)的学校督学也要受鞭刑和流放;叔祖父、叔父以及两个哥哥要处死;地方长官和统治者暂时削去官衔;当着女犯母亲的面,对她女儿管教不严的4个人被刺字,而她则将被流放到遥远的地方;女犯的父亲,一个秀才,则将不准获得更高的功名,而且也要鞭打和流放;罪犯的儿子要改名,罪犯的田地暂时禁止耕种。(J·H·格雷,《中国》(*China*),第1卷,第237页及以下)

比较一下亚干(Achan)的故事:

> 亚干把某些已经保留或"奉献"给耶和华的耶利哥战利品占为己有。因 24

此，以色列人在战争中遭受失败。当亚干的行为被人知道后，“约书亚和以色列众人把谢拉的曾孙亚干(谢拉的儿子)和那银子、那件衣服、那条金子，并亚干的儿女、牛、驴、羊、帐篷，以及他所有……以色列众人用石头砸他，用火烧他的物品，用石头砸他的儿女和牲畜。”[①]（《约书亚记》，第7章，第24—25页）

与此相反的情况，出现在日本一个地方组织“团组”(Kumi)的规则中。它由5个以上的家庭组成：

作为一个团组的成员，我们将友好地培养感情，甚至比亲戚还要亲。我们既分担彼此的悲伤，也增进彼此的幸福。如果团组中有一个放荡不羁或无法无天的人，我们所有人都必须对他负有责任。[西蒙斯(Simmons)和威格莫尔(Wigmore)，《日本亚洲学会学报》(*Transactions, Asiatic Society of Japan*)，第19卷，第177页及以下]

对于群体的另一个方面，我们可以记下凯撒对日耳曼人的土地所有权的描述：

没有人私下占有一块土地；没有人拥有属于自己的有限田地；但是，每年地方行政官和首领都会分发土地给氏族和亲属群体以及那些生活在一起的人(其他群体)。(《高卢战记》(*De Bello Gallico*)，第6卷，第22节)

据说我们聪明的祖先——希腊人，以及晚些时候的雅利安人，在阿提卡(Attica)，甚至在新近一个时期，土地在很大程度上仍然由想象的人、神、宗族(部落)或氏族、亲族和政治共同体占有。甚至当土地的地上权可能被看作是私人的时候，地下权为公共的。[②] 因此，格罗特(Grote)说明了这些亲属群体所依赖的基础：[③]

---

① 本段译文参照《旧约全书》第6卷，《约书亚记》。——译者

② 维拉莫维茨-默伦多夫(Wilamowitz-Moellendorff)，《亚里士多德与雅典》(*Aristoteles und Athen*)，第2卷，第47、93页。

③ 格罗特，《希腊史》(*History of Greece*)，第3卷，第55页。

> 所有这些氏族的和异教徒的联合，无论大的还是小的，都基于相同的原则和希腊思想的倾向——崇拜理念与祖先理念的结合，或者某个特殊的宗教仪式中的融洽关系与血统的融洽关系的结合，无论是真实的还是想象的……召集起来的成员把祭品奉献给神或英雄，而神或英雄则被认为是原始祖先，他们认为自己来源于这原始的祖先。

关于古代的家庭群体，库朗日(Coulanges)给出了一个类似的说法①： 25

> 古代家庭的成员被某种比血统、感情或体力更为有力的东西结合在一起，这就是由圣火和先祖交织而成的宗教。这使家庭在今生和来世都形成了一个单一的群体。

最后，如下有关卡菲尔人(Kafirs)中的宗族制度的这段话可以说明两个观点：(1)这样一种群体生活包含着一种特殊种类的情感和思想；(2)它有一种恰好根植于生活必需品中的力量。

> 一个卡菲尔人认为，"束缚他的框架"延伸到这个氏族。与欧洲家庭微弱而无力的团结感相比，卡菲尔氏族在群体联合上是强有力的。氏族的权利完全压倒了个人的权利。部落团结的制度在平稳中运转得如此之好，它可以满足社会主义者的最大梦想，部落团结的制度是氏族的群体联合感的一个古老证据。在古代，当氏族首领让一个人为白人工作，并要求他把所有的或几乎所有的薪水都交给首领时，这个人并没有感到自己受到伤害；这钱保留在氏族内，对氏族有益的东西对个人也有益，**反之亦然**。这个氏族统一体最引人注目之处，在于它不是经深思熟虑后产生、通过立法从外部强加于一个不情愿的人的计划，而是一个**感觉到的**、沿着最少反抗的方向自发产生的计划。如果氏族的一个成员受苦，那么，所有的成员都会受苦。这不是伤感的措辞，而是真实的事实。[达德利·基德(Dudley Kidd)，《野蛮童年》(*Savage Childhood*)，第74页及以下]

---

① 库朗日，《古代的城市》(*The Ancient City*)，第51页。

上面的这些段落涉及的是雅利安人、闪族、蒙古人以及卡菲尔民族。它们可以与关于几乎每个民族相似的陈述媲美。它们表明了一种非常不同于美国人或大多数欧洲人的生活方式和人生观。[①] 美国人或欧洲人属于各种团体，但是他"加入"大多数的群体。当然，他出生于一个家庭，但是除非他喜欢，否则就不会
26 一辈子呆在家里。他可以选择自己的职业、住处、妻子、政党、宗教、社交俱乐部，甚至效忠的民族。他可以享有或出售自己的房屋，赠送或遗赠自己的财产，一般而言，他只对自己的行为而不对他人的行为负责。与如果他勉强接受所有这些关系将成为的那种人相比，这在一种更为充分的意义上，使他成为一个"个人"(individual)。另一方面，这种群体的成员，我们在上面的例子中就提到过，当他出生于某个氏族或家庭团体中时，他所有的或几乎所有的关系都是固定的。这就决定了他的职业、居所、宗教信仰和政治关系。即使它不决定他的妻子，但它通常至少决定了她应该来自的群体。用梅因(Maine)的话来说，他的条件是关于"地位"的，而不是关于"婚约"的。这在他的整个态度中会有天壤之别。如果我们更加仔细地考察这个群体的生活，那么将有助于通过对比更加清楚地阐明当前道德的特征，而且也有助于了解形成中的道德生活。正如在已引用的文字中所阐明的那样，我们将发现，最重要的群体类型同时是一个亲属关系或家庭，一个经济的、政治的、宗教的和道德的单元。然而，首先让我们简略地介绍一下这种最重要的群体类型。

§2. 亲属关系和家庭群体

1. *亲属群体*——亲属群体是指这样一群人，他们认为他们自身是起源于同一个祖先，因此，他们认为在他们的血管里流的是同一种血。这对我们研究是否每个群体事实上都起源于一个单一的祖先没有什么关系。食物供给或战争方面的偶然情况，可能是群体构成的一个原始原因，无论是全部还是部分，这是非常有可能的。但是，这对我们的目的无关紧要。重点在于群体的成员把他们自己看作是一个血统的成员。在某些情况下，这个祖先会被认为是一只动物。因此，我们有所谓的图腾群体，这可以在北美印第安人、非洲人、澳大利亚人中找到。

① 俄国人的米尔、南斯拉夫人"数代同堂"的家庭、科西嘉人互相仇杀的氏族，以及高加索地区的部落，仍然有着坚固的群体利益。一些毗邻国家中山地人的宿怨，可以说明家庭的团结。

图腾群体可能是闪族(Semitic groups)的早期形式。在其他情况下,某个英雄或 27
甚至某个神被叫做祖先。不管怎样,这个理论的本质部分仍然不变:也就是说,相同的血在所有成员身上流淌,因此,每个人的生活是群体共同生活的一部分。因而,这里没有亲属关系的等级。应该注意的是,这个群体与家庭不同;在家庭中,通常丈夫和妻子是不同的亲属群体的成员,而且维持着他们的各种亲属关系。在某些民族中,结婚仪式事实上象征着妻子被获准加入丈夫的亲属关系中。在这种情况下,家庭就成为一个亲属群体,但情况决不是普遍如此。

一个人首先是一个群体的成员,而不是一个个人,这种感情在某些亲属群体中会被等级关系的结构所促进。根据这个系统,我可以把某个群体或人的等级中的任何一个人叫做母亲、祖父、兄弟、姐妹,而不是只把一个确定的人看作和称为父亲或母亲,或者称为祖父、叔父、兄弟、姐妹。和我处于相同等级中的其他人,也把这个人叫做母亲、祖父、兄弟或姐妹。[①] 这样一种等级制度最简单的形式,可以在夏威夷人中找到。这里有五个等级,它们以与我们称为祖父母、父母、兄弟姐妹、子女和孙子女所相对应的代(generations)为基础。但是,称呼它们的词不像称呼我们的那样,它们不包含任何特殊血统的意思。记住这个,我们可以说,第一等级中的每个人对于第三等级中的每个人来说,都是祖父(母);第三等级中的每个人对于第三等级中每个其他人来说,都是兄弟或姐妹;而对于第四等
级中的每个人来说,都是父亲或母亲,等等。在澳大利亚,等级更多,关系更错综 28
复杂,但是这并不像人们可能认为的那样,使联系的纽带变得相对地不重要;相反,一个人与每个其他等级的关系是"每个人必定知道的最重要的特点之一";它在一种不同寻常的程度上决定着婚姻关系、食物分配、称呼和一般的行为。一个亲属群体在以色列人中被称为"部落"(tribe)或"家庭"(family);在希腊人中被称为种族(genos)、兄弟关系(phratria)和宗族(phyle);在罗马人中被称为宗族(gens)和库里亚(curia);在苏格兰被称为氏族(clan);在爱尔兰被称为家族

① "在所有我们所知道的部落中,所有的关系都毫无例外地与关系的承认同时发生,所有这些关系都依赖于一个等级制度的存在。关于这个等级制度的基本思想,在于某些群体的女人可以和其他群体的男人结婚。每个部落都有一个关系,它无差别地适用于这个男人或他实际所娶的女人,以及所有他可能合法地娶的女人,也就是说,所有属于这个群体的人:一个关系,不仅适用于他真正的母亲,而且适用于所有他父亲可能合法迎娶的女人。"——斯宾塞(Spencer)和吉伦(Gillen),《澳大利亚中部的原始部落》(*Native Tribes of Central Australia*),第 57 页。

(sept)；在德国被称为氏族(Sippe)。

2. **家庭或家庭群体**(*Household Group*)——对于我们的目的而言，两类家庭可能会被认为是重要的。在**母系家庭**(maternal family)中，女人仍然在她自己的家族中，子女自然被认为是属于母亲的家族。丈夫或父亲或多或少是一个客人或局外人。在族间仇杀中，如果他的氏族与他妻子的氏族反目，他将必须站在他自己的氏族一边，反对他妻子的氏族。因此，氏族与家庭被看作是不同的。**父系家庭**(paternal family)很容易成为**父权家庭**(patriarchal family)，在其中，妻子离开亲人住在丈夫家里，生活在他的亲属中间。因而，像在罗马一样，她可能有自己的亲戚，并且可能被正式地接纳进她丈夫的宗族或氏族中。关于俄瑞斯忒斯(Orestes)的希腊神话，是父亲家族与母亲家族这两个概念相冲突的一个例证；而哈姆雷特在相似的情况下对他母亲的回避，表明了一个更加现代的观点。

显而易见，随着父系家庭类型的盛行，氏族和家庭纽带将会彼此加强。这将对父亲与子女的关系产生重要的影响，而且将给予祖先宗教一个更加坚实的基础。但是，在许多方面，周围气氛、压力与支持、群体同情与群体传统，基本上都是相似的。重要的是每个人都是家族的成员，也是某个家庭群体的成员，他会这样思考、感受和行动。①

29 **§3. 亲属关系和家庭群体也是经济和工业的单位**

1. **土地与群体**——在土地上，一般说来，现代意义上的个人所有权是不被承认的。在狩猎和游牧民族中，任何群体当然没有现代法律意义上的"所有权"。

---

① 原始人既是一个个体又是群体的一个成员这个事实——他好像有两个人格或自我，一个个体自我和一个氏族自我或"部落自我"，就像克利福德(Clifford)声称的那样——并不仅仅是心理学家陈述事物的方式。根据他们最近的研究者达德利·基德先生的看法，卡菲尔人有两个不同的词来表达这两个自我。他们把一个叫做 *idhlozi*，把另一个叫做 *itongo*。"*idhlozi* 是每个小孩与生俱来的个体的和个人的精神——某种新颖而独特的东西，它决不能被任何其他的人所分享——然而，*itongo* 是祖先的和共同的精神，它不是个人的而是部落的或氏族的东西，对它的拥有不是生来就获得的，而是通过某种初步的仪式获得的。*Idhlozi* 是个人的和不可剥夺的，因为它与这个人的人格有关，它死后存留在坟墓的附近，或成为氏族的蛇或图腾；但是，*itongo* 是属于氏族的，出没于居住的小屋中；它死后回到部落的**阿马同格**(amatongo)(祖先精神)。当一个人成为一个基督徒时，或者当一个人以任何方式不忠于氏族的利益时，他所分享的这种氏族精神(*itongo*)就丧失了，但是一个人决不会丧失他的 *idhlozi*，正如他从不会丧失他的个体性一样。"——基德，《野蛮童年》，第 14 页及以下。

但是,这个群体无论大小,都有相当明确的领地,在这领地内,它可以狩猎和捕鱼;在游牧生活中,它有自己的放牧范围和水井。随着农业的发展,财产以更加明确的意义产生了。但是,财产是被部落、宗族或家庭占有的,而不是被个人占有的:

> 土地属于部落,部落居住在土地上。因此,一个人生活在这片土地上,或者甚至拥有这土地,但他并不因此而是一个部落成员;但是,因为他是部落成员,所以他生活在这片土地上,并且从土地获益。[①]

我们在一开始就引用了希腊人和德国人的习俗。在凯尔特人中,古代爱尔兰的法律表明一个过渡阶段。"部落的土地是由两种不同的分配构成的,部落土地(fechfine)和继承土地(orta)。后者作为个人财产属于首领群体中的人"。[②]
印度人的数代同堂家庭和南斯拉夫人的家庭共同体是群体所有权的现实例子。 30
它们共有食物、崇拜和财产。它们有一个共同的房屋、一张共同的桌子。斯拉夫人的格言表达了他们对共同体生活的评价:"共同的家庭富有起来";"蜂巢中的蜜蜂越多,它的分量就越重"。英国管理爱尔兰的一个困难在于:现代英国人对财产的个人主义观念与爱尔兰人对群体或氏族所有权的更为原始的观念之间存在根本差别。不管正确与否,爱尔兰的佃户拒绝仅仅把自己视为一个佃户。他把自己看作是一个先前拥有土地的家庭或群体的成员,他并不承认群体财产转让的公正,尽管他不会反驳它的合法性。因为,上文描述过的这样一个氏族或家庭,并不仅仅等同于在某个时刻所组成它的人。它(氏族或家庭)的财产既属于目前的所有者,也属于祖先和后代。因此,在某些承认个人在有生之年有所有权或使用权的群体中,遗赠或继承是不被允许的。财产在死后归整个宗族或氏族所有。在其他情况下,孩子可以继承;但是,当缺乏这样一个继承人时,财产转为共同占有。把财产遗赠给教堂的权利,长期以来是民法与教会法发生冲突的焦点。因此,原始氏族或家庭群体与土地的关系,无疑适应于把个人的利益与群体的利益联系在一起。

2. **可动财物**——就可动财物(movable goods)来说,例如工具、武器和家畜,

---

① 赫恩(Hearn),《雅利安人家庭》(*The Aryan Household*),第 212 页。

② 麦克伦南(McLennan),《古代史研究》(*Studies in Ancient History*),第 381 页。

实行起来在实际情况中并不完全相同。当财物指人自己的技艺或本领的产物时，它们通常是他的财物。因此，工具、武器、俘虏来的奴隶或妇女，以及某种特殊手艺或技艺的产物，通常都是私人的。但是，当群体作为一个单位行动时，产物通常是共享的。因此，野牛和大马哈鱼以及大的猎物是属于共同狩猎和捕鱼的整个印第安人群体的；同样地，由妇女照管的玉米属于共同的家庭。如今，斯
31 拉夫人以及印第安人的家庭共同体享有家庭财产共同的利益。在某些部落中，妇女和儿童甚至都被看作是群体的财产。

§4. 亲属关系和家庭群体是政治群体

在现代家庭中，父母对子女实施某种程度的管教，但是这在许多方面是有限的。没有一个父母会被允许杀死孩子，或者被允许对孩子的成长置之不理。在另一方面，如果孩子造成了严重的危害，父母则不会被允许保护孩子使之免受逮捕。*国家*，由于它的法律和官员，被我们看作是某个重要的行动领域中的最高权威。它必须解决争端，保护生命和财产；在许多人看来，在很多地方，每个成员的合作是某些共同的利益所必需的，因而它必须组织成员的生活。在早期的群体生活中，除了氏族或家庭之外，可能有也可能没有某种政治团体(political body)，但是无论如何，*家族或家庭本身就是一种政治国家*。那不是一个在政治权力有意与个人的、宗教的和家庭的纽带相分离的意义上的国家；当人们有意识地从整个未分化的宗教和血缘的群体中分离和界定出政府和法律时，他们获得了一种关于权威的新概念，并且上升到一种更高的发展水平。然而，这个原始群体毕竟是一个国家，而不是一群乌合之众，或一个志愿性社团，或一个纯粹的家庭；因为，(1)它是一个或多或少被永久性地组织起来的群体；(2)它对它的成员实施控制，它的成员把这看作是合法的权力，而不是一种纯粹的力量；(3)它不受任何更高权威的限制，它或多或少是有效地为整体的利益而效力的。这个群体政治方面的代表可能是首领或酋长、一个长老理事会，或者像罗马的元老院，它的家父权(Patria Potestas)标志着父权家庭的极度发展。

32 由群体对个体成员实施的控制，在不同的民族中呈现出不同的形式。比较重要的方面是生命权和人身自由权，在某些情况下，扩展到处死权、伤害权、惩罚权、决定新生婴儿是否保留下来的权力；订婚权，包括对收到的女方嫁妆的处置；代表整个家族管理家族财产的权利。在所有这些不同形式的控制中，对妇女婚

姻关系的控制可能是最持久的。这种控制的一个原因可能基于这样一个事实,即这个群体一定会怨恨一切对已和本群体成员联姻的那个群体成员的伤害。因此,这种责任似乎自然地涉及关于她的婚姻的决定权。

正是群体中的成员身份(membership)给予某个个人所享有的所有权利——根据当前的观念,这对法定权利而言,在很大程度上是正确的。一个国家可能允许另一个国家的公民占有土地,在它的法庭诉讼中通常会给予他很大程度的保护,但是直呼其名的权利(the first-named rights)经常受到限制。首席大法官托尼(Taney)曾声明,依据美国的现行法律理论,黑人没有"应该受到白人尊重的权利"。从彼时到现在,只有几年时间。在法律理论不承认种族或其他差别的地方,一个外国人在实践中要得到正义通常是艰难的。在原始氏族或家庭群体中,这个原则是完全有效的。正义是一种特权,它落实在属于某个群体的人的身上——否则就不是特权。氏族、家庭或村落共同体的成员有要求的权利,但是外来者就没有这种资格。他可能像一个客人一样受到友好的款待,但是无法要求掌握在每个群体手中而不是他自己手中的正义。在这个关于群体中权利的观念中,我们找到了现代民法的原型。部落与部落的交涉是战争或谈判的问题,而不是法律的问题。无部落的人,在事实和名义上都是一个"失去法律保护的人"。

共同责任和相互支持,就像在家族夙仇中表现的那样,是政治与血缘关系融合的一种自然结果。在现代生活中,国家在某些方面把彼此看作是整体。如果 33
野蛮部落的某个成员攻击一个文明国家的公民,那么受害一方会恳求他的政府帮助。通常要求有罪一方交出当事人,以便审判和惩罚。如果不交出,那么受害方的政府就会组织对整个部落的"讨伐"。有罪的和无辜的同样都受苦。或者受害者的国家可能接受来自冒犯部落的金钱或土地的赔偿,以代替对冒犯部落的部分或完全的消灭。英国与非洲、德国与非洲、法国与摩洛哥、美国与菲律宾、诸列强与中国在最近的交易就说明了这一点。国家保护它自己的成员免受其他国家的侵害,而且为其向其他国家进行报复。每个国家各自作为一个统一的群体与另一个相对立。在中世纪流行的做法中可以看到,同样的原则通过作为公务人员的普通公民实现并被运用于城镇。"当一个国家的商人受到另一个国家商人的欺骗,或者发现从后者那里收债是不可能的时候,这个国家就会颁布报复特许证,批准掠夺冒犯该国城镇的任何公民,直到获得赔偿。"回到早期的氏族或部落,我们发现这种团结增强了,因为每个成员不仅由于国家统一而且由于血缘与其余的成员有关系。阿拉伯人不会说“M或N在流血”，不会说出那个人的名字；他们会说，“我们在流血”。①因此，整个群体都感到受了伤害，并认为冒犯者亲属中的每个人或多或少是有责任的。最近的亲属、“家族的复仇者”首先有义务和特权，而其余的人在某种程度上都牵涉在内。

在群体之内，每个成员都被看作是一个个人。如果他娶同族人的妻子或拿同族人的猎物，他将被当权者或他的群体的公共意见所处理。如果他杀死了他的同族人，他固然不会被处死，但是他将受到憎恨，而且可能被驱逐。“杀死活人
34 不是为了死去的人，而是每个人都恨他”。②

当现在一个像家庭一样的较小群体，同时是一个像氏族或部落一样的较大群体的一部分时，就是休戚相关的时期，这对现代人来说是难以理解的。我们在战争中或国家间坚持团结；但是也有个别例外，③只要民法有效，我们用成年人对债务和犯罪的个人责任来代替它。在早期，更高的群体或权威把较小的群体看作一个单位。亚干的家庭和他一起毁灭了。中国人的正义感承认，在取决于亲属关系或住处或职业的远近的责任中有一系列等级。威尔士人的制度认为，和第二代表亲一样远的同族人，应对侮辱或除杀人外的伤害负责，和第五代表亲（血统的第七等级）一样远的同族人应对杀人情况下的惩罚负责。“同族人对saraad④和galanas⑤[德国的“买命钱”(Wergild)]的共同责任，逐渐根据家族与被害者和罪犯的亲近程度而变化，这比任何别的东西都更清楚地揭示了个人在部落共同体中被无数的网束缚在固定地方的程度”。⑥

§5. 亲属关系或家族群体是一个宗教单位

亲属关系或家庭群体主要是由原始宗教观念和崇拜决定的；反过来，宗教把

---

① 罗伯逊·史密斯，《早期阿拉伯的亲属及婚姻关系》(*Kinship and Marriage in Early Arabia*)，第23页。

② 引自格温特郡的法典。塞博姆，《威尔士部落制度》(*The Tribal System in Wales*)，第104页。

③ 例如，丈夫与妻子的某种共同责任。

④ 在威尔士人的法律制度中，“Saraad”（字面意思是“丢脸，蒙羞”）表示一种犯错行为，且这种行为牵涉到对权利受到侵犯的人的污辱及赔偿。——译者

⑤ “galanas”现用于杀人或谋杀；在法规里，它不仅表示这种意思，而且指被害人用牲畜（或牛）或钱来衡量的价值。——译者

⑥ 塞博姆，《威尔士部落制度》，第103页以后。

完整性、重要性和神圣性赋予群体生活。与看不见的力量或人之间的亲属关系是基本的宗教观念。作为一个宗教团体的亲属团体，**只不过是把亲属关系扩大到包括有形的和无形的成员**。宗教的本质特征不是令人害怕的、求助于巫术或受巫术控制的看不见的存在者。与其说看不见的**同族**(kindred)可能令人害怕，不如说它也受人尊敬和热爱。亲属关系可能是自然的或精神的，但无论如何设 35
想，它使神和崇拜者成为一个群体中的成员。[①]

1. **图腾群体**——在图腾群体中，流行的观念是这个群体的所有成员身上流淌着某一种血，整个群体的祖先是某种自然物体，诸如太阳或月亮、植物或动物。对动物祖先与群体成员之间的关系也许是最有趣而易懂的说明，最近在某个澳大利亚人的部落中发现了。澳大利亚人的部落认为，每个孩子在出生时都是这个群体某个先前成员的转世，这些祖先原先是动物和植物，或者是水、火、风、太阳、月亮或星星的一种真实的变形。这种图腾群体珍爱他们认为是其祖先的动物，通常不会杀它们或用作食物。宗教入会有各种各样的仪式，其目的就是要把亲缘纽带的神圣性留在群体中较年轻成员的印象中；这个亲缘纽带不仅把他们彼此联合在一起，而且把他们与自己的图腾联合在一起。装饰艺术的起源常常表达了象征的重要性，图腾被认为像任何人类成员一样，是群体的一个成员。

2. **祖先宗教**——在相对高级的文明阶段，通常，亲属关系是通过父系来看的，父系家族或群体相联系的群体中看不见的成员是已故的祖先。祖先崇拜在今天的中国和日本以及高加索地区的部落仍广泛存在。古代闪族人、罗马人、条顿人、凯尔特人和印度人都有其家神。罗马人的守护神(genius)、家神(lares)、家神珀那忒斯(penates)和祖先灵魂(manes)，也许还有希伯来人的家神——被拉班(Laban)和拉结(Rachel)所看重，由大卫(David)保持，在何西阿(Hosea)时代受到重视——和其他的神一起都是受人热爱和尊重的。有时候，自然神，诸如宙斯(Zeus)或朱庇特(Jupiter)，与亲属关系或家神合二为一。希腊 36
人的赫斯提(Hestia)与罗马人的维斯塔(Vesta)象征灶台(家庭生活——译者)

① “自古以来，作为不同于巫术或魔术的宗教是针对同族而友好的存在者而言，它们可能一度确实生人的气，但是除了对其崇拜者的敌人或背叛这个共同体的成员之外总是温和的。不是具有一种对模糊的未知力量的恐惧，而是具有一种对已知的神的爱的尊重，这些神通过亲属关系的强大纽带与它们的崇拜者联合在一起，宗教在这个词唯一真正的意义上始于此。”——罗伯逊·史密斯，《闪米特人的宗教》(*Religion of the Semites*)，第54页。

的神圣性。因此，对于这个群体的每个成员来说，亲属关系的纽带决定了他的宗教。

宗教完善群体——反过来，这个与看不见然而却在场的、有力的同族精神联合的纽带造就了这个群体，并且把它最高的权威、最完整的价值和最深沉的神圣性给了这个群体。如果这个看不见的亲属是自然存在者，那么，它们对人来说，象征着人对自然的依赖性，以及他以某种模糊的方式与宇宙力量的亲密关系。如果神是已故的祖先，那么，他们被认为是仍然可以强有力地保护和引导其后代的时运，就像安喀塞斯(Anchises)的祖先一样。这个群体的大英雄的智慧、勇气和感情以及力量继续存在。神是看不见的，这个事实极大地增强了他们在想象中的力量。这个群体中看得见的成员可能是强大的，但他们的力量是可以被测量的。活着的长辈可能是有智慧的，然而，他们不会远远超过这个群体中其余的人。但是，看不见的存在者无法测量。远古的祖先可能具有不可思议的年龄和智慧。可以自由发挥想象力去放大他的力量，并赋予他所有能想到的理想价值。因此，宗教纽带适合成为这个群体更高标准的载体，就像宗教对象在具体形式中的体现一样，适合为这些标准的实施或采用提供约束力。

§6. 以年龄和性别为基础的群体或等级

尽管家族和家族群体对于早期道德来说是最重要的，但是其他的分类也是有意义的。按年龄划分是很普遍的。最简单的方案有三个等级：(1)小孩，(2)年轻男人和少女，(3)已婚者。青春期构成第一等级与第二等级之间的界限；婚姻构成第二等级与第三等级之间的界限。不同的穿着和打扮风格，经常也包括不同的住所和行为标准，都属于这几个等级。关于以性别为基础的群体，尤其值得
37 注意的是*男人俱乐部*。现在这种群体主要流行于太平洋诸岛，但是有迹象表明，在早期的欧洲，很多民族中有这样的群体，就像斯巴达人的共餐那样。这个基本思想[1]就像是对于未婚的年轻男人来说，他们有一个共同的会所，可以在那里吃饭、睡觉和消磨时间；然而，女人、小孩和已婚的男人在家里睡觉和吃饭。在大多数情况下，所有的男人在白天常去俱乐部。外邦人可以在那里受到款待。因此，它成了男人活动和交流的一个中心。就其本身而言，对于形成和表达公共意见

① Schurtz, *Altersklassen und Männerbüude*.

以及使初入会所的年轻人铭记年长成员的标准来说，它是一个重要的机构。此外，在某些情况下，这些会所成了纪念死者的仪式中心，从而对他们的其他活动增加了令人难忘的宗教意义。

最后，**秘密社团**(secret societies)可能被作为性别群体的一个部分被提及，因为在原始民族中，这种社团几乎在所有情况下仅限于男人。在许多情况下，它们似乎来源于上文提及的年龄等级。从童年到成年的转变本身是神秘的，而主持成人仪式的老人又增添了更多的神秘。戴上面具，或戴上已故先祖的头盖骨，这带给它额外的神秘和神圣。通常，这种神秘状态(secrecy)带来的力量本身就足以形成这种组织的动机，尤其在其观点最终不会被主导权威赞同之处。有时，它们严格管束它们的成员，承担司法和惩罚的功能，就像中世纪的菲默(Vehm)一样。有时，它们只不过成了社会公敌的联盟。

§7. 家族和其他群体的道德意义

在这一阶段，道德尚未被纳入到某种东西中，那种东西不同于氏族、家族和其他群体政治的、宗教的、血缘的和同情的方面。问题恰恰是，**这些政治的、宗教** 38
的及其他方面在多大程度上是道德的? 如果我们的道德是指通过一种内心的和自我强加的标准有意识地检验行为，是指一种与习惯或习俗的标准相反的自由选择，那么显然，我们只懂得处于萌芽阶段的道德。因为标准是群体的标准，而不是个人良心的标准；它们主要是通过习惯而不是通过选择而起作用的。尽管如此，它们不是通过外人而为个人设定的。它们是由**他作为其中一个成员**的群体所设定的，而且在这个群体中强迫执行。他的行为受到该群体称赞或谴责、惩罚或奖励，财产受到群体监管，他的事业由群体继续进行，整个群体为了共同利益发动战争和复仇。凡是群体所做的事，每个成员都会参加。这是一件互惠的事情：A帮助执行一个规则或把一种服务强加于B；当同样的规则应用到他自身时，他会情不自禁地感到它是公正的。他必须"遵守规则"，通常，他认为遵守规则是理所当然的事。因此，每个成员都在实践某些行为，处于某些关系中，持有某些态度，因为他是做这些事情和坚持这些标准的群体的一员。如果和这个群体没有共同的感情，他就不会与群体一起行动。把神和首领的限制设想为纯粹外在的恐怖，是一种奇怪的歪曲。这个原始群体融入雅典人合唱队的言语所暗含的精神中，接纳这种精神需要一个陌生人

憎恨我们的国家痛恨的一切东西，

尊重它所爱的东西。[①]

群居的本能可能是最基本的冲动，它使群体结合在一起，但它可以被源于共同生活、共同工作、共同危险和共同宗教的同情和情感所加强。道德已经隐含其
39 中，它只是需要成为有意识的行为。这些标准体现在长者或神身上；理性的善，体现在继承的智慧中；对性别、财产权和共同利益的尊重，体现在这个制度中——仅仅在那里。联合和控制不是一件完全客观的事。“群体的联合不是一个相当虔诚的、能够使心灵得到愉悦的念头，但是我们可以非常真实地感觉到它构成了一个很好的基础，利他主义的情感可以从这个基础开始。通过这种从内心涌现的本能的和自发的冲动，严重的自私被抑制了，骚动的激情被遏制了。因此，排他的同志情谊(camaraderie)对原始种族来说具有巨大的价值。”[②]

参考文献

霍布豪斯(Hobhouse)、萨姆纳(Sumner)和威斯特马克(Westermarck)的著作包含了对原始资料的大量引用。其中最有价值的如下：

在野蛮人方面：Waitz, *Anthropologie der Naturvölker*, 1859 - 1872; Tylor, *Primitive Culture*, 1903; Spencer and Gillen, *The Native Tribes of Central Australia*, 1899, and *The Northern Tribes of Central Australia*, 1904; Fison and Howitt, *Kamilaroi and Kurnai*, 1880; Howitt, *The Native Tribes of South-East Australia*, 1904; N. Thomas, *Kinship Organizations and Group Marriage in Australia*, 1906; Morgan, *Houses and House-Life of the American Aborigines*, 1881, *League of the Iroquois*, 1851, *Systems of Consanguinity*, Smithsonian Contribution, 1870, *Ancient Society*, 1877. Many papers in the *Reports of the Bureau of Ethnology*, especially by Powell in 1st, 1879 - 1880; Dorsey in 3d, 1881 - 1882; Mindeleff in 15th, 1893 - 1894.

在印度、中国和日本方面：Lyall, *Asiatic Studies, Religious and Social*, 1882; Gray, *China*, 1878; Smith, *Chinese Characteristics*, 1894, *Village Life in China*, 1899; Nitobé, *Bushido*, 1905; L. Hearn, *Japan*, 1904.

在闪族和印度日耳曼民族方面：W. R. Smith, *Kinship and Marriage in Early Arabia*, 1885, *The Religion of the Semites*, 1894; W. Hearn, *The Aryan Household*, 1879; Fustel de Coulanges, *The Ancient City*, 1874; Seebohm, *The Tribal System in Wales*, 1895, and *Tribal Custom in Anglo-Saxon Law*, 1902; Krauss, *Sitte und Brauch der Südslaven*, 1885.

---

① 索福克勒斯(Sophocles)，《俄狄浦斯在科罗诺斯》(*Oedipus at Colonus*)。

② 基德，《野蛮童年》，第 74 页及以下。

普通文献:Grosse, *Die Formen der Familie und die Formen der Wirthschaft*, 1896; Starcke, *The Primitive Family*, 1889; Maine, *Ancient Law*, 1885; McLennan, *Studies* 40
in Ancient History, 1886; Rivers, "On the Origin of the Classificatory System of Relationships," in *Anthropological Essays*, presented to E. B. Tylor, 1907; Ratzel, *History of Mankind*, 1896 - 1898; Kovalevsky, *Tableau des origines et de l'evolution de la famille et de la propriété*, 1890; Giddings, *Principles of Sociology*, 1896, pp. 157 - 168, 256 - 298; Thomas, "Sex and Primitive Social Control" in *Sex and Society*, 1907; Webster, *Primitive Secret Societies*, 1908; Simmel, "The Sociology of Secrecy and of Secret Societies," *American Journal of Sociology*, Vol. XI, 1906, pp. 441 - 498. See also the references at close of Chapters 6, 7.

3. 早期社会中的理性化和社会化行为

§1. 行为的三个层次

41 一个年轻人开始从事某种职业时，可能仅仅把它作为一种维持生计的手段。然而，这种职业需要远见和毅力；它开阔他的兴趣，养成他的品格。像所罗(Saul)一样，他出去寻找驴子，结果发现了一个王国。或者，他可能因感情的吸引而与某人结婚。然而，由此唤起的同情和必要的合作正在完善和扩展他的生活。这两个事例说明：尽管行为不是来自一个有意识的道德意图，但它们的结果是道德的。

然而，假设在某个家庭中，孩子出生了。然后，父母有意要控制他们的行为，在行使权力中几乎不可避免地会感到需要某种标准，而不是任性善变或自私自利。如果在经商中，合伙人对利润份额发生分歧，那么就会出现公正(fairness)的问题；如果一个合伙人违约，那么就会出现罪(guilt)的问题。或者，如果生意遇到禁止某种经营的法律，那么就会出现正义(justice)的问题。在道德领域中，诸如此类的情况显然不是在上述事例的意义上说的。它们需要某种判断、某种赞成或不赞成。就像亚里士多德所说的，采取行动是不够的；必须以某种方式采取行动——不只是得到结果，而且是计划(intend)结果。结果在某种意义上必定被看作是善的或正当的；而它的对立面则被看作是恶的和不正当的。

但请注意，这些事例中的判断可以采取下面两种方法中的任何一种：(1)父母可以把传统的或公认的标准所要求的东西教给他的孩子，商人可以在经商中实践传统的或公认的标准所要求的东西；或者(2)他可以考虑和检查所涉及的原则与动机。以第一种方法为依据的行动无疑在某种意义上是道德的。它根据一个标准来作判断，尽管它认为这个标准是理所当然的。以第二种方法为依据的行动在一种更加充分的意义上是道德的。它也检查这个标准。一种是关于“习俗”道德（customary morality）的方法，另一种是关于反思道德（reflective morality）的方法，或者在本来的意义上是关于良心（conscience）的方法。 42

三个层次和它们的动机——我们因而可以区分行为的三个层次。

1. 出于本能和基本需要的行为。为了满足这些需要，某种行为是必需的，而这本身涉及某些或多或少是理性的和社会性的行为方式。行为可能合乎道德法则，尽管不是受道德判断所指导。我们在本章中考虑这个层次。

2. 由*社会标准*规范的行为，出于某个或多或少有意识的目的，并涉及社会福利。习俗的层次将在第四章中探讨。

3. 由社会性的和理性的、并得到检查和批判的标准规范的行为。这是良心的层次。第五章到第八章探讨这个层次。

这些层次中的动机将展示一个类似的范围。在(1)中，动机外在于达到的目的。这个人寻求食物、地位、荣誉或性满足；他被迫养成节制、勤劳、勇敢和彬彬有礼的习惯。在(2)中，动机就是要寻求某种社会利益，但这个人为群体尽力主要是因为他*属于*这个群体，他认为自己的利益等同于群体的利益。他的行动部分地受到理智的引导，部分地出于习惯或偶然。(3)在充分的道德中，一个人不仅明确地有意于他的行动，而且把它们看作是他“全心全意”所做的事。他做这些事，*因为*它们是正当的和善的。他自由而理智地选择它们。我们对道德发展的研究，将依次考虑这三个层次。它们都存在于当前的道德中。如果只有(1)存在，那么，它就是前群体生活，这将是我们研究的出发点。现在，我们回到对群体生活的考察，注意实际起作用的力量。我们希望发现这个过程，第一个和第二个层次通过这个过程为第三个层次扫清道路。

生存（existence）所必需的活动开启这个过程——如果一个人要活下去的 43
话，首先需要的是食物、住所和防卫敌人。如果家畜要活下去的话，必须繁殖和抚育后代。另外，如果一个人能够超过对手，能够与他人为了共同的目的而通力合作，那么，这就是斗争的好处。为了满足这些需要，我们发现，群体生活中的人忙于工作，忙于战争或族间仇杀，忙于游戏和节日活动，忙于抚育后代。他们获取食物，制造工具，建造房屋，征服或奴役敌人，保护幼小，赢得战利品，以及在比

赛、舞蹈和歌唱中寻求情感上的刺激。所有这些都有助于为生存而斗争。但是,作为工匠、战士、歌手和父母亲所得到的更多。这些过程形成品格的某些因素,即使这些因素本身并不必然是道德的,然而它们对于充分的道德来说仍是必不可少的条件。因此,我们可以说,参与道德发展是天性,就人而言,无需有意识的意图的帮助。用第一章的术语来说,我们可以把这叫做一种理性化和社会化的过程,尽管不是一个有意识的道德过程。我们注意到,某些更加重要的机制正在起作用。

§2. 理性化的机制

1. **工作机制**——早期形式的职业,如狩猎和捕鱼,需要积极的智慧,尽管这种活动在很大程度上是由直接的兴趣或令人兴奋的事物的刺激所支撑的,这使它们成为文明人的一种娱乐。感觉的敏锐、身心的机敏、在某些情况下生理上的胆量,这些都是最需要的品质。然而,在游牧生活中,成功的人必须有先见之明和目的的连续性,更何况随着农业和商业的开始,这显得更为必要。他必须用理性来控制冲动。他必须组织那些作为品格基础的习惯,而不是屈服于可能导致他偏离主要目的的诸多快乐的引诱。在一定程度上,原始共产主义起了防止个
44 人因这种短视行为而受到严重影响的作用。即使他没有获得充足的猎物,或没有足够多的羊群去供养他自己和他的直系亲属,这个群体也不会眼睁睁地看着他饿死。"种瓜得瓜,种豆得豆"的规律,不会像在现代个人主义的生存斗争中那样,把这种残酷的控制力强加给他。尽管如此,假定原始的群体生活完全是一个懒人的天堂或一种无忧无虑的生活,是一种完全错误的看法。在这里,变化的经济条件作为对所需要的预谋和谨慎程度的衡量,是很重要的。牧羊人雅各(Jacob)的诡计,胜过猎人以扫(Esau);尽管现代人可能同情以扫,但是他必须记住,预谋就像其他有价值的武器一样,既可以一种社会的方式也可以一种自私的方式来使用。早期希腊人对诡计的欣赏,大致表达在他们对赫尔墨斯(Hermes)的偷窃和欺骗的神化之中。农业和商业比前面的几种职业,更需要深思熟虑和远见。

*劳动分工*对于提高精神生活的范围和刺激它的发展来说,是一种强大的影响。如果所有的人做相同的事,所有的人都做得差不多,那么不可避免会维持在低水平上。但是,当人的需要引起各种不同的工作时,沉睡中的能力就被唤醒了,新的能力就产生了。劳动最根深蒂固的分工,是性别之间的分工。妇女在家

里或家的附近从事工作，而男人在外面狩猎、照管羊群或闲逛。这可能倾向于进一步强调某种体质的差别。在男人中，最简单阶段中的群体生活除了“商议”或“战争”之外，几乎没有什么区分。但是，随着金属加工和农业生活的开展，群体生活的领域拓宽了。最初，专业化主要是家庭而不是个人的选择。工匠的社会等级取代了纯粹的亲属关系。后来，这种社会等级的统治反过来成了个体性(individuality)的阻碍，如果个人要显得完全的自主(self-direction)，就必须摧毁这个阻碍。

2. **艺术和技艺**——除了有和工作一样的影响以外，艺术和技艺显然还有提
高和升华的作用。纺织品、陶瓷以及熟练制造的工具和武器；艺术地建造茅屋或 45
房屋；所谓自由的或优美的艺术有舞蹈和音乐，以及色彩和图案——所有这些有一个共同的因素：它们给予秩序或形式以某种看得见或听得见的体现。艺术家或工匠必须观念明确，以便用布或泥土、用木头或石头、用舞蹈或歌曲把它表现出来。这样表现时，它至少暂时被保存了。这是社会的日常环境的一部分。它们常常使那些看见或听见它们的人，联想到一些观念和价值。这些观念和价值把更多的意义带入生活并提高生活的情趣。此外，值得强调的是，在所有精致的物品中以及狭窄意义上的艺术中体现了秩序、理性计划或安排。柏拉图和席勒在其中看到了为道德所做的有价值的准备。按照法则来指导行动是道德的；但是，期望野蛮人和儿童在法则与冲动对立之处把这一点作为一个自觉的原则，是很过分的。艺术和游戏在行动中有直接的兴趣和愉悦，但是在艺术中，也有秩序或法则。为了适应秩序，野蛮人或儿童开始在那些法则可能与冲动和欲望相互冲突之处，学会为更加自觉的控制而进行训练。

3. **战争**——战争和游戏中的竞赛足以锻炼一些品格，这些品格，如勇气和效率、力量感、成就感，也受到明确的社会强化。尽管所有这些像技艺一样，可能被用于无关道德或甚至不道德的目的，但是它们仍然非常重要，就像一个有效的道德人格中的因素一样。

§3. 社会化的机制

合作与相互帮助[①]—— 除了在增进理智、勇气和生活的理想中的作用之外，

---

① 克鲁泡特金(Kropotkin)，《互助》(*Mutual Aid: A Factor of Evolution*)；白芝浩(Bagehot)，《物理与政治》(*Physics and Politics*)。

46 产业 (industry)、艺术和战争具有一个共同的因素，即它们都对道德的社会基础作出了巨大的贡献。它们都需要合作。它们既是理性化的机制，又是社会化的机制。相互帮助是成功的基础。斯拉夫人的谚语说，"孤独的人最可悲，尽管他的盘子从来没有装得这么满"；"不属于共同体的人就像没有手的人"。那些一起工作、一起作战的氏族或群体在与自然和其他人的斗争中变得更加强大。共同的艺术活动使这个行动的共同体的存在更加可能。合作暗示了一个共同的目的。这意味着每个人都对所有人的成功感兴趣。于是，这个共同的目的构成了行动的支配性规则，而相互的兴趣意味着同情。因此，对于社会标准和社会感情来说，合作是最有效的自然的行为之一。

1. **产业中的合作**——在产业中，虽然在原始生活中没有广泛地表现现代人之间相互依赖的商品交换，然而有大量协调一致的工作，以及很大程度上的财产共同体。例如，在靠狩猎或捕鱼为生的群体中，尽管单个的猎人可能追捕某种猎物，但是追捕大个的野牛和鹿是由作为一个整体的部落来组织的。"狩猎的篝火每天早晨黎明时分点燃，每个勇士这时必须出现和报到。在人们开始这一天的狩猎之前未能出现和报到的人，会因受到嘲笑而烦恼"。[1]大马哈鱼渔场是作为一个共同的事务管理的。在非洲，人们以一种相似的方式追捕大的猎物，狩猎的成果不是个人而是群体的。在游牧生活中，至少对牛羊的照管需要某种合作，以便保护牲畜不受野兽攻击，不受强盗更可怕的劫掠。这需要相当多的人一起旅行，共同日夜看守；对增加牛羊数目的共同兴趣，不断地加强着住帐篷的人之间的联系。

47 在农业阶段，仍有某种力量在起增进家庭或部落联合的作用，尽管在这里，我们开始看到个体性起作用的力量，直到这些力量导致个人所有权和个人财产的产生为止。正如游牧阶段一样，在这个阶段，牛和种植的谷物必须得到保护，避免受到他人和野兽的侵害。只有群体才能提供这种保护，因此，我们发现，苏格兰低地的农民总是任凭苏格兰高地族落的摆布。

2. **战争中的合作**——无论群体之间多么不和，但作为几个群体之间的联合因素的战争和族间仇杀仍然是强有力的。当实际的竞争发生时，成员之间不仅必须联合起来（否则会被消灭），而且在防卫中相互帮助或为伤害和侮

---

[1] 伊斯门，《印度孩提时代》(*Indian Boyhood*).

辱进行报复的整个计划，经常要求战友感情和为了共同利益而作出牺牲。为群体获得更多的土地，为群体获得战利品，为群体的某个成员受到的轻蔑进行复仇，这些都是战争始终不变的原因。现在，尽管任何一个人可能是获利者，然而情况有可能这样：即使群体获胜了，他本人也要遭受损失。尤其在流血冲突的情况下，群体中的大多数人作为个人而言，都没有利害关系。他们的愤恨是一种"同情的愤恨"，某个作家会把它看作是道德情感可能的最基本的根源。正是因为部落的人被杀，或者氏族的妇女被侮辱，群体作为一个整体进行反击，并且在与敌对群体的战争冲突中更加紧密地结合在一起。

> 你要和与你和平相处的人联盟，然而你知道，
> 在战争中，每一个不是亲属的人必然是敌人。

通过一起作战，"战友们"(comrades in arms)有了一个共同的目标，而通过给予和得到相互帮助与保护，战友们至少暂时变得一心一意。尤利西斯(Ulysses)建议阿伽门农(Agamemnon)统帅希腊人，氏族连着氏族，"兄弟(胞族分支)连着兄弟"，因此，兄弟可以更加有效地支持和激励兄弟；但这种作用是相互的。被认为是联合群体成员之纽带的血缘统一，通常的确很有可能是事后的 48
想法或不切实际的虚构；其目的是要说明这种团结，而实际上，这个团结最初是由于共同斗争的压力而产生的。

3. **作为社会化机制的艺术**——合作和同情都是通过艺术活动而得到培养的。其中有一些是自发的，但它们中的大多数服务于某种明确的社会目的，经常是为了增强群体的团结和同情这个明确目的而组织起来的。狩猎舞蹈或作战舞蹈以戏剧的形式来表现狩猎或战斗的全部过程，但如果认为这纯粹是为了戏剧的目的而举行的，将是一个误解。狩猎或战斗之后的舞蹈和庆祝活动，可以给整个部落一个机会，在栩栩如生的想象中重复胜利的猎人或战士的喜悦，同时对捕获的猎物感到胜利的兴奋和共同的狂喜。在活动之前举行舞蹈的目的，是把神奇的力量赋予猎人或战士。人们严格谨慎地完成每个细节，从而使整个部落能够分享这个准备工作。

在歌唱表演中，存在着相同的团结力量。与另一个人一起唱歌，包含一种可

能比其他艺术处于更高的程度、更富有感染力的同情。首先,其中有节奏的统
一,就像在舞蹈中一样。节奏是以合作为基础的,反过来,节奏极大地加强了合
作的可能性。我们发现,在描绘大量的人搬动一块石头的埃及纪念碑上的浮雕
中,雕刻着一个为齐心协力合作打拍子的人。所有节奏是否都来自共同行动的
必要性,或者它是否有一个生理基础,这个基础足以说明有节奏的行动所产生的
作用,在任何情况下,当一群人在有节奏的运动中工作或舞蹈或唱歌时,他们的
效率和愉悦感极大地增加了。除了节奏的作用外,在歌唱的情况下,还有音高和
旋律统一的作用。部落或氏族的成员,像那些今天唱《马赛曲》或吟唱教堂圣歌
49 的人一样,在最强烈的程度上感到他们相互间的同情和支持。由于这个原因,澳
洲人的歌舞会、以色列的神圣节日、希腊人的秘密宗教仪式和公共节日,以及在
所有民族中为爱国或宗教目的而举行的部落的共同集会,都伴随着舞蹈和歌曲。
在很多情况下,这些舞蹈和歌曲使成员处于亢奋的状态,准备为共同的事业而
献身。

有旋律和有节奏的声音仅仅从形式上形成一种团结的力量,某些更简单的歌曲似乎不足称道。但是,在很早的时期,不仅有歌曲,还有以或多或少有节奏的或文学的形式对部落的历史和祖先事迹的吟诵。这为舞蹈和歌曲增加了团结的力量。亲属群体听到这种吟诵时,就会在一起回忆这个群体的历史,对群体的荣誉感到兴奋,对群体的失败感到痛苦;每个成员都认为,氏族的历史就是他的历史,氏族的血就是他的血。

§4. 作为理想化和社会化机制的家庭生活

家庭生活就其仅仅是基于本能而言,取代了其他被自然选择所偏爱的机制,
走向更加理性和社会性的存在。各种各样的本能或多或少在起作用。性本能把
男人和女人结合在一起。妒忌的本能和占有的本能,可能助长排他的和永久的
关系。父母本能和感情使得父母亲联合在一起,因此,有助于前一章中所描述的
社会群体的形成。现在,我们考虑更加直接的丈夫与妻子、父母与孩子的关系,
而不考虑更加普遍的群体关系。我们提醒注意某些最明显的方面,把更充分的
论述留给第三部分。性本能的理想化的影响,当从属于群体生活中所发现的普
50 遍影响时,是众所周知的。抒情歌曲是一种更高的表现形式。即使一个哑巴情
人,也可能受到优美思想或勇敢行为的刺激。求爱进一步暗示了一种适应

(adaptation)、一种讨好人的努力，这是一种强大的社会化力量。如果“大家都爱某个人”，那么可以肯定，这个人总的来说是一个讨人喜欢的人。但是，其他的力量也在起作用。性爱是强烈的，然而就其是纯粹的本能而言，它可能是短暂的。比起性吸引，家庭生活需要更多的持久性。在宗教、社会和道德的强大的约束力足以保证这个持久性之前，丈夫的财产权在建立家庭生活方面起很大的作用；而对妻子而言，则要求忠于婚姻关系。

然而，在家庭中起作用的最深远的力量，是父母的本能和感情及其对父母和孩子的影响。它可能比任何其他自然选择的机制都更有助于种族同情的发展；它与工作共同发展出责任。在人类生活和其他高等动物中，它实际上是勤劳的重要动力之一。亲代抚育在生存斗争中的价值是由萨瑟兰(Sutherland)提出的，它给人们留下了深刻的印象。[1]鱼类不会关心自己的卵，仅仅是靠产下巨大数目的卵来保存自己的物种，而某些关心自己卵的物种是靠产下相对少的卵来维持它们的生存。许多物种产下成千上万甚至成百万的卵。刺鱼(stickleback)是众多鱼类中的一种，它筑一个巢，一连几天守护着幼仔，但它只产 20—90 个卵。鸟类和哺乳动物产的幼仔数量相对少很多，但是亲代抚育增加了。亲代抚育不仅是宝贵的财富，而且对于高等物种的产生绝对是必要的。“在地球生物的残酷竞争中，体型高大的物种由于神经系统发育的时间延长，因此无助的时间也增加了，除非有亲代抚育的相应增加，否则就不可能活下来。”只有当感情的倾向与神经系统的发育保持同步时，人类才成为可能。生物体的改良使成 51
年人成为胜利者，但是，如果没有大量细心周到的帮助，那么将使婴儿成为受害者。[2]

是否像有些人所认为的那样，亲代抚育在整个延长的婴儿期内是保持父母团结和睦最有效的力量，或者是否在这个特殊的时期，其他因素更加有效，这里没有必要详述父母感情广泛而深远的道德价值。正是在这种气氛中，孩子开始了他的体验。只要环境影响他，这就是养成同情和友善的一种经常的影响。就父母本身而言，这种认真对待生活、克服自私、使希望着眼于未来的改造力量，是无法衡量的。道德秩序和世界的进步可能会放弃某些人为的机制；但是，它不可

---

① 萨瑟兰，《道德本能的起源与发展》(*The Origin and Growth of Moral Instinct*)，第 ii-v 章。

② 同上书，第 99 页。

能放弃这种影响。

§5. 对第一层次的道德解释

在这个第一层次上，我们正在讨论的显然不是作为有意识的道德而是在结果上有价值的力量和行为。它们创造了一种更加理性、理想和社会的生活，这对更有意识地控制和评价行为来说，是一个必要的基础。这些力量是生物学、社会学或心理学上的。它们不是我们在本来意义上称为道德的某种特殊的心理活动，因为这不仅意味着获得一个好结果，而且意味着以这个好结果为目的。某些活动诸如唱歌和舞蹈，或者更加简单的孕妇保健行为，有大量的本能的要素。就其是纯粹本能的而言，我们不能把这些活动叫做道德的。其他活动隐含着大量的理智因素，例如像农业和各种手艺活动那样。这些活动有自己的目的，比如消除饥饿或锻造反对敌人的武器。但是，这种目的是由我们身体的或本能的性质
52 所设定的。只要这仅仅被认为是一个目的，而不与别的东西相比较，不被评价和选择，它就不是完全道德的。

感情同样如此。在本能层次上，有某些感情，包括最基本形式的父母的爱、纯粹的有感染力的感觉，如同情、愤怒或怨恨。就这些感情处于最低层次而言，就其仅仅意味着一种身体的刺激而言，它们没有权利要求严格意义上的道德价值。它们作为一个源泉是极为重要的，仁慈、理智的亲代抚育以及热切的反对邪恶的强大动力可以从这个源泉中汲取温暖和热情。

最后，甚至人们的合作、相互帮助，只要它纯粹是由共同危险或共同利益所引起的，只要它是本能的或仅仅是交换，就不在道德的范围之内。要真正成为道德的，必须把危险看作是其他人受害，因此需要我们帮助；把利益看作是共同的，因此我们要施以援手。

但是，尽管这些过程不是有意识地道德的，但它们是基本的。生存必需的活动和与这些活动如此密切地联系在一起的感情，是道德生活"广泛的根源"。通常在文明的更高阶段，当道德和社会规范与命令不能保证正当的行为时，这些有关工作、合作和家庭生活的基本机制就发挥了它们的力量。社会和道德朝着这个方向发展，并且把它继续下去，但它们必须始终依赖这些基本的活动来为理智的、可靠的和同情的行为奠定基础。

参考文献

Bagehot, *Physics and Politics*, 1890; Bücher, *Industrial Evolution*, Eng. tr., 1901,
Arbeit und Rythmus, 3d ed., 1901; Schurtz, *Urgeschichte der Kultur*, 1900; Fiske,
Cosmic Philosophy, Vol. II; "The Cosmic Roots of Love and Self-Sacrifice" in *Through
Nature to God*, 1899; Dewey, "Interpretation of Savage Mind," *Psychological Review*,
Vol. IX, 1902, pp. 217 - 230; Durkheim, *De la division du travail social*, 1893; P.
Kropotkin, *Mutual Aid: A Factor of Evolution*, 1902; Ross, *Foundations of Sociology*,
1905, Chap. VII; Baldwin, Article "Socionomic Forces" in his *Dictionary of Philosophy* 53
and Psychology; Giddings, *Inductive Sociology*, 1901; Small, *General Sociology*, 1905;
Tarde, *Les lois de l'imitation*, 1895; W. I. Thomas, *Sex and Society*, 1907, pp. 55 -
172; Gummere, *The Beginnings of Poetry*, 1901; Hirn, *The Origins of Art*, 1900.

4.

群体道德——习俗或风俗

54 我们已经看到本能的自然力量如何引发一些振奋人心并使他们紧密结合在一起的活动，接下来要考虑的是社会为实现这些目的所使用的手段，以及与社会机制的早期形式形影相随的行为。早期社会的组织是群体生活的组织，就个人融入这个群体中而言，那种机制可以叫做“群体道德”(group morality)。由于群体赖以控制其成员的机制主要是习俗(custom)，因此，道德也可以叫做“习俗道德”(customary morality)。这种行为就是我们在前一章的开头称作“第二层次”的东西。它在符合这个群体的精神特质或风俗的意义上是“伦理的”(ethical)和“道德的”(moral)。

§1. 习俗的意义、权威与起源

习俗或风俗的意义——无论第二章所勾勒的那些群体居于何处，我们都会发现那里存在着某种行为方式，对这个群体来说是共同的——“民风”(folkways)。其中的一些行为可能只是由于这个事实，即成员出身于相同的血统，正如所有的鸭子都会游泳一样。但是，大部分的人类行为，在野蛮生活中与在文明生活中一样，不仅仅是本能的。有一个群体共同**认可的**(approved)行动方式，一代代传下去。这种被认可的做事和行动方式就是习俗，或者使用拉丁词，它们就是**风俗**(mores)。萨姆纳教授认为，拉丁词更加清楚地揭示了认可的因素。[1] 它们是习惯(habits)——但不仅仅是习惯。它们意味着这个群体需要

---

[1] 萨姆纳，《民俗论》(*Folkways*)。

遵循的判断。在某种意义上，这个群体的福利已经潜藏在它们之中。如果有人
违背它们，那么，这个群体就会不认可。人们认真地训练年轻人遵守它们。在特 55
别重要的时期，人们用特殊的庄重态度演练它们。

风俗背后的权威——长者、牧师、巫医、首领或老妪可能是这些习俗的特殊的守护者。他们可能修改细节，或者增加新的习俗，或为老的习俗编造出解释。但是，在它们背后的权威是完全意义上的群体。群体不只是由看得见的和活生生的成员组成，而且，较大的群体还包括死者、同族的图腾或祖先神位。群体不是被看作一个单个个人的集合。相反，它在某种模糊的程度上是一个完整的精神的和社会的世界。大多数的习俗不知何时以及怎样起源这个事实，使得它们好像是自然(the nature of things)的一部分。事实上，这里不仅仅是对习俗的原始尊重与对"自然"的尊重之间的一种纯粹的类比，从斯多葛派(Stoics)到斯宾塞(Spencer)，这种类比已经在"根据自然"的生活中寻求一种道德标准。有很多人赞成把习俗世界当作标准：这个制度下的人如人们期望的那样去行为；它的规则就是他自己的家族生活和繁荣的方式，而且主要不是宇宙力量、植物和动物的法则。

习俗的起源；运气——习俗的起源可以到一些同时发生的因素中寻找。首先是由非常原始的需要和本能所导致的活动。某些行动方式成功了，某些则失败了。人不仅养成了以成功的方式行动的习惯，也记住了他的失败。经他认可，成功的方式一代代传下去，那些失败的方式则受到批评。

关于好运气和坏运气的观点加强了这种态度。原始人——以及文明人——并非受有关成功和失败的纯粹理性的理论所支配。"一个人可能会极其小心地运用最熟悉的方法，结果却失败了。另一方面，一个人可能不费吹灰之力就获得了可喜的结果。一个人在没有任何自身过失的情况下，也可能遭受灾难。"[①]"格
林(Grimm)给出了一千多条古日耳曼人关于'运气'的箴言、格言和谚语。"[②]好 56
运气和坏运气都被归因于看不见的力量，因此，一个好运气的例子并不被看作是纯粹偶然的。如果星期五起航的船遇到了风暴，或者13个人中的一个生病了，那么经推理得出的结论就是这必定再会发生。在这个时候，与每个成员的行动

---

① 萨姆纳，《民俗论》，第6页。

② 同上书，第2页。

息息相关的群体利益的观念起作用了，以便使个体的一致成为关系到群体利害的事情——使行为成为一件关于风俗的事情，而不仅仅是一件私人的事情。早期立法一个非常重要的（即使不是最重要的）目的是强制实行会带来好运气的仪式，以防止个人做可能会给整个部落带来坏运气的事。这是因为总是有这样的观念：恶运并不是完全由行为者个人来承担，而是可能降临到这个群体的每个成员身上。“人们认为，一个成员的行动会使整个部落的人都不虔诚，会冒犯部落所供奉的神，使整个部落的人都面临来自天国的惩罚。当街上的赫尔墨斯雕像被毁坏时，所有的雅典人都感到害怕和愤慨；他们认为他们将全被毁灭，因为有人已经毁坏了神像，因此也就触怒了神。”[①]“捣碎并烧掉炭块的孩子受到责备，因为这种行为可能是某个家庭成员偶然切到手指的原因。”[②]第三，除了习俗的这些来源外，在某些行动的有用性或带来好运的特征中，也存在个人或群体对某种行为方式更为直接的反应，这取决于“事情使人感到舒适还是不舒适”。[③] 一个勇敢的行动是受人称赞的，不管它有用还是没用。在群体意见的形成中，个人判断被吸收和重述并发挥作用。“因此，个人冲动和社会传统是两极，我们在这两极之间摇摆。”也许还可能有一个更加自觉的讨论，这类似于立法机构的行动
57 或哲学讨论。澳大利亚人中的老人对成年礼的每个步骤都考虑得非常仔细，他们使习俗流传下去。

§2. 习俗的实施手段

习俗最普遍的实施手段是公共意见、禁忌、仪式或典礼，以及生理力量。

公共意见使用语言和形式表达其判断。它的赞扬很可能被某种艺术形式所强调。欢迎胜利者凯旋的歌曲、勋章、服饰，以及为那些受人尊重的人举行的游行，都用来表达这种普遍的感情。另一方面，嘲笑或轻视是一种惩罚，它足以加强对许多就个人来说可能令人厌烦的习俗的遵守。在很大程度上，男子避难所（men’s house）的嘲笑在某个民族的男人中加强了某种习俗。男人和女人的嘲笑或奚落，敦促印第安人在结婚之前必须用在战争或狩猎中的英勇功绩，证明自

---

① 白芝浩，《物理与政治》，第 103 页。

② 伊斯门，《印度孩提时代》，第 31 页。

③ 霍布豪斯，《道德的演变》（Morals in Evolution），第 1 卷，第 16 页。休谟曾指出认可的双重基础。

己的男子汉气概。

禁忌——与其说禁忌是习俗的实施手段,不如说它们本身就是具有特殊而可怕的约束力的习俗。它们禁止与某些人或物接触,违背者会受到来自看不见的存在者惩罚的威胁。任何被认为象征着精神活动的事件,例如出生和死亡,都有可能被禁忌神圣化。危险是有传染性的;如果波利尼西亚人(Polynesian)的首领是禁忌,那么,普通人甚至害怕去碰他的脚印。但是,禁忌并不是全都基于对不可见者的纯粹惧怕。

> 它们包括凭经验就能发现会产生不受欢迎的结果的那些行为。——原始的禁忌对应于这个事实,即人的生命是被危险包围的:他对食物的寻求一定会受到躲避有毒植物的限制。他的食欲一定要受到限制,以免饮食过度。他的体力和健康要得到保护,以免遭遇危险。禁忌继承了几代人累积的智慧,而这智慧几乎都是用痛苦、损失、疾病和死亡换来的。其他的禁忌包含了对有害于群体的东西的禁止。关于性、财产、战争和鬼魂的法规具 58
> 有这个特征,它们总是包含某种社会哲学。(萨姆纳,《民俗论》,第 33 页及以下)

禁忌的运用可能带着有意识的目的。为了宗教节日时能够有足够的椰子供给,首领可能会把一个禁忌放在未成熟的椰子上,以防它们在完全成熟之前被吃掉。这种观念在某些方面能够满足那个后来被财产概念推动而得到实现的目的。但是,它也用作一种有力维持对团体权威的尊重的机制。

仪式——如同禁忌是习俗重要的消极的保护者那样,仪式是重要的积极的保护者。通常,在诉诸感情的条件下,它通过形成习惯而起作用,通过由实际行动所形成的社团来实施。音乐和有序运动的魅力,整齐的群众游行给人留下的深刻印象,对神秘事物的敬畏,所有一切都有助于显示出意义和价值。称赞鼓励,谴责禁止;仪式保证实际的活动,同时把价值赋予这个活动。文明民族更多的是在军事或体育训练中,或者在培养孩子遵守礼仪形式中举行仪式,因此这些可能成为"第二自然"。某些宗教团体也有仪式活动。但是,在原始生活中,它是广泛而有效地用于保证教育的、政治的和家庭的习俗服从群体标准;在我们这里,它保证对军队规则的服从,或者对社会礼仪规则的服从。关于它的详尽而令人印象深刻的用途，将在下面的教育仪式中讨论。

生理力量——当群体意见、禁忌和仪式都不能保证一致性时，后面总是隐藏着生理力量。首领通常都是力气大的人，人们不会轻率地不理会他们的话。有时，就像在苏族人(Sioux)中一样，年长的勇士成了类似于警察的人。在不同氏族之间，族间仇杀是人们接受的一种习俗的实施手段，除非提供一个替代品，即赎金(买命钱)。对于氏族内的杀人来说，其余的成员可能会赶走这个凶手，无论
59 谁遇到这样一个凶手，都会杀死他。在古威尔士人中，如果一个人谋杀了他的同族首领，他就会被驱逐，“这要求听到这个号角的每一个人，无论男女老少中都要跟着这个被流放者，让狗一直叫，直到他到了海上，经过60小时后消失在视野中为止”。① 然而，要记住，身体疼痛无论是真实的还是恐吓的，对于在任何一个我们视为典型的群体中维持权威来说，都是不够的。专制主义及其加强恐怖的所有残酷手段，需要一个更加高度组织化的制度。在原始群体中，大多数人会理所当然地支持群体的权威；当群体的权威受到挑战时，他们会把支持它作为一个神圣的义务。生理的强制不是常规而是例外。

§3. 显示群体标准重要性和使群体控制有意识的诸条件

尽管习俗或风俗中有一种使其成为道德判断媒介的社会认可因素，但它们在许多情况下往往会沦落到纯粹习惯的地步。其所具有的原初力量的原因——就是这样——被遗忘了。像关于礼仪的许多形式一样，习俗或风俗也成了纯粹的传统(convention)。然而，存在着某些条件，这些条件把注意力集中在习俗或风俗的重要性上，而且把它们提升到有意识行为的水平上。这些条件可以分为以下三个方面：(1)对群体中的年轻人和不成熟的成员进行教育，并为使其成为正式成员做准备。(2)对不听管教的成员进行约束和限制，以及调整相互冲突的利益。(3)在有些时候，陷入某种明显的危险或危机，因此需要最大的注意去获得神的支持，从而避免灾难。

1. **教育的习俗**——这其中最显著和最重要的是成年礼(initiation
60 ceremonies)，原始民族广泛地遵守那些仪式。举行它们的目的，是帮助男孩子了解成人的特权和群体的完整生活。仪式的每一步都是要给新加入者留下与群体

① 泽博姆(Seebohm)，《威尔士的部落制度》(*The Tribal System in Wales*)，第59页。

的智慧和权力相对比，他自己是无知和无助的印象；就像举行仪式所带有的神秘性加强了对长辈和群体权威的尊重一样，对部落传统和功绩的吟诵、一系列仪式活动、共同参与神秘的舞蹈、歌曲和装饰，这些都用来加强部落的联合。

例如，在澳大利亚中部的部落中，成年礼包括三套仪式，完成这些仪式需要几个星期，甚至几个月。第一套仪式叫做“抛到空中”，它是为10岁到12岁的男孩举行的。他戴着各种不同的图腾徽章，被部落某个指定的成员抛到空中，之后，人们在他的鼻子的隔膜上钻孔，插入鼻骨。三四年之后，要举行一系列更大和更可怕的仪式，时间上要持续10天。人们建造了一个灌木屏风，在整个仪式期间，男孩都呆在屏风后面，除非他要看某个演出而出现在仪式的场地上。在整个10天里，除回答问题之外，他不准说话。他佩戴着各种不同的图腾徽章，这些徽章的每个细节都是由部落元老和部落兄长商议后确定的。他被要求服从每个命令，并且决不告诉任何女人或男孩他可能看到的东西。将要遇上异乎寻常之事的感觉，有助于男孩加深印象，觉得遵守部落规则非常重要；而且，男孩还强烈地感觉到长者的优越：他们知道并熟悉那些神秘的仪式，而他才刚刚开始学习其含义。有时，他观看装扮成各种图腾动物的人的象征性表演，这些人扮演着这个氏族的动物祖先的行为；他听到所谓的牛吼器(bull-roarer)神秘的声音，女人和未成年人认为这是看不见的精灵发出的；整个仪式以象征他进入了青年时期的 61
活动告终。但是，这还不是全部；当这个年轻人到了20到25岁懂事的年龄时，人们感到他可以完全理解部落的传统了，便举行一系列更加令人印象深刻的仪式。在这个所描述的事例中，这些仪式从9月份持续到第二年的1月份。这个时期有很多舞蹈和“狂欢会”(corroborees)，还经常检查护身符或神圣的徽章——石头或枝条，它们代表祖先灵魂的居所，被小心地保存在部落中，防止被女人和男孩看见，但是长辈知道它们是父亲或祖父的住所。当这些圣物被出示和传看时，整个场面显得庄严肃穆，亲戚见到圣物时就会悲泣。人们还会举行各种模仿图腾动物的仪式，这经常是一种最精心设计的仪式。年轻人被告知这个部落过去的历史传统，在吟诵结束时，他们感到对曾是他们指导者的老人的尊重增强了，拥有这种神秘知识的自豪感也增强了；并且，由于他们现在所共同拥有的东西，团结加深了。没有人知道，是否该对整个部落耗时三个月、精心设计这些入会仪式的可能性感到怀疑，是否该对这种仪式不可思议地在年轻人身上训练出温顺而敬畏的态度感到怀疑。一个实施这种过程的部落至少不可能缺乏道德意识，即对权威的尊重和对社会福利的关心。①

2. **法律与正义**——有时需要约束不听管教的成员，即使群体与个人之间的冲突可能不需要用身体上的惩罚来加强群体对其成员的权威。经济动机经常促使个人离开部落或数代同堂的家庭。伊斯门说，在他的民族中有一种始终不变
62 的趋势，即当外出狩猎进入敌国时，为了更容易和更自由地获得食物，就要分成较小的组群(party)。警察尽其所能来阻止那些打算偷走东西的组群。梅因关于南斯拉夫人数代同堂家庭的陈述，提供给我们关于这同一种趋势的另一个实例。

> 在群体中，爱冒险的和精力充沛的成员反抗这个群体自然的共产主义。他离开自己的家去赚大钱，同样极力抗拒他的亲戚所提出的共同使用这笔钱的要求。抑或是他认为把他在共同财产中的份额用作商业投资的本钱更加有利可图。无论哪一种情况，他都成了一个令他人不满意的成员，或者说，成了这群人公然的敌人。②

或者，贪婪可能会导致对禁令的违背，正如亚干一样。性冲动可能会令一个男人娶一个不认可的群体中的女人作为他的妻子。或者，一个群体的成员可能会想到去施展巫术，这是最危险的犯罪之一。它是以一种自私的方式运用看不见的力量，这使几乎所有的民族感到害怕，而且受到几乎所有的民族的谴责。

在所有这些情况下，当然不是关于犯罪的抽象理论导致这个共同体去反抗，而是自我保存导致它去反抗。部落必须团结在一起，以便防御敌人。亚干的罪被认为是毁灭的原因。对性禁忌的违背，可能会毁灭氏族。巫师可能会给整个部落带来疾病，或者使整个部落遭受折磨和死亡，或者给整个部落带来瘟疫或饥荒。所有这些情况会把道德权威的某个方面、社会对个人的控制纳入意识之中。

这就是**社会的控制**——不是运用暴力或由鬼魂引起的纯粹恐怖。因为首领或法官通常都是通过他为部落里的人提供强有力的服务而赢得权威的。基甸(Gideon)、巴拉克(Barak)、以笏(Ehud)或耶弗他(Jephthah)审判以色列人，是因

---

① 这个说明基于：斯宾塞和吉伦，《澳大利亚中部的原始部落》，第7—9章。

② 梅因，《早期法律及习俗》(*Early Law and Custom*)，第264页。

为他解救了他们。“有三件东西，如果一个人拥有它们，那么，他就适合做一个家族的首领：他应该代表他的家族说话，别人会听从他；他应该为了他的家族而战，别人会敬畏他；他应该能明确代表他的家族，为别人所接受。”[①]通常总是这样， 63
如果国王、法官或首领认为他自己是遵照神授的权利而行动的，那么，这个权威仍然在*这个群体之内*。这是一个自我评判的群体。

在它的标准中，这个原始法庭自然地处于习俗道德的水平上，它是习俗道德的一个代理人。这里通常没有关于普遍的正义原则（我们的习惯法）的观念，也没有表达人民意志的实证法。最初，法官或统治者可能除了支持习惯法外，不是按照任何固定的法律来采取行动。于是，每个决定都是一个特殊的个案。当部落的首领、长辈或牧师断案时，先找到一个案例，这个案例不是独立于其他案例的，而是和某些先例、习俗一致的。因此，一个认可的传统就这样形成了，无论怎样不完美，但它很可能比一时的武断和心血来潮更加公正。特殊的决定就其本身而论，很可能受到相关当事人的头衔或权力的影响。[②] 因此，先例或传统法则在这个阶段是常规的方法。向更加理性的标准的发展属于下一章的内容，但是有趣的是，甚至在早期，神话也呈现了正义的神圣审判者以及理想的神圣判决的观念。铁面无私的法官就是由人类的冲突和判决所唤起的正义要求的化身。

在群体成员之间不和与争吵的情况下，群体的有意识的权威产生了。事实上，族间仇杀的例子最好用战争和国际法处理，而不是看成私人冲突。因为就受害者氏族的成员而言，这是战争的情况。向屠杀者复仇，是每个同族人的爱国义务。尽管涉及的群体比基于类似原因而开战的现代国家要小，但原理是相同的。有利于现代国际战争的主要区别在于：由于群体更大，因此不能经常进行战争，而需要更加认真地考虑和平调解的可能性。俄瑞斯忒斯（Orestes）和哈姆雷特 64
（Hamlet）会把为父报仇看作是神圣的义务。

但是，氏族与氏族之间的对抗没有这么简单。因为必然要去报仇的较小的氏族群体几乎总是一个较大群体的一部分。较大的群体可能会马上认可报仇的义务，此外也会认可把报仇保持在限制范围内的要求，或者代之以其他实际的要

① 《威尔士的部落制度》，第 72 页。

② Post, *Grundlagen des Rechts*, pp. 45ff.

求。这个较大的群体可能在谋杀中看到了对所有人都有危险的玷污(pollution);①"从地里向我哀告"②的血,使得地上"不洁净",神或死者灵魂的诅咒可能将灾难强加给整个地区。但是,永无止境的族间仇杀同样是一种恶。如果受伤害的家族能够从更少的以血还血得到抚慰,那就更好了。因此,直到最近,在爱尔兰人中还保留着偿命金或赔偿金这种习俗;而在英国法官看来,这种习俗似乎是一种可耻的做法。

对于较小的犯罪来说,一种受到控制的决斗有时是被允许的。例如,在澳大利亚人中,有个例子是关于对一个与邻居的妻子私奔的男人的处理。当这两个不忠之人返回来时,长者们考虑应该做些什么,最后安排了下面的惩罚。冒犯者站着并向受到伤害的丈夫大声叫喊:"我偷了你的女人。来,发火吧!"于是,那个丈夫从远处朝他投去一支长矛,然后用刀砍他,尽量不伤害到他的要害。这个冒犯者不能有怨言,但可以躲避伤害。最后,长者说:"够了。"为了保证正义,在日本人的习俗中有一种奇怪的形式,即切腹自尽(hara-kiri)。根据这个习俗,一个受到伤害的人在冒犯者的门前自杀,这样做的在于目的使这个伤害他的人背上臭名。印度的绝食(Dharna)习俗也具有相同的意义,尽管暴力倾向较少。债权人在债务人的门前绝食,直到要么讨回债务,要么死于饥饿。大概是他认为与他
65 酷似的人或他的灵魂会缠着这个让他饿死的残忍的债务人,但也有促使公共舆论对债务人施加压力的效果。

在所有这些关于族间仇杀的情况下,几乎没有个人责任,同样也几乎没有偶然与故意之间的差别。这些事实在第二章开头的引文中说得很清楚。研究者要注意的一点在于:像我们目前在国际事务中的实践那样,这些事实表明了一个道德阶段、一种有限的社会联合,无论它被叫做亲情还是爱国主义;只要这里还没有一种通过正义而非暴力来解决纠纷的完善方式,那么就不可能有完善的道德。③

3. **涉及某种特殊危险或危机的时刻**——这样的时刻要求全神贯注地去保

---

① 《申命记》21:1-9;《民数记》35:33-34。

② 《创世纪》4:10-12;《约伯记》16:18。

③ 关于早期正义的主题,可参见:威斯特马克,《道德观念的起源和发展》(*The Origin and Development of the Moral Ideas*),第1卷,第7章及以下;霍布豪斯,《道德的演变》,第1卷,第2章;波洛克(Pollock)和梅特兰(Maitland),《英国司法史》(*History of English Law*)。

证成功或避免灾难。在这里，我们注意到，典型的有：(a)出生、结婚和死亡的时刻；(b)播种期和收获季节或其他对团体的生计来说重要的季节；(c)战争；(d)好客。

(a)**关于生和死的习俗**——一个新生命来到世界上和维持生命的呼吸[灵魂(spiritus)、生命(anima)、心灵(psyche)]的消失，有可能使人对世界的神秘性印象深刻。不管与澳大利亚人一样，把新生儿看作祖先灵魂的转世，还是与卡非尔人一样，把新生儿看作来自于灵魂世界的新创造，这都是一个危险时刻。母亲必须“洁净”，[①]小孩和(有时)父亲必须被小心地看守。精心安排的习俗表明群体对时机重要性的判断。为死者举行的仪式更加令人印象深刻。因为，野蛮人通常不会认为一个人完全消失。死者可能以某种朦胧而模糊的方式继续活着，他仍然是有影响的，仍然是这个群体的一个成员，存在于坟墓中或灶台上。埋葬或其他处理尸体的准备，埋葬或火葬的仪式，恸哭、丧服、准备食物和武器，或者准 66
备随葬的死者最心爱的马或妻子，向死者表示的永久的敬意——所有这些都是意味深长的。每当这种事件发生时，它就通过同情和敬畏诉诸共同感情，而且把群体的联合和由群体的判断所产生的控制带入意识之中。

结婚的规定差不多同样重要，事实上，这些规定看上去往往就像是最重要的习俗。如果“抢婚”和“买卖婚姻”的说法给人一个在早期文化中，任何男人都可能拥有任何女人的印象，那么，它们是相当令人误解的。氏族制度普遍要求男人必须与他自己氏族或图腾之外的人结婚(异族通婚)，它经常确切地规定，他必须与哪些其他的氏族结婚。在某些规定中，详细地罗列了一个特定群体的男人必须从哪个年龄群以及哪些亲属群体中选择对象。求爱可能遵照和我们不同的规则。性关系在某些方面可能看起来如此不受束缚，以致使研究者感到震惊。但是，这个规定在许多方面要比我们的严格，对违背这个规定的惩罚通常也更加严厉。这种控制的意义是不容置疑的，无论它的某些特征是怎么的错误。是否厌恶与亲密的人发生性关系的本能这个要素加强了异族通婚的规定，进而为有效地避免乱伦作了准备，这一点并不清楚。无论如何，这些规定受到了最牢固的禁忌的强制。原始社会并没有停留在这个消极层面。实际的婚姻被赋予了社会价值和宗教约束力，这种关系被提到了更高的水平上。衣服和装饰品以及舞蹈和

① 《利未记》，12。

新婚颂诗中的艺术，增添了理想的价值。摆在灶台中央的圣餐保证了族神的参与。

(b)**对产业生活重要的某些日子或季节**——播种时期和收获季节、冬至和夏至、大地春回对于农业和游牧民族来说是极为重要的，人们用隆重的仪式广泛地庆祝它们。在盼望下雨的地方，所有仪式的出现可能都与之有关，就像在祖尼印
67 第安人(Zuñi Indians)中那样。仪式持续几天，包括准备云和闪电的特殊标志、参加许多秘密的兄弟会、限制一切注意力。此外，这种对需要的限制是通过关于神所需要的东西的观念起作用的，它加强了某些非常积极的道德态度：

> 一个祖尼人必须用一种(真诚地)语调说话，以便他的祈祷能够被神接受。除非他的祈祷被接受，否则一滴雨也不会下。这样就意味着饥荒。他必须温和，他对所有人都必须和蔼，因为神不喜欢那些说话刻薄的人。他必须在借助华丽祭品(plume offerings)的通灵本质(spiritual essence)传送祈祷的前四天和后四天节欲，使激情得到控制。[M·C·史蒂文森(M. C. Stevenson)夫人第23场报告，美国民族学局(*Bureau of Ethnology*)]

月象带来了其他神圣的节日。原初是消极的(即对劳动的禁止)安息日，可能后来成了积极的社会的和精神的价值载体。无论如何，所有这些节日都将群体的权威带入意识，通过它们的仪式，促进了亲密群体对共同目的的同情和意识。

(c)**战争**——作为一种特殊危机的战争，总是显示出某些习俗的意义和重要性。深思熟虑、巫术、战争前涂在脸上和身上的颜料，战争所迫使的对首领的服从，在紧急关头首领或头目所行使的非凡权力与引人注目的危险感，这一切保证了注意力。不允许任何粗心大意。失败被理解为因违背了法律和习俗而使神生气的一种象征。胜利后，所有人聚在一起庆祝民族的荣誉，哀悼在共同事业中逝去的战士。在这里，"卓越"一词的使用，或其所引起的钦佩可能如此显著，以致成为一个群体所赞成的东西的统称。因此，希腊人的 *aretē* 成了他们的统称，拉丁语的 *virtus* 一词即使没有如此清楚的军事含义，其色彩在早期也主要是军事的。"耶和华的精神"，神的认可的象征，因此也是群体认可的象征；和参孙(Samson)与耶弗他(Jephthah)一起，被认为他们的英勇行为代表着以色列人的

利益。

(d)**好客**——对于毫无畏惧地旅行,并将会见客人当作寻常之事的现代人
来说,把好客包括在不寻常的或重大的事件中似乎是牵强的。但是,遵守的仪式 68
和隶属于它的仪式的重要性,表明招待客人是一件极为重要的事;它的习俗是最神圣的习俗之一。“但是就我们而言”,尤利西斯[①]对库克罗普斯(Cyclops)说:

> 我们现在既然来到你的居地,只好向你求情,请求你招待我们;再赠予我们作为客人应得的礼物。巨人啊,你也应该敬畏神明,我们请求你,宙斯是所有求援者和外乡旅客的保护神,他保护所有应受人们怜悯的求助人。[②]

好客的义务是被最广泛认可的义务之一。威斯特马克从各种不同的非常好客的民族中收集了一系列箴言。[③] 印第安人、卡尔梅克人(Kalmucks)、希腊人、罗马人、条顿人、阿拉伯人、非洲人、虾夷人(Ainos)以及其他的民族都有类似的箴言,讲述几乎相同的故事,即外邦人应该得到神圣的尊重。他的人格必须得到保护以免受到侮辱,即使牺牲房东女儿的贞洁。[④] “耶和华保护寄居者”,他们在以色列人的法律中类同于孤儿和寡妇。[⑤] 罗马人有避难权(*dii hospitales*),“对客人的义务比对亲戚的义务甚至更加严格”(*primum tutelae*, *deinde hospiti*, *deinde clienti*, *tum cognato*, *postea affini*.)。[⑥] “自己有点儿谨慎的人”,柏拉图说,“将竭尽全力度过一生而不冒犯外邦人”。无疑,客人的人格尊严并不是靠纯粹的友善。群体生活的整个行为与一种体恤群体之外的人的普遍精神是相对立的。“客人”(guest)这个词类似于敌人(hostis),敌对的(hostile)就源自敌人(hostis)。外邦人或客人被看作是一个特别有力的人。他是一个“活跃分子”(live wire)。他可能是幸事的媒介,也可能是痛苦的媒介。但是,履行对他的义
务是至关重要的。有眼不识泰山的情况完全有可能,不会总是出现在意识中;但 69

① 尤利西斯是奥德赛(Odysseus)的拉丁名。——译者

② 译文参见荷马,《奥德赛》,王焕生译,北京:人民出版社,1997 年,第 161 页。——译者

③ 《巫术对社会关系的影响》(The Influence of Magic on Social Relationships),载于《社会学论文》(*Sociological Papers*),第 2 卷,1906 年;参较摩根(Morgan),《家庭生活》(*House-Life*)。

④ 《创世纪》19:8;《士师记》19:23, 24。

⑤ 《诗篇》146:9;《申命记》24:14-22。

⑥ 威斯特马克,《道德观念的起源和发展》,第 155 页。

是，这里似乎有理由认为，人们普遍相信伺候来客可能带来好运气或坏运气。与人共餐或身体接触的重要性是以关于祝福或诅咒可能被传递的方式的神秘观念为基础的，这也是有道理的。跨过门槛或触摸帐篷绳或吃“盐”，代表一种神圣的要求权。在避难的权利中，难民利用他与神的联系伺候祭坛，并且认为神会保护他。因此，好客的整个实践是血亲复仇（blood revenge）习俗的反面。它们都同样的神圣——或者更确切地说，好客的义务甚至可以保护主人必然跟随的人。但是，虽然一个是靠排他的行动和敌对的特征走向群体团结的，但另一方往往把“我们的群体”与“其他人的群体”之间的区分暂时搁置一边。在宗教的约束下，它打开了一条交流的道路，贸易和其他社会交换将会拓宽这条道路。它至少在保持人道和同情方面，给家庭和男人屋（men's house）增加了一种有力的机制。

§4. 习俗道德的价值和缺陷

在描述习俗的性质及其行为规则时，这些基本上已经涉及了。然而，我们可以把它们概括成道德的下一个阶段所做的准备。

1. **标准的形成**——存在着一种标准，“善的”，“正当的”，它在某种程度上是理性的，在某种程度上是社会的。我们已经看到，习俗部分地取决于理性的福利概念。它实际上并不反对大量的运气因素进入福利概念中。因为这仅仅意味着福利的真实条件并没有被理解。下一代人可能会指出，我们现在对健康和疾病的无知，同样是荒谬的。群体的成员把他们认为是重要的东西归入习俗中；他们
70 赞成某些行为，禁止或谴责其他行为；他们运用长辈和所有过去的智慧指导生活。因此，到目前为止，他们的行动是道德的。当他们使习俗对所有人都具有约束力，并且认为习俗的起源无法追忆时，他们在一定程度上在运用一种理性的和社会的标准。当他们进一步认为习俗是得到神的赞同时，他们赋予了习俗所有的价值，他们知道如何把价值放进习俗中。

然而，习俗的标准和评价只是部分理性的。许多习俗是非理性的，一些习俗是有害的。但是，在它们中，所有习惯是一个强大的因素，即便不是最大的因素。这种习俗非常强大，常常足以抵制任何理性检验的尝试。阿瑟·史密斯（Arthur Smith）博士向我们描述了在中国的某些地方，如果在房屋的南面装扇门，夏天里就能够有风。而对这样一种建议，简单干脆的回答是：“我们不在南面装门。”

在这种非理性的或部分理性的标准的特征中，另外一个弱点是把它们的精

力用错了地方。纯粹琐碎的东西变得与真正重要的东西一样重要和令人印象深刻。就薄荷、大茴香和小茴香征收十一税，很有可能疏忽更重要的法律问题。道德生活要求人去估计行动的价值。如果把无关紧要或琐碎的东西看得很重要，那么，它不仅影响真正重要的行动的重大价值，而且会阻碍行动；它引进一些后来必须摆脱的因素，这些因素常常使真正有价值的东西被忽视。在出现了许多冒犯神的方式，而且这些方式常常取决于对常规或惯例的纯粹遵守时，就需要花很多时间和精力来弥补。道德获得了一个补偿的特征。

2. **动机**——在习俗所诉诸的动机中，习俗表现得比那些早期作家，如赫伯特·斯宾塞称赞的还要好。习俗无疑在禁忌中运用了畏惧，并且在族间仇杀中获得了怨恨的激情。即便这些，也被社会环境所更改。因为对违反禁忌的畏惧，部分地是畏惧把坏运气带给整个群体，而不仅仅是带给这个违反者。因此，我们具有一种准社会的畏惧，而不是纯粹本能的反应。在更强烈的怨恨中同样如此。 71
血亲复仇在大多数情况下，不是个人的事，而是一个群体的事。血亲复仇使个人处于危险中，但是为了其他人的利益——或者更确切地说，为了一种共同的利益。因此，怨恨是一种“**同情的怨恨**”(*sympathetic resentment*)[①]。把这一本能的感情(instinctive-emotional)过程看作一种纯粹的自我保存的反应，是与道德无关的。作为一种纯粹的制造痛苦的欲望，它是不道德的。但是，就它暗含一种来自普遍观点的反应以及对帮助他人的反应的态度而言，它是道德的。然而，除了害怕和怨恨的激情外，这里还有各种各样的动机。子女的或父母的爱，除性激情之外的两性之间某种程度的爱，对长者和尽管朴素但体现了理念的存在者的尊重，对氏族同伴的忠诚——所有这些都受到原始团体的鼓励，而且事实上受到原始团体的保护。但是，暗含着对作为一个更大生活的绝对必要的法则的义务，以及对因其本身就是善的东西的爱——的反思(敬畏)的动机不能被带到完全的意识中，除非这里有一种关于道德权威更加明确的观念，以及一种在重要的善与局部的或暂时的满足之间更加明确的对比。这些观念的发展，要求个体性的发展；要求权威与自由之间的冲突，以及私人利益与一个更高的文明所提供的公共福利之间的冲突。

3. **内容**——当考虑群体和习俗道德的“内容”时，我们马上注意到，有助于

① 威斯特马克把这看作是道德起源时的基本要素之一。

利益的理想化和扩张的因素，明显少于那些有助于一个共同的和社会的利益和满足的因素。就像我们已经注意到的那样，的确存在着回忆和想象的机会。过去的传统、神话、崇拜以及民谣——这些维持着一种精神生活，这种精神生活与更为物质的活动一样受到真正的重视。但是，由于正在考虑的生活方式在最大程度上并不会引起更加抽象的理性活动——推理、挑选和选择，因此这些想象中
72 的东西无法达到。一种真正的精神生活需要后文所描述的刺激(incentives)来召唤。另一方面，这个"内容"的社会方面深深地植根于群体道德之中。重复本章和前几章中已经详细阐述的内容是多余的。现在，我们要指出，尽管标准是社会性的，但它是无意识的而非有意识的。或者可能这样说更好：它是一种社会性的标准，而不是每个成员自己有意制订的标准。氏族成员把这看作是理所当然的。他在氏族中，"与一群人在一起"；他依照标准去思想和行动。他不可能变得像一个现代的个人主义者那样自私；他只是没有去有意识地设想这种排他性的善，或者实现这种善的工具。但是，他也不可能有广泛的社会性。他可能不会堕落到像文明的守财奴、浪荡子或罪犯这样的地步，但也无法设想或塑造这种必定会遭到反对的品格。道德的英雄只有当他与其他人相对抗时，只有当他认出恶并与之作斗争时，只有当他"战胜这个世界"时，才达到了崇高的境界。

4. **品格的培养**——在坚定性格的培养中，一方面，习俗道德的力量是很强的。群体训练它的成员以群体赞成的方式去行动，然后群体通过所有机制，把成员掌握在自己的手中。它形成习惯并加强这些习惯。它的弱点在于习惯的要素是如此大，而自由的要素是如此小。它支持普通人；阻碍可能锐意进取的人。它是一个靠山(anchor)，也是一个累赘。

参考文献

第2章和第3章末的许多文献在这里同样适用，尤其是斯宾塞、吉伦和舒尔茨(Schurtz)的著作。

Schoolcraft, *Indian Tribes*, 1851 - 1857; Eastman, *Indian Boyhood*, 1902. Papers on various cults of North American Indians in reports of the *Bureau of Ethnology*, by Stevenson, 8th, 1886 - 1887; Dorsey, 11 th, 1889 - 1890; Fewkes, 15th, 1893 - 1894, 21st, 1899 - 1900; Fletcher, 22d, 1900 - 1901; Stevenson, 23d, 1901 - 1902; Kidd, *Savage Childhood*, 1906, *The Essential Kafir*, 1904; Skeat, *Malay Magic*, 1900; N. W. Thomas, general editor of Series, *The Native Races of the British Empire*, 1906 - 1907; Barton, *A Sketch of Semitic Origins*, 1902; Harrison, *Prolegomena to the Study*

of Greek Religion, 1903; Reinach, *Cultes, mythes et religions*, 3 vols., 1905 – 1908; 73
Frazer, *The Golden Bough*, 3 vols., 1900; Marett, "Is Taboo Negative Magic?" in *Anthropological Essays*, presented to E. B. Tylor, 1907; Crawley, *The Mystic Rose*, 1902; Spencer, *Sociology*, 1876 – 1896; Clifford, "On the Scientific Basis of Morals" in *Lectures and Essays*, 1886; Maine, *Early History of Institutions*, 1888, *Early Law and Custom*, 1886; Post, *Die Grundlagen des Rechts und die Grundzüge seiner Entwickelungsgeschichte*, 1884, *Ethnologische Jurisprudenz*, 1894 – 1895; Pollock and Maitland, *History of English Law*, 1895; Steinmetz, *Ethnologische Studien zur ersten Entwicklung der Strafe*, 1894.

5. 从习俗到良心；从群体道德到个人道德

§1. 对比与冲突

74 1. *第三层次意味着什么*——只有当个人承认权利，或者自由地选择善，热心地致力于善的实现，以及寻求一种每个社会成员将分享的社会进步和发展时，完全的道德才会达到。群体道德及其习俗机制一起形成了一个标准，但这个标准是共同的，而不是个人的。群体道德赞成和不赞成，也就是说，它有一个关于善的观念，但这并不意味着善是就个人而言被评价的。群体道德谋取其成员的支持，但它是通过反复操练、通过愉快和痛苦、通过习惯而非通过完全自愿的行动来获得的。它通过习惯和社会压力而非通过成为品格一部分的选择来保证稳定性。它保持着情感和行动的共同体，但这个共同体是无意识的，而不是确定的社会类型。最后，与其说它适合于促进和保护进步，不如说它适合于保持一个固定的秩序。因此，进步必须(1)用某种建立标准和形成价值的理性方法来代替习惯的被动接受；(2)保证自愿的和个人的选择和利益，而不是无意识地认同群体的福利，或者对群体的需要作出本能的和习惯的反应；(3)同时鼓励个人的发展，以及所有人都应当分享这种发展——个人和每一个人的价值和幸福的要求。

2. *涉及的冲突*——这样一种进步把两种冲突带入意识。这些对立在之前也存在，但它们并没有被认为是对立。只要人完全与群体在一起，或者满足于习俗，那么，他将不会作出反抗。当这种发展开始时，就出现了冲突。这些冲突有：

75 (1) 群体的权威和利益与个人的独立性及私人利益之间的冲突。

(2) 秩序与进步之间的冲突、习惯与改造或改革之间的冲突。

显然，这两个冲突之间存在着一种密切的联系；事实上，第二个冲突在实践中成了第一个冲突的一种形式。在上一章中，我们看到，习俗实际上是被群体支持和加强的，它的纯粹习惯的部分与那些具有更加理性的基础的部分一样，都是得到强有力支持的。可以想象，一个民族将共同前进，产生一个更高的文明；在这个文明中，自由思想应该充分尊重社会价值，政治自由应该与政府的发展并驾齐驱，自我利益应该伴随着对他人福利的关心，正如一个儿童有可能无需经历“狂飙突进”(storm and stress)的时期就变得完全有道德。但是，这并非常态。进步通常以战争为代价。这个战争的最初阶段是个人与群体之间的对立。自我肯定的本能和冲动存在于群体生活中，但它们在某种程度上是未充分发展的，因为没有足够的刺激来使它们起作用。如果一个人没有什么东西可以占有，那么，他就不可能最大限度地发展他的占有冲动。本能和冲动在某种程度上未充分发展，是因为群体阻碍了它们，生活和斗争的条件有助于那些确实对它们实施阻止的群体。尽管如此，这些本能和冲动在某种程度上是存在的，总是与更社会化的力量相抗衡。事实上，群体与个人之间的对立之所以如此强大而持久，在于社会和个人都植根于人性。它们构成了康德称之为人的**非社会的社会性**(*unsocial sociableness*)的东西。“人无法与其同伴友好相处，但没有他们也不行。”

个人主义——与群体的标准、权威和利益相对的，关于个人自己的意见和信仰、自己的独立性和利益的肯定，被称为个人主义。显然，这种肯定总是标志着行为一个新的水平。行动现在必须是个人的和自愿的。同样显而易见的是，这
个新的水平可能比习俗和群体生活的水平要么更好要么更坏。至少从表面上 76
看，最初的效应很可能向更坏的方向发展。旧的束缚被抛弃了；“过时的信念”不再稳定或发挥指导作用；强大或狡猾的个人崭露头角，并且利用他的同伴。每个人做“在他自己看来是对的”事情。希腊的智者时期、意大利的文艺复兴时期、西欧的启蒙运动和浪漫主义运动时期，以及最近的工业革命时期，说明了个人主义的不同阶段。一个民族以及一个个人可能在它对社会权威和习俗的对抗中“崩溃”。但是，这种片面的个人主义几乎一定会召唤新秩序的提倡者；新结构的“有机纤维”(organic filaments)会出现；家庭、产业、国家被重新组织，并且在更加自愿的基础上被组织起来。那些接受新的条件以及因自由而承担责任的人，那些按照理性而不是激情来指导他们选择的人，那些目的既在于幸福也在于“正义和仁慈”的人，成了道德人，因此也获得了新的价值和尊严。此外，尽管这个普遍的

运动总的来说是一种个人主义运动，但是如果要有道德进步，它同样必然要求一种重构的个人（*reconstructed individual*）——这个人在选择、感情和责任中是个人的，而在他视为善的东西中，在他的同情和目的中是社会的。否则，个人主义就意味着向不道德前进。

§2. 转变中的社会化行为

引起从习俗和群体道德改变为有意识的和个人的道德的行为是各种各样的。正如在儿童和年轻人中，品格是通过各种各样的手段培养的，有时是通过成功，有时是由于父母的不幸或去世，有时是通过知识的缓慢增长，有时则是因强烈的感情基础而发生突然的根本转变，对于民族而言，也是一样的道理。某些民族，就像当前的日本人一样，突然接触到来自外部的商业和军事力量。在其他民
77 族中，与希腊人一样，出现沿着思想、经济、政治和宗教的路线发展的骚动；而且，民族的灾难可能会颠覆所有旧有的价值，正如希伯来人一样。但是，我们会看到四种典型的行为，它们或多或少是积极的。

1. **经济力量**——在许多民族的历史中，我们都可以看到经济力量在粉碎早期亲属群体或数代同堂家庭中的活动。氏族在狩猎生活或简单农业的条件下十分繁荣，这可以在澳大利亚人和印第安人，或者在爱尔兰的凯尔特人和苏格兰高地中得到验证。当一种更加先进的农业状况盛行时，它就无法幸存了。在任何地方，只要个人的优势体现在独立的行业和私人所有权，一定数量的个人主义就会出现。如果要追捕野牛，那么，共同解决问题更好；但是，对于一个较小的猎物来说，熟练的或坚持不懈的猎人会认为，他可以靠单枪匹马而获得更多。当农业和商业取代早期的生活方式时，这一点得到了加强。农夫必须辛苦而长期地工作，他的目标非常遥远，以致品格的差别会更加强烈地显示出来。狩猎和捕鱼令人兴奋，回报立竿见影，以致甚至一个不是很勤劳的人也会尽自己的一份力量。但是在农业中，只有努力而耐心的劳作者才能得到回报，他不可能与懒惰的人分享，甚至不可能与弱者分享。商业和交易同样非常重视个人的精明。长期以来，商业是在相对个人的基础上进行的。商队为了相互保护而结伴同行，但是不存在任何像后来建立的那种组织，每个人都可以表现自己的狡诈和能力。此外，商业导致了习俗之间的对比，以及商品和思想的交流。所有这一切，往往会破坏为一个特定群体所特有的习俗的神圣性。商人和旅客可能会逾越氏族建立的屏

障。早期希腊殖民者是那个时代的商人，一种广泛的个人主义运动在他们中间开始出现。在欧洲，大多数幸存下来的原始的群体生活是最少被现代商业所触及的部分。

但是，如果考虑一下持续盛行的组织行业的方法，那么，我们会更加清楚地 78
理解经济的影响。在早期社会中（现代文明的早期阶段也一样），家庭是一个重要的经济单位。许多或大多数行业能够在家庭中方便地进行。就像前面所引用的例子中提到的那样（第 62 页），较强大或大胆的成员将设法不断地独自闯新路。然而，这个不断重新调整的过程，在对风俗(mores)的影响上，比其他三种保证更广泛的行业组织的方法更不彻底。在原始社会中，大的事业必须靠群体合作才能进行。东方文明所使用的强迫劳动被一种方法所取代，通过这种方法，能够建造像金字塔或寺庙那样更伟大的作品，但也摒弃了许多古老的群体间的同情和相互帮助。在希腊和罗马，奴隶制让奴隶做苦工，让公民自由地去培养艺术和文学修养以及治理的能力。少数人得到了机会和施展空间。强权和天才产生了，与此同时，个人主义的所有负面力量也显示了威力。在现代，资本主义是组织工业和商业的方法。事实证明，在保证力量联合和开发自然资源方面，它比强迫劳动和奴隶制更加有效。它同样为具有组织天才的人的崛起，提供了非同寻常的机会。“工业巨头”的生涯比昔日的征服者的生涯更加有吸引力，因为它们涉及更加复杂的处境，而且可以利用更多人的发明和劳动。但是，现代资本主义对中世纪的道德或者甚至一百年前的道德具有破坏性，就像强迫劳动或奴隶制对群体生活和风俗有破坏性一样。

2. **科学与艺术的进步**——科学和智力的进步对于风俗的影响是直接的。一个民族的习俗与另一个民族的习俗进行比较会显示出差异，以及引出关于这种多样性的原因的探讨。我们已经看到，人们或多或少处于习俗中，却对这些习俗给不出任何理由。即使最初有一个理由，人们也已经把它遗忘了。此外，关于 79
天气和季节、植物和动物、病痛和疾病的不断增长的知识，使许多禁忌和仪式不足信了，较朴素的信仰曾经把这些禁忌和仪式看作对福利来说是必不可少的。仪式的某些要素可能在“神秘事物”的保护下幸存下来，但是得到更多启蒙的部分共同体会漠然置之。不断增长的智力不满于充斥着偶然、习惯和冲动的风俗，要求某种理性的生活法则。

科学与各种工艺美术的结合，为个人创造了一系列新的兴趣。任何一件好的工艺品，无论多么简单的艺术品，都两次降福给人。它既降福给制作的人，也降福给使用或享受的人。在群体生活中开始的劳动分工获得了发展。当工匠和艺术家建造寺庙或宫殿，制作雕像或陶器，或者歌颂神和英雄时，他们发展了不断增长的个体性。他们的心灵与他们所做的东西一起成长。随着艺术成为社会的纽带，熟练的工匠常常成了批评家。艺术家有了更大的自由。其次，请注意艺术作品对那些使用和享受它的人的影响。一个满足和幸福的新世界出现了，每个人都能够独自进入这个世界。在较简陋的条件下，没有太多的东西可以用来增进幸福。食物、劳动、休息、狩猎，或竞赛的兴奋、性的激情、对孩子感到自豪——这些都构成了原始生活的兴趣。更多的享受手段多半可以在亲属社会或男人屋中找到。但是，当艺术取得进展时，个人可以为自己建造漂亮的房子和制作华丽的衣服。金属、木材和粘土满足了日益增长的需要。一个永久而庄严的坟墓使未来更加确定。以一种持久的形式把财富传下去的能力，促进了财富的获取。雄心壮志有了更多的用武之地。一个更加明确的、果断的自我逐渐建立起来了。随着“善”所唤起的每一种需要，“善”已经渐渐增加了意义。个人不再满足于接受群体的评价。他想以自己的方式来得到他自己的好处。通常在他看来，他可以通过置身于共同生活之外或通过利用他的同伴来最轻松、最稳当地换
80 取他自己的好处。有教养的人经常以第一种方式显示他们的自私；而有钱人，则以第二种方式显示他们的自私。有教养、出身高贵或富有的贵族可能把整个文明进程看作是满足少数精英需要的过程。几乎每一个发展了艺术和科学的人，也发展了贵族统治。在古代世界中，奴隶制是这个进程的一个部分。在现代，其他的剥削形式可能更好地服务于这个目的。从把一个人的善与所有人的善紧密联系在一起的纽带中解脱出来的个人主义，往往变得排他和自私；具有许多机会增加幸福和延长寿命的文明有其自身的道德风险，至少间接地有其自身道德上的邪恶。

这些邪恶可能表现为感官和欲望的满足，因此可能与更高级的精神生活相对立，这种精神生活不需要外部的物体或奢侈品。或者，它们可能表现为植根于自私之中，植根于满足排他的自我对物质利益或虚荣心的欲望之中，而这与同情、正义和仁慈相对立，后者标志着一种更宽广的人类的和社会的生活。在这两种情况下，严肃的人设法通过某种形式的“自我否定”来克服这些伴随着文明的恶，即使这些恶不是由文明造成的。

3. **军事力量**——只要亲属群体仅仅是和类似的群体作战，那么，它就是一种保护。日耳曼或苏格兰氏族轻率的勇气和对部落的忠诚，甚至可以战胜纪律更加严明的罗马和英格兰军队。但是，持久的胜利要求比古老的氏族和部落更高的组织。组织意味着权威，意味着一个指挥、控制的唯一的司令或国王。像埃及、亚述和腓尼基表现出了以色列的氏族所呼求的力量一样，“不，我们要一个王治理我们，让我们也像列国一样，有自己的王治理我们，率领我们出征，为我们作战”。[①] 战争为强大而肆无忌惮的领导者显示自己的权威提供了机会。像商业一样，战争往往也传播文化，因此它们打破了古老习俗的屏障。巴比伦和亚历山大大帝的征服、十字军和法国革命，都是军事力量破坏古老习俗并给予个人新天 81
地的例子。在大多数情况下，这是真的，只有领导者或“暴君”才能得到好处。他为了自己的晋升运用整个社会机器。尽管如此，习俗和群体联合被打破了。对法律的尊重，必须在新的基础上建立。

4. **宗教力量**——虽然一般说来，宗教是一种保守的行为，但是一种新的宗教或宗教中的一种新政策经常对道德的发展产生强有力的影响，这同样是真的。宗教如此密切地与所有群体的风俗和理想联系在一起的这个事实，在与生活的旧标准直接相关的宗教中发生了改变。新旧之间的冲突很可能是根本的和尖锐的。上帝的观念可能本身就包含着何种行为可以取悦上帝的观点。一种关于未来的学说可能要求某种生活方式。一种崇拜(cultus)可能赞成或谴责两性之间的某些关系。因而，相冲突的宗教在权衡它们的主张时可能会强行置入一种道德态度。耶和华与太阳神(Baal)之间的竞争，奥菲士(Orphic)异教与大众的希腊宗教之间的竞争，犹太教与基督教之间的竞争，基督教与罗马文明之间的竞争，基督教与日耳曼宗教之间的竞争，天主教与新教之间的竞争，都揭示了道德问题。我们将专门在第 6 章和第 8 章中关注这个因素。

§3. 心理行为

心理学家已经表明，趋向个人主义的心理力量是自我肯定的本能和冲动。它们都是有机体首先保存自身，然后通过进入更复杂的关系和控制它的环境，上

---

① 《撒母耳记上》8：19－20。

升到更复杂的生命这种努力的结果。斯宾诺莎的"自我保存"(*sui esse conservare*)、叔本华的"生存意志"、尼采的"权力意志"、希伯来人充满激情的"生命"理想,以及丁尼生(Tennyson)的"更多的生活,更多的充实"(More life, and fuller),在不同程度上表达了这个基本倾向和过程的意义。发展的智力通过给
82 予更大的控制范围,增加了自己的力量。从有机体的需要开始,这个发展的生命过程可以与日俱增地在对自然的支配和控制中,在物质世界中得到满足。探险家或猎人、发现者、工匠或艺术家都曾获得这种满足。正是当它进入人的世界时,它显示了一种特有的强度,这种强度标志着**最卓越的**(*par excellence*)个人主义的激情。我们注意到其中四种自作主张(self-assertion)的倾向。

1. **性**——性本能和感情在这方面占据了一个特殊的位置。一方面,它是一种强大的社会化行为。它把两性结合在一起,因此对家庭来说是至关重要的。但是,另一方面,它不断地反抗社会群体为管理它所建立的限制和惯例。反对不合法关系的法令,从《汉谟拉比法典》和《摩西法典》到最近为更严格的离婚手续所做的努力,证实了个人偏好(inclination)与群体意志之间的冲突。某种性激情一再打破所有社会的、法律的和宗教的约束。因此,它成为从古希腊人到易卜生(Ibsen)最喜爱的悲剧主题。它在罗曼蒂克中找到了另一个合适的媒介。它在每一个大城市中都产生并保持着一个被遗弃的可怜群体,它所带来的恶在结果上并不限于那些故意冒险的人。它造成了被社会认可的家庭结构的反复变化。它的价值和适当的规则是争论焦点,因为风俗的广泛而深远的变化带来了宗教改革(the Reformation),而明显的平衡还没有达到。

2. **对占有和私有财产的要求**——我们已经看到,在原始群体中,私有财产的形式可能是工具或武器、牲口或奴隶。在母系氏族中,土地不可能是私有财产;事实上,无论如何,只要技术未发展,私有财产就必然有限度。对私有财产的要求,是个人产业模式的自然的伴随物。如我们所说的,群体生产的东西归群体所有,个人制作或捕获的东西被看作是他自己的东西,这是一个共同的原则。当个人的产业更加重要时,个人要求私人占有的东西就越来越多。

83 从母系氏族到父系家族或家庭的变化,是对个人控制财产的一种强化。父亲可以把牛或房子传给他的儿子。印度数代同堂的家庭,实际上实行的就是父系制度。虽然如此,但这个趋势在父亲的私人财产传给儿子的地方,比在父亲的私人财产传给他妹妹的孩子的地方,更加强烈地坚持个人财产。首领或统治者

很可能首先获得私有财产的权利。在今天某些南斯拉夫人的家庭中，一家之主有个人专用的餐具，其余的人则合用。在许多民族中，首领拥有他们可以随意处置的牛；其余的人，只是分享氏族的物品。爱尔兰的古老的布里恩(Brehon)法律就展现了这个阶段。

然而，不管这是怎样发生的，首先，财产的本义就是把其他人排除在我所拥有的某样东西之外。因此，就它必然反对群体联合而言，它反对我们可以在群体道德中找到的任何此类朴素的生活团结(solidarity of life)。当一个美洲印第安人同意单独占有土地时，与之相伴，旧有的群体生活、部落的限制和支持、群体习俗和道德统一都消失了。他必须找到一个新的基础，否则将彻底瓦解。

3. **为统治或自由而斗争**——在大多数情况下，这些无法与经济斗争相分离。主人和奴隶既处于个人关系中，又处于经济关系中；几乎所有大规模的阶级斗争至少都有一个经济的根源，无论这些斗争的其他根源是什么。但是，经济的根源并不是它们唯一的根源。这里既有为了领土、战利品或奴隶的战争，也有为了荣誉或自由的战争。正如生存竞争把带着愤怒情绪的自卫的本能、竞争与控制的本能以及相应的对被统治的厌恶带入到种族，社会的进步也显示了人与人之间、家族与家族之间、部落与部落之间力量的较量。就像前一章所说的那样，尽管在战争或仇杀中形成必要的合作是一种联合的力量，但这个故事还有另外一面。个人之间的争斗，显示了谁是主人；群体之间的争斗，则往往会涌现出领导者。虽然这些发号施令的人可以为群体服务，但是他们很有可能对反对群体 84
习俗感兴趣。他们宣称不依赖于群体，宣称对群体的支配与亲属氏族的群体格格不入，尽管家长制的家庭很有可能在一个有力的人的领导下。这逐渐产生了适合富人的规范和适合穷人的规范、适合贵族的规范和适合平民的规范、适合男爵的规范和适合农民的规范、适合绅士的规范和适合普通人的规范。它暂时可能会被耐心地接受。但是，一旦富人变得狂妄自大，封建领主变得厚颜无耻，就将面对一个惨痛的真理：习俗已经变成了纯粹的惯例。它们不再有效。所有的旧关系都被抛弃了。自由和平等的要求出现了，权威与自由之间的冲突继续着。

或者，这个争斗可能是为了思想的自由——为了自由思想和自由言论。人们有时会认为，这种自由在宗教或教会组织中将遇到最强大的对手。宗教中无疑存在着一种保守的倾向。正如我们所指出的那样，宗教是群体价值和群体标准的主要保护者。它的仪式是最精心策划的，它的禁忌是最神圣的。在这里，也像在其他地方一样，思想的批判倾向于削弱那些因发展而不再适用的或纯粹习惯性的东西。理性主义或自由思想常常使其自身处于与宣称是“超越理性”的东西的对立中。尽管如此，把所有的个人主义都归因于科学，把所有的保守主义都归因于宗教，这种观点是荒谬的。科学教条或“偶像”是难以取代的。学校大约和教堂一样保守。另一方面，以宗教自由为目标的斗争通常不是由不信教的人来进行的，而是由信教的人来进行的。当先知阿莫斯(Amos)要求社会公正时，他受到了他那个时代的宗教组织的反对。一大群高贵的殉道者的历史是一个诉诸个人良心或诉诸个人与上帝直接关系的记录，这与他们所处时代形式的、传统的、有组织的宗教习俗和教义形成了对照。为宗教宽容和宗教自由的斗争与为思想自由和政治自由的斗争一道，在关于个人主义的章节里占有一席之地。

85 4. **对荣誉或社会尊重的欲望**——詹姆斯(James)在他的自我心理学中，把一个人从其同伴那里获得的承认叫做他的“社会自我”。“我们不仅是群居的动物，喜欢处于同伴的视野中，而且有一种与生俱来的倾向：使自己被同类注意，而且是善意地注意。没有什么可以想得出的惩罚(这样一件事情在身体上是可能的)比一个人在社会上放纵而仍然绝对没有被所有的社会成员注意到更残忍的了”。[①] “最残酷的身体折磨将是对这种惩罚的一种解脱；因为这将使我们感到无论处境多么恶劣，也不能陷入这种深渊以致根本不值得注意”。[②] 荣誉或名声是一个人所建立的各种“社会自我”的一个名字。它代表一个既定群体的人对他的看法和评价。它在群体生活中占有一个位置，而且是一个很大的位置。身份高低(precedence)，称呼，衣着装饰和身体装饰，歌颂勇敢的、强壮的和精明的人，嘲笑胆小鬼或懦夫，这些都在起着作用。但是，包括原始群体在内，群体成员之间的差异保持在有限的范围内。当为了军事或民事目的，更加明确的群体组织开始形成时；当封建领主聚集他的家臣开始在力量上上升，超越共同体的其余人时；最后当艺术的进步提供了更多展示的手段时，承认的欲望有了更大的空间。竞争的本能增加承认的欲望，后者经常导致羡慕和妒忌。因此，它成了刺激个人主义一种有力的因素。

然而，尽管对荣誉和名声的欲望激起了个人主义，但就像对财产和权力的欲

① 詹姆斯，《心理学》，第1卷，第10章。

② 同上书，第293页及以后。

望一样，它们带来了在更高的水平上促成社会重建的要素。因为荣誉暗含某种共同的感情，个体可以诉诸这种感情。群体成员称赞或谴责与他们的情感或欲望相符合的东西，但他们并不是纯粹作为个体来称赞使作为个体的他们感到愉悦的东西。他们作出的反应几乎完全来自群体的观点；他们尊重那彰显了群体 86
理想(group-ideal)的勇士，或具有其他值得赞赏和受人尊敬的品质的人。于是出现了一种动机，希望引入一种比纯粹的欲望或称赞更好的理想。没有群体会尊重完全寻求掌声而不是赞同的人——至少在群体发现这种人之后。因此，公共意见的力量旨在引起一种**配得上**荣誉的欲望，以及受到尊重的欲望。这意味着一种作为一个真正的社会个人去行动的欲望，因为只有群体的真正成员——真正的氏族成员、真正的爱国者、真正的殉道者——才能吸引其他成员，被他们评价为群体成员而不是自以为是。如果寻求其赞同的群体规模很小，那么，我们还有阶级标准以及所有属于这些标准的地方性、狭隘性和偏见。当寻求荣誉的人只是寻找他所在阶级的意见时，他一定部分地是社会的。只要他和他的亲属、同行、“同伙”、“党派”、“工会”或“祖国”在一起——而不管任何更广泛的诉求，他的行为就一定不全是理性的或社会的。因此，只有范围不断扩大，对荣誉的欲望和配得上荣誉的欲望才有满足的可能。殉道者、真理的探索者、改革者、怀才不遇的艺术家都是寄希望于死后名垂青史；如果他被错判或被忽视，那么，他就诉诸人类。因此，他为自己形成了一个理想的标准。如果他在一种个人的、对同伴的评判中最大可能地体现这个理想的标准，那么，他那值得赞同的欲望就会采取一种宗教的形式。他寻求“来自上帝的荣誉”。尽管“人最内在的经验自我是社会自我，但它可以在一个理想的世界中找到其唯一充分的伙伴(socius)”。①

康德很好地说明了个人主义三种力量的道德价值：

> 大自然使人类的全部禀赋得以发展所采用的手段就是人类在社会中的**对抗性**，但仅以这种对抗性终将成为人类合法秩序的原因为限。人具有一种要使自己**社会化**的倾向；因为他要在这样的一种状态里才会感到自己是更加完全的人，也就是说，才感到他的自然禀赋得到了发展。然而，他也具 87
> 有一种强大的、要求自己**单独化**(孤立化)的倾向；因为他同时也发觉自己有

① 詹姆斯，《心理学》，第1卷，第316页。

> 着非社会的本性，想要一味按照自己的意思来摆布一切，并且因此之故就会处处都遇到阻力，正如他凭他自己本身就可以了解的那样，在他那方面，他自己也是倾向于成为对别人的阻力的。可是，正是这种阻力才唤起了人类的全部能力，推动着他去克服自己的懒惰倾向，并且由于虚荣心、权力欲或贪婪心的驱使而要在他的同胞们中间为自己争得一席地位。人类要求和睦一致，但大自然却更懂得是什么东西才会对他们的物种有好处；大自然在要求纷争不和。人类要求生活得舒适而满意；但是，大自然却要求人类能摆脱这种怠惰和无所作为的心满意足而投身到劳动和艰辛困苦之中去，以便找到手段使自己从那里面解脱出来。推动这种努力的自然推动力、非社会性与相互冲突的根源——如此多的恶就来自这些根源——因而激励了人类能力更加完全的发展。①

我们已经谈到倾向于瓦解群体的旧有联合和导致新组织产生的“力量”。但是，这些力量当然不是非人的(impersonal)。有时，它们似乎表现得像海洋潮汐一样，默默地向岸边推进，只是不时地掀起一个比之前高一点的浪头。然而，某些重要的人时常会脱颖而出，无论作为旧事物的批评者还是作为新事物的创造者。先知会被人扔石头，因为他们谴责现在；下一代人则已经做好了埋葬他们的准备。苏格拉底就是这种伟大人物的典型例子，他死于寻求一个理性的基础来代替习俗的努力。事实上，这种冲突——一方面，严格的传统制度和共同联合被所有宗教认可和把公共意见视为神圣的；另一方面，个人诉诸理性、他的良心或一个“更高的法则”——是历史的悲剧。

§4. 积极的重建

88 不要认为道德的进程在上一节的几个小节所表明的要点处停止了。如已经陈述的那样，如果人们确实详细地勾勒出一种更高级的有意识的、个人的道德，那么，它不仅意味着一个更加强大的个人，而且意味着一个重建的个人和重建的

① 康德，《世界公民观点之下的普遍历史观念》(Idea of a Universal History from a Cosmopolitical Point of View)，《历史理性批判文集》，何兆武译，商务印书馆，1997 年，第 6—8 页。译文略有改动。——译者

社会。它意味着古老的亲属群体或家庭群体的瓦解，亲属群体或家庭群体也是一个经济、政治和宗教单位。它意味着为家庭构建一个新的基础；为商业构建新的道德原则；为政治国家构建新的管理方法，构建关于权威和自由的新观念；最后，构建一种民族的或普遍的宗教。个人必须在这个更高的水平上自愿地选择所有这一切。不仅仅如此：当他在由个人主义所引起的新的相互冲突的目的面前作选择时，他为自己建立或采纳一种标准。他明确地思考什么是"善"和"正当"。当他承认标准的要求时，他既是自由的，又是负责任的。当他真心认同标准时，他从内心深处就变得有道德了。敬畏、义务和对善的东西的爱，使感情得到了复苏。深思熟虑、自我控制、追求理想的志向、敢于在理想的实现中冒险、仁慈和正义成了举足轻重的性情，或者是至少被认为应该成为举足轻重的性情。道德品格和道德人格的概念被带入到意识之中。希伯来人和希腊人的发展过程将表明这些积极的价值是如何出现的。

参考文献

Kant's Principles of Politics, tr. by Hastie, 1891, especially the essay "Idea of a Universal History from a Cosmopolitical Point of View"; Hegel, *Philosophy of History*, tr. by Sibree, 1881; Darwin, *The Descent of Man*, 1871; Schurman, *The Ethical Import of Darwinism*, 1888; Seth, "The Evolution of Morality," *Mind*, XIV, 1889, pp. 27–49; Williams, *A Review of Systems of Ethics Founded on the Theory of Evolution*, 1893; Harris, *Moral Evolution*, 1896; Tufts, "On Moral Evolution," in *Studies in Philosophy and Psychology* (Garman Commemorative Volume), 1906; Ihering, *Der Kampf um's Recht*; Simcox, *Natural Law*, 1877; Sorley, *Ethics of Naturalism*, 1885.

6.

希伯来人的道德发展

89 ## §1. 一般特征和决定性原则

1. *希伯来人和希腊人*——希伯来人道德发展的一般特征，可以通过与希腊人的道德发展相比较而得到阐明。[①]尽管许多阶段是共同的，但是在重点和焦点方面存在着差别。在以色列，政治的和经济的力量在起作用；而在希腊，宗教的力量在起作用。尽管如此，道德生活在一个民族中与宗教紧密联系，在另一个民族中则找到了独立的渠道。对希伯来人而言，有意识的行为集中在服从上帝上；而对希腊人而言，有意识的行为集中在发现关于善的理性标准上。对希伯来人而言，正义是典型的主题；而对希腊人而言，理想的东西在于尺度与和谐。对希腊人而言，智慧或洞见是主要的德性；而对希伯来人而言，对主的恐惧是智慧的开始。希伯来人的社会理想是上帝之国；希腊人的社会理想是政治国家。如果我们区分出良心的两个方面，即深思熟虑地去发现做什么和在发现做什么时热诚地渴望做正当的事，那么希腊人强调的是前者，而希伯来人强调的则是后者。理智(intellect)在希腊人那里起了更大的作用；情感(emotion)和意志的自愿在希伯来人那里起了更大的作用。感觉(feeling)在希腊人那里所起的作用和一种对尺度与和谐的审美要求所起的作用一样大；在希伯来人那里，尤为突出的是动机(motivation)，对他们而言，动机是所谓的"心"(heart)的一个要素，或者说，它

① 阿诺德，《希伯莱精神与希腊精神》(Hebraism and Hellenism)，收录于《文化与无政府主义》(*Culture and Anarchy*)，第4节。

在评价行动方面起作用,就像当上帝赞成或谴责时所感到的喜悦或悲伤一样。对于我们的研究来说,这两个民族都是有趣的,它们不仅说明了不同种类的道德发展,而且在很大程度上促进了当今西方民族的道德意识。

2. **早期的道德**——对定居迦南(Canaan)以后的早期的部落生活和习俗的 90
说明,显示了已经被我们熟悉的群体生活的主要特征。氏族或亲属关系的忠诚在优势和缺陷方面都是强大的。这里有忠实、至死不渝、群体英雄的荣誉、共同的责任和血族复仇。这里有对好客的尊重和婚姻规则,尽管不能根据后来的标准来看。一种粗略的正义尺度体现在“神按着我所作所为报应我”。但是,这里没有公共机构去阻止做坏事的人,除非特别令人作呕的暴行使公众感到震惊。节日和祭餐把家庭或氏族成员彼此以及他们的神更加紧密地结合在一起。誓言必须被坚守,不可亵渎,即使它们涉及人祭(human sacrifice)。生命的兴趣和目的是简单的。生理需要的满足,对亲属尤其是孩子的爱,渴望与保护他们免受敌人侵扰并带来丰收季节的、看不见的神处于亲切而和谐的正确关系中——这些成了他们首要的善。从这些原始的开端走向崇高的道德理想,其间要经过宗教。但是,宗教观念与政治的、社会的和经济的条件直接相关;因此必须简略地描述一下这两个方面。

3. **政治发展**——政治发展(a)建立了一个全国性的统一体,这会瓦解古老的群体单位,(b)加强了军事野心和种族自豪感,(c)促使先知达到他们关于神的威严和普遍性的最高观念,但是最终,当国家权力和希望被粉碎时,(d)迫使对所有的价值、理想和生活的意义进行最彻底的重建。详细追溯这个过程是不可能的,或者是不必要的;但是,在这里,我们可以指出,在更清楚地意识到希伯来道德的重要因素——权威和法律观念方面,政治发展产生了一般的影响。早期的氏族首领或一家之主行使某种政治权力,但是对这种权力没有明确的承认。“长
老”(the elders)或一家之主的治理,并没有把共同的亲属关系与统治者的法定权 91
威清楚地区分开来。“法官”的统治先于王国,他们是军事专制者(military deliverers),他们把自己的权威归于个人权力,而不是明确的规定。因此,建立一个有组织的政治共同体即一个王国,就要更清楚地认可这种只是隐含在部落组织中的权威要素。它允许一种更加明确的自愿关系,以便与不自愿的亲属关系或英雄的个人关系相区分。因此,在王国形成的时候,早期的先知看到的只是对上帝的抛弃,而后来的先知在其中看到了上帝与民族之间更高类型的关系的象

征。王国的形成被赋予了宗教约束力，而国王被看作是耶和华之子。因此，王国已经准备好来充当一个民族的道德统一及秩序的框架与背景。

4. *经济因素*——政治权力的组织和日趋繁荣，伴随着经济的和社会的相应变化。早期简单的农业生活并没有导致整个氏族组织和习俗的丧失。但是，所罗门（Solomon）以及后来国王在位时的贸易和商业的增长带来了财富，并使权力和影响的中心从农村转移到了城市。财富和奢侈品带来了通常的结果。相互冲突的利益维护着自己的力量。经济的和社会的个人主义破坏了古老的群体团结。在先知阿莫斯（Amos）、何西阿（Hosea）和以赛亚（Isaiah）的时代，就有富人阶级和穷人阶级。贪婪不可避免地出现在统治者、法官、牧师和"普通的"先知身上。压迫、土地垄断、贿赂以及敲诈勒索，激起了道德义愤。最狂热的仪式遵守者和宗教守护者经常做的事情，在一些伟大的改革家中唤起了对改变宗教自身的要求。正义而非献祭，是当前的需要和上帝的要求。

§2. 宗教机制

希伯来人的宗教教育与道德教育之间的相互影响非常密切，以致很难区分
92 两者，但我们可以抽取出以色列宗教中某些特别有意义的观念和动机。一般观念是关于上帝和民族之间密切的个人联系的观念。以色列人不应该有其他的神；耶和华——至少这是早期的思想——也没有其他的民族。他爱以色列人，并选择了以色列人；心怀感恩，处在希望和恐惧中的以色列人必须热爱和服从耶和华。牧师保持着他的宗教崇拜；先知根据当前的需要带来新的命令；国王代表他的主权和正义，事件的过程显示了他的目的，这些要素中的每一个都促使或引起道德反思和道德行为。

1. *"契约"关系是一种道德观念*——通常的宗教观念是关于某个民族与神之间的血缘或亲属关系的观念。这与第二章所概述的群体生活的其他关系具有相同的潜在意义和价值。但是，它比"道德的"——也就是有意识的和自愿的——纽带要自然得多。把上帝与民族之间的关系设想为由自愿选择造成的，是针对使道德成为有意识的而引进的一种有力的机制。无论这种观念的起源是什么，重要的事实在于宗教的和道德的领导者把以色列人与耶和华的关系描述成基于一个契约。一方面，耶和华保护、维护以及使以色列人繁荣；另一方面，以色列人服从耶和华的法律，不服务于其他的神。这个相互义务（obligation）的观

念出现在“(摩西)十诫”的开始部分,先知们三番五次地诉诸这个契约关系。服从法律的义务,并非“这是习俗”或“我们的祖先是这样做的”;而是基于这样的基础,即这个民族自愿地把耶和华接受为它的神和立法者。

这个契约的意义及其象征,随着民族社会关系的发展而改变。最初,耶和华是“万军之主”、战争的保护者和繁荣的给予者,民族义务的早期观念似乎包括人祭,至少在极端的情况下。但是,从后来的先知那里,我们发现,丈夫和父亲的社会和家庭关系越来越多地发挥着作用。不管凭借个人经验还是凭借一般的反 93
思,我们发现,何西阿是用这两种家庭观念来解释上帝与他的民族之间的关系。对民族的不忠呈现出更加私密的迹象,如妻子不贞;相反,与其他宗教形成对比的是,这个民族把耶和华叫做“我的丈夫”,而不再是“我的主人”(巴力神)。因此,在以色列人的宗教中,从身份到契约的变化包含着许多道德结果。

2. **个人立法者的观念**——个人立法者的观念把行为从习俗的水平提高到有意识的道德的水平上。只要儿童是通过模仿和暗示来沿袭某些习俗的,那么,他必然不认为这些习俗有任何道德意义。但是,如果父母明确地命令或禁止,那么,这就成了一件关于服从或不服从的事。选择变得必要。品格取代了无知。因此,耶和华的法律迫使服从或反抗。习俗不是受到禁止,就是受到约束。在这两种情况下,它们不再仅仅是习俗。以色列人的法律规定,无论在私人生活中,在庆典中,或在法定形式中,整个遵从(observance)是以“耶和华如此说”作为引子的。我们知道,其他的闪族人奉守安息日,实行割礼,把洁净的牲畜与不洁净的牲畜区分开,以及尊重生死的禁忌。在以色列,不管这些遵从是依法赋予新权威的老习俗,还是在耶和华法律的授权下从其他民族那里拿来的习俗,都无关紧要。法律的伦理意义在于,把各种遵从看作是位格神的个人命令,而不是纯粹的习俗。

在对违反这些遵从的看法之间存在着极其重要的差别。当一个人违反一个习俗时,他就不是在做正确的事。他没有达到目的。① 但是,当这种遵从是个人的命令时,对它的违反就是一种个人的不服从;它是反抗,是一种意志的行动。随后而来的恶不再是坏运气,而是惩罚。现在惩罚一定要么是对的,要么是错的;要么是道德的,要么是不道德的。它决不可能完全无关道德。因此,作为一 94

① Sin(罪)的希伯来词和希腊词意思都是指“to miss”(未达到)。

种个人过错的罪的观念，以及作为一种个人惩罚的不幸的观念，它强加了一种道德标准。在其最原始的形式中，可能把上帝的命令视为对的，只是因为上帝发出这些命令；而认为受难者是有罪的，仅仅是因为他遭受了苦难。我们可以在巴比伦人的忏悔诗中发现这一点。这些诗篇表达了关于罪的最深信念和取悦上帝的最大愿望，但是，当我们试图去发现忏悔者做了什么事以致在其内心引起悔恨时，我们发现，他似乎只是感到自己在某些方面未能取悦上帝，不管以何种方式。他经历不幸，不管疾病、坏运气还是失败，他确信这一定是由于某种过错造成的。他不知道这种过错是什么，可能是他未能以正确的方式重复一个公式；不管什么过错，其结果全都是一样的。鉴于降临到他身上的惩罚，他感到自己有罪，甚至夸大他的罪。约伯(Job)的三个朋友把同样的逻辑运用到了他的情况中。[1]

然而，耶和华的法律必须服从，因为这些法律是他的命令；与这个观念一起的，还有另一个教义，它只是如下这个理论的一种扩充，即人们自由地接受他们的统治者。这就是说，耶和华的命令不是独断的，它们都是对的；它们被放在人们面前以求认可；它们是“生命”；“地球上万物的审判者”将“行公义”。在这里，我们有一个显著的例证来说明这个原则，即最初体现在个人中的道德标准渐渐自由地运作，个人由它们来评判。

3. *作为道德上象征性的宗教崇拜*——精心设计的宗教崇拜是由牧师来进行的，无论多么不完美，它象征着某种道德观念。对仪式“纯洁性”的殷勤照料，
95 可能没有直接的道德价值；因接触出生、死亡或某些动物而带来的污染，可能正是一种外在的“不洁”(uncleanness)。尽管如此，它们以最有力的方式强调用神律(divine law)规定的标准来持续地控制行为。除了为耶和华服务，牧师的“神圣性”强调了他们工作的严肃性；再者，它有助于区分精神的和物质的、高级的和低级的，这是道德生活的一部分。此外，尽管这个价值部分地内在于所有的仪式中，但是，耶和华的崇拜与其他神的崇拜之间的对比对道德的关注提出了挑战。

---

① 惩罚的一般功能就是使个人认识到罪的意识，从而唤起有良知的行动。这在莎士比亚对亨利五世在阿金库尔(Agincourt)战役前的祷告的构想中，有一个例证。在日常生活中，脾气爽直的亨利王很少有时间去沉思他自己的罪或者他父亲的罪，但是在可能遭受灾难的前夕，以前的罪才浮现在他眼前。一想到被公认的权威所强加的一种实际惩罚，他就难以平静。他大声说道：“今天不可以，啊，上帝！啊，今天不可以，不可以想念我父亲篡夺王位的罪过！”(参见《亨利五世》，梁实秋译，中国广播电视出版社，2001 年，第 155 页。)

陆地上的诸神，各种巴力神，“在每一座高山上，在每一片绿荫下”受到崇拜。作为生育之神，性标志成了他们的象征，在他们的节日里盛行着极大的自由。在某些圣坛上，男人和女人为了服务于神而献身。头胎的小孩常常被献祭。[1] 以色列人似乎或多或少地从迦南人那里接受了这些节日和圣坛，但先知对于耶和华崇拜却有一个完全不同的观念。西奈山(Sinai)的神完全拒绝了这种实践。放纵和酩酊大醉不像巴力神和阿斯塔特神(Astarte)的崇拜所暗示的那样，是生命和神性的适当象征。感官的东西无法恰当地象征精神的东西。

此外，宗教崇拜的一个部分——“赎罪祭”，直接暗示了罪过和对宽恕的需求。“罪”可能自身是仪式的而不是道德的，消除罪的方法可能是外在的——尤其是把罪放在一只替罪羊上的方法，这只替罪羊应该“担当他们一切罪孽，带到无人之地”——尽管如此，庄严的忏悔和“生命”的流血不得不使人想起责任并加深反思。因此，赎罪与和解的需要铭刻并象征着一个道德的过程，即抛弃低级的过去，重建和重新调整生命以符合理想典范。

4. *作为道德力量的先知*——先知在以色列人的宗教中显然是最重要的道 *96*
德行为者。首先，他们带着源自活生生的权威以及当下的情形直接相关的消息来到人们当中。他们为当前的义务带来了当前的命令。拿单(Nathan)对大卫说的“汝即是此人”，以利亚(Elijah)对亚哈(Ahab)说的“汝杀了人，又得了产业吗”，有个人的因素。但是，阿摩司、以赛亚和耶利米(Jeremiah)的伟大布道确实是为了当前。一个放纵的节日、一次亚述人的入侵、一位埃及大使、一场蝗灾、一次迫在眉睫的被俘——这些激起了对悔恨的要求、对破坏的警告，以及对拯救的承诺。因此，先知是“活的源泉”。神的意志传给他时，“可以说仍然是流动的，没有凝固成制度”。

其次，先知把人内心的目的和社会行为看作是极重要的问题；而宗教崇拜和献祭是不重要的。“我憎恨、厌恶你们的节期，也不喜爱你们的严肃会”，阿摩司以耶和华的名义大声喊道，“惟愿公平如大水滚滚，使公义如江河滔滔”。“公绵羊的燔祭和肥畜的脂油，我已经够了”，以赛亚宣称，“月朔和安息日，并宣召的大会——作罪孽，又守严肃会，我也不能容忍”。你需要的不是仪式的纯洁，而是道德的纯洁。“你们要洗濯、自洁，从我眼前除掉你们的恶行；——寻求公平，解救

---

① 最近出土的文物可以证实先知对此事的预言(Marti, *Religion of the Old Testament*, pp. 78ff.)。

受欺压的，给孤儿伸冤，为寡妇辨屈。”弥迦(Micah)说：“我岂可为自己的罪过献我的长子吗？为心中的罪恶献我身所生的吗？”他彻底抓住了物质与道德之间的差别。在他对宗教义务的概括中得到了一个完全伦理的观点：“耶和华所要求你的是什么呢？只要你行公义，好怜悯，存谦卑的心，与你的神同行。”新约中类似的情况标志着对所有外在的宗教表现、甚至对较原始的预言形式的真正伦理的评价。才能、奥秘、知识或“被人焚烧的身体”——有比这些更加好的方式。对于全部来说，这些是“部分的”。它们的价值只是暂时的和相对的。依然存在的和
97 经得起批判的价值，是那些把自身押在真理与个人理想，即信仰的价值上的价值；是志向和对希望的期盼；是所有社会慈善、同情、正义和作为爱的积极的助人为乐的总和。“但其中，最伟大的是爱。”

5. **关于王国的宗教观点为社会理想提供了背景**——耶和华是他的子民的国王。耶路撒冷的统治者是他的代表。以色列王国处在神的照料之下，它有一个重要的目的。所罗门在位时的王国扩张和荣耀，显示了神的眷顾。分裂和灾难不仅仅是不幸，也不是那些更强大的军队的胜利；它们是神的谴责。只有正当和正义的民族才能幸存。另一方面，相信耶和华对以色列人的爱，保证了他决不会遗弃他的子民。他将给他的人民涤罪，甚至使他们摆脱死亡。他将建立一个法治与和平的王国，“一个将不会被摧毁的永恒王国”。在以色列，政治有道德的目标。

6. **宗教给予恶的问题以道德意义**——在伟大的悲剧中，可以发现希腊人对恶的问题的论述。一个祖先的诅咒会连续几代传下去，把灾难带给所有不幸的家庭。对于受害者来说，似乎除了受苦受难之外，什么也没有。命运的必然性使灾难变得崇高，但也变得绝望。易卜生的《群鬼》(*Ghosts*)是在一种相似的精神中构思的。它对父亲来说有一个巨大的道德教训，但对小孩来说只有恐怖。希腊人和斯堪的纳维亚人(Scandinavian)无疑解释了人类生活的一个阶段——它的连续性和对宇宙自然的依赖性。但是，希伯来人并不满足于此。他对于神圣的世界政府的信念，迫使他去探寻事件中的某种道德价值、某种目的。这次探寻所遵循的路，一条通向对价值的重新调整，另一条则通向一个关于社会相互依赖性的新观点。

《约伯记》对这些问题中的第一个作了最深刻的研究。古老的观点认为，德性和幸福总是一致的。繁荣意味着神的眷顾，因此它一定是善。灾难意味着神

的惩罚;它表明过错,它本身是一种恶。当灾难降临到约伯身上时,他的朋友就 98
认为这个灾难是他的罪孽的一个可靠证明。约伯本人也持相同的观点,但由于他拒绝承认他的罪孽,“坚持他的正直”,因此使所有他关于生活和上帝的哲学变得混乱。这迫使“一种对一切价值的颠倒和重估”。如果约伯可以和上帝面对面接触,并且与上帝辩驳,那么,他认为将有某种解决办法。但是,无论发生什么,他都不会为了幸福而出卖他的灵魂。像他的朋友劝告的那样,去“忏悔”以便可以再次与上帝和睦相处,这对约伯来说,意味着把他认为正当的事情看作是罪。他不会用这种方式说谎。上帝无疑是更强大的,如果上帝无情地纠缠受害者,那么就可以证明受害者有罪。但是,尽管如此,约伯不会放松他关于对与错的基本意识。他的“道德自我”是一个支柱,是生活的最高价值。

> 神夺去我的理,
> 全能者使我心中愁苦;
> 我的嘴决不说非义之言。
> 我至死必不以自己为不正,
> 我持定我的义,必不放松。[①]

《约伯记》的另一个暗示在于,恶证明人的真诚:“约伯服侍上帝是徒劳的吗?”以及从这个立场出发的回答:是,是的;他服侍上帝是徒劳的。“这里有一种对上帝无私的爱”。[②] 在这个背景下,受难的经验同样产生了价值从外在到内在的转移。

关于受难问题的其他论述,可以在《以赛亚书》的后半部分中找到。它根据一种更加深刻的关于社会相互依赖的观点来解释这个问题,在这个观点中,古老的部落团结好像被给予了一种理想化的意义。对受难的个人主义的解释是说它意味着个人的罪行。“我们认为他受到了神的打击”这种观点瓦解了。这个受难的仆人并不是邪恶的。他是为了其他人受难——在某种意义上,“他担当了我们的忧患,背负着我们的痛苦。”这里得出的相互关系的观念,包括好人受难可能是 99

① 《约伯记》27:1-6。
② 杰农(Genung),《史诗的内在生命》(*The Epic of the Inner Life*)。

由于他人的罪过或受难造成的，对这个责任的假定标志着更高类型的伦理关系，是以色列宗教最美好的产物之一。就像在基督教中十字架观念成为中心一样，它也为现代的社会意识提供了重要的要素。

§3. 获得的道德观念

因此，出于方便的考虑，这样产生的道德观念现在可能集中概括到我们在导论一章所说的“如何”和“什么”两个标题下。在第一个标题下，我们详细说明这些观念，它们起因于(1)对正当的标准和善的理想的认可，(2)对这种理想的自由选择。在“什么”的标题下，我们指出理想在个人方面和社会方面的内容。

1. **正直和罪**——正直和罪并不是正好相反或矛盾的对立面。正直的人并不必然是无罪的。尽管如此，对罪的意识如同一个黑暗的背景，更加明显地呈现了正直的观念。这个观念有两个方面，分别来自生活的世俗领域和宗教领域——对于希伯来人而言，这两个领域是不可分离的。一方面，公正的(just)或正直的人尊重人类社会中的道德秩序。不正直的人是不公正的、强取的和残酷的，他不会尊重他人的权利。另一方面，正直的人处于与上帝“正直的”(right)关系之中。这种正直的关系可能会受到神律的考验；但是，当上帝被看作是一个活生生的人、爱他的子民、“赦免罪孽、过犯和罪恶”时，这一看法可能同样受到精神与神的意志在本质上和谐的衡量。这里有“法律的公正性”以及“信仰的正当性”，前者暗示了完全的服从，后者暗示了尽管有犯罪但也有赎罪[1]或和解的空
100 间。正如前者在伦理上意味着根据一个道德标准、一个“道德法则”来检验行为，后者代表着一种思想，即品格与其说是关于精神和不断重建的问题，不如说是关于一劳永逸地遵守一种严格的法则的问题。特殊的行为也许未能遵守法则，但生活不仅仅是一系列特殊的行为。根据法则来衡量行为，对激发缺点感(a sense of shortcoming)有好处；但是，单凭它可能导致自以为是的自满，或者导致绝望。新的调整、革新或“新生”的可能，意味着解放和生命。就其本身而论，它可能与佛教因果报应(Karma)的教义形成对比，除了靠欲望的消除外，没有什么能逃脱这个因果关系。

---

① 参见：查尔斯·A·丁斯莫尔(Charles A. Dinsmore)，《文学作品与现实生活中的赎罪》(*Atonement in Literature and Life*)，波士顿，1906年。

"罪"同样有各种不同的方面。它意味着错失目标，意味着违反了关于洁净和不洁净的法则；但是，它也意味着个人对神的意志的不服从，意味着对以色列人的道德秩序的违反。在后者的意义上，先知认为，这等同于社会的不公正，是一个重要的伦理概念。它阐明了这样一个观点，即恶和犯错不仅仅是个人的事情，不仅仅是疏忽；而是违反了超越私人自我的法则，违反了一种对我们有正当要求的道德秩序。

2. **个人责任**——从群体责任到个人责任的转变完全是通过先知得到解决的，即使他们未能赢得民众的完全同意。在早期，由于一个同族人的过错，整个氏族都被看作是有罪的。亚干的例子已经引用过了；就可拉(Korah)、大坍(Dathan)和亚比兰(Abiram)来说，"他们的妻子、儿子和子孙们"都得到同样地对待。① 与此相同，正直的人的家庭也分享神的眷顾。后来的先知宣布了一个根本的变化。以西结(Ezekiel)代表耶和华宣布，"父亲吃了酸葡萄，儿子的牙酸倒了"，这个俗语不再被人使用。"惟有犯罪的，他必死亡。儿子不必担当父亲的罪孽，父亲也不担当儿子的罪孽"；当子民问，"儿子为何不担当父亲的罪孽呢?"耶和华被描绘成向他的子民说，这是公正的，注意到这一点象征的含义特别有
趣。家庭的团结抵制了先知观念的个人主义。以西结之后的五百年，更古老的 101
观念仍然在如下问题中留有痕迹，"这人生来是瞎子，是谁犯了罪？是这个人吗？是他的父母吗?"②责任的另一个方面，也就是意图，与意外的行动不同③。关于这个问题，我们有某些过渡的步骤，这些步骤表现在一个为意外杀人者提供的有趣的"避难城"(cities of refuge)④的例子中，在这个避难城中，他(意外杀人者)可以免遭报血仇的人的攻击，假如他在被抓住之前能够迅速到达避难城的话。但是，沿着这条路线，在关于责任的伦理学中，最充分的发展要采取的形式将在下一个标题下进行描述。

---

① 《民数记》16;《约书亚记》7。

② 《约翰福音》9:2。

③ 《汉谟拉比法典》显示了对意图的忽视，这将使外科医生成为一种危险的职业："如果一个医生用一把青铜色的柳叶刀给一个重伤的人动手术，结果导致这个人死亡；或者用一把青铜色的柳叶刀打开一个人[眼睛中]的一个脓疮，结果毁坏了这个人的眼睛，那么，他们将切断这个医生的手指。"早期的德国人和英国人的法律同样幼稚。如果一个武器因为被留在一个铁匠铺里修理而被突然抓起或被偷走，并被用来造成伤害，那么，原主要承担责任。

④ 《民数记》35;《申命记》19;《约书亚记》20。

3. **真诚和动机的纯洁性**——希伯来人有一种关于行为的哲学，这种哲学使行为成为一个关于“智慧”和“愚蠢”的问题，但是先知和诗篇作者最喜欢用来象征中心原则的词是“心”。这个词代表着自愿的素质(disposition)，是在感情和情绪的内在源泉中的意向，以及情感(affection)和激情(passion)方面。希腊人倾向于用怀疑的眼光看生命的这个方面，把感情看作是对灵魂的扰乱，通过理性来寻求对它们的控制，或者甚至对它们进行压制或消除。希伯来人在行为的感情的一面发现了一种更为积极的价值，同时产生了一种关于真诚的和彻底的兴趣的观念，这个观念存在于所有正当生活的根源处。像在其他地方一样，宗教的影响是重要的机制。“人是看外貌，耶和华是看内心”，“如果我心里偏向罪孽，主必不听”，都是典型的表达。渗透到意图和感情最深根源的神的直观(divine
102 vision)不会容忍虚伪，也不会对任何并非彻底奉献的东西感到满意：以色列人必须全心全意地为耶和华服务。外在的遵守是不够的：“你们要撕裂心肠，不撕裂衣服。”“心地纯洁的人”是有着荣福直观的人。早期仪式所强调的外在的接触或仪式的“不洁净”不会污秽人，然而来自心的东西会污秽人。因为心是邪恶思想和邪恶行为的根源。[1] 相反，构成人的最深自我的兴趣、感情和热情不是在真空中生长的；它们与坚定的目的和倾向相伴随，与成就的自我相伴随。“你们的财宝在哪里，你们的心也在哪里。”

动机的纯洁性在一种充分的道德意识中，不仅意味着(形式的)真诚，而且意味着对善和正直的真诚的爱。希伯来人不是用抽象的术语而是用对上帝的爱的私人语言来宣称动机的纯洁性的。在早期，诉诸法律和先知的行为或多或少有外在动机。对惩罚的畏惧，对奖赏的渴望，对土地和田间的诅咒，被用来引导人们忠诚。但是，有些先知寻求一种更深层的观点，这种观点似乎已经在人类经验的苦难中达到了。何西阿的妻子背弃了何西阿，子民对耶和华的爱是不是应该像妻子对丈夫的爱一样，是私人的和真诚的？她(何西阿的妻子)说：“我要追随所爱的；我的饼、水、羊毛、麻、油、酒都是他们给的。”[2]接受某种形式的卖淫，不是为上帝服务吗？[3] 民族遭受的灾难，检验了它的忠诚的无私利性。它们是魔

---

① 《马可福音》7:1－23。

② 《何西阿书》2:5。

③ H·P·史密斯，《旧约历史》(*Old Testament History*)，第222页。

鬼的挑战,“约伯畏惧上帝是徒劳的吗”? 而且,它至少证实了忠诚并不依赖于奖赏。德性就是它自己的奖赏,这个道德准则是先知在遭流放后用私人的措辞表达的:

> 虽然无花果树不开花,葡萄藤上不结果,橄榄树上无收获,田地颗粒无收,羊圈中绝了羊,牛棚内也没了牛;然而,我要因耶和华欢欣,因救我的神喜乐。[①]

4. **作为一种理想的“生命”观念**——以色列人的道德理想的内容在个人方 103
面,是由“生命”(Life)这个词来表达的。以色列的统治者给予其人民的所有的福都被概括在这个习语中,“我将生死陈明在你面前,所以你要拣选生命”。[②] 关于价值的相同的最终标准出现在耶稣的问题中,“人就是赢得全世界,赔上自己的生命,有什么益处呢?”当我们探究生命意味着什么时,就早期的原始来源给予我们判断的资料而言,一定会推断它在很大程度上是根据物质享受和繁荣,以及对处于与上帝和统治者的正当关系中的满足来衡量的。后一个要素与前一个要素如此紧密地统一在一起,以致后一个要素几乎等同于前一个要素。如果人民是富足的,那么,他们可能会认为他们是对的;如果他们受苦了,那么,他们可能会认为他们一定是错的。因此,在这个阶段,善和恶在很大程度上是根据快乐和痛苦来衡量的。被寻求的目标和被牢记的理想是长期而繁荣的生活——“她右手有长寿,左手有富贵”。思想的和审美的兴趣就其本身而论,是不被重视的。受到重视的知识是对于人生行为的智慧,这种智慧的顶点和开头是“对上帝的恐惧”。受到重视的艺术是圣歌或诗篇。但是,在详述“生命”的观念中,大多数的理想价值是关于人际关系的。在东方民族那里,牢固的家庭关系获得了纯洁性。两性之间的爱升华了,被理想化了。[③] 由于对一种神授使命的意识,民族感情呈现出更多的尊严。首先,个人与神的联合,就像在诗篇和先知中表达的那样,变成了欲望。神而不是神赐予的礼物是最高的善。神是“生命的源头”。神的受造

① 《哈巴谷书》3:17-18。

② 这句话来源于《旧约·申命记》。完整的表述是:我将生死福祸陈明在你面前,所以你要拣选生命,使你和你的后裔都得存活。——译者

③ 歌中之歌。

之物(likeness)将使人满足。在神的光中,信徒必得见光。

但是,甚至比放进“生命”这个词中的任何特殊的内容更加重要的,是**包含在这个概念本身中的东西**。法律学家试图根据一部法典来定义行为,但是,关于生命的理想中有一种内在的活力,这种活力拒绝被测量或限制。“永生之道”
104 (words of eternal life)开始了基督教新的道德运动,对于渔夫来说,“永生之道”可能几乎没有什么明确的内容;对于常常使用这个短语的第四福音书的作者来说,也不容易说出它们从道德方面而言意味着什么。从保罗(Paul)开始,作为精神领域的生命得到了规定,这个规定是它反对罪和欲望的“死亡”。但是,在所有《旧约》或《新约》的作者那里,无论生命的内容是什么,它首先意味着对某种超越的东西的暗示,意味着一个尚未被理解的未来的前景和动力。它对保罗来说,意味着一种进步;这种进步不是被法律或“基本原理”规定的,而是被自由规定的。这样一种生命将给自身规定新的和更高的标准;已经获得的法律和习俗被认为是过时了。除了下面会注意到的个人献身和社会统一之外,作为一种道德运动的早期基督教的意义在于这种运动的精神、新近形成的超越陈旧的视阈感,以及如下信念:作为上帝的儿子,他的信徒有无限的可能性,他们不是女奴的孩子,而是自由的女人的孩子。

5. **关于正义、爱与和平的社会理想**——我们已经看到,这个理想在上帝之国的背景下是如何被构想的。在第一个民族中,它成为普遍的,与之相伴的是这个世界远远没有实现的兄弟情义(fraternity),它知道“在此不分犹太人、希腊人、自主的、为奴的”。在第一次军事中,在先知和诗篇作者那里,它呈现出一种和平与正义占统治的形式。在以狮子、熊和豹为代表的凶猛而粗野的力量消失后,先知看到了一个由人的形式代表的王国。这样一个王国“不属于这世界”,耶稣以它来传授神意。这个道德王国中的成员身份,是对谦卑的人、心地纯洁的人、仁慈的人、和平缔造者和追求公义的人而言的。这个道德共同体的伟大,在于它依赖于服务(service)而不是力量。这个国王直到他“在地上建立公义”才失去作用。他应该“保护贫寒和穷乏之人”。

这个理想秩序的某些特征,自从发现以来,已经体现在社会的和政治的结构中;某些特征是留给未来的。历史中的某些时期已经把这个理想完全转移到了
105 另一个世界,把人类社会看作是无希望地沉湎于恶的。这种理论只有通过弃绝社会,才能发现道德是可能的。相反,希伯来人提出的是关于一种地上的道德秩

序的理想，关于由正当控制的所有的生活理想，关于善的实现的理想，以及关于生活完整性的理想。这个理想不是在纯粹幻想的欣喜若狂的美景中凭空想象出来的，而是在斗争和受难中、在道德努力不是无希望或注定失败的信心中产生的。这个理想的秩序将会实现。神的王国将会来临，神的意志将会实现，"在地上如同在天上一样"。

参考文献

The works of W. R. Smith (*Religion of the Semites*) and Barton (*A Sketch of Semitic Origins*) already mentioned. Schultz, *Old Testament Theology*, tr. 1892; Marti, *Religion of the Old Testament*, tr. 1907; Budde, *Religion of Israel to the Exile*, 1898-1899; H. P. Smith, *Old Testament History*, 1903; W. R. Smith, *The Prophets of Israel*, 1895; Bruce, *Ethics of the Old Testament*, 1895; Peake, *Problem of Suffering in the Old Testament*, 1904; Royce, "The Problem of Job" in *Studies of Good and Evil*, 1898; Pratt, *The Psychology of Religious Belief*, 1907, ch. v; Harnack, *What Is Christianity?* tr. 1901; Cone, *Rich and Poor in the New Testament*, 1902; Pfleiderer, *Primitive Christianity*, tr. 1906; Matthews, *The Social Teaching of Jesus*, 1897; Wendt, *The Teaching of Jesus*, 1892-1899; Pfleiderer, *Paulinism*, 1873; Cone, *Paul, The Man, the Missionary, and the Teacher*, 1898; Beyschlag, *New Testament Theology*, tr. 1895; The *Encyclopedia Biblica*, The *Jewish Encyclopedia*, and Hastings's *Dictionary*, have numerous valuable articles.

7.

希腊人的道德发展

106 ### §1. 基本特征

习俗与自然——希伯来的道德生活首先是在民族与上帝的关系、然后是在个人与上帝的关系——一种同时是统一与冲突的关系——之下发展的。正是从个人与社会传统和政治秩序的关系中，希腊人一方面充分意识到了道德法则，另一方面充分意识到了道德人格。正如在犹太人的生活中，法和先知(或者后来的"法和福音")代表着冲突的力量一样，在希腊人的生活中，体现在风俗和制度中的群体权威与表现在思想和欲望中的发展人格的迫切要求之间的对立，通过对比的措辞表达出来了。体现在风俗和制度中的群体权威，被激进分子看作是相对外在的、人为的和死板的，它被称为"习俗"或"制度"[*thesis*，被建立的东西]。迅速发展的思想挑战了纯粹习俗的和传统的东西；与日俱增的个体性挑战了团体的上级权威，尤其是当它在一个武力的政府中明显地表现自身时。个人的思想和感情提出了一个更加基本的诉求，感到自己植根于一个更加原初的根源中，这个根源叫做"自然"[*physis*]。因此，社会的传统和权威与个人的理性和感情像"习俗"与"自然"一样彼此对峙。这是一种斗争，它在许多从父母控制走向自我引导的年轻男人或女人的发展中有相似之处。但是，这在希腊人的生活中比在任何其他地方更加明显，我们可以把这个过程的步骤看作是一种公民的而不仅仅是个人的发展。埃斯库罗斯(Aeschylus)、索福克勒斯(Sophocles)和欧里庇
107 得斯(Euripides)把个人与法律或命运的冲突描述为人类生活伟大而经常重复的悲剧。阿里斯托芬(Aristophanes)用辛辣的讽刺嘲笑"新的"观点。苏格拉底、柏

拉图、亚里士多德、犬儒学派(Cynics)、昔勒尼学派(Cyrenaics)、伊壁鸠鲁学派(Epicureans)和斯多葛学派(Stoics)参与了这个理论的讨论。

度(Measure)——在这个发展之前、之中和之后的所有希腊人的生活特征是**度、秩序和比例**。这一特征表现在宗教、科学、艺术和行为之中。在他们的神之中,希腊人设置了司命运的女神摩伊赖(Moira)和司习俗法律与正义的女神忒弥斯(Themis),他们在宇宙中发现了秩序,为此之故,他们把这叫做"cosmos"。他们在艺术中,尤其在建筑、雕塑、合唱舞蹈(choral dance),以及更加高度发展的悲剧和抒情诗中表达它。"所有的生活都充满了它们[形式和度],"柏拉图说:

> 所有的构成艺术和创造艺术也充满了它们。当然,绘画艺术和所有其他的创造艺术与构成艺术都充满了它们——纺织、刺绣、建筑,以及所有种类的制造;此外,还有自然、动物和植物——所有这些东西中都有优美或缺少优美;如果我们的年轻人在其一生中将要有所作为,那么,他们是不是必须使这些优美与和谐成为他们的永久目的?

最优秀的人、"绅士"被称为"公正和善的"。德尔菲神庙的箴言是:"不要过度。"对礼节的无礼漠视,"傲慢自大",是最受早期说教诗人谴责的品质。提提俄斯(Tityus)、坦塔罗斯(Tantalus)和西西弗斯(Sisyphus)这三个被神惩罚的特殊对象,因永不满足的欲望或越界而遭受惩罚。在批判和个性发挥了作用之后,柏拉图的正义概念、亚里士多德的"中道"学说、斯多葛学派的"根据自然生活"的准则,为希腊人生活的基本法则找到了一种更深层的意义。

善与公正——善和公正的概念是从刚才描述的两个特征中发展而来的。向确立的制度挑战的动机,在于觉醒的个人想要寻求他自己的善和过自己的生活。商业给精明的商人带来了高额回报,而它带来的大量商品引起并满足了欲望。奴隶制度使公民从体力劳动中解放了出来,这给予公民闲暇来陶冶情操。第五 108
章所描述的个人主义的力量,有助于把欲望的过程和对象带入意识中。此外,"善"这个术语也被用来表示流行的理想。它被运用于当时应该称作"成功"人士的身上。在目前的生活中,我们的术语"善"已经如此明确地变成道德的,以致尽管很少有年轻人不敢说他们希望成为有能力的和成功的人,但可能大多数年轻人不敢说自己是善的,虽然他们把成为善的看作自己的理想。因为与其说社会的和政治的承认似乎建立在严格说来叫做“善”的东西的基础之上，不如说它似乎建立在显著结果的实现的基础之上。但是，在希腊，道德的善不是用来指与“结果”相对照的“品格”。“善的人”就像“好的律师”、“好的运动员”或“好的士兵”一样，这个人是有能力和卓越的。正是在我们追溯的过程中，这个词的模棱两可性和更深层的意义才得到定义。

公正(just)和正义(justice)这两个术语当然不只是秩序和度的同义词，它们也有来自法庭和集会的社会意义。它们代表着对生活控制的方面，就像善代表着评价和欲望的方面一样。但是，当与希伯来人的正直(righteousness)概念相比较时，它们更少意味着对一种已经作为标准被建立起来的神的或人的法律的遵从，而更多意味着一种有序、调节、和谐。度或秩序的理性因素比权威的个人特征更加显著。因此，我们会发现，柏拉图在个人的正义或秩序与国家的正义或秩序之间毫不费力地来回穿行。另一方面，当时的激进分子会利用这种法律认可的用法，并宣称正义或法律只不过是关于自身利益或阶级利益的问题。

§2. 个人主义的思想力量

科学的精神——古老的标准体现在宗教的和政治的观念及制度中；摆脱这
109 种标准本身并使它进入清晰意识的力量，是科学的精神，是对一个处于异常迅速发展时期有思想的民族的认识和反思。商业生活、与其他民族和文明的自由交往(尤其在殖民地)、缺少任何普遍地占支配地位的政治权威、一个热爱美的民族所提出的建筑问题——所有这些都提升了心灵的敏捷性和灵活性。

这种理性的特征已经以一种具体的形式体现在希腊人艺术的特性中。上文提及的是希腊人艺术的形式方面，以及它的节奏和度的体现；这个主题显示了相同的要素。与野蛮人的世界形成对比的希腊人的世界，被希腊人看作是与黑暗形成对比的光的国度；民族的神、阿波罗(Apollo)体现了这个光和理性的思想，他的合适象征是太阳。巴特农神庙(Parthenon)的檐壁上所再现的了不起的全雅典的游行队伍，庆祝希腊人的光和智慧战胜了野蛮人的黑暗。雅典娜(Athena)，智慧女神，是所有希腊城邦中最好的希腊人的合适的守护者。希腊悲剧早期一些对崇拜的赞美诗，不久变成了一种对生活全面掌控的法律的描绘。与人类行为者的悲剧冲突，使得这些法律更充分地表现出来。

然而，正是在科学的王国中，这个思想的天才为清楚地有意识的表达发现了一块领地。几乎所有的科学都起源于希腊，而且在那些要求最高程度的抽象思维的科学方面尤其成功。欧几里得的几何学和亚里士多德的逻辑学是这种能力的显著说明。自然科学最普遍的概念，例如原子的概念和关于世界的整套唯物主义理论；进化的概念，它的意思是指根据一种全面掌控的规律发生的变化过程；自然选择的概念，根据这个概念，那些适合环境的有机体幸存下来——所有这些都是希腊人敏锐的理智产物。他们的科学能力并不只是花在外部的自然上。作为不仅仅是一系列事件的历史概念、政治制度研究中的比较方法，以及对文学和艺术影响的分析，证明了思维的同样清晰，以及对经验每个方面最普遍的 110
规律同样热切的寻求。

科学与宗教——现在，当这个科学的头脑开始考虑生活的实用指南时，古老的政治和宗教的控制显示出严重的困难。神原本被期望着奖赏善人和惩罚恶人，[1]但是，这如何与他们的实践和解？埃斯库罗斯试图去净化和提升神的理想，这类似以色列人的观念在先知书中所经历的理想。他赞美宙斯(Zeus)的尊贵和遵照天意的统治，尽管黑暗，然而是公正的和确定的。但是，巨大的障碍在于：关于神的早期和原始的观念已经用文学的形式固定了；克罗洛斯(Cronos)对乌拉诺斯(Uranos)不敬的故事、宙斯爱骗人的信使和对婚姻不忠贞的故事、阿芙洛狄特(Aphrodite)的爱情故事，以及赫尔墨斯(Hermes)偷窃才能的故事，在赫西俄德(Hesiod)和荷马(Homer)那里都有描述。因此，关于神的原始观念，在大众眼中变得牢不可破，以致无法成为先进的伦理理想的载体；因此，不仅仅玩世不恭的嘲笑者，甚至严肃的悲剧作家欧里庇得斯和宗教理想主义者柏拉图都毫不犹豫地大胆挑战这些古老的观念，或者毫不犹豫地要求在这一切文学作品流传到年轻人手中之前对它进行修正。

社会的标准——关于礼节和高尚行为的社会标准，同样因先进的理智而成了问题。早期希腊人概括最好种类的人所用的词是 *Kalokagathos*。这个词几乎等同于英语词“绅士”(gentleman)。它结合了出身、能力和教养的因素，但在早

---

① 参见色诺芬(Xenophon)对克利尔库斯(Clearchus)令人印象深刻的呼吁的说明：“因为第一且最重要的是，我们对神所发的誓言禁止我们彼此成为敌人。无论谁有意违反这种誓言——我认为，他决不会幸福的。因为，如果一个人与神作战，那么，我知道，无论他逃得多块，也逃避不了；或者，无论他闯进黑暗或堡垒中，都无法退避并找到庇护所。因为各地所有的事都受神的支配，神无论在何处都平等地统治一切。”——色诺芬，《长征记》(*Anabasis*)，第2卷，第5章。

期用法中，重点在于出身这个事实，甚至连“慷慨的”(generous)、“高贵的”
111 (noble)、“和蔼的”(gentle)这些词原初也是指一个“氏族”中的成员身份。苏格拉底研究流行看法，发现那些通常被看作是“体面的”人，或者像我们所说的那样，雅典“最好的”人不是必然在人格和品格上“优秀”或“好的”；这个词已经变成“习俗”的一种，它在理性中没有基础。柏拉图走得更远，把理性的标准直接应用于流行看法。他嘲笑常见的对体面绅士的构成要素的判断：

> 当他们歌颂家族，并说某人是一个绅士，因为他有七代富裕的祖先时，他[哲学家]会认为他们的观点只是暴露了持有这些观点的人的呆笨和狭隘，他们的教养不足以从整体上看问题，也不足以认识到每个人都有成千上万的祖先，在他们之中，有富人和穷人，有国王和奴隶，有希腊人和野蛮人。当有人吹嘘自己有二十五个祖先，可以追溯到安菲特律翁(Amphitryon)的儿子赫拉克勒斯时，他无法理解思想的浅薄。为什么他就不能计算一下安菲特律翁有一个第二十五代的祖先，而这个祖先可能还有祖先，诸如命运使得他有一个第五十代的祖先，等等？他觉得这种认为自己不会做算术的想法很可笑，并认为一点点的算术将会使他摆脱那毫无意义的虚荣。

这种生活是真正高尚的、美好的或和善的，它可以在寻找真正的美和善的人身上找到。形式和现象的外部美在激发对更高形式的美——心灵的美、制度和法律的美、科学的美——的渴望方面有它的价值，直到最后达到真正的美的概念。与特殊的美不同的真正的美和与表面的或部分的善不同的真正的善，只能被寻找智慧的“哲学家”发现。

普遍的道德——被更积极地认可的道德卓越(moral excellence)的类型并不见得更好。在日常生活中被认可的道德卓越的类型有勇敢、明智或节制、神圣或对生活的严肃事物的某种尊重，以及正义；但是，柏拉图认为，除了有意识和有理性的行动之外，所有这些实际上都不是一种自主的卓越。例如，勇敢不是真正的
112 勇敢，除非一个人知道并预见到所有勇敢的力量背后的危险；否则，它只是鲁莽的勇敢。明智或节制要成为真正卓越的，必须用智慧来衡量。甚至正义在本质上也无法被看作与智慧不同，智慧是所有生活关系的真正尺度。

科学与法律——依靠挑战了宗教权威的理智的同一种力量，政治的控制也

卷入到这个问题中。政府的频繁更替以及经常采用的或多或少具有强制性的措施，引起了对绝对权利和法律权威的怀疑。在许多希腊城邦中，获得控制权的暴君不受与共同体成员的血缘关系的约束，也不根据部落祖先的传统来统治。政治权威经常与家庭和亲属关系的本能及传统相冲突。在这些情况下，政治权威很可能受到挑战，它的强制力会达到崩溃的地步。因此，在索福克勒斯的《安提戈涅》(*Antigone*)中，统治者的命令与亲属关系和自然的“更高的法”相对立。人的法律不是自然法或神律。违反这种人的习惯法(conventional law)就犯了“最神圣的罪”。关于宗教和政治生活的古老标准在对发展中的理智进行分析之前就已经瓦解了，对某个标准的要求只有通过理智本身才能被满足。看来，怀疑旧有的东西不可避免地一定是不敬的和无政府状态的。一些人仅仅是为了怀疑而怀疑；其他的人(苏格拉底是这些人中的领导者)怀疑，是为了找到一个更加坚固的基础、一个更加权威的标准。但是，很自然，普通的心灵并不能区分这两种怀疑者，因此苏格拉底被杀了。他不仅仅是作为不公正的大众诽谤的受害者，而且是作为道德进步的悲剧和从确定的东西到新东西变化的悲剧的受害者。

§3. 商业的和政治的个人主义

进一步的发展路线把力量与理智的增长结合在一起来强调道德控制的问题，以及使个人用自己的标准去反对客观的社会标准。这是迅速增强的对个人 113
好处和利益的意识。商业生活，伴随着个人财产的可能性；政治生活的急剧变化，伴随着个人权力和特权的产生；一个高度的文明给男人和女人带来日益增加的个人享受，满足迅速增长的需求；所有这一切，往往促使个人去寻找他自己的幸福，使生活的重点从什么是适当的或值得尊敬的问题转移到什么是*有益的*——对*我*是有益的这个问题上。

阶级利益——政府和法律的权威在很大程度上受到对私人利益的考虑，这些考虑被认为否定和消除了政府和法律的权威，以上这个确信使这种情况更加严重。因为希腊的城邦国家不再是有着共同利益的团体了。资本的增长，相应对利润的渴望，不同阶级的形成，各自对自身利益的热衷，这些取代了古老的更加同质的城邦国家。“希腊共和国的政治生活的整个发展最终依赖于对这个问题的决定，它在不同的社会阶级——资本家的少数派、中产阶级或穷人——中应该占据支配地位。”亚里士多德把寡头政治定义为一个只考虑富人利益的城邦国

家，把民主制定义为一个只考虑穷人利益的城邦国家。另一个当代作家把民主制解释为考虑民主党人、“下层阶级”的利益，并把这看作是理所当然的，“因为如果富人有决定权的话，他们将会做对他们自己有好处而对民众无好处的事情”。当然，这种阶级统治唤起了对如此建立的法律和标准的批判。贵族政体的少数派猛烈抨击把强者驯化到弱者水平的“习俗”或习惯。相反，自然要求“适者生存”，也就是强者的生存。另一方面，对于政府的博弈，受启蒙的旁观者宣称所有的法律都是为了统治阶级的利益而制定的。阅读法律和法庭时评的读者会看
114 到，这与目前的抱怨是多么的类似。今天我们同样有两个阶级：一个阶级猛烈抨击政府干涉结社、签约的权利，总之干涉从土地获取收获的权利，或者说干涉权势者、精明人榨取男人、女人和孩子血汗的权利。另一个阶级抱怨立法机关被财富所拥有，抱怨被任命的法官来自公司律师，抱怨习惯法是古代贵族地位的残存物，以及抱怨由于这些原因，劳动并未得到公正对待。

让我们首先来听听对不平等的辩护：

> 习俗和自然通常都是相互对立的；……因为根据自然法则，只有更坏的东西更可耻，例如遭受不正义。但是，根据习俗法则，作恶更可耻。因为遭受不正义不是人的一部分，而是奴隶的一部分。对于奴隶来说，实际上死比活更好；因为当他受到虐待和压迫时，他无法帮助他自己或他所关心的任何其他人。我认为，原因在于法律的制定者是许多弱者；他们为了他们自己和自身的利益来制定法律和分配褒贬；他们恐吓那种更强大的人以及能够胜过他们的人，以便他们可以不打败他们；他们说，不诚实是可耻的和不公正的；其间，当他们谈到不公正时，他们想要超过他们的邻居，由于知道自己的劣势，他们对平等感到非常高兴。因此，寻求去超越大多数人通常被评价为可耻的和不公正的东西，也叫做不正义，尽管自然本身暗示了好东西超过差东西、强者超过弱者是公正的；在许多方面，自然在动物和人以及整个城邦和种族之中，表明了正义在于强者统治和超过弱者。薛西斯(Xerxes)侵犯希腊人或他的父亲侵犯西叙亚人(Scythians)是基于什么样的正义原则(更不必说还有无数的其他例子)？我认为，他们的行动是根据自然；是的，根据自然的法则；而不是根据我们制定和使用的人为的法律(artificial law)。他们带走我们中最好和最强大的人，从年轻时起就像幼狮一样驯服他们，用嗓

音吸引他们，对他们说他们必须对平等感到满足，这是值得尊重和公正的东西。但是，如果存在一个拥有足够力量的人，那么，他将会摆脱、突破并逃脱这一切；他将会把我们所有的原则和符咒，以及所有违反自然的法律踩在脚 115
下；奴隶将起来反抗，并成为我们的主人，自然正义的光将发出光芒。我把这看作是品达(Pindar)的教导，他在一首诗中说道："法则是万物之王，会腐朽的和不朽的都如此！"

就像他说的那样，这"使力量成为正当的，举起手来施暴；这是我从赫拉克勒斯的行为中推断的，因为无需用钱购买它们——"

我不记得确切的话，但大意是他夺走了革律翁(Geryon)的牛。这牛既不是他购买的，也不是革律翁送给他的。根据自然正当的法则，弱者和劣势者的牛和其他的所有物当然地属于强者和优势者。

(柏拉图，《高尔吉亚》，第 482－484 页)

因此，这个观点的本质在于武力是正当的，立法或习俗法则不应该阻碍对才能和权力的自由确证。这类似于近代尼采(Nietzsche)的学说。

但是，另一方也有对它的抱怨。法律是由这个民族的"牧羊人"制定的，就像荷马所说的那样。然而，现在有人会如此简单地认为"牧羊人"养肥或照料羊是为了羊的利益而不是为了他们自己的利益吗？所有的法律或政府实际上都是为了统治阶级的利益而存在的。[①] 它们依赖习俗或"制度"，而不是依赖"自然"。

为什么要服从法律？——如果法律和社会法则只是阶级立法，是习俗，那么，为什么要服从它们？古老的希腊人的生活已经感到了第四章中所描述的动机，尽管这些动机是以象征和比喻的形式体现的。跟随着罪恶的尼弥西斯(Nemesis)、厄里倪厄斯(Erinyes)或复仇女神，是义愤填膺的法律的人格化的愤慨；*aidōs*，敬重或敬畏，*aischyne*，对民意的尊重，这些是内在的情感。但是，随着思想批判和个人利益的发展趋势，这些约束力受到了怀疑；个人享受的感觉要求得到认可，而道德学家首先诉诸于此。"父母和监护人总是告诫他们的儿子和被监护人，要成为公正的人；但是，不仅为了正义，而且为了品格和名声。"但是，如 116
果正义的唯一理由是名声，那么，如果有一条更容易的道路的话，走充满荆棘的

① 柏拉图，《理想国》，I，§343。

道路就没有充分的理由。难道年轻人不会用品达的话说：

> 我是靠正义还是靠欺诈的歪路来步步高升，安身立命，度过一生？①

如果我确定欺诈的歪路是一条更容易的道路，那么，为什么我不走这条路呢？我的一方，或我的“圈子”，或我的律师，将会帮助和支持我：

> 但是，我听到有人说干坏事而不被发觉很不容易；对此，我回答道，伟大的事情都是不容易的。无论如何，想要幸福只有这一条道路，所有的论证都表明了这一点。为了保密，我们拉宗派、搞政治集团；有辩论大师教我们说服法庭和议会的技巧；因此，部分靠说服，部分靠武力，我将获得非法的收益而不受惩罚。我还听到一个声音说，对于诸神，既不能骗，又不能逼。但是如果没有神将会怎么样呢？或者，假定神不关心人类的事情，不管是何种情况，为什么我们要对隐瞒感到顾虑呢？②

此外，最大的奖赏不仅是物质产品，而且甚至是名声，似乎都归个人主义者所有，如果他能够随心所欲地行动的话。因而，他既是富有的，又是“受人尊重的”。如果他可以僭据政府，或者用现代的说法，向立法机构行贿来选举进入国会，通过特殊的立法或赋予一种特权，那么，他不仅能逃脱惩罚，而且能受到他的同伴的尊重。

> 我正在大范围地谈及不正义，在其中，不正义的好处是最明显的，在不正义的最极端形式中将清楚地看到我的意思。最不正义的人就是最快乐的人，而不愿意为非作歹的人也就是最吃亏苦恼的人——我的意思是说，暴政通过欺诈和武力，把别人的东西，不论是神圣的还是世俗的，是私人的还是
> 117 公共的，肆无忌惮巧取豪夺。平常人犯了错误，查出来以后，不但要受到惩

① 柏拉图，《理想国》，II，§365。（参见《理想国》，郭斌和、张竹明译，商务印书馆，1997年。译文有改动，下同。——译者）

② 柏拉图，《理想国》，II，§365。

罚，而且名誉扫地；在某一情况下，犯了这些罪行中任何一项者，都会被大家叫做庙宇抢劫者、人口拐卖者、盗贼、诈骗犯和扒手。但是，那些掠夺公民的钱财且奴役他们的人，不但没有这些恶名，反而被认为有福、有运气。公民们是这么说的，所有听到他们干那些不正义勾当的人也是这么说的。一般人之所以谴责不正义，并不是怕做不正义的事，而是怕吃不正义的亏。所以，苏格拉底啊，不正义的事只要干得大，比正义更有力、更如意、更气派。所以，像我一上来就说的：正义是为强者的利益服务的，而不正义对一个人自己有好处、有利益。①

§4. 个人主义与伦理理论

要阐述的问题——因此，第一次思想运动的结果是双重的：(a)它迫使"什么是正义"、"什么是善"的问题进入清晰而明确的意识中。比较和得到一个普遍标准的必要性，迫使探究者去详细分析先前体现在习俗和法律中的概念。但是，当本质因此被发现和解放或非物化时，可以说，习俗似乎是无生命的，仅仅是"习俗"，而本质常常反对形式。(b)它强调个人的利益、行为的情感(affective)或感情(emotional)的一面，并且使道德问题采取"什么是善"这种形式。

此外，积极瓦解旧有状态的力量确立了两个肯定的论点。如果习俗不再能够满足要求，那么，理性必须建立标准；如果社会无法规定个人的善，那么，个人必须找到某种定义的方法，除非他的整个冒险失败了，否则就要为自己寻求这种方法。

我们可以把这个问题的两个方面归在"自然"的概念下，同习俗或制度相对立。习俗的确会不合时宜(outgrown)，而自然是专横的权威。但是，假定自然是 118
正当的主宰，那么在原始的开端中还是在最充分的发展中，在孤立的生活中还是在社会生活中，在欲望和激情中还是在理性和谐的生活中去寻找"自然"呢？

或者换一种方式来陈述这同一个问题：假定理性一定要规定度，个人一定要为自己定义和寻求善，那么，善是在孤立中被发现的，还是要到具有家庭关系、友谊和正义的人类社会中去寻求？快乐的目的在欲望的满足中被发现，而不管欲望的性质是什么吗？理性的职责仅仅是用另一种满足来衡量一种满足并获得最大的满足吗？或者，智慧本身是一种善吗？满足某些冲动是不是比满足其他的

---

① 柏拉图，《理想国》，I，§343f。

冲动更好？也就是说，理性应该建立标准还是应用标准？

因此，这些对生活问题截然不同的解决办法可以通过两组对照得到说明：(1)个人对社会；(2)直接满足对理想标准，同时也是更高和更持久的。

典型的解决办法——诗人、激进分子、非哲学学派的个人主义者，以及历史上著名的哲学学派，都为这些问题的讨论和解决作出了贡献。所有的人都寻找“自然的”生活；但值得注意的是，所有的哲学学派都声称苏格拉底是他们的导师，都设法根据理性去证明他们的答案的正当性，都把这个智慧的人作为一个理想楷模。犬儒学派和昔勒尼学派、斯多葛学派和伊壁鸠鲁学派、柏拉图和亚里士多德都提出各种可供选择的哲学答案。犬儒学派和昔勒尼学派的共同之处在于(1)都根据个人主义来解答，而不同之处在于(2)犬儒学派强调的是摆脱需求，而昔勒尼学派强调的是满足需求。斯多葛学派和伊壁鸠鲁学派代表了对这同一原则更广阔和更社会化的发展，斯多葛学派寻求一个世界公民的国家，而伊壁鸠鲁学派则寻求一个朋友的共同体；斯多葛学派强调把理性或智慧作为唯一的善，而伊壁鸠鲁学派则在对经过提炼的快乐的选择中为智慧找到了一个领域。柏拉图和亚里
119 士多德尽管侧重点不同，但在本质上相同，他们都强调：(1)人的善是在完全实现他的最高可能的功能中被发现的，这只有在社会中才是可能的；(2)智慧不只是应用一个标准，而且是建立一个标准；尽管仅有理性或感情对生活来说是不够的，但与其说生活是为了快乐，不如说快乐是为了生活。最后，柏拉图、亚里士多德和斯多葛学派以及悲剧诗人都相继对一种负责的理想品格的形成作出了贡献。

早期的个人主义理论——犬儒学派和昔勒尼学派都是个人主义者。他们认为，社会是人为的(artificial)。社会所谓的善，以及社会的限制，除非它们有利于个人的幸福，否则都应该被摒弃。在犬儒学派中，独立(independence)是智慧的标志；安提西尼(Antisthenes)为他衣服上的破洞而感到自豪；第欧根尼(Diogenes)住在帐篷中或睡在街上，嘲笑当时体面的“习俗”，只请求亚历山大(Alexander)别挡住他的阳光——是典型的人物。“自然的状态”与国家相对立。只有原始的需求才被承认是自然的。“艺术和科学、家庭和祖国是无关紧要的。财富和文雅、名声和荣誉似乎与那些超出了饥饿和性的自然需求的满足所带来的感官享受一样，是多余的。”

昔勒尼学派或快乐主义者(*hēdonē*，pleasure)，给了智慧一种不同的解释。善是快乐。智慧是在谨慎(prudence)中被发现的，这种谨慎选择最纯粹和最强

烈的东西。因此，如果这是善的东西，那么为什么一个人会为社会标准或社会义务烦恼呢？"快乐主义者欣然分享着文明带来的享受之妙。他们发现，一个聪明的人享受别人酿造的蜂蜜是可取的，也是被允许的。他们享受文明成果，但并不觉得自己对文明负有义务或应有感激之情。提奥多鲁斯（Theodorus）宣称，为他人牺牲、爱国主义、献身于公共事业，都是一些愚蠢的行为，为贤人所不齿。"[①]

§5. 关于自然和善更深层的观点；关于个人和社会秩序更深层的观点

国家的价值——柏拉图和亚里士多德都大胆地接受对个人主义的挑战。现 120
存的国家通常由阶级来统治，这可能确实是理所当然的。在寡头政体中，武士或富人为了他们自己的利益而进行管理；在专制政体中，暴君是贪婪和权力的化身；在民主政体中（柏拉图是一个贵族），暴民在统治，那些取悦和满足暴民激情的人在掌权。但是，所有这些政体只是被用来更加清楚地表现一个真正的国家的概念，在其中，由最智慧的人和最好的人来统治；他们的统治不是为了某个阶级的利益，而是为了所有人的福利。甚至可以说，柏拉图时代的雅典城邦——除了它宣告苏格拉底有罪的时候——意味着生活的完满和自由。它不仅代表警察力量来保护个人，而且代表需要合作和相互支持的一切生活的完整组织。国家为灵魂提供教导，为身体提供训练。它使一种美的气氛围绕着公民，在悲剧和喜剧中为每个公民提供机会去考虑生活更大的意义或者加入到有感染力的欢乐的同感中。在节日和庄严的游行队伍中，它把公民带入宗教感情的统一之中。成为一个雅典公民，意味着分享生活提供的所有更高的可能性。亚里士多德解释了这种生活，他宣称这种生活不是存在于孤立中，而是存在于国家中；"完全自主的目标，据说可以首先获得"。

自然的——通过断言自然不是在天然的开端中发现的，而是在完全的发展中发现的，亚里士多德直接触及了"什么是自然的"这个问题的核心。"无论是一个人或一匹马或一个家庭，当它生长完成以后，我们就见到了它的自然本性。"因此，"只有在城邦国家中，生活的完满性才能获得"。这个城邦国家在最高的意义上是自然的：

---

① 文德尔班（Windelband），《哲学史》（*History of Philosophy*），第 86 页。

提出的这个目的或一个事物的完全发展是它的至善；但是，最先在城邦
121 国家中获得的自主是一种完全的发展或至善，因此是自然的。

因为正如城邦国家的建立是为了使生活成为可能一样，它的存在也是为了使生活成为善的。

因此，我们看到城邦国家是一种自然的制度，人在本性上是一个政治的动物。不归属任何城邦的人，如果由于本性而不是由于偶然，那么，他要么是一个超人的存在者，要么是一个鄙夫，他像棋局中的一个棋子那样孤立存在。荷马曾如此尖刻地描述的"出族、法外、失去坛火（无家无邦）的人"是一个恰当的例子，因为他在本性上不是任何城邦的公民，而是一个好战的人。①

亚里士多德并没有在这里停止。随着一种对人与社会的关系以及个人对社会的依赖性的深刻洞见，现代的社会心理学已经更加详细地理解了后一种关系，亚里士多德断言，城邦不仅仅是个人发展的目标，而且是个人生命的来源。

此外，在自然的秩序中，城邦先于家庭或个人。因为整体必然先于它的部分。例如，如果你撇开作为整体的身体，那么这里将不留下任何像一只手或一只脚那样的东西，除非我们在一种不同的意义上使用这个相同的词，就像当我们把一只石头手说成是一只手。因为一只与身体分离的手，将是一只残废的手；鉴于它是使得它如其所是的事物的能力或功能，因此当事物失去它们的功能或能力时，称它们为相同的事物是不正确的。相反，它们是同名的，也就是有着相同名字的不同事物。于是，我们看到城邦是一种自然的制度，而且城邦先于个人。因为如果作为一个分离单位的个人不是独立的，那么，他必须成为整体的一个部分，他必须与城邦有关系，这种关系和其他部分与它们整体的关系相同；没有能力与他人交往的或独立的、以及没有这种交往需要的人，不是城邦的成员；换句话说，他要么是一只野兽，要么是一位神祇。②

① 亚里士多德，《政治学》，第1卷，第ii页。韦尔登（Welldon）英译本（参见《政治学》，吴寿彭译，商务印书馆，1996年，第7-8页。译文有改动。下同。——译者）。

② 亚里士多德，《政治学》第1卷，第ii页，韦尔登英译本。

此外，当洞察个人的本性时，我们发现他并不是一个没有同情心和品质的人；同情心和品质不仅在城邦中，而且在各种社会的和友好的关系中，能找到它们的自然表达。这里有“一种朝向共同生活的冲动”（φιλία），这种冲动在友谊中表达自身，但它对被他人承认为正义是如此重要，以致我们可以说“它是所有正 122
义的事情中最正义的”。这里也有一种素质和目的（ὁμόνοια）的统一，该统一也可以称为“政治友谊”。①

柏拉图的理想城邦——那么，为了人的充分发展、为了他的全善作准备的城邦是如何构成和管理的呢？显然，两个原则必须起支配作用。首先，它必须被如此构成以致每个人都可以在其中充分发展自己的本性，由此同时服务于城邦的完善性和其自身的完整性；其次，城邦和社会整体必须由那些最适合这项工作的人来统治。不是军人，不是富豪，也不是工匠，而是有知识的人，才是我们理想的共同体合适的统治者。军人护卫，工匠支持，科学的或理智的人应该统治。显然，在安排这个原则的过程中，我们已经回答了第一个问题；因为军人和工匠是通过做自己能够做好的工作，而不是通过干涉一项自己必然会失败的工作来获得充分发展。为了防止那个时代的政府所特有的贪婪，柏拉图规定，统治者和护卫者不应该拥有私有财产，甚至不应该拥有私人家庭。他们的目光应该只瞄向整体的善。当柏拉图被问到这样公正无私的统治者用这样的智慧统治城邦的可行性时，他确实承认了它的困难，但他坚决认为它是必要的：

> 除非哲学家成为国王，或者这个世界的国王和统治者具有哲学的精神和力量，政治的伟大与智慧合而为一，那些顾此失彼、不能兼有的庸庸碌碌之徒，必须排除出去。否则的话，对国家甚至我想对全人类都将祸害无穷，我们的城邦就没有存在的可能性，就看不到太阳的光芒。②

然而，关于一个完美城邦实际存在的问题，不是至关重要的问题。因为柏拉图懂得这个思想，即人不仅受他看到的东西的支配，而且受他想象为渴望的 123
(desirable)东西的支配。如果一个人一旦形成关于一个理想城邦或属于这一类

① 亚里士多德，《伦理学》，第8卷，第i页；第9卷，第vi页。

② 柏拉图，《理想国》，V，§473。

城邦的图像，在这种城邦中，正义占上风，生命达到比它已经获得的更完全和更高的可能性，下文所述就是最主要的事情：

> 或许天上建有它的一个原型，让凡有希望看见它的人能看到自己在那里定居下来。至于它是现在存在还是将来才能存在，都没有关系。因为他将按照这种城邦形式来生活，而与任何其他的形式无关。①

作为自然法的社会性——柏拉图和亚里士多德如此证实的人的社会本性，仍然是希腊思想的永恒财产。甚至，进一步发展了快乐主义的生命理论的伊壁鸠鲁主义者，也强调友谊的价值是其中最值得选择的，是快乐最优雅的来源。斯多葛主义者在不受欲望支配方面接受了犬儒学派的传统，但他们远远没有把这解释为一种对社会的独立性。希腊城邦的瓦解使在一个古老的城邦国家中找到这种社会体(social body)变得不可能，因此，我们和斯多葛主义者一起找到了某种世界主义(cosmopolitanism)。人的最高荣誉不在于成为雅典的公民，而在于成为宇宙的公民——不在于成为刻克洛普斯(Cecrops)的城邦的公民，而在于成为宙斯的城邦的公民。通过这种观念，人的社会本性为"自然法"奠定了基础，"自然法"表现在罗马的原则和现代法学中。

激情或理性——在对人的真正本性这个问题的回答中，柏拉图和亚里士多德发现，这些建议同样适用关于个人善的问题。因为如果追求名声和荣誉的军人、在对财富的欲望方面贪婪的人，以及作为所有欲望和激情不受拘束地表达的化身的僭主，是令人憎恨的，那么在理性指导和控制下的冲动的有序而和谐的发展，比某些激进的个人主义者和感觉主义者所要求的渴望和欲望不受限制地表
124 达要好得多，这不容易看出来吗？作为这个阶级的代表，聆听一下卡里克利斯(Callicles)的话：

> "我明确地断言，真正享受人生的人应该允许他的欲望达到极点，而不应该抑制它们；但是，当欲望增长到最大的时候，他应该具有勇气和智慧去照料它们，并且去满足他所有的渴望。我坚称，这是自然的正义和高贵。"节

---

① 柏拉图，《理想国》，IX，§592。

> 制的人是一个傻瓜。只有在渴望和吃喝中，在渴求和饮酒中，在拥有他关于他自身的所有欲望并满足每一个可能的欲望中，他才能快乐地生活。①

但是，甚至卡里克利斯本人也承认某些人是降低了欲望的动物，他们的生活不是理想的，因此必须有某种关于快乐的选择。在个人生活中实现城邦所要求的上述想法时，柏拉图提出了一个问题：人，一个既有高尚的冲动又有卑贱的冲动以及具有支配理性能力的复杂的存在者，是否能够作出一个明智的选择，如果他让激情胡作非为并完全扼杀理性的话：

> 是否高尚的东西乃是那些能使我们天性中兽性部分受制于人性部分（或更确切地说受制于神性部分）的事物；而卑贱的东西乃是那些使我们天性中的人性部分受制于兽性部分的事物吗？他几乎不可避免地承认了这一点——他现在会赞同吗？如果他考虑我的意见，他就不会。但是，如果他承认这一点，那么，我们可以问他另一个问题：如果他是在使自己最高尚的部分受到最卑贱部分的奴役的条件下接受金和银，那么，他怎么能够得到好处？谁能设想一个为了钱把自己的儿子或女儿卖给别人为奴，尤其是如果他把他的儿子或女儿卖给一个粗暴的和邪恶的人为奴，那么，无论他收到的钱有多少，他会是一个获利者吗？是否任何人都会说一个把自己神圣的部分出卖给最不神圣的、最可憎的和没有同情的部分的人不是一个卑劣的人？厄里芙勒(Eriphyle)为了一条项链出卖自己丈夫的生命，但他也正在为了策划一个更大的毁灭而受贿。②

快乐标准的必要性——如果目前我们把什么是高尚或"kalon"的问题排除在外，承认生活的目的在于快乐地活着，或者换句话说，如果像上文那样极力主张正义不是有利可图的，因此，一个寻求最高善的人将通过荆棘之路以外的其他 125
道路来寻求它，那么，我们必须认识到，要确定哪种快乐是更好的，将依赖这个作判断的人的品格：

---

① 柏拉图，《高尔吉亚篇》，§491 ff。

② 柏拉图，《理想国》，IX，§589f。

> 那么，我们是否可以假定这里存在着三种人——爱智者、好胜者和逐利者？一点儿不错。对应着三种人也有三种快乐吗？当然。现在，如果你考察这三种人并一个个地问他们，这三种生活中哪一种最快乐，他们一定会说自己的那种生活最快乐，并反对其他的生活。赚钱者将会把荣誉或学习的无价值与金银的可靠的利益作比较吗？是的，他说。爱荣誉者的观点是什么？他会把金钱带来的快乐视为粗俗，而把不需要荣誉的学习带来的快乐视为无聊的瞎扯吗？是的，他说。但是，我们不会认为，我说，在与认识真理的比较中，在那种持续即永远学习中，在追求真理中，哲学把其他的快乐评价为微不足道的，认为别的快乐远非真正的快乐吗？哲学家通过把其他的快乐叫做必然的快乐而贬损它们，必然的快乐意思是说，若非受到必然性束缚，他是不会要它们的。他回答说，这应该是毫无疑问的。那么，既然三种快乐、三种生活之间各有不同的说法，问题不是哪一种生活更值得尊敬或更好或更坏，而是哪一种更快乐或更痛苦，那么，我们将如何知道？他说，我确实说不清。噢，但是什么应该成为标准呢？不是用经验、智慧和理性作为标准吗？还有什么比它们更好的标准吗？没有了，他说。如果以财富和利益作为评判事物的最好标准，那么，逐利者的毁誉必定是最真实的吗？必定是的。或者如果以荣誉、胜利或勇气作为评判事物的最好标准，那么，好胜者和好名者所赞誉的事物不是最真实的吗？这道理很清楚。但是，既然经验、智慧和理性是评判的标准，那么，推理当然是这样的：最真实的快乐是爱智者和爱理性者所赞许的东西。①

因此，显而易见，即使着手去寻找快乐中的善，我们也需要某种衡量技术。我们需要一种“快乐标准”，这种标准只有在智慧中才能找到。这迫使我们主张智慧最终是**这个**善。不仅仅是理智的获得——一种没有感情的理智生活如同牡
126 蛎的有感情而没有理智的生活一样，都是不真实的生活。一种包含科学、技术以及美的纯粹愉悦的生活，是被智慧、度和对称所支配的——这是柏拉图从内部看到的关于个人生活的灼见。

幸福论(*Eudaimonism*)——亚里士多德的善的概念基本上是相同的。它与

① 柏拉图，《理想国》，IX，§581f。

人的能力的充分发展相关，在一种理性而和谐的生活中达到顶点。亚里士多德说，如果我们想要找到至善，那么如果可能的话，我们必须设法去找某一个目的，这个目的是作为一个目的自身被追求的，决不是作为一种达到别的东西的手段，这个最终目的最一般的叫法是“eudaimonia”，或者幸福(well-being)，“因为我们也是为了它自身而选择它，决不是为了别的东西而选择它”。幸福的本质是什么？根据亚里士多德的看法，这可以通过追问什么是人的功能来发现。在生命的营养与成长方面，人和植物有共同之处；人的感性生活和动物相同。正是在理性生活中，我们发现了他的特殊功能。“人的善是能力的运用，这种运用是和他的能力恰当的卓越一致的。”外在的善是有价值的，因为它们可以成为达到这种充分活动的手段。快乐是重要的，因为它“完善这些活动，因此完善生活，这是人的欲望的目的”——而不是把快乐视为目的本身。没有人会选择在一辈子只具有儿童智力的条件下生活，尽管他将最大可能地享受一个儿童的全部快乐。[①]

“中道”(the “Mean”)——智慧作为理想生活的理性尺度，其至高无上的重要性在亚里士多德的“中道”的卓越(或德性)理论中被阐明。这个措辞有点模棱两可，因为好几段文字似乎表明：不仅在两种过度之间找到一个平衡(average)，并且找到一种适度的感情或行动；但是，这里显然只涉及关于度的古老思想，“中道是正当的理性所规定的东西”。不是每个人都能发现中道，而是只具备必要知
识的人才能发现中道。因此，最高的卓越或德性在于能够发现行动的真正标准 127
的智慧。[②]

有智慧的人——最后，作为智慧的德性概念呈现在晚期古希腊思想的三个

---

① 亚里士多德，《伦理学》，第10卷，第ii-iv页。

② 在亚里士多德列举出来证明这个原则的各种卓越中，高尚(μεγαλοψυχία)的品质是出类拔萃的，而且可以认为它体现了在雅典的有教养的人中最受重视的一个品质。高尚的人要求得到许多，而且应当得到许多；他关于荣誉和卓越的标准是很高的，他从善人那里接受敬意，作为他正当的应得的奖励，但鄙视从普通人那里或者因为不重要的东西而获得的荣誉；好的和坏的运气同样具有相对较小的重要性。他既不寻找也不害怕危险；他准备给予恩惠，忘记伤害，不轻易去请求恩惠或恳求帮助；他爱憎分明，言行坦荡；“不容易羡慕什么，因为对他来说没有什么东西是了不起的。他喜欢拥有不会带来任何利益的美好事物，而不是能带来利益的有用事物；这就表明他是自足的。此外，高尚的人的品质似乎要求他的步履迟缓、声音深沉、言语慎重，因为对于一个没有多少东西是重要的人，不可能匆忙，一个不觉得事情有多么了不起的人，不会激动。大声说话和行动匆匆是由匆忙和激动引起的”(《伦理学》，第4卷，第iii、29—34页)(译文参见《尼各马可伦理学》，邓安庆译注，北京：人民出版社，2010年。下同。——译者)。

重要学派——怀疑派、伊壁鸠鲁派和斯多葛派之中。怀疑派所说的有智慧的人，是指在无法确定的地方悬置判断的人。伊壁鸠鲁派所说的有智慧的人，是指选择最好的、最可靠的和最持久的快乐的人。斯多葛派所说的有智慧的人，是指克服他的情感的人。但是，在每一个情况下，理想的人都用相同的措辞即"有智慧的人"来表达。

人与宇宙——因此，我们看到企图去挑战所有社会法则和标准并把它们带入知识法庭的希腊思想，如何在真正的社会和道德秩序中发现一种更深的价值和更高的有效性。这将诉诸理性的凯撒(Caesar)，它的全部意义——被理解了的理性，让我们超越直接的和短暂的东西而达到更宽广和更持久的善。柏拉图极力主张，在对善的寻求中，理性不满足关于生活和社会的表面事实。找到实现自己的完整功能并充分发展的人，必定更进一步拓宽了自己的眼界。因为他自身特殊的生命只是更大世界的进程中的一部分，后者的力量影响他，限制他，决
128 定他的可能性；所以，不仅要研究他自身的目的和意图，而且要研究宇宙的目的和意图。人的善要求我们知道更大的善，那个在完整意义上的善。实际上，这个完美的善就是宇宙的真正本质，它只是上帝的另一种叫法。柏拉图经常交换地使用这两种叫法。

因此，希腊生活寻求的"自然"(Nature)获得了其更深层的意义，并且用不可见者(the unseen)的力量重新解释了古老宗教对人的生活统一性的要求。斯多葛主义者后来在其"按照自然生活"的箴言中，对轮回论给予了更加明确的承认。伟大的希腊科学著作已经使作为一种法的体系的自然观念变得非常清晰明确。宇宙是一个理性的宇宙、一个和谐的秩序，而人首先是作为一个理性的存在者，由此他发现自己与宇宙有同源关系。因而，按照自然生活意味着要认识普遍的自然法则，并在平静的接受或顺从中服从自然法则。

"哦，宇宙，所有对你来说和谐的东西，对我来说也是和谐的；你的四季所带来的一切，对我来说都是果实"。①

§6. 理想的概念

现实和理想的对比——我们已经勾勒的希腊思想的两个阶段，不只是使希

---

① 马可·奥勒留(Marcus Aurelius)，《沉思录》IV，§23。

腊生活重新适应关于城邦和个人以及善和自然更深刻的观点；正是这种挑战和过程，把道德生活的一种新特征带入明确的意识之中，道德生活的这种新特征对真正的道德意识，即现实与理想之间对比的因素来说，是至关重要的。我们已经看到片面利益与政治制度的冲突，以及柏拉图所描述的对苏格拉底的悲剧性处决，迫使柏拉图和亚里士多德承认现实城邦对他们被迫在社会组织中寻求的真正目的来说并没有帮助。因此，柏拉图和亚里士多德都描绘了一个应该服务于 129
人的发展的完整目的的城邦图画。再者，在个人的生活中，关于人的最高能力发展的观念和裁决相冲突的欲望与目的的尺度或标准的观念引致另一个观念；这个观念不仅应该体现现状，而且应该体现还没有实现的目的的那个目标。

理想作为真正的现实——柏拉图把各种不同的品质和志向包含在这个观念中。同典型的希腊天才一道，他赋予这个理想的观念一种形式；这种形式几乎和希腊的阿波罗的雕塑家赋予其理想的光线与清晰性的形式，或者阿芙洛狄特的雕塑家赋予优雅观念的形式一样，是具体和明确的。与短暂的情感的变化相比较，或者与一知半解或无用的善的不确定的活动相比较，这种理想的善被认为是永恒的、不变的，甚至是同一的。它是超人的和神圣的。与人类据以决定他们情感的各种特殊的和局部的善相比较，这种理想的善是一种普遍的善，它对任何地方和任何时代的所有人来说都是有效的。在努力寻找这种观念的适当意象的过程中，柏拉图得益于俄耳浦斯(Orphic)和毕达哥拉斯(Pythagorean)团体的宗教观念，它们强调灵魂的前世与未来，以及灵魂与身体的差别。柏拉图说，在灵魂的前世中，已经有了关于美、真和善的洞见，而今生并没有提供关于这些美、真和善的恰当例子。由于灵魂对它之前已经看到的东西的记忆，它可以判断现世不完美的和有限的善，并且渴望再次飞走，以便与神在一起。柏拉图在他的某些作品中，对理想与现实之间的对比给了另一种说法，即灵魂与身体之间的对比；这种对比思想与增加的重点一起，传给了斯多葛学派和后来的柏拉图学园，并为在希腊化的中世纪道德中发现的二元论和禁欲主义提供了一个哲学基础。

伦理意义——尽管现实与理想之间的真正伦理对比因此转换到了灵魂与身体或者确定的东西与变化的东西之间形而上学的对比上，但其基本的思想是非常有意义的，因为它仅仅是在客观的形式中体现每一个道德判断的特征，即根据 130

某个标准来检验和评价行动,进而更加重要的是,形成一个检验赖以为根据的标准。甚至经常被人视为只是实然(what is)的描述者而非应然(what ought to be)的唯心主义描述者的亚里士多德,仍然坚持理想的重要性。实际上,亚里士多德的反思或**理论**(*theoria*)与公民德性的分离,被中世纪的教堂用在其"沉思生活"的理想中。像柏拉图一样,亚里士多德也认为理想是人性中的神圣因素:

> 但不可听信那些指点我们的劝导,说什么作为人,我们只能思想人的事;作为会朽者,我们只能思想会朽的事。相反,我们应该尽可能地摆脱我们的会朽性,尽一切努力生活在我们最高能力的实践中;因为尽管它只是我们很小的一部分,但它在力量和价值上超过了所有其他的东西。①

§7. 自我的概念;品质和责任的概念

诗人——在个人欲望的激烈竞争、个人野心的冲突、个人与城邦的冲突以及个人"本性"概念的深化中,也出现了另一个对更加高度发展的反思的道德生活来说至关重要的概念,即道德人格的概念,以及它的品质和责任。除了哲学家之外,我们可以通过诗人来追溯这个概念的发展。埃斯库罗斯使人处在与神相对的位置上,受神的法支配,但是并不发挥人的品质或有意识的自我指导的作用。在索福克勒斯那里,悲剧的环境被更直接地带进人的品质的领域,尽管命运的概念以及因此而被表明的界限概念仍然是主要的基调。在欧里庇得斯那里,人的
131 感情和品质被置于显著的地位。勇敢这种忍受痛苦或战胜死亡的崇高精神,不仅表现在英雄们身上,而且表现在妇女们身上,如波吕克塞娜(Polyxena)和美狄亚(Medea)、菲德拉(Phaedra)和伊菲革涅亚(Iphigenia)。勇敢表明了自我逐渐增强的意识——这种意识在斯多葛派自豪和自足的忍耐中得到进一步发展。在更直接的伦理作品中,我们在为人类行动所设立的动机以及构成人类品质的观点中,发现了对自我不断增加的承认。早期诗人和道德家的良心在很大程度上是复仇女神(Nemesis)和羞耻女神(Aidos)的混合物,前者是神的惩罚的外在的信息传达者和象征,后者是对公共意见和神的更高权威的敬重或敬畏感。但是,

① 亚里士多德,《伦理学》,第10卷,第vii、8页。

我们已经在悲剧作家那里发现了一种更为私密和私人的概念的迹象。宙斯在梦中传递的痛苦可能把个人带入沉思，从而达到一种更好的生活。在索福克勒斯的悲剧中，奈奥普托勒姆斯(Neoptolemus)说，

> 当一个人抛弃了他自己的真正自我，并且做了不合适的事情时，
> 所有的东西都是令人不快的。

菲罗克忒忒斯(Philoctetes)回答道，

> 神保佑我，
> 不要通过欺骗我而使你自己蒙羞。

索福克勒斯的整部《安提戈涅》都是服从政治统治者与服从更高的法则之间的斗争，后者作为“敬畏的法则”实际上变成了内心的义务法则：

> 我知道，我可以讨好我应当讨好的人。

柏拉图——在这里，就像在柏拉图关于理想概念的构想中那样，宗教意象帮助柏拉图找到了一个更加客观的方式来表达道德判断和道德品质的概念。在对死后灵魂的最后审判中，柏拉图看到了没有外在装饰(美、地位、权力或财富)的真正自我，这个真正自我作为赤裸裸的灵魂站在赤裸裸的法官面前来接受他的公正的奖罚。这种奖赏或惩罚的性质表明了自我的深化概念以及道德品质的内在性质的深化概念。对不正义的真正惩罚不是在任何外在的事物中发现的，而是在作恶者变得卑鄙和邪恶这个事实中发现的：

> 他们不知道对不正义的惩罚，这是他们首先应当知道的事——并不像 132
> 他们所认为的那样是作恶者常常能够逃避的鞭打和死亡，而是一种无法逃避的惩罚。
>
> 塞奥多洛：这种惩罚是什么？
>
> 苏格拉底：实际上有两种类型放在他们面前：一种是幸福的和神圣的，

> 另一种是不敬神的和不幸的；由于十足的愚蠢，他们没有看到自己的恶劣行为使他们不像前一种类型而像后一种类型那样成长；惩罚就是让他们过一种和他们所代表的那种类型一致的生活。①

斯多葛派——然而，我们发现，正是在斯多葛派中，内心反思的概念得到了更清晰的表达。塞涅卡(Seneca)和爱比克泰德(Epictetus)三番五次地重复这个思想，即良心比任何外在的判断具有更高的重要性——良心的判断是不可避免的。我们看到，在这些不同的概念中，已经达到了亚当·斯密(Adam Smith)对良心形成的描述的第三个阶段。② 那些起初在对同伴的评价、在习俗及法律和荣誉准则、在神的宗教训诫中理解自己义务的人，又开始在神和法律、习俗和权威中找寻生活真正理性的法则；但它现在是一种自我的法则，不是一个特殊的或个别的自我，而是一个在其自身之内同时包含人性和神性的自我。个人已经成为社会的，已经把他自身看作是社会的。宗教的、社会的和政治的判断已经成为人对自己的判断。"义务"作为一种明确的道德概念，取代了有约束力的或必然的东西。

参考文献

除了柏拉图(尤其是《申辩篇》(*Apology*)，《克里托篇》(*Crito*)，《普罗泰戈拉篇》，《高尔吉亚篇》和《理想国》)和色诺芬(《回忆苏格拉底》(*Memorabilia*))的作品之外，亚里士多德(《伦理学》、《政治学》)、西塞罗[《论目的》(*On Ends*)，《法律篇》(*Laws*)，《论义务》(*Duties*)；《论神性》(*On the Nature of the Gods*)]、爱比克泰德、塞涅卡、马可·奥勒留
133 (M. Aurelius)、普鲁塔克(Plutarch)的作品，以及斯多葛、伊壁鸠鲁和怀疑论的残篇，埃斯库罗斯、索福克勒斯和欧里庇得斯的悲剧和阿里斯托芬(Aristophanes)的喜剧[尤其是《云》(*Clouds*)]也提供了有价值的材料。

所有的哲学史都探讨了理论的方面；其中可能会提到：Gomperz (*Greek Thinkers*, 1901 - 1905); Zeller (*Socrates; Plato; Aristotle; Stoics, Epicureans, and Sceptics*); Windelband; Benn (*Philosophy of Greece*, 1898, chs. i, v).

关于道德意识的，参见：Schmidt, *Ethik der alten Griechen*, 1882.关于社会状况和理论的有：Pöhlmann, *Geschichte des antiken Kommunismus und Sozialismus*, 1893 - 1901;

---

① 柏拉图，《泰阿泰德篇》，§176。

② 斯密认为，我们(1)赞同或不赞同他人的行为；(2)就像他人看我们那样看我们自己，从他人的立场来判断我们自己；(3)最后，形成一种真正的社会标准、"不偏不倚的旁观者"的标准，这是一种内心标准——良心。

Döring, *Die Lehre des Sokrates als sociales Reformsystem*, 1895.关于宗教的有:Farnell, *Cults of the Greek States*, 4 vols., 1899 - 1907; Rohde, *Psyche*, 1894.

关于政治条件和理论的,参见:Newman, Introduction to *Politics of Aristotle*, 1887; Bradley, "Aristotle's Conception of the State" in *Hellenica*; Wilamowitz-Moellendorff, *Aristoteles und Athen*, 1893.

关于自然和自然法的,参见:Ritchie, *Natural Rights*, 1895; Burnet, *International Journal of Ethics*, VII, 1897, pp.328 - 333; Hardy, *Begriff der Physis*, 1884; Voigt, *Die Lehre vom jus naturale*, 1856.

一般性的主题,参见:Denis, *Histoire des théoriés et des idées morales dans l'antiquité*, 1879; Taylor, *Ancient Ideals*, 1900; Caird, *Evolution of Theology in the Greek Philosophers*, 1904; Janet, *Histoire de la science politique dans ses rapports avec la morale*, 1887; Grote, *History of Greece*, 4th ed., 1872, *Plato and the Other Companions of Sokrates*, 1888.

8. 现代时期

134 一方面，现代西方世界的道德生活不同于希伯来和希腊的道德。希伯来人和希腊人是开拓者。他们的领袖必须应对新的情况，并形成新的正直和智慧的概念。另一方面，现代文明和道德接受了某些已经制定和确立的理想和标准。之所以会这样，部分是由于希伯来人、希腊人和拉丁人的文献，部分是由于希腊艺术和罗马文明。但是简单地说，可能是由于两种制度：(1)罗马的政体和法律体现了斯多葛派关于一种理性的自然法和一个世界国家即一个普遍的理性社会的观念。这不仅赋予现代世界以政体和权利的基础；而且对引导与塑造权威和正义概念具有持续的影响。(2)基督教会在它的教堂、修道院、仪式、等级和教义方面有一个令人印象深刻的体系，这个体系是关于行动的标准、评价、动机、约束力和规定的。这些不仅仅源自希伯来。希腊和罗马哲学以及政治概念与更原始的教义和行为融合在一起。当日耳曼人征服这个帝国时，他们在很大程度上接受了它的制度和宗教。现代道德就像现代文明一样，显示出希伯来、希腊、罗马和日耳曼或凯尔特生活的混合趋势。它也容纳了某些观念，这归因于现代特有的工业的、科学的和政治的发展。因此，我们今天拥有诸如"绅士的荣誉"那样的祖传标准，这与现代商业诚信的等级标准以及工会的阶级团结的理想并列。我们拥有骑士制度与博爱的贵族理想，这与家庭和社会正义的更民主的标准并列。
135 我们发现基督教对两性的平等标准，它与看重女性贞节而不看重男性贞节的标准并列。我们发现某种自我牺牲的理想，它与作为唯一的善的"成功"理想并列。我们不能指望去解开进入这个色彩斑斓的模式，确切地说，进入这一堆模式中的所有线索，但是我们能够指出某些特征，同时阐明某些普遍的发展路线。我们首先将说明中世纪的普遍态度和理想，然后说明个人主义进入今天道德意识的三条路线。

§1. 中世纪的理想

中世纪对生活的态度部分地是由有大胆而野蛮的力量和不屈不挠精神的日耳曼部族的性格、他们的氏族和其他群体组织，以及属于这个族裔的风俗或习惯决定的；部分地是由教会的宗教理想决定的。这两个因素的存在形成了强烈的对比，出现在目前的每个地方。

> 与披着铠甲的骑士(他们的职业是战争，他们的乐趣是战斗)联合在一起的是这样的人，他们的神圣职业完全禁止武力的使用。拄着拐杖、戴着朝圣徽章的孤独旅人徒手平安地穿过这些充斥着暴力行为的土地。在看得见城堡(在城堡城墙的周围，战斗在激烈地进行着)的地方是教堂和修道院；在教堂和修道院的管辖范围内，一片寂静，所有的暴力都被看作是亵渎神灵的行为。[①]

维纳斯乐曲与《唐豪瑟》(Tannhäuser)[②]中朝圣者合唱队的庄严旋律之间刺耳的冲突，不仅很好地象征着特殊的歌剧冲突，而且象征着与宗教控制和中世纪社会的价值相对立的一系列更广泛的激情。

群体和阶级理想——早期的日耳曼人和凯尔特人，一般都有氏族制度、群体理想和属于其他雅利安民族的群体德性；但是，正是日耳曼人的胜利这个事实显示出一种尚武精神，这既包括个人的英雄主义，也包括优秀的组织能力。群体忠 136
诚是强大的，群体对力量和勇气的评价是不受限制的。妇女的贞节被赋予一种重要的价值。这些品质，尤其是对氏族和氏族首领的忠诚，在凯尔特民族中存在的时间最长，就像苏格兰人和爱尔兰人不服从政治组织力量一样。每个苏格兰的读者都熟悉这个类型的价值和缺点；简・亚当斯(Jane Addams)已经敏锐地描

---

① 费希尔(Fisher)，《基督教会史》(*History of the Christian Church*)，第227页。

② 又译《唐怀瑟》，是德国作曲家理查・瓦格纳的一部歌剧，全名为《唐豪瑟与瓦特堡歌唱大赛》。——译者

述了它在现代民主制中引起的问题。[①] 在日耳曼民族中，氏族和部落制度之后，紧跟着的是更加彻底的阶级划分：自由民和奴隶、领主和恶棍、骑士或武士和农夫，在那里，古老的拉丁词“有教养的”(gentle)和“粗俗的”(vulgar)得到了合适的应用。事实上，在它的一种用法中，“gentle”这个词被赋予了同源词“kind”的力量来描述家族之内的恰当行为，但是在复合词“gentleman”中，它形成了关于阶级道德最有趣的概念之一。一个绅士的“荣誉”，是由这个阶级所要求的东西决定的。最重要的是，绅士不得显露出恐惧。他必须准备随时战斗，以便证明他的勇气。他的话不得被怀疑。这似乎是由于这种怀疑意味着不愿去相信这个人自己的评价，而不是由于任何对真理最高程度的爱；这是因为，被认可的证明论点的方式是通过战斗，而不是通过任何调查研究。但是，阶级性格出现在这样一个规定中，即不必在意来自某个下层阶级的侮辱。杀人并不与一个绅士的性格和荣誉相违背。这并不像“妇女的荣誉”对一个妇女所要求的那样，要求任何性关系的标准。在对他人的行为中，在仪式和举止中，表达尊重个人尊严的“礼貌”是一个极好的特征。它并不总是阻止对地位低下者的无礼，尽管在许多情况下有“位高则任重”的感觉。使绅士这个理想成为一个道德理想而不只是阶级理想
137 所需要的东西，是它应该把对待他人的态度建立在个人价值而不是出身、财富或种族的基础之上，不应该把勇气带来的名声放在人的生命价值之上。这一点已经部分地实现了，但古老观念的许多特征今天仍然存在。

教会的理想——教会所提出的生活理想包括两个强烈对比的因素，这两个因素经常可以在宗教中找到，而且不可避免地出现在宗教中。一方面，一种精神宗教暗示了人与上帝相比是有限的、脆弱的和有罪的；因此，他应该具有“一颗谦卑和悔罪的心”。另一方面，作为上帝之子，他分有神性，上升为无限的价值。一方面，精神生活不属于这个世界，必须通过放弃其快乐和欲望来寻求；另一方面，如果上帝真是宇宙的最高统治者，那么，这个世界应该服从他的统治。按照中世纪关于生命的观点，谦卑和退隐归属于个人，崇高和统治权威归属于教会。由于它使个人最小化而放大个人作为其一部分的群体，因而这种分配在伦理上有团体道德的效果。禁欲主义和谦卑与等级制的权力同步发展。个人的贫困——教

① 亚当斯，《民主与社会伦理学》(*Democracy and Social Ethics*)，第222—277页；《和平的新理想》(*Newer Ideals of Peace*)，第五章。

会的富裕;个人的卑微和顺从——教会的无限权力和权威;这些对照反映了一个事实,即教会既是上帝之国的继承者,又是罗马帝国的继承者。谦卑在一种极端的形式中,在立誓贫困、贞洁和顺从的修道院生活的禁欲主义中,展现了自身。它反映在艺术中,后者把不是个别地而是典型地根据传统和权威所构想的圣人视为其主题。他们瘦弱的体形表现了规定的理想。同样的谦卑在理智范围内展现自身,是在与理性相对照而赋予信仰的卓越(preeminence)中展现的,而在上帝中迷失自我的神秘主义者表明了个人放弃的另一个阶段。甚至教会试图用来缓解时代困苦的仁慈也采取了一种形式,这种形式常常声称甚至称赞接受者的
依赖态度。就生活对个人来说有一种积极的价值而言,这不在于个人过自己的 138
生活,而在于教会所给予的平静和支持:

> 一种在教会中,为了教会,通过教会的生活;一种她在早晨受到祝福,晚上在晚祷圣歌中安息的生活;一种她靠不断地重现圣礼的激励而得到支持的生活,靠忏悔而舒缓它,靠苦修赎罪而净化它,靠为沉思和崇拜呈现可见对象而告诫它——中世纪的人认为,这种生活是人的正当生活;它是许多人的现实生活,是所有人的理想。[①]

另一方面,教会大胆地宣称神的权利和义务是控制世界——这是良心应该支配政治和商业事务这个现代命题的宗教象征。"没有一种制度是与教会的权威分离的",埃吉迪厄斯·科隆纳(Aegidius Colonna)写道。"没有人可以合法地拥有田地或葡萄树,除了在它的权威下或者通过它之外。异教徒不是物主,而是不义地侵占。"卡诺萨(Canossa)象征着精神权力对世俗权力的优势,而在著名的波尼法修八世(Boniface VIII)教皇诏书中,体现着一种在道德和政治上出奇的放肆,"我们宣布每个受造的人都要服从罗马教皇"。

作为一个共同社会的教会,也表达了它的成员的**一致**,它实际上不仅仅是个别信徒的聚集。作为一种神圣的团体,"基督在地上的身体",它施惠于它的成员,而不是从他们那里得到好处。它赋予它的成员以新的价值,而不是从他们那里获得它自身的价值。尽管如此,它不是一个绝对的权威;它代表所有人在一个

---

① 布赖斯(Bryce),《神圣罗马帝国》(*Holy Roman Empire*),第 367 页。

共同的团体中、在一种共同的命运中，以及在一种反对罪恶力量的共同事业中的联合。

作为信仰时代的遗迹而留存下来的大教堂，符合中世纪生活的这些方面的象征。它们在建筑上支配着它们的城市，就像教会支配着建造它们的那个时代的生活一样。一方面，面对着崇高，它们在礼拜者的内心激起了一种有限性的感
139 觉；另一方面，当他意识到与一种并非他自身的力量的联合及其在场时，灵魂就得到了提升。它们使礼拜的集会得到敬畏，并把它统一在一个共同的仪式中。

§2. 现代发展的主线

我们已经看到中世纪的生活有两套标准和价值：一套是通过部落法典和好战民族的本能建立的；另一套是由一个在维持控制的同时要求放弃的教会建立的。在双方的理想中都能看到变化。群体道德变得精致而宽泛。教会的标准受到影响的四种途径是：(a)世俗生活的物品、艺术、家庭、权力、财富在价值体系中要求得到一个位置；(b)人的权威最初在有君主的主权国家中，然后在公民自由和政治民主的发展中宣称它自身；(c)理性代替信仰，宣称自己是发现自然和生活法则的行动者；(d)由于在所有这些路线中，个人产生了更大的尊严和价值，社会德性倾向于把更少的价值放在仁慈上，而把更多的价值放在社会正义上。

我们不能认为，这种勾勒出的趋势已经导致宗教理想中积极价值的移位和丧失。今天的道德并没有忽视精神的价值；相反，它旨在利用精神的价值，把更充分的意义给予所有的经验。在寻求自由的过程中，它并没有抛弃法则或忽视义务，因为它是由理性发现的。最重要的是，它试图以一种更加私人的方式来使道德秩序在所有人类关系中占据至高地位，这种地位是教会在理论上所争取的。在当今时代，我们更加彻底地领会到个人无法靠他自身获得一种完整的道德生活。只有当他是一个道德社会的成员时，他才能为意志的充分发展找到机会和支持。具体地说，就像为了使个人过得更好，改善男人、妇女和孩子生活于其中
140 的一般的社会环境是必要的一样，为了获得一个更好的社会，完善个人也是必要的。这是宗教的救赎概念通过教会用其他措词教导的真理。

为了理解现代道德意识的发展，我们与其依赖道德哲学家的正式著作，不如依赖其他的原始资料。人最重视的东西和他们视为权利的东西，显示在他们为什么工作和为什么而斗争中，显示在他们如何度过闲暇中。这更直接地反映在

他们的法律、艺术和文学、宗教以及教育制度中，尽管它是在道德理论中找到了终极表达。这一章提出更加具体的方面，第 12 章将提出理论。

§ 3. 个人主义早期阶段中的旧东西与新东西

武士和“绅士”的阶级理想与致力于某种灵性服务和保护弱者的宗教理想的有趣混合，由**骑士精神**(chivalry)来为我们提供。骑士通过英雄行为，而不是通过放弃来表明他们的信仰。但是，他们会为圣墓(Holy Sepulcher)而战，或为弱者和受压迫者而战。他们的授职仪式几乎和牧师的授职仪式一样庄严。荣誉和爱情与寻找圣杯(Holy Grail)同时作为动机出现。贝亚德骑士(Chevalier Bayard)是为祖国而战的英勇战士，但他也是正义的一个热情的爱慕者，是一个无畏无惧、侠勇双全的骑士。此外，具体表现这个理想的文学不只展示了战功和宗教象征主义。帕西法尔(Parsifal)不是一个纯粹的抽象；他有生命和性格。“谁会否认”，弗兰克(Francke)写道，“在沃尔弗拉姆(Wolfram)放在我们面前的这个人物中，在骑士生活的形式之内，有一种关于斗争、作恶、绝望，而最后是关于救赎、人性的不朽象征吗？”①

如果骑士精神在某种程度上代表着对武士阶级的道德化，那么，托钵修会(mendicant order)则代表一种把宗教带入世俗生活的努力。圣多明我会(St. Dominic)和圣方济各会(St. Francis)的信徒是真正的禁欲主义者，但他们不主 141 张修道院的单独生活，而旨在在全民中唤起一种个人经验。再者，多明我会修道士采用希腊哲学的方法和概念来支持教会的教义，而不是仅仅依靠信仰。就方济各会修士而言，他们把一种狂热的虔诚用于仁爱和慈善的行为。他们旨在战胜世界，而不是从世界隐退。当威克里夫(Wyclif)主张每个受教育的人有自己钻研圣经的权利，以及在威克里夫的教义中和在皮尔斯(Piers)的诗歌《农夫》(*Plowman*)中表现出一种对社会正义的强烈要求时，对个人更大胆的呼吁仍然在宗教范围内提出。

在政治世界中，帝国日益增强的力量在它对独立于教会的神圣权力的要求中，同样寻求宗教支持。市民生活的要求也越来越多地认可精神导师。

曾被奥古斯丁看作是人类堕落后果的国家，现在宣称和接受一种道德价值：

---

① 弗兰克(Francke)，《德国文学中的社会力量》(*Social Forces in German Literature*)，第 93 页。

首先，根据托马斯·阿奎那(Thomas Aquinas)的观点，国家被看作是一种制度，在这种制度中，人完善他的世俗本性，并且为他在天恩的国度中更高的命运做好准备；然后，根据但丁的观点，国家不再被看作是从属于教会，而是与教会平起平坐的。

最后，大学的兴起表明了现代精神在古老支持下的一次最重要的呈现。世俗研究的范围是有限制的，研究的主题主要是教父学说。吸引无数热忱的年轻人到身边来的导师是牧师。但是，辩证法——推理的艺术——是兴趣的重点这个事实显示出一种探究精神的端倪。像阿贝拉德(Abelard)的《是与否》(*Sic et Non*)那样的书，以"致命的并行"方式列举了与教父对立的观点，就是一种对传统的挑战和对理性的肯定。这个大胆的思想家，同时也是中世纪学者中第一个再次把伦理学看作一个单独领域的人，这并非没有意义。"认识你自己"，这种标
142 题表明了它的方法。道德行动的本质被放在意志的意图或决心中；判断的标准在于与良心的一致或不一致。

§4. 自由与民主的进展中的个人主义

权利——在这里，既不可能也没必要去概述政治自由和公民自由的发展。人们有时在国王身上，有时在城市中，有时在贵族或下议院中，有时在人民起义中，可以找到它的实行者。它也有牧师、新教徒以及自由思想家、律师、宣传家和哲学家拿笔为之辩护。这里所能做的一切，就是简要地指出这个运动的道德意义。这个运动的某些倡导者已经受到了自觉的道德目的的驱使。他们用剑或笔战斗，不仅坚信他们的事业是正义的，而且认为它是正义的。在其他时候，一个国王会支持市民去削弱贵族的权力，或者下议院会反对国王，因为他们反对课税。使这个过程在道德上变得有意义的东西在于，不管那些用剑或笔战斗的人出于什么样的动机，他们几乎总是声称为"权利"而战。他们公开宣称这个信念，即他们正致力于一项正义的事业。他们因此诉诸一种道德标准，就他们真诚地寻求权利的维护而言，在某种意义上，他们已经承认了一种社会的和理性的标准，已经建立了一种道德人格。有时候，的确有人会声称权利是关于"占有"或传统的事情。这就把它们置于习俗道德的基础上。但是，在像17世纪的英国革命或18世纪的法国和美国革命那样的巨大危机中，人们会去寻找某种更深的基础。一个叫弥尔顿的人，一个叫洛克的人，一个叫卢梭的人，一个叫杰斐逊的人，除了表达

人民的观点之外，还阐述了一个明确的道德原则。有时候，这以诉诸神授（God-given）权利的形式出现。所有人在上帝面前都是平等的；为什么一个人因为出身就认为可以命令另一个人呢？在这个意义上，清教徒把自由和民主作为他们生 143
活信条的一部分。但是，对一种道德原则的求助，常常会借用希腊哲学的概念和罗马法，并且会谈到“自然权利”（natural rights）或“自然法”（law of nature）。

自然权利——这个概念，就像我们已经指出的那样，起源于希腊，从诉诸习俗或习惯到诉诸自然。最初诉诸自然的冲动和欲望，它随着斯多葛学派变成了一种对宇宙的理性秩序的求助。罗马法官在这样一种自然法的观念中，为社会法则找到了理性基础。西塞罗断言，每个人在他的内心先天地有其原则。显然，这是一种具有很大可能性的原则。罗马法本身经常是为了专制主义的利益而运用的，但是，比任何人类规定更基本的自然法的观念，以及自然权利的观念，被证明是在争取个人权利和平等的斗争中的一种有力工具。“所有人生来自由”，弥尔顿写道。“为了正确地理解政治权力，”洛克写道，“并追溯它的起源，我们必须考虑所有人自然地处于什么状态，那是一种完全自由的状态。在自然法的范围内，按照他们认为合适的那样来指导他们的行动并处理他们的财产和人身；而不用求得任何其他人的同意或依赖任何其他人的意志。这也是一种平等的状态，在这种状态中，所有的权力和管辖权都是互惠的”。这些学说在卢梭那里得到了生动的描绘，并出现在1776年的《独立宣言》中。最后，当赫伯特·斯宾塞指出人和动物身上的自由本能是自由法则的来源时，他试图在自然中为独立和自由寻找某种基础的努力提供了一种新的说法。

根据历史的悖论之一，这个原则现在最经常地被援引来支持“既得利益”（vested interests）。“自然的”很容易失去诉诸理性和社会利益的力量，而仅仅成为一种对古代用法的主张，或者成为先例，或者甚至成为纯粹私利的一个庇护所。自然的财产权可能被援引来阻挠种种保护生命和健康的努力。个人主义在 144
维护权利方面是如此成功，以致现在很容易忘记除了像表达一个好的**社会成员**的意志那样的权利之外，不存在任何道德上的权利。但是，在承认可能的过分行为方面，我们不必忘记权利理念作为一种斗争武器的价值；在斗争中，道德人格逐步取得进展。这个故事的另一面是责任的增长。自由的获得并不意味着混乱的增加；相反，它的特征是和平与安全的获得、对法律越来越多的尊重，以及政府不断增加的稳定性。外部的武力控制被道德的义务控制所取代。

§5. 受到工业、商业和艺术发展影响的个人主义

工业、商业和艺术的发展以各种不同的方式影响道德生活，其中三种方式对我们的目的来说，具有特殊的重要性。

(1) 它提供了新的利益和新的个人活动的机会。

(2) 它提出了关于价值的问题。所有的活动都是好的吗？一个人应该满足任何对他有吸引力的兴趣，或者一些比另一些更好吗？——关于“幸福种类”的古老问题。

(3) 它进一步提出了关于分享(sharing)和分配(distribution)的问题。一个人以一种独占的方式可以在多大程度上享有生活物品？他与其他人分享的义务能到何种程度？社会当前的工业、商业、艺术和教育的方法在以一种正义的方式分配这些物品吗？

我们将在第三部分中考察这些问题。此时，我们的目的只是指出与这些问题相关的道德良知的趋势。

1. *不断增加的个人权力和利益*——中世纪的人可以从战争或教会中寻找权力，利益受到相应的限制。十字军东征，(通过它们以及后来通过商业)带来了
145 与阿拉伯文明的接触，使人们逐渐了解希腊和罗马的文学与艺术，这成了刺激现代发展的有效动力。但是，发展一旦开始，就会继续下去，只需要充分地带来财富和自由的机会。艺术和文学所描绘的经验的多样性和丰富性是古代世界无法感受到的。莎士比亚、伦勃朗、班扬、贝多芬、歌德、巴尔扎克、雪莱、拜伦、雨果、瓦格纳、易卜生、萨克莱、艾略特、托尔斯泰，几乎随便叫出的一个名字，都反映了许多利益和动机。这些利益和动机表明了现代人的范围。商业和各种各样的工业行业为权力打开了新的道路。如果没有感觉到人类凌驾于自然、凌驾于伴随贸易和商业而来的身边人活动的权力，那么就没有人能看到威尼斯的宫殿、威尼斯的住宅或佛兰德的港口，或者，就没有人能考虑今日的巨大工厂、商店和办公楼。对货币而不是一种个人服务制度——奴隶制或农奴制——的运用，不仅使在不占有人的情况下得到人的劳动成为可能，而且可以促进一种比以前运用的方法有效得多的制度。上个世纪的工业革命有两个原因：其一是机器的使用；其二是人的劳动的联合，前者使得后者成为可能。到目前为止，这大大地增加了少数领导者的权力，但不是多数人的权力。当前的问题在于使一个更大的发展个

人自由和权力的机会成为可能。

2. **艺术和工业的价值**——所有这些更广泛的利益和更充分的权力都是好的吗？已经描述的教会理想和阶级理想给出了不同的回答。绅士的阶级理想实际上表达了一种自我肯定(self-assertion)的形式，一种完全活出一个人力量的形式，它欣然欢迎艺术及其享受所提供的可能性。[①] 文艺复兴时期的绅士、英国的骑士、法国的贵族都是艺术和文学的保护者。浪漫主义者极力主张，艺术所提供的这种自由而充分的表达要高于包括其控制和限制在内的道德。教会承认艺术可以为宗教服务，但对作为一种个人活动的艺术是持谨慎态度的。清教徒更加 146
严格。这部分原因是他们把教会对艺术的使用与他们视为“偶像崇拜”的东西联系在一起，部分原因是反对艺术自由似乎意味着鼓励举止上的放纵。因此，他们不赞成除了宗教文学和宗教音乐之外的所有艺术形式。他们对戏剧的谴责仍是一个因素，尽管很可能是一个微弱的因素；并且，小说被许多人怀疑的时间并不长。总的说来，现代的道德意识承认艺术在道德生活中的位置，尽管绝不能由此得出结论说艺术就其真诚、有益于健康和富有洞察力而论可以免除道德批评。

就工业而言，教会理想已经获胜了。绅士的阶级理想显然反对工业，尤其是反对体力劳动。“战争”或法院是适当的职业。这或多或少与一个事实有密切的关系，即在原始条件下，劳动主要是由妇女和奴隶来从事的。男人的职责和“德性”是战斗。就这种阶级理想受到古代文化样式的影响而言，偏见加强了。古典文明依靠奴隶劳动。雅典绅士的理想是对闲暇的自由使用，而不是积极的事业。另一方面，教会既维护劳动的尊严，又主张劳动的道德价值。不仅基督教的创立者和其早期门徒的榜样多半是体力劳动者，而且工作的内在道德价值已经涉及评价，成了评价的一部分。对英国的中产阶级和下层阶级的标准，以及对美国的北部和西部产生广泛而深远影响的清教徒，坚持主张勤劳，不仅是为了工业产品——他们在消费中是节俭的——而且是要表达一种性格类型。懒惰和“偷懒”不仅是无效率的，而且是有罪的。“谁若不愿意工作，就不应当吃饭”，这使它自身完全为这个道德理想所欢迎。劳动者给公共福利带来了某些东西，尽管懒惰 147
者需要供养，这对从工作与性格的关系中得出的动机来说是一种加强。当中产阶级和下层阶级逐渐变得有影响时，他们是劳动者和商人的事实通过一种阶级

---

① 托尔斯泰(Tolstoy)，《艺术论》(*What is Art*?)

动机增强了这种宗教观念。很自然，一个劳动阶级应该把劳动看作是“诚实的”，尽管从这个词的历史来看，像“诚实的劳动”(honest labor)那样的词语搭配曾经就像“诚实的恶棍”(honest villain)一样荒唐。对美国造成进一步影响的是在新国家中阶级区别的易变性。“边疆的影响”(influence of the frontier)一直都支持工作的价值和对懒惰的谴责，至少对男人来说是这样的。某种趋势已经表明，可以免除富有阶级的妇女劳动的必要性，甚至通过培训和社会压力把她们排除在工作机会之外，使她们成为一个“有闲阶级”，但这不可能确立为一种永恒的道德态度。当男人在世界中实际工作的时候，妇女也将不愿意住在“玩偶之家”中。

3. **生活物品的分配**——中世纪社会为仁爱和正义做好了准备。仁慈，最高的德性，已经特别地意指物品的给予。修道院救济穷人和体弱者。医院建立起来。绅士认为，这不仅是一种宗教义务，而且是其阶级的一个传统，即要成为慷慨的阶级。为了保证财富分配中的正义，人们实行了许多限制。新产品不能以任何它们可能卖的价格出售，钱也不是以借款人愿意支付的任何利率借出。社会的目的在于用某种办法找出产品的“合理价格”是多少。就制成品而言，这是由同行工匠的意见决定的。我们可以信任“共同的估计”提供了一个公正的价格，买方和卖方在一个开放的市场中，在这种“共同的估计”中相遇并讨价还价。
148 最大的限制是为城镇中的食物设置的。再者，习俗会规定，先前以实物或个人服务支付的报酬应该等同于多少钱。[①] 放贷被特别警惕。假如本金被一分不少地归还，那么向使用金钱者索要利息似乎利用了他的需要。这是高利贷。阶级道德增加了一种不同的限制。当体现在法律中时，它把佃户束缚在土地上，并且禁止劳动者迁移。整个中世纪的态度中值得注意的事情是：**社会试图通过一个道德标准来控制商业和工业**。它不信任个人会像他满意的那样，做他自己的交易或者管理他的生意。

现代理论：自由契约——现代发展的显著特征是抛弃道德限制，而代之以工资制度、交换自由和自由契约的趋势。这种新方法的支持者断言它不仅更有效，而且至少和旧方法一样公平。它更加有效的原因，是它激励每个人尽最大的可能做交易。这无疑是每个人最感兴趣的，因此最大地促进了他自身的福利。如果每个人自身获得了最大的效益，那么整个共同体的利益将会得到保证。因

① 坎宁安(Cunningham)，《论西方文明》(*An Essay on Western Civilization*)，第 77 页及以后。

为——到目前为止，个人主义已经有了长足进步时，这个理论是如此运转的——社会只是社会成员的集合体；所有人的利益是成员利益的总和。通过下一段将论及的行为，这个制度也声称它为买方与卖方、资本家与工人之间的公平做了准备。

竞争——一方面为了防止过高的价格，另一方面为了防止过低的价格或工资，人们依赖**竞争**和一般的供求原则。如果一个面包师对他的面包要价过高，那么，其他人就会开办面包店并且卖得便宜些。如果一个放贷者索要过高的利息，那么，人们将不会向他借钱或者到别处寻找贷款。如果工资太低，那么，工人将会另寻他处；如果工资太高，那么，资本家将无法获得利润，因此将不会雇用工人——如此运用这个理论。我们没有从这一点上分析这个理论的道德价值，只是注意到，就它假定保证公平交易和公正分配而言，它假定自由契 149
约的各方是真正自由的。这意味着他们处于几乎平等的地位上。在手工劳动和小型工业的时代，这至少是一个合理的假定。但是，**工业革命**使这种情况面目一新。

工业革命提出的问题——近18世纪末，大规模引进机器带来的变化，对经济、社会和道德具有惊人的影响。这个革命有两个因素：(1)它使用蒸汽动力而不是人力；(2)它使更进一步的劳动分工成为可能，因此它使在某个方向上组织大量的人力变得有利可图。这两个因素都促进了生产力的巨大增长。但是，这种增长在资本家和工人的地位上造成了巨大的差别。假如不讨论资本从增加的利润中得到的份额是否比应得的还多这个问题，那么显然，即使一个“工业老大”只得到其上千工人所赚利润中的一小部分，也比他们中的任何一个人要富裕得多。就像中世纪骑马披甲的骑士，或者城堡中的男爵一样，他胜过许多穿着很差的仆人。在19世纪，归资本家的财富份额与归工人的财富份额之间似乎极不成比例。如果这是“自由契约”的结果，那么还需要什么来证明“自由”是一个纯粹空洞的措词——一个不现实的名字吗？因为难道我们可以假定，一个人会**自由地**达成协议去做比任何奴隶更苦和更长的工作，并且仅仅得到基本的生存必需品，而协议的另一方从这个交易中获得巨大的财富吗？

旧的阶级道德没有受到这种悬殊差别的干扰。甚至宗教道德也倾向于认为，贫富之间的差别是神所安排的，或者与福祸的永恒命运相比是无足轻重的。但是，个人主义运动已经使我们不太容易接受阶级的道德和宗教的解释了。后 150

者同样有助于证明疾病的正当性，因为按照天意来说，它是允许的。此外，旧的群体道德和宗教理想使这有利于它们：它们承认强者对弱者的责任，群体对每个成员的责任，主人对仆人的责任。金钱基础似乎消除了所有的责任，似乎断言“人人为自己”的法则是生活的最高法则——除非个人通过自愿的仁慈能够减轻痛苦。经济理论似乎表明，工资始终趋向饥饿的水平。

同情——这样的趋势不可避免地唤起了仁爱和同情情感的反应。因为文明的传播无疑使人对痛苦更加敏感、更加同情，更能够通过想象进入他人的处境中。值得注意的是，同样如此强有力地主张个人主义理想的亚当·斯密把同情作为其道德体系的基础。同情的进步表现在司法酷刑的废除、监狱的改革、改进对精神病人和残障者的照看之中；表现在增加医院和收容所，表现在大量的救济各种类型各种条件的人的组织之中。慈善机构，除了明显的教会目的外，代表着把人的生命和财富奉献于对疾病和不幸的救济以及全世界儿童的教育。同情甚至也延伸到动物世界。与中世纪相比，现代的同情和友善的一个明显事实是，个体性的发展要求并唤起了一种更高的仁爱。最好的现代行动的目的在于促进独立，使人自力更生并能够实现自尊，而不是培养依赖性和满足需求。“社会服务所”在促成这种态度的变化方面已经成了强大的因素。

正义——工业革命以来，各种期待更大的分配正义的运动同样是由这些状况引起的。当然，一种反应是谴责整个个人主义趋势，这种趋势表现在“现金支
151 付”的基础中。卡莱尔(Carlyle)是它最雄辩的解释者。他的《过去与现在》(*Past and Present*)是对“在其中，所有工作的马都可能被喂得很好，而无数的工人将要饿死”的制度的一种激烈控诉；是对“自由放任”理论的激烈控诉，当该理论被要求去补救据称是由“经济规律”造成的恶时，它只是说“做不到”；是对“财富福音”(Mammon Gospel)的激烈控诉，这种福音用它名为“公平竞争”的战争法则把生活变成了一种相互敌对的状态。这种控诉是令人信服的，但提出的补救办法——以重建个人关系来回归强有力的领导——几乎没有召集到支持者。另一种反对个人主义自私的反应采取了共产主义的形式。志愿社团做了许多实验，通过废除私有财产，在一种道德的基础上建立社会。作为最热情和慷慨的社会改革家之一的欧文说道，“在发现人性的所有自然欲望可以通过最简易的规定被充分满足之前，这些新的社团几乎不会产生；自私的原则将由于缺乏一个产生它的充足动机而停止存在”。

与这些回到早期状态的计划相比,上个世纪思想中两个最显著的趋势声称正沿着我们刚才描绘的路线朝着自由和正义前进。其中一个我们可以称之为"个人主义的"改革趋势,通过放任个人行动来寻求正义。另一个趋势是社会主义,其目的在于运用国家权力来保证更充分的正义,以及就像它认为的那样,一种更真实的自由。19 世纪期间,英国重大的改革运动强调自由贸易和自由契约。它在阻碍自由契约和竞争原则充分运作的某种特权或特权阶级的残存物中,寻找非正义的原因。让每个人都被"视为一个人";为了"最大多数人的最大利益"制订法律。问题不在于个人主义太多,而在于个人主义太少。像亨利·乔治(Henry George)那样的税制改革家曾强调这相同的原则。如果土地被几个可以对社会上所有人征税的人垄断,那么,如何能够获得正义?解决非正义的办法将在促进工商业更大的自由中找到。另一方面,社会主义声称,个人主义是自我 152
挫败的;它导致了专制而不是自由。保证自由的唯一途径是通过联合行动。其中一些社会正义的方案的优点,我们将在第三部分进行考察。它们意味着时代正在发现它的道德问题,这些问题是被物质利益与社会利益之间的冲突重新规定的。希腊文明利用多数人的勤劳来使少数人自由地过更好的生活——艺术、政治和科学。中世纪的理想承认勤劳的道德价值与性格有关。依赖一种更高的对人的尊严和价值进行评价的现代良心(modern conscience),正在设法制订一个社会的和经济的秩序,这个秩序将兼有希腊与中世纪的理想。它将要求工作和保证自由。这些对个人来说是必要的。但是,一开始要明白:这些价值不能分开,否则,后果将会是一个社会阶级从事劳动而另一个阶级享受自由。民主的发展意味着所有的社会成员应该分享工作的价值和服务,意味着所有人应该按照能力分享自由生活的价值、理智和文化的价值。这样来生产和分配物质产品是为了促进这个民主理想吗?

§6. 个人与理智的发展

现代世界中的理智发展就像在希腊一样,有两个方面:一方面,工作从神学、国家或其他的社会权威所强加的限制中解脱出来;另一方面,关于自然和人类生活的知识取得了积极的进步。根据第一个方面,它被认为是理性主义的发展;根据第二个方面,它被认为是科学和教育的发展。我们无法把这个发展分成两个时期,一个是消极的时期,另一个是积极的时期,虽然这就希腊来说是合适的。

现代世界中,消极的东西和积极的东西是同时发生的,尽管重点有时在这个方
153 面,有时在另一个方面。然而,我们可以指出三个清晰地显示出明确特征的时期。

(1) 文艺复兴时期。在这个时期,希腊的科学探究精神得到了新生;新大陆的发现激发了想象力;新的和更有成效的研究方法在数学和自然科学中设计出来。

(2) 启蒙运动时期。在这个时期,过程的消极方面达到了其最鲜明的规定,启示宗教和自然宗教的教义受到了来自理性立场的批评,神秘仪式和迷信以同样的方式被拒绝了,普通智力取得了迅速的发展,这就是“理性的时代”。

(3) 19世纪时期。在这个时期,自然科学和社会科学都经历了一个惊人的发展。进化学说为思考有机世界和人类制度带来一种新观点。教育既被看作是社会安全的必要条件,又被看作是每个人的权利;科学在很大程度上从为其存在的权利而战的必要性中解放出来,成为具有建设性的;它越来越多地承担起保护人的生命和健康、使用和保护自然资源,以及指导政治和经济事物的义务。

1. **文艺复兴**——如果暗示说在中世纪的世界里没有探究、没有理性的运用,这将会给人一个错误的印象。旧世界的宗教和政治遗产带来的问题,强烈地影响了城堡和大教堂的建造者①、法律和教义的建立者。正如上文所指出的那样,大学是讨论的中心,其中那些敏锐的头脑常常对公认的看法提出质疑。罗杰尔·培根(Roger Bacon)那样的人试图去发现自然的秘密,伟大的经院哲学家精通希腊哲学是为了为信仰辩护。但是,神学兴趣限制了自由和主题的选择。直到个人在上文已经描述的方面得到扩张——在政治自由中,在艺术的使用中,在
154 商业的发展中——曾经以希腊为特征的纯粹的理智兴趣开始觉醒。意大利人伽利略(Galileo)、法国人笛卡尔(Descartes)和英国人弗朗西斯·培根(Francis Bacon)似乎理解了一个充满可能性的崭新的世界。经院辩证法已经磨练了思想的工具,现在让我们用它们来分析我们所生活的世界吧!伽利略使用实验方法而不只是观察自然,他向自然提出了明确的问题,从而为逐步地向一种关于自然法则的实证知识的前进准备了道路。笛卡尔在数学中发现了一种以前从未受到

① 关于这对于现代科学开端的意义,作者感谢同事米德教授。

过重视的分析方法。那些似乎作为物体的神秘轨道的曲线，在笛卡尔的解析几何学中可以得到简单的表达。莱布尼茨和牛顿在对力的分析中，用这个方法取得了胜利的结果。理性似乎能够发现和制定宇宙的法则——自然的“原则”。在方法上并无多少积极贡献的培根，发出了另一个同样重要的声音。人的心灵在活动中容易受到某些积习很深的错误根源的遮蔽和阻碍。就像种族“偶像”、洞穴“偶像”、市场“偶像”以及剧场“偶像”——是由本能或习惯、语言或传统造成的——的虚假图像或念头，会阻止理性做它最好的工作。使心灵摆脱这些偶像需要作出积极的努力，但这可以做到。让人从形而上学和神学转向自然和生命；让他遵循理性而不是本能或偏见。“知识就是力量。”凭借它，“人的王国”可以上升到自然王国之上。在他的《新亚特兰蒂斯》(*New Atlantis*)中，培根预测了一个人类社会，在这个社会中，技能、发明和政府都将有助于人类福利。实验方法、贯穿在数学中的理性分析的力量和为了人类利益控制自然的可能性这三个特征，是那个时期所特有的。

2. ***启蒙运动***——理性与权威的冲突和科学的进步同时发生。人文主义者和科学家经常反对教条，反对传统。宗教改革在形式上并不诉诸理性，但是，与权威的冲突促使人们根据天主教徒和新教徒各自的观点来推理。18世纪，在广 155
泛的宽容和普遍发展的理智的有利影响之下，理性与教条的冲突达到了顶点。法国人把这个时期叫做“*l' Illumination*”(启蒙)——通过理性之光照亮生活和经验。德国人把这个时期叫做*Aufklärung*(启蒙)，也就是“清理”(the clearing-up)。什么将会被清理？首先是无知，它限制了人的权力范围，并使他染上了对无知的恐惧；然后是迷信，它是被习惯和情感视为神圣的无知；最后是教条，它通常包含非理性的因素，并试图通过权威的力量而非真理的力量把这些非理性的因素强加于心灵。这不只是一个关于理性批判的问题。伏尔泰(Voltaire)认为，教条常常是造成暴行的原因。无知意指相信巫术和魔法。从文明的开端起，它就困扰着人类的进步，压制着过去许多最聪明的天才。该是彻底终结原始轻信的残迹的时候了，该是受理性之光指引的时候了。这个运动并不全然是消极的。利用对“自然”的同样诉求，该诉求在政治权利的发展中很好地充当了一个战斗口号。运动的倡导者提出上帝为了引导而放在人身上的一种“自然之光”——“上帝把烛光亲自植入人的心灵中，人的气息或权力完全不可能熄灭它”。一种自然的和理性的宗教应该取代假定的启示。

但是,18 世纪在个人的理智发展中的伟大成就,在于心灵意识到它自身在整个科学和行为领域中所起的作用。人开始向内看。无论他把他的著作叫做《人类理解论》(*Essay concerning Human Understanding*),还是《人性论》(*Treatise of Human Nature*),还是《道德情操论》(*Theory of Moral Sentiments*),还是《纯粹理性批判》(*Critique of Pure Reason*),其目的都是要研究人的经验。因为人突然明白,如果他比起动物或野蛮人来,是靠一种更高级的
156 知识和行为生活的话,那么,这一定是由心灵的活动造成的。看来那些对“自然”不满意的人,接下来将要用制度和道德、艺术和科学来建立一个新世界。这不是本能或习惯的产物;它不能只根据感觉、情感或冲动来解释;它是那种更积极、更普遍和更有创造力的理智的成果,我们把这种理智叫做“理性”。由于人有能力在科学和行为中达到这种成就,因此必须受到一种新的尊重。由于人拥有政治权利、自由和责任,因此拥有公民的尊严,无论君主还是国民。由于人凭借思想的力量而不是武力来指导和控制他自己的生活以及他人的生活,因此具有一个道德人和一种道德主权的尊严。他不只是接受自然带来的东西;他还建立自己的目的,并赋予它们价值。康德在这里看到了人的精神的至高无上的尊严。

3. **科学方法的当前意义和任务**——在人能够形成对所有人都有价值的目的,能够建立所有人都会遵守的标准,因此能够在同伴们对他的评价中获得价值和尊严这个思想中,18 世纪的个人主义已经指向了超出自身之外的东西。因为这意味着,个人仅仅作为一个道德社会的成员已经达到了他的极致。但是,指出一个道德社会的需要和意义是一回事,使这样一个社会形成是另一回事。很显然,在过去的一个世纪中,这是人类理性所要解决的中心问题。各种社会科学,如经济学、社会学、政治科学、法学、社会心理学,要么已经从无到有首次产生,要么已经被注入了新的能量。心理学作为社会科学的工具已经显示出新的意义。这并不是说这个世纪的科学进步已经在这些领域中看到了它的最大胜利。显著的成功反而是在像生物学那样的科学,或者像科学在工程学和医学中的应用方面。社会科学很大程度上在忙于陈述问题和规定方法。但是,19 世纪的发现和建设对于一个道德社会来说,仍然是不可或缺的先决条件。因为城市生活的新条件、疾病的新来源、伴随离开野蛮人生活的每个相继步骤而来的新的危险,要

求这所有的科学资源。① 当自然科学克服那些阻碍其对人类福利发挥有益作用 157
的技术困难时，社会科学为使人能够实现他的道德生活而作出它们的贡献时，这个要求将会更加迫切。当我们在后面几章中研究政治生活、经济生活和家庭生活的当前问题时，某些特殊的要求将变得更加明显。

教育——现代的科学发展对道德生活的重要性与现代教育的重要性是并行不悖的。大学始于中世纪。人文主义的古典兴趣在学院或“文法学校”中找到了它的生存环境。印刷术的发明和商业的发展振兴了小学。想象的人民政府的需求促进了美国的普通教育运动。现代贸易和工业唤起了技术学校。德国为国防和经济发展而推行教育；英国明显关心政治家和行政官员的教育；美国关心投票者的教育。但是，无论动机是什么，教育已经被如此广泛的普及，以致构成了一种现代意识的新要素和有待处理的新因素。每个孩子受教育的道德权利，不是
以他父母的能力来衡量的，而是以他自己的能力来衡量的，它正在获得认可。当 158
我们想出一种更社会化和更民主的培养类型时，一种不像物质产品那样独占的共有的道德价值将得到更多的赏识。②

在伦理体系中对这个时期的理论解释——尽管对这个时期的理论解释将在第二部分中探讨，但是可以在这里指出，我们所描述的发展的主线表现在上个世纪两个最有影响力的体系中，它们是康德体系和功利主义体系。思想发展的政治方面以及某些其他方面反映在康德体系中。康德强调自由、理性的力量和权威、人的尊严、品格的最高价值，以及每个成员同时是其君主和臣民的社会的意义。功利主义者代表那些在工业、教育和艺术发展中所产生的价值。他们声称善是幸福，是最大多数人的幸福。对个人的满足以及产品的社会分配的要求，在这个体系中得到了表达。

---

① “文明人到目前为止已经在着手干涉人类之外的自然(extra-human nature)，通过他对自然选择的反抗和对自然的前人类倾向的蔑视，已经为他自身和与他联系在一起的生命有机体带来了这样一种特殊的事物状态，以致他必须要么继续去获得对这些条件更加牢固的控制，要么悲惨地被必然会落到在重要事务上漫不经心的人身上的报复所毁灭……我们可以把他看作是一个巨大而宏伟的王国的继承人，最终他受到教育，以便使其适合占有财产，并且最后孤单一人去尽其所能；在许多重要的方面，他任意地废除到目前为止还支配着这个王国的大自然的法则；他通过这么做得到了某种权力和利益，但他在各方面受到了到目前为止被限制的危险和灾难的威胁：撤退是不可能的——他唯一的希望是去控制这些危险和灾难的来源，他知道他能够做到这一点。危险和灾难已经使他畏缩了：他将端坐多久去聆听童年时的神话故事而逃避成年的任务？”——兰基斯特(Lankester)，《人的王国》(*The Kingdom of Man*)，1907年，第31页及以下。

② 杜威，《学校与社会》(*The School and Society*)。

参考文献

哲学史和伦理学史提供了理论的方面，除了那些先前提到过的著作之外，还提到了赫夫丁(Höffding)、法尔肯贝格(Falckenberg)和费希尔(Fischer)的著作。具体如下：Stephen, *English Thought in the Eighteenth Century*, and *The English Utilitarians*; Fichte, "Characteristics of the Present Age" (in *Popular Works*, tr. By Smith); Stein, *Die sociale Frage im Lichte der Philosophie*, 1897; Comte, *Positive Philosophy*, tr. by Martineau, 1875, Book VI. Tufts and Thompson, *The Individual and His Relation to Society as Reflected in British Ethics*, 1896,1904; Merz, *History of European Thought in the Nineteenth Century*, 1904; Robertson, *A Short History of Free Thought*, 1899; Bonar, *Philosophy and Political Economy in Some of Their Historical Relations*, 1893.

关于中世纪和文艺复兴的看法：Lecky, *History of European Morals*, 3d ed., 1877;
159 Adams, *Civilization During the Middle Ages*, 1894; Rashdall, *The Universities of Europe in the Middle Ages*, 1895; Eicken, *Geschichte und System der mittelalterlichen Weltanschauung*, 1887; Burckhardt, *The Civilization of the Renaissance in Italy*, 1892; Draper, *History of the Intellectual Development of Europe*, 1876.

关于工业的和社会的方面，参见：Ashley, *English Economic History*; Cunningham, *Western Civilization in Its Economic Aspects*, 1898 - 1900, and *Growth of English Industry and Commerce*, 3d ed., 1896 - 1903; Hobson, *The Evolution of Modern Capitalism*, 1894; Traill, *Social England*, 1894 - 1898; Rambaud, *Histoire de la civilisation française*, 1897 - 1898; Held, *Zwei Bücher zur socialen Geschichte Englands*, 1881; Carlyle, *Past and Present*; Ziegler, *Die geistigen und socialen Strömungen des neunzehnten Jahrhunderts*, 1899.

关于政治的和法律的发展，参见：Hadley, *Freedom and Responsibility in the Evolution of Democratic Government*, 1903; Pollock, *The Expansion of the Common Law*, 1904; Ritchie, *Natural Rights*, 1895, *Darwin and Hegel*, 1893, ch. vii; Dicey, *Lectures on the Relation Between Law and Public Opinion in England During the Nineteenth Century*, 1905.

关于文学方面，参见：Brandes, *Main Currents in Nineteenth Century Literature*, 1901 - 1905; Francke, *Social Forces in German Literature*, 1896; Carriere, *Die Kunst im Zusammenhang der Culturentwickelung und die Ideale der Menschheit*, 3d ed., 1877 - 1886.

9.
习俗道德与反思道德的一般比较

吃善恶知识树上的果实，可能导致最终的获得。一种更有意识和更个人主义的态度，可能导致关于义务和权利、价值和理想的明确概念。同时，当人的眼界大开、智慧增加时，就会发现在原始条件下未知的许多形式的明显事实。随着每一个善的机会和效益的增加，也相应有一个恶的机会。一个更加复杂的环境相应地给更能干和更细心的人提供了机会。一些人以上升到一个更高的道德水平(既有个人诚信，又有益于公众)的方式，对这个环境作出反应。其他人在那些满足某种欲望或激情的设施中会发现一种超出他们控制范围的强烈诱惑，他们会变得邪恶，或者会抓住机会去剥削他人；在对权力和财富的获得和使用中，他们会变得不公正。这里有叫尼禄(Nero)和奥勒留，叫凯撒·波吉亚(Caesar Borgia)和萨沃纳罗拉(Savonarola)，叫杰弗里斯(Jeffreys)和西德尼(Sidney)，叫边沁或霍华德(Howard)的人。对于叫艾略特、利文斯顿(Livingston)或阿姆斯特朗(Armstrong)的人来说，这里有对较低种族的剥削者；而对叫伊丽莎白·弗赖(Elizabeth Fry)的人来说，妇女是指那种在悲惨中以物易物的人。与那些无私地耗费大量人力和财力的人形成对比的，是那些对人的健康或生命的牺牲冷眼相对以及对人的苦难视而不见的人。这样的对比显示出“道德的进化”，也是弱点、不幸、邪恶和罪行的进化。它们表明习俗道德与反思道德之间一些一般的比较。它们要求每个时代重新分析行为和社会制度。作为对这种分析的一个准备，我们在本章中重新探讨习俗道德与反思道德之间一些一般性的关系。 160

§1. 同意和连续性的要素

161 道德生活以两种方式显示出它的连续性。首先，群体和习俗道德的早期类型部分留存下来；其次，当道德与其他的道德被植入其中的生活领域区别开来时，它不必去寻找全新的概念。它可以从群体生活或者各个不同的领域（宗教领域、政治领域、审美领域以及经济领域）借来它的术语，这些不同的领域是从更古老的群体统一体中分离出来的。

下面这段引自格罗特的话可以作为对习俗制度的一种生动重申：

> 信仰和信仰倾向的总和，伦理的、宗教的、审美的以及社会的，涉及什么是真的或假的、可能的或不可能的、正义的或不正义的、神圣的或邪恶的、高尚的或卑鄙的、值得尊敬的或可鄙的、纯洁的或肮脏的、美丽的或丑陋的、得体的或不得体的、有义务去做的或有义务去逃避的，涉及每个人在社会中的地位和关系，甚至涉及可以容许的娱乐和消遣的方式——这是一个已确立的事实和事物状态，它的真正起源在很大程度上是未知的，但是群体的每一个新成员生来就享有它，并且发现它持续存在……它成了每个人天性的一部分、一种固定的心灵习惯，或一套固定的心智倾向，特殊的经验可以根据这种习惯或倾向得到解释，特殊的人可以根据这种习惯或倾向得到正确的评价……共同体憎恨、鄙视或嘲笑任何宣称不同意他们的社会信条的个人成员……他们的憎恨以不同的方式表现出来……至少通过把他排除在宽容、善意和尊重之外，如果没有这些东西，一个人的生活就会变得不能忍受……"礼俗（Nomos）（法律和习俗）是万物之王"（借用希罗多德引自品达的说法）对个人心灵行使了充分的权力，精神的和世俗的权力；根据当地的类型来塑造情感和理智……并且披着习惯、自我暗示的倾向的外衣进行统治。①

随之而来的重要事实有：(1)在一个有某些习惯的社会群体中，不仅有行动，

① G·格罗特，《柏拉图以及苏格拉底的其他学侣》（*Plato and the Other Companions of Sokrates*），第1卷，第249页。

而且有关于行动的情感和信念以及重视、赞同和不赞同。(2)不断地要求这个群体的每个新成员注意这些心智习惯。新来者，不管是新生的还是收养的，都进入一个社会环境，他无法逃避这个社会环境的条件和规定，就像他无法逃避自然环境的条件和规定一样。(3)这样塑造了新引入的个体的心智和实践习惯。共同体中通行的评价和行为方式成了他自身心灵的一个"固定的习惯"；它们最后作为"习惯、自我暗示的倾向"占据主导地位。这样，他成了这个社会群体中一个正式的成员，对他所属的社会结构感兴趣，并准备为保持这个社会结构尽自己的一份力量。 162

1. *群体道德的持久性*——把这个事态与今天在文明社会中所获得的东西相比较，我们能够找到某些明显的共同点。现在个人所接触到的社会群体更多了，结构更加松散了。但是，无论在何处，习俗不仅包括行动，而且包括关于行动的思想和情感。每种职业、每种制度都有一种个人必须考虑的规范。这种规范的性质，未表达出来的和明确表达出来的，以不计其数的方式引起个人的注意：通过公共意见的同意或不同意；通过其自身的失败或成功；通过其自身模仿周围所见之物的倾向，以及通过审慎的、有意的指导。

换句话说，群体道德没有消失，没有让位于有意识的和个人的道德。群体和习俗道德仍然是我们中很多人在大多数时间里的道德，是我们所有人在许多时间中的道德。我们(我们中任何一个人)并没有考虑清楚我们所有的标准，没有独立地权衡我们的价值，并以一种理性的方式作出我们所有的选择，或者通过遵循一个清楚构想的目的来形成我们的品格。当我们还是孩子时，所有人都已开始处于一个家庭群体中。我们继而处于一个学校群体中，也许还处于一个教会群体中。我们进入一个职业群体，以及后来可能是家庭群体、政治团体、社会团体和邻里群体。在每一个群体中，如果我们是它的成员，那么就必须在某种程度上接受它所给予的标准。我们必须根据规则来玩游戏。当我们是孩子时，我们无意识地这样做。我们模仿，或者遵照建议；我们遵守群体道德的所有机制 163
(agencies)——群体意见、仪式、快乐和痛苦——甚至是禁忌；[①]首先，我们像其

① 几乎每次坐火车旅行或其他遵守家训的时机都揭示了这种野蛮人道德施与的普遍存在。"如果你不安静，那么我就把你交给列车长"，"黑人会打死你"，"圣诞老人不会把礼物给淘气的孩子"，在许多方面，和蔼可亲的人通过一种故意说谎的方法以及或多或少残酷的行为来达到培养道德的目的，这是有趣的教育现象之一。使用禁忌的野蛮人相信那些禁忌的内容。

他人那样行动，为了一个共同的目的或多或少进行合作。我们形成一些习惯，只要我们活着，许多习惯就会持续存在。我们毫无质疑地接受许多传统。甚至当我们从早期的家庭群体转移到新的境地和环境，而这些新的境地和环境使我们或多或少重复种族的经验时，我们的行为和我们对别人的判断中的很大一部分是由群体和习俗的影响决定的。幸运的是，对进步来说，这是毋庸置疑的。如果每个人都必须重新开始去构想他的所有理想并制订他的法律，那么将会在道德上处于一个忧郁的困境中，就像如果必须重建每一种科学，我们将在理智上处于一个忧郁的困境一样。群体所提供的预防个人冲动和激情的基本措施，密切联系的条件，群体所提供的相互依赖和相互同情，习惯于某种受群体重视的行为——这一切是个人道德的茎和花所赖以生长的根。无论个人主义和理智活动对人的进步多么必要，如果它们不是从这个更深层的共同情感和共同命运而来的话，它们将不会产生道德。"第三层次"的理性的和个人的行动不是破坏，而是在实现第三和第四章中所描述的第一和第二层次的力量和行动的意义。

2. **道德概念**——道德概念几乎全部是从群体关系中获得的，或者从法律和宗教方面获得的，虽然这些概念已经被逐渐地带入更清晰的意识中。如上文所述，希腊词"ethical"、拉丁词"moral"、德语"sittlich"，就暗示了这个——ethos 的
164 意思是指"独特的习俗、观念、标准和规范的总和，通过这些，一个群体与另一些群体区别开来，并在特征上被赋予个性"。[1]

某些特殊的道德术语直接来自群体关系。这个"和蔼的"人表现得像个亲属。当占支配地位或享有特权的群体与无家可归或出身卑微的人形成对比时，我们得到大量含有出身的"优越"或"卑微"意思的术语，因此得到大量关于一般价值的术语。这可能是也可能不是由上层阶级某种内在的优越性造成的，但至少意味着上层阶级在塑造语言和认可标准上是最有效的。因此，在"高尚的"(noble)和"高贵的"(gentle)具有道德价值之前，它们指的是出身；"义务"(duty)在现代用法中似乎主要是指应归于长辈的东西。许多关于道德非难的词显示出阶级的感情。"卑鄙的人"(caitiff)是一个俘虏，从相同的观念中，意大利人关于道德败坏有他们的普通叫法，即"*cattivo*"。"坏人"(villain)是一个封建时代的佃农，"恶棍"(blackguard)是干粗活的低级佣人，"流氓"(rascal)是芸芸众生之一，

① 萨姆纳，《民俗论》，第 36 页。

“无赖”(knave)是仆人;“卑微”(base)和“卑贱”(mean)与高尚和高贵相对立。另一套概念反映了古老群体的认可(approvals),或者使这些认可与出身概念相结合。我们已经注意到 *kalokagathia* 在希腊语中的双重词根。“荣誉”(honor)和“诚实”(honesty)是群体称赞的东西,相反,希腊语和拉丁语中的“*aischros*”和“*turpe*”,就像英语的“可耻的”(disgraceful)或“丢人的”(shameful)一样,是群体谴责的东西。“德性”(virtue)是指有男子气概的卓越,它唤起对战争年代的赞美,然而其中一个关于道德败坏的希腊词原初意思是指胆小的,我们的“恶棍”这个词可能有相同的起源。“坏人”(bad)很可能是弱者或像女人一样的人。经济(economic)出现在“价值”(merit),即我所挣得的东西中,同样也出现在“义务”和“职责”(ought)中,即应得或应给予的东西中——尽管如上所述,义务似乎使它自身特别地被认为是朝向一个长辈的。实践事务中的深谋远虑和技能提供了“智慧”这个概念,它对希腊人来说是最高的德性,如同“审慎”(prudence)一样,它在中世纪体系中占有重要的地位。评价(valuing)的概念,以及由此形成某种关于更好和更坏的固定标准的概念,即便不是由经济交换所创造的,也得益于经济交换。它用几乎相同的术语,以质疑的方式出现在柏拉图的作品和《新约》中, 165
“如果一个人获得了整个世界而失去了他自己的生命,那么,他将得到什么好处?”[1]度、秩序与和谐的概念很可能来自美的或有用的艺术品的制造过程。考虑道德生活的整个方式,是法律上的。“道德法则”、“权威”、“义务”、“责任”、“正义”和“正当”带来了群体控制的联想,以及更加明确的有组织的政府和法律的联想。最后,后面提到的几个术语也带有宗教的印记,道德的许多概念来自那个领域,或者从宗教的用法中获得它们的特殊风格。“灵魂”(soul)这个概念造就了一种善的理想,这种善的理想是永恒的,它与其说是由感官的满足引起的,不如说是由个人的友谊引起的。“纯粹性”(purity)开始作为一种神秘的和宗教的概念;它不仅象征着免受污染,而且象征着目的的单一性。“贞操”(chastity)给一种其根源主要在财产概念中的德性增添了宗教的神圣性。“邪恶的”(wicked)来自女巫(witch)。

我们的确拥有某些从个人本能或反思经验中得出的概念。像“污秽的”(foul)那样的概念来自面对令人作呕的东西而产生的退缩感,“诚实的”

---

① 柏拉图的话,参见第 124 页。

(straightforward)、“正直的”(upright)和“稳重的”(steady)来自对适合视觉和触觉的东西的同类想象。我们从思想过程自身中得到了“良心”(conscience)。这个词在希腊语和拉丁语中是一个用来指意识的普通术语,它提示了道德一个显著的、可能是最显著的特征。因为它包含一种“有意识的”深思态度,这种态度不仅在产生目的中起作用,而且在根据它所赞同的标准衡量和评价行动中起作用。但是显然,到目前为止,我们的较大一部分伦理术语来源于广义的社会关系。

§2. 对比的因素

166 *道德的区别*——当前态度与早期态度之间最明显的差别在于,现在我们在行为的道德方面与其他的诸如习俗的、政治的和法律的方面之间作了一个明确的区分,尽管在习俗的道德中,所有受到社会尊重的活动都被放在同一水平上,并以相同的效力得到实施。我们应该纯粹视为时尚或礼仪问题的事情,或者视为娱乐方式的事情,例如发型,是重要的。对以某种方式毁伤身体,就像遵守某些婚姻习俗一样苛求;避免跟岳母讲话,就像服从首领一样有约束力;不跨过首领的影子,甚至比不去谋杀另一个部落的成员更加重要。一般而言,我们会在“举止”(manners)与道德之间作一个明确的区分,虽然在习俗道德中,举止*就是*道德,就像“伦理的”、“道德的”这些词所表明的那样。

当格罗特谈到“伦理的、宗教的、审美的和社会的”信仰时,“伦理的”这个词只有从现代的观点来看,才与其他的词有关系。关于他所谈到的情况的独特问题在于,这些施加给个人的“宗教的、审美的和社会的”信仰*构成了*伦理的东西。我们在它们之间作出这个区分,就像习俗制度未能作出这个区分一样自然。设想有一个社会集团,在其中,如果一个人未能谨慎地遵守这个集团关于适当的穿着风格的时尚,这个人就会遭到轻视,这种轻视就像宣判道德犯罪以及以宣判道德犯罪相同的方式那样,强烈地影响他的情感和观念;只有通过设想这种社会集团的存在,我们才能认识到心灵架构(the frame of mind)是习俗伦理(ethics of custom)的特征。

遵守和反思——习俗可能“得到遵守”。确实,习俗道德使品格的善性和正当性实际上等同于遵守所有部门中已确立的社会评价的秩序。*遵守*这个词是有意义的:它意味着事实上通过感知去注意或觉察,意味着在行动中产生忠诚,

在行动中服从。[①] 理智和理性的因素因此减少到最小。道德价值的存在，可以说是看得见摸得着的；要注意到这些道德价值，个人只要使用他的头脑就足够了。由于严厉的惩罚方法强迫他注意到这些道德价值，因此甚至注意的态度也几乎不需要主动性。但是，当道德是某种**处于**习俗和习惯**之中**的东西，而不是那些习俗本身时，善和正当就不显得如此明显和表面化。识别需要思想、反思；需要抽象和概括的能力。人们可以以一种非常直接和直观的方式告诉一个儿童我的(*meum*)与你的(*tuum*)之间的差别，这种差别对他的行为有影响：我们可以指向一个把他家院子与邻居的院子分隔开来的篱笆，这道篱笆在可允许的东西与被禁止的东西之间画了道德界线；一顿鞭打可以加强这个遵守。但是，现代商业也有“无形的”财产——善意、声誉和信用。这些东西事实上能够被购买和出售，但是发现它们的存在和性质则需要一种超出感知的理智。许多构成目前道德的义务和权利，正是这种类型。它们是关系，而不只是外部的习惯。因此，这些义务和权力的承认，需要某些比只是遵循和复制现存的习俗更多的东西。它包含着对**为什么**某些习惯被遵循、什么**使**一个事物**成为**好或坏的理解能力。**良心**从而取代了**习俗**；**原则**(principles)代替了外部的**规则**(rules)。 167

这就是我们把目前的道德叫做“反思的”而不是“习俗的”意思。这不是说社会习俗已经不再成为习俗，或者甚至已经在数目上减少了。情况恰好相反。这不是说社会习俗的重要性减少了，或者它们对个人活动来说不太重要，或者需要更少的关注。此外，情况正好相反。但是，个人必须在这些习俗存在这个赤裸裸的事实上来理解它们的意义，必须通过它们的意义而不是提到过的这个纯粹事实来引导他自身。[②]

习俗是静态的——这种区分引出了第二种非常重要的区分。在习俗道德中，在陷入控制活动的社会规则之网中与成为一个歹徒——他为人所不齿，他对每个人构成威胁，每个人对他也构成威胁——之间没有选择。社会习俗被认为具有神圣的起源并且受到诸神的庇护，也就是所有制裁变成宗教的和超自然的这种倾向，证明了制度对个人具有约束力。触犯它们，是对神的不敬，是亵渎神 168

① “识别”(recognition)有相同的双重意义。“承认”(acknowledgment)也是如此，尽管它更强调在行动中显示出忠诚。

② 从逻辑上说，这意味着理智的运作是在概念上而不是在感知上。

明，会招来神和人的愤怒。习俗不能被怀疑。探究意味着不确定性，因此是不道德的，是对群体生活基础的一种攻击。毕竟表现这个规则的明显例外是伟大的改革英雄的例子，这些英雄甚至在习俗社会中划分了历史时代的界线。这样的个人，遭到了同时代人的反对和迫害；恰恰只有通过胜利，通过战胜国内的敌对派别、瘟疫和饥荒或者国外的敌人，这个英雄的做法才是合乎情理的。因此，证明诸神和他在一起并支持他的改变——实际上，他是诸神自己挑选出来的工具。那么，变更了的或新的习俗和制度拥有旧有的习俗和制度的所有有约束力的神圣性和超自然的认可。对于杀死先知的父亲以及建造和装饰他们的坟墓并使他们进入神殿的儿子来说，这并不是一个长大了就不适合听的故事。

反思发现一个更高的法则——但是，只有当个人对习俗*意义*的理解而非他对习俗*存在*的识别在引导他的活动时，社会事务中的道德进步或改革的观念才在伦理上变得重要，更大的道德责任才交予个人，就像他获得更大的实践自由一样。因为(a)个人可以使习俗的意义与它目前的形式*相对立*；或者(b)他会发现某种习俗的意义在价值上比其他习俗的意义要高得多，但同时发现它的实现受到其他一些在道德上不太重要的习俗的阻碍。根据这样的区别，就要求废除或
169 至少更改某些社会习惯。就这种情况经常重现而言，个人(c)或多或少模糊地意识到，他*不能承认现行标准*是对他自身行为正当性的证明，除非现行标准向他的道德理智证明其自身的正当性。它存在这个事实确实给了它某种表面的要求，但不是最终的道德保证。也许习俗本身就是错的——个人有责任记住这种可能性。

习俗随之而来的改变——当然，习俗道德的阶段仍然持续下去；反思道德与习俗道德没有全部分离。实际上，许多商人并不会为自己做生意的某些方式的道德性费神。行业的习俗就是这样，如果一个人要去做生意，那么，他必须遵循它的习俗——否则就不要做生意。司法界、医学界、政府部门、新闻界和家庭生活在相当大的程度上呈现了同样的现象。习俗道德延续下来，几乎是目前道德的核心。但是，这里仍然存在着差别。至少一些人积极地致力于对习俗的道德批判，要求改变习俗；几乎每个人都受到讨论和鼓动的充分影响，让他对负责维持可疑的习俗感到犹豫和不安。为了改善和进步(就现存的习俗而论)运用辨别理智(discriminating intelligence)，是反思道德的一个标志——作为与习俗相对的良心状态的一个标志。在道德上更加进步的当代社会的成员中，培养一种审

查和判断的习惯，对现存社会秩序的优缺点保持思想开放和头脑敏感，这种要求被视为一种责任。反思一个人自己与现存秩序有关的行为，是一种长期的心灵习惯。

意义的深化——尽管早期阶段提供了更有意识的道德材料和概念，但是我们发现，当这些概念被用来表达更私密和更个人的看法时，它们自然地经受了意义的深化。例如，采用这些从法律领域借来的概念。正是在政府管理学院和法庭中，人们学会了谈论和考虑权利与义务、责任与正义。为了使这些成为道德的 *170*
而不是法律的术语，需要做的第一件事是我们使整个过程成为一个内在过程。这个人必须自己建立一个标准，把这个标准视为“法则”(law)，根据这个法则来判断自己的行为；他要对自己负责，并力求公平对待。在政府领域中进行这些过程需要若干人。立法者、法官、陪审团、执行官都代表国家——一个有组织的社会。一个人可以是立法者、法官和陪审团，也可以是原告和被告，这表明他自身就是一个复杂的存在。他是一个具有激情、欲望和个人利益的存在，但也是一个具有理性和社会性的存在。作为一个社会成员，他不仅知道他的个人利益，而且承认社会利益。作为一个理性的存在，他不仅感到激情的刺激，而且对法律的权威作出反应并听从义务的声音。就像一个民主国家的成员一样，他在行为的领域中发现，自己不仅是一个国民，而且是一个元首。在这个程度上，一个正直的人使神或人的法律成为一种内在的生活法则——一种“道德法则”。但是，这个使过程成为内在的行为，让一种意义的深化成为可能。政府和法庭在权限上必然是有限的，在决策上必然会犯错误。它们有时太宽大，有时太严厉。良心包含一种完整行动的知识——意图、动机和行为。良心的权威要求绝对服从。国家的法律被认为有约束力，只是因为它们总体上被认为是正当的和正义的，这是由诉诸的道德法庭来衡量的。当它们相互冲突时，权力可能会支持政治的主权国家；但是，良心清白的人认为他要遵循一种“更高的法律”。许多伟大的世界文学作品，从它对人类经验的这个基本事实的描绘中获得了兴趣。“有两样东西，越是经常而持久地对它们进行反复思考，它们就越是使心灵充满常新且日益增长的惊赞和敬畏：我头上的星空和我心中的道德法则。”

从经济领域中抽取出的概念，表明了类似的深化。在经济世界中，如果人们需要这些东西，那么，这些东西就是好的或有价值的。正是在满足需要的经验中，人学会了“善与恶”的语言，并拿一种善与另一种善相比较；无疑，通过科学与 *171*

艺术的进步,关于更持久、理性和社会的"产品"的客观标准提供出来了。当这个术语被提到一个更高的水平并被赋予道德意义时,两个新的因素出现了。首先,个人开始在相互联系以及与他的整个生活的关系中去考虑各种产品和价值。其次,通过比较各种产品和它们所满足的欲望,他开始认识到在某种意义上,他本人不仅仅是自然本能和欲望的纯粹总和。他发现他可以对某些事物发生兴趣,他不只是被动的。他给予它以价值并衡量它。他感到他是价值的一个积极的判断者与创造者,他本身比任何满足特殊欲望的特殊事物具有一种更高的价值。"一个人的生命,不在于他占有的大量东西。""生命胜于饮食。"或者,使用这个后面会得到解释的措词,道德的善包含意图、品格和"善意"。根据平常的语言,它包含存在(being),而不只是拥有(having)。

"善"这个术语被我们用于判断他人(例如,一个"善"人)时,它可能会有一个不同的沿革。如前所述,它可能来自阶级感情,或者来自当行动一旦使人高兴时,我们会给予它们的称赞。它可能近似于高尚的、优良的或令人钦佩的。当所有这些概念从阶级或公共意见的领域转变成道德术语时,它们都经历了一种相似的改变。作为道德术语,它们首先意味着我们不仅要考虑外在的行为,而且要考虑内在的意图和品格;其次意味着判断时,我们自身不是充当一个阶级的成员,不是仅仅充当情感的存在,而是充当社会的和理性的存在。在这种意义上,我们的道德判断来自一个一般的普遍的标准;一个阶级的道德判断是有偏见的。

§3. 个人的目标、标准与社会的目标、标准之间的对立

从社会秩序中撤退——反思的发展常常会导致个人与社会之间的道德对
172 立。有时,良心超越了批评的需要、辨别的需要、解释社会习俗的需要,以及遵循它们的精神而不是条文的需要;良心所采取的形式是宣称一种纯粹内在的、个人的道德,它是如此不同于社会生活的条件,以致后者被认为完全缺乏积极的道德意义。道德的规定被认为是在良心中揭示的,就像一种纯粹直观或启示的能力,既不从社会条件中得到材料,也不从社会条件中得到证明。已经谈到的道德与经济、法律或习俗之间的差别,被认为是一种完全的分离;习俗和制度外在于这些理想的、被个人意识到的道德要求,对这些道德要求漠不关心,与这些道德要求无关,甚至对这些道德要求怀有敌意。这样一种道德概念很有可能出现在这样一个时期中,也就是通过生活方式和标准的冲突,除了那些由权力和权威所保

持的习俗外,所有的习俗都瓦解或松懈的时期。这样一种状况存在于罗马帝国早期,当时,地方边界在历史上第一次被有组织地逾越了;当时,帝国是一个各种异质的神、信仰、理想、标准和实践的熔炉。几乎在整个的变动和混乱中,外部的秩序被罗马的具体立法和管理所维持;但是,个人的目标和行为方式必须仍然由依靠他自身的个人来确定。基督教徒、斯多葛主义者和伊壁鸠鲁主义者在这里同样发现政治秩序完全外在于道德,或者与道德处于长期的对立之中。这里有一种进入个人意识领域中的撤退。在某些情况下,这种撤退会被推到一个地方,在那里,人们感到,他们只有通过独立进入沙漠,像隐士一样生活,才能成为真正正直的人;或者通过由在生活观念方面意见一致的人组成单独的共同体的方式,他们才能成为真正正直的人;所有人都鼓吹心智和道德要远离现行的社会标准和习惯。

个人的解放——在其他情况下产生的是一种关于解放的意识;一种关于维护个人权利和特权、要求新的活动方式和各种新的享受的意识。个人觉得他是他自己的目的;他在自身中找到的冲动和能力是神圣不可侵犯的,并为他的行为 173
提供了唯一真正的法则;任何限制这些个人权力的充分行使和妨碍个人欲望满足的东西都是强制的,在道德上都是反常的。现存的社会制度在实践上可能是必要的,但它们在道德上是不受欢迎的;对它们利用或规避,是为了个人的满足。正如有些人认为社会条件对最高道德义务的实现有敌意,其他人也认为社会条件对其权利的充分占有有敌意,对他们有权享有权利的充分拥有有敌意。

社会价值和目标的最终转变——在极端情况下,个人可能会认为,无论基于他的真正义务还是基于他的真正权利,社会的原则在道德上是无关紧要的,或者甚至是无价值的;道德生活最终或本质上是一件个人的事情,尽管碰巧表面上是在社会条件下过道德生活的。但是,基本上不是与社会关系本身相对立,而是与不恰当的现存的制度和习俗相对立。于是,个人对现存的社会计划的抗拒,不管是根据那些太高了以致不能被这个计划所支持的理想,还是根据这个计划不能为其提供自由发挥的个人主张,成为重建和转变社会习惯的一种手段。因此,**反思道德是进步社会的一个标志,正如习俗道德属于一个静止的社会一样**。对价值的反思,是修正它们的方法。

修道院的基督教徒在退出社会生活后,仍保持一个完美社会的概念,以及一个要建立的上帝之国或天堂的概念。这个理想在某种程度上成了改变现存秩序的工作方法。对现存共同体纽带评价很低的斯多葛主义者，有着普遍共同体、世界城邦(cosmopolis)的概念；普遍共同体或世界城邦是受普遍法则支配的，每个理性的存在者都是它的一个成员或臣民。这个概念某种程度上在司法和管理体制的发展中起了很大作用，司法和管理体制比这个概念所清除掉的纯粹当地的
174 习俗、法律和标准要普遍和公正得多。伊壁鸠鲁主义者拥有关于友谊的观念，根据这个观念，志趣相投的同伴所组成的团体既不是通过法律约束也不是通过普遍的理性法则，更不是通过宗教愿望和信仰的统一，而是通过友谊和友善的交往团结在一起的。这样就提供了社会重建的其他中心。

§4. 对个人品格的影响

一般影响——把前一节中已经指出的典型差异与特殊的变化状况——行动和思想的自由、私人获取的诱因、权力和快乐的工具——一并考虑时，它们使我们能够理解本章开头所提到的对比。一方面，我们对权力、获取、刺激以及感官和欲望的满足有天生的渴求，这种渴求通过它以之为生的东西得到加强。另一方面，我们让道德的逐渐分化，把个人从外部道德秩序的束缚中分裂出来，并迫使他靠自己站立——否则就会跌倒。注意前一节中所提出的每一个要点是如何产生的。

(1) 从某些生活领域中分离出作为一种独特要素的道德，这就允许较少严肃思想和较少同情心的个人自满地去过一种微不足道的或寡廉鲜耻的生活。时尚、“社会义务”、娱乐、缺乏所有最重要意义的“文化”，以及从任何人道的或公共的考虑中分离出来的“商业”和“政治”，可能被看作是无可非议的行业。一个不再把前辈的战斗职业作为独特生活之借口的“绅士”，在拒绝任何对共同体的有效服务和投身于“运动”方面，可以找到一个很大的有闲阶级的支持；一个“淑女”可以如此被“社会”的多种要求所吸引，以致从未注意到她所追求的活动几乎完全没有价值。

(2) 良心的道德需要反思、进步以及关于其概念更深层的意义，这个事实使许多人根本不能理解任何道德意义的原因变得显而易见。他们未能付出努力，或者未能与习惯断绝关系。在习俗道德之下，“遵守”和延续风俗习惯就够了。
175 当形式变成纯粹的形式、习惯变成纯粹的习惯时，完全获得任何的道德态度就需要更高级的洞察力和更大的主动性。因此，当个人环境或一般社会和经济状况

发生变化时，许多人就没有看到所涉及的原则。他们仍然完全满足于“旧式的德性”，或者使自己固守着上一代人的“正直”和“诚实”。这种习惯的和“无关痛痒的”道德往往意指一种不涉及与目前状况相冲突的“德性”或“正直”。一个因为他没有以旧式的方式违反合同或诈骗而感到诚实的人，可能会对货物掺水或掺假商品感到很自在。一个痛恨用匕首和炸弹等形式的铁器、炸药进行谋杀的社会，也许不会关心可预防的用铁制机械或煤矿的炸药来杀人。

(3) 反思道德所要求的和社会的冲突，努力把有些东西推到一般水平之下，尽管它也把其他的东西提高到一般水平之上。批评普遍的道德秩序可能使一个人成为一个先知，但是它也可能使他成为一个法利赛人(Pharisee)。实际的反抗可能造就改革者，但它有可能使另一伙人变得放纵；使他们感觉优越于“腓力斯人”(Philistines)的道德，因此可免除社会限制。

反思阶段伴随而来的恶习——恶习随着文明增加，部分是由于增加的机会，部分是由于社会限制日益松弛。这里有一个深层的因素。当人的任何活动脱离它原初的和自然的关系，并使其成为特别注意和追求的目标时，整个调整就失去了平衡。在具有有用的功能之前的东西是病态的。对兴奋或刺激的渴求，在某些限制范围内是正常的。在狩猎或战斗中，在探险者或商人的冒险中，它起一种健康的动机的作用。当它被孤立地作为一种目的本身脱离客观的社会情境时，它就成了赌博或酗酒的根源。性本能和情感在人种延续中的地位，使拥有权力和兴趣成为必要；当性的本能和情感被孤立时，它们就成了激情或下流、淫荡的 176
根源。贪婪和暴食说明了一个相同的规律。当罗马人自身不再是斗士时，角斗表演在罗马就变得卑贱而怯懦。[①] 甚至对更高和更好的东西的渴望也有可能成为一个“空想”(otherworldliness)，这个空想把痛苦和不幸留给了世界。巴尔扎克在《人间喜剧》(*Comédie Humaine*)中提供的那一系列场景，比任何吃力的描写都更好地说明了现代文明的可能性。

此外，文明社会中有一种早期生活所没有的、使道德败坏的机制。当恶习变得专门化和成为时尚时，它们就成了经济的和政治的利益。人们把大量的资本投入在满足邪恶欲望的商业中。这些欲望应该尽可能大地得到刺激，这在金钱上是合乎情理的。它成了“生意”。政府官员对非法消遣所征收的税赋形成了一

① 萨姆纳，《民俗论》，第570页。

笔可用于赢得竞选的巨额资金。从事贸易或依赖并受益于贸易的民众可能会作为一个单位，放心地投出自己的一票来支持那些承诺保护贸易制度的人。

与同伴的关系——前几章可能已经充分地表明了自私和不公正的动机与起因。随着逐渐增加的个体性和反思的一般过程，人们越来越容易变得漠不关心甚至不公正。当所有人都过一种共同的生活时，很容易进入另一个人的情境，很容易评价他的动机和行为；即一般说来，很容易“使你自己处于他的位置上”。行为的外部性很容易使所有人都遵守一个共同的标准。这个游戏必须共享；财产——只要有财产——必须被尊重；宗教仪式必须遵守。但是，当标准变得更加内在时，越理智或严厉的标准就越不容易获得同情。当标准开始变为“仁慈的”时，它们可能很容易变得谦逊。纯洁者不会因为与堕落者接触而弄脏衣襟。“高尚的公民”拒绝参与政治。学者认为，生意人是贪图享乐的。有教养、有钱和受
177 过教育的人发现，未受教育的劳动者缺乏礼貌和教养，并认为把同情浪费在“群众”身上是毫无意义的。已经成为道德术语的“阶级”这个词，就是这种态度的实例。最后，增进自由和权利的道德过程，很容易导致一种坚持自己的权利并让其他人好自为之的倾向。康德的学说认为，由于所有的道德都是个人的，因此我对促进我邻居的完善无能为力。这种学说在伦理学中是一种**放任主义**(laissez faire)，康德并没有贯彻下去，但它不是反思道德的一种不自然的推论。比起习俗和群体生活的语言来，“我是我兄弟的监护人吗?”更有可能成为反思生活的语言。

重建的力量——我们已经详细地论述了瓦解的力量，不是因为文明必然会变坏，而是在前几章中已经指出了积极进步，有必要提到这个过程的其他方面。否则，似乎就没有什么问题存在。如果这个进展被认为全是单向的，那么生活将不会有任何严肃性。恰恰只有在不断有新的困难和不幸的压力下，道德品格才会增加新的品质，道德进步才会出现。个人主义、利己主义和对财产的渴望，迫使建立保护穷人和富人的政府和法庭。奢侈和炫耀不仅唤起了遁世的禁欲主义，后者在所有欲望的满足中看到一种恶；它们还使严肃的生活意义处于显要地位；另外，它们也有助于强调对社会正义的要求。无数个帮助患者、救灾和扶贫的志愿群体；帮助残障者、受抚养者和罪犯的志愿群体；无数个提倡正当理由的志愿群体——在友好的合作中赢得了民众的赞助。不断增加的对体现新的正义情感的立法需求，是重建过程的一部分。现在，当所有人文学科和文明的产物

变得越来越不是任何个人的劳动或技能的成果，而是许多人联合劳动和智慧的成果时，当城市生活需要更大的相互依赖时，最后当知识的进步和知识的手段使条件的对比更强烈地引起注意时——社会对那个文明的所有产物的更彻底的利用就变得更加迫切和强制。这不是情感的问题，而是必然的问题。如果 178
任何人有意要否认这个主张，那么越来越确定的是，卡莱尔的爱尔兰寡妇将通过使否认者染上热病而证明她的姐妹关系；[①]无知者、罪犯或可怜的人将会危及他的幸福。

§5. 道德区分与社会秩序

有两个过程在我们所描绘的这个运动中同时进行。(1)原始群体，同时是一个亲族或家庭、一个经济单位、一个政治单位、一个宗教单位、一个教育单位，以及一个道德单位瓦解了，被一些各自有着自身特殊性质的独特制度所取代。(2)大部分不加反思以致可以体现在每个习俗和习惯中的道德，变得更加个人化和主观化。结果是，要么现在道德被更加有意识和自发地放进社会关系中，从而把所有的社会关系提升到一个更高的道德水平，要么道德不能影响社会秩序的不同领域，后者缺乏道德价值，而且丧失道德限制。我们很简略地对此作一些例证，更完整的论述则留给第三部分。

家庭——当家庭主要是由地位决定时，当家庭是一个经济单位、政治单位和宗教单位时，它就是一种强大的支持。但是，这种支持在很大程度上外在于家庭的真正目的和意义。只有当这些其他的因素被分离，家庭被置于一个自愿的基 179
础上时，家庭的真正意义才会显现。夫妻之间的情感和互补、对儿女的喜欢和疼爱，必须承受以前分散在若干关系上的压力。最佳类型的家庭生活是由这个更

---

① “艾利森(Alison)博士讲述的一个关于苏格兰人的事实，给我们留下了深刻的印象。一个可怜的爱尔兰寡妇，她的丈夫在一个爱丁堡小巷去世了。由于缺乏生活资源，她带着三个孩子一起去乞求那个城市的慈善机构帮助。在慈善机构那里，她被拒绝了；她从一个地方哀求到另一个地方，但没有人帮助她；直到她求遍所有人，她的力气和内心迫使她放弃；她因患斑疹伤寒热而倒下了；死亡，接着她所在的小巷染上了热病，结果那里有另外‘17 个人’死于热病……这个孤独的爱尔兰寡妇请求她的同类，好像在说：‘看到我倒下而不帮助我；你们必须帮助我！我是你们的姐妹，你们的骨中之骨；同一个上帝创造了我们；你们必须帮助我。’他们答复说：‘不，办不到，你不是我们的姐妹。’但是，她证明了她的姐妹关系，她的斑疹伤寒热杀死了他们。”卡莱尔，《过去与现在》，第3卷，第2章。

加道德的基础产生的，它们无疑远远优越于更古老的形式。同时，更加自愿的类型，其困难、反常或覆灭是显而易见的。当没有人寻求或承认人身依附时，或者当买卖婚姻是一个被认可的习俗时，在这些条件下缔结的婚姻可能具有在理智和文明的一般状态下所允许的所有价值。当神圣化的本质特征被看作是意愿和感情的一种结合时，那么，没有意愿和感情的婚姻，无论"举行得怎么隆重"，几乎不可避免地意味着道德的堕落。如果各方的同意被看作是这种关系的基础，那么就很难确定，这种"同意"在它的范围内有足以取代所有更古老的制裁和保证永久结合的坚定的、考虑周详的目的与感情的深度。对因家庭分离而产生的对孩子更完整的责任，同样证明可能有照顾，也可能有虐待。因为尽管野蛮人由于经济的原因经常实施杀婴，但是否有野蛮家庭能比得过现代家庭所提供以及现代社会所允许的更加优雅的自私与对童工的虐待，这是令人怀疑的。

经济和工业——当经济成为一种与家庭的、宗教的以及(在一些人看来)道德的考虑相脱离的独立活动时，它就失去了有力的约束。它已经发展了自己某些重要的道德需要。诚实、遵守契约、由经济关系所培养的品格的稳定性和持续性，是重要的贡献。例如，现代商业是保证节制的最有效的行为。它远比"戒酒协会"要有效得多。经济和工业过程的其他价值——产品的增加、服务和商品的
180 交换、财富的增加所提供的新的幸福手段——是显而易见的。另一方面，商业所需要的诚实是一种最专门和独特的限制。它在某些条件下并不妨碍商品掺假，也不干扰与政府官员的腐败交易。在纯粹金钱的基础上对价值的测量，容易把一个很大的活动领域从道德约束中解放出来。"公事公办"(Business is business)这个准则，可能会支持任何一种不被商业标准排除的行为。除非有道德评价和控制的不断引入，否则就会产生一种把所有其他的目的和标准颠覆成纯粹经济的目的和标准的倾向。

法律和政府——从亲属群体中排除这些功能，马上会把权威和义务的重要原则，以及逐步地把权利和自由的重要原则带入意识。只有通过这样的分离，法律的普遍性和公正性才能建立。只有通过普遍化，整个社会的判断才能得到保证。它的实行与单独的统治者和法官的智慧以及正当意图的变化形成对照。此外，法律与道德的分离同样有得有失。一方面，离开一个单独的身体限制或惩罚所依附的明确的外部行为领域，马上就会解放一个很大的内部思想和意图领域，并使身体价值和约束在行为中获得更大的力量。思想自由和宗教信仰、真诚和

彻底的责任要求这样一种分离。这也使一种普遍的法律成为可能，即使这种普遍的法律不一定达到最文明和最公正的水平，它也立足于较低水平的良心之上。使一个命令成为一个“普遍的法则”，这本身就是一种稳固的和上升的影响。只有通过从个别的、内在的行为方面抽象出标准，它才能实现。另一方面，法律与正义之间并不少见的对比，专门术语性（technicality）对实质内容（substantials）的替代，促使伏尔泰把律师描绘成“古代野蛮习俗的保护者”的保守主义、尤其是法律被用于支持甚至帮助几乎任何形式的压迫、勒索，阶级特权乃至合法谋杀 181
（judicial murder）时所获得的成功，都不断地证明了内在于一切制度的双重可能性。政府在其他功能中显示出相似的可能性。起初，政府是暴政，臣民必须保护自己免受其伤害。现在，政府是使用政治机器来谋取私人利益。“永远警惕”（eternal vigilance）不仅是自由的代价，而且是每种道德价值的代价。

宗教生活——当宗教从与亲属关系、经济和政治联系的相互依赖中解脱出来时，它就有机会变得更加个人和更加普遍。当一个人的宗教态度不是生来就确定了时，当崇拜不是如此密切地与经济利益联系在一起时，当这里不仅有宗教“宽容”而且有宗教自由时，作为一种个人的、精神的关系的宗教意义就映入眼帘。亲属关系被升华为一个神圣父权的概念。约伯为上帝服务是“白做”，这变得可信。信仰和心灵的纯洁不是由法官或法律来保证的。

宗教的普遍性仍然是一种获得。就宗教具有团体的性质而言，它倾向于强调犹太教徒与异教徒、希腊人与异邦人、“我们的团体”与“其他的团体”之间的界线。但是，当这个团体的宗教让位给一种更加普遍的宗教时，以色列王国就让位给上帝的王国；兄弟关系就超越家庭或民族界线。在中世纪激烈的斗争中，教会是一个限制有权者与软化敌对部落和民族冲突的强有力的机构。“上帝的和平”不仅是一个遥远的理想的象征，而且是一个现实的安慰。在基督徒反对穆斯林的十字军东征中，或者在天主教徒与新教徒之间的三十年战争的恐怖中，人们可能的确是通过武力来寻求这种普遍性的。但是，当作为一种精神关系的宗教概念变得更清晰时，这个趋势必然会揭示宗教在本质上是一种促使统一的力量而不是分裂的不和谐的力量。如果任何宗教都成为普遍的，那么，这将是由于它的普遍呼吁。就它的确作出普遍的呼吁而言，与科学和艺术一样，它吸引了它的追随者。

道德与宗教的区别常常很难描述。因为宗教常常是这样一种行为，通过它 182

会带来某些道德特征。与法律或公共意见的裁决相比，道德内部的和自愿的方面就得到了强调。但是，这常常是由一个无所不见的上帝和一个无所不知的审判者的宗教概念发展来的。“人是看外表的，耶和华是看内心的”，色诺芬、柏拉图和莎士比亚在文学方面有相似之处。较高的价值与较低的价值之间的区别，在“另一个世界”的概念中已经得到了令人印象深刻的象征；在“另一个世界”中，既没有痛苦，也没有罪恶，只有永恒的幸福和永恒的生命。当品格的理想体现在神人(divine persons)身上时，就拥有了最高程度的爱、敬畏和虔诚。当人们把一个爱和正义在其中是生活法则的社会想象为上帝之国时，这个社会似乎就更有可能、更有力地去激起牺牲和热情。但是，在所有这些我们所拥有的实例中，不是宗教与道德截然不同，而是宗教被道德修正并在具体的例子和意象中体现道德。然而，我们可以在希伯来人和希腊人的具体实例中看到这两种可能的发展类型。在以色列，宗教能够接受道德理想，然后自身的伦理性变得更加彻底。宗教的先知同时就是道德的改革者。但是在希腊，尽管有一些伟大诗人的努力，宗教概念多半仍然是僵化的，因此变成了迷信、情感狂欢或入迷状态，而道德却找到了一条属于自己的独特道路。宗教现在正面临的问题是：它是否能够吸收更新的伦理价值——追求真理的科学精神、要求更高类型社会正义、得到提升了的人类价值？

我们可以补充一下各自关于宗教和道德观点的简要描述，因为它们两者都旨在控制人的行为并赋予人的行为以价值。宗教总是暗示人的生活与看不见的力量或与宇宙的某种关系。这种关系可以是家族、朋友或同伴的社会关系，可以
183 是服从最高统治者的政治关系，可以是依赖性的宇宙关系，或者是在神的更完整的意义或更完美的实现中寻找零碎的和不完美的东西的关系。在宗教的“信仰”方面，宗教认为所有这些关于力量、智慧、善和正义的理想都是真实而有效的。另一方面，道德研究的对象不是看不见的存在或宇宙实在，而是人的意图以及人与同伴的关系。对于宗教来说，良心可能是“上帝的声音”；对于道德来说，良心必须依据思想和感情来规定。“道德法则”必须被看作是一个至少能够被心灵赞同——这意味着它也可以被心灵批评——的法则。宗教是依照“上帝与恶魔”、天堂与尘世之间的选择来陈述差别的，而道德必须根据善与恶、正当与错误、理想利益和自然欲望来陈述差别。道德并没有把它的标准看作是由神圣权威一劳

永逸地建立的法则，它力图达到原则。道德不是在人的身上体现它的理想，它力图不断地重塑它的理想。宗教认为，由于“上帝统治”，从而“世界一切美好”。就其本身而论，道德必须不断地战胜邪恶，不断地把理想发展成行为，以及把自然秩序变成一种更加理性的和社会的秩序。

第二部分　道德生活的理论

186 **第二部分主要参考文献**

对道德理论发展最有影响的著作有：Plato，*Republic*，*Laws*，and Dialogues entitled *Protagoras* and *Grogias*；Aristotle，*Ethics*；Cicero，*De finibus* and *De officiis*；Marcus Aurelius，*Meditations*；Epictetus，*Discourses*；Lucretius，*De Rerum Natura*；St. Thomas Aquinas (selected and translated by Rickaby under title of *Aguinas Ethicus*)；Hobbes，*Leviathan*；Spinoza，*Ethics*；Shaftesbury，*Characteristics*，and "Inquiry Concerning Virtue"；Hutcheson，*System of Moral Philosophy*；Butler，*Sermons*；Hume，*Essays*，"Principles of Morals"；Adam Smith，*Theory of Moral Sentiments*；Bentham，*Principles of Morals and Legislation*；Kant，*Critique of Practical Reason*，and *Fundamental Principles of the Metaphysics of Ethics*；Comte，"Social Physics" (in his *Postitive Philosophy*)；Mill，*Utilitarianism*；Spencer，*Principles of Ethics*；Green，*Prolegomena to Ethics*；Sidgwick，*Methods of Ethics*；Selby-Bigge，*British Moralists*，2 vols. (a convenient collection of selections)。要了解当代的论文和历史，请参见本卷导言中提到的文献。

10. 道德情景

第二部分和这一章的目标——我们从道德的历史转向反思性道德的理论分 187
析。我们希望找到(1)在行为当中,我们判断善恶、对错的标准究竟是什么(因为行为是件复杂的事情);(2)我们说善恶、对错是什么意思;(3)在什么基础上,我们把这些概念应用于行为中恰当的对象。但是,在试图回答这些问题之前,我们必须搞清楚和确定**道德情景**(moral situation),即引发对善恶、对错的思考,以及运用那些思考的情景。在某些情景中,我们会运用真和假、美和丑、熟练和笨拙、节约和浪费等观念。我们也许确实会把术语“对”和“错”用于这些相同的情景;但如果这样的话,一定是出于对它们的其他考虑。那么在该情景中展现的,我们将之确定为不同道德的区分特点、特殊记号是什么呢?因为我们在广义上运用“道德”这个术语来指明道德的或不道德的,即狭义上的对或错。我们现在所关心的,正是不同于非道德而不是不道德的广义上的道德情景。

道德情景包括自愿的活动——大家都承认道德情景(无论它可能是或可能不是其他什么东西)是包含自愿因素的。我们已经在前面提到的(见前文,第16—17页)亚里士多德的解释,使大家熟悉了自愿活动的某些主要特点。行为者必须知道他要做什么;他必须对他正在做什么略有所知;他不是一个梦游者、智障者、精神病患者,或者对自己正在做什么毫无所知的婴儿。他也会有某些希望、某些愿望,对事情有某些偏好。一个被不可抗拒的力量所压倒的人,也许在 188
生理上会受到某些微妙机制的迫使,向另一个人开枪。他知道自己在做什么,但他的行为不是自愿的。因为他在这件事上没有选择,或者说他并不想采取他所意识到自己在做的这个行为。但是,如果他受命杀害他人,而且被告知如果他不这样做自己就会被杀，那么，在此事中他就有**某些**意向。也许做那件事不是因为他喜欢或者希望做那件事本身，而是因为他希望拯救自己的生命。这附带的情况，也许会影响我们的此类判断以及赋予该行为的道德程度；但是，它们并没有使其完全脱离道德范围。[①] 亚里士多德说行为也应当是素质(dispositon)(习惯或ἕξις，即就个人而言几乎确定的倾向)的表达。它应当和个人的品格有某些关系。我们也许可以说，品格并不是第三因素。它说明了在深思熟虑和愿望中隐含的东西。也许一个孩子或一个成人做出某种行为时没有什么考虑，但我们会认为成人比孩子有更多的自愿。至于孩子，由于其组织能力或成长阶段的限制(参见第15页)，其思想是轻浮的、不经意的：他的行为来自生理的本能或偶然的情况——奇思幻想、古怪念头、一时兴起或幻觉。成人的行为也许来自习惯倾向，并且伴随着同样不多的有意识的思考，但倾向本身是以前的考虑和选择最终固化为无意识的习惯的结果。孩子的行为是在某种较小程度上的品格的表达，而成人的则是在很大程度上的表达。简而言之，我们用品格来指任何以深思熟虑和渴望(desire)形式隐藏在行为之后的东西，无论这些过程发生在新近还是遥远。

并非所有自愿的行为都要从道德上评价——因此，一个自愿行为也许可以定义为**展现品格**的行为。检验它的存在就是看渴望和考虑的存在情况；渴望和
189 考虑有时直接并且当下存在，有时通过对行为者长久习惯的影响而间接且较久远地存在。但是，我们并不从道德角度来评判所有的自愿行为。我们从熟练或笨拙的角度来评价某些行为，有的是有趣的或乏味的，有的则是愚蠢的或高度睿智的，诸如此类。我们并不将对和错的概念用于它们。另一方面，有许多被称为好的或坏的行为并非是自愿的。由于我们要寻找的东西大概处于这两个极端之间，所以我们从后一类的案例开始。

(1) **并非所有判断为好的和对的事情都是道德的**——例如，我们会说恶风(ill-wind)、好的发动机、时间不准的表、需要校紧的螺丝。我们说好的和坏的面包、硬通货和贬值的货币、好的和不好的土壤。也就是说，从价值的角度，我们把

① 亚里士多德用一个人在海上风暴中把他的货物扔到海里的事例来说明。他并不是绝对希望失去他的货物，但他宁愿失去它们而不愿失去船只和他的生命：他是**在一定条件下**希望这样做的，而且他的行为就此范围来说是自愿的。

事物作为达到某些(本身是想要的或不想要的)结果的**手段**来加以评价。一台“好的”机器能高效地完成设计所规定的工作;“贬值的”货币不能实现用钱者想要达到的目的;不准确的表不能正确地告诉我们时间。我们必须用价值的概念以及有助于价值的概念;那是一个肯定的因素。但是,这种有助于价值的结果,对没有生命的对象而言,并非事物本身着意强求的东西。如果我们认为恶风了解其自身的破坏作用并且乐此不疲,我们就应该把道德的性质赋予它——就像早期人们那样,并且努力去影响它的行为,使它变“好”。在促成了有利或不利结果的事情当中,人们划分了界线,以区分那些事实上恰好如此的事情与想要这样做的念头(或者说意向)在其中起作用的事情。

(2) **好的动物行为**——我们现在来考虑好的和差的动物行为的案例。我们谈论好的看门狗、差的坐骑等等,而且**训练**狗和马来完成正确的或者某种希望的动作。我们制造、修理手表;但是,我们不**训练**手表。训练包含新的因素:利用动物的习性,利用其本身有意识的态度和反应。我们宠爱它们,通过喂食来奖赏它们,对它们进行惩罚和威胁。通过这些手段,我们诱使动物练习那些行为方式, 190
以形成我们希望的习惯。我们通过调整动物自身的冲动来调整它们的行为。但是,我们并不从道德上对它们行为的好坏进行评价,因为我们想的仍然是达到目标的手段。例如,我们并没有认为我们成功地给猎狗灌输了“某些结果比其他结果更加优秀”的**观念**,以后它会根据自己对价值大小的辨别来行动。我们只是通过设法使其**感觉**某些行为比其他行为更适合来诱导某些习惯。因此,詹姆斯说:“究竟狗是否和**我们**一样,能以我们所有的抽象方式,知道你在生气或者你的东西很有价值,这是十分可疑的。其行为更可能是一次外部刺激作用导致的冲动的结果;当刺激存在时,这个畜生**想要**这样做,尽管全然不知道为什么要这样做的确切理由。”[①](《心理学》,第2卷,第350页注释)。或者换句话说,如果这狗知道看家的结果,而且由于忠实于这种想法以及从中得到满足而这样做,那么,我们说这狗是好的,意思是说,它有利于达到某个结果,它在道德上也是善的。

(3) **非道德的人类行为**——也有由某些关于要达到的结果的价值的观念引起的行为,它们不能纳入道德的领域加以评价。“行为构成生命的四分之三,”但

---

① 当然,大部分的人类行为也是如此。但是,这些也是我们认为不具备道德价值的案例;或者至少我们不这样认为,除非我们想让行为者意识到为什么这样做的某种理由。

是在某种意义上，它还要多：它构成四分之四。所有有意识的人类生活都涉及目标，涉及选择、安排和运用智力的、情感的和实践的手段。这些构成了行为。但这并不是说，所有的行为都有**道德的**意义。“正如人们通常所想的那样，点火、读报和吃饭都是和道德无关的行为。打开窗户让房间通风、天寒时穿上外套，这些都被认为没有伦理意义。然而，这些都是行为的一部分”（斯宾塞，《伦理学原

191 理》，第1卷，第5页）。它们都涉及某个结果值得追求，并付出努力来达到那个结果的观念——有关精心选择和采用的手段的观念。但是，这也许会使这个行为和道德无关——单纯的(innocent)。

道德因素的引入——斯宾塞的另一段话可能会引入所需道德条件的讨论：

> 正如已经说过的，大部分的平常行为是无关的。我今天要步行去瀑布那里吗？或者我要沿海边漫步吗？在此，目标是和道德无关的。如果我去瀑布处，是要穿越旷野还是通过林中小路？在此，途径是和道德无关的……但是，如果有位朋友和我在一起，他去过海边，但没看过那瀑布，那么对这个或那个目标的选择就不再是和道德无关了。而且，如果放弃那条路线而选择这条路线的可能结果是我不能及时返回赴约，或者选择较长路线包含较短路线没有的风险，那么，选择某个目标或途径的决定就以另种方式获得了道德的性质（斯宾塞，《伦理学原理》，第1卷，第5—6页）。

这个说明提出了两种不同的行为类型、两种由有价值的结果的观念引起和引导的活动的不同方式。在一种情况下，目标直接展现为自身所渴望的，唯一的问题就是达到这目标的步骤或途径。在此，我们有一种行为，尽管由对价值的考虑所激起和引导，但仍然是和道德无关的。事物的条件就是如此，**在此某个目标本身就被认为是理所当然的，而不考虑它和其他目标的关系**。它是一个技术的而不是道德的事情。它是一个审美和技巧的问题——个人爱好和实践智慧的问题，或者说经济、方便的问题。对大多数结果，有许多不同的道路，根据假定，两条道路实际上都能达到目标，选择这条道路而不是那条道路，这是一件智力的、审美的或执行的事情而非道德的事情。比起山地，我也许碰巧更喜欢海上风光——这是一个审美情趣问题。我也许想利用散步时间来思考，觉得开阔的道路不容易迷路，在此它是一个理智经济问题。或者也许我会觉得，到瀑布那里去

可以得到更好的锻炼，在此它是一个对权宜的“审视”或者说实践智慧的问题。 192
单独地考虑任何一个目标（审美的、智力的、卫生的），它就是一个权衡适合和恰当的问题。道德问题在此没有出现。或者，多种多样的目标也许被认为是到达一个没有疑问的进一步目标的手段——例如最大限度地结合审美情趣和身体锻炼的散步。

(4) **道德因素的标准**——但是，如果人们觉得某人建议的目标价值确实和其他目标价值是矛盾的，觉得这样的建议是诉诸不同的兴趣和选择，换句话说，诉诸不同的意向和手段，那么，我们就有了道德情景。这就是当一种散步方式意味着自我放纵，另一种意味着友好或守约时所出现的情景。这里不再是一个目标，也不是两个我们可以因为它们被用作达到某种具有无可争议的价值的更普遍目标的手段，而使其一致的相似的目标。我们有许多可选择的目标，它们是互不相同的，必须在其中进行选择；我们必须从冲突中找到目标。现在问题就成了什么是真正有价值的。个人必须作出判断的，正是那些有价值的事物、渴望的事物的性质。①

假设一个人毫不犹豫地接受了一个目标，默认了某些建议的目的。然后，在开始实现它时，他发现事情并非那么简单。他不得不重新思考这件事情，并且考虑对他真正有价值的是什么。达到目标的过程需要付出难以忍受的艰苦努力，而且还要影响甚至放弃习惯了的享受。例如，一个印第安孩子渴望成为一个好的骑手、老练的射手和精明的侦察员。于是，他“自然地”（如我们所说的）安排时间和精力来实现他的目的。但是，在努力成为一个“勇者”时，他发现自己必须承受剥夺和艰苦，必须先苦后甜并付出辛勤的努力。他发现，这一目标在实际实现过程中并不是原来所想的那么回事——这是常常发生的，因为正如戈德史密斯
(Goldsmith)所说：“开始，我们根据自己的口味来烧菜；后来，本性决定我们的 193
烹调。”

这种表面价值的变化带来了新的问题：开始设立的价值目标真是那样的吗？它真是那么重要、那么值得渴望吗？其他的结果——和别的孩子玩耍、欢乐的友谊，这些能更容易更愉快地达到——是不是更有价值？和达到一个目标的手段

① 虽然运用了斯宾塞的例子，但我们应该注意，目标的不相容性并不是斯宾塞本人运用的显著不同的道德情景的标准。

相联系的辛劳和痛苦，使我们意识到另一个相反的目标。这个人不再是“自然地”，而是“道德地”追求所选择的目标，不管这目标是两个目标中的哪一个，因为它已经被选择，而且是经过在竞争目标中进行了有意识的评价之后的选择。

这样的价值之间对控制行为所进行的竞争，必然伴随着个人行为而来，无论在文明社会还是在部落生活中。例如，一个孩子发现，填饱饥饿的肚子不仅是可能的，而且还可以希望——这填饱带来(或者就是)满足，而不仅仅是饱感。稍后，在这种价值的念头驱动下，他抓取食物。然后，他开始意识到，这行为中涉及其他种类的价值——不同于他的目标价值取向的价值。他会招来社会的反对和谴责。他会被说成粗鲁、没有规矩、贪婪和自私。他会根据毫无疑问接受的价值观念行事。但是，他在达到一个结果的同时，也达到了某些他未曾想要的其他结果，即被看成坏孩子的结果，遭到反对的结果：**负面价值**。人们教他提出这样的问题：在这种情况下，究竟什么是**真正**值得渴望的或有价值的？在他能够自由地仔细研究手段之前，他必须对可能的不同目标的相对价值形成一个估计，而且愿意放弃某一个而选择另一个。关于希伯来人和希腊人的道德发展的章节，已经展示了在百姓生活中起作用的相似过程。

概括和定义——如果我们概括前面所考虑过的三类事例，可以得出下面的道德情景的定义特点(在此情景中，确定对错是适当的话题)：道德经验是
194 (1)关于**行动**(*conduct*)、**行为**(*behavior*)的问题，即关于由**对价值的观念和结果的渴望**而引发的活动。这个由**观念**发出的召唤使它区别于所谓的水泵行为(behavior of a pump)，后者没有对结果的识别；也区别于属于低等动物的行为，在那里可能存在感觉甚至模糊的想象，但是几乎没有相对合意性或不同目标的价值观念。道德经验是(2)某种行为，其目标是如此不同、如此矛盾，以致要求选择一个而放弃另一个。对相互矛盾的选项的感觉(perception)和选择，把道德经验与那些由价值观念引发和指引，但并非必然要求对所选择价值如我们所言之**真实价值**进行判断的例子区别开来。正是目标之间的冲突，使我们必须考虑某一目标的**真正**价值；而且正是这样的考虑，把经验带入道德领域。因此，道德的行为也许可以被定义为**由价值观念引起和指导的行动，在此有关的价值是如此相互矛盾，以致在采取公开的行为之前要求考虑和选择**。

最终不一致的目标——许多关于目标的问题实际上是关于手段的问题：艺术家考虑，到底是画风景还是画人物，是画这种风景还是画那种风景，等等。目

标的总体特点是不变的:都是要画什么。但是,假设这个目标保持不变,而且是渴望的、有价值的;假设与此同时,另一其他目标也显得是渴望的(例如守约),以致一个人没有办法调整安排,把它们纳入一个共同的计划(如先做某件事,然后做另一件事),这个人手中就有一个道德问题。他选择哪一个,为什么?这取决于他自己;他对渴望目标的真实想法是什么?对他来说,什么是最值得渴望的?他会是一个什么样的行为者,什么样的人?这是在真正的道德情景中最终难以决定的问题:行为者会**是**什么人?他有什么品格?表面上看,问题是他要**做**什么,他要达到这个或那个目标。但是,目标的矛盾又迫使问题回到了不同目标涉 195
及的自我(selfhood)和手段(agency)的类别问题。因此,不同的道德情景就是这样的情景,在其中,价值和控制的因素和深思熟虑、欲望(desire)的过程联系在一起;而且是以特殊的方式联系在一起,即它们决定什么样的品格将进一步控制欲望和考虑。当目标真正矛盾时,找不到共同之处,除非通过决定什么样的品格是最受重视的,要给予优先性。

道德的和无关的情景——这个标准有助于理解我们先前对道德无关的行为的讨论。人们从事大量的活动而没有有意识地提到有关对错的考虑,就像某个人通过回忆他在某个平常日子里从早上起床到晚上就寝的行动路线来自我检查。他的深思熟虑和愿望大多与他日常工作和娱乐中涉及的目标有关。但是,任何时候,与他正在做什么相关的品格都会面临接受评判的问题。这个人也许后来会意识到,在他以后行动中占上风的品格的类型和种类,隐藏在丝毫没有想到这一点而做出的行为中。**因此**,他从道德上来评价它们,赞成或反对。另一方面,甚至当时表现为道德危机的一系列行为,也许后来被理解为理所当然的事情。因此,在道德无关和道德相关之间没有**固定**的界线。每一行为都是道德评价的**潜在的**素材(subject-matter),因为它增强或削弱了影响整个评价等级的某些习惯。

参考文献

在对道德情景的分析方面,有独特见解的相对较少。这个题目常常作为某作者理论的连接部分,或者附加到对品格或行为的解释中,参见第 13 章末尾的参考书目。See, however, Mezes, *Ethics: Descriptive and Explanatory*, ch. ii; Martineau, *Types of Ethical Theory*, Vol. II, pp. 17 - 54; Spencer, *Principles of Ethics*, Vol. I; *Studies in* 196

Logical Theory, Stuart, essay on Valuation as a Logical Process, pp. 237 - 241, 257 - 258, 273 - 275, 289 - 293; Dewey, Logical Conditions of a Scientific Treatment of Morality; *Mead*, *"Philosophical Basis of Ethics,"* International Journal of Ethics, *April*, 1908; *Fite*, Introductory Study of Ethics, *chs. ii, xviii, and xix*.

11. 道德理论的问题

我们提纲挈领地确定了自愿行为的类型，只有在这种自愿行为中，才会出现善恶问题，才可应用对错观念。然而，这个任务对理论分析来说，还仅仅是个初步工作。它无助于理解我们所说的好或坏的真正含义，也无助于理解复杂的自愿行为中什么因素可以说成对的或错的，或者为什么可以这样说它们。它甚至没有说明，在这样的问题被解决之前先要发现什么。它只是确立了主题的界限，这类问题在这界限内出现，也必须在此界限内得到解答。什么是在这样的讨论中必须应对的显著问题呢？ 197

实际问题中的理论增长——我们可以肯定一件事。如果要给予探索以坚实的基础，而不是让它们变成空中楼阁，理论家们就必须从人们在自身行为中实际遇到的问题出发。他可以定义和提炼这些问题；他可以分解和综合；他可以把问题从个人生活的具体背景中抽象出来；因此，当他已经分解它们时，他可以对它们进行分类；但是，如果他远离它们，他就是在谈论他自己大脑中创造出来的东西，而不是道德现实。另一方面，直接的个人行为的复杂性和不确定性，导致了比在紧急情况下更抽象、更系统的与个人无关的处理方式。承认任何目标或权威超出隐含在现存风俗中的价值，必然意味着对思想的求助，而道德理论把这种求助表现得更加明确和完善。如果一个孩子问，他为什么应该说真话，那么回答是："因为你必须说真话，这理由已经足够了"；或者，"因为事实会证明这样做对你是有利的"；或者，"因为说真话是相互交流和达到共同目标的一个条件"。这 198
样的回答暗示着一个原则，只有已经成熟的理论才能讲清楚这个原则。而且，当人们把这个原则和在其他案例中应用的那些原则相比较，看它们是否相互一致；

如果不一致，在寻找更加基本的协调原则时，我们就跨越了边界，进入了伦理系统。

理论问题的类型——因此，细心而上进的人在自己行为中会考虑的实际问题，将有助于认识真正的道德理论问题。这个问题的框架是另一问题的纲领。不满足于仅仅常规地遵守等级风俗、风气(*ethos*)的人将会发现，他不得不关注下面这样的问题：(1)他必须考虑习惯的**意义**，这些习惯的形成(通过模仿、建议和他人的教诲)或多或少有些缺乏反思。他还必须考虑周围那些风俗的意义。人们引导他遵守那些风俗，直到它们成为个人习惯。寻找这些习惯和风俗的意义的问题，就是确定在行为中究竟什么是**真正**善的和有价值的问题。(2)深思过道德问题的人将会面临道德提升和进步的问题，即超越或多或少有些未经反思地接受自己习惯和观念的层面，上升到经过思考而理解的层面。换句话说，他必须面对由思考和理解而不是由风俗产生的理想和原则在他自己行为中的地位和作用是什么的问题。(3)这个人必须更仔细地考虑他当前所处的环境，认清被社会群体认定为善的行为和被他自己认定为善的行为之间的联系。一旦他不再把符合风俗作为行为被充分认可的标准，就面临着他个人接受的善与在其周围的风俗中占主流的那些观念之间的矛盾。现在，一方面，这种分离可能促使更高的、更理想的道德类型产生，从而导致社会改革和进步的系统努力；另一方面，它可
199 能导致(正如我们已经在第175页所看到的历史方面)更普遍的有意的自私：更少本能地，更多有意地追求(根据个人判断)**对他自己**有益的事情，而反对社会所要求的对社会有益的事情。培养出了有意识的道德改革者的这同一种思考态度，也会产生出更有意的坚决的反社会的利己主义(egoism)。无论如何，有道德思考习惯的个人会意识到一个新的问题——公共利益和个人利益之间的关系。简而言之，想把思考习惯带入其行为的仔细认真的人，将有机会(1)探讨好的和坏的、积极的和消极的因素，即他面临的情景中的价值；(2)思考他赖以得出结论的方法和原则；以及(3)思考他自己、他自己的能力及满足和他所处的社会情景的目标、要求之间的关系。

相应的理论问题——因此，理论会有相似的问题需要去探讨。(1)什么是善，即任何自愿行为的目标？(2)这种善是如何知道的？它是直接感知的吗？如果是这样，又是如何直接感知的呢？或者，它是通过追问和思考起作用的吗？如果是这样，又是如何通过追问和思考起作用的呢？(3)知道了这个善时，它是如

何被**认识**的；它如何获得权威？在道德生活中，**法律**、控制的位置在哪里？为什么某些目标本身有吸引力？而其他目标将自身展现为**责任**，展现为涉及自然有吸引力的事物的附属品？(4)自我在道德过程中的位置又在哪里？而且，这个问题有两种形式：(a)自我的善和他人的善是什么关系？(b)在自我中，道德上的善和道德上的恶之间的差别是什么？什么是作为自我意向的美德和邪恶？如果我们能清晰地按照它们在道德理论历史中的发展顺序来考虑这些抽象的正式问题，它们就会变得更加具体。

善的认识问题在理论中位居第一——早先的、局部的、似乎孤立的风俗之间的冲突和重叠，把探索评判风俗中所有相互冲突的价值所依据的根本而终极的善的问题，带到了雅典道德哲学家面前。这个由苏格拉底开创的运动恰好就是
要努力找出在人群中所有不同的制度、风俗和传统做法中的真正的善、真正的目 200
标是什么。对人们利益冲突的解释、对某个人行为中缺乏连贯性和一致性的解释、对国家中阶级划分的解释、对由不同的自诩为道德教师的人所给出的不同建议的解释，就是它们都忽视了自己的目标。因此，根本的箴言就是“认识你自己”，即认识个人自己的目标、个人的善和个人适当的职责。苏格拉底不同的追随者对知识给出了非常不同的解释，从而提出了非常不同的最终目标。但是，他们都认为，认识善的问题是中心问题，而且如果这个问题解决了，和善一致的行为就会自然而然接踵而来。一个人知道他自己的善却不去追求它，这可能想象吗？不知善，就是恶，就是恶之源；对真正善的认识，能去除使人们去追求错误目标的混乱和偏见，从而纠正行为，使其正当有序。控制理所当然地来自对目标的**认识**。这样的控制和强制或外部约束无关，但却会组织小目标服从最终目标。

动力问题①——然而，人们认为，获得这种认识的问题伴随着特别的障碍和困难，逐渐增加的认识会导致问题本身的转移。简而言之，这个困境是：已经是善的人不会难以从一般方面和在特殊(善在特别案例中呈现自身)外衣下认识善。但是，不知道善的人也不知道**如何来认识它**。而且，他的无知为他带来了实际的障碍，它引导他满足于浅薄的、短暂的目标。这种满足又增加了这些目标对行为者的控制；如此，它建立起对这些目标的**习惯的兴趣**，这种兴趣使这个人不

① 在**实践**方面，正如我们所看到的，这一直是希伯来人思想的突出问题。但是，我们在此关心的是由柏拉图和亚里士多德从理论方面对这些问题作出的陈述。

201 可能看到最终目标,更不用说有清楚而持久的观点。**只有当一个人在善的目标中陶冶、练习和实践,以致从中感到乐趣后(他尚不成熟,不能真正知道它们为何是善的),才能在他成熟时认识善。**在认识能够获得并作为动力起作用之前,为了产生善的经验,正确目标带来的快乐和错误目标带来的痛苦必须作为动力起作用。

问题的分解——但是,形成使个人对正确行为(在知道它为什么对之前)感到高兴的习惯所要求的练习和训练,预设了成年人已经拥有了善的知识。它们预设了一种社会秩序,不仅能够给出理论指导,而且能使年轻人养成正确的习惯。但是,哪里能找到这样的成年人?哪里有这样好的社会秩序,能够训练自己不成熟的成员?因此,这个问题再次转移,分解成两方面。一方面,注意力被引到了阻碍理解善的非理性的欲望、愿望和冲动上;另一方面,注意力被引到能够训练国家成员具有正确生活方式的政治和法律制度上。在很大程度上,这两个问题相互独立,各自发展。这个事实导致了行为内部的"精神的"方面和行为外部的"身体的"方面的重大分裂。

感情和愿望的控制问题——如果自然欲望的真实活动使某个人把虚假的善当作真实的善,如果它们还阻碍对真正善的认识,那么,重要的问题显然是抑制和尽可能地消除欲望对心灵的影响力量。由于愤怒、恐惧、希望、性欲,人们把琐细的事情而不是最终目标视为善,而伟大的事情就是把注意力和判断力完全从这些激情的影响下解放出来。也许不可能防止这些激情,它们是自然的骚扰。
202 但是,人至少可以防止自己对什么是好或坏的判断被它们改变。斯多葛学派的道德哲学家们最重视欲望和激情的误导所产生的影响,并且提出了冷漠(缺乏激情)和"静心"(不受干扰)的理想。其他的哲学学派,如怀疑论者和伊壁鸠鲁主义者,提出使心灵独立于激情(直接起作用的目标);怀疑论者强调精神分离(mental detachment)和不参与(non-committal)的条件(这是适于怀疑和不确定的状态);伊壁鸠鲁主义者认为,心灵的愉悦仅仅就是不受外部环境的摆布。精神愉悦就是内心平静,因此只是那些不会带来沮丧、疲惫以及随之而来痛苦的反应的心态。道德理论问题在此实际上(如果不是在名义上)就是**控制**的问题、权威和附属的问题、阻止和抑制欲望与激情的问题。

通过法律来控制私人利益问题——然而,这样的观点充其量只能影响相对的少数人——哲学家。对罗马帝国的大部分人来说,这个问题以另一种形式存在：用什么样的法律和什么样的法治管理把人们的外部行为引导到正确的轨道上来？这轨道至少相当正确，足以保持外部和平以及整个辽阔帝国的统一。在希腊城邦国家，有为数不多的哲学家。对参与公共事务的大多数人来说，设想一种能把所有人团结在一起的公共的善的理想是可能的。但是，在一个有着众多语言、宗教、地方风俗、多种多样不同职业的帝国里，来自单一中央的单一管理和法律系统足够保持必需的和谐。立法、法典编纂和管理的问题，对拉丁智慧(Latin mind)来说，是相辅相成的，而且是由实际情况推动的。因此，从外部以及从内部来说，控制的问题决定着价值和善的问题。

统一的问题——试图把这些内部和外部的控制因素融合在一起，是道德哲学家、神学家和教会的职责。他们的目的就是把这些因素联系、综合成一种高屋 203
建瓴的全面的生活观。但是，他们的方法的特点是假设这种融合（无论是智力上的，还是实践上的）只有在超自然的基础上，用超自然的方法才能做到。从人和国家的自然构造方面来看，行为的多种因素是如此毫无希望地相互矛盾，人们既不能从中找到健康(health)，也不能从中找到帮助(help)[①]。欲望和愿望仅仅被引导到物质利益上，并形成对个人的支配因素。即使当理性意识到善时，所看到的善也是范围狭窄、持续时间短暂的；因此，即使理性也无力作为充分的动机。“我们认识到了更好的，但是追求的是更坏的。”而且，从习惯、教育、人类制度的纪律和约束中寻求帮助是没有用的。它们本身是堕落的。人的较低性质的产物不能启蒙或改善那种性质；它最多只能通过求助于恐惧来约束外部行为。只有神的启示才能揭示人的真正目的；只有神的帮助（体现在超自然地建立和引导的教会戒律与圣礼当中），才能使这种认识为迷途的个人所理解，从而生效。在理论上，目的、善的概念是至高无上的；但是，人的真正的善是超自然的，因而只有通过超自然的帮助，才能在另一个世界里达到。因此，实际上，现在条件下，人的重要事情就是毫无疑问地依靠和服从教会的要求。这完全代表了神的统治——所有道德律令的最终来源。事实上，道德律令成了戒律、规定、命令、奖赏、惩罚、忏悔和宽恕的网络。有关权利和义务的观点被彻底神化[②]。这里没有问题，而有一个最终的（由于超自然的原因）解决方案。

---

① health，help，这里是英语修辞中的押头韵。——译者

② （被细分为所有想象到的应用，通过忏悔使人理解的）十诫是具体的基础。

个性和公民职责的问题——随着文艺复兴开始反对有关权利义务的生活
204 观,关注人的能力在现世得到自由而多样的运用的愉悦感得到了新生。最初的结果是要求自然的满足,接着是对古代文明和政治意识一种意义深远的觉醒。前者由于反中世纪,比古希腊理想更关注个人。在某些方面,个人主义是专门用于前者的。古希腊人强调价值观念,但是把这设想为一般的,设想为作为人的本质特性的实现。但是对现代人,满足和善意味着某种直接而特殊的个人的东西,意味着个人作为个人能够控制和拥有的东西。它是个人的权利;它是最终的、不可剥夺的。没有什么有权干涉或剥夺个人的这些权利。

这种极端个人主义的倾向伴随着对超自然的教会-国家的兴趣,向现代人觉得自己在其中得到认同的商业的、社会的和政治的团体的兴趣转移。自由城市的兴起,特别是民族国家的发展,伴随着商业和交易的增长,为个人展现了一个自然的社会整体。他和这个整体有直接的联系,在这个整体中,他获得了新的窗口和快乐,而且也给他带来了一定的责任,并给他添加了特别的负担。如果个人获得了自己作为一个人的新的感觉,他同时也会发现自己受到了其权力范围和强度不断增强的民族国家的牵制。道德理论家的问题就是协调这两个倾向:个人主义的倾向和政治集权化的倾向。曾经一度,个人感到自己所处的社会组织(可能偶尔有这样那样的不方便),总的说来,是宝贵的个人权力的一个释放口和强化剂。因此在遵守其条件时,他也在保护自己的安宁和宁静的条件,甚至是自己的自由和成就的条件。但是,这个平衡很容易被打破,个人和社会、私人和公众的关系问题很快变得非常突出;这个问题以这样或那样的形式成为现代道德理论的主要问题。

205 **个人主义问题**——在第一波新的成就和有希望的冒险之中,极端个人主义和社会利益在短暂的一段时间内确实保持着天真的结合。个人主义倾向在心理学中找到了方便的智力工具,心理学把个人看成知觉和感觉的特殊状态的组合或系列;把善当作同样是与特殊精神状态相关的快乐的类似的集合。这种心理学的原子主义把个人看成单独的、分离的,正如那些构成个人自我的感觉是相互隔离、相互排斥的。在理论上,社会环境和制度只有在展现为个人快乐总量的增加时,才是正当的。而且,与任何这样不稳定的理论不同,由于制度改革的要求变得越来越急迫,卢梭把这种情况纳入了一套说法,即人是天生自由和善良的,但是制度化的生活奴役了他,从而剥夺了他。与此同时,逐渐出现了一种对"自然"狂热的乐观的信念,相信它有利于人类幸福的好意,相信当人为的限制一旦消失，它有能力使这种幸福达到尽善尽美。从而，本身分开的、有着各自利益的个人被带入了利益完全一致与和谐的状态。自然规律就是如此：如果个人在追求自己利益时遵守它们，他就会促进他人的幸福。当法国发展出了人在内部隔绝但在外部和谐这样的观点时，在德国出现了相反的运动。

理性主义的问题——德国思想通过罗马法、自然神学和教会伦理继承了这个观念，即人的理性使得他喜欢社会交往。斯多葛主义伴随着它的唯物主义的理想主义，曾经教导说，所有真正的规律都是自然的，而所有自然规律都是理性的扩展和作用。正如它们在世界中把事物联系在一起，它们也在社会中把人们联系在一起。道德理论就是在这种意义上设想的“自然规律”。从被认为是人的一般的、从而是社会交往本性的规律的理性规律中，人们可以推导出所有法学原则和个人道德原则。但是，人也有感性本性和欲望的本性，这纯粹是私人的和排 206
他的。由于理性高于感觉，国家的权威被夸大了。法律的观点得到了恢复，但是伴随着重要的变化，即法律是社会秩序的法律，而社会秩序是人自身理性存在的实现。[①] 如果国家的法律受到了批评，回应则是不管这种公民规则是如何没有价值，不管人们多么想修正它们，国家仍然是理性（即人的真正的一般本性）观念的表达。因此，企图推翻政府就是攻击道德的或理性的生活的根本而客观的条件。没有国家，人的本性的特殊主义的、私人的方面就会自由泛滥。人的真正道德本性是内在的。因此，从英国-法国和德国方面看，我们现在面对的是个人和社会的关系问题、内部和外部的关系问题，以及这个人的心理结构和社会环境与他的行为结果的问题。

参考文献

关于伦理学的范围和方法，参见第1章末尾以及：Sorley, *Ethics of Naturalism*, ch. i, and his *Recent Tendencies in Ethics*; Fite, *An Introductory Study of Ethics*, ch. ii; Bowne, *Principles of Ethics*, ch. i; Seth, *Ethical Principles*, "Introduction," ch. i; Martineau, *Types of Ethical Theory*, Vol. I, Introduction; Hensel, "Problems of Ethics," in Vol. I of *St. Louis Congress of Arts and Science*.

---

① 始于康德的唯心主义哲学运动在许多方面是格劳修斯(Grotius)以来的道德哲学家较早的自然权利的产物。

12.

道德理论的类型

§1. 理论的典型划分

207 **问题和理论**——上一章我们关心的是道德理论的典型问题。但是显然，随着一会儿这个问题、一会儿那个问题成为主要问题，理论本身是发展和变化的。把如何认识善这个问题视为道德探索中的主要问题，这是一种理论类型；认为根本问题是欲望的压抑或满足，就是另外的类型。由于这个事实（即问题围绕着会导致跨越界线的分类原则呈现自身），理论类型的分类变得非常困难，令人完全满意的分类几乎是不可能的。我们所能期望去做的，就是有些随意地选择某个在所进行的探索中可能最有用的原则。

(1) **目的论的和法律的**——一个基本的区分来自把价值或责任、善或对作为基本观念。第一种类型的伦理学是有关所有和**目的**相关的事物；因此，它常常被称为**目的论**的理论（希腊语，τέλος，目的）。对其他类型的理论来说，义务、需要、命令、法律和权威都是控制概念。通过强调这一点，**法律理论**（拉丁语，*jus*，法律）出现了。当然，在某些地方，每一种理论不得不涉及其对手所强调的因素。如果我们以法律为中心出发，善就存在于遵守义务的行为之中。善就是遵守法律，服从道德权威。如果我们从善出发，那么，法律、规则所关心的就是定义它或达到它的手段。

(2) **个人的和制度的**——这个基本的区分立即和另一个源自强调个人与社
208 会问题的区分相抵触。这个问题可能变得非常紧迫，因为它把目的论的理论和法律的理论之间的冲突带入了人们的视野；另外，它又使它们变得复杂化并进一步加以细分。我们有个人主义的和制度的理论类型。例如，思考一下下面的代表性引语："没有一个学派能够避免把一种希望的**感觉状态**当作最终的道德目的，不管这种感觉状态被称为什么——满意、快乐或幸福。在某些时候，在某些地方，**对某人或某些人来说**，愉快是这个概念的一个组成部分"；而且，"普遍而言，善是愉快的事情"。[①] 而且，虽然这里的重点放在善、渴望的事情上，从责任方面也可以做出**像强调对个人的尊重**这样类型的陈述。例如，"道德责任的真正本质就是要人自觉遵守"[②]。把这两个陈述和下面的相比："在一个伦理群体中，要做一个有道德的人，一个人应该做什么，或者他应该承担什么责任，这是很容易说清楚的。他所必须做的，只是在他已有的联系中所提出的、表达的和意识到的事情。"[③]"只有作为国家的一个成员，个人才有他的真理、真实的存在和伦理地位。他独特的满意、活动和生活方式的由来与结果，都在这已确定的实质性原则之中。"[④]而且，在另一联系中："追求一个人自己的道德是没有意义的，根据其本性也是不可能达到的。关于道德，古代最聪明的人之一所说的一句话是正确的。一个人要想成为道德的，就要根据他那国家的道德传统来生活。"[⑤]在此，个人的善和法律都被置于严格的制度的基础上。

(3) **经验的和直觉的**——另一跨越界线现象来自对确定和决定道德特征性质的方法的考虑：认识的方法。从这个立场出发，把伦理理论划分成**经验的**(希腊语，ἐμπειρικός)和**直觉的**(拉丁语，*intueor*，看或看作)，代表了它们最根本的分歧。一种观点使善恶、对错的知识依赖于对先前的经验及其条件、作用的回忆。另一种观点使其成为对一种行为或动机的性质的直接理解(这种特性是内在的、有特色的，很容易被发现)。虽然一般而言，经验学派强调结果，但要寻找的结果分为个人的或社会的。某些人，如霍布斯，认为它是依靠法律指引的；依靠对国家法令的了解。同样，对道德品质的直接感觉或直觉，在某些人看来，就是应用对价值差异的认识；而在其他人看来，就是承认法律和权威，这权威也可能是神的、社会的或个人的。这种划分的分歧直接超越了我们的其他分类基础。要确定地描述一个理论，就必须说明，在这三种划分因素的每一种可能的组合或排列 209

① 斯宾塞，《伦理学原理》，第1卷，第46，30页。

② 格林，《伦理学绪论》(*Prolegomena to Ethics*)，第354页。

③ 黑格尔，《法哲学》(*Philosophy of Right*)，戴德译，第3部分，第150节(第159页)。

④ 同上书，第258节(第240—241页)。

⑤ 黑格尔，《作品集》，第1卷，第389页。

中，它的立足点在哪里。而且，也有理论试图寻找跨越这两个对立面之间鸿沟的更深层次的原则。

主题和自主行为的复杂性——这一简单的考察至少应该提醒我们注意区分理论类型的尝试的复杂性，警惕过度简单化。它也能提醒我们：各种理论类型并非个人任意的设计和建构，而是源于在主题的复杂性中，这个因素或那个因素得到特别强调，而其他因素则被纳入不同的视角。结果，所有因素都以这种或那种形式，在所有理论中得到承认；但是，它们所处的位置不同，对它们的解释也不同。在任何情况下，我们关心的是自主行为。把自主行为分解成其特有的因素并且恰当地安置它们的问题，大概最终和善与控制的法律相互间的关系问题相一致，和
210 道德知识的性质问题相一致，和个人与行为的社会方面的关系问题相一致。

§2. 自主行为分成内部的和外部的

行为的本质和方式——从自主行为这方面出发，我们发现，这种行为有个特征，如果强行分离到极端时，这个特征有利于理解已经提到过的理论中的三种区分。这就是心理的或私人的愿望、意愿和公开的、公共的行为与所作所为之间的关系。在行为的*心理方面*和*公开方面*之间有没有什么内在的道德联系？我们可以把一个已经完成的行为分解为两个因素，其中之一据说存在于行动者自己的意识中；而另一个因素（外部执行）把心理方面付诸行动，影响世界，而且其他人可以察觉到它。现在按照这个问题的字面来看，这两样东西虽然可能做智力上的区分，但不可能做真正的分离。"心理"方面，愿望和意向，是为了确定什么是将要做的；公开的方面是为了使某些前面的心理过程成为现实，这些心理过程在实现前是不完全和不充分的，它们的出现就是为了那个后果。这"内部"和"外部"实际上只是行为的"方式"和"本质"，离开对方的任何一方都不是真实的或有意义的，见前文，第11页。

态度和结果的分离——但是，在各种各样理论的张力之下，这种有机的统一被否认了；行为的内部和外部方面被分割开来了。这样分开之后，"内部"方面专门和意志、气质、个人的品格相联系；"外部"方面专门和它导致的结果、它带来的变化相联系。如果把所谓的内部或外部选为道德区别的承载者，那么，理论大不相同。一个理论会把一个行为的道德性质归为导致该行为的*因素*，而另一理论
211 会把它归为这行为所导致的*结果*。下面引用的话简单地描述了这种对比，尽管

不幸的是，后者的准确意义离开了其环境就不太清楚了。

> 动机实质上只是以某种方式展现的快乐或痛苦。现在，快乐本身是一种善；不仅如此，甚至不考虑避免痛苦的话，它是唯一的善……因此，可以直截了当和毫无疑义地说，不存在任何种类的本身是坏的动机那样的东西。如果动机有好的或坏的，那只是因为它们的效果（边沁，《道德与立法原理》（*Principles of Morals and Legistation*，第 10 章，第 2 节）。

与此形成鲜明对照的，请看下面来自康德的话：

> 纯粹理性本身就是实践的，它把我们称为道德律令的普遍规律给予人类……如果这个规律直接决定意志[不涉及对象、快乐和痛苦]，符合它的行为本身就是善的；其原则总是符合这个规律的意志，绝对在每个方面都是善的，而且是所有善的最高条件。

现在如果我们根据这些引语，回想一下在行为的“本质”（what）和“形式”（how）之间的区别，就会得出惊人的结果。一个人所做的“本质”，就是付款、说话、暗中伤人等等。行为的“形式”就是做事时的精神、心情。一个人付款，心里希望能收回来，或者是为了避免因欺诈而被逮捕，或者是因为他想偿还债务；一个人出于愤怒、自我防卫或对祖国的热爱而挥动拳头。边沁的观点实际上是说，“本质”是重要的，“本质”最终仅包含它所产生的快乐；“形式”是不重要的，除非它偶尔影响所产生的情绪。康德的观点是，每一行为的道德核心在于它的“形式”，即在于它的精神、激励动机；而且，理性法则是唯一正确的动机。目标所指是次要的无关的事情（除非它由内部精神，即这个行为的“形式”所决定）。简而言之，一个行为的精神方面和公开方面的分离，导致了起始的精神、动机与其最终满足、结果的完全分离。在此分离中，由康德说明的那种类型的理论，坚持强调行为激励来源的立场；另一由边沁说明的那种类型的理论，则坚持强调结果的立场。为了方便起见，我们将频繁地提到这些类型的理论，分别为“态度”和“满 212
足”；形式和实质；意向和结果理论。根本的事情是两种理论都区分品格和行为、意向和行为；这两种理论最重视的是次要的事情。

强调结果的不同方式——然而,存在不同形式的结果或"满足"理论——我们为了方便起见这样称呼它。有些作者(像引用过的斯宾塞)说,唯一的善的结果是快乐,快乐只是强度不同,在一切事情中都相似,只不过是程度不同。有些人说,快乐是善,但是快乐在性质和强度上不同,某些**种类**的快乐是道德上的善。还有些人说,在任一种或任几种快乐中找不到自然的满足,而只有在较为持久的经验状态才能找到,这种自然满足称为**幸福**。作为持久的后果或结果,幸福不同于快乐或快乐的叠加,它甚至不会因痛苦存在而被破坏(有时痛苦带来快乐)。这种关于快乐的观点被称为快乐论(Hedonism);关于幸福的观点被称为幸福论(Eudaimonism)。①

"态度"理论的不同形式——相反的理论派别认为,"道德上的"善的特点恰恰就是不能在行为的结果中找到它。对于这个定义的消极特征,许多持不同观点的作者都同意;而在关于道德上的善是什么的积极陈述方面,却很少一致。人们感受到的是特性、有特色的品格或自我,而不是结果的特点,这样的特性一般称为**美德**(*Virtue*)。但是,关于什么构成了美德,有许多不同的观点,就像在另一方面,关于什么是快乐和幸福,也有许多不同观点一样。一种观点认为,它至少在其结果上,和某种形式的幸福论非常紧密地结合在一起。如果幸福被定义
213 为一个人特有的官能得到满足,同时,某种官能、理性的官能被认为是典型的人类特性,它的运用就是美德或至上的美德,那么就不可能保持明显的区分。然而,康德试图削弱幸福和美德的这种结合,许多作者曾经在**至善论**的形式下,通过提出**激励**问题来尝试达到这种结合。为什么这个人要追求完美?是为了达到幸福吗?那么,我们只有快乐论。是因为道德律、理性法则要求它吗?那么,我们有规律,它在道德上比计划的目的更加深刻。

我们现在可以认为这个讨论和(1)道德知识的,(2)道德权威的理论有关。②

1. 道德知识的典型理论——(1)那些重视自然感受到好处的人发现,过去的经验提供了道德知识所需的所有资料。快乐和痛苦、满足和不幸都是经常感受的熟悉的经验。我们需要做的,只是注意它们和它们的时机(或者,换句话说,

① 希腊词汇 *ἡδονή*(快乐)和 *εὐδαιμονία*(幸福)。后一概念主要来自亚里士多德。然而,幸福只有在含糊理解时才是好的翻译。希腊术语有着影响其意义的特殊起源。

② 关于自我和社会的差异,将会在后面的章节中讨论。

观察某些结果会给我们带来快乐的冲动和行为的倾向,以及其他招致不幸的倾向),从而确立我们的目的和目标。因此,作为一种道德知识的理论,快乐论几乎总是和经验论联系在一起,通过经验论来理解这种理论:过去具体的经验为所有的观念和信念提供了方法。

(2) 认为善是某种类型的道德特点的理论,要求特殊的机制给出道德知识。美德依然是善,即使无法达到、感受不到(像我们体验快乐那样),也是如此。无论如何,它不是因为善被感受到,而是因为它是美德。因此,"态度"理论倾向于把自己和某种形式的直觉论、理性论或超越论联系在一起,所有这些术语都意味着,在知识中存在着某些超越具体经验的东西。直觉论认为,存在某种特殊的能力,能 214
够超越经验范围揭示真理;理性论则认为,在具体的经验因素边上,存在着控制它的普遍的必然观念;超越论则认为,在经验内部,存在着其来源超越经验的因素。①

2. 道德控制的典型理论——结果,这样形成的学派倾向于从达到目的的手段来看待权威、控制和义务;这一说教的或美德学派认为,规律的观念比善的观念更为基本。根据第一种观点,某个规则的权威在于它控制欲望以获得可能有的快乐——或者说,它们的最大化和痛苦的最小化——的力量。实际上,它是一个权宜的原则、实践智慧的原则、从手段调整到目的的原则。因此,休谟说:"理性是,而且应该只是,激情的奴隶"——也就是说,由理性而知的原则和规则至少是确保充分满足欲望的工具。但是,根据其他学派的观点,没有任何满足是真正的(例如,道德上的)善,除非它是根据独立于快乐的满足而存在的法律获得的。因此,善依赖法律,而不是法律依赖渴望的目标。

§3. 这些理论的总体解释

普通生活中的对立——在某种程度上,相似的对立隐藏在普通的道德信念中,和理论无关。确实,在不同的时间,我们往往从一个观点转到另一个观点,但却没有意识到这一点。因此,由于反对把善等同于纯粹的有意的态度,我们说,"一个人光善是不够的,他必须善于某事"。光有好意是不够的,一个人必须打算去做好;原谅一个人时说"他本意是好的",传递了些许贬义。"地狱是用好意造

① 因此,同样的理由,"满足"理论往往把自己和实证科学相联系;"态度"理论则和不同于科学的哲学相联系。

215 成的。”好的“决定”通常用来嘲笑一意孤行。一棵树根据它的果实来评价。“善念不实施是没用的”(Faith without works is dead)。当一个人的好心没有效果时,人们会说他是“好人难容于世”。有时我们说“某某是一个**好人**”,意思是所有就他而言所能说的——实际上,他无足轻重,一事无成。反对把善等同于无能的观点,往往会使人怀疑似乎在逻辑上导致这样的等同的理论。更为积极地看,我们讨论的善包括**服务**;“爱就是履行法律”,而且,爱是某种品行,它是为了达到某种确定后果需要采取立即行动的东西。我们说一个人是伪善的,是指他把自己的好品行看成一个目标,而这个目标不同于它可能有利于的公共利益。

另一方面,为了说明主动态度高于结果,我们会说,“一个人会舍弃什么来交换他的灵魂?”“如果一个人得到整个世界,但失去他自己的生命,这对他有何益处?”“让我们作恶以引来善,对恶的诅咒就是正义”。对“只要目的正当,可以不择手段”这句格言根深蒂固的反对意见是:人们很难解释它,除非在这样的基础上,即这样可能达到某些目的,这些目的值得以不道德行为为代价。而且,比较莎士比亚的“没有对错,只是思考构成对错”和圣经中的“一个人内心如何想,他就是一个什么样的人”。最终,我们有了这样的谚语:“事虽未成,心意到了”;“他是好心”;**“即便整个世界毁灭,真理仍旧会存在”**。

从这个问题的流行方面,我们为“满足”理论找到下面的基础:

(1) **它使道德变得真正重要**——如果道德行为不是为了个人和社会的长远福利,它们还有什么用处或意义?如果偷盗一律带来更大的生活幸福和安全,如果说真话给人际关系带来混乱和效率低下,我们会不会把前者称为美德,把后者
216 称为邪恶?① 只要把善等同于纯粹动机(受行为影响的结果除外),使道德归于无效,这似乎为结果并不是决定性的这一理论提供了**反证**。

(2) **它使道德成了确定的具体的东西**——人们在结果中发现道德;结果是确定的、可观察的事实,这些事实是个人在以后的行为中可以负责注意和运用的。该理论给予道德一种客观的、切实的保证和支持。而且,结果对不同的个人来说,是客观的、共同的东西,因为它外在于他们所有人。但是,那种认为善在于个人形成的内在动机和明显的公开的后果无关的学说,使得善成了模糊不清的东西,或者反复无常的任意的东西。后一观点使美德难以达到,要不就是只有通

① “假设掏一个人的钱包使他高兴,给他带来了快乐的情绪,偷盗应该算作犯罪吗?”——斯宾塞

过培养某些根本没有外在结果(或者甚至有社会危害的结果)的内心状态来达到。它鼓励狂热、道德偏执、道德隔离或骄傲;顽固坚持不良路线,尽管它的邪恶结果已经有目共睹。它使道德不再是进步的,因为它假定没有任何对结果的经验解释,有助于阐明基本的道德要素。

(3) **满足理论不仅把道德本身放到事实基础上,而且把道德理论放到稳固的基础上**——当我们根据达到的或没有达到的结果来讨论善恶时,知道了善恶是什么意思,因而可以明确地讨论它们。我们可以明确地表达具体目的并且为达到它们而制订规则。因此可能有道德科学,就像可能有关于有着共同原则的大量可观察事实的科学一样。但是,如果道德依赖纯粹主观的个人动机,就不可能有客观的观察和共同的解释。我们被迫回到了反复无常的个人的**武断言词**(*ipse dixit*),根据这个理论,它是最终决定的。道德理论从而成了不可能的。因此,对善的"美德"理论提出这些指控(以及其他指控)的边沁,在他的《道德与立法原理》(1823 年版)序言末尾处说:

> 形成政治和道德科学基础的真理,不是有待于由仅仅像数学研究一样
> 严格的探索来发现的,它们不可比拟地更加复杂、更加广泛……它们不能被 217
> 强行纳入单独的或概括的命题,不受解释和异议的妨碍。它们自身不能压缩成警句。它们来自演讲者的嘴和笔。它们繁荣和多愁善感于不同的土壤。它们生长于荆棘之中,不能够像雏菊一样,让幼儿在奔跑中采摘……和数学科学一样,没有**康庄大道**……通向立法科学。①

---

① 穆勒在他的《自传》中,对功利主义在这方面是如何吸引他的,作出了惊人的解释。[参见 1874 年,伦敦版,第 65—67 页;也可参见他的《论文与讨论》(*Dissertations and Discussions*)第 1 卷中的《论边沁》(*Essay on Bentham*),尤其是第 339 页及以后的部分]。边沁"把那些思想习惯和研究方式引入道德和政治,这些习惯和方式是科学思想必不可少的;缺乏它们,会使这些探索领域(如培根之前的物理学)变成争吵不休、毫无结果的领域。简而言之,不是他的**观点**而是他的**方法**构成了这样做的价值……边沁的方法可以简单地描述为**细节**的方法……错误隐藏于概括之中"。

穆勒最后说:"这样说并不过分,他第一次把思想的精确性引入道德和政治哲学之中。哲学家提出他们的观点,不是通过直觉,不是通过推理从前提中推出(这些前提只不过是以粗略的观点为依据、用模糊的语言表述的,它的语言是如此模糊,以致无法准确地说这些前提是真的还是假的)。他们现在被迫相互理解,去分析他们的大多数命题,去参与每一辩论中的确切争论。在哲学中,这不亚于一场革命。"考虑到道德和政治哲学中较大部分讨论的性质仍然是当代的,也许穆勒对这场"革命"达到的程度过于乐观。

然而，类似的论证也许可以提出来支持态度理论。

1. **它，只有它，把道德置于崇高权威的地位，这地位正当地成了道德的特色**——道德不是达到其他目的的一种手段，它本身就是目的。为了确保快乐，把美德降低为工具或手段，其实是糟蹋和损毁了美德。单纯的常识，对把道德和审慎、策略、权术放到相同水平上的做法感到震惊。道德就是道德，仅仅因为它拥有它们没有的绝对权威。

2. **道德上的善必须为个人力所能及**——个人感受快乐和痛苦的数量、满足

218 的程度，取决于外部环境。外部环境是他无法控制的，因而也是没有道德意义的。只有行为的开始、意愿是属于这个人的，它的结论、结果属于神灵。意外的、不幸的、不利的环境，可能使个人陷入久病、悲惨和不舒适的生活。它们可能剥夺他的外部利益；但是，它们不能改变道德的善，因为善隐藏于一个人面对这些条件和结果的态度之中。不利于成功的条件，也许仅仅是引发勇敢、耐心和友善等美德的手段。只有在品格内部产生的后果和形成习惯或养成素质的行为倾向，才真正具有道德意义。

3. **动机提供了确定可行的标准，我们用这个标准衡量特定行为的对与错**——后果是无限多样的，它们受到无法预料事件的太多影响，所以不能作为衡量的基础。同一个行为可以根据偶然情况，以一百种不同的方式出现。如果个人要在开始行动之前计算后果，他就要努力解决这样一个问题，即每个新的术语都会引入更多的因素。在此，我们得不出结论；如果得出了，那结论也是如此不确定的，以致行为者会被怀疑所吓倒。但是，由于动机在个人自己心中，认识对错的问题相对简单：对一个真诚地想认识对错的人来说，用于判断的数据总是在手边，总是易于得到的。

结论——在某些条件下，公共生活认为两种理论都是正确的，实质上，相同的说法都适用于这两种理论。这个事实说明，关于这两种理论的争论取决于某些潜在的误解。正如我们要在后面试图说明的那样，它们的共同错误在于试图把单一的主动行为分成两个不相关的部分：一个称为“内在的”，另一个称为“外在的”；一个叫做“动机”，另一个叫做“目的”。一个主动行为，总是行为者的一种素质或习惯所转化成的一种公开行为，这种行为总能在可能范围内产生某些后

219 果。什么也不做、无关痛痒的“纯粹的”动机，根本不是真正的动机，因而也不是主动行为。另一方面，如果不是所意愿的，不是个人想要的选择和努力的后果，

那么，它也不是主动行为的一部分。**离开外在的内在，离开内在的外在，根本没有任何主动的或道德的性质。前者不过是稍纵即逝的多愁善感或奇思怪想；而后者不过是意外或运气。**

每一理论转向对方的倾向——因此，每一种理论意识到它自己的片面性，必然会做出让步，从它的对手中借用一些元素，从而无意识地弥合它们之间的差距。人们强调后果，但只是**预见的**后果；而**预见**是一个心理行为，其运用取决于品格。素质和兴趣引导行为者估计后果的真正价值；因此，“内容”理论的支持者最终退守到预见、衡量结果所采取的**态度**上。以相同的方式，动机理论的代表详细地论述了动机带来某种效果的倾向。一个具有真正慈善素质的人，并不沉湎于不加选择的施舍，而是会考虑他的捐赠对接受者和社会的影响。虽然人们把动机赞扬为道德价值的唯一承载者，动机被认为是一种致力于产生某种**结果**的力量。当“内容”理论把素质看成带来后果的内在因素、“态度”理论把动机看成影响后果的力量时，每一种理论向对方的近似就出现了，这种近似几乎取消了原来的对立。人们意识到，要彻底认清动机在主动行为中的地位，就必须把动机看成动力，看成激发行为的东西，而这种行为必然产生某些结果，除非受到较强的外部力量的阻碍。人们也意识到，只有当**那些**后果是自主行为的组成部分时，它们和品格的联系才会紧密；在此前提下，诉诸**作为**善的动机，并且努力去实现那些后果。**我们可以从任何我们喜欢的目的开始分析自主行为，但为了完成分析，** 220
我们总是被引向其他目的。一个行为的“内部的”部分和“外部的”部分之间所谓的区别，实际上就是它的发展的**较早**时期和**较晚**时期之间的区别。

下一章我们将直接讨论行为和品格之间的关系；然后，将在连续几章把讨论的结果应用于已经提出的问题：善的性质；知识的性质；道德权威的性质；自我和他者、社会的关系；道德自我的特点。

参考文献

第二章中许多参考书都是在此基础上。还可比较：Lecky, *History of European Morals*, Vol. I, pp. 1 - 2, and 122 - 130; Sidgwick, *Methods of Ethics* (1901), pp. 6 - 11, 77 - 88 and 494 - 507; Wundt, *Ethics*, Vol. II, ch. iv; Mackenzie, *Manual of Ethics*, Book II, ch. ii; Murray, *Introduction to Ethics*, p. 143; Paulsen, *System of Ethics*, Introduction, and Book II, ch. i.

13.

行为与品格

221 **本章问题**——我们在前面几章曾经努力(1)确认道德意义上的善恶、对错观念运用的情景;(2)提出对该情景的分析中出现的典型问题;(3)命名并简单描述这些问题在历史演化中发展出来的理论类型。现在,我们必须回到所描述的道德情景,开始对它进行独立分析。像上一章所表明的那样,我们将通过考虑自主活动中的态度和后果的相互关系问题来着手这种分析——不是说这是解决该问题的唯一方法,而是说这种方法可以最清楚地阐明 19 世纪早期以来主要流行的、影响很大的道德理论类型。因此,我们将通过说明两种最极端的学说来引入这个讨论。这两种学说都把活动分成"内部的"和"外部的"、"心理的"和"公开的"方面,即康德学派专门强调"如何"、精神和行为的动机,功利主义者则专注于"什么"及其效果和后果。当然,我们的实际问题是:通过让这两种极端观点相互反驳,达到对态度和行为、动机和后果、品格和行为相互关系的说明。

我们将从态度理论的代表——康德开始。

§1. 康德的善良意志

康德说:

> 在世界中或在世界外,除了善良意志,不可能设想无条件的善。智力、
> 222 智慧、判断力以及心智等其他才能,不管它们叫什么,或者说作为气质(qualities of temperament)的勇气、毅力、坚定,个别地来说是善,而且在许多方面是人们渴望的;但是,如果利用它们的意志(从而构成所谓的品格)不

> 善的话，这些自然的禀赋(gifts of nature)可能成为极端的恶并且极端有害。幸运的禀赋(gifts of fortune)也是如此。权力、富裕、荣誉甚至健康……如果没有善良意志来纠正它们对心灵的影响，就会引起骄傲，而且常常引起专横。情感和热情的适度、自我控制和宁静从容在许多方面不仅是善，甚至似乎构成个人的部分内在价值；但是，它们远不能称为无条件的善……因为如果没有善良意志的原则，它们也可能变成极端的恶。恶棍的冷静，使得他更加危险、更加可恶[康德，《道德哲学》(*Theory of Ethics*)，阿博特译，第9—10页]。

陈述中的真理成分——毫无疑问，在某些方面，康德的这些观念在日常信念中受到欢迎。幸运的禀赋、心智才能、气质作为善，都是人们所希望的，但是我们要注意妥协。如果很好地利用它们，我们就说它们是善的；但如果受到坏品格的支配，它们就会增加邪恶的力量。而且，康德说善良意志**内在的**善是“自己会发光的宝石”(《道德哲学》，第10页)，在我们内心唤醒了迅速的反应。我们把有些东西看成手段和条件——健康、财富、事业和职业上的成功。它们为道德提供机会和代理(agencies)，但是不必拥有内在的和自身的道德价值；当它们可能成为道德上善的一部分时，那是由于它们的位置和环境。人格、品格有自身的尊严，这种尊严禁止把人格、品格看成获得其他东西的简单工具。我们应该说，把自己的好品格当作保证政治优先权的简单工具的人，是在出卖从而破坏他自己的善。

陈述的模糊性——然而，康德作出的陈述是模糊的，容易得到相反的解释。善良意志内在的本身是善的，这种观念可以用两种不同的方式解释：(1)例如，我们也许可以认为，诚实作为意志特性是善，因为它必然会有助于人们之间所希望 223
的关系；它能消除人与人之间的障碍，保持行为道路通畅开阔。当所有行为出自诚实时，人们可以指望坦率的行为，它保证了每个目的的简单性和精力的集中。(2)但是，我们也许会说，诚实在它保证和促进所希望目的的影响之外，作为一种内在的品格，本身是绝对的善。在某种情况下，我们强调它的善，因为它准备面向某种结果；在另一种情况下，我们忽视了趋向结果的这个因素。

康德的善良意志的解释是形式的——康德进一步的讨论使我们毫不怀疑：他是在两种意义上使用“善良意志”这个术语的。他继续写道(《道德哲学》，第10页)：

善良意志是善，不是因为它的所作所为，**也不是由于它能达到某种计划的目的**，而只是由于意志(volition)；也就是说，它本身就是善……即使由于特别的命运不济或继母般的百般刁难，这种事也许会发生：这种意志会整个地失去达到目的的力量，即使它竭尽全力，也会一事无成，而且，即使仅留下善良意志(当然，不仅仅是希望，而是采取我们力量中的所有手段)，然而，它像一颗宝石，自己会发光，其所有价值都在自身之中。它硕果累累也不能增加这种价值，它毫无结果也于这种价值无损。

而且，他还说：

一个行为……不是从其打算达到的**目的**中，而是从决定它的准则中获得它的道德价值，因此它……仅仅依赖它赖以发生的意志原则，而与**希望的目标**无关……我们在行为中可能考虑的目的，或被视为有意的目的、动机的行为的结果，都不能给予这些行为以无条件的或道德的价值……道德价值只能蕴含在意志原则中，和行为可能达到的目的无关(《道德哲学》，第16页)。

224 **努力、成就和意志的关系**——在此，我们也发现了和我们日常道德经验的某些一致。确实如此，在许多情况下，我们把道德价值或善，赋予某些行为而不管它们实际达到的结果；人们不会仅仅以成功为基础，去评价一个试图援救落水儿童的人。如果他受到阻碍，也许因为他有残疾，或者因为水流过于湍急，我们不会拒绝给予诚恳的道德嘉许。我们不会从其达到的结果(在此是失败)的立场，去评价行为或行为者的善。我们认为这个人是善的，因为他为自己设立了一个有价值的目的或目标——援救他人，甚至承担伤害自己的风险。我们应该赞同康德所说，道德价值并不依赖于所希望目标的**实现**。但是，我们应该把人的价值视为恰恰在于这个事实，就他而言，他**瞄准了一个善的结果**。我们并不排除目的，但我们赞成，因为目的是善的。我们所说的意志，是指有助于实现被认为是所希望的结果的素质、愿望和习惯。意志不是达到一种结果的**唯一**条件——即使目标成为事实的条件。要确保一个成功的事件，需要许多条件共同作用；如果没有这些条件，世界上最好的意志也不能保证希望一个目的转变成那个目的。

我们知道，有时仅仅是出于偶然，希望的目的没有达到；但是，我们也知道，没有适当的素质，那些结果仅仅是由于偶然才会达到。此外，我们知道，我们自己的态度不仅是保证结果的重要条件，而且**经常**是处于我们控制下的唯一条件。我们之所以称它为“我们的”，恰恰是因为那个条件的作用在于我们。因此，它是结果的关键和提示，只有那些结果和我们有关。到目前为止，考虑到愿望和努力，成就对于意志而言，并非必需的。

“出于善意”——另一方面，如果“出于善意”没有**支配**一个人所采取的**公开的行为**，从而支配由它们而来的后果，一个人能否在他“出于善意”这个基础上来证明自己是正当的？当一个人的善意总是给他人带来痛苦时，我们是否可以合理地怀疑他的善意？如果不质疑他的善意，难道我们不会认为他需要道德的启 225
蒙和素质的提高吗？我们在对善的判断中区分狂热者和彻底自私的人，但是并不把这种区分用来赞同狂热者，不会这样说，“不要去管他；他出于善意，他有善良意志，他是出于责任感”。相反，我们谴责他的目的；而且在此范围内，我们指责他热衷于那些目的。确实，我们也许会赞同他的真诚品格、赞同他的单纯目的和充分努力，因为这些**就其本身而言**，或者从抽象的角度来看，是善良品格的特性。然而，我们高度尊重它们，只是因为它们和结果有关；**从最佳角度看**，它们有实行的特性。但是，在赞同这些特性时，我们并不会赞同这个人的整个品格。有些东西和这个人有关系，在他那里，好的特性会被不良运用。在这种情况下，并不是说我们赞同这个**行为者**但谴责他的**行为**。我们赞同某个阶段的行为并且在此范围内，认为行为者值得赞扬；我们谴责行为的其他方面，并且在此范围内不赞同他。[①]

公开行为证明了意志——而且，在什么条件下，我们会在实际上“把意志看作行为”？什么时候我们会假定，意志总是瞄准结果并且完全瞄准结果，没有回避也没有保留？唯一的情况是存在**某个**行为，它证明了动机和目的的真实存在。[②] 在前面的例子中，那个人应该作出某些努力去救落水的孩子，从而证明，我们，或者他自己相信他**打算**这样做；相信他有正确的意图。习惯坚持（对他人

① 当康德说一个恶棍的冷静使得他“更加危险、更加可恶”时，意思是说，**因为**更加危险所以更加可恶——当然是根据意志影响的结果来概述意志的价值。

② 康德在纯粹意愿和“采取我们力所能及的所有手段”之间进行区分，似乎是承认这个事实，但是他没有把它用于他的理论。

或对自己)说自己的动机是正确的,以此来证明自己的人,如果不是刻意的去伪善,如果没有外部证据显示他在努力实现他所声称的动机,就会容易使自己被指 226 责为自欺的。一个习惯上粗心大意的孩子,当别人说他造成混乱或捣乱时,会努力为自己寻找借口,说他“不是有意的”,也就是说,他没有这意图或目的;从道德上说,这结果不是出自于他。实际上,我们常常回答说:“这正是问题所在。你根本不是有意的;你应该有意不这样做。”换句话说,如果你想过你在做什么,你就不会这样做,就不会造成不希望的结果。对于成人,也有可以指责为不小心和因疏忽而该受到谴责的事情。就这个人有意识的意志而言,他有意要做的每件事也许都值得赞扬;但是我们谴责他,因为他的品格如此,以致他没有想到符合条件的目的。我们并不赞成说,没有想到正确的目的是由于没有经验或缺乏智力发展;但是,当这个人没有运用他所有的经验或智力时,我们确实谴责他。考虑到这些因素,如果没有想到正确目的或者想到但很快放弃了,不情愿就是唯一剩下的解释。这两个事实,即我们要求善良意志的真诚努力或证据,我们不赞同不包含某些目的的品格,足以证明我们并没有把意志和动机等同于与“达到目的的才能”无关的东西。意志或品格**意味着对目的的聪明预见和达到目的的坚决努力**。离开有意的、希望的**目的**,意志或品格是无法设想的。

§2. 功利主义者的“意向”

功利主义者强调目的——我们现在来看相反类型的道德理论——功利主义的道德理论。这种理论发现道德品格隐含在后果中,也就是说,在达到的目的中。对功利主义者而言,动机仅仅意味着当一个人行动时最先出现在他心里的某些意识状态。值得考虑的不是这仅存在于内部意识中的主观情绪,而是外部 227 结果在公共世界中带来的客观变化。如果我们完成了产生正确变化的行为,它给相关的、多种多样的人带来了正确的结果,那么,为行为者内心的私人情感状态而烦恼就是不相关的和误导的。谋杀依然是谋杀,即使杀手的意识里充满着一般慈善事业中多愁善感的情绪;拯救落水者的行为依然是值得赞扬的,即使我们知道当救人者做出这个行为时,他的意识是发怒的和生气的。值得考虑的是行为而不是情绪,而且行为意味着实际导致的变化。[①]

① 但是,正如我们将会看到的那样,功利主义者最终在**达到**的目的和**要达到**的目的之间作出区分。

意向和动机的区别——功利主义者通过区分意向和动机来说明他们的观点，他们把道德价值专门给予前者。根据他们所说，意向是一个人打算要做的事；动机是个人的心灵框架，表明他为什么打算做那事。意向是具体的目标或目的，其结果是可预见的、可希望的。动机是心灵状态，它使这些后果（不是其他后果）有趣、吸引人。下面的引文是典型的。关于动机，边沁说：

> 它们是善还是恶，仅仅基于它们的效果：善，基于它们产生快乐或避免痛苦的趋势；恶，基于它们产生痛苦或远离快乐的趋势。现在情况是这样的：从一种相同的动机中，从每一种动机中，可能产生善的行为；从其他动机中，可能产生恶的行为，也可能产生和道德无关的行为。

因此，动机问题完全是不相关的。接着他给出了一大串的说明，我们从中选出一段：

> 1. 一个孩子，为了解闷，读一本激动人心的书，这动机也许可以解释为善的，无论如何不是恶的。2. 他把一个纺锤顶到头上，这动机无论如何不被认为是恶的。3. 他把一头疯牛放到人群中，他的动机现在也许可以说是可恶的。然而，在这三种情况中，动机也许是完全相同的：只是因为好奇(curiosity)。[①]

穆勒写道，大意如下： 228

> 行为的道德完全取决于**意向**——也就是说，取决于行为者决心要做什么。但是，动机，即令他决定这样做的情绪，当对行为没有影响时，对道德也没有影响。[②]

如果动机仅仅是在一个人的愿望、思想之外，碰巧充满他的心灵的迟钝的情

---

① 边沁，《道德与立法原理》，第 10 章，第 3 节。

② 穆勒，《功利主义》(*Utiltitarianism*)。

绪或空白的意识状态，它们肯定不会改变他的行为，那么我们就不得不承认这个立场的正确。但是，穆勒说动机使得一个人希望某事，**“当它对行为没有影响时”**，对道德也没有影响。每一动机确实影响行为；它恰恰使某一行为不同于另一行为。在讨论中，他把动机说成**使得**一个人决心要做出一个行为的东西或者想要影响某些后果的东西，然后又说动机不影响行为，这是个矛盾！构成意向的东西，怎么可能对这意向没有影响，对由它而来的行为没有影响？

动机和意向的具体的同一性——日常语言中交替地使用动机和意向。它冷漠地说，一个人写一封信的动机，是要警告收信人或倾诉友情。根据边沁和穆勒所说，只有在其中，某人感觉友好的所谓的意识状态才能叫做动机；而所指向的对象，以及这个人发出的警告，这是意向，不是动机。而且日常语言说，一个医生的意向是要减缓病人痛苦，或者说，这意向是和善的、正确的，尽管这行为的结果是不好的。但是，功利主义者会说，只有前一使用是正确的，后者把意图和动机混淆了。总之，这样的大术语，如雄心、复仇、仁慈、爱国主义、正义、贪婪，是用来表示动机和目标的；两者都是某人**做出**某一行为的素质，都是某人行为要**达到的**结果。这是下面讨论的要点，通用语言中交替使用意向和动机，在本质上是正确
229 的。两个术语都指向相同系列的事实——**完全自主的行为**。

术语“情绪”的模糊——在穆勒和边沁所运用的术语中，对“情绪”的界定有某些模糊。它也许意味着思想之外的情绪没有受到思想启发的、盲目的、茫然的心理状态，既没有受到记忆也没有受到期望引导的强有力的推动的倾向。因此，情绪意味着纯粹的本能或冲动。在这个意义上，正如边沁主张的，它们没有道德特性。但是，也是在这个意义上，不存在可以与动机对比的意向。只要一个婴儿或一个精神病患者是受到某种盲目冲动倾向的推动，在其行为中，他不能预见后果，没有考虑的目标，没有任何意图；他在没有预先策划和意向的情况下做出某些行为。这一类的“好奇心”也许是有害的、有益的或无关痛痒的行为的根源。但是，没有什么后果是理智地预见的或有意希望的，因此，所讨论的行为完全处于道德范围之外，甚至从功利主义观点看也是如此。道德是有意图的事，而在那里没有意图。

作为智力的动机——因此，在某些情况下，动机没有任何道德特性；而且，**在这些情况下**，实际上，意向也没有任何道德特性，因为在此和道德无涉。意向和动机在道德上处于相同的水平，不是相互对立的。但是，动机不仅意味着盲目的

情绪，即没有思考的冲动；也意味着一种倾向，这种倾向意识到自己实现时可能的结果，并且对所导致的结果感兴趣。也许可以设想，一个孩子把一头疯牛放到人群中，出自纯粹天真的好奇心，看看会发生什么事——正如他可能把酸浇到石头上那样。但是，如果他是一个正常的孩子，下一次再出现这个冲动时，他就会回忆起以前的结果：惊恐、损害、对生命和肢体的伤害；他就会预见到，如果再次做出相似的行为，相似的后果就可能发生。现在，他就有了边沁和穆勒所说的意向。假设他再一次放跑了这头牛。仅仅从表面上看，现在的动机是和以前一样的。事实上，好奇心是一件非常不同的东西。如果这孩子还没有成熟、没有经验并且缺乏想象力，我们也许会自我满足地说，他的动机是以自我为中心的逗乐； 230
但我们也许会说，它是动物的完全恶意的特性。我们决不应该把它称为好奇心。当预见出现，意图、目的也出现时，而且伴随它的动机也从（由于盲目、冲动的）天真的变成故意的，就变成了达到某种结果的善良的或应受谴责的东西。意向和动机处在相同的道德水平上。意向是被预见和希望的**结果**；动机就是这个如同被预见和希望的结果。但是，自主行为同样是一个**预计的希望的结果**，因而是有意图的。

确实，这个讨论展示了边沁和穆勒代表的真理，**即任何冲动或主动倾向的道德特性，只有通过观察它在实际的实践中所导致的后果的类型来确定**。有人主张，在人性中有某些情绪是如此的隐秘，它们根本不必用其所引发的后果来衡量或检验；它们如此隐秘，证明了某种行为正当而**不管其后果是什么**。和这些人比较起来，功利主义者是对的。正如边沁所说，实际上，说动机是好的或坏的，是根据它们的效果而言的。因此，我们必须经常考虑各种各样半冲动半盲目的、半有意识半无意识的动机的效果，以便认识它们是什么样的——到底是要赞成、鼓励的，还是要反对、阻止的。

通过结果确定行为根源的实际重要性——这一事实具有实践的重要性，也具有理论的重要性。许多人被告知，某些情感本来就这样好，它们绝对是某些行为的证明，因此个人不必注意什么结果。例如，"慈善"或"仁慈"。这种信念是根深蒂固的，即怜悯的、希望减轻他人痛苦的情感，本来就是高尚的、崇高的。因此，需要通过许多讨论和教导来使人们（甚至是部分地）认识那些不问青红皂白便给予怜悯的邪恶。事实上，怜悯、同情除了对按照其行事会达到特定结果的预见外，是纯粹的心理反应，就像逃避痛苦，或者像遇到危险就逃的倾向；就这种盲 231

目的形式而言，它根本没有任何道德特性。因此，说情绪本身是好的，就使它的纯粹释放本身成了目的。这就忽视了在他人那里产生的欺骗、懒惰、无能、寄生，在自己这里产生的多愁善感、骄傲、自满等形式的邪恶后果。毫无疑问，某些类型的道德教育的作用就是要引导出这样的信念：只要通过培养和在个人意识中保持某些类型的情绪，他就可能发展出品格上的善，不管情绪所导致的行为的客观后果如何——这是伪善的、虚弱的道德品质最危险的形式之一。功利主义主张，我们必须意识到我们的冲动和心灵状态的道德性质（在它们影响结果的基础上），并且根据其结果控制它们——不管对它们“感觉”多好——这是道德的基本真理。

观念的存在和对后果的影响取决于素质——但是，反过来同样正确。在每一具体目的或目标后面，正如结果的观念或思想，都有某些东西，如热情、本能、冲动、习惯或兴趣；这些东西促使某个人一直追求这个目标，给予这个目标以动力和推动，给予目标以动机、行为的动力和运行的能力。否则，预见的后果就依然是思想可能从远处揣摩的纯粹想象的东西，它永远没有足够的分量和影响力来激发一番努力。但是，我们还需更进一步。在个人的心理素质中，某些积极的素质不仅起着动力的作用（无论有无吸引力，它预见了会有的后果），而且决定了这一事实：建议这个而不是那个后果。有着一贯的和蔼可亲品格的人，不太可能去衡量和排除残忍的思想；一个贪婪的人，个人获益的念头可能经常萦绕在他的头脑中。一个人对自己感兴趣的东西会经常想起；不感兴趣的就不会想到或容易忘记。因此，积极的素质、个人的态度是我们心中有某些
232 意向的决定原因，也是那些意向积极的、动人的影响的原因。正如边沁所说，动机产生意向。

兴趣对观念的影响——“目的只是记忆的奴隶。”我们能够预期这个或那个，仅仅是因为我们能够从过去的经验中建构它。但是，回忆、回顾（重述）是有选择性的。我们挑选出某些过去的结果、某些以前经验的结果而忽略其他的。这是为什么？因为我们现在的兴趣。我们对这个或那个感兴趣，因此想起它来并且记住它；否则，它就不会出现在回忆中，或者即使出现，也会很快地消失。重要的是，与现在的活动有关的过去的事情应该很快被想起并且长期记在心中。品格决定了这种情况发生的方式。

詹姆斯说：[①]

对于一个挣扎在不理智的激情下的人（表现得好像这激情是不理智的），是什么构成了这种困难？……这困难是心理的；它是使理智行为的观念完全停留在我们心灵的困难。当我们处于无论何种强烈的情绪状态时，可能只有那些和它一致的形象会出现。如果偶然出现其他的情况，它们也会被（我们的激情所拥有的某种自我保存的本能）迅速地淹没和驱散……这种本能会感觉到这些令人寒心的对象［想到对激情来说是讨厌的东西］，它们一旦安营扎寨，就会攻城掠地，直到它们冻结了那来自我们心灵的充满生机的活力……因此，激情的暗示时时、处处都在防止人们听到它们仍然弱小的声音。

这段引言指的是强烈的激情。重要的是，要注意，**每一兴趣、每一情绪不管其性质或力量如何，都以相同的方式起作用**。对事物的记忆和观念都依赖于此。因此，兴趣是具体意向发展的主要因素，既关于它是什么也关于它不是什么—— 233
即，如果情绪的态度是不同的，那么目标会是什么。考虑到某种情绪态度，以及与它有关的后果，其他的以及同样可能的后果被忽视了。一个有着真正善良素质的人，会敏感地意识到影响他人利益的可能结果；一个谨慎的人，会看到有关他的立场的后果；一个贪婪的人，会感觉到他的财产方面可能的增加或减少所带来的结果，等等。兴趣和注意力之间的亲密关系形成了意向（一个人想要**什么**）和动机（他为**什么**这样希望）不可分割的关系。当边沁说“动机是意向的原因”时，他说的是事实，而且揭示了动机是道德判断可能的最后对象。

§3. 行为与品格

这个讨论使我们可以把行为和品格放入相互关系中。穆勒在我们已经引用

---

① 詹姆斯，《心理学》，第 2 卷，第 562—563 页。从第 561—569 页的整个段落应该完全为每一个伦理学者所熟悉；而且，应该和第一卷中第 284—290 页所说的关于情感的选择倾向相比较，以及第 1 卷第 11 章论注意和第 1 卷第 515 页到 522 页论歧视。

赫夫丁（Höffding），《心理学》（英译本），关于情绪对我们观念的影响也是清楚明确的（尤其参见第 298—307 页）。这个事实在某些方面的发展，是斯宾诺莎伦理学的主要特点之一。

的段落(大意是动机对行为的道德没有影响)(同上,第228页)之后,说它

在我们对**行动者**(agent)的道德评估上,影响很大,特别是如果它表明一种好的或坏的**素质**——品格的一种倾向,从该倾向中可能出现有益的行为或有害的行为。

边沁表达了相同的意思:"因此,是不是没有[下文]这样的东西?"他问道。[①]

当一个人在这样或那样的场合受这样和那样的动机支配时,这个人是不是可以被说成好的或坏的?当然,这是他的**素质**。素质是某种想象的实体,[②]是为了表达假定在一个人的心灵框架中**持久**的东西,出于谈话方便的考虑而捏造的。而在这个心灵框架中,在这样或那样的场合,他受到这样或那样动机的影响来采取某一行动,这种动机在他看来具有这样或那样的倾向。

234 然后,他接着说,素质根据其效果来说是好的或坏的。

当人们**认为**某人(不管在什么动机影响下)更倾向于做出(或形成去做的意向)**显然**具有有害倾向而不是有益倾向的行为时,人们说一个人具有恶作剧[③]的倾向:在相反的情况中,具有值得赞赏的或有益的素质。[④]

而且:

显然,一个人的倾向的性质必然依赖于他容易受其影响的动机的性质;换句话说,依赖于他对这样和那样的动机的力量的敏感程度。因为他的素

① 边沁,《道德与立法原理》,第11章,第1节。

② 边沁说想象的实体并不意味着"不真实"。根据他的逻辑,所有一般的抽象的术语,所有指示关系而不是指示成分的词汇,都是"想象的实体"。

③ 他说恶作剧的,意思是说有害的、坏的、邪恶的,以至于在极端情况下堕落的。

④ 边沁,《道德与立法原理》,第11章,第3节。

> 质，可以说，是他的意向总和……现在，意向像所有其他事物一样，是由作为它们原因的东西产生的：**意向的原因是动机。如果，在任何场合，一个人形成了好的或坏的意向，它一定是受某种动机的影响。**[①]

品格的作用——在此，我们对品格在道德生活中的基本作用以及它为什么重要，有了明确的认识；品格是个人主动的倾向和兴趣的集合体，这种集合体使他对某些目标开放、有准备、兴奋，而对其他目标冷淡、冷漠、视而不见；而且，它在习惯上容易使他敏锐地意识到和喜爱某些类型的后果，并忽视或敌视其他后果。一个自私的人不必总是有意识地想到自己，也不必是这样一个人：在仔细地衡量了自己的要求和他人的要求后，有意识地坚持选择前者。在了解全部情况后，仍然持反社会的态度，有意牺牲他人利益的人的数量大概是很少的。但是，一个人尽管没有这样有意权衡他人和自己的利益，但在习惯上容易想到那些影响他自己而非影响他人的后果，这样的人就有自私的和自我中心的品格。与其说在思考了对他人的影响**之后**，他不再重视这些想法，不如说他习惯于根本不考 235
虑（或者以生动而充分的方式考虑）他人的利益。正如我们所说，他不在意；他不考虑或不关心他人。[②]

部分的和完全的意图——对穆勒的道德取决于意向而不是动机的观点，批评者反对说，以此为基础，一个暴君援救落水者的行为就是善的——他的意图是拯救生命——尽管他的动机是可恶的，即残忍的，因为它是要留下这人来折磨致死。穆勒的回答是重要的。他回答说，并非如此。在此，不仅有动机的差异，而且有意向的差异。援救不是整个行为，而是“一个行为的必要的第一步”。人们可以发现，这种回答适用于所有那类行为，其中肤浅的分析似乎使意图在其道德意义上不同于动机。考虑涉及遥远的以及近期的后果，这表面上的差异就消失了。援救一个人的意图和残忍的动机两者都是对相同行为、相同道德现实的描述；差异不在于事实，而在于赋予它不同名称的观点。现在，在每个人那里，都有

---

① 边沁，《道德与立法原理》，第 11 章，第 27—28 节。

② 共同的道德经验正如体现在共同的话语中那样，以暗示有智慧的行为和有感情的行为的方式，运用这样的术语，如“关心”、“照顾”、“关切”、“关注”（在这样的表达中，如“他是关照”、“关切”、“关心”、“关注”、“关怀”他人利益的）。这一事实是已经提及的术语——意向和动机的可互换使用的严格的对等者。

这样一种倾向，即在心中确定其行为中仅仅一部分可能的后果；这部分是最单纯的，最赞同的建构也许最容易置于其上，或者它暂时是最适合深思的。因此，这个人把他的思想、他对后果的预测集中在外部的无关的事情上，集中在商品的分配、金钱或物质资源的增长上，集中在肯定有价值的结果上——以其他变化为代价——比如在他的素质、他人的利益和自由方面变坏。因此，他使活动所有有益
236 的、正确的后果凸显于强光之下，使另一类性质的后果退居到意识的阴暗角落，这样它们不至于使他顾忌自己行为的正确品格。由于后果通常或多或少是混合的，这样半有意识半无意识的、半自愿半本能的选择很容易变成习惯。因此，一个人可以为自己行为实际上不好的结果找到借口，理由是他"本意上是好的"，他的"意向本来是好的"！常识通过承认"愿意"(willing)的现实存在来应对这样的借口。尽管事实上，事情本身是令人讨厌的，因而孤立来看它们并非人们所愿意的；当由于它们和一个人所希望的其他事情联系在一起，人们因而同意这些事情时，我们就说这个人"愿意"这些事情发生。而且，"愿意"伤害随之而来，实际上就是希望它。**行为者想要或希望所有那些后果，他的主要动机或品格使他在这种情况下愿意接受或容忍那些后果。**

完全相同的观点也可能来自动机那一方。动机是复杂的、"混合的"；某一行为的动机最终是行为者的**整个**品格，由于这个品格，某些其他可能的结果吸引和骚扰他。像纯粹善心、贪婪、感激、报复那样的动机，都是抽象的东西。我们依据**事情总的趋向**来命名动机，忽略了起作用的间接原因。所有**赋予**动机的东西都或多或少是**事后**的事情。从来没有任何**驱使**动机像后来建构它的思考那么简单。但是，对这种简单化的辩护，是它发现了某些需要进一步注意的因素。没有人能完全准确地明白自己的动机，更不用说他人的动机——尽管品格越诚实越透明，就越容易搞明白。在品格深处活动的动机，仅仅模糊地在潜意识上呈现自己。现在，如果一个人经过训练后认为，离开了意向，离开了对行为后果的看法，动机就是其道德的来源和辩护，那么，一个错误的不当的转折几乎肯定就会进入他的判断。这样的人把某些情感状态、某些情绪(他被告知这些情感状态、情绪
237 是好的)放在他的情感中心的最高位置上，从而在面对坏的后果时为他的行为找借口，理由是它来自好的动机。自私的人总是被"误解"。因此，一个天性具有开朗和蔼素质的人，会无意识地学会在表面上养成某些对待他人"好感"的情绪；然而，根据他对所选择行为的可能预见的后果的判断，以完全反对他人利益的方式

行事。当人们指责其行为不公平或指责他心胸狭隘时，这样的人也许会感到愤怒，要他人解释什么是不宽厚。他会证明，就他自己而言，对待涉及的他人从来没有过任何不近人情的“情感”，或者除了那些善心以外的任何“情感”。[①] 只有根据对源于动机的后果持久、彻底和仔细的注意来认识“动机”的习惯，才能帮助一个人防止这样的道德错误。

§4. 行为的道德和行为者的道德

主观的和客观的道德——我们终于可以讨论争论的要点：关于在主观的和客观的道德之间假定的区别——行为者也许是好的，但他的行为是坏的，或者**反过来说**。把道德性质置于相互独立的态度或内容、动机或意向的两个学派，都赞同在行为的道德和行为者的道德之间，即在客观的道德和主观的道德之间进行区分。[②] 因此，正如我们已经看到的，穆勒说动机在对行为者的道德评价中关系 238
重大，即使它在我们对那个人行为的判断中并没有起作用。一个常见的观念认为，某些行为是正确的，不管行为者的动机是什么，甚至当该行为是一个在行动中有着坏的素质的人做出时也是如此。毫无疑问，在事实本身方面存在着严重的困难。受到对工业力量或财富的强烈的、狭隘的渴望推动的人，会增进社会利益，刺激发明和进步并提高社会生活水平。拿破仑(Napoleon)无疑是受到虚荣和自负的驱使，以致在某种程度上极度漠视他人的权利。然而，在法律、民事制度和教育方面，他提供了非常好的社会服务。而且，这位“有良心的”(conscientious)人在很多情况下，犯有把巨大的邪恶带给社会的罪行。他认为自己正确的信念，也许只是增加了其有害行为的力量强度。确实，我们不赞成这样的行为，尽管我们没有资格从道德上谴责这位有良心的行为者，他做了“他所知的最好的”——或者说，他相信是最好的。

行为者和行为的道德性质成比例——如果排除了不相关的考虑，我们发现，

---

① 简而言之，一个人在认识他自己的动机方面支持自己的方式，既是他的自我主义的证据，也是他在外部行为方面支持自己的方式。罪犯几乎总能找到“好的”动机。

② “形式上”和“实质上”的好或坏也都是用于指示相同区别的术语[参见西季威克，《伦理学史纲》(*History of Ethics*)，第 203—204 页；布尼(Bowne)，《伦理学原理》(*Principles of Ethics*)，第 39—40 页]。“对行为在形式上和实质上的正确的常见的区别：前者取决于行为者对他的正确理想的意愿的态度；后者取决于行为与现实规律，以及与行为所导致的产生并促进利益的倾向之间的和谐。”布尼认为，两者都是必要的，而形式上的正确在伦理学上**更加**重要，尽管不是非常重要的。

我们从未(毫无保留地)颠倒我们对行为者和行为的道德评价。只要我们认为拿破仑的行为**在道德上**是善的(不仅是恰好影响某些希望的结果),我们就是赞扬拿破仑有意带来那些结果,**而且在此程度上**称他为善良的。品格,像行为一样,是高度复杂的东西。没有人全部都是好的或全部都是坏的。即使肯定拿破仑是一个心地邪恶的人,我们关于他的评价也是说他**在总体上**是邪恶的。只有当假定他是坏的而且一直是坏的,才有邪恶的品格和善良的行为之间的对立。我们也许相信,甚至就拿破仑在法律和民事制度的改革方面做的事情而言,他也是受到了复杂的动机驱使——虚荣、喜欢(因更加集中而来的)更大的权力,等等。但是,对上述事情的那些兴趣,不可能影响他成就的结果。他大概有对使事情向更好方向发展的条件的某些洞见,而且这些洞见证明了在此程度上善良的兴趣。此外,只要我们判定拿破仑在这些行为上的品格和动机是恶的,就有资格认为那
239 些行为以及表面的结果也是部分不好的。也就是说,虽然它们在某种程度上对社会是有利的,但如果拿破仑受到较少的以自我为中心的考虑的驱使,它们会对社会更加有利。如果他的品格更加简单、诚实和坦率,那么,某些邪恶的结果,某些对他所成就的善的抵消,就不会发生。在结果中善和恶的混合、在动机中善和恶的混合是相互成比例的。当我们承认品格和行为的复杂性,并且不想把一种假定的分析简单地强加给自己时,这就是结论。

总结——因此,作为评价对象的第一性质,基本上存在于意向之中;存在于预见的希望的后果之中。最终,它存在于一个人的素质或特性之中,这些特性决定了他所预见和希望的恰恰是这样的后果而不是其他的。在后果而不是预见基础上评价一个行为的理由是:一个人的能力不是固定的,而是能得到提高和改变方向的。只有通过在**后来的**行为中考虑**先前的**行为的后果(在那些先前行为中并非想要达到的),行为者了解到他自己的能力及其自身更加完整的重要性。每一建设者所建并非他所知的东西,不管是更好还是更差。他决不能预见到行为的所有后果。

在后来的经验中,这些结果(仅仅是原来意愿的副产品)加入进来了。它们对起初行为而言,是"外部的"和非道德的。它们处于后来的自愿行为中,因为它们影响愿望,使预见在细节上更加准确,在范围上更加广阔。这种把曾经完全不能预见的后果转化为必须加以考虑的后果的做法,在把冲动的行为转变为理智的行为中达到其顶峰。但是,没有一个行为如此理智以致其实际后果没有超过

其预见的后果，从而需要对意向进行随后修正。因此，“内部的”和“外部的”区别
是涉及**品格和行为的增长**的区别。只有当品格不是处于变化过程中时，只有当
行为固定不变时（因为是孤立的事物），我们才应该有那种内部和外部的分离，这
种分离以同样的方式构成了康德理论和功利主义理论的基础。实际上，不存在 240
分离，只有不同程度的愿望和对较早的、较后的行为的预见的对比。因此，道德
行为者的最大需要就是品格。品格使他尽可能的心胸开阔，易于认识其行为的
后果。

参考文献

关于一般的行为和品格，参见：Paulsen, *System of Ethics*, pp. 468 - 472; Mackenzie, *Manual of Ethics*, Book I, ch. iii; Spencer, *Principles of Ethics*, Part I, chs. i - viii; Green, *Prolegomena to Ethics*, pp. 110 - 117, 152 - 159; Alexander, *Moral Order and Progress* (1891), pp. 48 - 52; Stephen, *Science of Ethics*, ch. ii; Mezes, *Ethics, ch. iv;* Seth, *Ethical Principles*, "Introduction," ch. iii.

关于动机和意向，参见：Bentham, *Principles of Morals and Legislation*, chs. viii and x; James Mill, *Analysis of Human Mind*, Vol. II, chs. xxii and xxv; Austin, *Jurisprudence*, Vol. I, Lectures xviii - xx; Green, *Prolegomena*, pp. 315 - 325; Alexander, *Moral Order and Progress* (1891), pp. 36 - 47; Westermarck, *Origin and Development of the Moral Ideas*, chs. viii, xi, and xiii; Ritchie, *International Journal of Ethics*, Vol. IV, pp. 89 - 94, and 229 - 238, where further references are given.

关于形式的和实质的（或者说主观的和客观的）正当性，参见：Sidgwick, *History of Ethics*, p. 203; Rickaby, *Moral Philosophy*, p. 3, pp. 33 - 40; Bowne, *Principles of Ethics*, pp. 39 - 40; Brown, *Philosophy of Mind*, Vol. III, p. 489 and pp. 499 - 500; Paulsen, *System of Ethics*, pp. 227 - 233; Green, *Prolegomena*, pp. 317 - 323; Sidgwick, *Methods of Ethics*, pp. 206 - 207.

14. 幸福与行为：善和欲望

241 我们已经就第一个探讨得出了一个结论(第187页)，并且确定了道德评价适当的主题是人的素质，正如展示在引起某些(而非其他的)要考虑和评估——预见和欲望——的后果的倾向之中。素质、动机、意图，从而根据它们会产生的后果，被评价为好的或坏的。但是，我们以什么来决定事情后果的好或坏呢？我们从好、坏区别的地方转向了区别本身的性质。作为自愿行为的条件，好和坏意味着什么？

作为善和恶的幸福和悲惨——这个问题有一个答案，它是如此简单、如此全面，以至于总是为某些代表性的伦理理论所承认：善就是幸福、安康、快乐；恶就是悲惨、悲哀、痛苦。[1] 依据结果令人愉快的性质或使人不快的性质，把它们区分成善的和恶的；由于人们发现某些行为导致快乐，而其他行为导致痛苦，把它们判定为善良的或邪恶的。在其现代形式里，这种理论通称为功利主义。边沁对功利主义作出了彻底而清楚的表述。

> 自然把人置于两个主人——痛苦和快乐的统治之下。仅仅是由它们指出我们应该做什么以及决定我们要做什么。一方面，在另一因果链上，对错的标准固定在它们的王位上。
>
> 严格地说，没有什么东西可以说是善的或恶的，除了就其本身而言，这
> 242 仅仅适用于痛苦或快乐；或者根据其效果，这仅仅适用于引起或阻止痛苦和

---

① 稍后，我们会看到区别幸福和快乐的理由。但是在此，我们接受那些确定它们的人的观点。

快乐的事情。

而且：

人们说功利原则是指那种原则，即它根据某一行为似乎会增进或减少利益相关的当事人的幸福的趋势来对那种行为表示赞成或反对。①

再说一遍：

所有利益相关的人的最大的幸福就是正确的和正当的，并且是人类行为唯一正确的、恰当的和普遍希望的目的。

只有在此原则的基础上，词汇“正确与错误”、“应该”才像它们对于行为的应用那样，有理智的含义；否则，它们就没有这样的含义。

然而，后一句话并不意味着所有正确与错误的判断实际上都来自对行为结果在痛苦和快乐方面的考虑；而是意味着，我们的判断**应该**仅仅在此基础上形成，因为只有在此基础上，它们才是正当的。②

善与幸福的自明的同一——幸福是人的行为的最终目标以及行为的道德价值的最终标准，这一原则通常被功利主义者认为是自明的并且是无法证明的。正如边沁所说，“被用来证明其他一切的东西自身不能被证明。一连串的证明必须始于某处”。因此，边沁说：“现在没有人能为此立场提供证明，即幸福是所有人类行为的正当目的，是所有正确行为的标准。它是一个需要参照对每个人的评价来检验的终极的或最终的假定。”（《道法科学》，第 27 页）因此，穆勒（功利主义）也说：“对于对象是可见的所能给出的唯一证明，就是人们实际上看到了它。 243

① 环境表明，这个“当事人”可能是个人、有限的社会群体或整个社群。甚至动物的快乐和痛苦、有意识的创造的快乐和痛苦，都可以考虑。

② 这些引语来自边沁的《道德与立法原理》；第一、三、四节和最后一节引自第 1 章；第二节引自第 13 章。

同样，可能达到希望的事情的唯一的证明，就是人们确实实际上希望它。"①

反对幸福理论的极端观点——和这种所有人渴望的幸福的不证自明的特点的观点完全相反的，是那些人的观点；对他们来说，这同样是不证自明的，即以快乐为行为目的是破坏所有道德的。卡莱尔就是激烈反对功利主义的一个有趣的例子。他比较温和地把功利主义描述为"机械得失"理论。它是"道德的装饰和烹调概念"。它从来没有超出考虑舒适和方便的水平。更为激烈地说，它是一门"猪的哲学"，把宇宙看成"猪的水槽"，在其中美德被认为就是获得最大可能数量的"猪的冲洗"。而且，在人之前加上省略号，他说："你不就是一只秃鹰吗，满世界乱飞，寻找吃的东西；因为没有足够的腐肉给你而哀鸣？"他说，把一般幸福当作目的的企图，提出了这样的问题，"假设一个由流氓(Knaves)组成的世界，要从他们的一致行动中产生出真诚"，术语"流氓"指所希望的社会结果带来的快乐和"真诚"具有的个人主义的、追求自我的品质。他认为功利主义使正义服从于善良，而且根据那一点，他把它说成"到处充满博爱废话的奶油葡萄酒"。

幸福概念中的模糊——如果对某些人而言，这是不证自明的，即幸福是行为的目标，而且成功地获得它就是对行为和产生行为的素质两者的检验；而对其他
244 人来说，同样明显的是，这样的观点意味着不道德或至少是低级的肮脏的道德；假设"幸福"对双方并非意味着相同的东西，这也是合理的；这个概念从根本上存在某种模糊性。

模糊的来源——这种模糊的性质也许可以从这一事实中推出，即边沁本人(在这一点上，他是所有功利主义者的典型)在他的陈述中结合了幸福的两个方面或两种快乐观。他说，只有快乐和痛苦"**指出我们应该做什么**"，它们是唯一的基础，我们的对错判断应该形成于其上，或者说在这个基础上，我们的判断才能得到证明。其他东西也许可以视为指出了我们应该做什么；人们也许运用判断的其他标准——任性、同情、教条。但是，它们不是正确的和正当的。对行为后果影响所有相关者的幸福和不幸的考虑，提供了控制正确目的形成的唯一正当

① 也许可以把这些说法和斯宾塞在《伦理学原理》(第1卷，第30—32页)的观点相比较；斯蒂芬，《伦理学科学》(*Science of Ethics*)，第42页。西季威克在他的《伦理学方法》(1901年)中认为，幸福作为目的的自明的特点，证明了这种观点不是经验的而是直觉的或先验的。只有当我们把自己放在良心的某些终极的判决上时，才可以说我们知道幸福是所希望的目的，一个人的幸福和他人的幸福一样是从本质上可希望的。参见他的《伦理学方法》(1901年)，第3卷，第xiii和xiv页。

的方式。某种幸福，结果的幸福，就是标准。但是，这预先假定了：不管怎样，还存在着某种目的；它可能是不正当的，因为它不符合标准。然而，这个目的也有可能是快乐。快乐和痛苦“决定了我们**要**做什么”，不管我们是否为最多的快乐而行动。“因果链”以及“正确的标准”就在它们上面。我们为了快乐而行动，甚至当我们不是为了快乐(我们应该为它努力)而行动时也是如此。因此，快乐或幸福似乎是双重角色。只有在**正确的**目的的情况下，相同的幸福起着驱动力和评价标准的作用。在其他情况下，某种快乐是所期望的目的，而另一种快乐不是所期望的，或者至少不影响行为，但它对正确与否起着衡量作用。可以说，错误行为的本质恰恰是：导致它的那些快乐并非衡量其是否为善的那些快乐；行为者并非由那些作为后果来决定行为的道德价值的快乐和痛苦驱使着去行动，而是由某些正好在行动时强烈感受到的快乐或痛苦的驱使下去行动。

两种善——因此，即使根据边沁的观点，在真实的幸福和表面的幸福之间，在导致行为的善和作为标准应该导致行为的善之间，存在着差异。如果**所有**行 245
为的目的是幸福，而且我们要求对结果的考虑来告诉我们**什么**样的幸福应当追求，那么“幸福”就处于高度模糊的位置。一方面，从我们的立场看，它提供了判断正确与错误的标准；另一方面，它为所有错误行为提供了动力；正是它如此恳求和引诱我们，以致我们未能运用正确的标准来调节行为，从而误入歧途。在某些人(就像卡莱尔一样)看来，这一区别是如此基本，以致说某一方以及类似的东西可能是所有正确行为的标准和所有错误行为的动力是荒谬的。因此，他们坚持美德和幸福的对立。

而且，根据边沁自己的观点，在**最先**呈现自己、**最先**引起欲望和引发行动的善，与**在考虑后果之后**、**在此基础上**形成的善之间有很大的区别，后者是**正确的**善。我们把后者说成正确的，意思是它对最先出现的目的具有权威；因此，它对行为拥有最高的权力。所以显然，我们是在两种完全不同的意义上使用幸福；以至于如果我们把自我呈现的第一种目的称为幸福，正确的目的就是别的东西；或者如果我们把衡量行为价值的后果称为幸福，那么，第一种目的应该被称为别的东西。如果幸福是所有欲望和努力的**自然的**目的，那么，说同样的幸福应该是这个目的就是荒谬的。如果所有物体无论如何都落到地上，我们就不会说它们应该落下。如果我们的所有行为不管怎样都是由快乐和痛苦所致，那么这一事实，正因为它同样适用于所有行为，并不能说明它们中的任何行为的正确或错误。

或者，另一方面，如果那是我们**应该**为之行动的一种幸福（它包括充分考虑后果），那么称它为幸福（根据它，我们“盲目地”行动或没有正确的预见）就是误导的。

如果要把幸福等同于道德的善，那大概是在正确的幸福被辨别之后，即在充
246 分考虑之后呈现出来的东西。我们对边沁的批评会表明，只要他把幸福看成是仅仅性质相同而数量不同的快乐的总和，他就不能作出这个区别。正如边沁的一位早期批评者黑兹利特（Hazlitt）所说：“快乐是本身如此的东西。善是在思考中证明自己的东西，或者说是作为满足来源的**观念**。因此，（从道德上说）并不是所有的快乐都等同于善；因为并非所有的快乐都同样建立在思考之上。”我们将进一步努力说明，边沁把幸福看成仅仅是快乐的总和的理由，是他陷入了前面已经讨论过的错误，即把后果和行为者的素质、能力与活动倾向分离。而且，当我们纠正了这个错误时，幸福的恰当含义就是**行为者的某种目的和力量**的满足、实现或完成。我们因此就能区别（在自我的或多或少有些孤立和肤浅的偏好的表达中发现的）错误的、不令人满意的幸福与（在基本的和完全相关的能力的充分实现中发现的）正确的或真正的善。我们将先在刚刚说过的题目下进行讨论：(1)**作为自然目的或欲望对象**的幸福；(2)**作为评价标准**的幸福；(3)**幸福的构成**。

§1. 欲望的对象

欲望的快乐主义理论——认为欲望的对象是快乐的那个阶段的功利主义被称为快乐主义（hedonism），有时被称为心理的快乐主义，以区别于伦理的快乐主义（认为快乐是评价行为的标准的理论）。格林把心理的快乐主义的根本谬误，很好地表述为“假设欲望可以由对其本身的满足的期望所激发或创造”——即在事实上，只有当已经具有了想锻炼的欲望，锻炼的观念才是愉快时，假设锻炼快乐的观念引起了对它的欲望（格林，《伦理学绪论》，第168页）。假定一个已经存
247 在的欲望，想到满足那个欲望的对象总会引起快乐，或者说被认为是快乐的。但是，快乐主义未能考虑在对象引起快乐（因为它被认为满足了欲望）和想到引起欲望的快乐之间的巨大差异，尽管令人愉快的感觉可能加强向对象的运动。一个饥饿的人认为，牛排是可以满足他食欲的东西；他的思想立即被愉快的语气所掩盖，而意识到的食欲的力量也相应地加强了；守财奴以相同的方式想到金子；慈善家想到慈善行为，等等。但是，在每一种情况下，愉快元素的出现取决于想

到一个并不是快乐的对象——牛排或金子。想到那个对象**先于**快乐，并且引发了快乐，因为人们感觉它承诺了欲望的满足。

快乐是想象欲望在其正确对象的实现方面被感觉到的伴随物——欲望的对象不是快乐，但是某些对象是快乐的，因为它是欲望的类似终点（congenial terminus）。感觉到的快乐是**当下的**快乐，这快乐**现在**伴随着满足了欲望的念头。它通过反对体验到的缺乏和需要的不愉快感，强化了欲望的当下性特点。

1. **快乐和原始欲望**——生物本能和欲望存在不是为了提供快乐，而是维持生命（个体和种群的生命）必需的活动。它们的充分满足伴随着快乐。这是毫无疑问的生物事实。如果动物也被赋予记忆和预期，会使这一过程复杂化，但不能改变它的性质。感觉饥饿的动物现在可能会有意识地期望获得食物，可能想到食物会感到快乐。这快乐此后不仅仅伴随着欲望获得满足，而且伴随着满足之前的欲望，只要它预期着未来的满足。但欲望依然是为了目的，为了食物。如果这欲望是健康的，它就不依赖对以前快乐的回忆而产生；动物并非碰巧回忆起它从食物得到过快乐，从而激起对更多食物的欲望。欲望自然地从有机体的状态中突然产生。只有令人厌倦和不健康的欲望，才必须通过回忆以前的快乐来激 248
发。但是，如果在获得满足需要的对象的过程中有许多障碍和挫折，对快乐的预期在其实现中通常可能会增加精力的投入，也许会给逐渐衰退的努力以额外的援助。以这样的方式，快乐的预期在活动有效的方向上，有一个正常的位置。但是，无论如何，欲望和它本身的对象是第一位的，快乐是第二位的。

2. **快乐和获得的欲望**——当我们考虑所谓更高层次的、通常进入不同道德问题的欲望和情操（sentiments）时，相同的观点就显得更加清晰。在这些情况里，它不再是有机体原始的本能和欲望的问题。它们的位置被获得的习惯和素质所取代。慈善欲望的对象是雪中送炭或者为他人谋福利。与对他人行善相伴而来的快乐并不是目标，因为只有当他已经有了在友善愿望中自然流露的善良性品格，才把这善良行为视为带来快乐的。只要他不是善意的，这行为对他来说，就是令人厌恶的，而非有趣的；而且，如果已经做出了这样的行为，它不是出自善良的愿望，而是出自胆怯的或贪婪的欲望，那么，这快乐就伴随着想到某些其他客观后果，如避免不受欢迎。表现诚实、服从民法或热爱自己祖国的目的，以同样的方式导致了对可以满足这些欲望和意图的行为与对象的思考；那些被认为能提供满足的对象就必然会受到赞许并引起关注——它们被认为是幸福的来源。对一位爱国者来说,想到可能牺牲甚至也会引起一丝满足,因为他认为这种行为能巩固他的国家的存在。但是,假设这伴随的快乐是欲望的目的和对象,那就是本末倒置了。

3. **幸福和欲望**——因此,可以说,所有人都渴望幸福。但是,这幸福并不依
249 赖以前的快乐经验,这种出现在记忆中的经验引起了欲望和对其自身强烈的关注。说一个人的欲望是追求幸福,只是说幸福来自欲望的满足,欲望本身是作为缺乏或不满足状态(在这状态中,这个人发现了他自己)的表达而出现的。这样设想的幸福*取决于欲望的性质并且随之而变,而欲望则随着品格的类型而改变*。如果这欲望是一个诚实人的欲望,那么,某种可敬的意图的成功实施、债务的偿还、信贷的终止被认为是幸福,是善。如果它是一个放荡者的欲望,那么,由继承财产而使寻欢作乐的生活得以可能就被视为幸福——一种极度希望的圆满。如果我们知道一个人觉得什么是他真正想要的,知道他把幸福押在什么上面,那么,我们就能读懂他的人性。因此,在幸福中,正如对欲望满足的预期,没有肯定的或明确的性质;因为根据吸引这个人的对象的种类不同,它也许是一个善的象征或者一个坏的品格的象征。现在由想到一种目的的完成所油然而生的愉悦,不可能是欲望的对象,因为我们只欲求缺少的东西。但这愉悦是关于对象(无论它是什么——健康、挥霍、贪婪、浪费、征服、助人为乐)的思想和行为者的品格之间一致或和谐的标志。它就是所设想的目的的动力、影响力和重要性的证据;它提示了在其中目的不仅是智力抽象而且是*动机*的范围(参见第231页)。但是,这动机的道德价值取决于这目的的特点,个人在这特点中找到他的满足。

4. **未来的快乐和现在的快乐的混淆**——正是*现在的*快乐(伴随着想到一个满足欲望的对象)和*当欲望满足时出现的*快乐的混淆,导致了认为快乐是欲望的对象的观念的持续。欲望的对象*现在*是令人愉快的这一事实,被歪曲成了我们
250 *追求稀少的*快乐的说法。[①] 在下面这段话里,可以看到对这种混淆的最好说明:

> 对幸福的热爱大概表达了犹大和其主人唯一可能的动机;它大概解释了坐柱修道派(Stylites)坐在他柱子上的行为、提庇留斯(Tiberius)在卡普

① 这种模糊性影响了从边沁那里引用的观点,即快乐和痛苦决定了我们要做什么。他的含义是快乐作为欲望的对象驱使着我们;事实是现在的(由想到某个对象引起的)快乐影响着我们。

> 利阿(Capreæ)的行为、阿·肯培斯(A Kempis)在他的牢房里的行为和纳尔逊(Nelson)在伟大胜利的战场上的行为。这大概对于武装起来的圣人和殉道者、英雄、懦夫、浪子、苦行僧、神秘主义者、守财奴、败家子、男人、女人和孩子来说是同等的善(斯蒂劳,《伦理学科学》,第44页)。

正如我们刚刚看到的,这一说法在如下意义上是正确的,即不同的人根据他们不同的性格或习惯上占优势的目的,发现不同的事情是善的;每个人都在其情感投入最多的事物中发现自己的幸福。一个人的心在哪里,他的财富也在哪里;而一个人认为是财富的东西在哪里,他的心也在哪里。使一个人感到幸福的对象揭示了他的品格,无论这对象是预期的还是实现了的。

我们的目的是我们的幸福,而不是达到它的手段——但是,谬误在"热爱幸福"这些词汇中。它们暗示所有人都在追求相同的东西,某种标示为"幸福"的东西在所有情况下都相同,不同之处在于他们寻找它的方式——圣人和殉道者,英雄和懦夫,所有人都有这相同的、看得见的客观目标——只要他们知道它！迄今为止,确实为了有**真正的自我和真正的满足**,有某些关于自我的根本条件必须得到满足;幸福对所有人都相同,是所有事物中的终极的善。但是,这仅仅适用于幸福的标准,它用来判定幸福的任何具体概念的对或错,而不是针对实际接受的概念。说所有人都有意识审慎地追求相同的幸福,是对事实的歪曲。幸福作为标准,意味着自我的发展和完整之所需的真正完成。在此意义上,它就是人所应该渴望的;只要他们理解自己及满足的条件,它就确实是他们所渴望的。但是,作为自然的或心理的目的,它意味着一个人恰好在某个时间在其中发现了愉悦,
这取决于他最主要的希望和最强烈的习惯。因此,几乎每个人,包括快乐主义 251
者,感觉到了对这种说法(即幸福是行为的有意识的目的)的反对。它提出,我们日常针对的对象不是为其本身的缘故而追求,而是为了某些对我们自己而言的隐蔽的满足。事实上,这些目的只要符合我们的能力和意向,就是我们的幸福。所有人都热爱幸福——对,在此意义上:由于有欲望,他们对欲望可能在其中实现的对象感兴趣,不管它们是有价值的还是堕落的。不;如果根据这意味着幸福是某些不同于或超越条件(在其中个人力量展现出来,并且变得有效)的东西;或者如果它意味着所有人都热爱真正会带来幸福的东西。

标准的必要性——正如许多种类的品格一样,有许多种类的作为善的构成

的东西被认为是令人满意的。并非所有期望实现时，都如它们所期望的那样。期望的善也许是金玉其外，获得时也许是败絮其中。因此，某些目的，某些形式的幸福，被认为是没有价值的，而不是"真的"或"假的"。虽然它们在欲望的期待期间似乎是幸福，在后来的反思中，却并非如此认为。因此，需要某种善或幸福的标准，根据这种标准，个人可以控制他的欲望和目的的形成。这样，现在的善和永恒的善、欲望中的善和反思中的善就会一致——以至于这个人会发现，现在使他感到满意的东西也将永远地使他满意。我们从作为一种设想为善的幸福转到了作为**正确**设想的善的幸福；从作为结果的幸福转到了作为标准的幸福。和以前一样，我们从较窄的功利主义概念开始。

§2. 作为标准的幸福概念

功利主义方法——快乐主义认为，快乐是人的行为的目的，因为它是欲望的目的。功利主义或普遍主义的快乐主义认为，所有受到影响的快乐都是判断行
252 为价值的标准——对幸福的促进并非人类实际用来判断道德价值的唯一衡量标准，但它是应该采用的唯一标准。实际上，人们还运用其他的检验，如同情、偏见、习俗、任性等等，但"功利"是一种标准，它使人们在任何提议的行为过程中可以**真正**判断什么是对的、什么是错的。边沁制订的方法如下：每一提议的行为都要根据它在下述方面可能的后果加以考查：(a)幸福和痛苦的**强度**；(b)其持续时间；(c)其确定性或不确定性；(d)其接近或遥远；(e)其多产性——例如，一快乐后面接着其他快乐或一痛苦后面接着其他痛苦的倾向；(f)其**纯洁性**——例如，一快乐后面接着痛苦或者**反过来**的倾向；(g)其范围，即其幸福受到影响的人的数量或范围——关于他们的幸福和痛苦，前面 6 项中的每一项也应该严格地加以计算！然后把所有快乐加起来，它们为这账户的贷方；把痛苦加起来，它们是借项，或者说债务，为另一方；然后计算它们的代数和，"它在快乐一方的余额将是这行为在总体上的善的倾向"。

循环方法——边沁的论证完全依赖于预见和准确测量意向实现之后的未来幸福和痛苦的数量，并且能够算出它们的代数和的可能性。我们的考察将会直接表明，我们在此犯了一个刚刚讨论过的相同错误；边沁是在循环论证。因为这论证声称，通过算出未来快乐或痛苦的总量来衡量现在的素质和意图；但是，除非以这个人现在的倾向、习惯的目标和兴趣为基础，否则就无法估计未来满足的

数量、未来可能的痛苦和幸福经验的相对的强度和分量。(1)估计未来的快乐或痛苦的“命运”的相对数量(大小、强度等)的唯一方法,就是通过看某些预期后果(它们本身根本不是幸福或痛苦)符合**现在**素质的程度。(2)我们能够肯定的对 253
未来满足的**正确**估计的唯一基础,就是我们已经有一种善的特征作为形成评价的基础和机制。

(1) **快乐和痛苦是如何衡量的**——如果我们严格地遵循边沁把快乐作为孤立实体的概念,所有幸福只是在性质上相同、数量上不同——在强度和持续时间两个维度上——他推荐的方案完全是不可能的。说一个快乐(作为外部的和未来的事实)等于另一个,这是什么意思?说可能找到一种痛苦严格地和一种快乐相等,以致可以正好抵消后者或把后者缩小为零,这样说有什么实际意义?一个人怎么能衡量一次突发并持续长久的牙痛的痛苦,与例如某些在可能会引起牙痛的条件下实施的慈善行为的快乐相比,孰轻孰重?这种数量的比较和道德价值的评价有什么关联?为了自己的国家而参战的意向的实现中包含多少幸福?在这意向实现时,有多少人留在家里和家人团聚并和政府签订可获利的合同?如何发现每组行为中包含的痛苦,如何赋予它们准确的数值影响力?如何比照另一组来衡量一组行为?如果一个人已经是一个爱国者,一组后果会进入视野并很有分量;如果一个人已经是一个懦夫、淘金者,另一组后果就会出现,而且就会以非常不同的尺度标准来衡量其价值。

现在同质性对品格衡量的重要性——当分析所发生的事情时,我们发现,这个比较未来的可能的满足、看哪个更大的过程,发生在和边沁确立的完全相反的基础上。我们并不以快乐和痛苦的固定量的方式比较结果,但是我们比较**客观的**结果,比较给我们自己、给他人、给整个社会环境带来的变化;在此比较中,欲望和厌恶呈现出更为确定的形式和力量,以至于我们发现某种结果的观念比另一种与我们现在的品格更加一致、更加和谐。**因此**,我们说它更加令人满意,它 254
比另一种能提供更多的快乐。**现在**心中甚至一想到与敌人打交道而引起的这种满足,也许比想到对他带来的伤害和损失或想到危险本身时的痛苦更加强烈。因此,来自报仇的快乐被看作比来自节制的快乐更多、更强烈、更持久……。或者,说满足大约相等就是说,我们**现在**不知如何在它们中间进行选择。但是,我们并非不知道选择,因为某些未来的痛苦和快乐以与我们自己的希望、习惯和生活计划无关的固定量的方式呈现自身。同样,我们可以谈论满足相互促进以及总量增加；或者谈论所出现的抵消或减少满意总量的不满足。但是，这并不意味着，我们预期在未来出现的痛苦和快乐会增加或减少——这样的说法有什么可理解的意义？它意味着，当我们首先想到这个结果、然后想到另一个结果时，在对某个结果的期望中发现的现在的幸福，由于对另一个的期望而增加了；或者说，结果是如此矛盾，以致现在的满足不是由于想到另一个而膨胀和扩大，而是冷却了，变小了。因此，我们也许会觉得复仇的想法非常甜蜜（因而给予由复仇带来的快乐以高度的评价），但是想到这行为的卑鄙，想到如果某人（我们高度尊重他的好意见）知道了这种行为我们会有何感受，我们就会放弃。

(2) **同质性对善良品格和正确衡量的作用**——这种讨论的最终结果是：对我们来说，行为的实际价值在某个时间是由满足或不满足定义的，我们预见到万一这行为发生会带来什么变化并考虑这种想法。现在的幸福或厌恶（取决于想到的念头和品格的融洽）为我们确定了未来后果的价值：它是和这种说法（对未来的痛苦和幸福的计算，为我们决定了行为和品格的价值）相反的东西。但是，
255 这适合于任何偶尔出现的目的，而不适合于我们应该形成的目的；我们依然没有标准。适合罪犯的说法也适合圣人；同样，适合守财奴和浪子的说法也适合理智慷慨之士。对某个结果的想法会温暖每个人的心灵，如果他的心灵还是那样的话。如果刺客没有想到谋杀，如果这种念头不受大家喜欢和欢迎——不为大家所熟悉，谋杀就不是谋杀了。仅仅在此假设上，即品格已经是善良的，我们才能信任判断。首先，要预见所有应该预见到的后果；其次，对每一预见的后果作出正确的情绪上的喜欢或不喜欢、幸福或痛苦的标记。希腊人说，道德教育的目标就是要看到，个人在对高尚的目的的思考中发现快乐，在对卑鄙的目的的沉思中发现痛苦。而且，正如亚里士多德所说：

> 善良的人希望达到真正的目标，但坏人希望的可能是任何事情；正如在生理上说，那些身体健康的人渴望有益健康的东西，而病人也许会把任何东西都看成有益健康的；因为善良的人的判断是正确的（《伦理学》，第3卷）。

此外，"关于快乐，善良的人容易做对，坏人容易出错"（第2卷，第3、7页）。而且，最后，"仅仅对于善良的人，善使自己呈现为善，因为邪恶使我们堕落，使我们在行为原则上犯错误"（第6卷，第12、10页）。

把快乐的性质作为标准的原则——仍然称自己为功利主义者的穆勒，实质上达到了相同的结论，通过(a)把快乐的性质而不是它的大小或强度作为标准；(b)把性质的差异归结到体验它们的特点的差异。他说："这和功利原则是非常一致的，即承认这个事实：某些种类的快乐比其他的更令人渴望、更有价值。""人类具有比动物的欲望更加高尚的能力，而且，一旦意识到它们，不要把任何不包含其满足的东西看成幸福。"能力或才能越高级，它的运用和满足带来的快乐（和大小无关）在质量上就越高。但是，我们怎么知道哪种才能是更高级的，从而什 256
么满足是更有价值的？答案是通过参考那个有最佳机会，运用所说的所有力量的人的经验。

> 很少有人为了可能享受一个动物最充分的快乐，同意变到任何更低层次的动物去；没有一个理智的人会同意成为一个傻瓜，没有一个受过教育的人愿意成为一个无知的人，没有一个有感觉有意识的人愿意自私和卑鄙，即使人们告诉他们，白痴、傻瓜或者无赖比他们更容易对自己的命运感到满足。

此外，

> 无可争辩的是，那些享受能力低下的人有最大的机会使其得到充分的满足；而天赋高的人总是会觉得他能寻找的任何幸福（由于世界在不断发展）是不完善的……做一个不满足的人，总比做一头满足的猪更好；做不满足的苏格拉底，总比做一个满足的傻瓜更好。而且，如果这傻瓜或这头猪有不同的意见，那是因为，对一个问题而言，他只知道他自己的这一方面；相比较而言，其他人知道两个方面。

因此，我们讨论的最终结果是：(1)幸福在于体现在欲望、目的、努力中的自我呈现的力量的恰当目标的实现（或者对这样的实现的预期）；(2)真正的幸福在于这些具有较高尚品质的自我力量的满足；(3)在具体情况中，具有善良品格的人（在他那里，那些高尚力量已经起作用）是对幸福和悲惨的判断。现在，我们将讨论幸福的构成。

§ 3. 幸福的构成

幸福在于由我们带着欲望和目的的努力带来的客观条件的一致(无论是预期的还是实现的)。这个幸福概念与那种认为它是感觉或感受的分离状态的总和或汇总的观念形成对比。

1. **一种观点把快乐和客观条件分开,而其他的则把它们联系在一起**——在
257 一种情况下,令人愉快的感受是一种精神实体,假设其自身可以存在,可以从行为的客观目的中抽象出来。令人愉快的*事情*是一回事快乐是另一回事;或者,宁可说,*令人愉快的事情*必须分成两个独立的因素,作为*感受*的快乐和它偶然与之联系的*事情*。只有快乐(*当分离开时*)是行为真实的目的,一个对象最多是确保它的外部的手段。正是偶尔和食物、音乐、风景相*联系*的愉快的感受,使它成为善的;健康、艺术本身并非善的。其他观点认为,并不存在单独的快乐;快乐仅仅是赋予*令人愉快的对象*的一个名称;快乐意味着存在于行为者的某种能力和实现这种能力的某种客观事实之间的一致与和谐(congruity)。它表达了某个对象遭遇、适合、回应行为者的一种行为的方式。说食物是令人愉快的,意思是说食物满足了一种器官的功能。音乐是令人愉快的,因为通过它,个人某些有关听觉韵律的才能或要求得到实现;风景是美丽的,因为它促进了观众的视觉可能性的实现。

2. **快乐的性质随对象和行为动力而变化**——当幸福被设想为感受状态的集合时,这些状态被认为在性质上是相似的,相互之间仅仅在强度和持续时间上不同。它们性质上的差异不是内在的,而是由于和它们联系的不同的对象(如听觉或视觉上的快乐)。因此,当快乐本身被认为是目的时,它们就消失了。但如果一致正好是某些客观条件与某些冲动、习惯或行为者的倾向的一致或和谐,那么,纯粹的快乐无疑是一个神话。任何快乐在性质上都是独特的,正好是一组条件和其适当的活动的和谐。品尝美食的快乐是一回事,欣赏音乐的快乐是另一回事;友好行为的快乐也是另一回事;酩酊或愤怒的快乐仍然是另一回事。因此,与幸福相联系的绝对不同的道德价值的可能性,取决于它们所表达的品格的
258 类型或方面。但如果善仅仅是快乐的总和,任何快乐就其本身而言,和任何其他快乐一样是善的——歹毒的快乐和厚道的快乐一样善,仅仅因为都是快乐。因此,边沁说,弹图钉游戏(push-pin)的快乐和诗的快乐一样善;而且他还说,由于

快乐是每一行为的动机，不存在（就其本身而言）**本质上**不善的动机——只有当其结果最终产生了比幸福更多的痛苦时，它才是不善的。恶意的流言蜚语的快乐，只要它是快乐，就是这行为的恶劣程度的减轻。如果幸福只在产生快乐的品格倾向被认可的范围内，是感受快乐的经验，那么，情况并非如此。行为可以带来快乐，但那快乐并非幸福的一部分，而是污点和缺点。例如，对快乐来说，这可能是对的，一个人可能在慈善行为中得到快乐，因为这样做使他处于比接受者更优越的地位。一个发现自己从这种行为中感到快乐的善良的人，不会把这种快乐看成是达到善的更深层的因素，而是看成幸福的减损。快乐也许会被接受或遭到反对。根据幸福的观点，只要不是默认的，它就是明确地不为人喜欢的。屈从于快乐，把它看成自己的幸福，是展示或发现一个人是什么样的人的最可靠的方式之一。另一方面，吝啬的人在自己最初的慷慨行为中感受的痛苦，也许作为（在这种情况下）善的成分受到他的欢迎，因为它是品格改善的一个迹象和因素。

3. **品格的统一**——幸福作为快乐的总和，并没有为统一或组织自我的不同倾向和能力提供基础。它充其量仅仅使机械的折衷或外部调整成为可能。我们以来自善意的或恶意的冲动并伴随着行为的满足为例。快乐也许存在于对这两种冲动中的任一种（当它被强烈地感受到时）的让步，对此也许没有疑问。现在，如果我们把快乐本身看成固定的状态，把善或幸福看成这类状态的总和，那么，能够和善良行为联系的唯一的道德优越性就是：总体上来说，比起让步于相反的 259
行为动机，有**更多**的快乐来自它。从长远观点来看，它仅仅是量的更大或更小的问题。品格的每一特点，每种行为仍然在道德上保持独立，彼此隔绝。它和其他特点的唯一联系，出现于人们把它在愉快的或痛苦的感受方面的结果，和来自其他特点或行为的类似后果（在大小上）相比较时。但是，如果幸福中根本的东西是行为者的欲望、意向与对其自己的成功的展现的关系，那么，在我们的不同倾向之间就存在着内在的联系。某种倾向的满足增强了它自身，而且在削弱其他倾向的同时，增强了关联的倾向。一个很容易对他认为是敌对的那些行为发怒（并且从中找到满足）的人，不知不觉地养成了一种在所有方向上易怒的倾向，从而改变了所有满足的来源和性质。一个珍惜从风景中得到满足的人，也许增强了他对来自诗歌和图画的愉悦的敏感性。

最后的问题——关于幸福的最后问题，把真正的正确的幸福和虚假的错误的满足划分开来的问题是这样的：能否在此发现本身是值得希望的行为的目的，这种目的不仅增强和扩大了它们直接从其而来的动机，而且增强和扩大了作为幸福来源的其他倾向和态度？能否在此发现这样的力量，其运用加强了稳定的目的，削弱和排除了那些仅仅引起不安宁的、易怒的或短暂的满足，最终妨碍和阻挠幸福增长的对象？和谐、增强、扩张是真正的或道德满足的标记。什么是这样的善，它在直接享乐中是善的，同时带来更充实更持久的生活？

参考文献

关于作为欲望对象的快乐和快乐主义心理学，参见：Bain, *Emotions and Will*, Part II, ch. viii; Rickaby, *Moral Philosophy*, pp. 54 - 61, and *Aquinas Ethicus*, Vol. I, pp. 104 - 121; Sidgwick, *Methods of Ethics* (1901), pp. 34 - 47, and the whole of Book II, and Book III, chs. xiii and xiv; Mackenzie, *Manual of Ethics*, Book II, ch. iv; Muirhead, *Elements of Ethics*, Book III, ch. i; Gizyeki, *A Student's Manual of Ethical Philosophy*; Green, *Prolegomena to Ethics*, pp. 163 - 177, 226 - 240, 374 - 388; James, *Principles of Psychology*, Vol. II, pp. 549 - 559; Martineau, *Types of Ethical Theory*, Vol. II, Part II, Book II.

260

关于快乐主义的历史，参见：Wallace, *Epicureanism*; Pater, *Marius the Epicurean*; Sidgwick, *History of Ethics*, ch. ii, *passim* and ch. iv, §§ 14 - 17; Hume, *Treatise of Human Nature*, Book III, and the references to Bentham and Mill in the text; Watson, *Hedonistic Theories from Aristippus to Spencer*.

关于功利主义的标准，参见：Lecky, *History of European Morals*, Vol. I, ch. i; Stephen, *Science of Ethics*, chs. iv and v; Spencer, *Principles of Ethics*, Part I; Höffding, *Ethik*, ch. vii, and *Monist*, Vol. I, p. 529; Paulsen, *System of Ethics*, pp. 222 - 286, and 404 - 414; Grote, *Examination of the Utilitarian Philosophy*; Wilson and Fowler, *Principles of Morals*, Vol. I, pp. 98 - 112; vol. II, pp. 262 - 273; Green, *Prolegomena*, pp. 240 - 255, 399 - 415; Martineau, *Types*, pp. 308 - 334; Alexander, *Moral Order and Progress* (1891), pp. 204 - 211; Seth, *Ethical Principles*, pp. 94 - 111; Sidgwick, *Lectures on the Ethics of T. H. Green, Mr. Herbert Spencer and J. Martineau*, Lectures I - IV of the Criticism of Spencer. Compare the references *sub voce* Happiness, pp. 899 - 901, in Rand's *Bibliography*, Vol. III of Baldwin's *Dictionary of Philosophy and Psychology*.

15.

幸福与社会目的[1]

因此，在形式上，真正的善是范围广泛的或展开的目的。在本质上，满足这 261
些条件的唯一目的是社会的善。功利主义的标准是社会的后果。重复一下我们以前引用的边沁的话："所有利益相关的人的最大的幸福就是正确的和适当的，并且是人类行为唯一正确的、适当的和**普遍希望**的目的。"穆勒说："做你希望他人对你做的事，爱你的邻居如同爱你自己，构成了功利主义道德的理想的完美。"而且，"关于行为中什么是对的，功利主义标准的幸福不是行为者个人自己的幸福，而是所有相关者的幸福；在他自己的幸福和他人的幸福之间，功利主义要求他像一位无私的善良的观众一样严格公平"。因此，西季威克说：

> 功利主义在此所说的是最早由边沁明确阐述的伦理理论，该理论主张，在任何特定条件下、在外表或客观上正确的行为，就是那**在总体上**带来最大幸福的行为；该理论把其幸福受此行为影响的所有人都加以考虑。如果我们可以给予这个原则以及建立于其上的方法以某些像普遍主义的快乐主义这样的名称，它就变得更加明确。

而且最后，贝恩说："功利和自私的原则相反，因为正如所提议的，它通常总是暗示着社会的善，以及个人利益服从总体的善。"(《情感与意志》，第 303 页)

---

① 在关于自我的第 18 章中，对利他主义和自我主义的讨论从另外的角度考虑这个问题的某些方面。

功利主义的社会目的——因此，它的目标是“最大可能的人数的最大可能的
262 幸福”，这是民主的友爱的目标。在对这个目标的因素进行计算时，它坚持社会的和道德的平等原则：“每个人都有一票，而且仅仅一票。”这个标准是设想由个人组成的社群的福利，其中所有的人都有平等的权利，没有人拥有特权或者接近幸福的独占的通道。民主精神在英国大行其道，反对既定利益和阶级区别，反对一切种类的合法化的不平等。在这个时期，功利主义哲学成了在法律、教育和政治方面自由改革精神自然的、也许不可或缺的助手。每一种习惯、每一种制度都受到反复拷问；不允许借口先例和先前存在作为继续存在的基础。它必须证明自己有利于社群总体的幸福，否则就会被法律禁止存在或要求改革。边沁对与自己不同的其他类型的道德理论所持的根本的反对意见，与其说是哲学的或理论的，不如说是实践的。他感觉到，每一种直觉的理论倾向于美化偏见、习俗和固定的习惯，从而神圣化既定利益和不公平的制度。

反对者的承认——格林说的下面一段话值得注意，因为它来自该理论的一贯反对者：

> 在现代欧洲，为良民(conscientious citizen)评价自己服从的有力主张提供有利证据，并使他能够用批判的、理智的服从代替盲目的、无条件服从的行为的主要理论，毫无疑问是功利主义的……尽管它有来自快乐主义心理学的错误，但没有其他理论可以像它那样为社会的或政治的改革者利用，也没有其他理论像它那样包含这么多的真理，具有这样现成的适用性。没有其他理论提供了如此统摄的观点，人们可以根据它来批判作为权威出现的规则和制度。[①]

而且，谈到理论提供实际服务的可能性时，他说：

> 在现代世界，最显著地提供了这种服务的哲学形态就是功利主义，因为
> 263 它最明确地宣告了人类(没有个人或阶级的区别)的利益是目的。参照这个目的，所有关于服从的主张最终都得到衡量……涉及人类福利的公正，就是

① 格林，《伦理学绪论》，第361页。

功利主义给我们上的重要一课。[①]

动机和目的间不可调和的冲突——但不幸的是，早期功利主义者把所有相关者的幸福是“普遍**希望的**目的”这一主张和快乐主义心理学混淆在一起，根据后者，**希望的**对象是私人的和个人的快乐。因此，什么是**可希望的**和什么是**所希望的**之间如此不同，以致在行为的真实目的(所有人的幸福)和欲望、行为的动力(私人的快乐)之间形成了不可逾越的鸿沟。在什么是**自然地**希望的(“自然地”意味着首先引起兴趣和激发努力的东西)和什么是道德上可希望的(通过这来理解在深思熟虑中呈现的后果)之间存在差异，这一点是充分肯定的。但是，可希望的必须**能够成为**所希望的，否则就会存在这样一个矛盾，使道德成为不可能的。现在，如果希望的对象总是私人的快乐，对影响他人幸福或痛苦的后果的承认，究竟怎么能够成为对个人福利考虑的有效的竞争者(当二者冲突时)？[②]

在愉快的目的之间缺乏和谐——如果事情这样发生，即保证个人快乐的活动尽量给他人带来好处，那就更好；但是，根据这个理论，由于个人必定是专门被受到追求他自己快乐的欲望所驱使，如果他人的幸福恰好挡在道上，那么，灾难就会发生在他人身上。[③] 这仅仅可能是偶然的，所有追求其私人快乐的个人的 264
活动在影响共同幸福的、可希望的目的方面会发生巧合。结果更可能是“一切人反对一切人的(竞争的)战争”。正是针对这样的情况，康德说：“某种和谐在那里出现，这种和谐就像某些讽刺诗中所描述的存在于已婚夫妇之间的决心要毁掉的东西，‘啊，绝妙的和谐！他想要的，她也想要’；或者像传说中的弗朗西斯一世向查理五世皇帝作的保证，‘我兄弟想要的，也是我想要的’(即米兰)。”[④]人们已

① 格林，《伦理学绪论》，第365—366页。然后，格林继续说道，这种服务(尽管)有其快乐主义的因素，而且如果人们在通常运用这一理论时，把所有快乐主义的暗示用于私人生活中的个人行为，那就会在道德进步的道路上设置障碍。

② 必须注意，我们在此有和在开始时遇到的相同问题，即快乐的双重作用(见前文，第244页)：一类幸福是行为的动力，因为希望的对象；另一不相容的类别是这个标准，从而是正当的或正确的目的。

③ 正是欲望对象和动机的这种快乐主义因素，引起了像卡莱尔的谴责；另一方面，正是这个把共同幸福作为标准的论断，引起了功利主义者愤慨的拒绝。例如，它引得斯宾塞反驳卡莱尔“猪哲学”的说法，反过来指责卡莱尔的说法是“魔鬼崇拜”的余孽，因为它假定痛苦也是一种祝福(《伦理学原理》，第1卷，第40—41页)。

④ 康德，《道德哲学》，第116页。

经注意到，**在以未来后果形式出现的幸福和作为欲望对象与现在的动力的**快乐之间，存在着未被察觉和不可调和的分裂，因此对快乐主义的功利主义来说，这成了生死攸关的重要问题。我们先讨论功利主义应对这个问题的努力。

穆勒的形式方法——我们先谈一下穆勒的纯粹逻辑的或形式的提议，因为它有助于展现这个问题。

> 人们不能给出理由说明为什么总体的幸福是值得期望的，除了每个人希望他自己幸福（只要他相信它是可以达到的）。然而，由于这是事实，我们不仅有情况允许的所有证据，而且有可能要求的所有证据，说明幸福是善；每个人的幸福对那个人来说是一种善；因此，总体的幸福就是所有个人的集合体的一种善。①

显然不能这样理解，因为 A、B、C 等人的善**集合起来**或汇总起来，就是对 A 和 B、和 C 等人的善，因此 A、B、C 等人的善，或者说，任何除了 A 本人之外的其
265 他人的善，都被 A 认为是善——特别在初始前提是 A 寻求他自己的善的情况下。因为所有人都渴望自己幸福，就很难说每个人希望所有人都如此。也许确实可以说，那可能是希望的**合理的**事情。如果每个人都为自己渴望幸福，在一个以冷静的理智眼光看待这件事情的外部观众看来，也许没有理由相信，为什么某个人的幸福应该比另一个人的幸福更珍贵或更值得期待。从数学的观点看，唯一的事实是：这个人知道他希望幸福，也知道其他人像他一样，也是希望幸福的个人。从理论上说，这个事实也许促使每个人必须把每一个他人的幸福看成和他自己的同样神圣。但是困难是，根据欲望的快乐主义心理学，这种理性的信念没有机会起作用，即使它在智力上已经被人们接受。智慧的感觉（intellectual perception）和人类动机的机制仍然是相互对立的。换句话说，穆勒的说法提出了快乐主义的功利主义必须解决的问题。

从本质上说，不同于这种形式的说法，功利主义有两个其所依赖的工具：一个是内部的，在个人的本性中发现；另一个是外部的，在社会制度之中。

1. **边沁的同情的快乐的观点**——在边沁草拟的一长串驱使人们行动的快

---

① 穆勒，《功利主义》，第 4 节，第 3 段。

乐中，包括他称之为社会的和半社会的快乐。社会的是善行的快乐；半社会的是友好的（和朋友和睦相处）和名誉的快乐。“善行的快乐是来自把任何快乐都看成由那些（可能是善行对象的）人拥有的快乐”（《道德与立法原理》）。而且，如果要问隐藏于一个人自我中的动机是什么，他必须考虑他人的幸福，

> 为了回答这一点，人们必须承认，一个人时时处处肯定能找到**充分**的动机去考虑的唯一利益是他自己的。但不能否认的一点是，不存在这样的场合，一个人在动机上一点也不考虑他人的幸福。首先，他总是有同情和善行的纯粹社会的动机；其次，在大多数情况下，他有友好和珍惜名誉的半社会 266
> 的动机（《道德与立法原理》，第 17 章，第 1 节）。

最后，同情的动机是如此重要，他说，“功利的命令恰好就是最广泛、最文明的（即深思熟虑的）[①]善行的命令”。简而言之，我们是如此构成的：他人的幸福就是我们的幸福，他们的不幸给我们带来痛苦。我们还是这样构成的：甚至除了他人强加于我们的直接惩罚外，如果他们对我们评价很低，或者我们不受他们“欢迎”，我们知道了会很痛苦。我们的行为越文明，就越能通过同情看到我们的快乐如何直接地和他人密切相关，所以将通过鼓励他人的快乐来得到更多的快乐。这个过程也间接地增加了我们的幸福，因为他人可能会根据我们的行为有助于他们快乐的程度来尊重和尊敬我们。因此，对我们自己的快乐的明智或文明的渴望，引导着我们在行动中考虑他人的快乐。

学说的局限性——陈述这个学说，几乎就是批评它。它实际上是说，明智的和谨慎的自爱会使我们充分注意自己的行动对他人福利的影响。我们会是善意的，但其理由是：以这种方式，我们将比任何其他方式得到更多的快乐，或者更肯定、更容易得到快乐。我们会和蔼，因为大体上说，以那种方式快乐的净回报会更大。这并不是说边沁否定了在人的性格中“无私的动机”的存在，或者说他认为所有同情都是冷静的计算；相反，他认为对他人福利和苦难的同情的反应，包含在我们的品格中。但是他认为，由于同情的情感与行为的**动机**有关，它们只是以渴望自己快乐的形式影响我们：它们使我们乐他人所乐，它们促使我们行动，

① 边沁用这个短语指根据其后果控制这种活动的动机的必要性，正如他人受控制一样。

267 因为他人会感到快乐，从而我们会更加快乐。它们并没有作为在他人福利中的我们自身的直接利益来促使我们行动。[①] 我们将会发现，正如穆勒通过用幸福的性质替代快乐的数量，从而改变了功利主义的动机理论一样，他也改变了早期功利主义使个人幸福和社会福利相关的内部的和外部的方法的概念。

2. **穆勒的批评**——穆勒指责边沁忽视了促使人为了美德本身而热爱美德的动机。"即使在同情的名下，"他说：

> 他的承认并没有延伸到更加复杂的情感形式——喜欢爱(the love of loving)、需要同情的支持，或者需要欣赏和尊敬的对象。[②]
>
> 自我培养，人类自己训练其情感和意志……在边沁的体系中是一个空白。没有前者，其他相互平等的部分以及他的外部行为的控制必然完全停止和不完善；因为我们怎么能够以某种方式来判断一个行为会影响我们或他人的世俗利益，除非我们考虑(作为问题的一部分)它对我们或他们的情感及欲望的影响？[③]

换句话说，穆勒看到边沁理论的弱点在于他的假设，即品格的因素、构成素质的力量和欲望只有在促使我们追求快乐时才是有价值的；对穆勒来说，它们具有自己的价值，或者说是幸福的直接来源与组成成分。因此，穆勒说："我认为，人类幸福任何大的增加仅仅通过内在条件的变化，而不伴随欲望状态方面的变化，是没有希望的。"[④]而且在他的《自传》中，他谈到自己最早对边沁主义的反应时说：

> 我第一次在人类福利的主要必需中，给予个人内在的文化以适当的
> 268 位置。我不再把几乎唯一的重要性给予作为外部条件的秩序……情感的培

---

① 边沁本人不是心理学家，他并没有以这种极端形式陈述这个学说。但是，那些功利主义的心理学家们，他们的心理学是快乐主义的，赋予这种学说以这种形式。

② 穆勒，《早期文集》，第354页(吉布斯公司重印，伦敦，1897年)。

③ 穆勒，《早期文集》，第357页。

④ 穆勒，《早期文集》，第404页。

养成了我的伦理和哲学信条中一个最重要的观点。[1]

作为对他人直接兴趣的社会情感——这种变化的观点的重要性，在于这样一个事实，即它促使我们把某些欲望、情感和动机，根据幸福的内在构成因素，看成内在地有价值的。因此，使我们能够把我们的幸福等同于他人的幸福，在他们的善中找到我们的善，这是在总体上把他们的幸福作为确保我们自己幸福的最有效方法来追求。我们的社会情感直接对他人的福利感兴趣；它们的培养和表达是对我们自己的善的来源，而且在理智的引导下，也是对他人的善的来源。根据这样的考虑，正是同情的情绪和想象，使总的幸福的标准不仅是“可期望的目的”，而且是所希望的目的(努力的有效的工作对象)。

为他人考虑的内在激励——如果问到为什么个人应该把他人的福利看成欲望内在的对象，根据穆勒的观点，只有一种回答：除了作为某种程度的**社会的**人，我们无法设想自己。因此，我们不能把有关我们自己的观点、我们自己善的观念和我们关于他人的观念、关于他人的善的观念分离开来。作为功利主义道德基础、赋予社会的善以和我们相关的重要性的自然情感，是这种

> 想和我们的同类联合起来的欲望……对人来说，社会状态立即变得这样自然，这样必需，这样习惯，以致除了在某些不寻常的情况下或者通过有意抽象的努力，**他只会把自己设想为一个群体中的一员**……因此，任何社会状态必不可少的条件越来越成了每个人关于他生于其中的事物状态的概念中不可分离的部分，这种状态也是一个人的命运。

这种对社会联系的强调，导致了个人“把他的感受越来越多地与他人的善相联系”。

> 他开始(仿佛是本能地)意识到自己是一个**当然**关注他人的存在。他人的善对他来说成了自然和必然地要去关注的东西，就像构成我们存在的任 269
> 何生理条件一样。

① 穆勒，《自传》(*Autobiography*)，伦敦，1873年，第143—144页。

最终,这种社会感受不管如何微弱,并不把自己呈现

> 为教育的迷信,或者呈现为专制地从外面强加的规律,而是作为它不可或缺的一种属性……除了那些其心灵是道德空白的人之外,很少有人能**忍受**沿着不考虑他人的思路来安排自己的一生,除了在他们自己的私利迫使之下。①

这种转化是巨大的。它不再是一个代表总体利益的问题,因为它带来了最大的快乐,或者说肯定更加容易带来快乐。它是一个在他人的善中寻找某人的善的问题。

3. **私人利益和总体利益的功利主义的外在的联系**——除了同情和对和平的关心、好的名声的热爱外,边沁依赖法律、政治制度的变化和经济利益的作用。经济利益使个人值得以有助于他人快乐的方式去追求他自己的快乐。刑法至少可以使个人以给他人带来痛苦的方式去获得自己利益的做法成为痛苦的。民事立法至少可以废止那些既定利益和阶级特权,这些利益和特权不可避免地会损害他人而有利于某人,使以忽视他人幸福的方式追求和获得幸福成为习惯的和自然的。在工业生活中,每个人都在这样的条件下追求自己的利益,即他只有通过为他人提供服务(即通过交换商品或服务)才能达到目的。因此,立法的恰当目的就是形成政治的和经济的条件,使得个人在追求自己利益时至少不会给他人造成痛苦,而且积极地说,只要可能,会促进他人的利益。②

4. **穆勒的批评**——穆勒的批评并不依赖于立法和社会经济制度在促进个
270 人和总体利益一致方面的重要性。相反,在(前面引用的段落中)把功利主义的理想等同于对邻居的爱之后,他继续说:

> 作为构建接近这个理想的最佳途径的手段,首先,功利要求法律和社会制度应该使每个人的幸福尽可能地接近与整体利益的和谐;而且,其次,对人的品格有着如此巨大力量的教育和评价,应该运用那个力量,在每个人的

① 穆勒,《功利主义》,第三章,到处可见。

② 这种尊重立法等的观点的某些说法,在后面的第 18 章中将会简单涉及。

心里建立起他自己的幸福与整体利益之间牢不可破的联系。

这种批评依赖于这个事实，除非人们强调已经讨论的内在的社会理念，法律和社会制度能够影响的私人幸福和整体幸福的任何联系将是外在的、或多或少人为的和任意的，从而是可以被理智分析或自我中心的欲望的强烈优势所分解的。

穆勒的改造——然而，如果这种内在的社会联系的观念和作为社会的人的自我的观念是预先假定的，那么，多种多样的外部机制有某些内在的东西在起作用；而且它们的作用是内在的，不是外在的。它们的作用不是要建立在自己幸福和他人幸福之间的纯粹*巧合*(正如在边沁那里)，而是要保护、加强和培养个人自己存在的那种社会方面与社会联系的感觉(否则是断断续续的、虚弱的)。正是由于这个理由，穆勒更多地强调*教育*，而不是纯粹外部制度的变化。而且，他把制度设计最终的道德价值设想为本身是教育性的。对他来说，其价值不在于它们是某种机械的发明或零件，会使一个人的行为或多或少自动地有利于他人的幸福；而在于它们训练和锻炼个人，使他认识到自己品格中的社会因素。

前面讨论的总结——我们已经根据穆勒对边沁功利主义的发展，继续了关于作为衡量正确与否标准的共同的善，以及作为个人行动目的、动机的快乐之间关系的讨论。但是，当然，我们的结果是笼统的，它们不但可能和这独特讨论相 271
分离，而且可能和功利主义作为技术理论的真假相分离。肯定地说，我们的结果是：(1)道德性质是在欲望和努力中表达出来的品格、素质与态度的特性。(2)那样的态度和素质在道德上是善的。它们产生、维持和发展这样的目的，使同样受到影响的行为者和他人感到满足。在善作为标准和善作为目的之间没有任何差异(例如早期功利主义作出的区分)，因为只有*对社会的善的自愿喜爱和感兴趣，才能够产生(除巧合或偶然外)以共同的善作为其结果的行为*。对于不以社会的善为目的而产生的行为，我们不可能相信它会保证把社会的善作为结果。*由它作为生存和习惯的兴趣而激励的行为，是其实现的保证*(只要条件允许)。那些关心总体的善(general good)本身的人，就是那些对于促进它持最肯定态度的人。

善的道德特点——因此，真正道德的人是这样的，在他身上，从社会立场来看待自我的所有能力和习性的习惯已经形成并起作用。这样的人根据其行为对自己作为其中一员的社会群体的作用，形成他的计划，控制他的欲望，从而做出他的行为。他是这样的人，其主要的态度、兴趣和联合的活动联系在一起；因此，他将在对这些活动（与自然增长的具体痛苦和快乐无关）的促进中发现自己的幸福或满足。

社会的善和同情——因此，真正社会的善是某种比本能的同情反应更宽广、更深刻的东西。同情作为一种真正自然的本能，只是在不同的人那里强度不同而已。它对社会的洞见和社会化情感的发展，是一个宝贵的手段；但它本身和自然的禀赋处于相同的层面。它也许会导致多愁善感或自私自利；个人也许会从不幸的情景中退却，仅仅因为它们给他带来了痛苦。他也许会寻求快乐的同伴，因为他获得了同情的快乐。他也许会在同情的驱使下为他人的利益努力，但由
272 于缺乏考虑和慎重，全然不知他们的真正利益是什么，结果带来了大量伤害。一个人也许希望做到己所欲施于人，但也许会犯异常的错误，因为他关于值得期望的观念的理解在根本上是错的；或者因为他武断地假定，不管自己喜欢什么都是有益于他人的，从而把自己的标准专横地强加在他们头上。此外，本能的同情是偏心的；它也许使自己仅限于那些有血缘关系者或关系密切者（以损害他人的方式来维护这些人的利益），导致对小圈子之外的人确实有失公允。①

本能的同情的改造——这也是对的，即多种多样形式（父母的、子女的、两性的、伙伴的、怜悯的、同情的）的本能的情感反应是一个人的心理结构或心理机制的特有部分，人们可以依靠它们来形成他人目的与自己利益的同一(identification)。所要求的是把同情的倾向和自己所有其他的冲动的、习惯的特性**混合和融合起来**。当对权力的兴趣渗透着慈爱的冲动时，它就不会成为统治和暴政的倾向，而成为**关心共同目的的后果**的兴趣。如果同样地融入了对艺术或科学对象的兴趣，它就会改变专家们常见的、冷漠的、非个人的品格，成为对公共生活条件充分审美的、理智的发展兴趣。同情并不仅仅使这些倾向相互**联系**；它更不会使其中一个成为另一个倾向的目的的工具。它如此密切地渗透到它们当中，以致把它们都转变为单纯的新的道德兴趣。这同样的融合，防止同情沦为多

① 穆勒在他关于边沁的文章中谈到："他非常清楚，个人的情感和任何其他情绪一样，很可能伤害第三方，因而要求受到同样多的约束：一般的慈善事业……离开了责任感时，他认为，其真正的价值就如所有情感最虚弱、最不稳定者那样。"（《论边沁》，第 362 页）

愁善感和心胸狭窄。混杂着对权力、科学和艺术的兴趣，它在性质上得到解放，在范围上得到扩展。简而言之，把情感的反应和自我的其他素质融合，**在给予后者社会性质及方向的同时，也阐明了前者，并给予前者以期望和支撑**。这种相互吸收的结果，就是原始形式的自然倾向消失，**道德的即社会的善出现**。正是转化成习惯立场的同情满足了对立场的需要，这种立场使得个人对所有模糊后果的预测感兴趣（见前文，第240页）。 273

1. **社会的善和行为者的幸福**——我们现在来考察一下显著的道德的幸福的含义，看这种幸福与其他满足相比，怎样在性质上更高一筹，尽管后者在强度和持续时间上更有优势。在道德的善的内涵和自然的满足的内涵之间，不可能划出确定的界线。人的目的，人的公正的以及仅仅是公正的目的，在于权力在其适当的对象上最充分、最自由地实现。这种善包括形式多样、成分复杂的友谊、家庭和政治关系、自然资源的经济利用、科学和艺术。不存在相互竞争的独立的道德的善，也不存在相互竞争的空洞的"善良意志"。

道德兴趣和激励的性质——然而，对这些利益在社会或公共方面逐步得以实现的兴趣，也许可以恰当地称为显著的道德兴趣。这些目的实际上客观地实现或达到的程度，取决于环境和偶然事件；对于它们，行为者很少或根本不能控制。境遇比较幸福的个人，在更大程度上实现了这些目的，我们也许会说他更加幸运，但不能说他在道德上更善。然而，对他人利益的关注，在自己力所能及、物资资源许可和自己环境限制的范围内发现和促进他人利益的主动欲望，是个人能够控制的：**它是个人的道德自我。因此，这种关注的性质和运用，在所有善良的目的中构成了显著的道德特性**。它们在道德上是善的，这不是说它们在客观上已经完成、已经拥有，而是说它们在个人占优势的情感中受到重视。

作为终极幸福的道德兴趣——因此，个人真正的或终极的幸福，不受环境和环境变化支配的幸福，不在于客观上达到某些结果，而在于品格中那些促进人们共同目的的习惯和制度中的审慎的、真诚的、持久的兴趣的至高无上性。穆勒强调，道德上重要的是幸福的性质，而非它的数量。最重要的性质是心灵的安宁和愉悦，它伴随着持久而稳定地维持作为行为主要动机的社会化的善。对一个心中想着这些善的人而言（在某种程度上，它们在每个不是完全反常的人的心中），这些善的实现带来幸福，因为它使他生活充实。对那些心中认为它是至高无上的善的人来说，它会带来至高无上或终极的幸福。人们并非因为它是更大的幸 274

福才喜欢它，而是因为它表达了行为者在本质上希望自己具有的某种独特的自我。它构成了其他幸福不能相比的某种幸福。它是独特的、最终的和无价的。[1]

个人幸福和总体幸福的一致——没有一种数学能通过计算同情的快乐、友谊的效用、出名和名声的好处、同伴之间经济交换的利润，与来自法律惩罚、反对公众意见的痛苦，以及缺乏他人同情的支持进行对比；能够近乎肯定地说，一个人自己的善（根据快乐和痛苦的数量）就是重视他人的幸福。[2] 而且，这样的证
275 明如果可能的话，不会支持道德生活，反而会削弱它。它会把品格的展示还原成选择更大而非更小量的同类目的。它会使沉思和考虑退化成发现更多的快乐在哪里的机智，退化成计算总和增加或减少的技巧。即使这样的方案可能得到论证，每个快乐追求者（除了那些最懒惰的、最迟钝的）都会拒绝建立在它之上的生活。不仅“善者”，而且“恶者”中那些精力充沛者都会鄙视这样的生活，在其中，品格、自我没有意义，实验的发现和命运的检验毫无地位。个人的幸福和总体的幸福的一致是**道德的**事情，即它取决于具有这类品格的人的反思获得有意的发展。这类品格的人使自己和共同目的一致，并在这些目的中感到幸福，仅仅因为他把它们看成自己的。

2. **他人的社会目的和幸福**——这相同的原则也适用于他人的幸福。幸福意味着自我的积极倾向在其适当对象中得到表达。道德的幸福意味着满足。当那些主要的积极倾向转化为对某些使生活值得过的东西的维持和发展的兴趣时，这种满足就达到了。他人也能感到幸福，而且应该仅在这相同的条件上感到幸福。关心他人的幸福就是**关心那些条件和对象，它们允许他人根据自己主动的思考和选择，自由地运用自己的力量**。关心他们的最终幸福（也就是关心这样的幸福，其**性质**决定它不能**从外部**增加或减少），要求相关的他人在那些值得的事情中发现其素质、决心和努力所控制的对象。

3. **幸福和共同的目的**——简而言之，对所有人而言，重要的事情是发现和

---

[1] “通过十分关注我们自己狭隘的快乐得到的幸福，仅仅是某种可怜的幸福。我们这样才能获得最高的幸福，如与成为一个伟人相伴随的、对整个世界以及我们自己充满关怀和同情所带来的幸福；这种幸福常常伴随许多痛苦，我们只有这样才能把它和痛苦区别开来，它是我们先于其他一切的选择，因为我们的灵魂觉察到它是善的。”——乔治·艾略特（George Eliot），《罗慕拉》（*Romola*）。

[2] 许多功利主义的快乐主义者对这一点的承认，导致他们不得不求助于超自然力量带来的惩罚、施予的未来生活的快乐，从而确定把美德解释成自我牺牲行为和幸福（它的正当目的）的平衡。

促进那些活动和积极关系；在其中，所有相关者的能力都能得到有效的激发、运用和接受检验。一个人很难获得这样一个观点，从其中，他逐渐地理解自己的行为如何影响和改变他人的行为。也就是说，一个人很难学会如何使自己的目的适应他人的目的；涉及自身的目的很难作出调整，很难作出让步，在涉及自身的 276
目的处作出适应。尽管这很困难，但和下一个困难相比，它却容易多了，即以有助于他人的目的**这样的方式**采取行动，从而唤起他们的行动并使之有效。

道德民主——如果罪犯和粗俗自私的人的邪恶是要扰乱他人的目标和利益，如果一般的自我主义者和每一个人的邪恶从自私自利的方面看，是忽视他人的利益，那么，社会领导人、改革家、慈善家和科学、艺术或政治等一切有价值事业中的专家们的邪恶，是以未能顾及他人的积极利益和合作的方式，追求促进社会福祉的目的。[1] 这种把善赋予他人的观念，或者至少为了他们而实现善的观念，是我们从过去的贵族政治文明中继承的遗产。它如此根深蒂固地体现在宗教、政治和慈善制度与道德教导中，难以根除。许多人觉得，自己的最终目标（可能是经济的、教育的或政治的）的社会特点证明了自己是正当的，对由他引起的日益增长的敌对和怨恨感到困惑和愤怒，因为他没有把他人的自由合作行为纳入他对"共同"目的的追求。这种合作，必须是民主道德的根本原则。然而，必须承认它至今没有取得太大的进步。

我们的道德上的伟人、道德英雄和领导者、格外善良的社会人物和政治人物的传统观念，都在实践或理论上反对承认这种原则。他们鼓励这样的观念，即通过一个人或多或少孤立的努力（就他人而言，以或者顺从，或者无反思的服从的方式），达到所需的社会的善，这是某个人具体的事情。有某些天才领路，他人则接受和模仿。而且，在目的追求中唤醒并纳入所有相关者行动的方法，似乎非常缓慢，似乎无限期地推迟了完成日期。但是，事实上，那些不是由在完成过程中共同的自由自愿合作形成的共同目的只在名义上是共同的。它没有从本应该从 277
中受益的那些活动中得到支持和保证，因为它不是那些活动的结果。因此，它并非稳如泰山。它必须不断地求助于外部的非自愿的考虑来得到支持，贿以快乐、唬以伤害和假以强力。它必须毁了重做。我们无法逃脱或避开这个幸福的法则，它隐藏在自愿行为者的活动能力的运用之中；因此，我们无法逃脱或避开共

---

① 对于这种精神上自私的承认，是现代的事。它是后来（特别是）易卜生的悲剧所依赖的中心点。

同幸福法则，它肯定隐藏在所有相关者自愿行为的一致运用中。这种在许多被误认为高度社会化的活动中内在的讽刺和悲剧，恰恰就在于它运用了阻止其成为共同的或善的方法来追求共同的善。

参考文献

关于功利主义，请参见第 14 章末尾。关于幸福，参见：Aristotle, *Ethics*, Book I, and Book X, chs. vi – ix; Dickinson, *The Meaning of Good*; Paulsen, *System of Ethics*, pp. 268 – 286; Rickaby, *Aquinas Ethicus*, Vol. I, pp. 6 – 39; Mezes, *Ethics*, ch. xv; Santayana, *The Life of Reason*; Rashdall, *The Theory of Good and Evil*.

下面的功利主义史展示了功利主义的社会方面：Albee, *History of Utilitarianism*; Stephen, *The English Utilitarians*; Halévy, *La Formation du Radicalisme Philosophique*, especially Vols. I and II.

16.

理性在道德生活中的位置：道德知识

§1. 理性和欲望的问题 278

道德行为中的智力和理性——自愿行为是包括意向、目的，以及某种程度的深思熟虑的行为。正是这种特性，把自愿行为与纯粹无意识行为（如机械行为）区分开来，也把它和屈从于当下感到高度紧迫的行为、受到某种推动（如本能的或冲动的行为）而非由某些前瞻的可能性引发的行为区分开来。这种先见因素，以及在比较之后选择所考虑目的中某一种偏向的因素，就是每一自愿行为中所包含的智力因素。然而，要在行为中有智慧，这是一个有深远影响的事情。要想知道一个行为真正为什么，这是一个难以完成的重大任务；它十分重大且困难，成了道德的核心。[①] 任何行为的相关意义比那些能预见的行为，比那些*如果不*特别关注就会如此的行为更微妙更巨大。强烈推动某人做出某种行为的倾向，常常正是那些会阻碍这个人看到该行为影响他自己的习惯以及他人福祉的东西。想到某个目的和达到它的手段的内部力量与外部条件，常常也是那些把智力转向狭窄的片面的观点的东西。因此，对控制目的评价的标准的需求，不仅需要智力，也需要某种智慧。

简而言之，真正道德的（或正确的）行为是在明显特殊的意义上的聪明行为；

① “任何人都会生气，这是非常容易的。任何人都能把钱送给他人或者把它花掉。但是，对正确的人、以正确的数量、在正确的时间、有正确的目标、以正确的方式做这些事情——这就不是任何人能够轻易做到的。”——亚里士多德，《伦理学》，第 2 卷，第 ix、2 页。

279 它是理性的行为。它不仅仅是在行动时想到、被看作善的，而且在大多数清醒的、持久的思考中一直被认为是“善的”。[①] 我们用“理性的”行为来指认可和遵守所有必要条件的行为，即那些在其中冲动、本能、爱好、习惯、意见、偏见（可能有的）受到了对它们各种考虑的抑制、引导和决定的行为。因此，不仅仅形成目的、选择手段，而且根据标准判断这些手段和目的的**价值**，都是道德中理性的特殊范围。它的结果是**道德知识**，是判断对错（既在一般情景下，也在它们出现的特殊、复杂的情景下）。这就是本章的主题。

典型问题——道德知识问题通常以一般形式出现：是否存在道德理性和道德知识的独特而独立的能力，或者说只存在一种随着对象而变的判断力？前者是直觉（来自拉丁语 *intueor*，观看），它和强调态度而非结果和意向的理论（如康德主义）相联系；另一观点认为，在道德中，只有一种思想形式——关注结果。这种关注结果与现在目标之间联系的观点是经验主义的。有两个特殊的困难导致对直觉观点的认可，这些困难是任何道德知识理论必然会遇上的；它们是（1）欲望和理性，（2）个人的善和总体的善的知识。

1. **欲望和理性**——实际事件中的一般知识遵循欲望确立的路线。饥饿使我们想到食物，想到如何得到它；交际的欲望使我们想到朋友，想到如何巩固和他们的伙伴关系，等等。现在，大量汹涌的欲望既强烈又巨大，可能使自己集中在任何目的的念头上；而且一旦起作用，它就会排除广泛的思考。正如我们已经看到的，为我们提供对这领域宁静的、客观的、宽广的和总体的审视，这是理性的
280 目标。欲望正好和这些相反，而且除非（这种意见这样说）存在一种完全独立于欲望的能力（我们一般的实际知识并非如此）。但是，设想可能存在会纠正和遏止欲望的理性原则是荒谬的。

2. **个人的善和总体的善**——人们强调，因为广泛持久的善是社会的，除非我们有独立的道德知识能力，否则，我们的判断将屈从个人欲望的目的，因而不会遵从公共观点。相反，如果它这样做，也仅仅是出于寻求获取我们自己快乐的更好手段的权宜之计。总之，人们强调，只有知识的能力完全独立于个人的愿望、习惯、目的，才能保证判断拥有内在的尊严和权威；因为这些想法要求一种高尚的、公平的、普遍的和必然的观点。我们将在后面的讨论中说明，这种知识观

---

① 比较第 246 页引用的黑兹利特的话。

来自错误的观念,认为欲望就是追求其目标的快乐。它也来自关于意图和动机关系的错误观念。如果这些错误得到纠正,就没有根据来假设道德智慧的特殊能力,除非某种思想的能力在价值决断中不断地被运用,从而被专门化为特殊的精神习惯。我们将试图说明,通过把冲动和同情的情感融合在一起,这种广泛的公共的观点得到了巩固。我们将从陈述和批评康德的观点开始,他持有最极端形式的单独的、独立的道德理性学说。

§2. 康德的实践理性理论

康德和快乐主义者一样,都认为欲望的自然对象是快乐。所有来自偏好和自然倾向的目标和目的都可以归于一个门下:自爱。因此,智力的普通用法是限于判断什么构成了个人的私人幸福以及他如何确保它的事情。在一般的实践活动和真正的道德行为之间有着根本的对比,这种对比反映在道德知识的性质和 281
功能上。(1)道德的目的是*无限制的*、绝对的、无条件的。它不是某种我们可以随意捡起或抛掉的东西。道德是最终目的的领域,这些目的不容争论或质疑;而且,理性必须提出最终目的。然而,由于幸福不是道德上必需的目的,代表它的智力就只能给出假定的劝告和建议:*如果*你想要幸福,或者想要这样或那样的幸福,那么就采取此类措施。展现目的的理性必须不同于仅仅寻求手段的智力。

(2) 道德是无限制的,但它*肯定*是有要求的。最没有经验、最卑贱、最受其环境和机遇所困的人,必须知道什么是道德所要求的,其程度肯定是与最聪明和最有教养的人一样。因此,道德理性必须毫不含糊地说出它的规则。但没有人能*肯定*什么是幸福,或者某一行为会带来快乐还是悲哀。“确定什么行为会促进理性人的幸福,这个问题是无法解决的”(《道德哲学》,第 36 页)。对道德领域规则的*确定性*的要求,也需要特殊的能力。

(3) 在其需要(demands)方面不能变通的、肯定的道德,在其要求(requirements)方面也是*普遍*的。它的律令在昨天、今天永远都是相同的,对某人、对他人都是相同的。现在,幸福显然随着一个人的条件和环境而变,而且随着不同的人和时代而变。和幸福相关的智力只能给出劝告,甚至不能给出规则,因此幸福也是易变的。它只能建议,通常在某些情景下,某种行动路线大致会促进幸福。当我们说道德的要求对不同个人的不同倾向是普遍的,这充分说明我们意识到了理性观点的必要性,它在公正性方面完全超越了来自个人日常经验的目的和计划。

282 **先验理性，康德的解决办法**——其结果是，只有独立于所有经验的理性才能够满足道德的需求。在其源头和经验的目标中起推动作用的东西，总是带有自爱的成分；是偏爱的、暂时的、不确定的、相对的或不独立的。道德的律令是无限制的、必然的和普遍的。因此，我们必须承认，人作为道德的存在具有理性的能力，它表现在先于欲望、快乐和痛苦的所有经验的行为规则中。除了感性之外(由于它，知识和欲望密切关联)，人具有纯粹理性，它展现在对普遍法则的绝对权威的意识之中。①

这种理性形式的特点——然而，理性和经验的极端分离带来了严重的问题。我们先阐述这个问题，然后说明它的人为的和无法解决的特点。它作为一种反驳康德的超验的(或者说完全非自然的、非经验的)知识模式，完全独立于欲望经验及其结果的理性，正如康德的清楚断言：是纯粹**形式的**(《道德哲学》，第33页)。这就是说，它是**空泛的**；没有指出或表明任何特别要做的事情。它不会说要勤奋、要谨慎或要大方；也不会说在这些条件下，在特定时间，要给特定的人那么多钱(或者说不要给)。它所说的只是：道德是理性的，它要求人遵守理性法则。但理性法则仅仅是人应该遵守理性法则。对不可避免的追问"那么，什么是理性法则"，回答还是：遵守理性法则。我们怎么能够摆脱这种空泛的循环，走进关于要做的具体的正确事情的具体知识？康德有个回答，我们现在来看看。

康德的方法——他是这样展开的：这个法则确实是纯粹形式的或空泛的(因此，所有具体的目的都是"经验的"、可变的)，因为它是普遍的，所以它才如此。现在没有什么普遍的东西会和自身有矛盾。我们所需做的，就是接受建议的行
283 为原则，并自问一下它能否普遍化且不自相矛盾。如果它不能，那么，这个行为就是错的。如果它可以，那么，这个行为就是对的。例如：

> 当我处困境之中，能否带着不想遵守的意向作出承诺？……寻找对"欺骗的承诺是否和责任一致"这一问题的答案的最快捷无误的方式，就是自问一下：如果我的准则(作出虚假承诺以使自己摆脱麻烦)作为普遍法则，对人对己同样有效的话，我对此能否满意？我是否能对自己说，每个人，当他发

① 这意味着责任，在下一章将讨论这一状态。

> 现自己身处困境，不这样做就不能摆脱时，都会作出欺骗的承诺？因此，我个人就会意识到，如果我会说谎，那我绝对会认为说谎是一个普遍法则。根据这样的法则，就不会有什么承诺。没有人会相信别人所说的意向，或者说，如果他们在仓促之中相信了，但一有机会他们就会以其人之道，还治其人之身（《道德哲学》，第 19 页）。

这个原则如果普遍化就会自相矛盾，从而说明它根本不是原则、不是理性的。总结起来，可以得出这样一个作为我们正确行为标准的原则："就像你行为的准则根据你的意愿、要成为普遍的自然规律那样行动"（《道德哲学》，第 39 页）。

因而，所说的程序似乎很简单。只要一个人把他行为的目的或动机看成好像仅仅是那个行为的事情，好像它是孤立的事情，那么就没有理性，没有道德准则或原则的意识。但是，让这个人想象自己拥有这样的力量，如果他作出一个行为，他行为的动机在事物的构成中就会变成固定的常规的规则。如果他，作为理性的人，希望带来这样的普遍化——他能否同样作为理性的人，思考这样一个结果？如果他能，这行为就是对的；如果不能（就像作出欺骗的承诺那样的情景），那就是错的。

任何理智的人都不会质疑这种方案在实际上的教益。它表明，理性在行为上的价值（抽象的、概括的）就是帮助我们摆脱来自刚出现的欲望和情绪的偏见，达到更为统一持久的目的。作为一种充分认识某一行为过程的意义的方法（尽 284
管不是唯一的），没有什么能优于询问自己：我们是否愿意永远承诺它的原则，我们是否愿意他人也承诺这原则并根据它来对待我们？这样一种方法被我们用来面对拟定目的的公正后果；提醒我们注意仅仅重视那些最适合我们短暂的奇思怪想和狭窄的个人利益的观念的结果的危险。简而言之，通过使一个目的普遍化，我们使其一般特点显而易见。

但是，这种方法并不是（像康德会做的那样）从仅仅考虑脱离具体目的的道德准则展开的，**而是从一种目的展开，因为这种目的不断地允许在充分考察它之后，从其全部含义方面对其进行反思。**康德依靠的，**正是这种具体目的的普遍化的可能性。**

康德提出的其他说明加强了这样的说法。下面就是他提出的：

(1) 一个因不幸而绝望的人想自杀。“现在他要问的是,他的行为准则能否成为普遍的自然规律。我们立刻会看到,这样一种自然系统是自相矛盾的,因而是不可能存在的。因为根据这种系统,用自爱这种情感来毁灭生命应该是一种规律,但努力保存生命是自爱的本性。”

(2) 一个有某种才能的人受到懒惰和沉迷于娱乐的诱惑,不去培养这种能力。但是,如果运用这个原则,他会看到,如果他的动机成为一个规律(那么,所有人都在无所事事和娱乐消遣上浪费生命),这种自然系统也许会存在,但是他不能**期望**这样一个系统会完全成为现实。作为一个理性的人,他也必然会期望所有才能得到发展,因为它们可以用于各种可能的目的。

(3) 一位看到其他可怜人的成功人士,不去注意这件事,说这和他无关。现在,如果这种态度变成普遍的自然规律,人类也许还会存在,甚至勉强发展;但不可能期望这样的原则具有自然规律的有效性。这样的期望会自相矛盾,因为在许多情景下,有这种期望的人会需要他人的关爱和同情;因此,他不可能做到既期望那种自私的考虑成为通常的、确定的普遍现象,又不自相矛盾。

285 **社会的目的是理性的目的**——这些说明清楚地表明,康德实际上赖以揭露行为错误的“矛盾”,是引入了个人不同的具体目的之间的摩擦和混乱。他强调,一种行为的社会联系显示了它的一般意义。一个正确的目的是这样的目的:它能够和谐地展现在个人对生活所能做的最宽广的考察中。一个自然系统或行为系统,在其中对生命的热爱会导致它自身的毁灭,肯定是自相矛盾的。一个要包括所有娱乐和懒惰倾向的生活道路,是会和考虑其他倾向(如对科学、音乐、友谊、商业成就的兴趣,它们是个人的真实要素)的生活安排相矛盾的,尽管此刻也许没有被强烈地意识到。完全冷漠的残忍的程序模式,肯定和在其中每一个人都依赖于他人的同情和帮助的生活道路相矛盾。理性的规定就是,呼唤一种注意某种意向后果的充分广泛的视野,以使我们能够意识到这种不一致和矛盾(如果它们存在的话);不是通过对矛盾原则的任何逻辑的控制,而是通过对作为相互联系的生活整体之一部分的某一具体行为、提议或建议的回忆和想象,把它摆在我们面前;向我们显示,没有人,没有任何人的行为或满足本身是孤立的,它影响他人并受他人影响。我们的结论是:作为**理性的**善的正确意味着它与自我的所有能力和欲望相协调，并把这些能力和欲望扩展到一个合作的整体。

康德对社会因素的导入——前面引用的康德对这种说法进一步的发展(第283页)，除去了功利主义的社会标准和他自己的抽象理性主义之间对立的表象。康德指出，根据他的观点，道德的或理性的意志就是其自身的目的。因此，每一个理性的人总会有个目的，而不是手段：确实，这一点就是我们说一个人(person)的含义。但每一个正常的人都是一个理性的人。因此，康德原则的另一说法是："因此，在行动中，要把人(humanity)，无论是你自己还是他人，当作目 286
的，不要仅仅作为工具(means)。"企图自杀的人，"把一个人仅仅当作维持可容忍的生活条件的工具"。对他人作出欺骗承诺的人，把他人仅仅当作获得好处的工具，等等。此外，由于所有人本身同样都是目的，要在行为中得到平等的对待，我们也许会说正确的标准就是"目的王国"的观念——即"不同的理性的人通过共同法联合成一个系统"[①]的观念。

这些主张是非常形式的，但一旦我们给予其确定的含义，它们就表明，对任何人来说，善就是他人的福祉得到和他自己的福祉一样多的考虑。正确的行为是这样的行为，在其能影响的范围内，把不同个人的冲突的目标和利益，结合成一个共同利益和共同目的的整体。这样解释的话，康德主义的说法不是在观念上而是在措词上，不同于边沁的"每人关心自己而且仅关心自己"的所有相关者的幸福；不同于穆勒所说的，"每个人根深蒂固的现有观念，即自己是社会动物，会使他觉得这是他的自然需要之一，即在他的感受、目标和他的同类的感受、目标之间应该存在和谐"。在所有这些说法中，我们发现都重申了我们的观念，即善是一种活动，所有人都参与这些活动，这样每个人的力量都被唤起、运用和加强。

理性理论后来的转化——现在，如果以由个人组成的社会的形式出现的共同的善，作为目的的王国，即目标(为了这个目标，欲望的目的必须理性化)，那么，康德的先验的、空泛的理性理论就完全发生了转变。从严格的逻辑观点看，当康德说我们使欲望的目的普遍化，看它是否能成为普遍的规律时，他是自相矛盾的。因为根据他所说，没有一个欲望的目的(由于它是个人的，是某种形式的自爱)**可能被普遍化**。作为启蒙方法，他正在建立这种不可能性(不可能的一点 287

① 康德，《道德哲学》，第47—51页。

在于，根据他自己的理论，个人的幸福是欲望的目的），这使他首先求助于**先验**的、超验的理性。人们无法想象比这更尖锐的矛盾。

另一方面，如果我们忽视欲望对象具体的、经验的条件和后果，那么就没有什么动机不能被普遍化。根据盗窃、不贞或傲慢的动机行事，就不存在**形式上的**矛盾。根据严格的逻辑，康德方法所能要求的就是：个人总在相同的条件下，根据相同的动机行事。如果在你的意向中总有不诚实、不纯洁或骄傲的成分，只要在你动机的恶劣方面保持一致，那么你就是善的！毫无疑问，没有人，甚至最恶劣的人，会想在其恶劣方面处处保持一致。但这绝非动机与其自身一个纯粹形式的、逻辑的矛盾问题；[①]**由于多种多样的欲望、个人努力的不同目标之间的冲突，使他意识到，在某些时候，他应该表现得温和、公正。**

从社会角度组织欲望——康德实际上真正坚持的是要求对欲望作这样一个修正，就像它在偶然地、草率地把自己表现得好像是与自我目的整体一致的表达。他所要求的是，不应把欲望作为充分的动机来接受，除非它已经成为与行为者的能力和倾向所包含的整个目的系统相协调的某种目的的欲望。他进一步警告我们，只有当某一特定欲望考虑社会的善时，它才能满足这一要求。这把我们带到了下一问题。我们用以评价特定建议、计划、行为路线、欲望的价值的过程
288 是什么？假定普遍化的善、社会化的幸福是我们为了确保合理的观点必须坚持的，那么这种观点又如何成为一种操作方法呢？

§3. 道德感直觉主义

迄今为止，我们的结论是：(1)理性的职责是使我们能形成一般化的具体目的，形成相互一致、相互加强的目的，引入持续性和力量，否则，就会出现分裂和软弱；(2)仅有的社会目的最终是理性的，因为仅仅靠它们就能把我们的行为构成一致的整体。然而，我们现在来详细考虑一下这种观念如何起作用；人们怎样在特定情景下用它来决定什么是正确的或理性的。我们将通过探讨历史上先于康德的某种直觉主义来研究这个问题。这种观点强调道德知识在具体情景中的直接性，并把道德知识吸收到感觉的类比中；然而，它强调不同种类的知识能力在行为知识（the knowledge of acts）中起作用，而后者又是在有关事物的知识中

---

① 在最后的分析中，康德试图从最抽象的形式逻辑的同一律（A 就是 A）中得出道德的启蒙。

起作用之物的来源。在此，我们潜在的目的，就是要展示直接欣赏和深思熟虑的关系以说明理性的观点、公共善的观点，通过社会化的态度和体现个人自己品格的情绪而产生效果。

道德感——这种理论认为，正确性是特殊行为一种内在的、特殊的性质，其本质同样是能直接知道或认识到的。正如白色一看是白的、高声调一听是高的、硬物体一摸是存在的，人们也知道正确的行为是正确的。在每一情景下，这种性质和事实密切地、内在地联系在一起，以致想起其中一个而不知另一个是荒谬的。因此，作为道德评价的理论，直觉主义和功利主义是截然相反的，后者认为正确性不是一种内在的性质，而是相对于并来自外部的、或多或少较远的后果的东西。虽然某些形式的直觉主义认为，这种道德性质属于一般规则或各种等级 289
的目的；我们现在谈到的这种形式的直觉主义却认为，一个人行为的道德性质不可能来自道德准则，而是作为行为本身动机的一个绝对牢不可破的部分。因为所讨论的理论坚持对行为直接当下的性质的直接感觉，类似于眼睛或耳朵的直接感觉，所以人们通常把它称为道德感理论。

对理论的反对——对刚刚提到的这种理论的极端形式的反对，也许可以归为两类：(1)没有证据证明，所有行为都具有绝对自明的正确性或错误性；有很多证据表明，行为呈现的这种性质通常可以追溯到较早的指导，追溯到纠正和惩罚的压力，追溯到和其他经验的联系。(2)在善的道德环境中，虽然成熟的普通人的许多行为(也许几乎是所有行为)，都以这种方式获得了直接的道德色彩，使得没有必要去费力计算或参考一般原则，然而在这种直觉呈现的性质中，并没有一贯正确的东西。一种行为也许自己呈现为彻底正确，但实际上也可能是错的。有意识的深思熟虑和推理的作用，就是要发现这样的直觉情景并纠正它们。①

1. *作为习惯作用的直接感觉*——必须承认，作为任何没有偏见的考察的结果，处于有利的道德环境中的成人的大部分行为、动机和计划似乎直接具有正确性、错误性或与道德无关。想到说谎或偷盗，就等同于想到它是错误的；回忆或建议一个善良行为，就等同于想到它是正确的；想到寻找一封信，就等同于想到一种行为，它们既没有正确性也没有错误性。对一个普通人来说，想到一种行为

① 一位伦理学课堂上的学生曾经这样说："良心是不会错的，但我们不应该总是遵循它。有时候，我们应该运用我们的理性。"

290 曾经确定无误的表现之后，大概很少会花时间来判断那种行为是正确的还是错误的。至今，在涉及这样情景下的道德经验的事实范围内，“道德感”理论似乎给出了正确的描述。

(1) 但认为道德上的善或恶是并且一直是行为本身内在的、绝对的性质，这一结论忽视了著名的心理学原则，即在所有概念中，在所有识别中，都有过去经验的结果的“投资和资本化”，它们的那些结果可供新经验利用。即便是幼儿，也能一眼就认出一张桌子、一把椅子、一杯牛奶、一只狗；这里没有分析，没有有意的解释。在正常的情景下，也同样容易肯定地感觉出距离、方向和大小。但是，有时候，所有这些都需要学习；有时候，会发生涉及解释的有意识的实验。而且，这样的感觉要经别人指导才会出现；人们通过把它们与强烈的、生动的、神秘的或糟糕的情绪伴随物相联系，努力地给它们打上不可磨灭的道德印记。①

对不同种族、民族的人类学的和历史的解释也是如此。有时，一度完全没有道德区别的行为，在不同的条件下，出于没有价值的荒谬理由，获得了道德价值——同一类行为，在这里认为绝对有罪，而在其他地方则成了优秀的、英勇的美德行为。现在，下面这种说法(如某些理论所说的)就是荒谬的，即由于道德性质的区别是获得的，不是天生的；因此，当它们是获得的时，就不是真实的。然而，一切都在逐渐发展这一事实证明，在可以说事情已经结束了的地方，不存在固定的界线，即永远正确的或错误的界限；看不到进一步的后果，也没有对现在“直觉”的进一步修改和纠正。

(2) 而且，我们直接的道德识别仅仅在通常情景下出现。毕竟没有完全在道德上成熟这样的事情；在学习道德区别的过程中，所有人或多或少还是孩子。
291 他们的道德兴趣越强烈，他们的心灵就越开放、越灵活和越能增长。只有无情冷漠的人，或者，至少是传统的人，才会觉得所有行为和计划都是绝对正确或错误的，完全没有必要对它们进行反思。“新的时机教你承担新的责任”，但是，它们只教那些认识到自己还没有掌握足够的道德判断力的人。任何其他的观点都破坏了反思道德的整体意义，标志着对纯粹风俗层面的回归。极端直觉主义和极端道德保守主义，讨厌计算和反思，担心改革带来麻烦和不适，通常会遇到很多难题。

---

① 参较洛克(Locke)，《人类理解论》，第1卷，第3章。

2. **直接感觉不能保证有效性**——这暗示了我们的第二种反对意见。事实上，直接道德性质的存在、直接和表面上的公正，并不是有效性的充分证明。它充其量提供了一种正确性的假设，而且是在对它缺乏怀疑的基础上、在非常熟悉的情景下提出的。(a)没有比根深蒂固的偏见更直接、更表面上自明的东西。当人们把等级或既定的利益加入到由偏见表达出的风俗或制度的维持时，最恶意的道德评价采取了自我意识的圣洁的伪装。(b)通常情景下正确的评价如果在新条件下坚持的话，可能会变得非常不合适，因而是错的。个人的和社会的生活处于经常的变化过程中；坚持适合过去情景的评价总是有犯错的危险。“不怕不识货，就怕货比货。”不仅生活价值的错误观念必须重组，而且曾经一度正确的观念也是如此。当经济的、政治的和科学的条件像在我们这个时代迅速而广泛地改变时，需要强调的是道德评价的重建，而不是大量现成的“直觉”的存在。当人们要求再调整时，深思熟虑的探索是对不顾及别人、未受指导从而是激烈的变化的唯一替代——这些变化包括：一方面，道德约束过度松弛；另一方面，反应随意。

深思熟虑和直觉——把性质的直接识别和或多或少遥远的后果，即直觉和 292
思考相互对立，就像它们是竞争对手似的，这样做确实荒谬。因为它们是互补的。正如我们在前一章中所看到的，对未来结果的预见引起满意和不满意、幸福或厌恶的**立即反应**。(参见第 248—249 页)说我们只计算未来的痛苦和快乐(而不是事情和个人世界里的变化)，和说对我们的行为在世界造成的变化的预期并没有伴随对其价值直接的情绪上的欣赏，一样是错误的。有一种观点认为，对我们面临的多种选择的深思熟虑，只不过是冷血地记下各种对我们有利的东西和对我们不利的其他东西(就像鲁滨逊以簿记的方式记下他的不幸和幸运)，然后计算出代数余额。这种观点暗示着某些从未发生过、也不可能发生的事情。深思熟虑是一个积极的、抑制的、排练的过程，是把我们体验到的各种倾向带到其适当问题中的、让各种行为在想象中戏剧性地表现的过程。当我们在想象中看到发生这个或那个变化时，就会有对价值的数量、种类的直接感觉，它们就像行为真正发生了，我们真正认识到其后果那样真实、那样直接(如果说不是那样强烈的话)。

作为彩排的深思熟虑——确实，我们通过预测会发生什么，或者合计如果实行了会有什么后果，来估计任何现在的欲望或冲动的意义或重要性；从字面上说，它的后果规定了它的后果、意义和重要性。但是，如果这些后果被想象为**仅仅是遥远的**，如果对它们的描绘没有立即引起当下的安宁感、成就感或不满足感、不完整感和愤怒感，那么，这个思考后果的过程就还是纯粹智力上的。它就像对无实体的天使的数学思考一样，对行为没有影响。对行为思考的任何实际
293 的经验将表明，每一预见的结果即刻影响我们现在的情感、爱好和厌恶，以及我们的所欲和不欲。它们在此发展出一种流动的评价，它立即把价值标示为善或恶。正是这直接的道德感，而非对总体原则或最终目标的意识，最后决定了行为对行为者的价值。这就是直觉理论中不容置疑的因素。它的错误在于，把这种对评价的直接反应设想为就好像它排斥反思而不是直接步其后尘。深思熟虑实际上是不同的行为路线的想象的排练。**在我们心中**，我们对某些冲动让步；**在我们心中**，我们尝试某些计划。沿着一条思路走过不同的台阶，我们发现自己在想象可能出现后果的存在；而且，当喜欢、赞同或不喜欢、不赞同这些后果时，我们发现原来的冲动或计划是好的或坏的。深思熟虑是生动的、活跃的，不是数学的和非个人的；因此，其中有直觉的、直接的因素。公开试验前的（因为行为本身毕竟是一次试验，是对隐藏于其后的观念的一次赞同）思想试验的好处是：它是可撤回的，而真实的后果就会留存下去。它们不能被撤销。并且，许多试验可以在很短的时间内在心中完成。对去完成各种不同计划的想象，为许多初始时并不明显、后来开始起作用的冲动提供了机会。许多不同的、直接的感觉和评价出现了。当许多倾向发挥作用时，显然有更大的可能性使真正需要的、适当的自我能力开始行动，从而导致真正理性的幸福。深思熟虑把不同的行为路线"极化为"对立的选择、"极化为"不相容的"非此即彼"，这样的倾向就是强迫我们清楚地承认该问题重要性的方式。

作为标准的好人的评价——这解释了亚里士多德的观念，只有好人是对什么是真正的善的最好评价。这样的人将会从想到高尚目的中得到满足，因想到卑劣结果而退缩。出于成熟的能力、有组织的习惯和倾向，他将会带着一种情绪
294 对建议的目的作出反应，这种情绪会给予这种目的以适当的价值种类和色调。勇敢的人对所有行为和计划都很敏感，因为它们需要投入精力和耐力来克服痛苦的障碍；善良的人对那些影响他人福祉的因素会立即作出反应。因此，可以说，善良的人的道德感或直接评价提供了一个评价正确与否的标准。很少有人在涉及行为难题且心中有疑问时，不会想到他们相信其善良的其他人，通过想象

这样的人在同样的情景会如何反应——什么是他认可的，什么是不认可的，从而努力引导和把握自己的判断。否则，他们会想象其他人如果知道他们做了这样的事情，会怎么看他们。而且，虽然这种方法不能提供他们自己评价的标准，不能为他们自己的情景决定对或错，但它有助于使其判断避免自私的偏爱，它促进了更自由、更灵活地发挥想象来分析和评价这情景。

§4. 一般规则的位置

在这样高度一般化的、形式的规则（如康德的规则）和具体情景的判断之间，我们有居于中间的一般化（generalizaition）。和个人行为相比，它们是广泛的规则；但和某个最终原则相比，它们又是有限的规则。它们合理的起源、位置和作用是什么？我们在此又遇到了知识的经验的和直觉的理论，不得不涉及同样根本的困难：特殊规则和普遍规则为一方，特殊情景为另一方的关系是什么？规则越普遍、越抽象理性，它就越模糊、越难以应用。它越明确、越确定，逼人就范的危险就越大。它会通过使个人行为屈服严格的规则，损害个人行为的丰富性，或者破坏其优雅和自由。因此，我们的分析将会揭示可能是理性的且特别有帮助 *295*
的规则的一些条件。

1. *直觉主义和决疑法*（*Casuistry*）——功利主义至少认为，规则来自实际的行为情景；因此，在要评价的情景和用于评价它们的原则之间，必须有某些相似之处。但那些不是来自考虑特殊情景的、直接从天而降的规则，与要评价的单独行为之间，只有机械的、外部的关系。假定一个人相信，诚实原则本身只有通过特殊能力才能认识，与对过去情景的回忆或对未来的可能情景的预测绝对无关。这样的规则本身怎么能运用于需要评价的具体情景呢？有什么警示，有什么迹象，表明这个情景正好是适用诚实交易原则的情景呢？如果出现某些奇迹，这个问题得到回答，从而某人知道这就是适合诚实原则的情景，那么，我们怎么能详细地了解规则需要的正好是某种过程呢？对规则而言，要适用于所有的情景，就必须忽略区别不同情景的条件；它只能包含在所有诚实行为中都会发现的、非常少的因素。缩减到这个框架，除了赤裸裸的、不管发生什么都要诚实的指令，没有多少东西留下。对个人的一般评价则只好听天由命，或听命于外部权威来决定在特定情景下诚实特指什么。

这种困难如此明显，所有相信严格规则来自良心、来自镌刻在人的灵魂或通过外部启示的神谕系统的人，总是不得不求助越来越复杂的程序（如果可能的话）来涵盖所有情景。道德生活最终被它们还原成了精致的形式主义(formalism)和法规主义(legalism)。

决疑法中的说明——例如，假设我们把十诫作为出发点。它们只有十条，自
296 然地限于一般观念以及主要以否定形式声明的观念。而且，相同的行为可以归于不止一个规则之下。为了消除在这样的条件下必然出现的实践的困惑和不确定性，人们创立了**决疑法**（来自拉丁语 *casus*，案例）。人们努力去预测所有可能会发生的不同的行为情形，提前为每一种情景提供准确的规则。例如，对于规则"不杀人"，可以列出所有可能发生杀人事件的不同情形：事故、战争、执行政治上司的命令（如刽子手）、自卫（保护自己的生命、保护他人、保护财产）、具有不同动机（妒嫉、贪婪、报复，等等）的故意杀人或预谋杀人，有着小预谋、由于突然的冲动、或者不同种类不同程度的激怒而杀人。对于这些可能的情景，每一种都要分配以精确的道德性质以及邪恶或无罪的程度。这个过程不可能止于公开行为；影响世界观的行为的所有内在动力必须同样加以分类：妒嫉、仇恨、突然发怒、郁闷、有伤害欲、喜爱专权、艰难或敌意、冷漠——所有这些都必须归入它们不同的种类，以及每一确定的精确的道德价值。对某种情景所做的事情，必须在整个道德生活的每一部分或每一阶段做，直到所有的都被纳入清单、登记分类并归入明确标示的文件夹。

决疑法的危险——这样来设想道德生活，危险和邪恶接踵而至。(a) **它会以牺牲道德精神为代价，放大道德的表面含义**。它使人们的注意力不是放在行为的积极的善上，不是放在形成道德精神的行为者潜在的性情上，而是放在它和规则 A、纲目 1、种类 1、分目(1)等等表面的一致上。其结果会缩小行为的范围，降低行为的深度。(1)它会引导人们去寻找对自己最方便、最有利的行为分类。
297 在流行话语中，"决疑"成了一种评价行为的方法。它不惜余力地寻求某种既能增进个人收益、又能得到某种道德原则支持的行为方式。(2)这种对表面意义的关注，和其他方面一起，使行为成了形式的和陈腐的。它造成了僵化的性格，如古时候的法利赛人和现代的清教徒 (Puritans)——这两类人的道德传统中充满了僵化的道德规则的观念。

(b) **在实践中，这种道德体系也会转向法律的行为观念**——从历史上看，它总是源于把法律观念延伸到道德中去。在法律观念中必然要突出这一点，即行

为者可能受到来自某些权威的指责和惩罚。人们的行为，通过特别的命令和禁止得到控制：做这个，别做那个！我们所需要的恰恰就是这种分析。我们在前面有关杀人的案例中谈到了这种分析（第 296 页）。这样的话，我们才能有确定的规范的方法，衡量罪行轻重，给予相应谴责。现在，正如我们会在下面讨论中看到的（第 17 章和第 21 章），义务、惩罚和奖励的观念在日常行为中是重要的因素。但任何道德传统都是有缺陷的，它们把逃避惩罚的问题放到了引人注目的位置，造成对服从命令或规则这一事实法利赛式的满足。

(c) **也许这种道德体系最邪恶的方面，是会剥夺道德生活的自由和自发性，**把它（特别是对那些有良心的人而言，他们十分重视它）还原成小心翼翼、奴颜婢膝地服从外部强加的规则。顺从作为对原则的忠诚，就是善，但这种体系把它变成了唯一的善，把它设想成不是忠实于理念，而是服从命令。道德规则仅仅作为基于自身独立的思考而存在，正确的事仅仅是遵循它们。这种说法把道德的重心转移到了具体的生活过程之外。所有强调表面意义而不是精神、强调法律后果而不是主要动机的体系，都把个人置于外部权威的重压之下。它们导向圣·保罗（St. Paul）所描述的那种在法律控制之下而不是在精神鼓励之中的行为，这种行为常常伴随着焦虑、不确定的争斗和末日临近的重负。 *298*

所有僵化的规则都有相同的倾向——许多竭力反对这些行为模式，反对一切通过强调外部命令、权威、惩罚和奖励而使其僵化成形式的人，没有看到这样的邪恶在逻辑上与接受僵化规则的决定性联系在一起。他们认为，某些群体、宗教官员、政治或法律的权威应对他们反对的这个体系中的东西负责；虽然他们仍然坚持这样的观念，即道德是一种努力，这种努力把某些绝对不变的道德原则运用到具体的行为和计划中去。他们没有看到，如果这就是道德的本性，那些努力提供方法使其能够实际操作的人就应该受到赞扬而不是批评。事实上，绝对规则或准则的观念是无法使其变得可操作的，除非通过某些上级权威宣布并执行它们。洛克说："要使一个人成为高于他人的原则的颁布者、不容置疑的真理的导师，必须给予他不小的权力。"

2. **功利主义的一般原则观**——功利主义者避开了把和具体情景无关的原则应用于具体情景的困难。他们在具体情景下评价对错的原则，本身就是从某些行为对幸福与不幸的影响的具体观察而作出的概括。但是，如果我们接受边沁的技术意义的幸福（即孤立的快乐的集合），普遍的规则就不可能存在——没有能普遍化的东西。然而,如果我们把常识中的幸福看成福祉、成功的状态或某种目的令人满意的实现,记载着人类经验的道德格言和规则的存在就是毫无疑问的。下面用穆勒的话来阐述这种思想的要点:

> 我们认为,功利或幸福作为追求的目的而言,过于复杂和不确定,除非通过不同的二级目的的中介,对于那些二级目的,其最终标准不同的人们也
> 299 许(并且常常)能够达成一致;而且,关于它们,在思考者之间,事实上流行着很大的一致同意,这比从他们在道德形而上学的重大问题上的直接分歧可能设想到的东西要大得多(《论边沁》)。

这些二级目的或原则是像健康、诚实、纯洁、仁慈等等之类的东西。关于它们,他在《功利主义》(第二章)中说道:

> 关于某些行为对幸福的影响,人们到现在大概已经获得了积极的信念;而且,这样流传下来的这些信念对多数人和哲学家(直到他成功地找到更好的)来说是道德规则……认为道德原则可改进是一回事;整个儿忽略中间的普遍化并努力用第一原则直接检验每一个别行为,是另一回事……没有人对这点有异议,即航海的行为不是建立在天文学上的,因为水手等不及计算"航海天文历"(Nautical Almanac)。作为理性的人,他们在出海之前就已经计算好;而且所有理性的人步入生活的海洋,心中都想着共同的对错问题,以及许多异常困难的聪明的和愚蠢的问题。

经验规则遇上僵化的习惯——不能否认,穆勒在此所说的考虑,在帮助现在的对错判断方面有很大的价值。直觉主义者当作道德能力的最终判决的行为规则,其实是穆勒说明的那种普遍化,历史学者很少怀疑这一点。但是,穆勒所说的事实,并没有覆盖需要覆盖的范围。这样的规则充其量覆盖了习惯的因素;它们建立在过去的生活习惯上,建立在过去的自然经济和政治环境中。而且,正如研究习惯的学者所知,更大的储备常常不是建立在严肃的东西上,而是建立在肤浅的、愚蠢的甚至有害的东西上——建立在美容、沐浴的时尚上,建立在对偶像的崇拜上。过去的习惯越接近我们自己的条件,就越肯定容忍和同意许多做法,

如战争、残酷的商业竞争、对弱者的经济剥削和缺乏合作的有智慧的远见，而这些都是当今敏感的有良心之人所不会赞同的。

因此不满足——然而，这样的事情一直等同于幸福，抛弃它们就意味着不 300
幸，改变它们就是痛苦的干扰。在任何字面意义上，把过去的规则作为现在判断的标准，就会回到习惯性制度的落后道德上去——放弃由反思道德所标志的进步。尽管边沁和穆勒都是功利主义者，值得注意的是：边沁坚持功利主义的标准，只是因为他认为穆勒论述的这类规则有令人不满意的特点。人们从科学上对"航海天文历"进行了计算，从理性上使其符合目的；但是，概括习惯的规则是阶级利益、非理性情绪、权威宣言和对福祉的真正考虑的混杂物。

经验规则差异很大——而且，事实是，只有模糊、抽象地看待"中间的普遍化"时，才可能达到像穆勒声称的那么多的一致。同一个国家里所有受过教育的正直的人，实际上都赞同正义、仁慈、尊重生命的原则，只要它们采取这样模糊的方式：在总体上意味着一切，在具体上什么都不是。每个人都是抽象地赞同正义；但是，现有的关于关税、禁止奢侈的法律、货币标准、工会、信用、资本和劳工的关系、公共事业的规章或产权、土地和工业的国有化的政治的、经济的讨论表明，大的知识团体与同样心怀善意的人们都能够发现，实际上，正义原则要求恰恰相反的事情。

习俗还形成了所有道德生活的背景，我们无法想象一种不是道德生活背景的事态。习俗不是外在于个人的行为进程的，它们体现在个人的习惯和目的中；用格罗特(参见前引文，第 161 页)的话来说，它们"披着习惯、自我暗示的倾向的外衣进行统治"。法律(明确表述的和没有表述的)、社会传统、行为规则、对公众意见的总体期望本身都是行为指导的来源。如果没有它们，个人要在自身所处
的不同的情景下决定行为的正确路线，实际上是无助的。通过它们，他提前为自 301
己提供了一系列问题、一系列有序的观点，并用它们来面对和估计要求行动的每一事态。每个个人的大多数道德判断就是这样形成的。

关于习俗的冲突——如果社会习俗或个人习惯从不相互冲突，这类指导就足以决定什么是正确的，什么是错误的。但反思还是必要的，因为相反的习惯会带来必须加以选择的不相容的目的和幸福形式。因此，需要**评价原则**。评价原则不可能只重申过去的行为原则，简单的理由是：只要这些原则是充分的，就没有必要反思，对原则也就没有要求了。善与恶、对与错都体现在习俗和制度的指

令和禁令上，人们从未考虑过它们。

原则的道德重要性是智力的而不是强制性的——这把我们带到了对普遍原则价值的思考的基本点上。*规则是实践的，它们是做事的习惯方式；但是，原则是智力的，它们是评价事情的有用方法*。直觉主义者和(体现在穆勒的引文中的)功利主义者的根本错误是：他们关注的是那些自身会告诉行为者要采取什么样的行动路线的规则；*而道德原则的目标是提供立场和方法，让个人自己能对他所处的具体情景中的善恶因素进行分析*。真正的道德原则是不规定行动路线的；规则[1]就像烹饪的菜谱，也许会告诉我们要做什么和怎样做。道德原则，例如贞节原则、正义原则和黄金律原则，给了行动者一个看待和考察所出现的具体问题的基础。它在他面前展现了行为的某些可能方面；它提醒他防止对行为的
302 近视和偏见。它为他提供了考虑他的欲望和目的的意义的主要方面，促进有效思维；它提醒他应该关注的重要考虑。

作为分析工具的黄金律——因此，道德原则不是某种方式的敦促或禁止行为的命令：它是分析特殊情景的工具，对或错是在情景的整体性中而非由这样的规则决定的。例如，我们有时听说，只要普遍采用黄金律，就会立即解决企业的争端和困难。但是，假设每个人都诚心接受这个原则，它不会立即告诉每个人在与他人的复杂关系中要做些什么。当个人还不能肯定他们的真正利益所在时，它不会最终确定地告诉他们：关注他人的利益，就像自己的一样。它也不是说，我们在细节上想要什么，就应该努力给予他人。我喜欢古典音乐，并不是说我就应该把它尽可能多地强加给我的邻居。但是，“黄金律”并没有为我们提供一种*考虑行为的观点*；它提醒我们，要考虑我们的行为对他人利益以及我们自己利益的影响；它要我们防止考虑的偏见；它警告我们，要防止对具体的快乐或痛苦的后果进行不恰当的估计，只是因为它正好影响我们自己。简而言之，黄金律并没有颁布特殊的命令或规定，只是简化了对需要智力考虑的情景的评价。

作为促进理性评价原则的同情——正如在意向和动机、直觉和有意计算的讨论中一样，我们不止一次地看到人为地把情绪和思想分开。因为唯一有效的思想就是通过情绪融入主要兴趣的思想，所以，唯一不同于精明的或聪明的真正

---

① 当然，“规则”这个词常常被用来指原则，就像在术语“黄金律”中那样。我们在此不是谈论词汇，而是谈论它们隐含的概念。

普遍的、理性的思想是**仁慈的**思想。同情拓宽了我们对后果的兴趣，并且引导我们考虑那些影响他人福祉的结果；它帮助我们考量这些后果，如同考虑那些影响我们自己的荣誉、收入或权力的东西一样。

同情使我们处于他人的位置，从他的目的和价值的角度来看问题，把我们对 303
自己的要求和主张的估计放低到有同情心的公正的观察者的眼中可能呈现的程度，这是获得道德知识普遍性和客观性的最可靠的方法。简而言之，同情是道德知识总的原则，不是因为它的命令优先于其他(它们并非必然如此)，而是因为它提供了最可靠、最有效的**智力的**立场。它为分析复杂情景、解决复杂问题提供了**最卓越的**工具。正如我们在上一章所说，需要的正是把同情的冲动和需要的其他情绪相**融合**；在这里要补充的是：在此融合中，同情为对欲望、计划、决心和行为进行有效、广泛、客观的考察提供了立足点。它改变了康德形式的、空泛的、理性的、抽象的理论的特点，正如它把功利主义冷漠的计算转化成对共同的善的承认。

参考文献

关于对康德理性观点的批判，参见：Caird, *Philosophy of Kant*, Vol. II, Book II, ch. ii; Paulsen, *System of Ethics*, pp. 194 - 203 and 355 - 363; Fite, *Introductory Study*, pp. 173 - 188; Muirhead, *Elements of Ethics*, pp. 112 - 124.

关于直觉主义，参见：Calderwood, *Handbook of Moral Philosophy*; Maurice, *Conscience*; Whewell, *The Elements of Morality*; Martineau, *Types of Ethical Theory*, Vol. II, pp. 96 - 115; Mezes, *Ethics*, ch. iii; Sidgwick, *Methods of Ethics* (1901), Book I, chs. viii - ix, and Book III entire, but especially ch. i; *History of Ethics*, 170 - 204, and 224 - 236, and *Lectures on the Ethics of Green, Spencer, and Martineau*, 361 - 374.

关于道德意义理论，参见：Sidgwick, *History of Ethics*, p. 189; Shaftesbury, *Characteristics*; Hutcheson, *System of Moral Philosophy*.

关于诡辩，参见：references in Rand's *Bibliography*, Vol. III, Part II, p. 880.

关于道德规则的变异性，参见：Locke, *Essay on Human Understanding*, Book I; Bain, *Moral Science*, Part I, ch. iii; Spencer, *Principles of Ethics*, Vol. I, Part II; Williams, *A Review of the Systems of Ethics Founded on the Theory of Evolution*,
pp. 423 - 465; Bowne, *Principles of Ethics*, ch. v; Schurman, *The Ethical Import of* 304
Darwinism; the writings of Westermarck and Hobhouse elsewhere referred to, and Darwin, *Descent of Man*, Part I, chs. iv - v.

关于道德评价的性质和理性在行为中的作用，参见：Aristotle, Book III, chs. ii - iii, and Book VI; Ladd, *Philosophy of Conduct*, ch. vii; Sharp, Essay on Analysis of the Moral Judgment, in *Studies in Philosophy and Psychology* (Garman Commemorative Volume); Santayana, *Life of Reason*, Vol. I, chs. x - xii; Bryant, *Studies in*

Character, Part II, chs. iv - v.

关于良心的社会特点,参见:Cooley, *Human Nature and the Social Order*, ch. x.

关于同情和良心,参见:Adam Smith, *Theory of Moral Sentiments*, especially Part III, chs. i and iv, and Part IV, chs. i - ii; Stephen, *Science of Ethics*, pp. 228 - 238.

17. 义务在道德生活中的位置：服从权威

吸引人的目的和理性的目的之间的冲突——以前的讨论展示了两种善或满 305
足之间的对比，一种是*直接的*、马上的，求助于吸引人的欲望；另一种是间接的，通过思考所得。正如我们已经看到的，后者如果有的话，可引起某些直接的情绪反应，可以某种令人满意的方式感觉到。但是，这种*方式*也许非常不同于目的方式，后者吸引、影响那些并不关心通过思考才能明白原则的人。这种方式强烈、生动，有吸引力，能立即付诸公开行动，除非受到相反原因的阻碍。人们可能在理论上辨认出这种善，其善的主张主要取决于对遥远未来的考虑，然而直接求助于在某个时间的某个行动者，也许是苍白无力的。"心理规律"也许不像交战的"成员规律"(law of the members)那么急于呈现自己。

术语"义务"的两种含义——这种对比带来了义务(Duty)事实，一方面是理性而遥远的善的正确的至高无上性；另一方面是对那些最直接紧迫的行为动机的厌恶。保证理性的善在行动中效用的必要性，或者说重新定向天然占优势的欲望作用的必要性，就存在于它们之间。自然，人们也在更为宽松、外在的意义上使用义务这个术语。把尽责等同于没有冲突的正确，说一个人尽责了，也许意味着他做得对，与他先前的倾向无关。常常有这样的情况，人们欢迎通过反思回忆和预见得到更宽泛、更大的善，这种善被直接认定为善，因为它是完全有吸引力的。它没有压力和紧张、没有斗争，只是转移了无思考的冲动所暗示的目标。这是恰当而正确的，在此情况下是唯一明智和聪明的事情。尽了义务且内心乐 306
意这样做的人，也会想到其他的行动路线而烦恼。只要把这种行为称为"义务"，就带来了新的含义。它意味着正确的行为是满足它发生于其中的环境要求和必要条件的行为。因此，罗马人把义务说成**职责**(*offices*)，即完成适合其身份的职责。这些职责是每个人的社会关系所带来的。

良心的冲突——也有其他的情况，在其中**正确的**目的被人明确地理解为与他的自然倾向相反，理解为**应该**遵守的原则或法律，但只有通过压制倾向，通过冷落和控制它们，才能遵守那些原则或法律。下面引自阿诺德的话很好地说明了这种事态(如果我们把它仅仅看成事实，而不是暗示一种解释它们的理论)：

> 所有和行为相关的经验，终于使我们意识到了两个自我、本能或力量的事实——无论我们可能怎样命名它们，无论我们可能假定它们怎样出现——争取对人的掌握：一方面，它是最初冲动的不经意活动，诱使我们满足于任何可能会在我们心中出现的倾向，通常称为人的普通的或短暂的自我、感性、爱好、欲望的活动；另一方面，它是思考的更为有意的活动，引导我们使倾向服从某些规则，它通常被称为人的更高级的或持久的自我、理性、精神、意志的活动。①

我们将(1)提出我们认为是对这种冲突情况(在其中看到义务感)的真正解释；(2)转向单方面的解释，包括(a)直觉的，(b)功利主义的理论，以及最后(c)批评之后，重申我们自己的理论。

§1. 使欲望服从法律

日常语言给予我们某些事实：义务告诉我们什么到期该付了，债务该还了；
307 “应该”(ought)和“敬畏”(owe)联系在一起；义务暗示着囿于某事——就如我们谈论“应尽的义务”，谈到“强加的”、“放在”某人头上的义务。一个习惯于疏忽其义务的人，是“不守规矩的”或“无法无天的”；一个逃避或拒绝义务的人，是“无原则的”。这些观念说明，存在某些要求的、强求的东西有法律或经常的调整的规则的支持；而且，它们意味着对强求的要求的自然厌恶，对其他事情的偏爱。因此，义务作为有意识的因素，意味着对倾向的抑制；它是一种**应该**得到克服但却难以战胜的不愿意或者不情愿、需要为之作出努力。一个人只有充分认识了尽

① 阿诺德(Arnold)，《教会与宗教最新论述》(*Last Essays on Church and Religion*)，序言。

职目的正当的至高无上性，才能作出这样的努力。因此，我们讨论和原则冲突的利益、和义务冲突的欲望。虽然它们是必然地联系在一起的，但分别讨论它们更加方便：(1)和义务相反的倾向和冲动；(2)作为权威的和作为法律表达的义务。

1. ***和义务相反的倾向***——所有欲望都直接或间接地来源于某些基本的自然欲望和渴望。举止、行为意味着活的有机体。如果这个有机体没有强烈的本能倾向来保存自己、使自己活下去的话，它很快就不再处于生命的威胁、艰难、冷落和失败之中。生命意味着欲望，如饥、渴、性；意味着诸如愤怒、恐惧和希望的本能，这些本能在追求满足时几乎是专横的。它们不是来自思考，而是先于它；它们的存在并不依赖对结果的考虑，而恰恰唤起了我们的思考。在健康的有机体中，它们的存在就是某种几乎自发释放的能量库。它们是冲动的。因此，这样的倾向构成了一个人能力必要的基础的部分；它们的实现，关系到一个人的幸福。在所有这些本能中，没有什么是不正常、不道德的。但是，人要求的不仅仅是对食物、性和保护等本能的满足。如果我们承认(如生物进化理论所要求的)所有其他的欲望和目的最终都来自有机体的这些倾向，尽管如此，事实上，精致 308
的高度发展的生命形式和原始的生命形式并存，同时满足这两种形式的要求(就像它们密不可分那样)是不可能的。

自然倾向和思考形成的倾向之间的冲突——即使这是真的，就像可能的那样，和财产相关的欲望和目的来自与自我、后代的食物有关的本能，但这些发展了的欲望并没有完全替代它们从中而来的欲望。由思考而来的目的和更为自然的欲求的共同存在，引起了冲突及解决的需要。财产的积累也许会压抑饥饿的直接紧迫性；财产作为一种制度，意味着一个人不能随心所欲地满足他的欲望，也许必须推迟或放弃满足，因为食物供应归于另一个人；或者他只有通过某种本身为他所不喜欢的劳动来解决饥饿问题。同样，家庭本来源自繁殖的本能。但是，伴随着家庭生活的目的和计划，与性欲表面的、偶尔的、自然产生的纯粹满足是完全不一致的。精致的高度发展的复杂目的要求在倾向出现时，对它们进行抑制、规范和压制——这是倾向本身并不希望而且也许为了张扬自身而反对的控制。

义务可能站在更为冲动的方面——然而，仅仅把服从的需要局限于控制难以驾驭的欲望作用，是一个巨大的错误。有意识或经过思考后形成的习惯(即使在它们开始形成这些习惯时，有理性的支持和赞同)需要得到控制。专业人员的

习惯，例如，一个调查员或律师的习惯是通过对判定为正确目的的仔细而持续的思考形成的。艰苦奋斗、坚定不移的美德形成了；不合时宜、不恰当的欲望被制止了。但结果是，这些习惯和表达它们的欲望和目的也许成了包含一切的东西。
309 占领就是先入为主。它霸占了其他关心所需要的注意力。获得的技巧会使个人局限于有限的事情，排斥应该想到的善的其他“领域”。他也许会觉得，家庭和公民的义务是不值得关注的琐碎细节或令人愤怒的负担。因此，经过思考的习惯（本身是合理的，恰好处在正确的位置上），也许会引起包含腐蚀的自私的欲望和目的。

而且，这桀骜并非直接隐藏在欲望或冲动中。它就像欲望和冲动，可以在下面事实中看出：义务也许会站在和它们相联系的目的一边，也许会被说成与在思想的监督下形成的习惯力量相反的东西。学者或艺术家也许会发现，他的追求与满足必要的充饥、健身锻炼的需要背道而驰。精明的商人也许会发现，自己面对怜悯冲动的提示冷若冰霜；学识广博或有着专门知识或艺术特长的学者，也许会在人类的某些直接冲动方面发现义务。

问题的陈述——这样的考虑表明，我们不能把义务和倾向之间的冲突简单地归结为欲望和无思考的冲动的存在，就好像这些东西本身是反对被任何原则规范的。我们必须追求一种解释，它将同样地适用于欲望和思考的习惯。一个人觉得，在其他人饱了之后再去解决自己的饥饿问题，这是他的义务；一位科学探索者觉得，抑制自己的思考习惯以满足身体的需要，这是他的义务。这两种情形中有什么共同之处呢？

解释的陈述——任何习惯像任何欲望和本能一样，代表了某些形成的确立的东西；无论这是发生在种族的还是个人的历史中，对于它确立的紧迫性来说，没有太大的差异。习惯即便不是第一天性，也是第二天性。(1)习惯代表**老练**；确定的有组织的东西是相对容易的。**它标志着最小的阻力线**。思考的习惯，只要它是一种专门的习惯，就像自然的欲望一样，很容易并很自然会遵循。(2)而
310 且，任何轻松的、无阻力的习惯的实行都是愉快的。众所周知，实用和习惯磨灭了境遇中原来令人不愉快的特点。(3)最后，形成了的习惯是一种积极的**倾向**。它只需要适当的刺激使其运行；通常只要没有什么大的障碍，它的潜能就能释放出来。只要有机会，它就会以某种方式表现出来。如果它没有起作用，那将是令人不快的事情，会让人感到愤怒或缺了些什么。

因此，对正确目的的不情愿（即一种需要通过承认正确目的的超级价值来克服的厌恶），如果有的话，也可以在**惯性或任何有组织的、定型的倾向的推动的基础上**加以解释。这种推动为本能的冲动和有意形成的习惯提供了共同的基础。这种推动代表**旧的做法**，即对熟悉的习惯的条件的适应。只要相似的条件重新出现，已经形成的力量就能经济而有效地起作用，为采取某种行为提供轻松、快捷、确定和舒适的条件。

但是，如果新的、变化了的条件要求对旧的习惯或欲望进行重大的调整，自然的倾向会抵制这种要求。而我们恰好具有的不情愿和约束的特点，标志着义务意识。一个没有习惯的自我，一个散漫易变的自我（它向某个方向变化，与向另一方向一样容易），是没有义务感的。一个没有新的可能性的自我，严格固定于某些条件并且完全适应它们，也是没有义务感的。但是，以某种方式采取行动、确定而持久的紧迫倾向，与其他更加充分地代表自我而且没有组织成为习惯的不相容的倾向同时出现，为约束感提供了条件。如果有任何理由，可以把这没有组织的倾向断定为自我更为真实的表达的话，我们还有法律约束感。**由于倾向的冲突在它们现存的形式中是如此矛盾，以致强烈要求重新定向，从而欲望和愿望的约束就是在品质结构内实际上进行重新调整的现象。**

如果一个人的某种欲望和那些习惯一致（这些习惯使他能够履行其社会职责，或者说，这些习惯自然地来自他的社会关系），它就是合法的、善的；如果和后 311
者冲突，它就是非法的，就是淫欲。我们用脏话咒骂它，要求限制它；我们把它的力量视为对行为者正直的威胁，视为对社会秩序的威胁。当一个人的思考习惯和自然欲望、冲动发生冲突时，它的展示会增强个人在与他人的整个关系中的力量，或者使这种力量更加明确。正是这种思考习惯，必须以任何不愉快的代价加以抑制和重新定向。

2. **义务的权威**——义务，用康德的话说，是**绝对命令**（*categorical imperative*）——它要求相对直接偏好的绝对优先权，一方面，它是对自然欲望的约束；另一方面，它是正确目的要求控制的权威主张。在最紧迫、最轻松舒服的行为路线（它是如此适意，似乎立即就会引起行动，除非受到阻碍）之外，有着另外的路线，代表着更宽广、更深远的观点，因此为境遇提供了理性的目的。然而，不管如何缺乏强度，不管此目的如何严厉，它代表着整个自我，因此在感觉上高于任何褊狭的倾向。但由于它关注在不确定的未来的实现，而不是承诺做此时最紧迫的事情，它要求艰苦努力、勤奋工作和或多或少有些排斥的不合时宜的全神贯注。因此，一方面受到倾向的鼓动，另一方面受到正确主张的推动，这种紧张感就是一种义务经验的特点。

义务的社会特点——但是，这种描述经验的陈述仅涉及其形式方面。在具体情况中，要求控制欲望的目的来自行为者的社会位置或作用，来自*通过他自己和他人之间经常而确定的社会联系所形成的行为路线*。处于丈夫和父亲位置的人，事实上进入了一条持续到未来的行动*路线*；这条路线是基本的，它改变并渗
312 透进他的其他活动，要求它们根据其意见加以协调和重新安排。当然，医生、律师、商人、银行家、法官或政府官员等职业也是如此。每一种社会职业，都意味着持久而经常的行为模式，即把在不同时间发生的许多行为融为一个整体，引起对他人的明确期望和要求。生活中的每一种关系，从来就是*一种与他人心照不宣的或明确表达的契约*；通过他拥有这种关系的简单事实，使他承诺相应的行为模式。每个人，不管愿意与否，都占据某一社会位置；如果不是父母，就是孩子；如果不是政府官员，就是国家公民；如果不是从事某种职业，就是在为某种职业做准备，否则，他就是以他人的劳动成果为生。

与自我的联系——简而言之，每个人都处于和他人的*普遍关系*中，这种关系内在而秘密地进入其存在的真实构成中，所以他在道德上不能自由地选择，比如，这种善确实是我的事情，那种善却不是。个人是复杂的社会网络中的一员，这一事实所要求的行为模式比起暂时强烈的本能欲望或已经成为"第二天性"的习惯，是他自己天性的更为明确的表达。个人不能说：后者更有吸引力，因而真正是我的天性；前者是我排斥的，因而是外来的入侵者，只有在无法避开时才向其屈服。根据这种观点，欲望和义务的冲突、兴趣和原则的冲突表现为倾向之间的冲突。这些倾向构成了某人*固定的*性格，从而为他所关注；而且，这些倾向和更大的自我（即应该更充分地考虑社会关系的自我）的发展有关。康德理论强调上面阐明的事实，*即*义务代表了某一行为的权威，这种权威表达了超越任意而褊狭的自我的理性而"普遍的"自我；而功利主义的理论则强调社会制度在创造和履行特殊义务和普遍的义务感方面所起的作用及要求。

313
§2. 康德的理论

"符合"义务和"出自"义务——康德指出，行为可能"符合义务"，而不是"出

自义务”。“例如，一个商人不应该多收无经验买者的钱，这总是义务问题；而且在商业发达的地方，精明的零售商并不多收钱……因此，人们得到了诚实的服务；但这并不足以证明零售商这样做是出于义务、出于诚实的原则；他自己的利益要求这一点”（《道德哲学》，第 13 页）。在这种情况下，这种行为从外部来看是符合义务的；从道德上看，它来自对个人利益的自私的计算，而不是出自义务。一般而论，这对所有行为（它们尽管从外表上看是对的，但都来自权宜的考虑，并且建立在“无论如何，诚实是最好的策略”的考虑上）而言，都是对的。人人都会自然地关注自己的健康、财产、孩子或那些属于他们的东西。这样的行为，不管它们如何符合义务，都不是**出自义务**，而是出自倾向而为。如果一个人患病、不幸、想死，然而他珍惜自己的生命，虽然并不热爱它，而是出自义务这样做，那么其动机真正具有道德的价值。因此，一个母亲照顾她的孩子，**因为**她认为这是她的义务，这种行为真正是道德的。

仅仅出自道德的义务——根据康德所说，“出自义务”有意而为的行为（即承认义务权威是行为的动力），本身具有道德意义。“**善与恶（在其道德意义上）的观念，不应在道德律之前确定，只能在它之后并且根据它来决定**”（《道德哲学》，第 154 页）。我们所有的欲望和倾向自然会寻找一个好的目的——幸福、成功、成就。因此，它们中没有一个或者它们所有加在一起，都不可能提供**来自**道德的行为动机。所以，义务及其权威必须来自另外的源泉，来自理性本身。它提供了对道德律的意识，这种意识**应该**是每一行为的动机，不管它是否如此。当功利主义者说善良目的的观念在先、而“正确”是善良目的的实现时，他们完全颠倒了道 314
德的真理。

人的二重性——我们都熟悉这样的说法，即人有二重性，他既是感性的，又是精神的；他既有肉欲的特性，又有理想的特性；他具有较低级的自我和较高级的自我，即欲望的自我和理性的自我。在此，康德的义务理论是这种常见观念的特殊版本。人所有的特殊目的和目标都来自欲望和倾向。这些都是为了个人的幸福，因而没有道德价值。它们构成了人的感性欲望的特性，纵然这种特性本身不是那么“基本”，也很容易变得如此，因为它和原则争夺为行为提供动机的职能。绝对约束的法律原则，要求彻底排除认为欲望激发行动的主张（参见《道德哲学》，第 70—79、132—136、159—163 页）。如果人是动物，他就只有欲望要遵从；如果他是神或天使，他就只有理性。作为人，作为特殊的感性和理性的混合物，他面临着抵制倾向的自然敦促和接受来自尊重义务的行为义务问题。

康德理论批判——在康德的概念后面，有个赋予它可靠性的毫无疑问的事实。这个事实是：并非邪恶的倾向才会要求控制地位，这种要求必须抵制。康德解释的特殊性在于其彻底而决定性地分开这两个方面：人的本性的“较高”和“较低”层面——理性的和欲望的方面。因此，我们的讨论正是建立在这种区分上。

1. **义务和情感**——首先，康德把感性或欲望与理性、义务绝对分开，由于这种区分必然贬抑情感，它导致刻板而迂腐的道德观。说欲望，正如**它刚出现那样，有时**会促进道德上不适当的目的，这是一回事；但说把欲望带来的目的接受为动机在道德上是错误的，说必须首先有意识地想到某些法律或原则，才能带来

315 正确行为，这是另一回事。只有陈腐理论的苛求，才使人认为，(表达了行为者习惯上占优势的倾向和力量的)习惯的目的也许不足以保证行为的主要意图在道德上的可靠；而把正确目的纳入品格、和自然冲动一起融入协调运作的统一体中是不可能的。只有分离感性和理性的形而上学理论，才会否定这个事实。

有的商人仅仅因为认识到这样做有利，才不缺斤短两，才明码实价；有的商人如果不首先提醒自己这样做的最终动机是尊重义务规则，就不卖一卷线、一板针(这样的人如果存在的话)；在这两种商人之间，还有普通的商人，他诚实，因为他有带着诚实人特点的欲望。席勒在一些诗句中取笑康德理论的人为紧张，描写门徒带着复杂的心情接近康德：

> 我的朋友欣然接待我，但是，我这样做，啊，却是充满感情。
> 因此，这种疑问屡上心头，美德，我之所缺！

对于他的疑问，得到的回答是：

> 这是你唯一的办法，你必然始终如一地厌恶它们；
> 这样你才能忍受厌恶，这也许是法律所嘱。

这些诗句是对康德立场的讽刺；康德并没有要求压抑感情，但要求接受情感为动机之前应该承认法律的影响。然而，这些诗句揭露了该观念中荒谬的成分，即情感和倾向本身在道德上并不足以产生行为——就好像一个人不能仅仅因为

饥饿而吃饭，不能因为想对某人好才对同伴亲切，不能因为他的同情心敦促才去减轻痛苦。

值得注意的是某些道德理论家走向了另一个极端，认为一个行为是不对的，除非它表达了情感的自发流露；一个人的行为如果不是出自情感，而是出于义务 316
的强制，就不会完全正确。因此，爱默生（Emerson）谈到人时，说他们"根据知识而行为就像石头因其构造而异"。而且，我们喜欢某些品格，部分地因为它们是冲动的、自发的。我们看到一个人，他的行为像玫瑰一样高尚、优雅、令人愉悦，我们就会为存在这样的人而感谢上帝，而非酸溜溜地装得像天使，说道："克伦普（Crump）是一个较好的人，他会抵制自己身上所有天生的邪恶。"事实似乎是：虽然在善良人那里，自然的冲动和形成的习惯在通常条件下是充分的动力，但有时候，一个目的由于没有表达自我在习惯上的优势力量，它的动力较弱，需要通过对他过去所有曾获得的善的经验的联想来加强。每人都有一个情绪力量库，虽然它不是流动的，但可以改变和利用，特别是对有意识的人来说。康德在此基础上批判道德感理论："为了想象邪恶的人受到犯罪感的折磨，必须首先把他描述为在其品格的主流中，在道德上是善的。"（《道德哲学》，第 128 页）一个能够诉诸义务感的人，通常在他那里对善的热爱已经占了上风。

2. **对权威的盲信和理想化的倾向**——康德把欲望和理性截然分开的理论，把我们带进了一个致命的困境，即假如我们退到一个信念：这样做是我们的义务，因此，要么正确的目的是不可能的，要么任何目的都是正确的。康德认为，我们持有的每个具体的目的、每个确定的意图都来自欲望。法律没有提出特殊的命令，只是说"尽你的职责"；只有当欲望的目的不是作为欲望的目的而是"由于职责"而被追求时，它才把欲望的目的说成正确的。无论如何，在我们面前的实际目的是通过倾向和欲望提供的。理性提供了作为**动机的原则**。在此，我们又以另一种形式把目的和动机截然分开，其实，我们早已熟悉这种分离（第 227 页）。目的和动机彼此分离和不相关，以致我们别无选择，要么谴责每个由欲望 317
导致的目的，因为它远远不符合义务的尊严；要么狂热地坚持某种路线（一旦我们正式地把它归于义务的名下）。

后一选择可能真正是康德式行为者的选择，因为只有它在实践中是可能的。但是，道德狂热者在世界上所作的恶，几乎和没有道德原则的人所作的恶一样多。宗教战争、迫害、褊狭、苛求他人、对某种行为路线一旦进入就顽固坚持——

尽管经验证明它会导致伤害；盲目地追求狭窄、片面的目标；有意反对艺术、文化、社会礼仪、娱乐，以及“有原则的人”偶然发现的任何讨厌的东西：伪善的优越感、特权感、道德原则所选择的工具——这些东西以及由其而来数不清的弊病，是把孤立的义务信念纳入充分的行为动机所带来的不可避免的后果。这些邪恶并不是真正来自接受康德原则，因为其所宣扬和在很大程度上采纳的对权威和法律的尊重是很强烈的。在德国，康德哲学大体上起了帮助在理性的基础上批评法律和程序的作用；另一方面，它也成了给予政治权威当局（在其立法和管理的范围内，正如诸如此类的事情，已经非常合理）的理性赞同的恰当标志。

3. **为了义务的义务的意义**——这是一个可靠的原则：履行作为我们义务的义务，不是为了其他任何东西。实际上，“为了义务的义务”**意味着一个为了行为自身的行为**：冷水的影响、鼓励的话语、房间的打扫、课程的学习、货物的销售、画作的描绘，因为它们是在某个时间真正需要的东西，因而有着自身存在的理由。**道德行为不是达到任何超过道德本身目的的手段，——甚至也不是为了达到道德的手段**。但根据康德的理论，“为了义务的义务”意味着并非为了其自身，而是
318 为了抽象原则的特殊行为。正如快乐主义者把特殊行为仅仅看成是达到幸福的手段，康德把具体的行为仅仅看成是达到美德的手段。就像存在“快乐主义困境”一样，即获得幸福的方法就是忘记它，把我们自己的精力投入到关注我们周围的人和事；这里也有“道德家的”困境，获得善的方法就是不把它看成——某种独立的东西，把我们的精力投入到我们所处的实际情景的全部价值的实现中去。实际上，人们只有想到某些特殊的事情要做时，才会想到他们的“义务”；对普遍的或抽象的义务进行思考，是避免履行它，或避免以褊狭的、不正当的方式履行它的最好方法之一。

对康德批评的总结——总之，认为义务根源于理性自我，而理性自我是独立并高于倾向和情感的自我的理论，(1)剥夺了构成品格之间差异的习惯的欲望和情感的道德的重要性；(2)要我们无偏见地履行所谓的义务，不考虑其真实的善；(3)把道德原则变成了间接的抽象，而不是具体行为生机勃勃的精神。当我们把它和功利主义理论相比较时，康德理论最大的长处，即它对义务的**自主**特点的坚持，或者义务和自我的某些阶段或作用有机地联系在一起的说法，就会显现得更加清晰。

§3. 关于义务的功利主义理论

快乐主义基础上的义务问题——功利主义者对用正确的权威来抑制欲望的解释，是用来解决快乐主义理论给他们带来的特殊困难的。如果快乐是善，如果所有欲望都是自然向善的，为什么要抑制欲望？像“义务”这样的东西怎么可能存在？因为说一个人有义务或注定去追求他不得不追求的东西是荒谬的。然而，根据功利主义者所说，在作为欲望目标的快乐和作为评价标准的快乐之间有很大的不同。前者是个人自己的快乐，是私人的。衡量行为正确与否的幸福，是 319
所有受其影响的人的幸福。由于这种分歧，如果要做出正确行为的话，就必须有机制作用于个人之上，使他在有益于总体福祉的事业中找到他个人的快乐。这些影响是他人的期望和要求。**只要他们把惩罚、受苦、回报和快乐等形式的后果与个人的行为联系在一起，就会有这样的期望和要求。**

这样，一个人对快乐的自然偏好，或者他对痛苦的自然厌恶，也许会因想到下列事情而受到阻碍并改变，即如果他追求快乐，他人将遭受更多的痛苦，或者如果他承受痛苦，他人将补偿他更多的快乐。在这种情况下，我们有了义务或义务的事实。通过承认更高的权力，据称这种权力根据其规定是否被遵从，明确宣布奖惩意向从而对最初的倾向起到一定的抑制作用。这些规定包括下列因素：(1)要求、期望、外来的规则；(2)以提供快乐奖励和痛苦惩罚的方式出现的后果；(3)导致对欲望的自然展现的抑制。该理论的主要观点建立在对法律义务的类比之上。①

(a)**边沁的解释**——边沁不喜欢“义务”这个词，他更喜欢谈论对一个行为的“认可”(sanctions)。下面的引文可以证明前面所说的话。

> 构成社群的个人的幸福是……唯一的标准，为了符合这个标准，每个人都**必须**改变自己的行为。但是，无论要做的是这件事还是其他事，只有痛苦或快乐，最终才能**使**人这样做。

① 在历史上，它经常采取神学的形式。因此，佩里(Paley)把美德定义为“遵照上帝的意愿，对人类行善并且是为了永久的幸福”。关于义务，他说：“说一个人有义务是‘当他受到来自他人的命令的强烈动机所敦促时’。”

320 使个人在群体的善中找到他自己的善的痛苦或快乐，就是**认可**。在这些痛苦和快乐中，边沁提到了四种，其中仅第一种不是因为他人的意志，而是**生理的**。这样，这个人也许会因为想到醉酒后的病痛而抑制爱喝酒的倾向。因此，他也许可以被隐喻地说成是有义务不喝酒；然而，严格地说，是他自己对喝酒没有明显的兴趣。严格意义上的认可是：(a)政治的，法律权威的命令和禁止带来的以快乐和痛苦（特别是痛苦）形式出现的后果；(b)大众的，来自公众舆论更为不确定的影响的后果——比如"遭排斥"、回避、不受欢迎、丧失名誉或荣誉，等等；(c)宗教的，来自神圣存在对某种行为的地狱惩罚和天堂奖励，或者由此神圣存在的尘世代表（教会、牧师等）作出的类似的惩罚和奖励。①

这种观点的价值和不足——这种对义务的解释，其优点显然是它承认社会制度、规则和要求在使个人认识到下列事实方面所起的巨大作用。这个事实是：对于某些行为，无论是否自然地倾向，他都要那样做。但其缺点是把义务等同于强制；把"应该"，如果不是改成身体上"必须"，那么至少改成心理上"必须"害怕痛苦、希望快乐。在人类生活中希望奖励、害怕惩罚是真正充分的动机；但是，在人类对主要或唯一根据它们而做出的行为无偏见的评价方面，道德上的评价并不太高。习惯上求助于这样的动机，是削弱而非增强个人做出正确行为的倾向。
321 困难显然在于"认可"的纯粹**外部的**特点，相应地也归于这个事实，即由他人的要求和期望带来的义务与他们期望的个人性格并没有内在的联系。它们完全是外来的负担，是被强迫接受的。

具有自己欲望和快乐的个人，由感觉的特殊状态构成，本身就是完整的。因此，社会关系肯定是外来的、外部的。如果以任何方式改变了现在的感受，它们就是人为的约束。一个人仅仅是**碰巧**和其他个人生活在一起，他们本身就是孤立的，而且在其孤立中是完整的。如果他们的外部行为发生冲突，就可能要侵犯、改变构成做出行为的自我的感受。义务由此产生。

功利主义后来的发展试图摆脱这种心理上的原子个人主义；设想个人的善也包括在他自己和他人的关系**中**。这样的话，他人的要求、公众舆论、法律等就

① 较早时期的英国功利主义者（尽管不是以此称呼），如塔克(Tucker)、佩里，他们断言，在这地球上，没有正确行为和给予快乐的完全巧合；是未来的回报和惩罚构成这个平衡。在最近的作者中，西季威克也认为，除了宗教的考虑，找不到美德和幸福的同一［参见《伦理学方法》，第505页；关于神学功利主义，参见阿尔比(Albee)，《历史》］。

成了个人发展的因素，成了提醒他充分注意他的善是什么的因素，成了关注实现这种善的因素。后来的功利主义不像边沁那么多地关注外部认可，而是更多地关注个人的品格和动机无意识的形成；这种形成是通过模仿、教育和所有那些把个人欲望塑造成与社会类型自然一致的机制达到的。虽然穆勒最为强调这样产生的性情的内部性质上的变化，①却是由贝恩和斯宾塞对导致这种变化的方法给出了最详细的解释。

(b) **贝恩的解释**——他的基础和边沁的一致："(责任、义务)这些术语的正确意义或意思，指的是由对惩罚的认可来实施的那一类行为"(贝恩，《情感与意志》，第 286 页)。他较少重视政治立法和模糊的公众舆论的力量，更重视家庭教育渐进的微妙过程。服从的教育，即有些事情不管你是否愿意都要做，几乎从生命一开始，就不间断地灌输给孩子。义务感的完全演化有三个阶段。第一个阶 322
段即最低阶段(有些人永远没有走出这个阶段)，在这个阶段里，"快乐和痛苦的敏感性被用来引发服从，在不服从和可怕的痛苦之间精神上的联系(或多或少被恐怖所放大)迅速地形成"。这惩罚也许一直持续，直到孩子放弃那个行为。这个事实"在他的心灵中留下了某种与禁止行为相联系的恐惧与可怕的印象"。在其萌芽的良心内，我们看到了以最外在的形式呈现的对义务的承认。

一个良好家庭中的孩子(和一个良好国家中的公民)很快会添加其他联系。这命令、这惩罚是由他钦佩、尊敬和热爱的人给出的。这个因素带来了新的恐惧——担心让他心爱的对象伤心。这样的恐惧是更为公正的。它主要集中在断定这个行为为错，而非会伤害到自己的想法上。随着智力的发展，这个人理解了由施加给他的命令所保护的实际目的和善；他看到了他所服从的禁令的用处和理由，并且赞同它所保护的东西，赞同这限制本身。"一种新的动机加了上去，使这个行为笼罩着三重畏惧……如果心灵认同规定的义务是**保护我们所同情的人们的总体利益**，那么，对这义务的违反，就我们而言，就会使我们感到痛苦，觉得**给他们的利益造成了伤害。"**

转化成内在力量——当孩子懂得这个命令的理由，"**良心的特点完全改变了"**。始于害怕长辈惩罚的恐惧，本身加入了害怕敬爱的人生气的担心；而且，最终转化为对伤害(这个人重视其价值并分享的)利益的担心。义务感现在"依靠

① 参见边沁的《功利主义》，第 3 章。

一种独立的基础”。它是“公共权威内在的理想的类似”，是“我们内心对离开了
323 我们的那个政府的一种模仿(或复制)”。“尊敬现在给予法律的意图和含义，而不是仅仅给予这个事实：它是由某权力规定的。”因此，存在着总体上成熟的义务感，它也许与起初在惩罚的制裁下强加的具体行为相分离，转化为从未从社会角度强加的新目的，这种目的也许是这个人第一次想到的。来自社会压力的“义务的感觉和习惯”依然存在，但是作为个人珍惜的独特的东西而存在(贝恩，《情感与意志》，第 319 页注释)。因此，这种*最终的*义务感接近康德关于义务的自主特点的观点。

(c) *斯宾塞的解释*——赫伯特·斯宾塞(和边沁一样)强调不同社会影响的约束作用；但和边沁不同，他更强调在人类整个进化时期中长期持续的、不懈的压力所造成的*内在的*变化。就其本身而言，义务意识——显著的道德意识——是长远目的对最近目的的控制，是复杂目的对简单目的的控制，是理想或表征(representative)对感性或表象(presentative)的控制。不成熟的个人或种族生活和行动在当下；成熟者则受到对时间不确定未来的预测的控制。小偷偷东西是受到简单情绪(纯粹占有的冲动)的促使；商人实现他的占有，出于高度复杂的财产和所有权的考虑。智力低下者仅仅根据直接当下的感官刺激而行事；成熟的心智却是为精细的智力结构所驱动，为超出已观察到和可观察的情景的想象及思想所驱动。当然，智力发展的每一步，无论是个人的还是种族的，都依赖于使当下直接的、简单的倾向和目的*服从*较长远的、复合的、仅在理想上存在的意向的能力(斯宾塞，《伦理学原理》，第 1 卷，第 1 部分，第 7 章)。

使新近的善服从较长远的善依赖于社会影响——“为了获得较长远的总体的善而有意识地放弃直接的特殊的善——是被称为道德的自我约束的主要特
324 点。”但是，这种约束却出于不道德的约束形式；在这里，对当下的、暂时的善的“放弃”和(对长远的善的)服从，并非个人有意而为，并非他有意欣赏长远的、范围广泛的善的结果；在这里，考虑后者的行为是由外部权威强加给个人的(通过威胁起作用，得到恐惧的支持)；这些外部的控制总共有三种：政治的或法律的、超自然的、教会的或宗教的，以及大众的。然而，这三种通过害怕痛苦和承诺回报起作用的外部控制，使个人形成了注意长远而不是眼下目的的习惯。首先，想到这些外部的后果，想到那些并非来自行为而是来自他人对它的反应的后果，与想到行为自身固有的后果混杂在一起。但是，这种联系至少引起了对内在后果

的注意,否则的话,由于其长远性和复杂性,它们也许会不为人知。对它们的思考渐渐地越来越清晰和有效,这种思考自身形成一种与外部强加的后果相分离的动机。因此,存在着一种控制,它本身就是真正道德的。

> **内在的支持**——对谋杀的真正道德的威慑,不是来自对作为后果的绞刑的描述、对作为后果的地狱的折磨的描述,或者对引起同胞们恐怖和仇恨的描述;而是来自对**自然的必然结果**的描述——给受害者带来死亡的痛苦、毁灭了他的幸福的所有可能性、使他的财产蒙受损失(斯宾塞,《伦理学原理》,第1卷,第120页)。

因此,外部的约束起了老师的作用,使种族和个人形成内在约束。强制性和权威性的抽象意义逐渐与为了未来的善而控制当下的需要分开,从而出现了一般的义务感。但是,即使这"也是短暂的,会随着道德教化的增加而很快消失"(同上,第127页)。对履行某一义务的坚持,使它成了一种乐趣;那么,自然而然地,习惯性履行的义务也就成了令人愉快的。

在进化发展的现在阶段,义务或由外部环境提出的要求不可能和自发的倾 325
向或有机体的要求一致。在进化的目标上,个体和环境将很好地相互适应。适应前者和适应后者的行为将完全一致。"在适当的时间和地点,以适当的比例,道德审美将会像现在的感觉那样,自发、充分地引导人们"(同上,第129页)。

功利主义的批评——功利主义对义务意识发展的解释,或者说它对社会制度和教育具体事实的强调,对康德形式主义的空泛和抽象一面提供了急需的补充。(1)通过社会影响,个人肯定会承认实际的特殊义务,逐渐增强义务或道德律令的意识。贝恩更加强调家庭训练及其对不成熟成员的约束;边沁和斯宾塞更加强调总体的制度条件,或政府的组织、法律、司法程序、固定的习俗,以及公众舆论。事实上,这两个条件相互说明,相互增强。在很大程度上,正是通过家庭这个学校,更大更持久的制度要求的意义为个人所知晓;而在另一方面,家庭主要从自己所处的更大的社会中获得其强迫个别成员注意的目的和价值。(2)后来的功利主义在坚持"内在支持"方面,在坚持理想、个人的公共权威或对其自由模仿方面,在考虑"内在后果"方面,纠正了边沁的弱点(他过度地依赖纯粹对惩罚的威胁和对痛苦的恐惧),在实际效果上(虽然不是在理论上)接近于康德把义务与理性或“较大的”自我(社会的,即使是个人的)相联系的学说。甚至在其修订版本中,功利主义也没有完全摆脱快乐主义心理学强加于其上的、在行为者自我与其社会环境之间僵硬而不现实的分离。

326 **关于自我性质虚构的理论**——假设个人从纯粹对个人快乐的热爱出发,并且假设,如果他开始为他人的利益考虑,那是因为他人通过干涉他个人的快乐,把自己的利益强加于他,这样的假设是纯粹虚构的。对他人的要求、鼓励和支持,首先不是影响个人的快乐和计算,而是影响他的**活动**、他的倾向及其欲望和习惯。功利主义与康德的心理学有共同的缺点,两者都忽视了影响个人的、肉体上自发的、积极而直接的倾向的重要性,两者都假设了不真实的“**意识状态**”、消极的感性和感觉。积极的倾向也许在内部会受到它们自己实施的真实条件和结果的修正与重新定向。家庭领域、法律影响、公众舆论影响也许很小,也许很大。但它们的教育影响远不是康德的纯粹抽象规律,也不是快乐和痛苦感觉的纯粹联系。**社会影响使个人能够认识到他自己的本性倾向有利于社会的重要性,并把它们和那些不利于社会的东西区别开来**。当两者发生冲突时,对前者的感知就是对义务不同于**纯粹**倾向的承认。

§4. 最后的陈述

义务及成长的特点——体现在已形成的肤浅的、紧迫的倾向中部分孤立的自我,把义务归于呈现在抱负中的理想的自我。这些抱负,由于它们尚未形成习惯,对自我没有系统的控制。只有通过习惯的自我有些痛苦而困难的重建,它们才可以组成习惯的倾向和兴趣。对于康德在倾向的自我和理性的自我之间确定的绝对的分离,我们代之以在自我的那些因素之间相对的动态的区别。这些因素变成了明确组织起来的固定习惯,以致它们会注意自己和其他那些更不明确、
327 更不固定,从而依赖于有意识的承认和故意引导的情感的因素。义务意识来自自我的复杂性格;来自这一事实,即自我在某一时间具有相对系统、相对固定、体现在不变的习惯中的倾向;与此同时,它也有在创造、展望未来,考虑没有达到可能性的过程中的倾向。前者给予品格以稳定的相对成形的因素;后者给予其理想的或没有实现的可能性。每一方都必须有利于对方,都必须帮助对方。

因此,义务和欲望的冲突是**成长的**自我的伴随物。斯宾塞的义务的完全消失,意味着一个疲惫的僵化的自我;在任何有进步的地方,在已经完成的事情和

可能的事情之间就会出现紧张。在“不安于现状”的人那里，总会有导致力量方向重新调整的自我内部的冲突。**必须不断满足他人的期望和要求**，其价值在于**使行动者避免固步自封**，**避免退回到已经形成的习惯**，好像它们是决定性的。这样的话，所有形式的义务的现象都是由目的的扩展和性格的重建导致的现象。因此，只要对义务的认识能够成为显著增强的动机，它就能够最有效地起作用。其原因不是因为对义务或抽象的法律的兴趣，而是因为在面对品格本身所遇到的障碍时对进步的兴趣。

参考文献

关于义务主题最重要的参考文献已经在文中列出，需要增加的有：Ladd, *Philosophy of Conduct*, chs. v and xv; Mackenzie, *Manual*, Part I, ch. iv; Green, *Prolegomena*, pp. 315 - 320, 353 - 354 and 381 - 388; Sharp, *International Journal of Ethics*, Vol. II, pp. 500 - 513; Muirhead, *Elements of Ethics*, Book II, ch. ii; McGilvary, *Philosophical Review*, Vol. XI, pp. 333 - 352; Stephen, *Science of Ethics*, pp. 161 - 171; Sturt, *International Journal of Ethics*, Vol. VII, 334 - 345; Schurman, *Philosophical Review*, Vol. III, pp. 641 - 654; Guyau, *Sketch of Morality Independent of Obligation or Sanction*.

18.

自我在道德生活中的位置

328 我们得出了这个结论:在努力中展现的素质是道德价值的基础;这个价值本身在于愿意考虑普遍的幸福,即便与对个人舒适和获利的追求相对立。这使我们遇到了与自我的本性、作用相关的问题。在寻求道德自我的努力中,我们将回顾一些观念,它们在下列因素中发现道德:(1)自我否定或自我牺牲;(2)自我肯定;(3)考虑自我和考虑他人相结合;(4)自我实现。

§1. 自我否定的学说

否定学说的广泛流传——真正的善或美德本质上在于自我的否定,在于拒绝和尽可能地消除一切属于自我本性的东西。这种观念是道德努力、宗教以及道德理论最古老、最频繁出现的观念之一。它反映了佛教,以及在很大程度上,反映了基督教的僧侣理想。它的精神渗透到新教和清教。它概括了犬儒主义和斯多葛主义。康德甚至说,每一个理性的人必须希望完全摆脱倾向。世俗的道德虽然并没有认为所有道德的善都是自我否定,但却或多或少明确地假定:自我否定不管其结果如何,就其自身而言,都是在道德上值得赞扬的。一个如此根深蒂固、广泛流行的观念,大概有着有利于它的强烈动机,尤其因为它在实践上的模糊性总是强于任何理论上提出的理性。

这种学说的起源——这种观念来源于一种把自我等同于其自身因素之一的
329 倾向。正是同一个自我,设想并且关注某种仁慈的、理想的善,这种善也是某些迫近的、狭隘的、排他的善所感兴趣的。后者的力量存在于习惯的自我之中,存在于把自身纳入一般的品格特质的目的之中。因此,存在着忽视自我的复杂性

的倾向，把它等同于自我中那些抵制理想愿望、反对责任思想的因素；把自我等同于喜欢轻佻的、感性的、肉欲的和寻欢作乐的冲动。因此，一切邪恶就是利己主义、自私、追求自我，其补救办法就是从源头阻止它；压低自我于适当的位置：否定它，净化它，克服它，拒绝听从它的驱使。如果忽略构成自我这些因素的多样性和微妙性，对和错的所有不同因素就集合在一起，相互反对。所有的善被一劳永逸地归于某些外部的根源、某些更高层次的法律或理想；所有邪恶的根源都归于腐败的、可恶的自我。当个人开始意识到道德斗争的严重性质；发现邪恶十分容易，犯错是"自然的"，只要屈服于某些习惯的冲动或欲望；而美德是费劲的，需要努力地抵制邪恶。人们容易忽视影响更高层次善的习惯性倾向。人们忘记了，除非理想的目的也植根于自我的某些自然倾向，否则，它们既不会出现在自我的心头，也不会求助于自我。因此，一切都归入了这个观念，即自我在本质上是邪恶的，人们必须否定、抑制、牺牲和抵制它。

总之，指出这种理论滥用的事实，强调自我的习惯力量经常重建和重新安排的要求——是对它的充分的批评。但是，更详细地说，理论的影响无处不在，有必要专门谈一下某些由其自然增长的邪恶。

1. **它伤害和扭曲人性，以缩小善的概念**——在对追求快乐的合理反抗中，它成了幸福的敌人，而且是其各种因素难以和解的敌人。艺术受到怀疑，因为美求助于眼睛的欲望。家庭生活来源于性冲动，而且财产来源于对权力、满足和奢 330
侈的热爱。科学来源于知识的骄傲。国家来源于意志的骄傲。**禁欲主义**是其逻辑结果；这是美德纯粹负面的概念。但是，把道德生活设想为纯粹消极地压制肉欲，纯粹使淫欲和贪欲的诱惑得到控制，这肯定是对道德生活的不尊重，而非尊重。所有积极的内容、所有开明的成就都被一一抛弃。道德被还原为纯粹与罪恶的诱惑作斗争。虽然禁欲主义没有成为流行教条的危险，但是存在着某些常见倾向，它们以这种消极的方式来设想自我控制，没有看到重要的是控制欲望，以期达到某些积极的善。总之，我们过分强调了道德禁欲、不犯错的方面。

2. **如此重视与"肉欲"的冲突，就是过分尊重后者**——这是过分关注它。这是心理学的公开课，仅仅通过禁令**不要**做某事来反对这样做，实际上增加了不要做的事情的力度，削弱了其他动机的活力和效果。那些动机如果积极关注的话，也许会防止可恶的动机占了上风。人们更多地依赖善良情感的"排除力量"，使要压制的事情得到关注，而不是依赖压制的努力。和尚和清教徒圣人的历史中同样充满了对这个事实的证明，即对积极的、善良的和健康的目的的回避，增强了较低层次欲望的活力，刺激了纵容它们的想象。鞭挞和斋戒，直到身体精疲力竭；但是，勇敢的个体不断重申自己，重申自己追求科学、艺术、家庭生活和尚未形成的国家的能力，纯粹根深蒂固的生理本能最可能引人注目。

3. **我们以己之心度他人之腹，因为我们没有其他评价方式**——一个设想自己的善良“没有也过得去”的人是仅仅限制自己的人，他不可能对他人的善有较
331 大或充分的观念。他人生活条件的僵化和缩小，不可避免地与清教徒理想的统治相伴而生。一个高度重视人性本身的能力、尊重其可能性、关心其予以他本人的有力支持的人，是最可能热情、敏感地理解他人需要的人。而且，与由专注于获得个人的善而导致的自私以及对他人的忽视相比，没有比它更彻底、影响更大的残忍了，而这种影响是专注于自我否定的负面理想的几乎必然的结果。

4. **这原则从根本上违反人性**——这确实是其主张——人性，仅仅作为人性，要求有暴力来实现它。但是，构成自我的能力要求实现自身。它们实现的地方、时间、方式、程度和比例，要求无限的关注和努力。保护这种注意力是道德的事情。道德是一种引导，而不是压抑。欲望和能力要表达的迫切性是无法摆脱的；天性无法驱除。如果对幸福的要求、对能力实现的要求在某个方向受到阻碍，它就会在另一方向展现自己。如果它受到阻碍的方向是无意识的有益的方向，它所呈现的方向就可能是病态和不正当的。有意识地不断否定自己的人不能使自己摆脱这种想法，即对他来说，它是应该得到“补偿”的；补偿的幸福正好弥补了他所牺牲的，如果有什么区别的话，由于他展示了不自然的美德，这补偿也许有些增加。[①] 自我牺牲是“贮存”优点，而且这个成就必须肯定地给予幸福作为回报。如果不是现在，那就是以后。那些习惯于生活在有意识地自我否定的人们，很可能对他们周围的人、家庭的某些成员或某些朋友要求过高；如果他们自己的“美德”本身不能引来把他人降低到屈从层面的关注，他们就可能指责
332 他人。自我牺牲的学说常常导致颠倒的快乐主义：我们现在要行善——即超越快乐——那么，可能在某个未来的天堂，我们会得到更大程度的享受。或者说，发誓放弃享乐的人，仅就这一事实，就有资格代表世上的精神权威，并以此欺压他人。

---

① 比较爱默生《关于补偿的论文》开始的段落。

§2. 自我肯定

认为道德在于对自我无限制的肯定的观念，在其强有力的进取的表现方面，很少有一致的理论表述——可能因为大多数人在实际上是如此容易照章办事，以致对这种观念来说，明确的承认可能是一种障碍而非帮助。但它是这样一种学说，人们往往或明或暗地运用它，把它作为一种对自我否定教条的、无效的反作用。对于某些优势个人或阶层、某些领导或贵族任命的领导集团，它总是一个或多或少有意识的原则。关于这些，人们认为，普通道德最终仅对“普通民众”有效，领导的活动要服从比普通道德准则更高的规则。[①] 而且，由于自我牺牲的道德几乎从来没有始终如一地实现——即达到僧侣的禁欲主义程度——许多流行的道德，都是在某些方面的自我牺牲与在其他方面无情的自我肯定的不平衡的结合。处处实行自我否定原则是“行不通的”；它适用于家庭生活、特殊的宗教责任；在商业上(是商业而非道德)，正确的事情是不断进取的自我肯定。在商业上，目标是成功，是“取得成功”；软弱就是失败，失败就是丢脸、耻辱。因此，实际上，某个宗教的自我否定概念和另一宗教的自我肯定概念是相辅相成的。它们引起了或多或少没有表述清楚但是流行的观念，即道德的考虑(那些自我否定的考虑)适用于生活的有限状态，和其他“效率”(即凭借竞争胜利获得个人的成功、 333
财富、权力)原则拥有至高无上地位的领域无关。

然而，近来出现了所谓“自然主义的”伦理学派，它明确地阐述了自我肯定的原则，并在达尔文的进化论学说中找到了它的科学支持。它指出，进化是重要的事情，进化意味着在**生存斗争中适者生存**。因此，人们说，自然进步的方式恰恰是坚决的自我肯定——对强者来说是胜利，对胜利者来说是战利品，而对失败者来说是灾难。自然提供了一个奋勇向前(即超过他人，甚至不惜把他们推倒、挤走)的、以自我为中心的努力或强制的场景。但对这种掠夺和屠杀的场景的辩护是:进步、进展和一切我们认为高尚的、公平的东西都从中而来。优秀就是超越的符号，其目标就是超过他人。谦卑、遵守规则、可怜、同情的道德仅仅是弱者自我保护的把戏，他们试图通过为真正强者的活动设立牢固的界限来保护其弱点

① 少数领导服从“更高规则”的原则，在近代思想家中，最早是由马基雅弗利(Machiavelli)明确提出来的。

(比较所谓的希腊人中流传的十分类似的学说，第 114—116 页)。但是，进步原则体现在其身上的真正道德的人，会不声不响地突破这些框框和陷阱。他将贯彻他的计划，直到取得胜利成果。他是超人。群众不过是实现他计划的养料，其价值在于提供所需的材料和工具。①

潜在观念的实际流行——这样的理论，对于那些在外部成就的领域里能力

334 不强者而言，本身就是他们在写作中将其理想化的娱乐自己的文学消遣。像大多数科学的文学描述一样，它是建立在伪科学之上对真正事实的嘲弄。但是，在经济条件格外强调外在成就、强调利用自然和社会资源、强调利用没有意识的能源和他人的心智及身体的"效率"时，这种理论的潜在原则就得到了支持和流行，这与有意识地坚持把它当作一种理论的人数是完全不成比例的。对一个心智健康的人来说，对理论的直接面对是对它最好的批评。其单调的粗野主义(brutalism)只有在被掩盖和伪装时才能自由地繁荣。但是，促使在现在，特别是在美国，考虑到实践中几乎无意识地接受其原则的力量，就下列问题展开一些讨论是明智的：(1)关于它声称的科学的基础；(2)其效用概念的不充分性。

1. **该理论夸大了达尔文理论中对抗性竞争斗争的作用**——(a)任何"进步"的开始阶段是**变异**(variation)，这里并没有那么多**反对**其他有机体的斗争，诸如**发明**或某种**新的**行为方式的发现，包括更好地适应迄今仍是潜在的自然资源，使用某些以前没有用过的可能的食物或居处。生存中反对其他有机体的斗争，保存已经稳定的种类免于被消灭——这远不同于变异，变异引起更高层次或更复杂的种类的出现。(b)而且，事实上，在达尔文的理论里，"生存斗争"可以采取任何可想象的形式；在慷慨方面，在相互援助和支持方面的竞争，也许是最适合一个种类继续生存的竞争类别。它不仅可能如此，而且在一定限度内确是如此。为了生存的努力和追求权力的钻营不应相提并论；异性配偶、年轻人、在某种程度上同类的其他个体是不会遭到伤害的，或者，在许多情况下是受到保护和培养

① 尼采著作中的某些论述，为这种方案提供了有关的材料[特别参见他的《权力意志，超越善恶》，以及这样的说法："同情加剧了痛苦给生命带来的力量的丧失。通过同情，痛苦本身成了会传染的"(忽视了同情能摆脱痛苦来源，从而增加力量的反作用)]。"总之，同情基本上阻碍发展律，它是选择律。"——《尼采全集》，第 6 卷，第 242 页。

的。[①] (c)生命的形式越高级,刚才提到的两种方法就越有效,即替代直接残酷 335
冲突方法的是发现和利用新的方法、工具及资源的聪明的方法;替代相互攻击、相互斗争的是相互保护和相互关心的方法。正是在较低级形式的生命之间,而不是像理论对在较高级形式生命之间所要求的那样,其条件接近那种竞技场的图景。脊椎动物中较高级的种类,像昆虫中(如蚂蚁和蜜蜂)的较高级种类一样,是“社会性的”种类。人们有时争论说,引入道德领域的达尔文主义会抛弃慈善,包括所有对患绝症者、贫困者,以及总体上除了健康婴儿外的老弱病残的关怀。人们争论说,我们现在的标准是多愁善感的、人为的,目的是使那些不适者生存,因而会破坏进步的条件,导致走向退化。但是,这种说法(1)完全忽视了关心病残者在加强社会团结、促进联系和相互利益方面的反作用,正如后者是强大的社会群体的先决条件那样,它们也是坚强的个人品格的先决条件。(2)它未能考虑对预见、科学发现和实际发明的刺激,这种刺激来自对无助者、弱者、病人、残疾人、盲人、聋哑人、精神病患者的关心。从最冷静的科学观点来看,通过社会同情和对不幸者关心的增长,这两方面成果的代价要比我们能想象的其他任何方式小得多。换句话说,对这种“自然主义的”伦理学的主要反对意见是:它忽视了这个事实:(即使根据达尔文的观点)人类**动物**就是个人动物,它忘记了这一点,即同情的、社会的本能,那些使个人把他人的利益视为自己的,从而抑制自己的纯粹没有理性的自我肯定的东西,是最高的成就,是进化的最高水准。这种理论提倡系统地恢复到生物发展的较低级的阶段。

2. 其“权力”、“效率”、“成就”等概念是荒谬的——和自我否定学派提倡的
节制、无效率的原则相比,在所有伦理体系中都有健康的反应因素,它强调积极 336
的力量、积极的成功、积极的成就。人们过多地把善良看成软弱和无能,把成就的力量和可靠看成肆无忌惮。但是,为了权力的权力,就像为了牺牲的自我否定、为了纯粹压抑的自我压抑一样,是不真实的抽象。把它当作主要原则,就是把手段当成了目的——这是所有物质主义的谬误。在其渴望控制幸福的**外部条件**时,它对幸福许多最重要、最优秀的**内在因素**并不理解。对价值的复杂、细微差别的敏感的鉴赏力,如好的审美、诗歌和历史资源,智力相当者之间各种直率

① 克鲁泡特金(Kropotkin)在他的著作《互助》(*Mutual Aid*)中描述了这种情况(可能有某种程度的反夸张)。

的社会交谈，对生命奇观的同情思考的幽默，从独处和从社会中、从自然以及艺术中寻找幸福的能力，所有这一切以及更为明显的同情和善行的美德，为了一个粗糙而不加区别的外部活动的理想（用造成外部变化和累积的外部结果的纯粹数量衡量的），都被抛到了一旁。正如穆勒所说，对于这样的理想，我们也许会说，善良和幸福的鉴定者就是体验了它们不同形式的人；因为“没有一个聪明人会由于傻瓜的快乐而同意做傻瓜”，所以没有一个有教养的人会为了冷酷地控制自然和人的外部产品而同意做一个“效率”和“权力”的热爱者。

这种理想的当前流行——尽管现在这种理想格外流行，但几乎没有必要担心它会永远如此。人性在其能力和要求上过于丰富多变；自然界和社会的各种刺激和兴趣也是异常丰富，人类不会固定不变地满足于为了权力的权力的观念，也不会满足于掌握纯粹为了手段的手段。由于对自然资源的不完全控制非常脆弱，人类长期过着不稳定的饱受挫折的生活。由于对自然的力量和方法缺乏控制所带来的多少世纪的节制，加上具有节制美德的福音的教导，人们饥肠辘辘。
337 毫不奇怪，当科学发现在利用自然力量方面硕果累累时，人们会感到陶醉。或者当平衡暂时被打破时，人们会把幸福的外部条件当作幸福本身。但是，当物质追求和物质成就的价值变得习以为常时，它们就会失去其现有的对比价值；人类的努力将主要关心这个问题：把其征服诠释为附属于智力和艺术生活、社会交往生活的权力和效率。[①] 这样的道德理想主义比过去的道德理想主义有更可靠、更广泛的自然基础，而且在应用上比贵族政治带给我们的更加公正，在内容上更加健全。它将是一个民主的理想，为所有人的善，而不仅为贵族阶层；它将包含而不是排斥那些被贵族政治理想主义当作庸俗的、不洁的东西而排斥的生理的和心理的因素。

§3. 自爱和仁慈；或，利己主义和利他主义

在过去的三百年里，在英语的伦理文献中讨论最多的（几乎除了关于道德知

---

① 仔细想想，关于这一点，斯宾塞说得对。他说：“通过工业组织起来的大国公民，当生产、分配和其他活动在种类和数量上是这样组织的，即每个人在其中都为自己的精力和能力找到了发挥的地方，同时还获得了满足自己所有欲望的手段。这时，他们就达到了他们可能的幸福理想。此外，我们不仅把一个社群（也是工业的）的最终存在看成可能的，而且看成很可能的。那些具有同样适合这些要求的本性的社群成员，被主流的审美能力所塑造，并且仅当大部分生活充满审美活动时，才达到彻底的幸福。”（《伦理学原理》，第1卷，第169页）

识是直觉的还是来自经验的争论），就是把为自己着想作为行为动机还是把为他人着想作为行为动机之间的关系——斯宾塞称之为“所有伦理思考的核心”。(a)人自然会从纯粹自私的动机出发去行动，而且道德在于强迫自爱服从共同的 338
社会秩序的规律。(b)人天生就是自私的，而道德是“文明的自私”，或者说是在承认幸福要求考虑他人的范围的基础上考虑自己。(c)行为者的倾向是天生自私的，但道德使这些倾向服从责任的律令。(d)人的兴趣天生是部分自私自利、部分同情他人的，而道德是这些倾向的妥协或调整。(e)人的兴趣是天生两者兼而有之，而道德是使这两者都服从良心的裁判。(f)它们是两者兼而有之，而道德是使自私自利服从仁慈的情操。(g)个人的兴趣会自然地落在客观的目的上，这些目的基本上既不是利己的也不是利他的；在特殊关头，这些目的既不是自私的也不是仁慈的。在那些时刻，为了公平和公正的评价，道德就是指向一种情形，在这种情形中，考虑到了自己的和相关他人的利益，即指向**共同的善**。

三个基本的心理原则——我们不去详细地讨论这些不同的观点；但要谈到讨论中的某些因素，它们加强了最后所说的(g)这个观点。众所周知，根据人的倾向的构成，理论本身可以分为三类，认为他们：(1)自然会一心考虑个人目的，或者一切都可以归到自爱或考虑自我的原则之下；(2)他们中的某些人考虑自己的幸福，某些人考虑他人的幸福；(3)他们基本上不是**有意识地**关心自己的幸福或他人的幸福。记忆和思考也许会展示（就像展示其他事情一样），当对这些事实的认识成了在行为动机中的附加因素时（为善或为恶），它们的后果既影响自己也影响他人。我们将首先考虑行为发生或将要发生的代表个人自我的不同的意义；然后，以同样的方式讨论它对他人利益的关系。

1. **代表自我的行为**——(1) **自私的动机**：主张人类天生自私有很多不同的 339
立场，有很多不同的对象，因此很难以一种概括的形式来陈述这种理论。按照某些神学家所说，它一直和人性天生的腐败或邪恶相联系；它也是一种真正正义的善良生活所需要借助的超自然力量的基础。根据霍布斯的理论，它与个人的反社会本性相联系，是请求强有力的集权主义的政治权威[①]来控制自然的“一切人反对一切人的战争”的基础。心理上的利己主义必然会产生这种战争。在康德

① 马基雅弗利是最早鼓吹这种学说的现代人。他把认为所有人都堕落和自私的观念从神学引入权术之中。

看来,它和欲望的纯粹感觉来源联系在一起,构成了要求欲望彻底服从作为行为动机的责任的基础。道德,像政治一样,有奇怪的伙伴!然而,这些不同观念中的共同因素是:每一个自我的行为,如果让其沿着*自然的*或心理的路线发展,就会考虑自我的利益;不然的话,就不会有该行为的动机,也就不会有该行为。这种理论的、先验的观点得到了进一步的支持,人们指出,有时在对人的有罪的本性的谴责中,有时在有些愤世嫉俗的情绪中,在那些明显是最慷慨和最“无私的”行为中,隐藏着某些微妙的为了自己的考虑。[①]

心理基础的模糊——所有行为都是“为了自己”的说法,与所有欲望都是为了幸福的(类似的)理论一样,有相同的模糊性。像那种理论一样,在某种意义上,它是自明之理;在另一意义上,它是虚伪的——后者就是其支持者主张的意义。从心理学上看,任何感动我们的对象,任何我们想象自己的冲动得到满足或得到实现的对象,由于那个事实,成了自我中的一个因素。如果我对集邮有足够的兴趣,集邮就成了我的“自我”的一个部分;这个自我是不完善、不安宁的,直到以那种方式得到满足。如果我的习惯是这样的:当我知道我的邻居缺乏食物,我
340 会感到不安,直到我救济了他。那么,减轻他的痛苦也就成了我的自我的一部分。如果我的欲望是这样的:我内心会感到不安,直到我打败了生意上的竞争者,或通过使对手处于某种尴尬的劣势来证明我的社会能力的优越。那么,这种东西就构成了我的自我。我们的本能、冲动和习惯,为了确保实行和表达,都要求恰当的对象;而这些对象在努力为我们的能力提供出路和满足的过程中,又形成了“我”的宝贵部分。在这种意义上,说所有行为都包含着自我的兴趣是真的,是自明的道理。

正确的和错误的解释——但是,这种学说恰恰和那些主张所有行为都是出于自爱的人的观点相反。正确的学说认为,*自我是通过本能及兴趣构成并发展起来的。它们直接指向自己的目的,没有必要有意识地考虑目的本身之外的东西*。错误的学说认为,*自我本身独立于这些客观目的而存在,后者不过是确保给它带来某些好处或快乐的手段*。

例如,假设确实一个人想到他人遭受痛苦会感到内心不安,因而做些事来帮

① 参见:例如,霍布斯,《利维坦》;曼德维尔(Mandeville),《蜜蜂的寓言》(*Fable of the Bees*);以及罗什福科(Rochefoucauld),《箴言集》(*Maxims*)。

助他人。这就意味着,某些天生的本能或某些获得的习惯要求把帮助他人作为自己的一部分。他人的利益是自我的兴趣所在,是自我的一部分。这正是通常说的不自私的意思:不是缺乏或没有自我,而是**这样的**自我在行动中把自己等同于他人的利益,从而只有当他人利益得到满足时,自己才会得到满足。想到他人痛苦就难过,想到他人痛苦解除了就高兴,就是拥有个人动机,或者受到个人动机的驱使,受到在构成自我的意义上说是"自私的"状态所驱使;但是,在想到自我的某些私人利益的意义上,它恰恰与自私相反。[①] 因此,全面地说,自私动机 341
理论的谬误,就是它没有看到**指向客体的本能和习惯是基本的**,它们位于任何有意识地把自我作为目标的思考之前,因为它们是构成那种思考的必要条件。

下面来自詹姆斯的引文[②],阐述了这种正确的学说:

> 当我在自爱引导下坐在座位上,而女士们站着,或者我抢在邻居前抓住什么东西,我真正喜欢的是舒适的座位;我抓住的就是那东西。我本来就喜欢**它们**,就像母亲喜欢孩子,或者像一位优雅的男士喜欢英雄行为。无论在哪里,就像在这里一样,追求自我是朴素的本能倾向的结果,它仅仅是某些反省行为的名称。某些东西不幸引起了我的注意,不幸引起了"自私"的反应……确实我不是机器人,我是思考者。但是,我的思想,就像我的行为,在此仅仅关心外在的东西……事实上,我越是彻底地自私(以这种简单的方式),我的思想就会越盲目地集中到我欲望的对象和冲动上,就越会缺乏内省。

(2) **自私的结果:观念的模糊**——因此,我们必须放弃这种观念:动机是天然地追求自我的,在此意义上,在自愿的行为中,有为自我考虑的目的。采取行动就是为了这个目的。然而,追求自我的学说也许可以用这样的话说:尽管没有

---

① 与前面第249页所说的把快乐混淆成目的、动机相比较。还可以比较下面莱斯利·斯蒂芬在《伦理学科学》第241页所说的,人们常常"暗示说,我不喜欢你的痛苦,因为从某种特殊关系上说,它也是我的痛苦。作为你的痛苦,我不喜欢它,只是由于某些特别的后果,例如,它使你不能为我提供服务。在那种情况下,我根本不是真正地反对作为你的痛苦的痛苦,而是反对某些可消除的偶然的后果"。应该参考值得称赞的关于同情的整个讨论(第230—245页)。

② 詹姆斯,《心理学》,第1卷,第320页。从第317到329页的整个讨论,都非常重要。

想到自我或者有意识地追求其利益，但我们最初的本能是这样的，它们的目标确实**在结果上**基本有利于自我的福祉和利益。在此意义上，人们说愤怒、恐惧和渴望等等都是自私自利的或追求自我的——倒不是它们**意识**的对象是自我，而是它们不可避免的效果就是保存和保护自我。然而，本能促进自我保存或自我发展，这种事实并没有使其成为在道德意义上的“自私自利”或“自私”；它也没有说
342 明本能的道德地位。**一切都取决于所说的这种自我**。确实，有这样的假设：行为维持着**社会的**自我，也就是说，自我的维持具有社会价值。如果个别有机体不为食物奋斗；不努力排除障碍和干涉；不避开或躲开威胁的强力，那么，孩子、父亲、母亲、律师、医生和牧师、公民和爱国者——简而言之，社会将会变成什么样子？如果我们不承认纯粹抽象的自我，如果我们记住每个实际的自我都是在实际上潜在地**包含**社会关系和社会职责的自我，我们就不难看到，自我保存的本能，从总体上来看，从社会来看，**也许**是保守的。而且，一方面并非如此：如果“一个人不关心他自己的利益，那就没有人会关心他的利益”（如果这意味着他的利益根本不关他人的事的话）；另一方面，确实没有人有权利忽视他自己的利益并希望他人会关注它们。“他自己的利益”，恰当地说，恰恰就是那些与其他人相比而言，与他更直接相关的目的。可以这样说，每个人比任何人离自己更近，因此对自己有责任，这是任何他人不能做到的。其他人也许会提供食物或教育条件，但只有个人能够消化食物或教育自己。如果我们中的每个人，面对那些显然影响他和他自己幸福的事情，都能本能和主动地尽最大的努力，那么，这不仅惠及个人，而且惠及社会。任何其他的安排都会是社会能源的浪费，是在保证社会后果方面的无效率。

然而，来自詹姆斯的引文也说得很清楚，在某些条件下，专注某事甚至没有意识到自己，在道德上是不礼貌的。举止上的“猪”，不必想到他自己；所有使其成为猪的条件，就是他只要有一个非常狭窄、单一的考虑对象。这个人只看到了座位，而不是座位和女士。举止粗野的人没有意识到情景中本应产生刺激的许
343 多对象。一个冲动或习惯，以牺牲其他的为代价起作用；活动中的自我，太渺小或太狭窄。从结果来看，构成道德意义上自私的事实，并非某些冲动和习惯保证了自我的幸福，**而是所保证的幸福是狭义的、单一的**。在日常生活中最令我们头痛的粗鄙的利己主义，通常不是因为行为者有意或充满自我意识地追求自己的利益，而是因为他一心想着某些目的而无视他人的利益。许多其行为在他人看

来是最自私的人，也许会愤怒地（而且，从他们**明确**的意识来看，真诚地）否认任何追求自我的动机：他们会指出某些客观结果（在理论上是所希望的）是他们活动的真正目的。但他们依然是自私的，因为其利益的限制使他们忽视了影响他人自由和幸福的后果。

（3）**也有这样的情况：对可能导致影响自己的后果所作的思考有意识地进入并调整行为的动机**——随着逐渐增加的回忆和预见，一个人再也不能忽视过去某一行为后果带给他的教训，即使他可以忽视其他后果。一个知道某种行为会给自己带来痛苦后果的人，无论对他的身体、名誉、舒适还是品格，当类似行为的问题再次出现时，最可能把对自己的考虑放入预见的后果中去。而且，这种事实本身并没有揭示行为的道德地位。一切都取决于什么样的自我在活动以及如何活动。一个因为想到自己的危险而不愿冲进燃烧的房子去抢救一套衣服的人是明智的；而一个在有他人需要援救时仅仅因为想到自救而冲出这房子的人，则是可鄙的。

一个因为想到自己的健康而开始锻炼的人，是值得称赞的；但是，一个不断想到自己的健康而放弃其他目标的人，则会成为被嘲笑或情况更糟的对象。有 344
个道德假设：一个人应该把对自己的考虑纳入他的目标和意图中去。对自己的健康、身体、财产和智力的某种关心，不仅是允许的，而且是必须的。这就是以前的道德哲学家们谈到的“审慎”或“合理的自爱”。

（i）普遍自私理论一个常见的论点是：一个人对某些**公共需要或利益**的认可，很可能与他对某些私人利益的认可一致。一个政治家对公共政策某种措施的认可，恰好与他认为通过执行这种措施可能赢得声望或当选某职位的想法一致。某个地方有改善卫生或运输条件的需要，如果一个人的房产就在那里，这个人可能会对某种普遍的公共弊端保持沉默，直到他尝到了它的苦头。我们也许可以承认，这些情况描述了通常的（虽然不是普遍的）事态。但是否就能得出结论：这样的人**仅仅**是受到对自己收益考虑的驱动？也许有时如此；因此在令人不太愉快的意义上，这个行为是自私的。这个人把对自己的考虑作为目的，并且把改善或改革的考虑仅仅看成外部手段。后者根本不是他的真正**目的**；他没有把它等同于自己。在其他情况下，一方面，如果对自己的考虑没有包含进去，这个人就没有意识到这个目的，然而在他意识到**之后**，这两种考虑——对自己的考虑和对公共利益的考虑——也许会混在一起。另一方面，他对自己的考虑也许给一个对象带来温暖和亲近(否则,它将是冰冷的);与此同时,*自我也通过加入新的考虑对象而得到拓宽和加深*。

(ii) 以消遣和娱乐为例。对一个通常在奋发努力的成人来说,想到纯粹为了快乐、享乐和度过"好时光"的快乐,也许是有吸引力的目的。如果这快乐本身是"清白的",只有先入为主的理论(像康德的)的要求会怀疑它的合理性。甚至在更为严肃的事业追求中,放松有益于鼓舞士气和提高效率,其道德的必要性是
345 显然的。但是,如果一个人在内心把自己与他在其中找到快乐和放松的游戏或锻炼区别开来,认为自己是长远的目的,与之相比,后者仅仅是一个手段,那么,他就不可能得到娱乐。只有通过忘记自我,通过把这轻松的活动当作情景中的自我,那种益处才能获得。在不好的意义上做一个"快乐追求者",恰恰就是把追求快乐作为对自我的刺激,而自我作为它们固定的隐蔽的目的,不知何故,仍然外在于它们。

(iii) 相同的分析完全适用有关自我、自我道德完善的道德文化观念。每一个认真的人,有时必须盘点他在道德问题上的状况和进展——思考道德的自我,就像在其他时间思考肉体自我的健康一样。但是,悲哀随之而来,进入思考过程的人(这种思考,使他对自己的道德潜质和弱点有更清晰的认识),把这种思考看成独特的精神目的,从而把他后来的行为仅仅当作改进或完善其道德品质的手段。这样的过程挫败了自己。至少,它导致了自负,带来了一种最糟糕的自私:这种习惯认为,个人、具体情况和关系的存在,只是为个人自己宝贵的道德品质作贡献。这种自私的最糟糕之处就是在对道德的善感兴趣的外衣保护下,它能防止经验中的摩擦。当人沉浸在更为粗俗、更无意识的情景中时,这种经验总是提醒他回到自身。多愁善感的、精致的利己主义比直截了当的、朴素的利己主义更没有希望——尽管直截了当的利己主义常常采纳和运用前者的语言来保护自己。

2. *仁爱或为他人考虑——概念的模糊*:在有关同情或利他主义的行为动机的观念中,也有与在自私自利或为自己考虑的观念中相同的模糊。这种说法是指它们有意识的明确的意向,还是指它们起作用后,与明确的欲望、目的无关的
346 客观结果?而且,如果是后者的话,我们是否要相信,对他人利益的贡献就是某些行为动机唯一的、独有的特点,或者不过是在某些条件下,*着重点*与其他结果相比,更多地落在对他人而言的好结果上?我们的讨论将表明,对"仁爱",对为

自己考虑的冲动,有着相同的一般原则,即(1)没有从一开始就有意识如此的;(2)虽然思考可能揭示它们对他人福祉的影响,以致它成了有意识的欲望的成分,但这是相对优势问题而不具有绝对性;而且(3)正如有意识地为自己考虑并非必然是坏的或“自私的”,有意识地为他人考虑也并非必然是善的:标准是欲望在其中起作用的整个情境。

(1) **为他人考虑的行为动机的存在**——只有快乐主义心理学的偏见,会使一个人否认存在着看到他人痛苦和快乐而引起的想增加他人快乐、减缓他人痛苦的反应和冲动。近来,心理学家们(著述与伦理争论无关)列出了天生本能倾向的清单,具体如下:愤怒、嫉妒、竞争、隐匿、贪婪、恐惧、羞怯、同情、喜爱、怜悯、性爱、好奇、模仿、装扮、编造。[①] 在此清单中,前面 7 种也许可说特别是由与自我保存有关的情境引起的;接下来的 4 种是对特别来自他人且后果有利于他们的刺激的反应,而后面 4 种主要是个人的。但是,为自己考虑和为他人考虑的划分并不是唯一和绝对的。愤怒**也许**完全是为他人考虑的,例如对他人遭受的不公正的义愤;竞争也许是大方的模仿或指向超越自己过去的记录。异性之间的爱恋,应该是对他人稳定而持久的兴趣的来源,有时表现在对热爱的极度放弃,很容易转变为冷酷而持久的自私自利的原因。简而言之,只有“其他条件相同”, 347
才能区分自私和利他。

让我们暂时局限于天生的心理机制,我们也许可以说那个人天生就有本能的激励,这种激励天生(即没有有意的干预或计算)就会促进保存自己(通过像在愤怒时的主动攻击,或者在恐惧时的保护性退却);促进发展他的能力(就像在贪婪、编造和装扮中);而且,这种激励同样地(没有考虑结果是否给自己或他人带来潜在的好处)把自我和他人更紧密地联系在一起,促进他人的利益——如怜悯、柔情,或者又是编造和装扮。任何个人都**天生**是一个古怪的混合体,既强烈地坚持自己的利益,又深深地敏感于他人的幸福——不同的人在这两种倾向的强度和比例上有很大的差异。

(2) **利他主义倾向的道德地位**——我们特别用了很大的篇幅(第 13 章)来说明,不存在本身是正确的动机;任何倾向无论原始的本能还是习得的习惯,都要求得到来自特殊后果的支持,这些后果在特殊情境下是可能从中得到的。一

---

① 参见:例如,詹姆斯,《心理学》,第 2 卷,第 24 章。

般的怜悯会保护他人的福祉,这起码的事实并不能保证听任怜悯的冲动是正确的,就好像它突然产生一样。这对行为者来说,也许是多愁善感,是对他人忍耐、勇气、自助和自尊的动力的削弱。人们持续不断地强调这种理论,即不问青红皂白的慈善是邪恶的。这种坚持足以证明,所谓考虑他人的冲动和“自私自利的”冲动一样,需要理性的控制。它们没有内在的神圣,使它们可以超出共同的合理的幸福标准的拷问。

无节制的利他主义的邪恶——从已经讨论的一般原则中,我们得出这么多的结论。但是,伴随着对利他主义的夸大,会有特殊的危险和邪恶。(i) **它会使**
348 **他人养成依赖性**,这与它自己的初衷——帮助他人相矛盾。几乎每个人都知道,有些长期受到他人帮助的孩子,会丧失其主动性和智慧。许多残疾人由于他人的精心照料而强化了不能自理的状态。在大的社会问题上,总是存在用有意识的“仁爱”的理想去替代正义的危险:正是在贵族的和封建的时期,这种观念十分流行,即“慈善”(被认为是使他人受益,帮助他们)本身绝对是善。这种观念假定了一个作为高等阶层的仁慈接受者的贫困的、“较低”阶层的、持久和必然的存在;这个阶层为他人慈善美德的培养起了被动的材料作用,较高阶层以较低阶层为代价“获得美德”,而较低阶层对权威们感恩和尊敬,这就是他们首要的美德。

(ii) **把“慈善的”冲动纳入美德,本身就会让他人形成利己主义**。一个孩子如果发现自己是他人持续的关注对象,可能会发展出他对**自我**相对重要性的夸大的感觉。能够避免潜在的利己主义缓慢增长的长期患病者(显然是他人有意识的利他主义的接受者),是天性快乐的。那些经常在妻子和女性亲戚面前作出自我牺牲的男人,很少不发展出自以为是的满足和无意识的自负。

(iii) **过分强调利他主义作为动机反而可能在培育它的人那里,形成特别微妙的利己主义**。他人不再是感兴趣和考虑的**自然的**对象,而转变成一个人展示和培养自己慷慨的善的借口。涉及社会邪恶的潜在的满足出现了,因为它们为发展和展示这种最好的美德提供了机会。在对维持自己仁慈的利他主义的兴趣方面,我们不再对内在不公正的令人讨厌的条件感到非常不安。[①]

349 (iv) 由于现在的情况充分证明存在这样的危险,在某些事情上把仁慈纳入

① 公共的或国家活动范围的调整,例如教育的调整(提供免费课本、充足的医学检查和过失补救)遭到了“善良人们”的反对,因为有“慈善的”机构来做这些事。

有意识的原则，可能会给富人在其他方向上的自私提供一种掩护。慈善事业成了残酷剥削的弥补或补偿。把在生意中超越他人的好胜的自私努力推到合法性边缘的人，通过医院、大学、慈善机构和图书馆等善举，在他自己的自尊与社会中那些拥有同样观念的阶层的尊重中得到心理的平衡。这些群体像想象的那样，享受着医院、大学、慈善机构和图书馆的好处。

真正的和虚假的利他主义——这些考虑也许会遭到明显的反驳，说它不是我们在那些情况中考虑的真正的利他主义、真正的仁爱、真实的慈善。这是真实的评论。当然，我们批评的不是对他人的真正关心，我们的目标是那些虚假的关心。但是，为什么它是假装的？真正关心的性质是什么？危险不是在仁爱或利他主义中，而是在那个关于它们的概念中；这个概念使它们等同于把为他人考虑视为*他者*，与所有类似者所处的社会环境无关。在他者的自我中什么也没有，只因为他们是他者，这就赋予了他者自我以超过本人自我的优越性。正如在自私的行为中，人们唾弃的正是客观目的的排他性（忽视各种关系）。在所谓的利他主义中，人们讨厌的正是为整体牺牲局部。因此，它采纳部分服从整体的思想，这在所谓的利他主义中是广为人知的。在我们对后果的考虑中，加入他人的需要和可能性（在和我们自己相同的基础上），就是能够充分考虑所处情况的唯一思路。这些因素无孔不入。宽以待人就会拥有一个更大的行为空间。他们和我们一样，是人，是作为欢乐和痛苦、匮乏和潜能的聚集点的个人。仅仅记住这一点，就会有一个对行为的条件和问题的正确看法。激活了的同情心，就是智力上宽广和开明的理解。

社会感和利他主义——在原则上，现代慈善和那种假定一个优越阶层与一 350
个劣势阶层的“慈善”之间有很大的差别。后者的原则是试图通过调用个人的优势资源来减少、减轻那些处于依附地位的人们的不幸，以此来获得美德。它的原则，对于他人来说，仅仅是消极的、有待斟酌的。现代慈善的主要动机是建设性的和扩展的，因为它把社会的福利看成一个整体，而非缓和一个阶层的条件，使其更易忍受。它认识到利益的相互依赖：由于条件复杂而多样的相互作用，任何个人或“阶层”不可能真正确保或保证自己单独的利益。它的目标是整个社会的进步、建设性的社会改革，而不仅仅是对那些因疾病或贫困而无助的个人做些善事。它的目标是正义的公平，而不是利益分配的不平等。不幸来自疾病，来自精神失常，来自有缺陷的机体（如聋哑人），来自毁灭希望和麻木进取心的贫困，来

自营养不良。很自然，目睹这些不幸，通常会增强社会感。但是，正如在弱小婴儿的安宁方面，父母的活动受到了很好的引导，其注意力主要不是放在孩子的弱小上，而是放在他们成长的积极的机会上。因此，当人们的努力集中在不幸个人的社会权利和可能性上，而不是把他们看成孤立无援“等待行善”的孤立个体时，他们的努力(其活动根据环境的性质，只能是补救的和减缓的)就是最有效的。

对他人最好的帮助，无论何时，只要可能，应该是间接的，主要在于生活条件的改善、生存总体水平的提高，使他们能独立地自己帮助自己。[1] 无论何时，当
351 条件要求完全直接的个人援助时，当这种援助来自自然的社会关系而非个别有影响的人的“仁爱”动机时，它就是最好的。[2] 慈善家以其特殊能力给予的援助，造就了受救济者。而当这种援助来自一位邻居或一个与受助者有其他共同利益的人时，就是对他们在此情形下的关系的善意承认。

个人和社会的自我——狭义的或有限的利益与广义的或普遍的利益的对比说明了：为什么邪恶会呈现为自私的目的，与他人权威性但是虚弱的利益相反。这并不是因为，如我们所看到的，考虑自己的利益就是天生的坏，考虑他人的利益就是天生的正确；而是因为，我们易于把自我等同于习惯的东西，等同于我们最适应的东西，它代表着风俗习惯。因此，任何道德的危机就完全被描述成了克服利己主义的斗争。在这种情况下的趋向就是退缩、隐藏，紧紧抓住已经达到的和拥有的。习惯的自我需要走出其习惯的狭隘陷阱，走进更为仁慈的行为的广阔天空。

§4. 作为自我实现的善

现在来讨论尽量公平地对待我们曾经与之论战的片面真理的理论，即道德的目的是**自我实现**。它在某些方面有些像自我肯定(self-assertion)，不同之处在于把要实现的自我设想为普遍的、最终的，包括**所有**潜能的实现和**所有**关系的保持。人们明确提出，这样广泛的自我实现也包括利他主义的真理，因为只有当个人和他人相联系的关系实现时，“普遍的自我”才能实现。它也避免了为自我牺

① 比较斯宾塞对边沁把幸福作为社会标准(和自己的自由理想相反)的观点的批判。参见《伦理学》，第1卷，第162—168页。

② 参见亚当斯，《民主与社会伦理》(*Democracy and Social Ethics*)，第2章。

牲本身而自我牺牲的观念的矛盾和缺陷，同时强调为了获得更加完善和最终的善，现在不完善的自我必须否定。因此，这种理论的讨论提供了收集和概括关于自我在道德生活中作用的不同观点的手段。 352

概念的模糊——自我实现是目的吗？正如我们频繁地观察到，“目的”既不是实际上达到的后果(行为的结束和完成阶段)，也不是眼前看得见的有意坚持的目标。自我实现在前一意义上是一个目的(尽管不是唯一的目的)。每一个道德行为在其结果上，标志着自我的发展或完成。但是，正确行为的真实性不允许自我在道德活动有意识目标的意义上成为目的。因为除了根据实现其潜能的客观目的以外，没有办法认识自我的性质；而且除了在致力于这些客观目的时将自我忘却以外，也没有**办法**实现它。

1. ***作为道德行为结果的自我实现***——每一个善的行为实现了做出这个行为的行为者的自我；每一个邪恶的行为会贬低或毁灭自我。这一真理表达在康德的格言中：每个人都应该总是被当作目的，而不是手段。它隐含的意思是：错误的意图总是把自我贬低到仅仅是确保某个超出它本身的目的的工具或手段的地位——放纵自己的人，把个人的力量当作确保轻松、舒适或快乐的手段。这种观点表现在一般的道德评价中，它把所有不道德的行为都看成某种堕落，把自我的尊严降低成卑鄙的目的。在我们的日常语言中，错误概念有放荡、淫乱、奸诈，从中也可看出邪恶行为的毁灭趋势。正如善良的人是正直的、可靠的、直率的、健全的、实在的，邪恶的品质就是不可靠的、空虚的、“下流的”、反复无常的、沮丧的。尽管有暂时相反的表面现象，但实际上正确行为最终会影响自我的实现，常见信念中也有这种观念，即美德终有好报。不管美德会带来多少因有形的损失、物质和精神上的不便或社会声望的丧失而导致的痛苦，伴随着向正确目的努力的**幸福的品质**是如此独特、如此珍贵，以致与之相比，痛苦和不便都算不了什么。 353
确实可能以过分夸大的方式陈述这个真理，以致它成了错的；但实事求是地看，它承认，不管正确行为在某些方面会给自我带来什么样的伤害或损失——甚至扩展到肉体自我的毁灭——但内心的道德自我在善中得到了实现和随之而来的幸福。

2. ***作为道德行为目标的自我实现***——然而，这种在正确的行为路线中的自我实现，并不是道德行为的目的——也就是说，它不是唯一的目的。道德行为是支撑整个社会价值复杂系统的行为；是维持工业秩序、科学、艺术和国家存在与进步的行为。为国捐躯的爱国者,也许在其奉献中找到了自己最高的实现,但他行为的目标依然还是他做出这种行为的目的:保卫自己的国家。他是**为了**国家,不是**为了**自己而死。他在为国捐躯而不是为自己而死中成就了自己。说他有意识的目标是自我实现,就是本末倒置。他愿意为国捐躯,证明他真的把国家利益当作构成自我的东西,当作自己的利益;但他的目标是把国家利益当作**构成**他自我实现的东西,而不就是自我实现。真正艺术的创造或演奏不可能不伴随着扩大的自我的快乐,但是,想到自己并让对自己的看法介入表演和结果的艺术家会有"自我意识"的尴尬和局促,它会使事情更加糟糕,会影响他的艺术作品。无论他想到自己是从物质利益方面,从作为专业表演者的名誉方面,还是从有利于大众或保护他自己的完善艺术文化方面,都没有太大的差异,其实是介乎其中。无论如何,这对此工作而言有损失,对视为目的的他自己的能力发展也有损失。道德的问题,从智力方面考虑,是在客观目的方面要努力达到的自我的寻找和发
354 现;在公开的实践方面,是自我在客观实现的努力中的丧失。这就是在自我克制、自我忘却、无私利的概念中的永恒真理。

自我实现的思想——然而,由于自我实现、潜能的增强和完善事实上是客观目的的一个阶段,它**有时**也许在思想中明确地呈现为所预见结果的一部分;**有时**,也许甚至是想象的结果最突出的特征。艺术家,例如一位音乐家或画家,也许会为了提高技巧即发展能力而练习。在此情况下,通常的客观工作与个人能力的关系是颠倒的;产品或演奏附属于能力的完善,而不是能力在其投入的使用中实现。但是,能力的发展并没有被看成是最终的目的,**发展所期望的是最终更自由和有效的运用**。发展能力只是暂时强调的事情。在道德生活中会出现某些类似性质的事情——并非某个行为肯定是为了获得更多技巧和能力来演习或练习道德行为。有时,一种行为对自我的影响,在对后果的预见中成了明显的控制因素(参见第 343 页)。例如,一个人也许会意识到,某个行为在对他人的影响和在给世界带来变化方面微不足道;然而,他对此行为也许会犹豫不决,因为他意识到它会以某种方式加强他自己的某些倾向,扰乱行为动机的适当平衡。或者,在另一方面,行为者也许担心,某些本身是合理的重要的后果,在其达到的过程中,会带来个人潜能不恰当的牺牲。在此情况下,对自我实现影响的考虑,**作为整个目的的一部分或一个阶段**,不仅是允许的,而且是必要的。

把个人幸福等同于总体幸福的问题——许多道德思考都集中在把个人的幸

福等同于总体的善的考虑上。人们假定，正确的道德行为应当特别包含正义和仁爱——以他人的善为目标的态度。但人们也假定，宇宙的正义及公正的秩序 355
要求，追求他人幸福的人本身应该是一个幸福的人。人们动了许多脑筋来消除和解释这表面上的矛盾，即这样的情况：不是明显为他人考虑或不是拥有严肃高尚人生观的人，仿佛是在幸福方面拥有银行借贷；而关心他人的人，明显富有同情心的人，似乎拥有借方余额。这个问题是较为严重的问题，因为单独的善和恶的机遇似乎不完全是偶然的、外部的，而是来自行为中道德因素的结果。人们不难作出这样的论证，说明极端的邪恶或单独的利己主义不利于幸福；同样，感情的过度强烈和过于广泛也是如此。这个论证将会证明，最舒适的生活道路就是一个人和足够多的人培养起足够密切的关系，以保证自己能够得到他们的支持和帮助；同时避免自己的同情心过度地介入他们的事务，避免自己陷入任何要求自我牺牲或遭受他人痛苦的交往：在这种生活道路上，每个人避开那些损害健康、财富以及降低他人体面尊重的过度的邪恶，也避开有风险的美德的事业和致力于困难的高尚目的。

问题的真实方面和人为方面——这样描述的问题似乎是不能解决的，或者说，只有假设在非常不同于现在的条件下，生命延长了才能解决。在那些条件下，幸福和善之间缺乏平衡的现象将得到纠正。**但这个问题是不能解决的，因为它是人为的。**[①] 它假设了现成的自我，因而假设了现成的满足或幸福的类型。 356
证明在这种生活或另一种生活中，在利益和美德之间存在数学公式，这不是道德理论的事情。人们有责任发展这样的能力和欲望，发展自我。这样的自我能够让他们从达到那些来自社会生活的要求中，找到自己的满足，找到宝贵的价值。这样的幸福也许持续时间短暂、微不足道：但它在数量上超过了所有与之相伴的不舒服，以及所有的享受(如果不做其他事情，也许就失去了这些享受)，这一点已经被一个简单的事实证明，即人们确实有意地选择了它。这样的人发现了自

① 比较以下来自萨姆纳的极端言论(《民俗论》，第 9 页)："世界哲学的重大问题一直是：幸福和善之间的真实关系是怎样的？只有经过几代人，人们才有勇气说：它们之间没有关系。"但是，当萨姆纳在接下来的句子里说："说它们是相关的这种说法的所有力量在于相反的经验，它证明了邪恶的事情不能带来幸福。"人们也许会问，理性的人还能希望比这更多的关系吗？由于它表明，"善"在于对那些真正能带来幸福的事情有积极的兴趣；但决不能由此得出这样的结论：这种兴趣会给这个人带来快乐高于痛苦的优势，它总是欢迎他在使这种兴趣成为其生活中主旋律的过程中去**寻找**和**享受**更大的幸福。

己，并且在问题唯一能解决的地方、以问题唯一能解决的方式解决了这个问题：**行动**。在自愿的欲望和有意的选择之前，要求一个人在对他的行为正确与否的衡量中得到幸福，就是要求在道德中除去必要的因素：自我在目的方面经常的发现、形成和改变。个人被要求借助他在社会整体中的身份来支持和发展这些目的。这种通过个人自觉地把自己等同于社会关系和目的的解决问题的方法，既不是少见的，也不是乌托邦的。它不仅是通过社会知名人士，而且是通过众多忠诚于其社会关系和职责的、"默默无闻的"人士达到的。所有人的生活条件应该扩大，更多的机会和更丰富的活动领域应该开放，以使幸福能具有更为高尚、更为多样的性质，以使那些导致人们通过忽视他人来发现自己优势地位的不平等被消灭——这些事情确实是必要的。但是，在可能想象的最理想的条件下，如果确实还有什么道德因素，那么，只有通过个人对客观的社会目的的思考及个人素
357 质而实现；个人才会发现这些构成他自己的客观的社会目的，从而发现那种被要求作为他的善的幸福。

因此，关于自我在道德生活中的位置，我们最后要说：道德问题是从构成自然的、自我的原始本能的冲动中，形成一个自觉的自我的问题。在自觉的自我中，社会化的欲望和情感占据上风；在其中，最终的和控制性的思考原则，即对客体的热爱，使这种改变成为可能。如果我们(如我们所必须的那样)把具有这种特点的利益等同于美德，也许会和斯宾洛莎一起，说幸福不是美德的回报，而是美德本身。那么，美德又是什么呢？

参考文献

关于禁欲主义，参见：Lecky, *History of European Morals*.

关于自我否定，参见：Mackenzie, *International Journal of Ethics*, Vol. V, pp. 273-295.

关于利己主义和利他主义，参见：Comte, *System of Positive Polity*, Vol. I, "Introductory Principles," ch. iii, and Vol. II, ch. ii; Spencer, *Principles of Ethics*, Vol. I, Part I, chs. xi - xiv; Stephen, *Science of Ethics*, ch. vi; Paulsen, *System of Ethics*, pp. 379 - 399; Sorley, *Recent Tendencies in Ethics*; Sidgwick, *Methods of Ethics* (1901), pp. 494 - 507.

关于自我利益的学说，参见：Mandeville, *Fable of the Bees*; Sidgwick, *Methods of Ethics* (1901), Book I, ch. vii, and Book II, ch. v; Stephen, *Science of Ethics*, ch. x; Martineau, *Types of Ethical Theory*, Part II, Book II, Branch I, ch. I; Fite, *Introductory Study*, ch. ii.

关于同情的历史发展，参见：Sutherland, *Origin and Growth of the Moral Instinct*.

关于自我实现学说，参见：Aristotle, *Ethics*; Green, *Prolegomena to Ethics*; Seth, *Ethical Principles*, Part I, ch. iii; Bradley, *Ethical Studies*, Essay II; Fite, *Introductory Study*, ch. xi; Paulsen, *System of Ethics*, Book II, ch. i; Taylor, *International Journal of Ethics*, Vol. VI, pp. 356 - 371; Palmer, *The Field of Ethics*, and *The Nature of Goodness*; Calderwood, *Philosophical Review*, Vol. V, pp. 337 - 351; Dewey, *Philosophical Review*, Vol. II, pp. 652 - 664; Bryant, *Studies in Character*, pp. 97 - 117.

关于成功的伦理学，除尼采的著作外，参见：Plato, *Gorgias and Republic*, Book I, and Summer, *Folkways*, ch. xx.

关于社会自我，参见：Cooley, *Human Nature and the Social Order*, chs. v and vi; 关 358
于对抗性自我，chs. vii - ix.

关于道德自我的一般讨论，参见：Bosanquet, *Psychology of the Moral Self*; Ladd, *Philosophy of Conduct*, ch. ix (see also ch. xviii on the Good Man).

19.

美　德

359 ## 导言

美德的定义——正是自我和行为者，最终承担了维持并扩展那些使生活更加合理、更加善的价值。科学、艺术和工业的价值，男人和妻子、父母和孩子、老师和学生、朋友之间、公民和国家关系的价值，只是在有人始终对这样的善有兴趣时才存在。因此，任何导致这些善的品格特征都会得到尊重，都会被赋予正面价值；而任何被发现具有相反倾向的自我倾向都会受到谴责——即具有负面价值。其结果是：支持和传播理性的与公共的善的品格习惯就是美德，具有相反效果的品格特征就是邪恶。

美德和赞许；邪恶和谴责——对行为作出的赞许和反对，绝非纯粹是智力的。它们也是情绪的和实践的。任何扰乱社会秩序的事，会激起我们的义愤；任何增进社会福利的同情心，会得到我们由衷的赞美。这些情绪本身表达在恰当的行为中。驳斥和厌恶就是责备、谴责和惩罚。赞许就是鼓励、帮助和支持。因此，评价表达了那个说出它们的人的品格——它们是他的行为和品格的特征；而且，它们反作用于自身所引导的行为者的品格。它们是品格形成过程的一部分。赞扬具有奖赏的性质，这种奖赏是用来证明这个人处在正确的行为路线上。斥责具有惩罚的性质，适于劝阻行为者悬崖勒马。这种鼓励和谴责不一定是外部
360 的；奖赏和惩罚也许不是物质的东西。社会尊重及尊敬行为者那些为其自身带来宁静和福祉的特点，并非出自外在的设计；承认那些构成善的东西，是出自天然的本能反应。而且，社会的尊敬，即给予某些行为的敬意，必然会教育做出这

些行为的人，从而在情绪上、实践上增强他对正确行为的兴趣。同样，社会对于违反其风俗和理想的行为会做出本能的反对，它会自然地“刁难”任何扰乱其价值的人。而且，这种不友善的关注，教导此人注意他的行为后果，并阻止不受社会欢迎的倾向的形成。

自然能力和美德——有一种倾向，在抽象的“道德”意义上使用“美德”这个术语——使得它看上去似乎是伪善的。人们在某些标示为“美德”的品格特征和其他称为才能、自然能力或天赋的东西之间，划出了严格的界线。除了有意的或深思熟虑的培养，谦虚或慷慨恰恰就是纯粹的自然能力，而不是好心情，不是机械的转向或心灵的呈现。每一种自然潜能，每一种才能或能力，不管是属于探索的心灵、温文尔雅的情感，还是属于执行的技巧，当它在支持和扩展社会价值之网方面起作用时，都变成了美德；当它不是被这样运用时，它如果不是转为邪恶，至少也转为过失。通常算作美德的重要习惯是没有结果的，除非它们是众多莫名的兴趣和潜能累积的集合。这样的天赋，在不同的个人那里有着很大的不同。他们的天赋和条件引发出不同的美德；而且，一个人并不会因为他的美德形式不同而比另一个人更道德或不道德。

美德的变化——也可以说，美德的含义或内容有时会发生变化。它们的抽象形式——人们对善的态度仍然相同。但是，当制度和风俗发生变化时，当人们以不同的方式激发自然能力时，目的也随之而变；而且，好品格的习惯也得到个人行为者和其他评价者不同的尊重。没有爱国精神和贞洁，就没有一个社会团体能够维持。但在当代社会里，爱国精神和贞洁的实际含义与野蛮部落或我们 361
可能猜测的五百年前的含义，是大不相同的。一个社会中的勇气在自愿献身的社群中，几乎完全愿意面对身体的危险和死亡；而在其他社群，它也许是面对嘲笑依然愿意支持某个不受欢迎的事业。

传统的和真正的美德——当我们把这些社会变化放到更宽广的范围内，刚才提出的观点大致上不用强调也会很清楚。但是，我们很容易忘记，微小的变化一直在发生。这个社群已经明确的关于尊重、尊敬和赞扬的规范，在任何时间都可能落后于它所达到的和可能达到的实际程度。它几乎是传统的，描述美德以往是什么，而不是美德是什么。“可敬的”成了可容忍的、过得去的、传统的。因此，流行的给予赞扬和谴责的方案，一方面在整体上是道德指导和教育的支柱，另一方面是对道德进步的威胁。因此，人们必须到当前评价的背后去寻找真正的价值。否则，就会把仅仅符合风俗习惯看成美德，[①]就会对为了更广泛、更深刻的善而偏离风俗习惯的个人加以指责。

赞扬和谴责的道德责任——实际上，价值、谴责和赞扬的给予是对一个人所拥有的品格的衡量和测度。在评价他人时，我们也在评价自己。当我们感到什么值得赞扬、什么需要谴责时，也是对我们自己情感的一次揭露。确实，我们给予他人的衡量也会被给予我们自己。我们要自由地作出谴责，就必须是挑剔的和不宽容的；对邪恶不愤恨就是冷漠，或者也许是对自己的声望感兴趣，所以避免得罪他人。在言语中大量地谴责和赞扬，却没有一点支持或攻击口头上尊敬或指责的目的的实际行动，这就是敷衍了事的道德。在努力改善之外培养满足
362 和怜悯，就是沉湎于多愁善感。简而言之，赞同或谴责本身就是一种道德行为，对于它，我们具有对其他任何行为一样多的责任。

给美德分类的不可能性——这三个结论性的考虑：(1)美德和个人的各种潜能、天赋密切联系，(2)伴随着社会习俗和制度的变化所要求的习惯类型的变化，(3)对邪恶和美德的评价依赖于评价者的品格，[②]使给美德分类并给予每一类以精确定义是麻烦的、不可能的。美德是无数的。每一种不具有日常秩序的情景，都会给素质带来某些特殊的阴影，以及某些独特的适应。

双重的分类——然而，我们也许可以对社会生活的主要构成进行分类——语言、科学研究、艺术作品、工业效率、家庭、地方社群、民族、人类——并且详细说明适合维持其繁荣的精神倾向和兴趣的类型；或者，从典型的冲动和本能的倾向开始，我们可以考虑当它们成为明智培养的习惯所呈现的形式。因此，美德也**许可以定义为把行为者的潜能明确而明智地等同于合理的或共同的幸福的某些方面；或者定义为融入个人评价习惯的社会习俗或倾向**。根据后一观点，真实(truthfulness)是通过个人的习惯目的，在其最有效的程度上，保持的社会的语言构成(social institution of language)；根据前一观点，为了维持社会安宁和繁荣而交流情感和思想，是本能的潜能和倾向。以同样的方式，人们也许一方面会记下

① 当然，这是在第 4 章《习惯或风俗》中提到的要点，只是在那里重点放在不同于反思道德的习惯的时代上，而在这里放在当下习惯的因素上。

② 这一事实也许可以用来增强我们前面的结论：道德规范、分类等等并不具有最终的重要性，而是在阐明和评价个人的行为和情景方面有价值。重要的不是规范，而是这个人在赞成和反对他自己、赞成和反对他人方面对规范的利用。

各种形式的社会习俗和制度；另一方面记下所有类别的个体才能，然后列举每一种才能的美德。但是，这种做法过于形式化，所以意义不大。

美德的外在表现——然而，品格的任何美德的倾向都会展示某些主要的特点，对它们的考察有助于回顾和总结我们对道德生活的分析。 363

1. **这兴趣必须是完整的或全心全意的**——整个自我没有分心或保留，必须投入到所说的对象中去，在其中找到自己的满足。美德就是诚实；邪恶就是表里不一。善就是正直、正确；恶就是不正直、不直截了当。不完全的兴趣不是兴趣，而是（只要是不完全的）漠不关心和漠视。我们把这种兴趣的完整性称为情感、爱；爱就是服从法律。勉强的美德仅次于根本没有美德；彻底诚实，即使是在坏事中也引起赞赏，而在任何方向上的冷淡总是被贬低为缺乏品格。投降、放弃在本质上是把自我等同于对象。

2. **这兴趣必须是精力充沛的，因而是持久的**——一花独放不是春，偶尔发生的正确行为也不能构成道德的习惯。只能共享乐不能共患难的人，他的坏名声众所周知。耐性——经历过挫折、经历过好名声和坏名声、经历过福和祸——检验了对善的兴趣的力度，并且既增进又表现了成熟的性格。

3. **这兴趣必须纯净或真诚**——无疑，诚实是最好的策略。一个人应该诚实，即使是出于策略，也比一点不诚实好。如果一个人出于审慎的考虑而真的诚实，他就处在学习更好的诚实理由的途中。尽管如此，当我们相信个人利益的动机是某人诚实的唯一支柱时，我们就会怀疑他。因为这样的情况也许会有，在特殊情况下，很清楚，不诚实会带来个人利益。诚实的动机在大多数情况下是有效的，在平常例行公事的情况下，在众目睽睽之下，而非在人不知鬼不觉的情况下，或在受干扰的混乱之中。在这里需要专门关注善的眼光，即道德学家所说的“无私的兴趣”。需要通过某些承诺或威胁来哄劝或强迫才起作用的动机，是不完善的。

美德最重要或不可或缺的方面——记住，我们不是要试图对各种行为或习惯进行分类，而是要说明所有道德必不可少的特点，我们拥有道德理论的“最重 364
要的美德”。从全心全意、完全的兴趣来看，任何有品格的习惯或态度都包括正义和热爱；从持续活跃的角度看，它是勇气、坚毅或魄力；从纯粹单一来看，它是传统意义上的节制。而且，由于没有任何习惯性的兴趣可能是完整的、持久的或真实的，除非它是合理的，即除非它来源于有意地从整体看局部、从过去和未来看现在的习惯。对善的兴趣，也是智慧或良知：想发现情景中真正的善的兴趣。没有这种兴趣，我们所有的兴趣都可能是不正当的、误导人的——是要后悔的。

智慧或(用现代的说法)良知，是所有美德的保姆。我们最赞赏的勇气在于通过勇敢地面对痛苦和不愉快来认识善和公平的意志。我们在自我控制方面最严格的要求就是坚持按其真实的比例来认识善，抑制欲望的过度自负。最严格的正义就是智慧的正义，它在所考虑的每一欲望和要求付诸行动之前，给它们以恰当的重视。我们的语言证明了情感与智慧的密切联系；体贴、关心他人，为他人着想，承认他人，关注他人。

§1. 节制

英语词汇“节制”(特别在它与喝酒所导致的兴奋之间的褊狭联系的意义上)，是它所代表的希腊语词汇“*sophrosyne*”的一个不好的(通过拉丁语 *temperantia*)替代。雅典的希腊人深知这个事实，正因为存在着没有法律的、专制统治的、自治的社群，所以存在着没有法律的、奴隶的、自治的个人。一旦存在自治的灵魂，就存在理性的权威和欲望的力量的愉快混合。个人不同的天性转变成了欲望与智慧的生动的和谐。理性不是作为外来的暴君进行统治，而是作
365 为冲动和情绪乐于响应的引导起作用。这样调整好的天性，一方面完全不是禁欲主义，另一方面不是偶尔的爱好。它代表了个人认为什么是公平、得体的理想，这种理想体现在 *sophrosyne* 的概念中。现实中有这种**全神贯注**，它由所接受的智力引导，受到人性中各种愉快的促进。它暗示着个人的**审美观**，是有关行为结构和节奏和谐的观点。它是用来评价快乐的美德——因为它就是愉快，就是快乐。它使得我们过分关心某一目的。

罗马人的节制——罗马人把这种美德归在术语 *temperantia* 之下，它传递了相同的意思，但仅适用于罗马的天才。它和**时间**(*tempus*)这个字相联系，也和其词根含义划分、分布相联系。它意味着行为连续的秩序井然，避免过度的和不计后果的(开始是这样，后来是那样的)行为。它意味着合乎礼仪、礼貌、庄重。它是“自我节制”，而非拼命放纵；它是想到他人及以后的行为，不断地节制每一行为——使每个人在整体中与他人秩序井然。时间观念包括思考的时间；表达在严肃和庄严中冷静的重新思考。消极的方面即约束的方面、禁止的方面是很强的，起着维持生活宁静和严肃的作用。

基督教的纯洁——通过基督教的影响，其以控制性欲的观念为标志的内涵变得十分明显——**纯洁**。激情不全是扰乱人的本性和谐或破坏秩序的东西，而是破坏精神本性纯洁的东西。人们坚持的正是欲望的粗野和肮脏，所以节制是使灵魂无瑕和不受污染的屏障。

消极的说法：自我控制——自我控制、约束、禁止的消极说法涉及方方面
面。[①] 然而，并非欲望、渴望、激情或冲动必须抑制（更不是要消除）；而是欲望和 366
激情的倾向如此强烈地吸引着我们的注意力，以致影响我们对（向我们提出要求的）其他目的的感觉。对于每个欲望来说，这种对自负的自我节制是绝对不可少的。在其他方向上，它是虚心和谦虚，是对歪曲行为者及他人顾虑之重要性的自负倾向的抑制；在另一方向上，它是慈善；在另一方向上，"节制"（在这个词的狭义意义上）防止对饥渴的纵容超出合理的界限；在另一方向上，它是冷静、沉着——转移兴奋力量的自我节制；而且，在另一方向上，它是判断力，给手、眼或舌头的运用加上限制。就财富而言，它是对炫耀和卖弄有分寸地控制。总之，它是慎重，是通过"长远"的眼光来控制现在的冲动和欲望，是通过长远的后果来节制眼前的蝇头小利。[②]

积极阶段：尊敬——占上风的激情会裹挟我们向前，阻碍我们思考。这时，欲望强调的事情是宇宙中最重要的事情。对于兴趣和行为的诚实及效力而言，这是必需的。但重要的是，这样吸收欲望的东西，应该是一个能够为其吸收力量辩护的目的。只有当它表达了整个自我时，才是可能的。否则，潜能和后来出现的欲望就会不一致且相互对立，行为也会不规则、不稳定。因此，"节制"隐含的观念就是为了整个行为路线而关注构成行为的细节，就是处处留心、刻苦奉献。行为中的松懈意味着粗心大意；缺乏对整个生命的考虑，就可能暂时出现后果无法为其辩护的摇摆。在其较显著的形式中，我们把这种关注和尊重称为**尊敬**；对此独特而无价的价值认可，体现在任何生活场景和行为中。这种认可抵制了轻
率地屈从于来自肤浅的行为观的暂时兴奋。重大问题的危机感意味着精神态度 367
的冷静。意识到生活中的每一个行为都有一种明显超过直接的或初始的意义的

① 对这一点讨论不多，因为关于此事的说法，在前一章有关自我否定的讨论中已经涵盖。参见第328—332页。

② 严格的快乐主义倾向于把所有美德都还原到"慎重"——计算较细微、较长远的后果，根据其结果控制现在的行为。

重要性，把尊严赋予每一个行为。生活在一种赋予我们短暂的欲望和行为以更大价值的意识中，就是要听从节制的美德。

兴奋的控制——正如我们已经看到的，对这样生活的阻碍，是夸大了的欲望可能展现的强度，即说欲望缺乏平衡和远见。所有时代的道德学家一直以快乐的名义抨击的，正是这一点——暂时令人愉悦的、诱惑的、使人分心的力量。一旦在此认识到了阻碍人们对整个领域进行理性考察、并形成对真正的善的平静而稳定的洞见的敌人，就不会奇怪，道德学家抨击"快乐"，把它作为每一个使人偏离笔直的理性道路的诱惑的来源。但是，构成障碍和危险的并非快乐，而是某种形式的快乐——**兴奋的快乐**。[①] 每一冲动和欲望都标志着生活秩序中的某种干扰，标志着现有程度的超越，标志着超越现有限制的快乐。让步于欲望，让它增长，充分地品尝其逐渐增长、增强的兴奋，这就是诱惑。肉体上的饥、渴和性的欲望（我们把最令人厌恶的放纵和败坏的形式与之相联系），说明了生理刺激的波动原理。但是，许多无约束的、放纵的行为的微妙形式也是如此。有灵活机智口才者总喜欢强词夺理；爱慕虚荣者喜爱由炫耀和他人关注所带来的出人头地
368 的兴奋；愤怒的人即使知道以后会对自己的失控后悔，仍屈服于发泄愤怒带来的权力扩大的感觉；懒惰的人觉得碰运气、让结果顺其自然是比较容易的，与此同时，他喜欢局部的偶然的刺激。琐事和无聊的事使我们陷入了肤浅的生活，因为每一件琐事似乎都承诺"令人激动"，而对这种承诺可能达不到的担心敦促我们转向新的经验。对其他选择和后果的考虑都不是"令人激动的"，而是严肃的。

较高尚兴趣的必要性——功利主义类型的计算，不足以对付这种诱惑。那些喜爱思考结果的人，正是那些最不可能被兴奋冲昏头脑的人——除非就像某些专家，思考本身就是沉迷于兴奋的方式。[②] 对那些习惯于被某些方式的兴奋冲昏头脑的人来说，这种毛病和不能接受提供的思考治疗是一回事。只有某些**其他的**激情，才能达到所期望的控制。对希腊人来说，它是审美的激情，是对优

---

① 黑兹利特说："犯罪生活的魅力像野蛮生活一样，在于自由、艰难、危险和对死亡的藐视，总之，在于**特别的兴奋**。"（《论边沁》）。但是，这一点在原则上（尽管不是在程度上），对每一偏离笔直狭窄道路的诱惑同样如此。和某些欲望越来越多的兴奋相比，美德似乎是枯燥、冷静、乏味的。有多少个人，就有多少种形式的兴奋。

② 在所有没有约束的或放纵的行为中，有某些具有赌博性质的东西：为了现在的刺激，在未来的结果上碰运气。专家的思考——即，其思考并不接受社会行为负责任的检验——是或多或少兴奋的冒险——一次"投机"。

雅和美丽、节奏与和谐的热爱，是对自我控制的生活的热爱。对罗马人来说，它是展示在欲望统治中追求人格的尊严、权力和荣誉的激情。这两种动机一直是有序行为的坚强盟友。但是，追求纯洁的激情，屈服低级趣味的、有点丢脸的肮脏的感觉，对某些一尘不染、没有掺杂的事物的兴趣，在某种形式或其他形式上，是战胜篡夺自我管理权的兴奋倾向的主要资源。[①]

§2. 勇气[②]或持久的精力

虽然对兴奋的热爱诱使人偏离理性的道路，但对痛苦的恐惧、对艰难和艰苦努力的厌恶，也阻止人进入理性的道路。对不愉快的习惯或契约的厌恶消耗精 369
力，就像对愉快的刺激的喜爱释放、消耗精力一样。仅仅对善的强烈的积极的兴趣，就能克服从消耗、分散精力的不愉快和艰难中的本能退缩。这样的精力投入就是勇气。它和表示心的拉丁词在词源上的联系，暗示了某种丰富的自发性，以及某种充沛精力的洋溢；当从字面上（不是从隐喻上）看，心被认为是生命冲动和充足力量的所在地，这个词就被用于美德的这个方面。

勇气和公共的善——早期希腊思想的难题之一，就是区分作为美德的勇气，与很容易归入鲁莽和逞能的某种动物性的敏锐和敏捷。人们通常把它区别于单纯的体力过剩，主要根据这一事实，即它是通过支持某些公共的或社会的善而展现的。它通过面对可能会发生的邪恶而依旧坚持，表明了其自愿的特点。它最简单的形式就是爱国精神——出于对国家的爱，面对国家的敌人毫不畏惧生命的危险。而且，这种精神的广博仍然是所有正确的素质最重要的方面。在这种广博的精神中，个体不考虑个人损失和伤害，忠诚于客观的善。

显然，勇气是每一美德的实施方面。正如我们所看到的，善意意味着向某些目的的努力；除非这些目的引起奋发努力，否则，它就是出于情感的，而不是道德的或实践的目的。而且，努力暗示着要克服障碍，要抵制分心的东西，要付出艰苦的劳作。可能发生的伤害的程度，衡量了这种对善的兴趣的深度和真诚。

对实施的兴趣的诸方面——从这种一般的定义出发，可以立刻推论出勇气

---

① 斯宾诺莎的《伦理学》的最后一段话说："没有人会因善而高兴，因为它限制他的欲望；但是，由于我们因善而高兴，我们能够抑制我们的淫欲。"

② 在上一章中关于自我肯定的讨论，在某种程度上预言了适合这种美德的东西。

在某些形式上的特点。在其开端之处，为了公共的善而乐意承受伴随而来的隐密的邪恶的特点，就是敏捷和机敏。在其持久而坚定不移的忠诚方面，它是不屈不挠、忠心耿耿和忠贞不二的。在其对邪恶的不断抵制方面，它是正直、耐心、坚
370 持不懈的，以及愿意为坚守终极问题而辩护。使自己**完全**献身于善，就是果断和坚定。信念和决心伴随着所有真正的道德努力。然而，这各种各样的维度（强度、持久度、范围和丰满度），仅仅是积极而有力地把手段等同于目标的一种完全相同的态度的不同表达。

善良和效力——由于未能恰当地重视这个道德因素（神学讨论的“成果”），导致了一个屡见不鲜的观点，即道德上的善意味着实际效力的丧失。当内在素质和外在行为被隔断、希望和行动意愿相分离时，道德就还原为仅仅无害；坦率地说，关于美德的最佳说法即为：它是无辜的、无害的。不择手段被等同于实施的能力；谨小慎微被等同于善。正是从这种无用的道德中倒退，力量的福音以及选择和调整达到渴望的目的之手段的精明的福音得到了宣扬，并获得了听众——就像在文艺复兴[①]时期的意大利反对中世纪的虔诚，也再次出现在我们的时代（见前文，第 336 页）。

道德勇气和乐观主义——勇气一个独特的现代发展，体现在“道德勇气”这一说法中——就好像并非所有真正的勇气都是道德的。它意味着，面对亲朋好友的风俗习惯而非敌人的攻击，一个人专心致志于善。正是为了善的新观念，勇敢面对这种不受欢迎的意愿，致使习惯和传统遭到破坏。这种展示在记忆和预见的完整性（integrity）中的英雄主义，而不是忍受创伤和经历自然危险的表面的英雄主义，在当今赢得了独特的赞赏。人们强调的，正是这种**关注**。[②] 也许，这提供了从直接的道德意义方面考察乐观主义和悲观主义的最有利的位置。在追求善的同时，老实承认现有的和可能出现的邪恶的某一个个体，几乎总是被指责
371 为悲观主义者；被说成喜欢愤世嫉俗地谈论病态的、卑鄙的或肮脏的东西。人们劝他做一个“乐观主义者”，即在实际上使自己和他人对现存的邪恶视而不见。这样设想的乐观主义，就是搭建空中楼阁和像鸵鸟似地对事实视而不见的结合。

---

① 参见：萨姆纳，《民俗论》，第 10 章。

② 这一点参见：詹姆斯，《心理学》，第 2 卷，第 561—567 页；罗伊斯，《世界与个体》（*World and Individual*），第 2 系列，第 354—360 页。

总之，其利益受到邪恶威胁但毫无觉察而无可救药的人们，最会为这样的“乐观主义”吵吵闹闹。希望和渴望，尽管有那么多邪恶，仍然想念善的至高无上的信念；尽管有那么多障碍，仍然相信善的可实现性的信念，这在道德生活中是必要的激励。善从来不能被感觉到，也不能通过对个人利益的计算来证明。它包括愿意为无法预见、无法仔细计算的利益冒很大的风险。但是，这样的**意志**乐观主义，这样的人的决定论（就他的选择而言，只有善可以被认为是真实的），非常不同于在情绪上拒绝如实地看待现实。事实上，某种智力上的悲观主义，在坚定意志揭露痛处、承认和寻找弊端、注意假定的善如何经常作为实际邪恶的伪装的意义上，是道德乐观主义的必需部分。它积极地推动公正的流行。其他的观点把作为道德勇气本质的渴望和希望还原为愉快的肉体的轻松；在他考虑不周而追求所谓的善时，忽视了对他人所作的恶，这就接近了残忍，接近了沉浸在多愁善感和夸耀唯心主义标语氛围中的残忍。

§3. 正义

在伦理学文献中，正义至少具有三个不同的含义——(1)在其最广的含义上，它是正当、正直、公正。它概括了道德。它不是一种美德，而是善。正义的行为就是**正当的**行为；正义就是义务的履行。(2)这转化为在所有和他人交往中的公平、公道、无偏见和诚实。(3)最狭义的含义是通过法律的执行来为权利**辩** 372
护。[①] 从亚里士多德时代开始（以及在他的讨论之后），这已经分成了(a)**分配**，与根据功过比例分配荣誉、财富等有关，以及(b)**纠正**，维护法律，通过实施恢复法律权威的处罚、矫正来防犯违反者。

贯穿在这些不同含义中的共同的重要性——理性的善意味着广泛的或完整的目的，在其中和谐地包括许多特殊的目标和价值。正义的人就是注意到整个情况并从整体上作出反应的人，他不受过分尊重某些特殊因素的误导。因为一般的或包容的善是共同的或社会的善，它协调并联合大量个别的、具体的个人目的，正义就是显著的社会美德：它为了广泛的社会团结而维护个体的正当秩序。

正义作为公平、公道、无偏见和诚实，意味着在考虑部分之间的正当分配和问题分摊时着眼于整体。公正的法官或管理者，就是不对所涉及的人作不公正

① 这一点在第 21 章第 3 部分有更多的关注。

区分的人。公平的价格就是承认买主和卖主双方权利的价格。诚实的人，在涉及必须分给他人或从他人那里得到的任何利益时，就是渴望给予或得到恰好属于每一相关方的那一份的人。公平的人，不为给予善的某些成分以不适当的重要性的快乐所动，也不为忽视某些其他成分的担心所迫。他根据每一因素合理的或客观的要求，分配他的关注、考虑和情感。

正义和同情或爱——有关正义最重要的问题是关于它和爱，和谴责、惩罚之间的联系。这是一个常见的观念，即正义在其运行时是严厉的、冷酷的，它要求辅之以（如果不是代之以）仁慈。从字面上看，这就意味着正义在运行时是不正
373 义的。它所包含的事实是：经常被认为是正义的东西其实并非正义，而是它的不完善的替代品。当一种合法形式的道德流行时，正义就被看成某种固定而抽象的法律在运行；作为法律的法律，要得到尊重；作为法律的法律，其尊严要得到维护。人们忘了，法律的崇高和尊严来自法律在保护、实现人类幸福秩序中的位置。从而，法律不是善的仆人，不被任意地置于善之上，就好像人为法律而生，而不是法律为人而立。其结果是不可避免的苛刻；幸福的必要因素被无情地蔑视或排除；自由而灵活地回应独特情境所要求的行为的可爱和优雅被僵化为单调一致。“*公义越大，损害越重*”，这种说法表达了不考虑具体情况坚持抽象法律的结果。在这样的条件下，就出现了用仁慈缓和正义的严厉、用优雅补充法律的庄严的要求。这个要求意味着要在关于什么是正义的观念中恢复被忽略了的人的价值。

“社会正义”——由于爱或慈善事业成了起作用的社会动机，在我们这个时代，社会正义观念已经有了较大的提高。在过去的道德体系中，人们假定正义满足美德的所有要求；慈善以非义务或非严格要求的方式行善。因此，对于行善者而言，它是特殊美德的来源，是积累美德盈余来抵消恶行的手段。但是，把所有人的目的纳入一个广泛的善（它是人类社会交往、民主制度和生物科学增长的结果）的内在社会关系，其更为宽泛的意义使人们认识到痛苦和不幸的较大部分；就少数人而言，提供了慈善（因而是优越的美德）的机会，实际上是社会的不公平（由于可能纠正的原因）。正义要求根本改变这些条件，这取代了一种观念，即它们的后果处处都可能被道德上优越的个体的自愿美德所缓和。在更大的范围
374 内，这种变化说明了正义概念的变化。这样，它就能和爱、同情联合起来。人性应该使正义在所有条件下都得到伸张，这是一个无限复杂和困难的要求，而且只

有扎根于大爱和同情心并着眼于人类能力和成就的视野，才能公正地认识与实行。

惩罚性正义的改变——惩罚性或纠正性正义的概念也在发生相同的变化。亚里士多德说，在出现不道德行为的情况下，公平原则就像算术回报：个体根据他的行为受罚。后来，通过与给予罪人以应得报应的神的审判观念相联系，这个观念转化为一种信念：惩罚是正义的一种形式，旨在通过给犯错者惩罚来恢复被扰乱的法律平衡。惩罚的目的和目标是给予应得的报应，让行为者承受他自己行为的不良后果。惩罚就是**使受苦**，不可避免地会给犯罪者带来痛苦，这一点毫无疑问；在这一点上，无论惩罚是外部给予的还是良心上的痛苦，无论是由父母、老师还是政府当局给予的，都是如此。但是为了受苦而受苦，还是受苦在某种方式上能恢复或影响法律被侵犯的庄严，这是两码事。

犯错的人性应得的惩罚或应得的报应是什么？它应该得到的是公正。但最终，一个道德的行为者应该得到的就是**做**一个道德的行为者；从而，应受的惩罚应该是**纠正性的**，而不仅仅是报应的。每一个犯错者都有他应该得到的东西。但什么是他应该得到的东西呢？我们能仅仅根据他的过去来衡量吗？或者，每个人都把他看成有未来的人，这不也是他应该得到的吗？是既可能为善也可能作恶的人吗？那些负责给予惩罚的人以及那些被惩罚者必须满足正义要求；如果他们没有运用惩罚的工具和手段，在尽可能的范围内使犯错者反思其行为并悔过自新，那么，他们就不能以维护法律的借口来为自己掩饰。这样的错误，在一定程度上，来自风俗习惯；来自懒惰，不愿意寻找更好的手段；来自傲慢和缺乏 375
对他人同情的混合体；来自希望保持现状而不管产生罪犯的根源的愿望。

§4. 智慧或良知

我们已经反复注意到，自愿行为的核心是它的智力的或有意的特点。个体**在智力上**对善的关心，隐含在他的真诚、忠诚和正直中。在构成个体品格的所有习惯中，**评价道德情境的习惯**是最重要的，因为这是决定所有其他习惯的**方向和重塑**的关键。当一个行为公开时，它就是不可逆地发生了。行为者不再能控制。道德生活的中心处于暂停行动和延缓行动时期。这时，个体的精力放在回忆和预见上，放在对其他目标艰难探索和严肃考虑上。只有通过深思熟虑，习惯（不管它们在起源和过去应用上有多么好）才能重新适应现在的需要；只有通过深思熟虑，尚未找到方向的冲动才能被引导进理性的幸福天堂。

希腊人对洞察力或智慧的强调——毫不奇怪，最早认真探讨行为、行为目的或善的本性的希腊人应该称赞**智慧**、**洞察力**，把它们说成超级美德和所有美德的来源。确实，现在像苏格拉底那样，说无知是唯一的邪恶；说一个人不道德不是自愿的，不是出于有意的选择，而只是出于无知，这似乎是荒谬的。但是，这主要是由于我们区分了不同种类的知识，而希腊人没有，他们没有机会这样做。我们有二手知识，即来自书本、报纸等等的知识，这些即使在雅典的辉煌时期实际上也不存在。知识对他们来说，是更为个人的东西，类似我们称之为“明确无误的感觉”的东西，或隐秘的、有根据的信念。对我们来说，知识意味着有关他人已经
376 发现了什么的信息，从而在其意义上更为遥远。希腊人的知识通常直接与他们公共的联邦生活相联系。表现知识和艺术、理解和技巧的那些词汇，几乎是不可分开的。知识就是关于城邦，关于它的传统、文学、历史、风俗、目标等等的知识。他们的占星术与其城邦宗教联系在一起；他们的地理学与其地形学联系在一起；他们的数学与其国内的、军事的事务联系在一起。现在，我们有大量非个人的知识，与事务的直接意义离得很远。因此，知识本身已经被分为理论的、科学的、实践的和道德的。通常仅在第一种意义上，我们使用“知识”这个术语；因此，苏格拉底的观点似乎过于荒谬。但是，在**良心**(*conscience*)和**良知**(*conscientiousness*)的名称下，我们保留了这种原来附属于知识术语的含义。说没有良知是基本的不道德行为，与说真正的良知是所有美德的保证，这是不矛盾的。

良知——在从希腊智慧到现代良知的这种转变中，有失也有得。由于把道德的善和生活其他好的方面隔离开来，不足之处就是有关洞察和思考观念的某种僵化。善良的人和邪恶的人都被赋予了相同的能力；而且，这种能力又被看作会自动给出正确的结论。另一方面，现代的良知较少包含智力成就观念，更多的是喜欢在行为中寻找善的观念。“智慧”一般强调已达到的洞察，以及已证明的、得到保证的、不能改变的知识；而“良知”一般把注意力固定在有意**发现**的自愿态度上。

这意味着作为美德的智慧有很大的变化。在较早的意义上，它是获得，是某种占有的东西。在现代意义上，它属于积极的愿望和努力，属于追求而不是占有。知识的**获得**随着原来的智力天赋而变化，随着从容不迫的思考机会而变化，随着各种外部条件而变化。占有是一个**阶层**观念，倾向于划分出道德贵族和普

通人群。由于后者的活动必须得到引导，在此假定上，通过获得知识，它的实际后果就是根据优越阶级占有的智慧来规范他们行为的必要性。然而，当道德上 377
重要的事情是发现善的愿望和努力时，每个人就处于相同的层面，尽管在智力禀赋和知识上有所差异。

因而，道德知识作为美德基本的或最主要的方面，就是展现在发现善的努力中的对善的兴趣的完整性。因为知识包括两个因素，一个是直接的，一个是间接的；良知包括**敏感性**(*sensitiveness*)**和反省性**(*reflectiveness*)。[①]

(1) **道德敏感性**——没有直接意识到身边有需要去保持或达到的价值存在的个人，是严厉、冷漠或粗暴的。“温柔的”良心是立刻对善恶的展示作出响应的。现代版的苏格拉底学说(无知是邪恶的根源)，是道德上的“冷漠”或“麻木”，是对道德区别的漠不关心，是所有条件中最没有希望的。一个在意的人，即使他在意的方式不对，至少有一个可能触动的动机；毫无反应的人，却没有提供任何纠正或改进的手段。

(2) **慎重**——虽然对善恶的因素具有这样直接的、无需反省的反应，应当是道德智慧的支柱；但隐藏于那些直觉理解之后的特点，应当是审慎的和认真的。不管个体在道德上多么敏感，他都需要冷静沉着的思考，或者说，他的直觉判断如果可靠的话，在很大程度上是以前思考积累的结果。每一个自愿的行为都是动过脑筋的，即包括要达到的目的或要产生的后果的想法。这样的目的在这样的意义上是理想的，即它们出现在思考中，而不是在感觉中。但是，由于特殊目的是有限的，它们不是我们所说的理想的含义。它们是特定的。伴随着思考习惯的增长，行为者开始意识到，他们特殊目的的价值不是受限制的(circumscribed)，而是远远超出所讨论的特殊情形之外；就此而言，它们的影响范围确实无法预见或详细说明。一个善意的行为不仅仅有特定的减轻现在痛苦 378
的后果，而且在其接受者的一生中至关重要，或许为做出这种行为的人在根本不同的方向上确立了新的兴趣和关注点。在任何道德行为中，这些更大更远的价值超越了意识呈现给行为者的目的。这个人总是想达到某些确定的东西，但是当他开始意识到深远的隐含的价值的模糊影像或气氛时，他的特殊行为的意义就加深变广了。一个行为从表面上看，是暂时的、有条件的，但它的意义是永久

① 比较第16章中所说的，有关道德知识中直觉的和不确定的因素。

的、广泛的。这个行为结束了，但它的重要性留存在赋予继续发展以意义的增长中。生活在这个对行为更深层意义的认识中，就是生活在理想中；生活在唯一的意义中，即人生活在理想中是有利的。

我们的"理想"、各种类型的优越都是各种各样的方式，即我们用来考虑具体行为超越的、不断扩展的价值的方式。善的每一成就，都加深和加强了我们对隐含于每一正确行为中无穷无尽的价值的感觉。伴随着这些成就，我们对生活的、可能的善的感觉增强了，我们发现自己生活在更深刻更审慎的层面。理想不是某种遥远的、穷尽一切的目标，也不是确定的*至善*（*summum bonum*）；与之相关，其他事情都仅仅是手段。它不是某种要放在与我们的实际情况直接的、局部的和实在的性质相反位置的东西，以致通过对比，后面这些东西都被轻描淡写为不重要的。相反，理想相信这些特殊情形中每一种本身都带有最终价值，即一种意义，其本身就是独特的、不可穷尽的。建立完美的"理想"（这些理想不同于认真地认识隐藏于每一具体情形中的发展的可能性），就是最终给予我们自己以情操生活（sentimentalities）（如果不是给予语言）；而且与此同时，要引导思想和精力避免某些情境的干扰，而这些情境需要并欢迎情感投入和全神贯注。

审慎和进步——这种比那些明确领会或明确获得的含义更为宽广的价值含
379 义，对个体而言，是一个经常的警告，告诫他不要满足于某个成就。良知越来越多地展示出对提高和进步的兴趣。敏感的良知也许依赖确保满意的层面，依赖准确地区分它们的性质和程度。审慎的良知总是关注寻求更好的结果。善良的人不仅用标准衡量自己的行为，而且还关心改进他的标准。他关于理想的见解，关于由于特殊行为不断扩展的价值而导致不可定义的东西的见解，使得他不能满足于任何明确表述的标准；因为这种表述给标准添加了技术的性质，而善只能在不断扩大的美德中得到维持。最高形式的良知就是对经常的进步感兴趣。

审慎要求的爱和勇气——我们可以通过重申上文已经谈到的来结束这一章，即真正的道德知识包括情感、坚定的意志以及智慧。除非我们的情感很强烈，否则就不能知道他人生活中和我们自己生活的各种可能性中多种多样的价值成分。每一种爱的缩小，每一次自我主义的侵蚀，都只不过意味着对善的很大程度的忽视。那些用"善良动机"为伤害他人的行为辩护的人，往往对自己过度关注，以致伤害了其感觉的能力。和他人接触的每一次扩大，同情认识程度的每一次加深，在很大程度上扩大了善的视野。最后，道德审慎的主要同盟是为了

善，要具有意志坚定，直面邪恶的勇气。因为担心我们的行为给他人带来不幸而退缩（因为这样的情况会要求我们作出痛苦的努力，改变我们自己的计划和习惯），造成了习惯的模糊和道德视野的狭窄。

参考文献

关于美德的一般原则，参见：Plato, *Republic*, 427 - 443; Aristotle, *Ethics*, Books II
and IV; Kant, *Theory of Ehics* (Abbott's trans.), pp. 164 - 182, 305, 316 - 322; Green, 380
Prolegomena, pp. 256 - 314 (and for conscientiousness, 323 - 337); Paulsen, *System of Ethics*, pp. 475 - 482; Alexander, *Moral Order and Progress* (1891), pp. 242 - 253; Ladd, *Philosophy of Conduct*, chs. x and xiv; Stephen, *Science of Ethics*, ch. v; Spencer, *Principles of Ethics*, Vol. II, pp. 3 - 34 and 263 - 276; Sidgwick, *Methods of Ethics* (1901), pp. 2 - 5 and 9 - 10; Rickaby, *Aquinas Ethicus*, Vol. I, pp. 155 - 195; Mezes, *Ethics*, chs. ix and xvi.

关于自然能力和美德，参见：Hume, *Treatise*, Part II, Book III, and "Inquiry," Appendix IV; Bonar, *Intellectual Virtues*.

关于特殊美德的讨论，参见：Aristotle, *Ethics*, Book III, and Book VII, chs. i-x; for justice: Aristotle, *Ethics*, Book V; Rickaby, *Moral Philosophy*, pp. 102 - 108, and *Aquinas Ethicus* (see Index); Paulsen, System of Ethics, pp. 599 - 637; Mezes, *Ethics*, ch. xiii; Mill, *Utilitarianism*, ch. v; Sidgwick, *Methods of Ethics* (1901), Book III, ch. v, and see Index; also criticism of Spencer in his *Lectures on the Ethics of Green, Spencer, and Martineau*, pp. 272 - 302; Spencer, *Principles of* Ethics, Vol. II; Stephen, *Science of Ethics*, ch. v.

关于仁慈，参见：Aristotle, *Ethics*, Books VIII - IX (on friendship); Rickaby, *Moral Philosophy*, pp. 237 - 244, and *Aquinas Ethicus* (see charity and almsgiving in Index); Paulsen, *System*, chs. viii and x of Book III; Mezes, *Ethics*, ch. xii; Sidgwick, *Methods of Ethics* (1901), Book III, ch. iv; Spencer, *Principles of Ethics*, Vol. II; see also the references under sympathy and altruism at end of ch. xviii. Courage and temperance are discussed in chs. x and xi of Mezes; in pp. 484 - 504 of Paulsen; pp. 327 - 336 of Sidgwick, *Methods of Ethics* (1901); ch. xi of Ladd's *Philosophy of Conduct*.

第三部分　行动的世界

第三部分主要参考文献

Addams, *Democracy and Social Ethics*, 1902, *Newer Ideals of Peace*, 1907; Santayana, *The Life of Reason*, Vol. II, 1905; Bergemann, *Ethik als Kulturphilosophie*, 1904, especially pp. 154 – 304; Wundt, *Ethics*, Vol. III, *The Principles of Morality and the Departments of the Moral Life* (trans. 1901); Spencer, *Principles of Ethics*, 1893, Vol. II, *Principles of Sociology*, 1882, Vol. I, Part II; Leslie, *Essays in Political and Moral Philosophy*, 1879; 2d ed., 1888; Bosanquet, *Philosophical Theory of the State*, 1899; Willoughby, *Social justice*, 1900; Cooley, *Human Nature and the Social Order*, 1902; Paulsen, *System der Ethik*, 5th ed., 1900, Book IV; Runze, *Praktische Ethik*, 1891; Janet, *Histoire de la Science Politique dans ses Rapports avec la Morale*, 3d ed., 1887; Plato, *The Republic*; Aristotle, *Ethics*, Book V, and *Politics* (trans. by Welldon, 1883); Hegel, *Philosophy of Right* (pub. 1821, trans. by Dyde, 1896); Mackenzie, *An Introduction to Social Philosophy*, 1890; Dunning, *History of Political Theories* (1902, 1905); Stein, *Die Sociale Frage im Licht der Philosophie*, 1897.

20.
社会组织与个体

这一部分和本章的目的——道德的历史呈现出一种双重运动，一方面，它不断显露出对个体智识和情感所施加的压力。从习俗道德到反思道德的转变，乃是从“做我们的亲属、阶级或全体市民常做的那些事情”到“成为具有某些欲望和审慎习惯的人”。另一方面，这个民族的道德历史也常常揭示出对个人偏好关注的对象和目的的社会特性日益增加的强调。虽然行为者知道，他的个人态度决定了其行为；他也知道，绝对私人的态度，即无需社会评价和判断的态度，在一定范围内是不存在的。理论分析和历史一样，给人们同样的教益。它告诉我们，道德品质*存在于*行为者的习惯素质里，并且*包含在*这些素质的趋势中：即保护（或阻碍）社会共同的和可能共有的价值。 383

在第一部分，我们勾画了这一发展的历史进程；在第二部分，我们跟进其理论分析。此处和结尾部分，旨在对道德独特的社会层面进行考量。我们将思考社会习俗和倾向如何赋予个体活动以价值、如何利用其意愿和目标的构成和实施条件，特别是如何创生出当代道德生活中尤为急迫的问题。眼下的这一章将接管这一普遍的——就社会组织之于个体生活的关系而言——问题。

§1. 通过社会组织个性化的发展

从某种意义上说，历史发展代表着从僵化的社会控制中所获得的个体力量的日益解放。约翰·卢伯克（John Lubbock）爵士说道：“没有一个野蛮人是自由的。无论在何方，他的日常生活都为一套复杂的而且显然是最困扰的风俗（与法律一样具有强制性）、离奇古怪的禁律和特权所支配。”换一个角度看，从一种社 384

会组织中解放出来,意味着开始进入另一种社会秩序;个体从一个微小而固定的(习惯的)社会群体中挣脱出来,意欲成为一个更大规模、上升中的社会的一分子。而使个体权力在意愿、思想和主动性方面获致自由的历史,就整体而言,乃是更复杂、更广泛的社会组织的形成史。看似瓦解社会秩序的运动,以其先行状况的维度作出参照,其实是一种新的社会秩序建立的要素,这一新的社会秩序赋予个体更多的自由,还增加了社会群体的数量,拓展了社会整合的深度。

霍布豪斯对历史发展的这一事实给出了很好的总结,他着手进行的如下的全面调查概述涉及法律与正义、家庭(包括妇女与儿童地位)、社区间、阶级间及贫富间关系的历史延续。他说:

> 在社会制度的所有变化中,在历史变迁的此消彼长中,有可能在最后发现一种双重运动,标志着文明法律和习俗从低级到高级的过渡。一方面,社会秩序得到加强并发展开来……从这一方面讲,作为个体的人变得越来越遭受社会的制约,并且,如我们经常所见的,有利于约束社会肌体的变化可能会减少个体或个体主要阶层所能要求的权利……在这一关系上,自由和秩序便对立起来。但是,这种对立不是实质的。从最初起,个体就要依赖社会力量来维持其权利,在更高的社会组织形式中,我们看到了秩序和自由再
> 385 一次相互吸引……最有序的社区给其成员最大的空间范围以使他们最好地彰显自我,然而人性“最好的”部分是指对社会和谐与前进运动作出贡献……,有责任感的人,男人或女人,是作为现代法律的现代伦理中心,只要风俗和法律与创造其自身生活有关,他们就是自由的……。人类的社会性,不管在个人需求方面,还是在经由更充分的人权的认可所达到的责任方面都没有减少。不同的是,只要责任和权利被认为是如此的与人类关联着的,它们就变得普遍化了,由此成为**作为一个整体社会的关切,而不是任何部分组织团体的关切**[①]。

此番陈述可与格林和亚历山大的观点进行比较。格林认为,道德进步既表现在不断延伸着的具有共同利益的人的领域或范围,也表现在不断加深和强化

① 霍布豪斯,《道德的演变》(*Morals in Evolution*),第1卷,第367—368页。

着的每个个体内在的社会兴趣，即“每个人都具有的最大限度弘扬人性的稳固倾向”。[①] 亚历山大的道德增长模式是“区分和综合的法则”。前者意味着多样性、专业化、以及不断细化的个体权力的界限。综合法则是指随着每个个体与其他人接触的方式的持续复杂化，社会组织在规模和范围上的稳定扩大(比如，从氏族部落到现代民族国家)[②]。

社会生活解放并引导个体动力——社会生活的广度与激发个体力量的多重刺激源紧密相关。社会活动的多样化为个人的首创性和努力增加了机遇。有限的贫乏的社会生活，其成员参与的活动范围可能受限。它意味着运用思考和选择的机会很少，而没有思考和选择，品格就是不成熟和僵化的；简而言之，这样的社会生活意味着人格受到限制。与此相反，一个富裕而多彩的社会，一个释放力量的社会(否则就会是呆板的、休眠的)，同样要求按照符合各自利益的方式使用 386
力量。如果社会不同成员的行为与整体步调不一致，那么，一个广泛而复杂的社会就会陷入失序与混乱状态。行动的世界是指在一个世界中，个体是一个界限，而人性是另一个界限；在两者之间存在着各种形式较小和较大范围的结合分布，涵盖家庭、朋友关系、学校、俱乐部、生产或分配货物的组织、集中和供应商品的部门；由教区、牢房、村庄、城市、县、州和国家在政治层面上组织的活动。有关这些机构和相关活动的每一种失调，意味着个体间关系的丧失和摩擦；由此导致构成个体各种权力的缺漏、分裂及限制。反之，如果个体间开展和谐合作，他们便会获得更为充实的生活，在思想和行为上也会持有更大的自由。

秩序和法律——作为有组织的、按照常规方式[③]进行的活动，行为的世界利用其已设立的运作方式和法律，呈现一种公共的或共同的秩序和权威。组织化的机构——从较长久的到较临时的——及其有秩序的行为规则，当然不是超越个体活动的，因为其基本要素就是以某种方式联系的个体活动。但是，**任何一个**个体在其单独的或分配的能力方面，具有一种切实和重要的制度优先的意义。孩子出生在一个已经存在的、有着既定习惯和信仰的家庭，这些习惯和信仰不一定严格到不能重置，但是自有其本身的秩序(配置)(arrangement)。之后，他上

---

① 格林，《伦理学绪论》，第 262 页；参见第 3 卷，第 3、4 章。

② 亚历山大，《道德秩序与进步》(*Moral Order and progress*)(1891 年)，第 384—398 页。

③ 这并非当然地排除掉变化和改革。它意味着，只要社会是有组织的，这些变化本身就以常规和权威认可的方式出现。

的学校有其既定的方法和目标；他逐渐在商业、市政和政治组织部门就业，这些组织有其固定的方式和目的。只有参与到业已形成的行为模式的体制中，他才能把握自己的权力，赏识其价值，实现其可能，并在生理与心理的习性上成为能自我节制和有条理的人。通过成为相互关联的群体的一员，通过在对
387 群体的维持和拓展中发挥自己的作用，他获得了生活的价值和原则、满足和权威准则。

社会和道德——在习惯社会(customary society)中，任何人都察觉不到他应该做什么(即道德)和其周围的人通常在做什么(即社会)这两者之间的区别。在社会层面上确立的，即道德的。如我们看到的，反思道德使上述两个概念区分开来。一个好思考的人反对在其社会环境中通行的某些制度和习惯，他将自身所形成的、在社会习惯中没有体现的某些思想，视为比其近旁现存的任何制度习俗都更为道德。如果社会要取得进步，这些对习俗的反抗和新思想的迸发就是必要的。但不幸的是，人们经常忘记，这种与众不同的**个人的**(personal)道德——即用自身观点来反对某些对规条的既有运用，并因而在当下只能在个体的主动和努力中获得归宿，仅仅是**社会**重构的手段。它似乎被看作其自身就是一个目的，似乎高于任何由社会或能被其包含的道德。

在某些时期，为了修炼个人美德，这种观点导致人们从所有社会事务中退隐。在其他时候，这种观点导致了对政治的漠视，恰如犬儒主义和斯多葛主义。长久以来，这种观点导致了一种“出世”的道德；引出了一种信仰，即美德唯有通过一种彼岸的生活或世界才能获得——在这种信仰中，有着对此生具体社会条件相对的轻蔑和忽视。社会事务最多只是“世俗的”和暂时的，而且与个体灵魂永恒的和精神的救赎相比，它是无足轻重的。在文艺复兴与新教徒运动(Protestant Revolt)之后，这种道德个人主义以不同形式延续着。在快乐主义者中间，其表现形式为：预设社会制度非常重要，其重要性在于这一事实，即它阻碍
388 或帮助个体获得个人享乐。先验主义者(比如康德)主张，既然道德整体上从属于内部动机，是个人态度指向道德法律的问题，那么，社会条件在整体上就是外部的。善或恶完全内在于个人自己的意志。社会制度也许有助于或阻碍道德目标的外在**实现**；这些体制对美德的成功外化可能有利或有弊。但是，它们与道德目的的起源或发展没有关系，因而善良意志本身缺乏道德意义。因此，康德对**道德**和**合法性**作了明显与彻底的区分，道德指涉个体自身的内心良知，而合法性指

外部行为社会的与政治的条件。社会制度和法律可能的确可以调节人们的外部行为；只要人们在外部层面上遵守这些制度与法律，他们的行为就是合法的。但是，法律不能调节或触及人们的动机，而仅仅这些动机自身才能决定其行为的道德。

为了指出把道德行为划分为内部的（或私有的）和外部的（或社会的）两种彼此不相关的因素的谬误，此处将不再赘述先前我们对快乐主义和功利主义的批判。但是，我们可能需要作一番回忆。康德本人实际上超越了其自身的道德个人主义，主张一种“目的王国”(Kingdom of Ends)，在这一王国里，每个人都将被视为目的本身。我们可能记得后来的功利主义者（例如穆勒、莱斯利·斯蒂芬、贝恩、斯宾塞）强调社会制度的*教育*价值，强调它们在形成某些个人利益和习惯时的重要性。因此，社会制度不再属于达到个人的善的纯粹手段的范畴，而成为个体性发展的必要因素和条件，这种个体性应该有一个关于自己特性及善的合理而正确的概念。我们也会列举一些更为根本的社会制度决定个体道德的方式。

1. 没有社会媒介，个体就无法“了解自身”，就无法知道自己的需求和能力。
他过着和猛兽一样的生活，尽量满足他最紧迫的饥、渴和性等欲望，但即使这样， 389
鉴于这些方面，与其他动物相比较，他还存在着劣势。而且，如我们已经看见的，个体涉及的社会关系越广泛越丰富，其能力越能被充分唤醒，他也就越能充分地认识到其潜在的可能性。正是从观看崇高的建筑、聆听悦耳的音乐中，个体才了解了自身的结构与韵律的倾向，不然，则可能招致盲目与青涩。正是从工业、国家和家庭生活的成就中，个体开始主动感知其精力、忠实和挚爱。

2. 社会条件不仅唤醒潜在的意向，还使人们意识到盲目的倾向，但是以牺牲其他取向为代价，选择、鼓励和加强其中的某一些。这些社会条件使个体能够在倾向和成就之间辨识优劣。在社会力量中，唤醒和加强个体成员间的这种辨别的习惯和经比较后的选择是没有限度的。具有固定习惯的小的社会群体、氏族、帮派、目光短浅的部门、固执己见的政党会对批判性权力（即良知或道德思量）的形成加以限制。但是，在*真正意义上*成为现代社会一分子的个体，伴随其多重的职业、自如的交往、自由的流动性、丰富的艺术和科学资源，只会产生太多的反思判断和个人评价与倾向的机会。*恰恰是个体的道德主动性习惯、对存在秩序的个人批判主义习惯，以及具有良好秩序的私人规划习惯*（道德个体指称这

些习惯为道德的纯粹"内部"性的证据),它们本身是一种易变的和复杂的社会秩序作用的结果。

国家的道德价值——如果我们按照最为广义的概念考量现代社会生活,即不仅包括已制度化的和或多或少陈旧的,还包括仍然在成长的(正在成型的和重塑的),我们可以公允地说:这是一个发展的社会,同时也是一个停滞的社会,道德和社会是一体的。在进步社会中,个体的道德比基于习惯的社会更具有反思性、批判性,包含更多的比较和选择的实践。但是在起源上受社会条件制约,在具体显现上也由社会导向。

390 在原始社会里,习俗装点了成就的最高目的;习俗为社会组织和社会整合提供了原则;并形成了具有约束力的法律,如若违背,则会受到惩罚。他们没有在道德、政治和法律间作出区分。但是,村庄共同体和城邦,更不要说王国、帝国和现代民族国家,已经发展出了维持社会团结和公共秩序的特殊机构及特殊的规章制度。小群体经常紧密地联系成一个整体并排外。他们遵守一套狭隘的、集约的社会规范:好比一个父权制家庭、一个帮派、一个社会群体,他们抱成一团,形成封闭的群体。但是,当有很多这样的群体汇聚在一起并形成一个包容的社会统一体时,代表整体利益和活动的某一制度就会成长起来,以抵制构成要素的狭隘的和离心的趋向。之后,一个社会就以**政治的方式**组织了起来,具有综合法的真正公共秩序得以产生。这种公共观点发展的道德重要性,有其广泛的共同目标且有维持这些目标的共同意志,几乎不可能被过高估计。没有这样的组织,社会及道德则是分门别类的、充满嫉妒的、令人怀疑的和不友爱的。组织内部情感的凝聚力可能会为同样牢固的反面情感所束缚,即冷淡、残忍以及对组织外的人的敌视。在国家形成的进程启动之后,随即就是更为广泛的合作活动,更为全面地因此也更为合理地判断原则和展望原则。个体从相对而言埋没自身的局部和固定的群体中解放出来,开始立足;他面对各种纷呈的活动领域,在其中尝试其权力;而且,他被提供了判断行为和规划理想的原则,这些原则在理论上至少与人性本身的可能性一样广泛。

§2. 责任和自由

391 社会秩序越包容越多样化,个体的责任和自由就越大;其自由越大,是因为有效的刺激源加诸行动的越多,个体可能履行权力的方式越多样化也越确定。

其责任越大，是因为考虑其行为后果的要求越多，这一责任所深切施予他的更多行为主体的认同后果不仅影响着更多的个体，而且还影响更为模糊和隐秘的社会纽带。

义务——自由与责任有一个相对表面和消极的含意，以及一个相对核心的积极含义。在客观的角度下，责任即**义务**。是的，主体在行为上是自由的，但是——他必须承担后果，无论是不如意的还是愉悦的，无论是社会的还是自然的。他可以做某个行为，但是如果这样做，他应该谨慎一些。他的行为关涉他人及自身，而且他人会让他作出解释以示关注；如果他不能对其意向给出一个满意和可信的解释，就让他改正。每一个社区和组织都会告知其成员，它认为什么是可憎的事情，并告知如果违反，他们必须负责任。个体因此做出如下行为：(1)可能或倾向于必须作出解释并为他的行为辩护；而且，(2)当不能使其解释被接受时，倾向于或勇于接受其后果。

积极责任——凭着这种方式，个人会察觉到社区与其行为的利害关系；并被给予一次机会，让他在指导其欲望和制订计划时考虑社区的利益。如果他这样做了，他就是一个负责任的人。如果行为者心里没有想到和他行为相关的他人利益，就会把自己的责任看成所面临的邪恶，只会在思量如何能逃脱或躲避它时才考虑它。然而如果一个人的观点是有同情心的和合乎理性的，他就会在自己的行为中识别出社区利益的正当性；并且识别出社区对其利益的肯定及其包含的指导原则对于他的价值。这样的一个个体对所形成的社会需求给予回应、回复，而并非仅仅被召唤去作出回应。他对自身行为的后果负责；而不是等待他 392
人让他履行责任。当社会寻求负责任的工人、教师、医生时，并非只是在寻求那些它可以向其问责的人；无论如何，它可以这样做。这需要男人和女人在考虑其行为的社会后果后，习惯性地形成目的。不喜欢非难和害怕处罚在形成这种响应习惯时起着一定的作用；但是，直接产生影响的恐惧却只能引起诡诈和奴役。通过反省，它与其他立即付诸行动的动机结合在一起，有利于导致对他人权利的理解或感受，而这是责任感的核心，也是社会秩序的唯一的**最终**保障。

自由的两个意义——从客观角度上说，自由是否定的和形式上的。它强调脱离他人意志和控制的自由；强调摆脱束缚；强调奴役状态的免除；强调免于遭受直接的障碍或他人干涉，有行为的能力。它意味着一条为行为清除了障碍的、畅通无阻的道路。它与囚犯、奴隶和农奴的受限形成了对比，因为这些人必须执行他人的意志。

有效的自由——公开行为免受限制和干涉只是有效自由的一种条件，尽管是绝对必要的一个条件。有效自由的条件包括：(1)对目的的实现所必需资源的积极控制，拥有满足欲望的方式；(2)拥有自由的爱好和审慎的、有远见的欲望所必需的、训练有素的创造和反思的智力。仅仅从直接外部阻碍中获得释放的主体的自由，是形式上的、空虚的。如果他没有个人技能资源，没有通向成功的工具，那他只能去执行他人的命令和思想。如果他没有思考和发明的能力，就会随意而轻率地从其环境的暗示中获取观点，并盗用某一阶级利益塞入其头脑中的观念。如果他没有明智的自控力，将会受限于欲望，受日常活动的奴役，囿于只有为非作歹才能打破的、来自狭隘利益的影像的单调轮回。

393 *法律与道德*——积极责任和自由可被视为是道德层面的，而义务和豁免则是法律和政治层面的。一个特殊的个体在某一时间，拥有某些可靠的、有用的资源和某些养成的欲望与反思的习惯。鉴于此，他是积极自由的。从法律上说，他的活动范围可能十分宽广。法律即决定现存制度的盛行的规则体系，将会保护他的主张和权力，而这将远远超过他实际所能提出的。在旅游、读书、聆听音乐和从事科学研究时，他都不会被干扰。但是，如果他既没有物质手段、也没有心智修养来享受这些合法可能性，仅仅豁免没有什么意义。然而，这种豁免的确创造了一种道德要求，即应当解除包围他的实际限制，且提供切实的条件，使其能够有效地利用正式公开的机会。类似地，在任何特定时机，个体事实上负有的责任远没有达到那些更具良知的社会成员所担负的责任。个体的道德先于那些已然被确定的共同体的道德法则或法律规定。

法律和道德的关系——但是，将自由所具有的合法的一面和理想的一面相互分开是荒唐的做法。人们只有在需要承担义务之时，才会变得负有责任；即使是有责任心的人，无论他在某些方面对自己的要求如何超过他人强加给他的要求，他仍然需要在其他方面按照他人要求，消除其本身无意识的偏见和臆断。他需要平衡其判断，抵制古怪、褊狭或狂热主义，并与其时代所普遍接受的明智标准相比较。人们只有在清除外部阻碍之后，才意识到可能性，并且意识到要争取获得更多的积极自由。抑或，在一个社会中，如果只有那些受优待的个体拥有行动和享受生活的有效自由，而群众只有形式和法律上的自由，就

会激起一种不公平感，会搅浑社会评判机制并引发诸如法律修正、政府改革和经济状况改善的意愿。如此，将让寡受青睐的个体的空洞自由转变为具有建设性的现实自由。 394

§3. 权利与义务

权利与义务中的个体和社会——普遍或整体地被称作自由的东西，可以细分为许多特定的、具体的能力，且以特有的方式发生作用。这被称作“权利”。任何权利都内在紧密融贯地包含我们一直坚持的、个人与社会活动的方方面面。作为行使权力的一种能力，它驻留并来自某一特殊的行为主体，即某一个体。当从限制中解放出来，从障碍中安全释放出来，它至少表明了社会的允许和忍耐，一种默许的社会赞同和确认；而为了保证和捍卫它，共同体这个部分所作的任何积极而富有活力的努力，都表明着社会方面的积极认可，即正被讨论的个人对权力的自由行使是积极地符合其自身利益的。因此，看似依附于个体的权利，在起源和目的上是社会的。权利中的社会因素体现在这样的要求中，即所说的权力要以某些方式行使。权利从来不是对所有不明确活动的要求，而是对明确活动的要求，即**在特定条件下开展的活动的要求**。这种限制构成了每一种权利强制的一面。个体是自由的；对，这是他的权利。但是，他只能按照某些常规的和既定的条件展开自由的行动。这是强加在他身上的义务。他有权利使用公共道路，但必须按照某种方式改变行驶方向。他有权利使用其财物，但必须缴纳税金、偿还债务、不能在使用期间伤害他人，等等。

权利与义务的一致性——因此，权利与义务是严格相关的。这一点在其外部运用和内在本质上都是确定无疑的。在外部，个体有义务以一种不干涉他人权利的方式行使其权利。他有在公路上行驶的自由，但是不能超过限速，而且必 395
须保证在公共命令要求的条件下左转或右转。他有权利享用他所购买的土地，但这种占有必须以公共注册和遵守税收政策为前提。他可以使用其财产，但是不能威胁他人或制造事端。如果我们所说的“绝对权利”与任何社会秩序不相关、不受任何社会制约，那么，绝对权利是没有的。但是，权利内在地与义务更加一致。权利本身是社会的产物：只要个体本身是一名社会成员，权利就是个体的；而且不仅在身体上是个体的，在思维习惯和情感特性上也是个体的。他有义务以社会的方式行使其权利。我们对个体行使其财产的自由权利强调得愈多，便愈强调社会为他做了什么:他获取(财产)的渠道,他维持财富的安全措施,还包括其通过基于社会支持的相互交换所获得的他人创造的财富。鉴于个体自身的法律依据,这些机会和保护是"不劳而获的增加";在行使这些权利时,并不仰赖他可能在首创性、勤勉和远见方面可以获得的任何信誉。从根本上会带来无政府混乱状态的唯一情形是将权利视为私人的垄断,而不顾它们的社会根源和目的。

权利和义务的分类——我们既可以从保护和执行自由与责任的有关社会组织的角度探讨自由和责任,也可以从执行和认可自由与责任的个体这一观点出发。从后一种观点来看,权利更适宜看作身体和精神上的:并非说身体和精神是可分离的,而是主要落实在对执行思想和意图时所需要的条件的控制,或者是对有关个人培养和选择条件的控制。从公众秩序的观点来看,权利和责任是全民和政治的。我们将在下一章从其与国家的社会组织的关联来揣摩它们。这里,我们将权利视作生来便存在于拥有社会成员地位的个体中。

I. 物质上的权利——这些权利主要是指对身体(生命和肢体)自由的、无伤
396 害的拥有,并使其免遭行凶杀戮、人身侵犯和殴打,并避免在较为隐蔽的状况下对健康的威胁;并且,在积极的意义上,也包括自由运动身体的权利,为了任何合法的目的使用其四肢的权利,以及不受妨碍地移动的权利。没有上述保护,生命就没有了安全,没有了保证;生命中将只有持续的恐惧和不确定性,只有肢体的损失、他人的伤害,乃至死亡。没有一些积极的保证,就没有机会将想法付诸实施。即使人们是安全的、健康的、受到保护,也只能过着奴隶和囚犯般的生活。正是为了对生命的生理条件的控制和利用,对自然工具和材料的支配体现在财产权上——这些自然工具和材料是维持身体的健康状态并充分地运用个人力量所必需的。这些对生命、肢体、财产的物质权利,以及所有的成就和能力来说是非常基本的,以致它们经常被称为"自然权利"。他们对于个性的存在极为基本,这方面的不安全感或侵害会直接对社会福利造成威胁。因此,为人类自由和人类责任的斗争在这一方面会比在其他方面更加激烈。大体上说,个人自由的历史就是努力捍卫生命和财产安全的历史,是将个人身体自由运动从屈服于他人意志中解放出来的历史。

未解决的问题:战争与惩罚——尽管历史标志着巨大的进步,尤其在最近的四五个世纪里,但关于自由的反面或者从直接和公然的暴虐中解放出来,在积极

层面仍有许多未竟之事。所有的权利冲突恰恰集中在自由的生理控制这一点上。虽然由战争所导致的对生命权利的限制，也许会被用来作为这一事实的证据，即甚至这种权利也不是绝对的，而是受社会条件限制的；然而，这种个体活动和社会福利之间的一致性需要面对破坏作为其标准，因此会过多地让人联想到部落道德（即野蛮人通过参与血腥的血仇报复来表现其社会本性）而不尽人意。社会组织显然是有缺陷的，如果其组成部分与另一个社会组织不一致，以致可能要求个体献祭以作为对社区的最大德业（bestservice）。虽然个人可能援引死刑 397
来强调——在很大的典范上——个体拥有社会安宁规约下的生命权利这一事实；而道德则以其他方式发生作用，着重突出社会在使其成员社会化上的失败，而且它倾向于宁可将令人不快的结果从人们的视线和思想中抹去，而不愿面对寻找根源的责任。同样的限制在监禁的法则中亦可看到，这些限制虽然预想的是防御性而非报复性的，但是仅在极少、零星的情形中得到认可和承认。唯一可靠的社会保护是通过对个体品格的教育和修正实现的，而不是仅仅依靠将身体隔离于严酷的条件之下。

生命安全——在文明的国度，族仇、杀婴及将经济上无价值的人和年老者处死的做法已被废除；合法化的奴隶、农奴、妻子和孩子的权利从属于丈夫和父亲的意志等，也已被废除。但是，很多现代工业操作更多关注的是经济利益，而非生命。每年在工厂和铁路死伤、病逝的人数，实际上与一场现代战争中死伤的人数相等。[①] 这些事故大多是可以避免的。父母的意愿以及另一方面来自雇主的意愿，加之大众的冷漠，使童工现象成为遗弃孩子和野蛮部落杀婴的替代方式。对退休养老金的焦虑表明，终身对社会忠诚地服务仍然不足以保障一个富足的晚景。

慈善和贫穷——社会提供援助和补救措施：设立贫民院、避难所、医院。极端贫困者接受政府的救济，靠救济和税收生活。个体不应该死于饥饿，也不应该因为身体残障和疾病、缺少任何救济或援助而遭受痛苦。迄今为止，为了生存的 398
权利而提供的实际供应有所加大。但是，提供这样广泛的补救措施之必要性恰

① 据可靠论断，在美国一个大城市的某一街道，铁路系统拒绝使用改良的护栏——这么做（即使用改良的护栏），实际上会使致人死亡的事故不再发生——因为如此会使每年的开销较之单纯的修补费用多出整整 5000 美元。这同一体系也拒绝接受改良的减少生命和四肢受到伤害事故的刹车系统，我们发现，其中一个执行者对生产老式的刹车兴趣浓厚。

恰说明了过去长久以来的严重缺漏。鉴于此，社会是否应该对这种总体贫困和普遍不幸的缘由负有责任呢？考虑到懒散和财富集中同时并存，人们不禁要问：在为有效的（不同于形式上的）生存和活动权利做组织准备时，我们超越野蛮究竟有多远？很难说这种较为沉重的指控是不是在于这样的事实，即许多人逃避其必要的社会劳动，或乐意工作的许多人不能工作（并未遇上周期性的失业危机，除非在一段时间内，卫生、补偿和家庭条件使积极生存权利降到一种低水平）。社会秩序保护人们的财产；尽管历史条件已经将机器生产控制在为数极少的人手中，但社会很少注意到大众甚至没有得到多少财产，这些财产对于保障安全、长久和适当刺激的生活条件来说却是必需的。在社会服务行业中，除非全体社会成员的工作权利和义务得到了保护和实施，在社会财产方面得到相应的回馈，否则，生命的权利和自由的行动将很难超越目前很大程度上有名无实的状态。

精神活动的权利——这些权利当然与身体状况及其活动的权利紧密相关。如果身体健康和活动的权利对促进目标和情感的实现不具意义，当精神生活对身体条件不产生影响或进行指导时，便是迟缓的或遥不可及的，迟钝的或抽象的。那些认为身体条件的局限没有**道德**含义，其改善至多带来些许物质安慰的增益而不具有道德进步的人士，并未注意到具体目标和期望的发展是依赖所谓外在条件的。这些条件影响到目标和需求的施行而且这种影响会进一步决定需
399 求与决心的停滞和增长。在当前有关道德行为的观念中，精神和物质尖锐且不合理的对立，致使许多满怀善意的人对有关物质和经济进步的道德问题表现得无情而冷漠。长时间过度的体力劳动，加之不健康的居住和工作条件，限制了智力活动的增长，而闲散和过度的物质占有与操控使精神堕落，这些原因必然会限制外向的公开行为。

思想和情感的自由——精神生活权利的基本形式是评判和同情的自由。为精神自由的奋斗与为身体自由的奋斗一样，是持久而艰辛的。对才智和爱的犹疑作为具体个体中的因素，是如此的强烈；甚至在那些有力宣称的同时投入才智和爱并视其为抽象原理的人那里，也是如此。不相信诚信，断言思想和爱的神圣原则在个体中是反常和腐败的，这样就使精神权威和威望到了少数人手中，就像因其他原因而使物质占有为少数阶级所垄断一样。作为结果，对知识和研究手段的限制使大众变得盲目而迟钝，这可能进一步证明人们对在真理之光照耀下

的个人启蒙和道德温情[①]能量自由流向的自然不适应。但是,逐渐地,人们会获得言论自由、交流和交往的自由、公众集会的自由、出版和思想传播的自由、宗教和精神觉悟(通常称为良心自由)的自由、崇拜的自由,以及在一定程度上受教育和精神净化的权利。就个体取得这些自由的程度而言,社会秩序获得了基本的保护,以避免激烈变化和间歇性盲目的行为与反应,并且已经取得了阶段性稳定的重建方法。仅仅作为一种权宜之计,思想和表达自由是调和稳定与进步最成 400
功的方式,因此,改革不需要牺牲和平,也不会因为停滞的保守思想而阻挠和平的达成。[②]

教育的权利和义务——从最广泛的意义而言,正是通过教育,思考和同情的权利才变得有效。所有制度的最终价值体现在其教育的影响力上;从道德上而言,对这些制度衡量的标准在于它们为先见、评判、考虑的预见程度和关心的深度的实际应用所提供的机会与引导。家庭、学校、教堂、艺术、特别是(当今的)文学培育了情感和想象,而学校通过各种智力技术形式传授知识和灌输技能。在上个世纪,每一个体精神的自我发展和自我克制的权利,以及社会作为整体的利益(负责使每个社会成员有教育的权利)在公立学校得到了认可;它体现于从幼儿园到大学,一直到工程学校和专门学校。男人和女人可以任意支配评判素材和方法;科学、历史和艺术的大道向他们开放,将他们引入更为广泛的世界文化领域中。在某种程度上,对信仰和思想任意限制的消极取消,已经发展成智力和情感的积极能力。

经济条件不充分的限制——然而,在发展的、建构中的形式中,只要其经济条件不稳定,且其主要问题是维持生计,思想自由对大众来说便几近于不可能。时间匮乏,敏感度迟钝,盲目专注于高度专业化的工业机械,接踵而来对仅能维持在生存水平的生活的冷漠和担忧,这些对智力和情绪文化都是不利的。由于 401
冷漠、懒惰和缺乏理解,精神的怯懦取代了专制,成了对思想和言论自由的一种

---

① 爱默生说:"如果一个人是病态的、无能的、精神低劣的和令人憎恶的,那是因为其自身本性中有很大一部分是不正当获得的。"

② 在美国较大城市的公众集会中,呼吁对失业或其他被有些人认为对既定利益有危险的事情进行讨论。近来警方对此行为进行镇压,这表明自由言论的价值,作为一种"安全阀门"仍没有被完全掌握。同时也表明,在新条件下,如果要使胜利延续下去,就必须表明过去为自由而战是如何胜利的,并再次取得胜利。

限制。对职位稳定的不确定，以及贫困家庭的福利考虑，使得人们缄默不语，不去表达其真实的信念，并且使他们对邪恶的条件麻木不仁。文化的手段——教堂、报纸、大学、剧院——其自身有经济需要，这些需要使得他们依赖那些能够最大满足他们需要的人。现实生活一方面充斥着大量的贫穷，另一方面充斥着大量的“文化”，以至于我们仍然在质疑，用一位著名的经济学家的话来说：“世界上所有的人应该有公平的机会来过一种有修养的生活，而免除贫穷的痛苦和过度机械劳累生活所带来的停滞性影响，这是否真的不可能。”[①]我们提供免费学校，通过义务教育法案，但是或主动或被动地赞成的那些条件却限制了孩子们精神培养的萌芽。

教育影响的限制——精神资源实际上和物质资源一样，尽管有教育的进步，但都有一个特殊阶级维持着对它的占有。这一事实对主要教育机构产生影响——即科学、艺术和宗教的机构。有关其思想、语言和诉求的知识被迫搁置一隅；因为孤立，知识变得过于专业化、抽象和晦涩难解。而由于与社会实践缺乏密切联系，导致了过度的集约和精细的训练，从而使知识的门槛更加不可企及。只有当科学与哲学在文学中成为一体，成功的交流和活跃的交往的艺术才会是实际而开明的；这就表明一种在智识和情感上已经受到教化和存活着的社会。艺术自身即思想在形式上(具有社会感染力)的体现，在很大程度上成为工艺技
402 术的发展产物，乃至不同阶级的象征。宗教情感由于认识到思想和情感那无穷无尽的重要性而导致的对它们的促进，被分化成特殊的仪式、特殊的节日和独特的活动，而共同生活则变得相对艰难和枯燥。

简而言之，在身体条件和生命的精神价值方面，对自由所作的限制实际上是一回事，它们同样造成了理论与实际的分离——这种限制使理论认识变得遥不可及，且缺乏创造力和过于抽象；但实际情况却仍然有限，不合人意，而且狭隘。然而，希望大于失望，希望是因为已经实现了很多，失望是因为精神力量及其帮助仍然有限并未得到发展。各阶级和各民族的融合与相互作用是最近才有的。因此，富有同情思想和合理情感的有效交流只是新近方才开始存在。作为体现公众利益和公众关切的教育，并可适用于所有的个体，其存在还不满一百年；与此同时，教育应当以别样的方式触及任何个体复杂性和多样性的概念，其存在几

---

① 马歇尔(Marshall)，《经济学原理》(*Principles of Economics*)。

乎不到五十年。当社会更加严肃而全面地考虑其教育功能时，每一个承诺都表示将来要比过去有更快的进步。当与还没有长大的那些人（即还没有获得成人生活的艰辛与固定的定向形式的人）打交道时，教育是最有效的；而为了有效地加以利用，教育必须选择和宣传那种非常普通并因而在社会价值中具备典范型价值的，这些社会价值荟萃成了教育的资源，逐渐使那些行为古怪、怀有偏见且排外的人减少。在提及18世纪一些伟大人物时，我们渐渐领悟到：人性的无限提升的事业与儿童的动机其实是密不可分的。

参考文献

Kant, *Philosophy of Law*, 1796 (trans. by Hastie, 1887); Fichte, *The Science of Rights*, 1796 (trans. by Kroeger, 1869); Rousseau, *Social Contract*, 1762 (trans. by Tozer, 1895); Bonar, *Philosophy and Political Economy*, 1893; Stephen, *Science of* 403
Ethics, ch. iii (on Social Motives); Caird, *Social Philosophy of Comte*, 1885; Sidgwick, *Practical Ethics*, 1898, Essay on Public Morality; Sidgwick, *Elements of Politics*, 1891, ch. iv on Individualism, vi on Contract, x on Socialistic Interferences, xiii on Law and Morality; Maine, *Ancient Law*, 1861, Pollock's ed., 1906, chs. iii and iv on law of nature and equity; Leslie, *Essays in Political and Moral Philosophy*, 1879; 2d ed., 1888; Rickaby, *Political and Moral Essays*, 1902; Hobhouse, *Morals in Evolution*, Vol. II, ch. vii (on the general relation of the social and the moral). On the development of rights to life, limb, and freedom of movement, see Westermarck, chs. xiv-xxii, and Summer, *Folkways*, chs. Vi, vii and viii; Hobhouse, Vol. I, ch. vii (on slavery); Spencer, *Ethics*, Vol. II, Part IV. For charity, see Loch on Charity and Charities, *Encyclopædia Britannica*; Uhlhorn, *Christian Charity in the Ancient Church*; Lallemand, *Histoire de la Charité;* Nicholl, *History of the English Poor Law*, 2 vols., 1898-1899.

21. 市民社会与政治国家

404 我们一直在思考那负责任的自由，因为它集中并影响到个体所具有的能力。它意味着一种保证、解释和执行权利与义务的公共秩序。这种公共秩序对权利和义务有双重关联：(1)作为个人实践的社会对应体，它构成了**市民社会**。该社会代表那些由秩序和权威确立其形式的社会生活，因为它是在个人行使其权利以及保护和确保这些权利的特殊形式中构成的。人们将家庭、俱乐部、行业协会、工会和公司归为第一级；法庭和民政部门，比如公共铁路和保险委员会等归为第二级。(2)公共秩序也要确定其基础条款和条件，在这些条件下，在任何既定的时间里，权利能够得到执行，补偿能够得到保证；公共秩序组织的目的是为了确定其组成成分(包括个体的和团体的)实现其活动的基本方法。在这一方面，它就是**国家**。

§1. 公民权利和义务

每一行动使得执行者在行动的过程中与他人形成联系，不管他是否有意向。其行动在有组织的行动世界中、在社会配置和制度中发生作用；只要这样的个体结合是反复出现或者稳定的，其性质和运转必定是可规划和可实施的。合伙企业、俱乐部、集团、行业协会、家庭就是这样稳定的联盟，有其明确的行动范围。买和卖、教和学、生产和消费是反复出现的活动，其合理的方法得到了规定。这
405 些特定的领域和行为的方式对公民权利都作了界定。它们表述了有保障和规律的方法，即个体为了一个共同的目的，通过行动自愿地与他人建立联系或关联起来。它们不同于政治权利和义务，因为后者涉及社会组织的模式，这些模式是如

此的基本，以致不能自愿选择和迎合个体的目的。作为具有社会意义的人，他必须建立政治关系，必须遵守法律，必须缴纳税赋，等等。

关联的方式很多且易变，因此，我们只能选择那些公民权利中从道德上来说最重要的方面。我们将相应地按其有关部分加以区分：(1)与个体较为临时和偶然的结合相关，出于有限和明确的目的；(2)与更长久的、包罗广泛的，因此不易界定的目标相关；(3)与特殊的体制相关，这些体制的存在是为了保障个体的权利在受到违反的情况下能够得到补偿。

1. **契约权利**——第一种类型的权利源于从某些行为者的表达或默认的安排中去做或避免做具体的行动，包括在交易中，双方为了相互的利益而进行的服务或商品交换。每一次商品成交，每一个买入的面包或卖出的大头钉，都涉及一个默认的和明确的契约过程。真正自由的协定或契约意味着：(1)交易中的每一方保护他必需的利益；(2)双方形成合作或互利的关系；(3)引导社会生活庞大的、含糊的和复杂的交易分解成大量具体的、在一定时间和地点等待执行的行动和要交付的商品。因此，一派社会伦理学家已经在自由契约的概念中发现了他们的社会理想，而这一点几乎不会令人惊讶。其中关涉的每一个人体会到义务符合其利益从而去履行，因而其行动是自愿而非强制的；与此同时，他人已经用某一种方式为本人服务。契约概念的局限将会在今后再次付诸讨论。

2. **持久的自愿联系**——合伙企业、有限责任公司、集团、工会、教堂、学校、 406
俱乐部是更为长久和全面的联盟，牵涉更为深远的权利和义务。为对话、交际或欢宴娱乐而组成的社会团体即“不是为了赢利”，而是出于相互间快乐或慈善的目的，这样的团体被划归为同一个类别。最有意义的联盟是那些为了普通的目的，然而却是自愿组成且因此在契约上有一个原则的联盟。因此，它们是长久的，且包含比书面契约更多的内容。婚姻在现代社会被纳入契约当中，但婚姻生活并不是狭隘意义上在特定时间的特定服务的交换。它是相互的经济和精神财富的联盟，这些财富因双方所共有的利益而一同扩张。在生育和养育孩子的关系中，婚姻是一种捍卫所有社会利益并引导其进步的基本方式。学校、大学、教堂、劳工联盟、资本联盟及劳资联盟代表了长久自愿组织的其他形式，这些组织可能会对那些直接相关及普遍意义上的社会产生至为深远的影响。

3. **利用法庭的权利**——所有的公民权利在通过求助于拥有总的和最终判决权的公共权威，在使冲突的权利得到限定，使被侵犯的权利得到纠正的权利中，得到最终的应用和检验。“诉讼的权利和被诉讼的权利”可能看起来太合法、太过于形式，以至于不值得在伦理道德条约上标注；但是，它表明了在解决个人自由和公众秩序问题方面所作的长期尝试臻于完美。民事权利除非声明采取强制措施，才会有效(如有必要——需采取赔偿及补救的措施)。否则，公民权利只能是名义上的。而且，公民权利的冲突一定会发生，即便持有业已虑及所有相关因素的善意信念，那仅仅是因为出现了新情况。除非每一方在新情况下各自有一种解释其权利的方法，否则，每一方的解释都将是任意的。然而，善意地坚持
407 其权利乃是建立在旧的基础之上：私人战争的后果。新的秩序没有达成，而已经建立的却受到威胁或遭受破坏。因此，在相对较小的程度上，利用法庭权利的价值恰恰在于既定的、故意误判的特殊案例中。而更为重要的是，通过为那些案件(在这些案件中，因为是新的情形，所以权利是暧昧和含糊的)中争端的和平解决提供一种有效的机制，人们获得了关于其活动正当范围和界限的指令。

错误和补救的类别——对权利的侵犯，诸如谋杀、偷窃、纵火、伪造，具有很明显的反社会倾向。过失，虽然是针对个体所犯下的，但却是一种对全体有危险倾向的行为。这样的过失是一种犯罪；它应当是政府当局直接管辖的事情。而在举证方面给予配合，则是所有人的义务。如果藏匿或隐瞒证据，就会使一个人成为罪犯帮凶，就如“私了案件”中，对犯错的个体，对其过失通过私下赔偿获得解决一样。在诸如这样的案件中，惩罚通常是个人性的——拘禁或至少处以高额罚款。不过，这种侵害属于过失或“民事侵权行为”的性质，不构成犯罪；这可能是对社会利益冷淡或对其忽视的一种取向，而并不是对社会利益采取主动敌视的倾向。譬如诽谤、对另一方土地的侵犯这些案子就是例证。在这些案例中，公平机制(machinery of justice)是根据受害的个体而运行的，而非国民整体。可是，这并不意味着作为整体的社会对此类事件没有兴趣；鼓励个体关注其自身的权利和失误较之于在一定情形下，不管人们是否支持其权利或纠正一定的错误而言，在社会上显然更为重要。此外，有些民事纠纷既不表达犯罪也不表达有害的倾向，却反映出关于法律真正是什么的不确定性，这便导致了有关权利的纷争——对一份契约的诠释，要明确地抑或含蓄地进行。这里的社会利益提供了一种解决方法、一条出路——该方法会阻碍恶意的增长和私人的报复；而且，也
408 能提供在今后类似案例中减少不确定性和冲突的先例和原则。

和平与宁静并非仅仅意味着没有公开摩擦和混乱。它们意味着具体的、容

易了解的和通常认可的原则，这些原则决定了每个人合法活动的范围和界限。公共宣传、标准规约、程序律则、一般认可的补救措施乃是其本质。**公共生活**（*Res publica*），共同关注的事件，一直是含糊的和潜在的，直到得到公正的、无私的社会组织的解释才会得到改观。此后，我们便以规则的和有保证的活动模式表达这些改观。亚里士多德留给我们一句意味深长的箴言："公正的执法亦是它的决断过程，即它的发现和散播。"

§2. 公民权利的发展

原始的与当前司法制裁的对比——通过对原始方法作一个勾画，并进行对比，我们可以看到目前法律执行部门所取得的成就和缺陷的意义。在原始和野蛮社会中，由于同系血亲的团结，组织内的任何成员很可能因为冒犯任何一个其他组织（参见第 33 页）而遭到进攻——即使他可能根本没有参加这次行动，或者没有参与到串通的同谋计划中来。如此，他的罪行仅在于其血液中流淌着与仇家相同的血。[①] 此外，这种报复性的进攻是由受到伤害的人与其有血缘关系的亲属作出的直接的、无目的性的进攻——这是按习俗规定，出于激情的热度或是对秘密行动的报复所致的。赫恩（Hearn）说，国家"不干涉其公民的私人恩怨。每个人都应该照看其财产和家庭，并保护自己的生命。如果任何人遭受到伤害，他进行报复或采取报复性的暴力行为，或寻求（别的）弥补，这些都是如同惯例所规定了的"。[②] 这种报复性行为本身可能会连带上另外一个人，继而族间仇杀就 409
上演了。无论如何，毫不夸张地说，实际的情形可以描绘成"私人战争"。

发生着的变化——这种情形已经被取代了，其中一个第三方的、公共的和公正权威能够（1）受理对另一个体的违法犯罪，恰如对国民整体的违法犯罪的受理一样；（2）逮捕嫌疑犯；（3）终止和应用一套客观的审判标准，适用所有人，即法律；（4）根据议事规则，包括对公众颁布的证物或证词的条令，审判嫌疑犯；以及（5）如果发现有罪，罪犯承受惩罚。这种变化的历史事实上很重要也很有趣，但在此处并不适用。我们在这里只关心政府当局、公法和公开活动之于一方面个

---

① 一位旅行者讲述了在澳大利亚无意间听到的孩子的话。当其家族中的一个人伤害了另一部落的某人时，不管这个部落人们关系的亲密程度如何，都要遭受痛苦。

② 赫恩，《雅利安家庭》（*The Aryan Household*），第 431 页。此外，赫恩还谈到，将来更为先进的社会条件处于很好的"文明"之下。

体自由的发展,以及另一方面他所承担的责任[1]的关系。我们将在很多细节中指出,个体中自由和责任的演化与公共且公正的政府当局的改进是一致的。

1. 类似物质(*Quasi-Physical*)的善与恶——在评判善与恶时,有两个选择:(1)它们可能被认为具有道德意义,即有一个自发的基础和起源。(2)或者,根据哪些人或事物是有害的或有益的、恶意的或善意的,它们可能被认为是事物的实质属性,作为一种通过它们散播的本质或存于其中的力量。例如,原始部落不会认为生老病死是自然的恶(天灾);它们被归于敌人邪恶的巫术。类似地,从人类
410 行为中引发的邪恶被看作是其自身固有的一种超自然倾向的征兆。一些人会给与其相关的每一件事和每一个人带来坏的运气。他们的行为产生了诅咒。这样的邪恶和那些由意向与品格产生的邪恶没有区别。道德与自发的善恶本性观念的分野,几乎不再维系。这种准物质几近神秘的观点,广播四方。其结果是,邪恶被认为是传染的,会代代相传,从阶级到阶级或从个人到个人;就像将被除去的某物一样,如果可能,应同样采取物质的手段。自然的恶、瘟疫、战败、地震等也被看作是类似道德的(*quasi-moral*),而道德上的邪恶则不只被看作是半物质的。罪恶是有传染性的疾病,自然疾病是人类或有神性的敌人的恶意的干涉。道德被物质化了,而自然被道德化了或者去道德化了。[2]

现在,几乎没有必要指出这些概念在限制个人自由和责任方面所起的作用。人类思想和行为的各个方面被各种神秘力量所包围,这些力量以不可预料的方式起作用。这在其最好的状况下也是如此。在这种限制下的一种能量指向被并入神奇的渠道,远离那些可控制的、存在于人类性情中的邪恶来源,那其中可能

---

① 对这一重要历史感兴趣的那些人,就像学伦理学的每位学生很可能做的,在下述参考书目中方便地发现可理解的材料:霍布豪斯,《道德的演变》,第1卷,第3章;赫恩,《雅利安家庭》,第19章;威斯特马克,《起源和发展》,第1卷,第120—185页和第20章的部分内容;萨瑟兰,《道德本能的起源与发展》,第20章和第21章;波洛克和梅特兰,《英国司法史》,第2卷,第447—460页,和第9章;波洛克,《国王的和平》,收录于《牛津演讲》(*Oxford Lectures*);彻瑞(Cherry),《古代社会的刑法》(*Criminal Law in Ancient Communities*);梅恩,《古代法》(*Ancient Law*)。涉及原始和野蛮风俗的人类学文献参考资料,可在威斯特马克和霍布豪斯的论述中找到。

② 有关这些概念重要性和性质的事实,参见威斯特马克,《起源和发展》,第1卷,第52—72页;罗伯逊·史密斯,《闪米特人的宗教》,第427—435、139—149页;杰文斯(Jevons),《宗教历史介绍》(*Introduction to the History of Religion*);霍布豪斯,《道德的演变》,第2卷,第1章和第2章。一般情况下,涉及禁忌、神圣和污秽之间的关系;洗礼、火的净化、替罪羊移情;还有诅咒的邪恶力量、厄运和命运的早期观念。对基本事实启发性的解释,参见桑塔亚那(Santayana);《理智的生命》(*The Life of Reason*),第3卷,第3章和第4章。

的有效的自由空间微乎其微。同样，责任的错位使得人们要对他并无义务承担的事情负责，因为一些无法控制的邪恶倾向被归咎于他们。饥饿、瘟疫、战败是需要通过供奉物品或提供殉葬亦或举行典礼仪式进行补救的；而因人类的无知和疏忽所造成伤害的可补救的原因却被忽视。

2. **意外与意图**——在这种情形下，个体意欲做的好事与坏事和他碰巧做的
好事与坏事没有什么区分。直到历史上相对较晚的阶段，社会运行的有效推定 411
仍取决于把每一有害的后果作为一个证据，这一证据是与那些以任何方式表现邪恶秉性的人相关的。这种对自由的限制，伴随着对应的责任限制。在实际没有造成伤害的情况下，人们就认为没有伤害的意图。做出伤害行为的动物、甚至无生命的物体如若怀有主观恶意，便会遭到指责和惩罚。即使在文明的雅典，也有着这样一种生存法则：即使无生命的东西，也要负有责任。如果一棵树落到一个人身上并砸死了他，这棵树将要受到审判，受到超出民事界限（例如，超出法律的）的谴责。[1] 总之，持有违规物品的主人几乎总要受到处罚。关于动物的罪过，威斯特马克[2]举过一个实例，这要追溯到 1457 年，“一头母猪和她的六头小猪因被指控谋杀和吞食了一个孩子部分肢体而受到审判；这头母猪，因被裁定有罪而被判处死刑。六头小猪因其幼小，加之其母所树的坏榜样而被宣告无罪”。当棍子、石头和动物因其对邪恶的结果负有责任时，在个人为主体的案件中，其实很少有机会区分意图和意外事故或不幸的灾难。“魔鬼自己也不知道人的意图和‘思想’”是中世纪的座右铭；我们所能肯定的是：伤害已经造成，造成伤害的人一定要遭报应；不然，如果没有明显的伤害，就没有人会因此受到谴责。[3] 伤害既已造成，即使相关方面的关系甚远，任何在造成伤害环境下的有关人士要依据**职权**（*exofficio*）定罪，而不是碰运气。涉及责任的关系疏远的内涵，可在 13 世纪英国法律的条款中看到。“应你的请求，当你从事自己的事情时，我陪伴在你左
右；我的敌人向我发起进攻并杀了我，你必须为我的死亡付出代价。你带我去看 412

① 参见柏拉图，《法学》（*Laws*），第 9 章，第 873—874 页；与霍姆斯（Holmes）的《普通法》（*Common Law*）比较。在中世纪和早期的现代欧洲，违规的物体是“赎罪奉献物”，即忠诚于上帝。它们将被公民或教会权威据为所有，并用于慈善。在理论上，这在英国持续到 1846 年。参见泰勒（Tylor），《原始文化》（*Primitive Culture*），第 I 卷，第 286—287 页；波洛克和梅特兰，《英国司法史》，第 2 卷，第 471—472 页。

② 威斯特马克，《起源和发展》，第 I 卷，第 257 页。

③ “造成”和“受到谴责”在其起源上紧密相连。参见希腊语 *alrla*.

一场野兽表演，或者非常有趣的一个疯子的场面：野兽或疯子杀了我；你必须为此付出代价。你把剑挂了起来，其他人将它撞倒，不小心砍到我，你必须为此付出代价。”[①]只是逐渐地，意图才明显地发展成为一次行为的核心要素，之后导引出自愿或自由行为的念头。

同样的，对责任方面的限制也很大，这一点是显而易见的。如果一个人要为他没有或不能预见或欲望的事情承担责任，那么，就没有余地**让他自己**对行为可以预料的后果负责任，并按所预见的制订计划。正如前文所述，这已经是彰明卓著的了。如果作恶的企图没有导致伤害，那么，个体就不会受到指责，他可以逍遥法外。“企图犯罪不是犯罪。”[②]

3. **品格和情境**——即使在法律中无需谈及个人道德评判，在评判主体意图时，我们现在几乎照例考虑情境和从过去行为中推断出的品格。我们扩展了后果的观点——考虑到个别行为的道德品质，考虑到其行为者**习惯于**产生的后果。如果发现这一行为与其习惯过程相反，我们因这一行为不会过多地指责个体。如果发现他有做这类事情的品格，我们会对他多加指责。简而言之，我们要虑及的是主体的长久态度和品格倾向。我们也对某一行为的条件和后果加以更为仔细的区分。自我防卫，对他人或财产的保护，成为可使“罪行减轻的情形”；挑衅的程度、瞬间袭来的冲动的恐惧或愤怒的存在也被纳入考虑范围之中，这些都与明确形成和长久珍惜的观点不同。同时，第一次或屡犯的问题及有前科和良好
413 行为的问题都被纳入考虑之中。遗传的问题、早年环境的问题、早期教育和机遇的问题现在也被纳入考虑之中。

在这方面，无论个人还是公众道德，无论个体评判还是法定程序和惩罚，我们仍然十分落后。比如，我们只是在最近才开始以特殊的方式对待少年犯；而采取合理方法的努力将会进一步遭到强烈的反对，甚至更大的惯常的冷漠。许多品行端正的人有鉴于早期训练及恰当的时机而降低责任的门槛，就如昔日在邪恶实际发生的情况下，辩护的理由建立在（嫌疑人）缺乏意图上，与开脱责任的做

---

① 波洛克和梅特兰，《英国司法史》，第 2 卷，第 469 页；第 1 卷，第 30 页。有关凶杀的英国司法偶然事件概念的历史，一并参见第 2 卷，第 477—483 页；史蒂芬，《英国刑法史》（*History of the Criminal Law of England*），第 3 卷，第 316—376 页。

② 波洛克和梅特兰，《英国司法史》，第 2 卷，第 473 页；参见威斯特马克，《起源和发展》，第 1 卷，第 240—247 页。

法一样。让任何人从严格的法律中逃离出来，是不“安全的”。可怕的障碍，如今甚至来得更早了，是有关科学和智力方面的。曾经一度，对意图进行评判似乎是不可行的；它是隐秘的，只有上帝知道。但现在我们想出办法去评判即时的意图，这在原则上是充分的，在细节上却是不完善的。类似地，随着人类学、心理学、统计学的发展和社会科学宣传资源的增加，我们会发现，其实考虑遗传、早期环境对品格及意图培养的作用是可能的。因此，我们几乎会将现在评判意图的方法视为野蛮的，与我们现在对早期漠视意外事故及挑衅的看法一样。最重要的，我们会了解，随着对因品格和条件的原因所作的每一次明智判断的实施，责任会因此增加而非懈怠①。

4. **智能缺失和有欠思虑**——随着品格作为自愿行为中的重要因素逐渐得到认可，我们现在开始考虑将诸如年龄、智力障碍和精神错乱等作为评判的因素。但这仍然是一个缓慢的成长过程。以精神错乱为例，1724 年，因精神病患者所导致的伤害被认为无罪，被开脱罪名的这个人需是“一位完全丧失理解和记 414
忆能力的人，他不知道他正在做什么，他只是像一个婴儿的状态，与一头畜牲或野兽一样”。19 世纪初叶，辩护的说辞不再是这里所指的语无伦次的疯子，而是**在理论上**能否辨别是非。以 1843 年那个著名的案子为例，在英国司法中，在特殊的案例中，准则转变成了对特定案件的区别是非的认识。进一步的改进是为了迎合科学的发展，因为科学的发展为评判行为人特定的精神条件提供了更大的可能。因此，废除了现在体制中的弊端，一方面，现存体制倾向于支持为可能并不存在的精神错乱进行辩解；另一方面，(通过采用严格的技术规则)会对真正无需负责任的人判刑。② 大众的评判仍然会以基于后果的清楚和明确的意图为由，并忽视精神紊乱和迷惑状态的条件，然后基于这是唯一“安全”的理由来证明这种做法的合理性。③

---

① 变化的迟缓和间接阐明了司法和怜悯的假定的不同(见《英国司法史》，第 372 页)。当涉及意外杀人或因自卫引起的死亡被视为谋杀，人们能够感受到这些实际的不公正。理论上受到审判的人仍然是有罪的，但他被建议去请求国王的怜悯和原谅。在我们现在的司法概念中，这是一个低劣的术语。

② 关于心智缺陷的一些主要史实，参见：威斯特马克，《起源和发展》，第 1 卷，第 264—277 页。

③ 大众的审判，我们可以说，在实践上倾向于完全功利，而在理论上完全直观。在假设一种几乎一贯正确的、无准备的、人为的对与错的感觉的可能性中，基于公开导致的罪恶，这种审判实际致力于用一种随意的分析方法进行审判。

思虑欠缺所负的责任——但是，对其行为（行为者在行动中是有心智缺陷的）责任的开脱，也使得具有正常精神状态的个体对一些根本没有料想到的后果承担责任。我们甚至认为，人们应该对没去做的某些行为负责。前者是心不在焉或粗心大意导致的行为，比如在一栋建筑物顶上，一名泥瓦匠将垃圾扔了下去，伤到了一个人。他并没有想到其行为所带来的后果，更没有故意要导致这样的后果。后者是指疏忽的行为，比如，一名工程师没有注意到某个信号，在这种情况下，即使没有造成伤害性后果，我们也认为他在道德上应当受
415 到责备。类似地，我们因孩子不考虑其行为的后果而责备他们，不考虑在某一时间做某些事而责备他们——比如按规定时间回家等。这不仅仅是他人的评判。一个人越有责任感，就越会有更多评判自己的有关后果（*因为他完全没有想、考虑或预见发生的事*）的机会——倘若他有理由相信，如果他有一种完全不同的品格，他就会考虑到伤害性的后果了。因为我们专注于过去没有想到的其他事情，然而，在理论上，这种其他的事情可能没有问题，而实际上可能证明了一种不足称道的品格。我们允许自己变得如此专注，以至于不会想到帮助我们认识的某一个需要帮助的朋友，这一事实恰恰证明了一种自私的即不体谅别人的品格。

这种案例似乎是荒谬的，但又是至关重要的。因而为我们在行为上不负责任的，其他人就认为我们应该负有责任，目的是我们可能负起责任。当我们对一件私有的或昂贵的物品无意识产生偏好时，就会对其他物品漫不经心；对此，我们会对自己进行正当的指责。其作用（如果后悔是真诚而不是假装的）是养成一种对将来进行缜密思虑的习惯。不管对他人还是对自己，人们确实越来越少地将无知作为不良后果的一个借口——当这种无知本身源于品格。我们主要的道德职责就是开始意识到后果。在这样的例子中，我们的道德品格肯定不会依赖这一事实，即我们头脑中有若干个清晰的替代选择，却选择最糟糕的；困难就在于我们脑中只有一个替代选择，并且根本不会*有意识地*选择。我们的自由在于改变我们行为方式的能力，通过主动承担责任，即因疏忽造成的且应该由他人承担责任的后果，或承担后继结果的责任，来启蒙我们的无知。因此，粗心行为和因疏忽而遗漏的行为的案例，对于自由和责任的任何理论至关重要。在诸如此类的案件中，我们指责自己或他人是错误的，因为我们自身或他们没有自由或自
416 愿的因素；否则，当有意比较选择和有意识偏好缺失时，就要负责任。缺乏深思

熟虑,便没有责任要担负。由于行为者的无知,本性不能容忍将后果与行为相联。考虑欠周到的行为产生了不幸的后果,这些后果恰恰提醒行为者在下次行为之前先考虑一番。类似地,通过他人而被赋予了责任,或因健忘、轻率和疏忽使自身遭受责难,是一种树立负责任的远见和增进深思熟虑选择的方式。不断增加的复杂性和现代工业活动的危险,电力、烈性炸药、铁路火车和有轨电车、强大机器的威胁,为加快产生这样一种认识贡献很多,即疏忽可能是犯法的,并再度使我们想起在希腊思想中,无思想的无知(在希腊思想中,无知使知识成为可能)是诸恶中最不幸的一件事。由于旅行和交通以及集体作业方式和拥挤的城市人口,使人们不断增长的相互依赖很可能会扩大轻率行为所导致的伤害面,并且加强这样一种信念:只有对他人产生同情心时,才有充分考虑问题的可能性。

5. *形式和实质的冲突*——长久以来,建立和补救权利的程序技术形式比实质的目标更为重要,而仅仅通过这些目标,形式就可能被证明是合理的。如果复杂规则(在起源上主要是神秘的和仪式的)的细枝末节对形式有所偏离,那么,补救的任何努力都将是无效的。可能因为某一微小措辞中的遁词,或运动中的转变,几乎有可能避开任何义务。没有形式,协议就不具有约束力,因而这些话语的意义是神圣的。在早期,这些严格的半仪式特性毫无疑问地抑制了任意和鲁莽的行为,增强了对标准价值感的印象。[①] 但是,经过在这方面所做的长期工作,它们如"退化器官"继续存在;它们从法律程序中消除之后,以评判行为的习 417
惯得以继续存在。

个人诉讼精神的存在——司法程序起源于为个人之间的冲突提供公正的仲裁人,这一事实产生了严重的后果。它确实产生了期望的后果,即加速人们对权利和义务的认知,作为社会成员去维护其权益不受侵犯。但是,它也产生了令人不快的后果,即将公共利益的职责限制在某些负面的层面,以保证发生争议的个人之间的公平竞争。现代战争不是凭拳头、矛枪、誓言或严峻的考验来实现的;而主要是对立方和其律师在才智与技术资源方面的战争,国家则扮演着仁慈的

① 参见波洛克和梅特兰,《英国司法史》,第 2 卷,第 561 页。他们从伊赫林(Ihering)的作品中引用到:"规则是任意性——自由的孪生姐妹——的不共戴天的仇敌。"并补充道:"随着时间的推移,在程序法律中总有一个较大的区分空间;但是,可随意支配的权利只能安全地委托给法官,其公正无可怀疑,其行为受公众监督且经受专业批判。"

中立仲裁者的角色。无知者、穷人、外国人和仅仅诚实的人几乎不可避免地在这场战争中失利①。无论如何,司法的技术方面是从真理观点中得出适当的形式的问题。有“合法头脑”的很可能是那种人,即当和他在一起,技术先例与规则比获得财物和避免邪恶更为重要。随着公众宣传的加大,确定和解释事实的科学方法的增加,以及公正明智的公众和专业批判,我们可以期望总体利益至高无上的保证将不断在诉讼的案件中得到认可;法庭作为公共司法的机构,将更为积极和实质性地参与所有的法律争议。②

合法的和道德的——但是,对权利和补救程序的定义充其量不过是:(1)规
418 划整体而非个人的条件;(2)只要它们是严格的,就将其归入先例和习俗而不求新求变。它们可以规定什么不能做。除非在特殊的案例中,否则,它们不能规定什么可以做,更不要说做事的精神和取向。在其规则中,它们呈现出一种不能为那些倾向于作恶的人所逾越的道德的底线。它们几乎没有阐明那些具有社交意志的人的积极能力和责任。它们具有一种道德目的:在遇到含糊的、模糊的和不确定的情形时,通过教导人们可以做什么事以及如何去做,从附带的摩擦中释放能量。但是,在损害实质目的和利益的情况下,对形式进行夸大,将导致错位的着重点和引起误解的观点。规则被看作目的;人们运用它们,不是为了获得后果,而是为了在后果之外,使某些行为合法化。规则使想要成为负责任的主体认为,仁慈是遵守规则,而不是履行目标。普通的个体认为,如果他遵守了法律解释和规定,他就已经满足了道德的要求。自我中心的、利己主义的人,如果还没有违法,则视其行为是受到认可的;并且通过躲避惩罚,成功地解决了这个问题。本应运用法律精神去启发行为的智慧,用在了能够使法律更好地得到遵守的规则的炮制上面。这种“体面的”公民,是一股不适应社会的力量,是社会改革者发现的最严重的障碍。

这种把道德和法律及法制看成一体的做法导致了一种同样有害的反作用:将法律和道德完全分开,前者仅仅被看作是“客观的”,完全与行为相关,而与动机和品格没有一丁点儿关系。这种分离的后果可能在道德上比在法律上更为严

① 一名律师被问及穷人是否会在合法维护其权利的过程中失利时,他如实回答道:“不比在其他生活关系中强多少。”

② 与严格的合法性相区分,“公平”的方法当然部分地倾向于保护这种结果。

重。这种分离使道德变得感性和反复无常，要不然就是抽象的和难解的。它导致对社会及其构成机构现实的忽视，而这种现实构成了一个行为的世界，与自然的物体和能量构成的物质世界一样肯定；并且，在道德中普遍接受的概念目标也只不过是个人的“仁慈”(伪善的人)。道德责任中最基本的一项，就是使法律秩 419
序更为充分地体现公众利益。

特殊问题——因此，市民社会不仅给其成员带来具体的义务，而且给所有享受其利益的人带来高尚的义务，即用以确保公民秩序本身巧妙地利用其自身的程序方法。作为市民社会的成员，人们所要面对的特殊的道德问题会随着条件的改变而不时地发生改变；在现存问题中较为紧迫的，我们可以提到：

1. **刑事程序的改革**——道德的负面从来都没有其正面重要，因为病态的生理表现不可能比正常的生理表现重要，负面是正常的扰乱和颠倒。在定位犯罪行为或惩罚犯罪时，公平的调查方法中无不显示出其包含太多的野蛮主义的残余。与原始时代相比，我们确实已经赢得了一种难得的胜利。即使到了 1813 年的英国，建议将偷盗五先令的判决方式从死亡改为放逐到偏远的殖民地，竟受到了挫折。[①] 但是，我们很可能在面对取得的成就时吹捧自己，而忽视了仍然需要作出的努力。我们的审判是机械的而不是人性的。他们认为，有这么多屡教不改的犯罪，正义一定要坚持下去。他们用例行公事、敷衍了事的方式，竭力将某个人指控为具有某种程度的犯罪，或者通过技术手段和资源宣告其无罪。在美国许多州，对政府的不信任源于残暴的君主政体或寡头政治时代，他们以各种方式保护了被告：因为担心政府会不公正地侵犯个人自由，后者不仅(出于公正起见)在确定有罪之前被看作是无辜的，而且在证据、缓期和上诉的规则方面给予每一个可能的技术优势。在许多城市，这些优势通过和政治寡头的结合得到了支持。这种结合也给寡头带来了腐败的“诱惑”。

从另一方面来说，对作恶者所有的先决条件(遗传的和环境的)作一项公正科学调查的可能性，至今也没有得到普遍的认可；这种调查(把错误行为与干这 420
件事的人的**个人品格**相联系，而不仅仅与犯罪的许多技术程度中的一种相联系)，是人们在法律文书中抽象地判定出来的，与具体的品格和环境没有关系。

---

① 罗宾逊和比尔德(Beard)，《现代欧洲的发展》(*Development of Modern Europe*)，第 2 卷，第 207 页。

因此，一方面，做坏事的人总的来说，有很多机会规避司法；另一方面，他在技术层面有机会（却仅限于此），而不是在道德、公平（个体的公平）的层面。因此，讨论各种用于补救这些缺陷方法的提议是不可能的。但很明显，更为深思熟虑的社会成员的主要任务是认真地考虑罪恶并使自己产生兴趣，积极地投入到其改革中。首先，我们需要在两方面进行改变：(a)对新审判方法可能性的认可，这些新方法是由生理科学、心理学和社会学等学科带来的；(b)依据所臣服的封建观念，人们被划分为两个层次，本质上可以说是这样的，即罪犯和值得赞扬的人。我们需要考虑环境和教育、贫穷和舒适生活、外来意见和刺激的压力，以及机会给人与人之间营造的不同道路；并且看到人性实际上有多么重要。少年法庭、缓刑监督官、拘留监督官开启了可能做到的事情的初级阶段，但仅仅是初级阶段。在极大程度上，犯罪仍然被看成是卑鄙的；并且根据惯例，是耸人听闻的，除非原告律师和机智的"辩护律师"之间上演一场伟大的战役，而整个世界通过报纸来观看演出。

2. **惩罚的改革**——爱默生辛辣的话语至今仍然非常适用。"不信任的代价是非常昂贵的。我们花在法庭和监狱的钱，以一种非常不良的方式运作着。因为不信任，我们造成了小偷、强盗和纵火犯；而且通过法庭和监狱，我们使他们屡
421 教不改。"[①]教养所已经建立，其目的是改变性情，不仅仅是处罚；但是，监狱的数量仍然比教养所多很多。如果有人说大多数罪犯作恶时非常冷酷，教养没有用，答案是两方面的。我们不知道，因为我们从来没有试图用系统的、明智的方法去找出答案；而且，即使如此，在数月和数年之后，释放没有经过教化的罪犯，将会让其再一次危害社会，没有什么比这更不合逻辑的了。教化或者长期隔离，这是符合逻辑的选择。不确定刑期，假释，区分罪犯阶层，把初犯、偶犯的人和老练的、经验丰富的老手隔离开来，增设特殊监舍看管女犯人，在收容所中引入教育和工业培训，帮助那些释放的人就业——这些都标志着进步。但是，迄今为止，这些仍是不成熟的。社会知识分子必须认识到自己的责任，要促进这种教化，寻找新的方法。

3. **行政管理效率的提高**——上世纪，社会内部越来越复杂：商业变化引起城市人口急剧集中；促进了迁徙和交往，地方纽带的破坏随之而来；商业变化发

---

① 爱默生，《人类，改革家》(*Man the Reformer*)。

展了世界市场，形成了集体的但同时没有人情味的（法人的）生产和分配。许多新的问题产生了，许多维持秩序的老的机构被削弱或毁坏了，特别是那些适合有僵化习惯的小群体机构。因此，急需正义的手段。在美国，开拓性条件在面临工业重组时，延缓了后续事件的发展。继续开拓、占据新的土地的可能性、发现没有利用的森林和矿山资源的可能性、新行业的发展、新的需要导致人口的增长都给个体企业带来激励与回报。在这样的情形之下，不可能对检查、监督和宣传公共机构有广泛的需求。但是，美国的开拓期实际上已经结束了。 422
美国城市和各州发现自身面临着同样的问题，如公共卫生、贫穷和失业、拥挤的人口、交通运输、慈善救济、漂泊和流浪，等等，这些问题同样困扰着较为古老的国家。

此外，我们还依照惯例应对上述问题，这些惯例反对“官僚的”管理和公共“干涉”。公共规章被视为一种“家长式作风的”生存，与自由和独立的人群很不适应。事实上，忽视或拒绝来自美国个人主义信念的巨大利益是愚蠢的：个人慷慨的复苏，**贵族行为理应高尚的**普遍意识的增强——即每一个成功的个体对团体应当做的；个人主动性、自力更生和多才多艺的“才能”的增加；在所有自愿机构（通过教育和其他方式发展每个人个性的机构）中兴趣的增加；要求为所有人提供平等机会、公平机会、公平交易的意愿增强。但值得肯定的是，国家已经发展到一定的状态，在这种状态下，这些个人成就和可能性如果要作为现实维持下去的话，就要求新的公民和政治机构。个人主义意味着不平等、粗鲁的态度和向野蛮的倒退（不管展现的奢侈外表如何），除非它是一种**广义的**个人主义：它考虑**每一**社会成员真正善的和有效的（不仅仅是形式的）自由。

因此，对公民机构（civicorgans）——城市、国家和联邦——有与一大堆利益（这些涉及面广泛，错综复杂，靠个人和自愿的主动性无法得到照顾）相关的专业审查、检查和监督的需求。在大城市过着富裕生活的人，可能集中居住在更为卫生的地方；他们可能依靠自己的汽车作为交通工具；他们也可能利用其自身资源来保证纯牛奶和无添加的食品；他们可能利用其联合“作用”，在居住的区域保证好的学校、好的治安、好的照明和平整的街道。但是，大多数人必须依靠公共机构实现良好的空气、光线、工作和居住的卫生条件、低廉和有效的交通、纯正的食物、学校、图书馆、博物馆、公园，以及体面的教育和娱乐设施。 423

出现在检查和监督正常机构的问题，本质上是科学的问题，是专业知识与广泛的同情相联系的问题。就“政治”这一词真正的含义而言，这些问题是政治问题，即它们与社会福利相联系，这一社会是有组织、有才能和努力的社区。“政治”这个术语从行话上说，其含义即常规政党事宜与政党路线，它们与政治的关系，和乘法表及卫生法与政治的关系差不多。然而，目前它们几乎毫无办法地与不相关的“政治”事宜纠缠在一起，而且被党派政治家所践踏；这些党派政治家最不懂得与科学相关的知识，就像他们对利害攸关的人类问题最不感兴趣一样。迄今为止，“行政事务改革”主要是负面的：消除影响公职任命的粗鄙动机。但是，现在需要政治建设改革，这将发展出现代条件所需要的审查、监督和宣传机构；并且需要选举由科学力量武装的公务员。

§3. 政治权力和义务

市民社会和国家之间没有一个严格和固定不变的界限。但是，所谓国家，我们是指那些社会组织和规范的条件，该条件是最基本、最普遍的：该条件通过总体意志得以概括和表现，并在立法和执行中体现。因为公民权利在法律上主要是指利用法庭的权利，“提出诉讼和被诉讼”，即有权利让一个公共的、公正的权威裁定和执行赔偿。因此，一项政治权利在法律上是指选举的权利——要么直接根据法律选举，要么选举那些制订和执行法律的人。在立法大会中，有权利主
424 张或反对某一项措施；在唱名表决时，有权说“赞成”或“反对”，有权在选票上写上很多候选人的名字并将其放入投票箱，这些行为自身并不具有日常生活中最普通事务的许多内在价值。但是，政治权利的代表性和潜在意义超过了其他任何权利类型的意义。选举权代表了对条款规章直接的积极参与，相关的生活、对利益的追求将依靠这些条款得以维持和继续。政治自由和职责*表现了个体的权力和义务，即通过确定其履行职责的社会条件使其所有的其他能力发挥效用*。

民主的增长——民主管理国家的进化，与那些为了某一小群体或一个特殊的阶级利益组织的国家不同，它是广泛的、共同的善的发展的社会对应物。从外部看，民主是一件机械，可以维修或丢弃，像其他任何一件机械一样，以其劳动经济和效率为基础。从道德上说，它是善的道德理想的有效体现，这种善体现在社会每一个体成员所有社会能力的发展中。

当前的问题：1. 对政府的不信任——与政治事务相关的现存道德问题涉及捍卫民主理想，反对总是破坏这种民主理想的势力；并且使民主理想完全、广泛

地具体化。我们自己政府体系的历史先例通过特权阶级行使垄断。[①] 它演变成一种民主制度,部分原因是为了保证垄断,国王必须向广大民众承认和保证其特定的权力,以抵制可能与其权力匹敌的寡头政治利益;部分原因是由于权力中央集权化,伴随产生了武断专制,从而引起了抗议,这些抗议最终获得了大众的自 425
由:生命和财产安全,免受任意的没收、拘捕或统治者的查封;自由集会、请愿、言论出版自由的权利和立法机构的代表权利。

表面上,为个人自由所作的斗争是反对专制统治者专横的威胁。这一事实在对政府的态度中保存下来,政府削弱了其作为整体意志机构的有效性。政府,即使在最民主的国家,仍然被视为外部的"统治者",自上而下地运转,而不是人们为追求共同目标联合的一种机构方式。政府能够为其目标的实现进行最有效的合作。对政府的不信任,是美利坚合众国诞生情形的主要特点之一。这不仅表现在普遍的传统和党派信条,而且在基本法律上有所体现;这些法律包含许多条款,明确防止法人社会团体自由且容易地通过政府机构实现其目的的设想。[②]

毫无疑问,限制政府职能的运动、自由主义的运动在其时代是人类自由一个重要的阶段,因为太多的政府行为在意图上是专制的,在执行上是愚蠢的。但继续认为政府是代表一个不负责任阶级的政府也是错误的,该政府是与人民相联系的,其目的是保证人民的目标,就好像政府与人民是同一回事。宣传方式、自然和社会科学的进步不仅提供了抵制无知和不明智的公共行为的保护,而且提供了智能的行政事务活动的建设性手段。因而,目前主要的道德问题是使政府 426
机器成为表达共同利益和目的的一个即时和灵活的机构,这样会消除对政府的不信任。只要"政府"是自上而下强加、从外部开始履行的,它就必须适当地忍受这种不信任。

2. **对公共关注问题的漠视**——私人利益的增加是社会进步的一个衡量,它表明幸福源泉和因素的增加。但是,它也引起了对基本的总体关怀的忽视。这

---

① "国王的和平"这一术语,作为英国联邦的和平与秩序的等价物,追溯到一个世纪前的私人占有时代。波洛克说,征收更大份额的税收的意愿,是推动皇家权限反对较少地方政权的主要动机。(《国王的和平》,收录于《牛津演讲》)

② 哈德利(Hadley)总统说:"在美国宪法中,权力基本上在两方面分开,一方作为选举人,另一方作为财产所有人。一方面,民主力量分为行政和立法,被用来抵制另一方面的财产力量,司法机构作为两者的仲裁……只要官员不履行宪法赋予财产所有人的职责,选举人就可以选举其喜欢的官员。民主只要运行就是完善的,但从宪法角度看,它注定会因缺少**社会的**民主而停步。"

种总体关怀似乎非常遥远，被较为迫近和生动的个人利益的压力排挤出视线。大多数人把思想和感情专注于家庭和商业事务，他们有自己的俱乐部、教会协会等。“政治”成为一个阶级的行业，该阶级专门从事对其同辈的操纵，并且对“促进”公众舆论驾轻就熟。“政治”因此背上了一个坏名声，进而进一步助长了那些从理论上而言最适合参与公众事务的人远离政治。两千五百年前，柏拉图说过，好人因对政府没有兴趣而受到比他们坏的人的统治。这在美国大多数城市中得到了证实。

3. **腐败**——多数人的冷漠使政治事务的管理落到少数人手中，因此不可避免地导致腐败。充其量，政府由那些具有人类普遍弱点和私心的人管理；因此，充其量，公平地为共同利益服务的理想职责在履行中必须妥协。但是，因为多数人的冷漠甚至轻蔑，政府权力内部机器被几个不可靠的少数人秘密控制，致使公共职能的有意渗透转变为私有利益。贪污是将托管基金挪用为私人目的，因此，腐败、“贪污”是为了个人或阶级利益而滥用公共资源，不管是权力还是金钱的滥
427 用。因此，“公职意味着服务公众的职责”立即成为政治道德规范的公理，也是最难实现的一个原则。

我们这个时代，在公用事业部门的发展中，一个腐败可能泛滥的特殊领域出现了。铁路、城市交通系统、电报和电话系统、水和电的配给要求都有公共特许权，因为它们要么通过公共途径，要么需要国家行使其突出领域的权力。这些企业只有在垄断或半垄断中，才能有效和经济地行使权力。但是，所有的现代生活完全与通讯设施、交流设施和配给设施密切相关并依赖于它。控制各种公用事业集团的权力与其权力相辅相成，因此，控制所有行业和对其征税的权力，建立和推翻社区、公司和个体的权力，在一定程度上很可能被过去的皇家所嫉妒。因此，对大集团而言，这种权力演变成一种特殊的控制立法和管理机构的实体；对党派领导人和老板而言，它演变成一种控制党派机器的特殊实体，其目的是为了在特许经营权和特权中担当经纪人——有时候直接是为了金钱，有时候是为了自身的权势得以延续和延伸，有时候是为了通过对党派资金有影响力的支持和贡献，获得它们所代表的国家政党的成功。

4. **政党机器的改革**——在我们历史中的最近十年，充斥着很多改善政治条件的改革方案。其中，我们国家的成长伴随着附属的政治机构的发展，这些机构不是宪法的制订者计划的，但在实际事务中变得十分重要。这些机构是政党的

"机器",管理者从国家至选区有着自上而下的等级;这些管理者在一个极端,与主要的商业利益紧密相关,而在另一个极端,与那些迎合社区罪恶的人(赌博、酗酒和嫖娼)密切联系。这些政党有自己的委员会、全体大会、初选会议、核心小组会议、政党资金、协会、集会,以及所有用以召集并引起民众或多或少盲目顺从的 428
方式。

党派在大事方面有利于集中和明确公众舆论和责任,对这种优势没有必要指出;同样,党派有着抵制将人们划分成若干彼此间不同的小群体的倾向的价值,这也不需要过多讨论。但是,在这些优势的后面,庇护了相当多的职权滥用。近来的立法和讨论明显地表明一种倾向,即正式认可在国家管理中党派机器实际扮演的角色;并且采取措施,使这种因素在其行使中更为可靠。因为这些措施直接影响到一些条件,在这些条件下,作为总体意志机构的政府会履行为保证所有人机会平等的基本条件的职责,所以这些措施有一个直接的道德含义。澳大利亚选举权、党派徽章和党派人员分组的认可、用于主要是直接提名的法律、选举人在初选和最后选举中的登记、对党派委员会和党派大会的法定控制、有关党派资金接收和使用的账目公开、禁止企业捐助等等,诸如此类的问题与贿赂和用假票充斥投票箱一样,是显著的道德问题。

5. **政府机器的改革**——涉及成文和不成文宪法各自优点的问题,就现状而言,是政治科学的技术问题而非道德问题。但存在一些问题,这些问题源于一个事实,即在极大程度上,美国宪法是在与现在完全不同的条件下撰写的;另外,这些问题有一个直接的道德含义。前面已经提及,我们的宪法充满了对大众合作行为不信任的证据。这些宪法没有且不能预见工业发展的方向和社会生活不断增加的复杂性,也不能预见国家领土的扩张。因此,经证明绝对必要的许多措施,其存在好像是偷运进来的一样;它们需要通过"法律虚构"和对原文进行想象不到的延伸的解释来为其辩护。同时,法庭,作为最为专业和合法的政治机构, 429
是对立法部门最好的主宰,是最普遍和最一般的。州与国家在职能上的分布,令人奇怪很不适应目前的条件(正如有关铁路规章的讨论所表示的);州与其自治政府之间的权力分配也是如此,在理论上根据地方自治政府的思想,而在实际上,州政府几乎尽一切努力来阻止地方政府在其事务中负责任的主动性。

这些条件很自然地引发了一大堆改革的建议。这里不是有意地对其讨论,但其中较为重要的是,只要涉及道德问题,可能会被简要地提及。很明显,称为主动性和公民投票的建议和“罢免”(这一点旨在使人们能够让他们不满意的任何一个人下台),旨在使民主控制的理想在实际上更为有效。限制和改善妇女参政的建议使人注意到这一事实,即公民中的二分之一为另一半作政治思考,并强调了在这样一个条件下获得全面的社会观点(正如我们所看到的,这一观点是富有同情心和合理的观点)的难处,而这些观点是评判社会问题的依据。许多从某个地区产生的个别建议说明了一种修改宪法的意愿,目的是调节其不可变更的特性,增加其适应目前普遍意愿的灵活性;另外,是为了将地方居民从国家立法的隶属中解放出来,以给予这些居民更大的自治权,因此在管理其自身的社团事务时,承担更大的责任。我们在这里谈及的不是论证**赞成和反对**,而是有指出在解决这些问题时涉及的道德问题。而且要注意的是:讨论的界线大致上是从信
430 念的角度划分的(有意识或无意识),**这些信念存在于民主原则和理想之中,与某些形式的阶级观念对立**。

6. **建设性的社会立法**——经济方法的迅速改变,财富的积累和集中,结果是资本和劳动一方面聚集成不同的集团和托拉斯,另一方面形成联合工会;生产和分配的集体机构的发展,引发了公众对一大堆新立法的建议,几乎所有的建议都有一个直接的道德含义。这些问题在接下来的章节中(第 22 章—25 章)会详细论述;这里暂且不论。需要提醒的是:这些问题是企业伦理问题,同时是正确和错误运用政治权力和权威的问题。我们也可能注意到,所讨论的理论原则——政府机构的延伸或限制,只要它不简单地是一个在特定情况下权宜之计的问题,就在本质上是一个**普遍的**个人主义与**部分的**个人主义相对比的问题。在整个社会的秩序和运动中(即共同利益),在每个人都有实际权利解放个人能力的民主运动中,已经足以确保许多人(比其他人更为有利)的特殊权力和财产。这种情况有些讽刺意味,即这样会使保护机会平等的努力与**所有人**对抗,理由是这些努力导致对个人自由和权利的侵害,即对基于不平等的特权的侵害。它可能要求一种独特的、富有同情心的想象去了解真正涉及的问题,不是国家抵制为了个人而扩大权力的问题,而是涉及使个人自由更为广泛和平等的问题。

7. **国际问题**——国家的发展表明,在实现一个真正包容的共同利益方面向前迈进了一大步,但这不可能是最后的进步。就像部落、宗派、帮派等在其群体内部极具同情心,在外则极具排外和警惕,因此,国家仍然以其他国家为敌,伴随着爱国主义、忠诚作为内在美德,挑起事端的敌意的不信任和仇恨作为与之对应

的邪恶。**抽象的人性理念作为一种道德理想已经实现了**。但是，这种概念的政治组织，其在法律和行政机构的具体实现还没有实现。国际法、仲裁条约甚至类似海牙国际仲裁法庭的法院(其权力是情感的，而不是政治的)标志着进步。从历史观点来看，没有什么比这个更加荒谬，即把结成联盟的人类的国际国家(international State)的概念(有自己的法律、法庭和仲裁争端的规则)，仅仅视为一种梦想、一种情感希望的幻觉。与用民族国家的权威替代分离的部落和地方团体的冲突相比，或者与用一种公共管理的司法取代私人战争和报复相比，这是一个非常小的进步。由于战争的可能性，在和平时期扩充陆军和海军以做好准备，为这种必要性(缺乏一个有统一权威和海域管辖权的联盟的国际国家)的辩护至少被承认下面的说法所抵消，即拥有不负责任的权力总是受到对其不负责任的使用的直接诱惑。有人说，为了防止个人道德堕落，战争是必要的。这种说法在目前条件下(每一天都给公民的主动性、勇气和精力带来不同的挑战)，可以被视为纯粹的无稽之谈而不予理睬。 431

§4 政治活动的道德标准

试行社会制度和政治举措的道德标准可总结如下：检验的标准是既定的习俗或法律能否释放个人能力，即通过为了大众幸福和共同利益的发展，而使个人能力得到发挥。这一规则将检验的重点落在个人方面。从联合生活方面表述如下：检验的标准是普通的，公众组织和秩序是否能通过为所有人建立平等机会而得到发展。

与个人主义原则比较——个人主义学派(狭义上称为放任政策)的原则为： 432
政治制度和措施的道德目标是最大可能的个人自由，与不干涉其他个体类似自由一致。用与上述原则对等的解释来说明个人主义是完全可能的，但提出该原则的人不会如此解释。下面举例说明两者的不同。试想一百名工人聚集在一起，希望通过保证较高的工资、较短的工作时间和更加卫生的工作条件以提高生活水平。试想一百名其他工人，因为没有家庭养活，没有孩子需要受教育，或者因为他们不关心其生活标准，希望以较低的工资、总体较好的工作条件来取代前面提及的一百人。很明显，在推出自己和排挤其他人的过程中，他们不会干涉其他人**类似的**自由。已经被雇佣的人，如果他们愿意，能够以较低工资、较长时间"自由"的工作。但同样肯定的是，他们干涉了其他人**真正**的自由，即干涉了其活动整体的有效表现。

“类似自由”的原则人为地隔离了某一种权力，理论上接受这种权力，继而探究这种权力是否被干涉。真正的道德问题是这种特殊的权力，比如为了某一酬劳做某事的权力，与个体其他意愿、目的和兴趣维持怎样的关系。通过某一活动的运行方式，它们如何受到影响？人类具体的自由就存在于其中。在考虑人类能力和活动的整体系统以前，我们不知道人类自由是否受到干涉或得到帮助。与他人平等实际的或总体自由一致的个体最大的自由，实际上代表一种高尚的道德理想。但是，个人主义原则因为以下事实遭到谴责，即它在思想上仅仅是抽象的、机械的、外部的，因此是一种形式上的自由。

与集体主义原则的比较——存在一种竞争原则，概括起来，是私人或个人利
433 益从属于公众或大众利益，即部分利益从属于整体利益。这一概念也可以用一种同等于我们自己的标准进行解释，但通常不是我们所指的。这一概念倾向于强调定量的和机械的考虑。实际上，个人主义原则倾向于强调有权利的人的自由，其代价是邻人在健康、智力、世俗利益和社会影响方面变得更弱。集体主义原则倾向于建立一种静态的社会整体，防止个体主动（对于进步是必要的）的变动。个体变动可能会与现存的静态社会利益相对立，而不是一致或从属关系；然而，它可能是现存政府取得进步的唯一的一种方式。少数人不总是正确的；但是，当某一个体构想出一项计划（该计划经确立后与社会利益不一致），权利上的每一提升都是从社会的少数人开始的。

真正的公共的或社会的利益不会从属于个体变动，但会支持个人在新思想和新方案中的尝试，并且竭力确保新思想和新方案在一定条件下实施，而这些条件有利于保证对其行为后果负责。一项公正的社会秩序促使所有社会成员养成对已取得的利益进行批判的习惯和规划新利益计划的习惯，但并不着眼于智力的和道德的服从。社会生活的每一种形式包含需要重新组织的残留的过去。一些个体反对现存的个人利益服从整体利益的斗争，是朝着更为广泛地分配利益的方向和重新组织整体的方法。不是秩序，而是有秩序的进步代表着社会理想。

参考文献

Green, *Principles of Political Obligation*, 1895; Ritchie, *Principles of State*

Interference, 1891, *Natural Rights*, 1895; Lioy, *Philosophy of Right*, 2 vols., 1891; Willoughby, *An Examination of the Nature of the State*, 1896; Wilson, *The State*, 1889; Donisthorpe, *Individualism*, 1889; Giddings, *Democracy and Empire*, 1900; Mulford, *The Nation*, 1872; Spencer, *Principles of Sociology*, Vol. II, Part V, 1882, on Political Institutions; Bentham, "Fragment on Government," 1776; Mill, *Considerations on Representative Government*, 1861, *On Liberty*, 1859, and *The Subjection of Women*, 1869; Austin, *Jurisprudence*, 2 vols., 4th ed., 1873; Hadley, *The Relations Between Freedom and Responsibility in the Evolution of Democratic Government*, 1903; Pollock, *Expansion of the Common Law*, 1904; Hall, *Crime in Its Relations to Social Progress*, 1901; Addams, *Philanthropy and Social Progress: Seven Essays*, 1893; Stephen (J. E.), *Liberty, Equality, Fraternity*, 1873 (a criticism of Mill's *Liberty*); Tufts, "Some Contributions fo Psychology to the Conception of Justice," *Philosophical Review*, Vol. XV, pp. 361 - 379. 434

22.

经济生活的伦理学

435 在谈及经济生活和财产的伦理观时，只要后者在别处未得到论述，我们会(1)对涉及的伦理问题进行总述，(2)对工业、商业和财产目前趋势所提出的问题进行更为具体的论述；之后，我们将(3)进行原理陈述，和(4)讨论未解决的问题。

§1. 综述分析

经济过程(economic process)和财产(property)具有三个特殊的道德层面，分别与幸福、品格和社会正义的伦理观相对应。(1)经济过程为人们提供了身体上需要的商品，并为满足精神、审美和社会需要提供了许多必要的方式；财产代表了这些相同价值观的长久性和安全性。(2)通过其所呈现的困难、带来的相关劳作和提供的刺激，经济过程具有一种强大的影响力，体现在唤起技能、远见和对自然的科学控制，塑造性格，以及激励人们追求卓越的雄心壮志。财产意味着权力、控制和较大的自由条件。(3)经济过程有一项重要的社会职能。通过劳动分工、合作，以及商品和服务的交换，它为社会(在这样的社会中，其成员互为目的)的有机性提供了一种基本的表达方式。同样的，财产不仅仅是一种"占有"，而且是一种"权利"，因此，像所有的权利一样，它涉及这样的问题：社会为什么以及在多大程度上应当支持个人利益和主张。接下来，我们对上述方面作进一步分析。

1. *有关幸福的经济学*——在这里及此后的部分，我们要讨论重要的限制条件。因此，首先必须说明：工业和商业对必需品和短缺品的供给，从伦理上说，是
436 一种慷慨的行为。生产和消费的不断增加，至少在较为充实的生活中是一个可

能的因素。即使不会无根据地将财富和幸福视为一体，但财富却是幸福的可能条件。罗马经常被引证，用以说明物质财富导致的罪恶结果。但这并不是财富**本身**造成的，而是以下情况的财富：(a)通过征服和剥削获得，不是靠工业获得；(b)被少数人控制；(c)用于挥霍浪费或摆阔炫耀——而不是民主分配用于援助急需。美国目前平均收入大约是每人一年200美元，这笔钱数目太小，不足以维持舒适的生活、为孩子提供充足的教育和满足一项非常普通的爱好。从这一观点来看，我们可能向任何一个工业过程或商业方法询问：它是不是一种经济的和有效的生产方法？是否必然会刺激已经增长的生产？这样做——就其本身而言——在伦理上和经济上都是令人满意的。

如果财富是一件好事，似乎必须用同样的标准来判断财产，因为它代表了财富所给予的满足方面的安全性。但是，二者之间有一个重要区别：财富意味着享受商品，满足需要；而财产意味着对商品独家使用或占有的资格。因此，财产增加的可能结果是社区中更大一部分人不能享受财富，尽管财产的所有者可能会增加其自身的享受。正如哈德利在其《经济学》(《*Economics*》)第一章特别指出的，一个社区的公共财富不可能与其私有财产的数目相等。如果所有的公园被划分成个人地产，所有的校舍被个人控制，所有的供水系统和公路受控于个人，个人财产的数量可能会大量增加，但公共财富可能减少。财产是处理公共财富的一种方式，但必须记住：这只是一种方式。财富可能是(1)私人拥有和私人使用；(2)私人拥有，公共或普遍使用；(3)公共拥有，但是私人使用；(4)公共拥有， 437
公共或普遍使用。对这四种方法的说明：第一种，实际上适用于所有人，如衣服和工具；第二种，对公众开放的私人地产——比如公园；第三种，租借给个人的公共土地或特区；第四种，公路、公园、适于航行的河道、公共图书馆。至于哪一类财产是幸福的手段，这在很大程度上取决于它是否会增加财富或减少财富。认为社区财富是私有财产的总和，这种观点一直以来并不罕见。据此，这只不过是为了让人相信“获得财产就是创造财富；如果一个人能够以最佳的状态从事公共利益，在其他事宜均等的条件下，他将聚集的财富的较大份额转移到自己的财产中”。[1] 相应的，有关财产和幸福的道德问题包含司法问题，并且能够更方便地在司法领域加以考虑。

---

① 凡勃伦，《商业企业原理》(*Theory of Business Enterprise*)，第291页。

2. **与品格的关系**——即使在满足人类需求方面，生产数量也不是唯一考虑的因素。正如在有关幸福的章节中指出的，对任何和每一需求的满足不一定是一种道德上的善。这取决于需求的性质，因为需求的性质反映了有需求的人们的性质，经济过程的道德价值和它所提供的财富的道德价值必须取决于商品与人的关系。经济学家根据外部商品或产品进行价值评估，而伦理学的学者根据一定的生活质量进行价值评估。因此，我们必须首先弄清楚需求的满足如何影响消费者。

生产的道德成本——下面考虑生产者。人们希望得到廉价的商品，但商品或服务的价格是不能完全依据其他商品或服务来衡量的；如梭罗(Thoreau)所说，一件商品的价格也可以用人类生命来衡量。廉价的产品，按照此标准，也可
438 能是珍贵的。通过引进纺纱和编织棉线的机械设备，使棉布价格降低；但对于童工而言，因为疾病、身体发育迟缓、被忽视和经常劳累或过早死亡，使得生产过于昂贵，不堪忍受，而童工先前被认为是廉价生产的要素。至少在英国，童工最终被认为是非常昂贵的；很显然，推行童工新体制的每个社区，必须重新计算成本。童工的本质是现代工业很多其他形式的本质——人类生命的价格使生产变得昂贵。工业某些部分的细致分工，必然伴随着单调和机械的劳动性质；某些行业引发的事故和导致的疾病；靠使用对消费者有害的成分来降低商品价格的手段；雇用妇女在有碍健康的条件下生产并使其过度工作，必然导致对自身和后代健康的危害——所有这些都是目前工业和商业过程中所付出的部分道德代价。

而且，生产和身体健康的关系只是对生活和品格作用的一个方面。我们可能合理地询问任何过程或体制是促进还是阻碍智力的发展，是否迫使工作退化到杂役，以及它是促进还是阻碍了自由。要回答最后一个问题，我们必须区分形式上的自由和真正的自由。很可能，一种有利于最大的形式自由的体制——契约自由——会导致真正自由(意味着真正的可供选择的办法)的完全缺乏。如果唯一的选择项是契约自由和没有自由，则真正的自由是有限的。

财产和品格——从积极方面看，财产意味着权力和自由的扩展。夺取、征服和占有是受生理过程驱使的一种内在本能。它是生命所必需的，是求生意志或权力欲的一种形式，不必鄙视；但是，在有组织的社会，占有不仅仅是动物的本能行为；通过社会中介和具有社会意义的人的介入，占有成为对财产的一种**权利**。这是一种更高的能力；与所有权利一样，它包含对个性的坚持和对社会同等成员

因其认可和支援而进行的合理要求。费希特的观点，即财产是自由有效运用的本质，着重声明了财产对个体的道德重要性。 439

财产除了积极价值外，毫无疑问，也有消极的一面，包括对财产所有者和社会的危害，道德家一直对此予以认可。贪婪、垂涎觊觎、对他人的冷酷无情似乎是财产（连同其排外性）所提供的权力的众多可能性中产生的自然作用。以色列先知谴责富人，当步入天国时——一个道德的社会——富人发现，耶稣的这种对富人持有异议的形象已被广泛接受。柏拉图将国家描述为：富人统治大体会产生对法律的曲解和违抗，产生嫉妒、阶级仇恨和逃避公共防御税，并产生如下的道德结果：

> 从此以后，他们奋力追逐金钱，随着对财富的景仰不断增长，失去了对美德的尊重。在财富和美德之间有着这样一个差距，就像是天平的两端，当称重时，一头总是落下，另一头总是抬起。对此，你能否认吗？①

除了公正分配的问题外，还有如下道德问题，即有关在形式上是否应该赋予个体无限的权力，是否应该有无限的继承权。但是，所有这些一遇到正义问题，就会被忽视。

3. **社会方面**——人与人的各种关系：政治的、友好的、血缘的，是早期群体生活固有的相互依赖的发展形式。一群个体，彼此之间相互独立，只是代表集体；但是，由男人、女人和孩子组成的群体，支撑着现在人类生活所有的关系，其概念远远胜过一大群个体本身。每个人的生活是从其他人生活中汲取来的。没有友谊、爱、怜悯、同情心、交流、合作、公正、权利或责任的人，会失去几乎所有赋予生命价值的东西。

通过各种途径获得他人必要的帮助。父母亲的、子女的和其他亲属关系，友谊和怜悯，会引发一些帮助，但帮助的范围必然有限，且在回报时，要求用一种特殊的态度，如果千篇一律，会令人无法忍受。现代人不想成为每个人的表亲，不想与每个人建立友谊，也不想永远持接受帮助的态度，或总是寻求帮助而不接受帮助。从前，除上述方式外，人类通过奴隶制获得帮助（服务）。经济关系在自尊和平等的基础上，为商品和服务的相互交换作准备；并通过其契约体制，为将来 440

① 柏拉图，《理想国》，§550。

和现在的服务作准备。经济关系使得每个人获得所有其他人的服务，并反过来为其他人服务，而并不提出任何要求和形成某种关系。此外，这种关系丝毫不会减少这些商品和服务（可能以被支付的形式存在）相互交换的道德价值。过去的理论是：在每一契约中，一方获得利益，另一方遭受损失。现在公认的看法是：一桩正常的交易使双方受益。"以现金付款为基础"，起先因被认为是用一种机械的联系替代过去的陈旧关系而遭到指责。事实上，它是一种建立较多依赖性的方式，而不是较为古老的"主人"和"仆人"的人际关系。正如汤因比（Toynbee）所说，经济关系使得人们像出卖任何其他商品一样出卖其劳动力，只是没有出卖自身。

但是，当经济过程存在这些道德可能性时，任何既定制度或实践的道德取决于这些可能性实际实现的程度。

首先，我们可能想弄清如下问题：经济过程给予每一成员所需的类似服务了吗？用经济学行话说，它生产了社会需要和希望的类似商品了吗？解决这一问题的方法会成功地预防某一商品的短缺和其他商品的过度供给，因此预防了一种危机源，即工作和工资的不规律性，从而最终预防了苦难和短缺的发生。

其次，如果经济过程表现为社会成员（如康德所说，社会成员作为人都具有内在的价值；在我们的政治社会，社会成员间被认为是平等的）间的相互依赖、相
441 互服务，我们可能想清楚地知道它如何分配所提供服务的成果。为了回报提供的服务，这种过程会以一种广泛和普遍的方式分配商品吗？还是使"富者越富，贫者越贫"？或者，从另一角度说，我们可能问道：在道德或平等的基础上或非道德的基础（如果不是邪恶的或不公平的）上，经济过程会回报社会成员吗？

第三，**相互冲突的服务**的问题有几种表现形式。首先，生产者和消费者之间经常存在冲突。较高的工资和较短的工作时间对作为生产者的木匠或织工有利，但当他作为消费者付房租或买衣服时，只对较为低廉的商品感兴趣。用什么原理来调整这一问题？又如，对消费者的服务可能导致生产者参照含有最低利润的价格表。其中一名生产者能够这么做是因其具有较大的商业规模，但是，这会将其他竞争者排挤出这个领域。他会同意一个所有人都能维持生意的较高价格吗？或者坚持对消费者以及他自身有利的较低价格？此外，工会是冲突的服务问题的长期体现。在多大程度上，它将为一个有限责任公司（联盟）服务，以损害同行业其他工人——非联盟成员——为代价？工会是否对所有人开放，或者

是否用高额费用限制会员资格，其结果会有不同吗？为了通过限制供给来维持工资不降，会对学徒工加以限制吗？如果是这样，对想进入这一行的没有经验的人或不熟练的劳动者公平吗？即使这对这些人而言很严酷，万一太多的人进入这一行，比起听之任之使其受到自然选择的淘汰，这是更为严酷还是仁慈？劳作时间会减少吗？工资会尽可能上涨吗？或者是否有一个“公平”的标准——对消费者和劳动者而言都公平？工会与资本家联手对消费者提价的可能性有多大？

私人财产和社会福利——显而易见，财产的社会价值是间接的，恰如在法律上，私人权利被认为间接地建立在社会福利基础之上。社会目标旨在提升其成员的价值，鼓励个人尊严，并维持个人自由的发展。因此，只要财产实现上述社会目 442 标，就可能会要求社会价值，除非它干涉了其他社会价值。私人财产的作用似乎对兴趣和情感的团体有些危害。例如，柏拉图在其理想社会中，不允许社会的护卫者拥有私人财产。因此，就不会在“我的”(meum)和“你的”(tuum)问题上产生争议，没有诉讼和分裂，没有卑鄙之事或苦闷，没有对同胞的掠夺，没有穷人对富人的谄媚。中世纪的教堂应用了他的理论。即使现代社会也留有这一思想的些许痕迹。被柏拉图称为护卫者的阶级——士兵、法官、牧师、教师——实际上没有财产，尽管他们得到了社会的支持。对公众而言，这些阶级不应该拥有大量的财产，这样做会更好，这一点可能会得到普遍承认。但很明显的是，私有财产不是个人和阶级分裂的唯一原因。在有着共同目的和情感的深层次统一体中，如早期基督教社会或各种各样尝试奉行共产主义的组织，共同拥有财富可能在道德和实际上是有价值的。但是，如果没有建立这样一个统一体，而仅仅废除财产，就可能意味着更多的严酷的分裂，因为对于每个人的独立来说没有可行的方法，这种独立是避免摩擦和提升幸福的必要条件。

但是，即使通常的情形是一些财富应该被私人拥有，我们必须承认，大量的道德问题依然存在于严谨的条件下。这样，在社会中将会发现，把财富的控制权委托给私人是明智之举。有一点必须明确，即没有绝对的私人财产。每一种权利，法律的或道德的，来自整个社会；反之，如果社会是一个道德整体，同样必须尊重社会成员中的每一个体。基于以下的道德问题，我们必须考虑：哪种公共财富应当置于私人个体或个人公司的完全控制之下？现存形式的制度会促进无产者以及有产者的利益增长吗？或者只是增长有产者的利益？通过将公共财富的较大部分置于私人控制之下或保留比现在多的部分置于公有制名下，社会福利

443 在整体上会得到发展吗？对个体或公司可能占有的土地数量或其他财产应该作出限制吗？私有制运行机制与其说是让社会大众享受部分文明利益，不如说是拒绝社会大众享受文明利益，这样的例子存在吗？应当允许人们将自己所有的财产都转送给继承人，还是将部分保留给社会？

上述分析旨在论述一些必然属于经济生活的问题。但是，由于经济条件的变化，道德问题呈现出一种新的和令人困惑的方面。对这些变化的条件进行简要的论述，是必要的。

§2. 新经济秩序下的问题

集体和非个人组织——在经济和工业领域中，有相当一部分发生了两个变化。第一个变化是从以个人为基础到以集体为基础。第二，部分程度上，是第一个变化的结果，即从个人关系到非个人或团体的关系。团体当然是由个人组成，但由于经济的目的而组织在一起时，他们会变成仅仅以经济为目标的共同体，而无任何人类特质可言。尽管在法律上，他们可能是权利和义务的主体；但他们只有一个动机，因此他们远离道德人情。他们变成从事交易的机器，而且与其他机器一样强大有力——且一样不能进行道德思考。

道德再调整——这两个变化都要求对我们的道德概念进行再调整。我们对诚实和公正、权利和职责的概念，在很大程度上是在工业和商业的秩序下成形的，具体情况如下：当你的和我的能够轻易地区分；当很容易告知一个人生产量
444 是多少；当生产者向其邻居进行销售时，雇佣者也会和其工人产生邻里关系；当责任可以定位于个人，反之，人们可能控制他所拥有的生意或制订个人契约；当每个人有其自己的照明、供暖、供水系统和经常使用的交通工具，就不需要公共服务部门。但是，这些概念对现在的秩序而言，是不充分的。过去的诚信认为，商品属于其生产者，然后考虑交换和契约。新的诚信首先必须面对一个前提问题：**谁拥有集体生产的东西？**现行的"游戏规则"诚实和公正地对利润进行分配了吗？在经济领域，过去的公正主要保证每一个体在财产或契约上的权利。新的司法必须考虑如何能够保证每一个体的生活标准，这作为文明价值的一部分，可能成就一个充实的道德生活。过去的道德允许人们更多地作为个体行动；新的道德要求他们以协同努力的方式行动，如果他要取得成就的话。个人主义原理不能够解释集体主义事实。

在经济和工业过程的变化中，不仅现存的人类知识、技能和耐力聚合成强大的力量，而且过去和将来的技能和工业成果相结合，共同发挥作用；这些过程的变化，取决于一些并存的因素。下面，我们将论述社会机构、工业技术、商业技术、确定价值的方式和财产的性质。

§3. 从事商业和工业的机构

早期机构——早期从事贸易和工业的机构不是纯粹为了经济目的而组成的。家族或家庭集团经营一些工业，但这只是其目的之一。许多区域群体的形成也是如此。雅典的城邦拥有矿山，德国的村庄有其作为公共财产的森林、牧场
和水源；在过去很长的一段时间内，这种“公共的东西”在英美习惯中得以幸存，445
尽管牧场的牛群可能归个人所有。在美国，一些土地曾经因教育用地而得以保留；如果保留至今，会有相当多数量的土地为公众使用，其数量几乎达到令人难以置信的程度；但实际上，土地一直以来经常被卖给个人。国家政府至今仍保留一定的土地作为森林保护区，但是在最近发生的争取市民所有权运动之前，市民社区(civic community)在英国和美国几乎不是一种经济因素，除非在道路、运河和邮政领域。在家庭和区域或社区对工业的控制中，我们只运用众多职能中的经济职能。经济有助于加强统一体中其他方面的结合。另一方面，经济动机却因没有任何力量，不能独自地发挥作用而突显自身。因此，不管在家庭还是公民团体中，获取本能(acquisitive instinct)的影响会通过这一事实而受到限制，即个体既从属于工业关系，也从属于亲属或邻里关系。

企业机构——相反，在企业机构中——合伙企业、公司、集团，托拉斯——人们只能按照经济目的组织在一起，而不考虑其他利益或目标。按此目的组成的集团“没有灵魂”，因为它们只包含抽象的经济利益。在国内和地区机构，赢利的动机在一定程度上得到有益的控制，同时带来负面的牵制。随着企业机构(作为一种独特的人类行为)的兴起，社会为这种新生力量的自我表现铺就了道路，其发展对作为一个整体的道德和社会生活同时带来了优势和劣势。一方面，它极大地增加了经济和工业效率的可能性。企业的规模可以按照最有效的生产可大可小，而不像家庭或社区机构要么有时太小要么有时太大。企业可以针对某一特殊任务，将人们按其能力组织在一起，而不会像其他组织形式一样，被迫接受一个由另一些经济或工业的原因而组建的群体。进一步说，它可以毫不费力

446 地摒弃老人或其他不适合其目的的人。而且，这种情况越来越多。当大的集团（每一企业控制着数千万甚至数亿资金）联合在一起并置于统一控制之下时，我们可能会有一股强大的、作为整体被支配的力量。很容易设想——事实上，管理者很难不去设想——这样巨大的组织利益极为重要，外交、关税、立法和法庭应该是从属的。而存在于这种集团（只是为经济目的构建的）的道德危险是显而易见的，这样的例子在实际劳作中会经常出现。因为对个体控制的限制知之甚少或全然不知，集团只能以一种完全经济的方式对待竞争者、雇员和公众。这种做法确保了某些有限的诚实，但是不包括个人同情或公众职责的动因。

工会——与资本合作联合有关的是各种类型的工会。通常，工会在最初组织起来的时候有着较为复杂的动因，包括社会和教育目标；且在行为上较为感情用事，甚至充满热情。渐渐地，它们会变得非常实际。在美国，工会设法保证较高的工资；如果有疾病和死亡，会提供津贴或保险金；并且在工作时间、童工以及对危险器械、爆炸和职业病方面的预防所做的保护方面，会提供更好的条件。在英国，工会成功地将合作计划应用于消费商品的购置中。工会组织在技能行业中一直是最成功的。只要目标是集体协商，很明显，只要工会在特定行业控制着整个劳动力的供给，就会有相应的效率。在非技能劳动形式中，特别是伴随着移民的不断流动，即使有可能，工会组织与资本组织相匹敌也是很困难的。因此，在冲突中，当力量不均的双方处于敌对状态时，人们很自然会预料到这种经常发生的道德情形。强者对弱者表示轻蔑，拒绝"承认"其存在。当弱者在强者判定的规则之下、用强者规定的武器进行斗争时，弱者发现自己处于没有希望的状
447 况，从而导致绝望。因此，他们拒绝遵守规则并诉诸暴力——其结果表现为：通过这样的方式，他使自身与所有有组织的社会力量相对立。

重建群体道德——新条件下的显著特征意味着一种对**群体道德的回归**，实际上，目前也是如此。社会努力想重申一种普遍的道德标准，但至今连一个标准也没有找到。因此，一方面严格坚持已经不适用的法律，另一方面或多或少对新需求有着情感上和不理智的体谅[①]，并在这之间犹豫不决。过去，群体道德意味着非个人的、集体的生活。它意味着对自己所在群体的忠诚，对其他群体的漠视，

① 例如，在罢工事件中，公众情感对一定程度的暴力有时存在一种容忍。因为他们认为，对不公平的条件没有合法的补救赔偿。

缺乏责任感，以及一套完整的社会标准。当然，现在与过去有一个很重要的区别。现在的集体、非个人机构不像过去家族群体那样单纯。现在的机构可以有效地确保明确的目标，管理者同时也保留了过去群体机构的团结以及不担负责任的优势。

成员和管理——集团的理念是民主的。因为它通过基于选举的管理形成了一个由众多业主组成的联盟，其中一些可能是小的业主。通过分配所有权用以维持权力的集中，这似乎是一种极好的机制。但是，现代企业和联盟的规模恰恰阻止了股东或成员对它的直接控制。这些股东和成员可能不喜欢一种既定政策，但他们作为个体又是无助的。如果他们试图控制，也几乎是不可能的，除非在特别的危机中，以共同行动为由[①]联合大多数。理事们可以执行一项政策，与此同时，宣称自己是股东们的代理，因此最终不会负有责任。在铁路公司或大型的工业集团或工会，小的股东会产生什么影响呢？他们轻而易举地联合在一起， 448
只为了一个目的：他们想要得到红利或绩效。当要采取一项违法的政策，或要对立法机关或陪审团行贿，或要“对付”非联盟成员时，行政负责人同样只是为了寻求“绩效”。他们将责任转交给执行或“法律”部门，或者是“教育委员会”，此外便不闻不问。而这些部门是股东或联盟的“代理”，它们因此感觉非常自在。因为股东们确信，他们从不会委托错人。一些集团的管理，一方面是为了大多数所有者的利益；另一方面，是为了权力核心层(inner circle)的利益，这些公司与权力核心机构指派的边缘公司(side corporation)签有灵活的合同。而且，大集团往往倾向于一种情形，即大型铁路、银行业、保险业和工业主管的董事会由同样有限的一群人的团体组成。因此，这种聚合的财产完全可以挥霍，就好像是这些个人自己的一样。根据纽约法庭，如果这笔财产用于董事的政治选举，是不会受到谴责的。

雇主和雇员——同样，雇主和雇员之间更多是非个人的(或客观的)关系。终极雇主是股东，但是股东将权力委托给董事长、主管和工头。每个人都被期望取得成效。雇员可能会向主管抱怨工作条件，结果被告知他不得妨碍工头；雇员可能会向工头抱怨，结果被告知这是公司的政策。联盟也可能充当着一种类似的缓冲器。在上述关系链中，如果个体自己能作主，任何个体都会经常仁慈或宽

---

① 近来较大规模的保险公司中的选举已说明了这一点。

大地行事。依此类推，个体不可能对他人的财产表现出仁慈或宽大，因此在整个制度中，没有仁慈和宽容可言。这种制度似乎已经在创建集团时达到极致，因为集团明确表示解除雇主任何的个人责任的意图。为了帮助雇主，防备雇员因为受伤提出要求而组建的公司，可以视为分摊责任的一种手段。但是由于公司的组建，如人寿保险公司的组建一样，并非主要负责赔偿，而是避免这样的支付，它
449 有如下动机：即在争辩每一索赔时，不管是否公正，使起诉索赔的费用非常昂贵，以至于受害者可能不愿意上诉。当穷人是原告、富有的集团是被告时，"法律延迟"几乎总被看作是一种强有力的辩护。

同公众的关系——集团同大众的关系与大众同集团的关系类似，都是非个人的和非道德的。要认识这种关系，一个简便的方法是从各种各样的机械装置的道德的或非道德的状态得知，在最近几年，这些机械装置为经济提供服务。如果使用一分或五分镍币，秤、糖果机器、电话会提供一定的服务。但如果机器出了问题，受害者没有追索权。相应地，他自己的态度是机械的，他认为自己不是在和人打交道，而是在和一个物打交道。如果他可以使用它或"揍"它，这样更好。现在，一个集团所采取以及引发的态度停留在以下两种情况之间，即机器的纯粹机械性和完全的道德个体的个人态度。一个人被一家铁路公司的一名官员索价过高或者在与其交往过程中有一些困难，与上述自动贩卖机的情况一样，寻找即时的安慰是没有希望的。这名官员受其命令的限制，就如机器受机械性控制一样。如果耐性和寿命足够长，此人以后可能与某些更高级别的官员达成一致，从而可能会取得补偿。但是，为了防止诈骗，公司必须使用比个人（以个人方式处理）更为严格的方式。因此，一个正好不满的个人很可能对公司持这样一个态度：即他在与一个机器而不是有道德的人打交道，正如公司的员工在与公众打交道时不允许考虑任何道德方面的事情。他们仅仅是遵守规定。公众情感在铁路事故中表现出来的是盲目的愤怒，这种情感使个别的卡车司机要对他辗过的孩子负责，或者个体公共马车所有者在载客时对莽撞和粗心的行为负责。但是，公众情感不能将道德责任明确地指向股东、管理人员或雇员；相反地，股东、管理人员、雇员[①]感
450 觉不到作为个体才会感受到的道德制约。他不要完全负责，而且他在集体中所

---

① 费根（J. O. Fagan）在《亚特兰大月刊》（*Atlantic Monthly*）（1908年）中呼吁：在保护个人免受粗心的惩罚时要注意联盟的影响。

承担责任的比例很小，以至于这些责任看起来似乎经常可以完全忽略。

与法律的关系——集体企业机构合并后，被视为“法人”，因此得到法律的支持并受其控制。如果大的集团能够因此获得个体的权利，它可以非常有利地进入自由契约领域。工会没有合并，也许是担心法律会对其资金进行控制。工会寻求较高的生活标准，但私法并不将其认可为一种权利。私法只是保护契约，让个体制订出最佳的契约。因为大部分工薪阶层没有契约，但又容易随时被解雇，所以工会看到合并不会带来多少利益。这样，工会失去了与社会寻求体现其道德思想（不管如何迟缓）的制度的接触，在一定程度上成为非法组织。起初，这并不是他们自身的错，因为法律将这样的合并视为阴谋集团。而且，他们还有两点明确的劣势。第一，担当单一法人的资本或雇佣集团可能会拒绝购买某一工会的劳动；事实上，根据最近的决议，不可能禁止因其雇员在一个工会中而解雇其雇员的行为，因为集团可能雇佣几万人，同时实际上是某一特定种类劳动的唯一雇主，所以能够执行实质上的联合抵制，同时防止工会出售其劳动。集团也不需要使用“黑名单”，因为所有的雇主联合为一个“人”。另一方面，如果工会联合抵制雇佣集团，则会被裁定为限制州际贸易。工会在此被视为一个联合体，而不是作为一个单独的人。第二，受雇方在很大程度上有合法的优势，这体现在罢工的时候。人们可以辞职，但这不是对资方施加压力的有效方法，除非雇主急于要求工厂不断运作却雇不到其他人。如果他能够利用一个开放的劳动力市场同时雇 451
佣其他的劳工，那么，罢工者的唯一办法只能是劝诱这些人加入到他们的行列。但是，法庭却命令罢工者禁止胁迫，甚至说服[1]其他雇员辞职。执行强制令（使

① 近来的伊利诺伊州决议（216号，第358页，尤其是第232号，第431—440页）支持大规模地反对说服的强制令，不管说服如何促进和平。“合法的竞争是不能控告的，它可能会伤害个人的生意，即使成功地实现使其破产的目标。”但是，通过花钱或运输雇佣离开某一雇主的劳工的工会不是“合法的竞争”。法庭会认定这种目标是恶意的，即对雇主造成了伤害。法庭不会迎合这种可能性，即与雇主获得财产是合法的目标一样，获得一天八小时的工作时间对工会来说也是合法的目标。这一决议很清楚地说明了法律对工商业集团（以常见的收购为目的）施加的压力和工会（以建立新的生活标准为目的）施加的压力的不同态度。法庭把前者那里对他人的伤害看成是偶然的，而把后者那里的伤害看成是主要的，因此是蓄意的。后人可能将这种司法心理视为我们对引用上述一些案例的看法（第21章）。其他法院并不总是持有这样的观点，允许说服存在，除非它在这样的方式或情形下使用：即“以恐吓威胁为手段，而不是根据其判断力或同情心”（17.，*N. Y. Supp.*，264）。对于其他情形，参见《美国及英语地区的平等》（*American and English Decisions in Equity*），1905年，第565页及以下；以及埃迪（Eddy）的《论合并》。

法官能够确定罪行，解除陪审团的审判，定罪，并施加他认为合适的惩罚）的程序方法产生刑事程序的所有效果，没有任何局限性，并且形成一种最有效地抵制工会的力量。在说服被禁止的地方，很难看到一个工会如何能够施加任何有效的压力，除非在高技术行业中（在这里，工会可以控制所有的劳动力供给）。在私人权利和自由契约领域，工会处于劣势，因为他们不具有对于其目标有任何价值的权利。除非在特定条件下，拒绝工作权利除外。在大多数情况下，罢工对工会造成的伤害比对资方造成的伤害要大得多，因此不是有效的武器。

工会在自由契约中表现出失望，继而寻求那些公共机构的支持，它们代表更
452 好的卫生条件，防止童工、妇女长时间工作，防止不公平的契约，以及诸如此类的利益。资本主义集团经常以妨碍自由契约或没有“相应的法律程序”而拿走财产为由，抵抗工会这种焦点的改变，且许多法律基于这些原因[1]被视为违反宪法而被取消，其中几条无疑是为了某一阶级的利益，而不是公众的利益。我们会在后

---

① 所附列表在1906年的芝加哥工业展上公布，收录在《慈善机构及公有权》（*Charities and The Commons*）中，由泰勒再版。

“契约自由”对劳工意味着：

1. 在伊利诺伊州，妇女拒绝一天工作八小时的法律。
2. 城市劳工或技工及普通劳工拒绝一天工作八小时的法律。
3. 面包师拒绝一天工作十小时的法律。
4. 无力禁止廉价劳动。
5. 无力用法律阻止雇主以保证工作为条件要求雇员承担在工作时所有受伤的风险。
6. 无力禁止雇主向雇员出售商品，其获取的利润比向非雇员出售获取的大得多。
7. 无力禁止矿山所有者用粗筛过滤煤、煤依据重量开采，并将其相同的数量计算雇员的工作量，作为工资的基础。
8. 无力立法抵制雇主使用强制手段来防止雇员成为工会成员。
9. 无力对雇主扣除雇员工资进行限制。
10. 无力通过法律施行按周或双周付工资。
11. 无力通过法律施行定期付工资。
12. 无力通过法律规定从事公共建设工程的劳动者应按普遍的工资率支付。
13. 无力通过法律施行对加班时间进行额外的补偿。
14. 无力通过法律阻止雇主隐瞒部分工资。
15. 无力施行用现金支付；所以雇主可能用废物或临时单据支付，这些不能兑换成法定货币。
16. 无力禁止以本市契约雇佣外来劳工。
17. 无力通过法律保证在城市印刷品上加上工会标签。

劳工代表提及“法庭保护工人的讽刺性方式：有被致残和被杀害的权利，而雇主不必负责任；有因为属于某一联盟而被解雇的权利；有按照雇主意愿并在其可能强加的工作报酬下工作很多小时的权利”。当然，“讽刺”不是法庭的意愿。这是有某种情形下内在的讽刺，即用于保证正义的规则变得无效，不是因为不正义太强的原因，而是因为条件的变化。

面读到，维护在警察权力监督下对某些集团（其服务和公众有直接利益关系）的较大的公共控制的倾向。为抵制其他集团，公众或不成功的竞争者在反对“托拉 453
斯”的立法中寻求合法援助，但结果证明是无效的。它只是导致组织形式的一种变化。法律至今也不能很容易地就以下三个援引的原则中的任何一个对工商集团行使任何有效的控制，这三个原则是：防止垄断，保证与公用事业集团有关的公众利益和维护警察权力。罚金的处罚方式经常对犯罪的人不起作用，而且很难确定个人的责任。陪审团不愿意宣布下属官员的行为有罪，因为他们认为，其行为是高级官员的决策所要求的；而另一方面，高级官员很少会直接知道犯罪行为。但逐渐地，我们可能认为，法律会找到一种方式，使劳资组织尊重公众福利，并对他们期望的目标予以支持。合作原则不可能是非法的，它必须是完全社会化的。

§4. 生产、交换和评价方法

机器——生产技术也表现了类似的进步：从个体到集体方法的转变。较早的方法是手工业。在大多数行业中，除农业以外，都实现了机械化。但机器最经济的优势不仅在于用机械力量替代体力，而是用集体工作替代个人工作。正是机器，在极其有效的基础上，使劳动分工和社会组织成为可能，而这正是上个世纪财富巨大增长所依赖的两个因素。而且，机器本身，在其大规模的扩张中，不仅是社会工具，而且是社会产品。为工业带来各种新过程的发明和发现主要是科学研究的结果，这些科学研究在很大程度上是依赖公共开支进行的，研究者并不是那些最终享用成果的人。它们依次变为财富生产的工具，因此财富的生产 454
在起源上是双重社会性的。

这种机械化过程与我们分析中提及的品格因素有重要的关系。它使效率标准化；机械化过程特别要求速度的增加；同时要求职能充分专门化，而且不要求知道整个过程。另一方面，它给予人们某种有力控制的感觉，并直接提供高度复杂的机械。因此，在更多要求技能的行业中，有更多的时间和资源用于智力、审美或社会的满足。工人的联合支持对共同利益、同情和合作的讨论，这可能唤起人们自愿牺牲个人利益去迎合集体福利的意愿；在发展到极致时，与爱国主义情感非常类似，即使它易于用激烈的表达方式，诸如用最坏的方式表现爱国主义情感。工人的联合是现代工业最显著的特征之一。

资本和信贷——服务和商品的交换技术经历了一场转变，从受限制的个人到几乎不受限制的方法。较早的交换以及以物易物的形式将商业行为限制在一个小的范围，个人服务的较简单形式要么涉及奴隶，要么涉及一些几乎是直接由个人控制的东西。货币使得在较大的区域内进行交换以及资金积累(代表过去很多个体的劳力)成为可能。此外，随着工商业现在所使用的信贷系统可能性的进一步完善，在任何企业，不仅仅在利用过去劳力的成果，同时在对将来预期收入的利用方面也是可能的。按现在方式组织的集团，用公债和股票的方式发行债务；公债和股票并不表示迄今已经产出的价值，而只是预期的劳力或特权的价值。所以，资本和信贷的整体技术意味着一种集体企业机构。它聚集了过去和将来千百万人的工作和能力，将这种产物作为一种几乎不可抵抗的手段来获得
455 新的企业或驱逐该领域中的竞争企业。

评价基础——评价价值和价格的整个基础也发生了变化。在中世纪的大部分时间，用于确定劳力或商品的价值的旧基础是所花费的劳动和材料的数量。现代基础是供需关系，它从这一理论出发，即人类需求赋予产品价值。我可能花时间和精力看一本书，或雕刻，或种植一种新的蔬菜，或为了美而加工一件衣服；但是，如果没有人喜欢读书或看雕刻，如果这种蔬菜没有人能吃或这件衣服没有人愿意穿，它就没有价值。鉴于此，我们可以看到评价的两个因素——即需求和供给——受到社会因素的影响。对物品的需求依赖于市场，即依赖有多少买主，他们有什么需求的东西。现代交流方法和运输方式形成了商品市场，与文明世界的规模一样大。教育不断地唤醒新的需求。交流、旅行和教育的设施不断引导世界的一部分来模仿其他部分所设定的标准或方式。因此，我们有了一种社会的评价标准，这种评价在广度和强度上不断扩大。

评价的另一因素——供给，同样日益受到社会力量的影响。对许多(如果说不是大部分)最重要的商品来说，人们发现，无限制的供应比根据生产者利益调节的供应利润更小。大型煤矿、铁制品工业、服装制造业发现，生产有限的数量会产生更多的利润。大的公司和托拉斯经常通过关闭先前从事的部分工厂，以突显垄断所获或者其对任何一个重大领域的产品的近似控制。类似地，劳动力的供给受到工会政策的限制(限制所允许的学徒数量)，或维持工会小规模的其
456 他方式。不论为了资本的利益还是劳工的利益，关税都是一种对供给的社会控制。特许权不论有关蒸汽铁路、街道运输、煤气、电器照明，还是有关其他所

谓的公用事业，在性质上都是授予某些个人的垄断。它们的价值取决于这些公用事业的总体需要，加上对供给的公共限制。在很多情况下，服务对社区是不可或缺的，服务人员不需要特别关注或考虑如何使服务更有效率。人口的增长使这种特许权获得了巨大的利润，而公共事业公司不会增加任何风险和付出努力。

但是，社会创造价值最显著的说明是有关土地的。在国家的某个地方，一英亩土地价值 50 美元；在另一地方，价值 20 万美元①，这种情况不应归于土地的任何区别，在很大程度上也不是任何劳动和技能或所有者其他素质的问题。这是因为以下事实：前者没有土地需求，后者则位于市中心的位置。毫无疑问，在特定情况下，城市房地产的所有者可能通过他的公司来帮助这个城市进行建设，但即使如此，这也是附带的。不在场的所有者随着城市的增长赢得利润，同时也是促进城市增长的最大贡献者。所有者甚至不需要通过一栋楼来增进财产。土地价值的巨大增值，一直以来被称为“自然增值”(unearned increment)。在美国，在很大程度上归于自然的地理位置和交通的特点。对一些作家而言，诸如亨利·乔治(Henry George)，这似乎不仅是一种显著的不公平，而且是所有经济罪恶的根源。毫无疑问，在很多情形中，这是一种“来得容易的钱”的显著形式，但这个原则并不与几乎所有现代工业部门包含的原则不同。现代社会的财富的确是一种巨大的聚集。没有一个个体知道他创造了多少，这是一种社会产物。完全不可能通过试图估计个体所作的贡献，进而估计出他所应该得到的。

§5. 促进道德重建的因素 457

现代经济形势的两个显著特点，即集体的特性和非个人的特性，它们自身能够在理解道德问题以及进行必需的重组时提供颇有价值的援助。**因为现代经营和所有权的重要性恰恰能够更为清楚地说明有关原则。非个人的品格使得经济力量在其道德方面完全可以看得见。**公开宣传成为必要。正如工厂必须比糖果店有更好的光线、空气和卫生条件，因此大集团的做法引起了公众的注意，并刺激了道德，尽管这些做法可能正好与那些逃避道德谴责的私人做法一样。毫无

① 在大纽约，曼哈顿岛的一英亩地当然比这还要多很多。1907 年纽约税收部门的报告非常具有参考价值。

疑问，在一些情况下，操作的重要性实际上改变了原则。旧时赶公共马车的人在道路上实行的“免费搭车”，或者在一家乡村商店的“特别贱卖”，不可能扰乱竞争的平衡，因为免费乘车或秘密折扣的体系在现代商业中是允许的。但在其他情况下，现代组织所作的仅仅是显示竞争的工作方式或其他较大规模的经济力量。可以从以下这个熟悉的事实中看到，即为了校正一些公司的做法而通过的一项法律，经常被发现适应许多没有受到法律制订者关注的做法。

使一项原则公开且大规模地应用，其作用旨在明确公共判断（public judgment），以更有效的方式斥责不良的做法。类似地，非个人因素的强有力推进使定罪变得容易。当个人行为出现问题时，批评不会受到使情形复杂化的考虑这个因素的阻碍。某个人可能是一名好邻居、一个好同事或运气不佳的人。但是，没有人会拒绝表达他对一个公司的看法；不管法官是否正确，普通的陪审团就自身利益而言会不偏不倚。公司的股东甚至还包括寡妇和孤儿，他们偶尔提出的辩护是为了转移对公司做法的干预，主要是说给那些无动于衷的人听。
458 商业行为需要一个更高的标准，公共服务需要一种更严格的关注，在公共服务中投入的资本要求更稳健的回报，大型企业的雇员比私人企业的雇员要求更好的待遇。劳工组织也不会逃避同样的法律。当发觉工会的代理人为了个人利益而号召罢工时，他们的反应将如同企业官员以损害股东利益的方式来获取利润一样来给予严厉的谴责。

总结——通过分析，我们可以对一些要点进行总结。现代科技极大地增加了劳动生产力，但也增加了对健康和生命的危险，在一定程度上降低了其教育和说教的价值。非个人机构被赋予了极大的权力，但是很难定位其责任。集体机构和社会贡献使经济发展成为一个巨大的社会联合体。人们投入手工劳动、技能、资金，一些来自家族继承；一些来自发明工具及方法的发明家和科学家；一些来自他们自己。因为政治家、爱国者、改革者创建了好的政府和制度，并在类似机构下得以维持，所以这种聚集的努力是可能的。这种聚集极具生产性。但是，没有人能说他作出了多少贡献。每个人会保持他所取得的吗？所有人会以同样的方式分享吗？或者是否有其他分配规则——由社会制订或执行，由个体制订，还是由其良心执行？我们目前的规则是否充分适应目前的情形？这就是一些困难的问题，现实环境把这些问题强加在爱思考的人身上。

参考文献

亚当·史密斯(Adam Smith)、J·S穆勒和卡尔·马克思(Karl Marx)的经典论文,论
述上个世纪经济对整体社会秩序的关系非常重要。除此之外,近来在综合领域的著作特 459
别突出了相关的道德问题,如下所示:Marshall, *Principles of Economics*, 1898; Hadley, *Economics*, 1896; Clark, *Essentials of Economic Theory as Applied to Modern Problems of Industry and Public Policy*, 1907; George, *Progress and Poverty*, 1879; Schmoller, *Grundriss der allgemeinen Volkswirtschaftslehre*, 1900 - 1904; Bonar, *Philosophy and Political Economy*, 1893; Hobson, *The Social Problem*, 1901; Brooks, *The Social Unrest*, 1903.

有关现代商业和工业,参见: Veblen, *The Theory of Business Enterprise*, 1904; Cooke-Taylor, *The Modern Factory System*, 1891; Hobson, *Evolution of Modern Capitalism*, 1894; Toynbee, *The Industrial Revolution*, 1890; Adams and Sumner, *Labor Problems*, 1905; S. and B. Webb, *History of Trade Unionism*, 1894, *Problems of Modern Industry*, 1898, and *Industrial Democracy*, 1902; Mitchell, *Organized Labor*, 1903; Ely, *The Labor Movement in America*, 1886; Hollander and Barnett, *Studies in American Trades Unionism*, 1906; Henderson, *Social Elements*, 1898, chs. vii - x.

23.

经济秩序中的一些原理

460 前述分析所提及的某些问题之所以未能解决，是因为这些问题非常棘手；并且在一些情形下，不仅实际情况而且对它们的解释也存在非常多的争议，以至于至今我们都无法明确地表达道德判断。而另一方面，某些原理则已经非常明确，我们将对其中一些较为容易理解的进行论述。

1. *在重要性上，财富和财产从属人格*——生命不仅仅是肉体。大部分人认可这一抽象的描述，但是很多人实际上不能加以运用。他们可能牺牲健康、人类的同情或家庭生活；可能以雇主、消费者或公民的身份，或以其他身份积极或消极地对这种牺牲表示认可。为提供生存方式而丧失生命的文明是极其不道德的。能够为某些人提供奢侈品的社会，难以证明非健康的生产条件以及缺乏基础教育是正当的。以活力和效率为代价，满足单一爱好的个体是不道德的。一个把财富和财产看作根本的社会，不管其处在"自然权利"还是其他概念之下，都是本末倒置的，因此是非道德的或不道德的。

2. *财富应当依靠行动*——就个体而言，生活的最高层面是在获得积极和肯定的成就中、在实现目标的具体行动中发现的。思想、发现、创造标志着一种比对需求的满足或商品的积聚更高的价值。如果后者有所帮助，它一定能刺激行动，而不是削弱行动。从这一观点来说，继承财富没有来自教育、阶级感情或公众舆论的任何相伴随的兴奋，就是一个有问题的制度。凡勃伦在其《有闲阶级理论》(*Theory of the Leisure Class*)中指出了可能依附休闲的各种退化形式，休闲不仅是为了更多的智力活动从机械劳动中解脱出来，也是对所有严肃劳动的放
461 弃。当人类在选择较为积极主动的人的环境面前有所提升时，社会在其制度和

有意识的定向发展中，可能会妥善计划以保持行动和回报两者之间的平衡。现代慈善采用了这个原则。我们担心因接济穷人而变穷，除非我们能够提供某一自助形式。但对待富人时，社会不会热心的。我们对财产继承的规定，毫无疑问，会使一部分继承人变穷。获得财产的那部分人能否对此加以预防，而不妨碍行为的动机，或者对社会而言，如此变穷的富人是否值得像穷人那样救助，随着继承者数量的增加，这些毫无疑问将成为更加紧迫的问题。社会认识到，它可能既要对游手好闲的穷人负责，也要对游手好闲的富人负责。

3. **公共服务应当与财富并进**——请注意，我们没有提及“财富应当与公共服务成比例”。这一点会立即引起我们对个人主义和社会主义的争论，稍后将在未解决的问题中谈及。例如以赫伯特·斯宾塞为代表的个人主义者会说：“除了年轻人、老人或病人，回报应与功绩(merit)成比例。”另一方面，社会主义者更倾向于说：“各尽所能，按需分配。”在这两种情况下，人们都认为应该有公共服务。有关我们是否能确定定量的规则这个问题将在稍后考虑，现在来看看为什么一些服务是一种根本的道德原则。

这些服务在经济上一些有用的贡献的形式中，不管是对商品的生产和分配、公共秩序、教育，还是对美学和宗教需求的满足，都可能作为应有的诚实问题而有所需求。鉴于此，服务是社会对每一成员的公正的要求。当然，这里没有法律
要求。法律不可能被看作是普适原理，“如果有人不工作，就不让他吃饭”。“流 462
浪”这个词不适用所有游手好闲的人。如果某个人的祖先通过服役、武力或天赋获得财产和爵位，在法律上是符合要求的。现代法律热衷于巩固财产制度，将全部所有者的后裔永久地从任何有用的服役的必要性中解放出来。古代神学过去习惯于将继承到的或被给予的罪恶与价值的概念置于极端，这为现代自由主义所摒弃。但是，法律——至少在美国——允许世代继承财产，即得到社会世代相袭的许可，而不需要任何个人报答。但如今，从神学和道德上，人们拒绝任何可能使自己尾随他人的观念。人们希望凭借自己的力量而自立，根据自身的行为而得到回报或谴责，而不是因为他人的行为。在经济领域贯彻这样的原则，则要求每个接受他人东西的人应该有一种责任，即他一定要付出相应的服务。在民主社会，仅仅“与生俱来的”这条理由几乎是不充分的；但是，不管提供多么慷慨的社会福利，法国贵族都可能会觉得这是理所应当的。

社会可能宣称服务是一种正当的权利(a just due)，这只是一个方面；还有另

外一方面——这种服务对人自身意味着什么。在社会有机体中履行职责是他的机会。现在，个人与他的目标和意志一样的大。因此，将自己的目的和公众福利视为一体的个人，也会将其自身与整个社会视为一体。他再也不是独自的个体，而是一种社会力量。不仅社会领导者，而且每个有效率的雇员，都使自身成为一个社会构件，并通过该构件推动社会向前运行。这也许在工业和社会中的大发明家或组织者中表现得最为显著。通过为文明效劳，他们已成为文明的承载者，并因此分享其最高的意志。其实，每个劳动者也是如此。由于他是一名积极的贡献者，他变得富有创造性而不仅仅在于接受。

4. **工业和商业需求方式从个体到集体的转变，要求道德类型从个体到集体**
463 **的转变**——道德行为不是促成一些好事，就是阻碍一些错误或邪恶。但在目前条件下，个体自身实际对上述任何一种目的都是无助和无用的。以往，人们可能制订较高的标准并加以实现，而不考虑他人的做法或合作。当卖者的市场受限于熟人或有限的地区，诚实乃至公平交易可能是最好的方针。但是，随着商业条件的改变，较为不良的做法，比如（含有较多贱金属的）假硬币，会把道德上较好的做法排挤出去。这种情况可能不完全地适用卖者和买者的关系，但是会应用于行业的诸多方面。某一商人可能希望付给其女店员维持生计且不出卖灵魂的工资；但是，如果街对面的竞争者只要求支付前者工资的一半，仅可以维持生存必需，很明显，前者到目前为止处于劣势。以此类推，同样的方针政策：假设前者在良好的条件下生产商品，而后者并不顾忌做“苦工”；假设前者按照如实的估算支付税收，而后者对估税员“见机行事”，或者，当被估算的数额超过了他自己估算的，便威胁说要离开城镇；假设前者要求一个公平机会，而后者能够操纵立法以支持其利益，或者取得书面的投标规范书，进而排除其对手，或者在向公共部门出售时，“操纵”理事会或学校委员会；或者在运输上取得非法的支持。如果这样继续下去，前者在这个领域还能支持多久？即使注重商品质量，诚实的交易可能成功，这似乎是合理的，但经验表明，这取决于欺骗是否能够被轻易地察觉。在掺假不易被发现的药品和商品案例中，没有什么能避免奸商更加偷工减料的做法。获取纯正药物和纯正食物很难，这因为掺假商品致命的竞争而似乎成为最为合理的事实。

或者试想，个人将其少量的财产投资到诸多种类公司中的某一个，这些公司为安置小额和大额资金提供了最简捷的方法。这个铁路系统因拥有煤矿和运输产品公然蔑视政府；那个公共服务公司通过行贿而获得特许权；这个公司雇佣童工；那个公司发现支付几桩损害赔偿的诉讼费用（这些公司不能打赢的官司），比 464
采取措施保护员工所需的费用要低廉。如果个人甚至一家事业机构发现，在这样的公司投资，自己作为单个股东处于无助的状态中，他会有道德的行为吗？如果他以市场价将其股份卖掉，再把钱投到别处，这不仍然付出了欺诈或血的代价吗？如果为了赡养家庭，他买了保险，根据近期的调查结果，他可能不知不觉地在促成立法机关的受贿，并支持他可能在道义上反对的政治理论。因此，个体不可能独立地具有道德，现代商业集体主义强行推动了集体道德。正如个体不能抵制联合，因此个体道德必须让位于更为强势的或社会的类型。

5. **满足公司机构和所有权的变化，必须寻找恢复个人控制和责任的方法**——自由和责任必须是紧密相连的。“有限道德责任”(moral liability limited)理论不可能以现有的简单形式被接受。如果社会要求股东负责，股东们很快不会仅仅基于经济基础选举经理，而要提出道德要求。如果董事们自身要对其“法律部门”负责，或联盟官员要对其委员会负责，董事和官员们就会想办法了解他们的下属在做什么。“犯罪永远是个人的”，因为下属为了公司，反对较高级官员的明确意愿而犯罪，这不是经常发生的。在某些条件下，相关的群体会自愿修复更为个人的关系。[①] 雇佣能够与工人和平相处的工头，被认为是有利的。事实证明，不管他们出卖劳力还是购买劳力，都能尊重和公平待人，这才是良好的经济。

近来，一些大的公用事业部门的经理人也倾向于认可一些公共义务，并且很自然地承认，这点一直被忽视。当工会旨在增强竞争时，也看到了安抚民意的需要。

6. **为成为非个人的机构，社会必须要求更多的公开，并在法律中更充分地** 465
表达其道德标准——公开并非能消除不良的做法，但是只要违法者关注公众舆论，并且不仅认可自己的阶级，它就是一种强有力的威慑手段（或方式）。罗斯(Ross)教授认为[②]，在美国，各阶级之间的组成方式仍然极其松散，领导们渴望

---

① 海斯·罗宾斯(Hayes Robbinsin)，《劳动问题中的个人因素》(The Personal Factor in the Labor Problem)，《亚特兰大月刊》(1907 年 6 月)。

② 罗斯，《罪恶与社会》(*Sin and Society*)。

获得一致的同意。鉴于此，他竭力推行利用“对罪人严加拷问”的方式执行道德标准，并认为这样做是可行的。但是，如果使“严加拷问”成为一种道德进程，社会需要获取的准确信息、比现有机构所能提供的要多得多，并且需要更为公正的依据来选择犯人。出于纯粹的经济动机，发布信息的媒体自身在许多方面就是一个最显著的例子。报纸或杂志必须吸引读者，且不能冒犯广告客户。他们选取、粉饰新闻来迎合某些特定的阶级。如果发言人说，记者认为一些事情没有意思，那么他可能觉得自己报道的那些事更加令人注目。公共部门能够自豪地指出，这类事情如果有利于特定利益，他们会将这些作为新闻摆在公众面前。挑选出来“曝光”的特殊利益很可能是由发行量或广告所带来的预期效果决定，而不是由事情的价值决定。将所有公众舆论的教育置于商业控制之下，与将所有初级教育置于个人利益之下一样，几乎不能得到更为满意的效果。公开——科学调查和公开讨论——事实上是社会不可或缺的，其最大的价值很可能并非因为正义的愤怒而导致的令人痛快的免职，而是标准的实际提升，这是通过传授较为全面的知识和展示某些做法的成果实现的。如果公众能够认清正确的事情，能够获得支持，他们会希望做正确的事情，因此正确行为并不会意味着自杀。

但是，符合现代经济机构的客观特点的合理方式是通过在一种非个人机构
466 中的道德意识，即法律来体现的。人们并没有把法律看成专门惩罚犯罪的机构。首先，法律确定了一种标准；其次，**它有助于有道德的人坚持这种标准，将他从不择手段的竞争中解放出来**。只有把事情做完比出于正确的动机把事情做完更加重要时，把它诉诸法律才具有道德意义，这是一个普遍的原理。很明显，这也适用于法人团体的行为。我们不关心他们的动机，也不关心其灵魂的拯救，只关心结果——就在我们看到个人责任中止的地方。在这种情况下，良好动机和道德目的的价值在于那些为公众利益努力、确保和执行进步立法的人，以及个人精神；只有具有这种精神，该价值才能被接受并被官员[1]执行。

7. 社会每一成员应当分享由社会可能创造的财富和价值——分配的定量基础和分配给每人的方法属于未解决的问题。但是，具有道德能力的每一个人的价值和尊严在几乎所有现代道德体系中都是基本的。这隐藏在基督教灵魂价

---

[1] 参见：弗洛伦斯·凯利(Florence Kelley)，《立法的某些伦理收益》(*Some Ethical Gains Through Legislation*)。

值的学说中，在康德的个性学说中，在边沁的格言中——“每个人都应得到重视”(every man to count as one)。这已经体现在我们的民主理论以及制度当中。现代发明和智慧的传播，引起了体力和智力的均衡和平等，除非在正义的基础之上，否则没有一个国家是永久安全的。正义基本上不会与民主的本质冲突。这意味着财富必须被生产、分配以及公正地拥有，其目的是：一方面，发扬社会每个成员的个性；另一方面，个人必须总是作为一个成员而非独立的个体来行使其职责。在解释正义时，一些人将自由放在首位，另一些人则强调生活标准。一些人通过分配给每人实际的商品份额来寻求公平；另一些人通过提供给每人一次公平的机会，从而获得他对商品占有的份额。还有一些人坚持认为，如果不提出任 467
何道德目标，每个人都设法得到他能够为自己所获得的，其结果将是竞争的积极作用下的公正分配。此外，另外一些人认为，如果经济进程曾经建立在契约而非身份或奴隶制的基础之上，正义可能被看作是对这些契约的维护，而不管实际利益的效果如何。这些观点将在下一个话题即未解决的问题中谈及。

参考文献

In addition to the works cited at the close of the last chapter, Giddings, “The Costs of Progress,” in *Democracy and Empire,* 1901; Bosanquet (Mrs. B.), *The Standard of Life,* 1898; Bosanquet, B., *Aspects of the Social Problem,* 1895; Stephen, *Social Rights and Duties,* 1896; Tufts, “Some Contributions of Psychology to the Conception of Justice,” *Philosophical Review,* XV, 1906, pp. 361 - 379; Woods, “Democracy, A New Unfolding of Human Power,” in *Studies in Philosophy and Psychology* (Garman Commemorative Volume), 1906.

24.

经济秩序下若干悬而未决的问题

468 在这个题目下面，我们提议考虑一个普遍问题和三个特殊问题。当前社会在这些问题下运转，并建构新的道德标准来适应新情况。新秩序涉及的许多问题，体现在一个单一的对立中。财富的道德价值能否通过赋予个人最大可能的自由和道德责任，或者通过社会机构及其控制力来得到完全的保障和公正的分配？前者被称为**个人主义**，后者被称为**社会主义**则更为适宜。

然而对大多数人来说，社会主义不是一个科学的概念，而是一个形容词。它似乎只意味着没收所有私企或私人的财产。在极端情况下，它可能会有上述意味，就如极端个人主义会意味着无政府状态一样。但是，作为一种实践性的道德命题，在我们面前既不会涉及废除公共机构及公共控制——极端个人主义，也不会涉及废除私人机构及其控制力。我们的问题是如何协调二者的数量，以便促进高尚道德的胜利。各个理论都声称希望个人的充分发展和完全自由。个人主义者们通过形式自由(formal freedom)寻求它，并在最大程度上限制公共机构。社会主义者为了保障在其看来更加重要和真实的“真”自由，愿意给这种形式自由施加限制。在这两极之间，相互借鉴是一个有点不确定的方案，却被称为要求机会平等。让我们在简单的陈述中审视这两者，然后进行更为全面的分析。

§1. 关于个人主义、公共机构及公共控制之立场的一般性陈述

469 1. **个人主义**——个人主义[1]坚信个人自护己利，胜过他护。更有甚者，认为

① 参见本卷第384、421—426页以及第432页。

既然社会是由个人组成的，那么，个人的福利得到了保护，整体的福利也就有了保障。社会性的产品可以通过自愿结社来保证。相信文明的征程已经从等级地位过渡到契约，这使自由契约成了文明的核心原则。维持和保障这个自由，应该是有组织的社会的主要职责。它将自由的重要特征精确地定位于赞成行为，而不顾及赞成之后果的是非对错；它也不追究赞成的动机（除了强迫和虚假），或者是否有任何其他选择。换句话说，它视形式自由为基础。如果这不是个人主义希望的全部，那就是第一步，也是法律需要承认的唯一部分。如果个人在这个方面得到了保护，那么，他就可能深信不疑，进而采取其他步骤。对个人自由的唯一限制，可能是它决不能干涉别人的同等自由。在经济领域内，这个限制将意味着，“决不能以强力干涉”。该理论并不将竞争带来的经济压力视为干涉。因此，它鼓励自由竞争。它不重视仁慈，主张生意场上无父子，容许甚至鼓励个人自私自利。但是，当我们提及该方法之下的公平分配问题时，在民主个人主义者和“适者生存”个人主义者之间就产生了分歧。民主个人主义者——如亚当·斯密、边沁、穆勒[①]——认为，个人主义能够促进所有社会成员的福利。“适者生
存”派则主张，种族和文明的福利取决于所谓“生存竞争”的筛选程序。因而，如 470
果“最适者”被选定进而可以存活，那剩下的所有人就无关紧要了。我们必须在择优以进步和求同以退化之间作出选择。

2. **公共机构及公共控制理论**——社会主义（广义上的）认为，社会应该保障所有成员的生活物资。它认为，为了生存而进行斗争的无限制的自由，可以保障最强者的生存，但并非必然是道德上最好的。个人主义者的理论强调形式自由。“先求自由，其他后有”。社会主义者强调内容。它要使所有社会成员共享教育、财富和其他生活产品。在这方面，它和民主个人主义是一致的。但是，它认为这种可能性要基于个人努力。主张社会作为整体不能为个人做任何事情，不是忽视社会产品，就是假定社会在政治领域内的民主将是强大的，而在经济领域内将是无助与无效的。假设所有经济分配的控制力——正义的伟大领域——可能被赠予个人自由和私人机构，这就如同将征税、管理省区和公民教育赠予私企一样，是老生常谈。它将无序的生存竞争视为经济上的浪费和道德上的堕落，这既包括分配上的不平等，也包括行为动机上的自私自利。另一方面，到目前为止，

① 穆勒在其后期更加相信社会机构的价值。

个人主义仍然是明智的，它没有将社会主义和无政府状态及所有其他关于稳定秩序的批评同等对待，而是认为社会主义忽视了个人积极努力的重要性，忽视了作为进步关键点的自由的价值。

3. **平等机遇**——“机会平等”是中庸派的座右铭。它赞同个人主义者的观点，认为应该鼓励积极的个性并使之成为首要的目的。但因为它坚信不止少数人，而是所有人都应该被视作目的，所以判了个人主义死刑。因为它认为，无序的生存竞争并不能保障个人主义声称其追求的目的。当个体一开始就因不同的
471 出生、教育、家庭、商业、朋友以及所继承的财产而在种族之中遭受阻碍，就不存在凭能力的选择；只会有凭特权的选择。因此，它从社会主义那里借鉴良多，给每个人一个“公平的开始”。这将包括公立学校，以及为卫生系统和对更强者的政府调控提供不定量的资金。

然而，显然，这个“公正的协议”理论指向的是普遍的目的，而不是一个明确的计划。因为一个“公正的协议”，或者说机会的平等，可能会被理解为要求大量多种多样的具体计划——包括所有的道路，从基础教育到所有生产工具的公有制，再到财产继承或遗赠权的废除。目前，在美国、欧洲和澳大利亚，人们正在制订政策，整合在各种程度上的个人主义者和社会主义者的观点。大多数已经建立起了公立学校。一部分地区通过互助保险或国家保险，为老人和受难者家属提供了养老金和抚恤金。让我们在道德层面上全面地分析一下这两种对立的理论。显然，第三种观点是许多调和派中的一种。

§2. 个人主义或自由契约分析：它的价值观

生产中的效率——涉及若干必需的道德品质，个人主义能够提出有力的论据：即商品生产的效率，积极而有力的品格的刺激，自由和责任的促进，职业和服务多样化的鼓励，以及最后，对社会需要的各种商品的供应。把上个世纪物质财富的极大增长仅仅归于个人主义，而忽视主要依靠社会赞助的科学和教育的贡献，这是极其荒谬的。同时，把上个世纪所有在文明和自由上的增益归于自由主义，就像把对上个世纪所有悲惨和罪恶的指责归咎于个人主义这一策略一样荒
472 谬。但是，抛开过分的指责，可以毫无疑问地说，亚当·史密斯对更大的个体自由的主张已经在所说的测试中得到了证明。尽管承认产品数量和种类、沟通和分配手段的极大增加，以及交流和分配所使用方法的改进，主要是由于两个机

构，即机关和社团；个人主义容许和鼓励结社并激励创造发明，这仍然是不争的事实。

主动权和责任——此外，把权力和责任交给个人来约束其自身行为的一般政策，与道德发展的显著特征是一致的。道德个性的演进，在前面几章已经涉及。表明个人先前作为宗族一员而存活，宗族决定了他的经济生活，也决定了他的宗教和社会生活，即不容许他奋力独自前行；反过来说，只要宗族给他供给，就不容许他有其他的想法。个人主动权和责任已经稳健地增长，而经济发展无疑巩固了宗教、政治和道德的自由发展。正是它们的结合，将属于自治、自理和民主的价值与尊严赋予当今的个人。

生产调控——再者，据说供求规律这一个人主义用以调控物价和商品生产种类的手段，不仅仅与自由原则一致，而且使其生产的商品满足社会的需要。如果某一种类的商品稀缺，高价就会刺激该类商品的生产。尽管它有可能导致危机、恐慌和苦难，但至少将避免把苦难的负担抛给所有有远见的人，即所有的生产者而不是特定目的下的少数人。因而，在提供一种计算社会所需物品种类及其数量的方法时，它履行了一项社会服务。而且正如我们已经指出的，因为商品能够用来支付，尽管它依然是一项服务；因为这服务能够被支付，情况就更是如此。因此，到目前为止，个人主义的论据是充足有力的。

§3. 对个人主义的批判 473

毫无疑问，个人主义的一些方法存在着大量的浪费，如广告和竞争；但是，对个人主义最为严肃的反对并不在这里，它们出现在与对经济道德的其他道德有关的批判中。它们主要被归于这两类：(1)个人主义是否在向我们提供形式自由的同时提供真实自由？(2)它是广泛地分配利益还是只分配给少数人？这种分配是公正的还是不公正的？

它并不保障真实自由——真实自由和形式①自由间的区分，已经在几个原因中突显出来了。劳动分工训练每个人从事特定的工作。如果工作上没有空缺，他就不可能找到工作。发明出来和频繁改进的机器不断地取代工人独特的地位，使他们的专业训练一文不值。一次商业恐慌立刻能导致成千上万的工人

① 参见本卷第 392 页及以下。

失业。一个"托拉斯"关闭几个商店，本来能够养家糊口的工人就会丢掉工作或投资，或者二者皆失。在这种公司竞争方式下，雇主的行为同样受限，但最能深切地感受到真实自由缺失的还是那些劳工。理论上，没有人被迫去劳动。每个人都自由地选择是否工作，做何种工作。实际上，选择的自由依靠选择项来实现其价值。如果选择要么工作要么饿死，那自由也就没什么价值。形式自由不考虑他人意志和直接控制的约束。它排除了暴力和对暴力的恐惧。但是，对压力、欲望、恐惧或无知所强加的限制的屈服，对自由来说同样致命。饥饿与暴力一样强势；无知的束缚与强力一样无可救药。一个人能否选择工作、职业、居所或工资，取决于他的体力、教育程度、家庭关系和储备资源，取决于当前对这些需求的压力。合同双方在极不平等的情况下的自由合同，只是空谈。这种情况下的自由合同，仅仅意味着强者对弱者剥削的权力。

474 **个人主义和公正**——如前所述，个人主义者分属两个不同的阵营，我们将这两个阵营分别称为民主派和贵族派，或者更为确切地，我们可以造一个词——"寡头派"(oligocratic)。民主个人主义认为，每个人都有其权利。它愿意广泛地分配利益。它认为，既然社会由个人组成，如果每个个体都寻求并找到了他自己的利益，那么，社会的利益也就得到了保障。达尔文的生存斗争作为"适者生存"条件的理论、种族歧视和帝国主义这三者，增强了贵族个人主义[①]。它认为，文明是为了少数最适者，而不是为了大多数人。进步在于对少数能干的、出色的、强有力的个人、种族或国家的选拔。个人主义是支持这些少数精英的政策。这是大自然的处理方法。存在软弱的、落后的和无能的个人或种族，当然是令人遗憾的；但是对他们的剥削，支持了其余人的进步，而且捐助或慈善事业缓和了最为痛苦的结果。

老一代民主个人主义经济学家可以恰当地主张两个方面，在这里，经济公正是基于自由管理和交换的经济发展推进的。事实上，社会团体是由个人组成的，而旧政策已经把个人组织起来，以促进社会团体的成长。这就消除了不必要和过度的限制，确实促进了公正。其次，正如经济学家坚持的，自由交换的参与者如果能得到各自想要的，也就从中获利了。这种利益是相互的，而且到目前为止，其中有了公正的痕迹。但是，尽管这利益是相互的，各方受益的量并不一定

① 参见本卷第332页及以下。

相同;而且,如果更为精明或资源更丰富的一方充分利用了另一方,结果或许会十分不平等。用继承权换取浓汤是常见的。个人主义者说,这很好,以扫(Esau)①下次就会更明白了——或者即使他不明白,他也是慈善事业的对象。475
但问题是,如果他的继承权已经消失,即使以扫确实“更明白了”,等下次做交易的时候,他的处境更差;而且,如果他自己或家人的饥饿或苦难是他唯一的选择,他“更明白了”又有什么好处呢?那么,结果能是“公正”、“公平”的吗?这就取决于我们怎么定义“公平”和“公正”了。如果我们以纯粹形式的眼光看待这个问题,使契约的形式自由成为唯一的评判标准,那么,任何经双方同意了的价值就都是公平的。大多数情况下,法律采用这种方式的前提是假定不存在欺诈或强迫。但是,这里除了空洞的形式的赞成行为,省去了其他解释。正义依赖的人格的概念也过于抽象。为了通过个人主义的体系弄清楚互助互利的真实有机关系,我们必须让双方公平交易。但双方在大多数情况下的交易和服务都是不公平的。一方更为机敏,受过更好的教育,拥有更丰富的市场知识,积累了深厚的资源,因而并不像另一方那么着急。道德良知认为,强者利用弱者的需求而谋取的价格或合同是不公平的,即使法律不会这么看。

竞争——个人主义者坚信,实际的竞争能够消除较弱一方的劣势。如果甲对市场毫不了解,乙就可能占他的便宜;但如果丙和丁正在与乙争夺甲的商品或服务,那么,甲很快就会发觉商品或服务的价值。就是说,他将对他们进行社会性的而非纯粹个人的价值判断。如此,甲的获益就是毋庸置疑的了。但要认为竞争消除了交易中可能存在的不公正这一反对意见,我们还必须牢记以下两点。第一点,竞争是一把双刃剑。当其他几方为甲的商品或劳动竞争时,它于甲有益;但是,另一方面,它很有可能毁掉其中的一个竞争者。假设甲是一名劳动者,倘若乙、丙、丁等雇主争着要他的服务,那么,对甲来说是一件好事。但是,如果事情反过来,倘若乙、丙、丁也是劳动者,而且要和甲争夺同一个职位,我们面临的就有可能是血汗工厂了。稍后,我们将仔细考虑有否更好的方式来避免不公正分配。第二点是看似对竞争作为公正手段的最致命的异议:个人主义体系下 476
的自由竞争,有可能摧毁它自身。由于新的经济代理机构和技术将巨大的权力赋予了那些能够运用这些权力的个人,这就使个人能够消灭其他竞争者。在过

① 以扫是《圣经》中以撒的儿子、雅各的胞兄。以扫因为饥饿,用继承权向雅各换了一碗汤。——译者

去的数十年间，这种状况在各行各业一再上演。唯一保留在铁路业务上类似竞争的方式也已被诉诸法庭。这是在呼吁通过检验个人主义来维护个人主义，而从如此自相矛盾的程序来看，其效果甚微。它不再像斯宾塞所主张的，对过度竞争进行秘密限制可以消除灾难。正如我们早已指出的，如果竞争者中的一方不讲道德，其他的竞争者必定会处于劣势。在目前的状况下，个人主义不能确保；而且在大多数情况下，并不容许公正分配和真正有组织的社会。

另一派个人主义并没有因为商品的不平等而焦虑不安，它坦率地赞同无限制竞争的逻辑，它标榜有杰出天赋的少数人的社会福利的重要性。有他们的服务是很重要的。因为除非有足够的动机，否则，他们是不会工作的。所以，社会若想拥有他们，就必须满足他们的要求。从这点来看，所有因现代手段而取得的巨大财富增长都应该归于少数领导者，因为这增长都是由他们的能力所致。“领导大多数人劳动且有能力的少数人，是那些有相当数量财富的真正生产者；在他们的领导下，任何特定社区每年的总产量都超过了民众自主生产能够达到的产量，不论这种自主生产是否由无知无能的独立个体或小规模的自发群体进行；但是，就算拥有知识和能力，他们有的通常也只是具有诸如打铁锹或砌砖块儿的知识和能力。”①

根据这一派的看法，不论从天赋人权的立场还是从功利主义的立场出发，自
477 今日起，所有社会财富的增加都应该归于少数人。因为，一方面，既然这些财富是少数人所创造的，当然应归于少数人；再者，如果社会还想要这些人的服务，就必须给他们财富。他们也许不会索求所有财富尽归于已。也许乐意将部分财富作为礼物分散给别人。但是，这由他们说了算。实现该方案的逻辑方法，大概是要求所有作为整体的人、他们的代表或法院完全放弃任何试图控制经济条件的努力。除非在某种程度上得到有能力的少数人的准许，法院将仅限于执行合同并且中止对公共利益的考虑。所有这样的立法，像强加于个体对自由的检验一样，都只是恶作剧。据此，大概能够调节童工、工时、卫生条件、铁路收费、煤气公司和其他公共服务机构了。从这个角度看，分等级的所得税和遗产税也是可恶的。公平起见，我们必须作此补充。尽管个人主义的支持者并不承认他们的主要论点是个人主义以多数人的利益为目的，他们还是主张，相对于社会主义，多

① 马洛克(Mallock)，《社会主义》(*Socialism*)。

数人在个人主义之下过得更好。因为既然所有财富的增长都是由于个人主义产生的有能力的少数人，而且既然在少数人为了多数人的参与和劳动而竞争的情况下，这些增长的财富可能被大多数人分享，或者被更慷慨者毫无保留地赠出，似乎大多数人的希望只能寄予少数人了。

一般的自然主义理论已在第 18 章中论及。此处我们有必要指出，把无序的竞争看作进步的最高范畴是对进化论的误读，而假定它正确则是对伦理学的误解。随着更高级生命形式的出现，合作和同情被证明是比无情竞争更强大的进步推动力。任何具有道德意义的生存“斗争”，必须不仅仅是为了身体的存在、强者生存的斗争。它必须是**道德**生存的斗争，是理智的社会存在在相互同情、相互服务和完全个性方面的生存。任何经济上进步的主张，如果该主张是道德的，必 478
须使其诉求建立在道德基础和道德存在之上。如果它意识到其中少数人有价值，那么，它就仅求助于这些。如果许多人拒绝认可他们，这少数人也没有任何道德权利可以抱怨。

个人主义道德观的总结——个人主义很好地提供了所需商品和服务的数量和种类，并提供了实际行动和形式自由。在当前的组织状况和现代手段下，保障民主公正的构想很难实现，这不可避免地进入激烈竞争；在这一竞争中，强者和不诚实者更有优势。只有当公正被定义为按合同（形式自由）办事；或者只有当特定社会阶层或个人被视为次要的；或者最终，只有当利益被认为注定只能像礼物一样偶然获得，而不是通过社会活动直接获取，这种竞争才能被视为是合理的。那时，对个人主义的批判就像当下一样，是在集体制度下进行的，这对多数人来说有失公正。他们也想积极参与进步或道德，却被它忽略不计。①

参考文献

Individualism and Socialism are discussed in the works of Hadley, Veblen, Hobson, Spencer, Marx, George, already cited; cf. also Menger, *The Right to the Whole Produce of Labor,* 1899; Ely, *Socialism,* 1894; Bosanquet, Individualism and Socialism, in *The Civilization of Christendom,* 1893; Fite, “The Theory of Democracy,” *International Journal of Ethics,* XXVIII (1907), pp. 1 - 18; Huxley, “Administrative Nihilism,” in *Critiques and Addresses;* Godwin's *Political Justice,* 1793, raised many of the

---

① 参见本卷第 422 页。

fundamental questions. Recent representative individualistic works are: Spencer, *Statics, The Man Versus the State,* various essays in Vol. III of *Essays;* Sumner, *What Social Classes Owe to Each Other,* 1883; Donisthorpe, *Individualism,* 1889; Harris, *Inequality and Progress,* 1897; Mallock, *Socialism,* 1907. On Socialism: *Fabian Essays in*
479 *Socialism,* edited by Shaw, London, 1889, New York, 1891; Spargo, *Socialism,* 1906; Marx and Engels, *The Communist Manifesto,* Eng. tr.; Reeve, *The Cost of Competition,* 1906; Rae, *Contemporary Socialism,* 1891; Hunter, *Socialists at Work,* 1908; Wells, *New Worlds for Old,* 1907.

25. 经济秩序下若干悬而未决的问题（续）

§4. 公共机构及公共控制理论

包括技术层面上的社会主义在内的各种公共管理理论最初的兴趣点，都在商品的公平分配上。它涉及的问题与其说"能生产多少商品"，不如说"谁将得到这些商品"。假定所有人都能获益（就民主个人主义者而言），个人主义主要关心的是如何增加社会财富。社会主义更加关心生产者不该被牺牲和每个人都应该从结果中获益等问题。公共机构及公共控制可以自称为：(1)一种生产方式，(2)一种商品和收益的分配手段，(3)一种财产管理办法。重要的是从一开始就必须注意到，所有文明民族在上述几方面都有某种程度的社会管理。(1)实际上，几乎所有民族都通过国家或市政机构而非个体来征收税款、铸造钱币、传送信件、保护生命财产，而且满足如饮水和排水等的基本需求。而在每一个例子中，上述行为以前都是私下进行的。(2)在分配上，所有先进的民族都是国立教育。此外，通信服务的收益也不是按收入比例，而是根据基于社会福利的其他原则进行分配的。(3)作为一种财产所有方式，所有开化民族都预留一定的货物供公用。在美国，在那段几乎无偿地分配土地、公立特许经营权以及各种公共商品政策的时期之后，现在的公共政策不仅为保护森林而保留大片土地，而且建设灌溉工厂，并提供公园、游乐场和其他有利于普通人的公共设施。正如个人主义者并不必然主张极端地废除所有的社会机构（至少就公共保护和公共卫生机构而言）一样，社会主义者也不一定希望废除私有财产或私人企业。那么，我们必须简要地在道德层面上考察一下公共机构负责的生产、公共控制负责的分配和公众持有

480

481

的财富。

§5. 作为生产机构的社会

人们所说的社会作为生产机构的优势并非主要是更大的效率，尽管有人说现在的方法是极其浪费的，除了在早已被私人垄断的地方。它也不是体现在提供种类繁多、最急需商品的社会服务中。(1)在公共服务事业，诸如运输或照明等方面，只有通过公共控制或操作，才能保障对不同的托运人、地点和其他用户的公平。这些服务对于现代生活来说，就像航空或航海一样不可或缺。只有通过公共机构，才能避免歧视。(2)此处能获得的利益是如此巨大，以至于在私人管理下必然会产生收受贿赂和腐败的问题。(3)社区成长带来的收益归于社区，该收益只能在社区拥有并管理着诸如运输、通信、供水、供电等公共服务的条件下，才能得到保障。(4)个人主义的生产方式通常是不考虑儿童的生命和工人的健康的。英国早就在担心人们身体状况和能力的恶化了。(5)依赖并受个人主义滋养的利己主义动机是反社会的。当主要的商业和工业机构及其运营方式与道德相悖时，我们如何期待道德水准的提升？(6)更彻底的社会主义坚持认为，在现代资本主义制度下，大部分利益无疑都落到了资本家而且是大资本家的手里。现代生产是复杂的，而且成本极高。它有赖于巨大的工厂；资本家而非工人
482 拥有生产工具，因而他能够为所欲为。小资本家无力承受与大资本家的竞争，因为后者能压价出售直到把前者逐出商场，然后再用更高的收益弥补前期的损失。因而保障公平分配的唯一途径，就是让社会拥有生产工具和生产资料。

私人利益和公共福利——涉及上述问题，可以说，公众的道德感正在迅速地对前五个问题作出裁定。(1)公众早就被利用，政府官员也早就被买通，而个别社会成员早已遭到歧视。竞争过程中总是会涉及"败者为寇"，但导致这冷酷无情又极不公平的最特殊因素是我们的半公共机构(垄断、特权、国家资助的公司)过去常常给私人好处。这种状况一定要通过公有制或公共控制来纠正，除非生存斗争的道德观被普遍地接受。该状况之下盛行的腐败(2)一定会面临来自公有制或公共控制等对诸如特权等的削减，这种削减对"渎职者"及其"共犯"将毫不留情。罪恶行径——赌博、吸毒、酗酒和卖淫——对当事人无疑是极其有害的，而当其与官员勾结、投入大量贿赂资金买通政策时，它也就成了全民公敌。但是，它的受害人是有限的，它虚饰的外表也不容易引起大多数人的注意。越成

功越“正派”的社会成员从事的剥削和腐败，也越隐蔽越广泛。它不仅削弱了个人，更败坏了社会规范。关于(3)无疑涉及了这个问题的权利。随着社会成长而来的收益应该为社会所共享，而不该被少数人专用。唯一的问题是涉及保障这些收益的最有效办法。欧洲国家和城市在公共机构这条路上要比美国走得更远，而且尽管在如何均衡几方利益上仍有争议，社区越理性越诚实，它的承受能力就越大，这一共识正在逐渐形成。道德原则是：公众必须得其所应得。它是否 483
给某些代理人薪水或适量红利的佣金，也不那么重要了。[1] 但是，付给一个或一小群供应商一百万薪金，让他供水供电或提供运输服务，似乎和将这些钱付给市长、检察官或学校督查一样不道德。纳税人也许会谴责这些薪金是抢劫。诸如此类的特权在美国的城市大部分已经实现了，它容许为了少数人的利益向公民征收高额的税款，而这在原则上与支付高额薪金是一样的，除非作为冒险因素计入。当前，美国需要的是在各种代理方式上进行更多的实验，以检测哪种方式产生的腐败最少、分配最公正、服务最周到。

劳动条件——关于第四点，公共控制管理童工、女工、卫生状况和危险机械使用的必要性，以及公众的道德感正在苏醒。法院依照宪法管理女工的决定已有颇多矛盾。但美国联邦最高法院最近公布的关于“俄勒冈案”的决定[2]，看起来似乎对把妇女作为一个阶层来对待这一原则是决定性的。合同自由不能被认为是干预为妇女的健康而建立合理防护措施的权力，可以保护妇女免受“男人的贪婪和爱”。在现代条件下，使用童工的不道德也变得明显了。对公众来说，在令人精疲力竭、失去活力且往往精神低落的现代工商业条件下，过早的劳动使儿童的身体发育不良、精神和道德上的成长受到妨碍，就像让他们赞同邪恶一样。不能把这个问题留给个体制造商和父母的良知，因为有良知的制造商是处于不利地位的；而容许父母饿死或毒死他们的孩子，与容许父母以不十分暴力的方式伤害他们的孩子一样不道德。因为一个以道德的伪装来容许任何以低成本生产 484
或资助父母为借口而对儿童过度使用和伤害的社会，其道德水准并不比那些为了防止经济压力实施杀婴行为的人高。事实上，就一个自夸其财富的国家而论，它的残暴毫无理由。就为防止危险机械的突发事故而作的准备来说，道德准则

① 波斯顿有一个别出心裁的利润分配办法。供气公司必须按其红利增长的比率来降低煤气价格。

② 1908年2月24日。

也是显而易见的。把所有现代生产避免不了的事故的责任抛给劳动者的家庭，是极不公正的。把这责任强加于有良知的制造商也不妥，因为这会使他处于不利地位。这是现代机器生产工序不可避免的一部分，除非安全设备能够将事故减至最少。这应该得到补偿，需赔偿的要么是所有的制造商，要么是所有的公众；事后，这些制造商会通过提高商品价格把赔偿转嫁到消费者头上，而作为整体的公众则会求助于某种保险的形式。在这方面，欧洲国家比美国走得更远。假定职工以任何方式促成了事故，那么，雇主是免责的，这一理论在美国已经采用。这是一种用来免除雇主和公众分担大量事故责任的方法，然而却使受害职工蒙受贫困，并把他及其家人拖入受救济阶层。

此外，只有通过公共行为，才能在众多贸易和雇主之下保障劳动条件的公平。因为单个的工人没什么机会谈条件，工会也缺少有效的方法来支持他的立场，除非它代表高技能的贸易且完全控制了劳动力的供给。毫无疑问，暴力是错误的。但是，人们往往忽略了：**一个繁荣的社会，对于令人无法容忍的状况，留给劳动者的不是补偿而只有暴力——这也是错的。**

动机——第五点，涉及动机问题。集体主义关于通过外部手段增加收益的理论可能过于乐观了。很难相信，任何方法上的改变能够消除自私自利。自私自利在政治民主上，甚至在家庭生活中，都有着丰富的运用。此外，如果动机应
485 该在另一种立场上来设定，比如某种情况下的竞争履行着一种社会服务，那么对于个人来说，怀着服务大众的愿望参与竞争也是可能的了，就像他可能真的是为了谋取私利而竞争一样。偶然引起痛苦的机器生产，不一定歪曲外科医生或家长的动机。当然，它确实把验证的责任抛到了机器生产的拥护者身上。竞争并不一定意味着仇恨，如果双方处于平等的地位并公正地处事。

劳动剥削——第六点，是否所有资本主义生产一开始都剥削工人阶级，然后逐渐吞并或排挤小资本家，这个问题并不容易回答。利用统计数据，好像很容易就能为争论的双方作出似乎正确的陈述。劳动者的一般生活水平在不断提升，这似乎是毫无疑问的。另一方面，巨大财富的数量似乎增长得更快，而大城市贫困人口的数量也十分惊人。有时，这被归因于不节俭或家庭成员过多。在英国农村似乎不低于平均水平的地方，一项认真的研究表明，一个家庭拥有超过两个的孩子，就会缺食少穿，更不用说医疗护理或其他生活享受了。美国有较丰富的可用土地供应，因此压力并没有那么大。如果国家的人口变得稠密，谁也不能预

言情况究竟会成什么样子。克拉克教授指出,静态社会的倾向是将给劳动者的份额越来越接近他应得的——只要他的服务能参与自由竞争。可问题是:社会不是静态的,而劳动者也不能随意地转换职业和地方。

资本家往往剥削劳工,这只是说,买方有时能得到好处。资本家通常具有较大的资源优势,这一点是公认的;但**这往往必定**是无根据的推理。需求量的增加不断扩大职业数量,从而加剧了更专业服务的竞争。在这种情况下,至少一些卖 486
方应该站在公平交易的立场上。事实上,新近的社会主义者不提倡某些空想社会主义所提出的关于社会的所有产品那样的完整假设。他们的原则是:"政府必须承担社会财富的生产和分配,不管私企是有危险的还是效率不如国企高。"①

那些不相信公共控制的人证实:在生产生活必需品诸如运输、银行、矿产一类的大型行业中,私企是没有危险的。上述很多而非全部企业近年来的行为——不只在其经济方面,而且在其粗鲁对待人类生命、健康和道德方面——使社会主义成了一个现实问题。如果它被采用了,也不是因为任何学术的或先验的缘由。那是因为私企在服务大众上失败了,而且其不公正变得令人难以忍受。如果企业,就像有时会发生的那样,试图把包括立法机关和法院在内的政治和社会机构置于经济利益之下,其选择的范围必定会在公共控制和公有制之间。而不论是通过法律条款和程序的固有本性,还是资本家在逃避监管时出众的精明使控制显得无效,如果是以上任何一个情况,社会责任感就会要求公有制了。将商业利益置于国家之上,就如同让经济利益凌驾于个人之上一样不道德。

至于劳资关系,它认为在欠发达的社会中,我们没有任何解决诸如什么是合理工资等争议的机制。从长远和总体的角度来看,供需也许能给出一个近似公平的调整,但目前我们在不确定情况下的解决方法是极其野蛮的。这个问题经常由暴力或迫切需求的不道德的动机来决定,而不是由什么是公平的道德考验来决定。而第三方利益、消费者或全体民众根本没有得到代表。新西兰、加拿大和美国的一些州已经迈出了第一步。在煤炭罢工中,当总统声称公众在道德上
有义务参与到斗争中去时,他的主张无疑得到了普遍的支持。 487

如果社会唯一的策略是容许剥削,或者是自己管理所有的工商业及其他,难道它一定会资源匮乏吗?失去由个人或相关企业所保障的利益的灵活性、多样

① 斯帕戈(Spargo),《社会主义》(*Socialism*),第 220 - 227 页。

性和敏感性，一定是件坏事。早期的商业大部分都是家族管理制的。天平无疑已经偏向了另一端，管理者转向了基于纯粹盈利目的的集团、组织，这些组织能够更公平地被城市或国家机构管理。就学校来说，大多数人赞同由公共机构管理。而铁路、煤气公司和其他垄断行业，还备受争议。但是，一个理想的有序社会应该容许大量的协会和集团，因为承担社会工作的机构似乎是这样一个平台；只有被证明毫无希望，它才会被废弃。

集体机构不一定是社会性的——社会主义者倾向于认为：如果生产机构是政府或整个社会，那将赋予社会机构真正的控制权。这绝不会发生。美国的联邦政府和市政府已经展示了这种错误的主张。但是，即使除去贪污受贿的可能性，在集体和社会化机构之间还是存在很大的差距。因为只有当社会成员具有足够高水准的智力和品德，能够实现自我控制、进行广泛有效的合作时，中央管理机构才可能存在。而且对大多数人来说，这样的机构将是道德之外的。只要控制是外在的，该机构不论是"资本家"还是"政府"，叫什么并不那么重要。总之，个体仍然缺乏相互间的信任，缺乏大众的智慧，而这些可以使他们真正地将呆板的集体程序社会化。

§6. 公平分配理论

488 作为分配理论的社会主义，不一定包含公共的生产经营。通过等级税制，社会接管了生产工序，并在某种可能更加公平的基础上对其进行掌控、使用或分配。为了增强任何针对所建议的分配制度公平性的质询，应该了解一下现行的分配制度。不幸的是，没有能为所有学者都接受的数据。斯帕尔(Spahr)的《美国财富分配现状》(*Present Distribution of Wealth in the United States*)指出，八分之七的美国家庭只拥有八分之一的财富，而另外八分之一的家庭拥有余下的八分之七的财富。这一论断已经受到质疑。但是，任何经济学家作出的判断都表明这种巨大的不平衡已经到了令人难以置信的地步，现存的分配制度可以被认为是以任何正义的定义作为根据的正义，不同于"根据契约和竞争的原则"。那么，假定问题被提出了，我们怎么能进行公平分配呢？

所提准则——最简单同时是最呆板最抽象的方法，大概是平均分配所有财富。这会忽略所有道德和其他区别，事实上就像在选举上所采用的那样。如果所有人在政治上被同等对待，在财富上为什么不行呢？这可能是公认的，如果社会打算分配，它应该靠某个可以客观管理的制度来执行分配。根据功劳、努力的成果或者需求来分配财富，应该是更加道德的方式。但是很难，了解这种分配，就物质财富或同等金钱而言，怎么能够通过任何东西而非全知的、绝对的公正来得到完成呢？如果要把分配视为由社会管理执行的，那么，我们似乎陷入了在现行分配制度或平均分配制度两者中择其一的困境之中。

1. **个人主义理论**——事实上，有些人认为，个人主义或竞争体制以道德为基准进行分配，也就是根据功绩进行分配。这个主张必然会遭到如下的批判：

> (1) 这种个人主义的奖惩原则经常导致的第一种抽象是：它对人有功必奖，有过必惩，而不考虑这些功过的三重起源。遗传、社会、个人选择都在某种程度上影响了结果。对那种本着此项原则展开竞争的伦理准则进行考 489
> 察，结果是它显然没有打算对上述几种根源进行区分。一个生而享有工业天赋的人，社会赠予他关于以往所做一切的知识，给他配备了所有能想出的方法和工具，这样的人一定比一个有中等天赋但没受过教育的人有优势。主张最出色的人由于其卓越应该得到应有的奖赏，这将意味着，对一份礼物的接纳代表着对另一份公正的索求。
>
> (2) 其次，该理论作为适用于我们当下体系的理论，其错误在于进一步的空想。该空想假设主要的(如果不是唯一的)奖惩方法是依据个人的机敏和能力。
>
> (3) 它通过提供服务而不是以动机甚至是意图来评价惩罚。工业巨头履行着对社会的重要服务；因而有人认为它应该得到相应的奖励，但却在很大程度上忽略了它以社会福利还是以私利为目的的问题。甚至有人振振有词，说用金钱奖励人们的良好动机就是为了让他们诚实地贿赂他们。诚然，金钱奖励不会造就好公民，但这无关紧要。问题是，无论其他什么理由(如权宜之计，估计意图和动机的困难)可用来抽象出结果之外的东西，一个不能提出的理由是：这样的抽象是公正的。一个人拥有权力，仅仅因为他是一个社会人。但因为个人不经意之间引起的有益结果而称其为社会人，就意味着目的和意志是人格微不足道的要素。[1]

---

① 塔夫茨，《哲学评论》，(*Philosophical Review*)，第 15 卷，第 370 页及以后。

2. **平均分配**——平均分配体系可能遭到以下批判。在经济服务方面，人们是不平等的。他们不仅在天赋和能力上，不仅在其工作的价值上，而且在素质上是不平等的。对懒散的和勤奋的、没用的和有用的、慢的和快的一视同仁，不是平等，而是不平等。声称所有人都是同样自由的，不受生理的限制，这就如同上述抽象一样，是明显错误的。真正的平等将尽力对相同的条件同等对待，而对不同的品格、努力或服务区别对待。

此外，尽管平均分配被认为是公平的，但存在一种心理学上的反对意见。对
490 其进行仔细权衡，也许一个普通人更喜欢有人获奖、有人一无所获的经济秩序，不喜欢每个人所得皆同的秩序。他更喜欢激动人心的赌博，而非确定平淡无奇的投资回报。他可能会要求“公平的协议”，但我们必须记住：来自真正的美国赌博中的“公平的协议”，其隐喻意义并不是为了让赌博变得不靠运气而设定的，它是为了给运气和胆量充分的机会而设定的。每个玩家不但确定自己会赢，而且确定会公平地赢回他的赌注。如果赌博游戏可能是公正的，但它就不再是赌博了。平均分配可能会剥夺生活的刺激和激情。可能正是这个过程中的压力，促进了品格某些因素的形成，如果不这样，那些因素就会不幸失去。

对社会来说，是否除了外在的因而是不平等的平等，或者一个人从祖先那里获得其积累的财富或罪恶的不平等之外，就没有其他可能的选择了？我们一定要认为人们没有道德的差别，或者一定要比古老的有关遗产的正统教义或指控的罪孽更加无情吗？宗教教义仅仅让一个人因其祖先的罪过而受苦；无限制的个人主义学说却不但会因为个人祖先的罪过和缺陷而惩罚他，而且会因为其祖先遭受的不公平对待而惩罚他。对个人能力来源的分析，可能提供给我们通向第三种可能性的线索，而当今的社会责任感正是顺着这一线索在摸索前行。

3. **一项可行方案**——个人的能力取决于(1)生物遗传；(2)社会遗传，包括关怀、教育、发明，以及信息储备和能使他比奴隶更高效的制度；而最后(3)他自己的努力。个人主义也许会理所当然地宣称这第三个因素。由于个人努力的不平等，不平等地对待个人是公平的。社会希望给予个人能力的发展以尽可能多的刺激。但正是这同样的原因，要求我们在前两个方面尽可能平等地对待每一个人。因为最大限度地调动社会成员是为了社会主体的利益，而只有通过尽可能地给予他们一个最好的开始，才能最大可能地调动他们。生物遗传中比较重
491 要的部分迄今为止是完全不能控制的，但在道德行为范畴内有一个重要的因素，

即父母的，尤其是母亲的身体状况。食物、分娩和居住条件应该可以让每个儿童健康地出生。在社会遗传包括的各种因素中，社会更能自行其是，但并非毫无约束，因为生理和精神的无能限制了可供传播的社会积累的数量，但我们刚刚开始理解，有多少以前默认的绝望的不足，可以通过适当的食物、卫生和医疗保健来防止或治疗。同样，完全平等的教育做不到；不能以同样的方式给予教育，因为并不是所有的孩子都有共同的兴趣，而且社会也不想让所有的孩子训练同样的任务；同时也不能在数量上完全相同，这是因为，有些孩子可能既没有能力又没有意愿去从事更加高级的工作。但是，随着劳动在较大程度上逐渐变得科学，训练有素者得到机遇的比例将增加；而随着教育变得更不学术化，更偏向于为各项工作做积极的准备，越来越多的孩子的兴趣将被激发起来。这样的方案，是“机会平等”的一层意义，该意义表达了广泛意识到的对某些比现今通行的概念更大的经济和社会公平概念的需求。它将通过给予每个儿童一些能力和知识——这是真实自由的必要条件，使形式自由即法律面前的形式“平等”，稍微真实一点儿。

社会已经在这条给予平等份额的教育之路上走了很远。它在迅速地向更为宽泛的教育理念前进，既有针对如农业、机械、艺术、贸易、商业等各种职业的教育，也有针对“知识性的职业”的教育。它正着手给予儿童(参见纽约廉租公寓委员会的报告)一个至少可以在保障生存的阳光和空气中出生并成长的机会。图书馆、诊所和公共卫生机构正在更好地把世界的科学和文学带入每个人的生活中。当穷人通过更好的法院组织得到真实的而不仅仅是法律上的形式平等时， 492
公平自身变得更易实现了，而由此朝着更公平的秩序又将迈出一大步。社会能走多远还不太清楚。但由于过去的进步，社会应该尽力让所有成员受益，这至少不是暂时的实验假设吧？我们不可能断言机会平等的格言在逻辑上能影响多远。幸运的是，道德问题不仅仅能够管理旧的准则，更能够想出新的准则。其他更加公正的可能性在第八部分涉及。

§7. 所有权和财产使用

公共财富可能以如下四种方式控制和使用：(1)私有私用；(2)私有公用；(3)公有私用；(4)公有公用。在前两种形式下，个人主义者可能会拥有所有或尽可能多的财富。到最近为止，美国有消除所有的公有的趋势。社会主义者，赞同私有和私用更加严格意义的个人物品，以及公有大多数现在归私有的物品——尤其是土地或生产工具——作为对私人或公司所有权的对抗。或者，还有人可能主张，尽管个人应该被容许积累尽可能多的财产，但他们不应该把这些财产完全传给其继承人。

私有财产的价值——个人主义者可能恰当地指向私有财产的精神和历史意义，这在前面一章中已经作过陈述(第 438 页)。他可能会说那里提及的随私有财产而来的罪恶不属于财产本身，而属于对财产过度的热爱。他也许会承认目前强调的是对财富所有权的注意，而不是对理智的、审美的或社会的兴趣的注
493 意，这并非人类最高层次的进取心。但他坚持认为财产的积极价值即如此，因而应该坚持当前不阻碍财产的政策。权力和自由通过其所有者产生了间接的社会价值，除此以外，有人可能会宣称，依靠私有财产的自愿捐赠得以维系的数不尽的教育、慈善和人道主义机构，既是实现社会某些有价值工作的最佳方法，又在促进财产拥有者积极的社会关怀上有着重要的反作用价值(reflex value)。具有此种观点的人，不会完全被反对者的主张说服；反对者声称，这种观点将证明，维持一半人口的贫困以便给予另一半人口以慷慨布施的满足感是正当的。除了绝对共产主义，任何体制都不能不需要友好的帮助。

现存体制的缺陷和危险——首先出现的问题是：如果财产在道德上如此有价值，在现存体制下，有多少人能通过它受益，又有多少人没有受到它有益的影响呢？财产拥有者的数量在增加还是减少呢？在一种道德上最有价值的财产形式中，受益人的数量无疑在相对地减少，即在住宅拥有量上。除了那些极其富有的城市，如纽约和其他许多城市，私宅建筑实际上已经停止了。随着土地价值的激增，住宅拥有量必然变得越来越少。只有大资本家能建造住宅楼。在商店和工厂方面，拥有者的数量也已相对减少，而店员的数量已经增加。城市里的薪酬工人大部分都是无财产的。工业管理通过公司，并在理论上提供获得财产的机会现在已经成了，就如格罗斯卡普(Grosscup)法官有力地指出的那样，阻止小投资者，但是促进一到手就花掉的工资消费。因此，对个人主义的反对可能会像先前那样，认为其还不够独特。

反对意见是：拥有这些财产能免除其所有者对社会应尽的力量和服务。因而它可能伤害到个人和社会两方面的特质。由于其财产而免除社会责任的人的
494 绝对数量可能并不大，有人可能会问，如果目前他们尚未察觉到所有针对上述活

动和服务的道德争论,这类特殊人群是否在任何体系下都具有很高的社会价值。

对个人主义的政策更为严重的反对意见,是巨大财产持有者被赋予巨大的权力。有人估计,最近一笔为两个孙辈所开立的信托基金在移交时,将超过50亿美元。如今,一些人持有的私人财富如果不受干扰,很有可能,到下一代时的总量会远远超过上面所说的数字。此外,这种财富的权力并不限于自身绝对的购买价值。通过其拥有者参与工业、交通、银行和保险公司董事会,大量其他所有者的资源受到了控制。压力可能被施加在政治事务上,相对于此,对选举运动的实际捐款是微不足道的。在美国有一种古老的理论认为,对财富拥有者私人品格的伤害可能会抵消对公众危害的可能性,因为持有大量财富会导致精力松懈,或者甚至耗散殆尽。这些人认为,富不过三代。既然这种理论站不住脚了,社会将有义务追问:留给个人多少权力才可能安全?

有些人一定认为,目前在私有财产制度下,对诸如森林等自然资源的管理已经极其浪费了,而且预示着对美国的严重损害。不能期望个体私有者去通盘考虑国家的福利,或者子孙后代的未来,因此水资源受到了破坏,而未来的木材供应受到了威胁。

最后,我们必须牢记:如今在所有权上的大量罪恶和不公平,不是由私有财产这一体制引起的,而是由个别阶层享有的特权引起的。这些特权可能是过去武力征服的残余,如欧洲,或者源于特殊的法律,或者由对公共道德完全无意识的态度引起的,这种态度使早先的风俗在新时代继续存在。穆勒关于目前状况 495
的著名论断并非在所有方面都适用于美国,像欧洲老国一样,无论考虑到何种道德,它都忽略了太多的真相。

> 如果要在充满机遇的共产主义和目前伴随着苦难与损害的社会状态之间作出选择,如果私有财产必然要伴随着它,作为结果,劳动产品应该如我们此刻看到的一样被分配,几乎与劳动成反比例——最大的部分被分配给那些根本没有工作的人,其次的部分给那些挂名工作的人,如此递减,报酬随着工作变得越来越困难和令人不快而减少,那最累人、最耗费人精力的体力劳动甚至确定无疑地不能指望赚取生活必需品——如果这(或者说共产主义)是选择,那么,所有共产主义的困难,大的或小的,相较之下都不算什么了。但是,为了使这种比较更加合适,我们一定要以个人财产制度与最佳状

态下的共产主义进行比较，不是按照现在的状况，而是按照它可能的状态比较。私有财产原则还从未在任何国度受到过公正审判。(《政治经济学原理》第2卷，第1章。)

§8. 目前的趋势

个人主义的基础——近日，美国的总趋势已经明显成了个人主义的，不仅在财产持有方式的政策方面，而且在依法协调法定财产权利和社会福利方面。公共土地随随便便就给了自耕农；矿藏和土地一样，几乎是免费就被探矿者得到；学校基金土地大多数情况下会为了一支歌就被出售，而不会为公众保留。所有财富应归私人之手的态度是如此的普遍，以至于很难判那些以不正当手段获取大量公有土地的人有罪。大量的操控让受益者得到了"敬重"。征税权力在维持调控上也无甚建树。在此方面，正如在其他诸方面一样，联邦政府的政策要比英
496 国的政策更为个人主义。后者在所得税和继承税上划分了等级。另外，在美国，联邦税收施加给穷人的压力更重，因为他们是极大的消费群体——当然，这并不是说穷人比富人更有购买力，而是说一千个人拥有一百万美元比一个人拥有一百万美元购买力更大。从法律上看，联邦宪法及其修正案向私有权提供了不同寻常的保护，特别是当合同以及私人合约被解释为吝啬的条款章程时。公共福利被认为几乎完全归于私权。①

渐增的公共福利认知——近来的政策和法律决定表现出了明显的变化。林地储备已经被确立。供水、公园和其他多种财产已从私有变为公有。矿藏的相关问题也已经提了出来。分等级的继承税在一些州也已经确定下来，而分等级的所得税的问题可能被更广泛地关注，除非其他一些基于社会价值(这些社会价值热衷于土地、特权或其他形式的财产)的税收形式看起来似乎更加平等。最高法院在最近的决定中，"已经把两种影响深远的、财产权不可侵犯的例外加入了宪法之中"。② 其中之一，就是公共使用的财产。"财产所有者无论何时把自己的财产用于与公共利益相关的用途，他事实上把用途的利益正式给予了公众；而

① 参较：J·A·史密斯，《美国政府精神》(*The Spirit of American Government*)，1907年。

② 在这段中，我采用了门罗·史密斯(Munroe Smith)教授的讨论。门罗·史密斯，范诺登杂志(*Van Norden Magazine*)，1908年2月。关于全部过程，请参见弗罗因德(E. Freund)，《政治权力》(*The Police Power*)，1904年。

且必须在该用途的限度内，让公众为了公共利益对其进行控制，只要他维持着该用途。”第二个例外是关于警察的权力，它在1906年(204U.S.,311,318)被宣布扩展到“应对在美国存在的诸如从他们那里把人们最大的福利显现出来这样的情况”。该粗略原则的应用条件仍旧不确定，但毫无疑问，它承认了变化的形势。 497
人们生活在如今这样一个互相依赖的集体生活中，不再可能把公共福利置于与私人权利相比如此低的程度，那种程度在一百年以前建立的国家中被认为是公正的。史密斯教授说：

> 涉及公共政策与私有财产权之间关系的基本问题，最高法院已经抛弃了被创立者输入整部宪法的个人主义态度；而且在关于公共使用和公共权力的条款中，它已明显地接受了社会主义的观点，在字面和适当的词义上可以如此称之。这种做法无疑表达了占支配地位的美国人民的意见。美国人民不接受集体主义理论；他们坚信私有财产；但他们认识到，为了防止冲突，私有财产权必须向社会整体更高的权利作出让步。

如果上述已阐明的某些保障更公平分配的手段被采用，穆勒的第一步要求[①]将得到满足。如果社区为了其自身的成长获得收益，如果征收重税被安排到那些能够支付而不是那些最诚实或最不会脱逃的人身上；随情况需要不断地作出转变，社会能够找到一条维持现存的四类控制道路的主张似乎就很合理了。

某些转变已经很明显了，而且让人们对在获得更大公平的同时不丧失任何私有财产的积累利益产生了希望。

由经济发展、社会和科学进步带来的社会公正——并非所有的道德进步都来自“监察”或政治机构。经济发展在某种程度上，为财产提供了替代物。科学和发明创造，本身作为个人聪明才智和社会智慧、个人努力和社会合作协调互动的最好例证。正在许多方面使这样一种社会状态成为可能，在这种社会中，人们通过联合，立刻享有了更大的自由和权力、更大的个人发展和社会利益、更少的 498
私有财产但更多的私用和更普遍的快乐。

---

① 参见本卷第495页。

替代由经济进程本身带来的财产，是具有持久性和可靠性。如果说有人能明确无疑地指望他的未来，这无异于说财产安全得到了保障。凭借近代工业的组织，辅之以保险和养老金——无论在国家、机构还是在公司、互利团体中，财产安全在整体上有了一个显著的增长；尽管这些不幸都是真的：拿薪水的工人在大多数情况下随时会被解雇，他们实际上没有合同，甚至没有任何继续被雇佣的信心。

正是经济、社会和科学因素的相互合作，带来了公有制中个人使用和享受的强劲增长。**它置诸种使生活值得过的要素于所有人的享受之中，与此同时，**它给予这些公有财产的使用者比旧的私有制方式更好的服务。**在这项改变中，也许最重要的推进**在于经济领域的平等与对未来的强烈期许。曾经一度，一个人若要坐在一片土地上欣赏良辰美景，必须拥有这片土地。如果他要一片可供孩子们玩耍的地皮，必须拥有它。如果他要去旅游，必须带上自己的手提灯，以防遭遇窃贼。如果他要水，必须自己凿井。如果他要寄信，必须拥有或雇用一个送信人。如果他要读一本书，必须不仅拥有这本书，还要拥有或雇用作者或一个誊写者。如果他要教育自己的孩子，必须拥有或雇用家庭教师。我们已然知道，公用园地、公共照明、水利作业、公立图书馆和公立学校较之于私人供给要好得多。

来自个人主义者对此方案的反对意见，说这样为个人做得太多。个人主义坚称，更好的方式是激发个人的积极性并让他的需求处于一种未满状态，而不是满足他所有的欲望却牺牲他的积极性。不过，这么一来，便是假设说公众服务机
499 构所为乃民享之举而非民治。民主为其自身所做之事，是一名贵族对于依附其上的阶层所不可能做到的。目前最伟大的民主化并非指向那些一无所有者，而毋宁是针对那些劫掠集体活动成果并自负地口口声声说是他们创造出了一切想要之物。

另一个重大的推进在于生命核心价值构成的嬗变——早先，生命之价值大部分体现于食物、保暖、私人饰品、身体舒适、性满足等。这些享受的获得，涉及独享的占有，即财产。然而，随着文明的日益提升，生命价值中持续增长的一部分沉潜到了可分享物的心理界域里。

在知识、艺术、友谊和自由中获得的满足并没有减少，而在分享时增多了。受过教育的人可能并不比文盲有更多的财产。他有一整套社会价值体系。他拥有自由；他有真正独立的力量，而非仅仅是拥有物的累积。未来的社会将在如此

调整的经济体制中找到公正原则的作用，在这个体制中，所有人都尽可能充分地进入这个更加社会化的世界。

社会选择的方法——最后，承认过去的竞争过程作为能力选择方法所具有的价值，会被认为是粗俗和浪费的。这就好像动物世界中的盲目试错。思想方法，有意识地利用手段保证目的的方法，是更为有效和理性的。现今的社会获取了科学的仪器，后者使更为有效而更少耗费的方法成为可能。它应当发现并培养才能，而非仅仅满足于对某些特殊的类型给予可疑的鼓励。

§9. 三个特殊问题

人们会注意到三个特殊问题，关于它们的道德评价还是不确定的，即开放的工厂还是封闭的工厂、公司的资本化和“不劳而获的增长”。

1. *开放的工厂还是封闭的工厂*——在工人被很好地组织起来的特定行业 500
中，工人与雇主签订了合同；该合同规定，只有参加了工会的工人可以被雇用。这样的工厂被称为封闭的工厂，以区别于“开放的工厂”——在“开放的工厂”里，非工会工人也可以被部分或全部雇用。要求封闭工厂的心理动机是极其自然的：工会在工时或工资或两方面已经成功地获得了某些好处，这是需要付出代价甚至冒风险的。人们很自然地认为，那些获得好处的人应该共同承担代价和后果，如果没有承担，就不应该被工厂接受。如果争论到此结束了，那么要对此作出道德判断，从两个方面来说是不充分的。首先，加入工会并不只是交纳会费的问题。它意味着在许多方面被工会控制，包括家庭义务甚至社会责任等。因此，把一个同事排斥在工作机会之外，因为他——也许由于谨慎小心的缘故——不属于工会，不能被公正对待，除非工会能够表明其在维持的不仅仅是一个群体而是整个社会的利益。其次，在某些情况下，不少工会已经竭力限制产量了。就这样做并非为了健康而是为了提高价格来说，工会正在侵害消费者的利益。在这一点上，如果工会想要得到社会的普遍认可，那么，它必须展示出社会公平。

另一方面，也许有人会注意到，第二种类型的个人主义者——他们相信生存竞争是道德过程——没有任何理由赞成“开放的工厂”。几乎完全相同的原则不会反对这样的说法，即劳动者的联合使最佳合同成为可能。这个原则容许资本和场地基于竞争的压力，无限制地进行联合，只要它们都是通过自由协议达成的。当一个资本家的辛迪加签订了十分有利的合同或成功地处理了资本事宜，让所有提出要求的人或整个"底层"的公众共享合同，这并不合乎"开放的工厂"的原则。资本家也不会习惯于为其他竞争对手留一部分市场，唯恐竞争对手没
501 有了生意会受苦。当资本家以自由民主等理由为开放的工厂辩论时，这好像只看到别人的小缺点，看不到自己的大过错。

与一个政治问题的类比可能会有帮助：一个国家有权利排斥（或征重税）别国的商品或人员吗？它可以维持一个"封闭的工厂"吗？美洲殖民者和联邦美国的政策已经发生了改变。清教徒们主张宗教上的"封闭的工厂"，他们到美国来维护某种宗教和国体，他们驱逐了一些持不同意见的人。联邦政府排斥中国劳工，而且征收关税，关税在大多数情况下是为了禁止其他国家的产品。这是公开进行的，为了保护工人；而且就其有效性来说，它封闭了工厂。有句格言"这是个白人的国度"，是一个类似"封闭的工厂"的说法。在道德层面上，非工会工人和外国人、外族人是一个范畴。有什么可以证明拒绝别人参与其利益的国家和小族群是正当的？明显地，唯一的条件是：(1)该族或该国是为了某种道德上情有可原的目的而存在的，而(2)外人的进入可能对这个目的造成威胁。为了实现宗教或政治自由而建立起来的殖民地，可能有理由排斥那些试图闯入并破坏这些原则的人。如果一个工会为了一个道德上很有价值的目的而工作，例如，一个有道德价值的确定的生活标准，而如果这个目的被非工会人员的闯入威胁到了，那么，封闭的工厂将是合理的。如果目的仅仅是为了保障小部分人的特殊利益，而且开放的工厂不会降低生活水平，反而会扩大其受益范围，那就很难理解为什么封闭的工厂不是自私的了——尽管通常不会比人们倡导关税的理由更自私。

2. **公司的资本化**——尤其是公共服务公司，是一个问题；不同的国家对待该问题有不同的政策，这可能是因为对相关道德原则的半信半疑。两种理论的主张是：(a)公司应该只能基于投入的资金发行债券；而红利相当于实际投资的
502 回报。(b)公司可以随意地发行债券，或随意分发他们期待其投入使他们能够得到的好处；而红利将相当于有价值的特权的回报，或者市场化作用的回报。代表后者的观点可能是：如果公司支付红利，投资者就会满意；而如果其以市场价格出售产品和运输，消费者就会满意。

就公司与投资者的关系而言，事情很简单。如果发行债券，却不期望其能带

来回报，仅仅是“卖”，那纯粹就是欺骗；它与在恶劣环境下卖跛马或制作假钞是一类的，假定现在有一种更加粗俗地兜售“伪钞”的行径。事实上，公开宣传虚假资本能给它带来财务上而非道德上的益处。然而，既然人类的天性是轻信的，这种方法就会有如此明显的局限，以至于如果虚假资本没带来任何红利，那么，它很快就没有市场。因此，对于有远见的发起人来说，压力在于如何使虚假资本产生哪怕一点点效益。该类行为的原则是什么呢？如果我们在处理一个新的、未经尝试的生产或社会服务模式，事情就很容易推测了。如果一个提及的产品具有可能的功用，但同时有很大的风险，以至于从长远来看只有半数的企业能够获得成功，那么，为了抵御这种风险，社会可能认为它值得提供相当于 50%的利润。另一方面，如果收入要从有价值的公共特权或社区的发展及其必需品中取得，情况就不同了。在这种情况下，如果有风险的话，也只有一点点，而承担这种风险对社会来说是公平的。超过成本的过量资本是为了隐藏利润率而计划的，并以此向社区隐瞒商品或服务的成本。如果公众要求更低的价格，便会被告知公司现在仅仅维持着合理的效益。[①] 通常，将大量半公有企业资本化的方法是发行债券，足够支付厂房建设和购买设备的开销，而之后的一系列或多系列的债券被称为“净赚”的。部分原因是：这些债券可能象征着公共服务组织的工作，但 503
在大多数情况下，它们是把社会财富转变为私人财产的途径。大量的资金以这种方式从公众中被吸走了。使这种方式极其令人厌恶的因素是：半公有公司从社区获得垄断权，而且利用这种垄断将成长中的社区的必需品无限的资本化了。在这种情况下，公共服务的观念在“令人眼花缭乱的公共剥削的可能性”中被忽略了。[②]

很少有其他榨取财富的方法能与此相提并论。在一些情况下，官员收受的贿赂增加了后来向公众收取的费用。当开始计划各种形式的公共服务或受保护的行业时，风险随之而生。要利用资本，就需要向它们提供诱惑。拥有铁路、煤气、水、快递服务是值得的。但是，由于风险因素已经消除，公众厌倦了付双倍的价钱；而且，一定要估计到基于真实而非虚假资本的“公平的”回报。关于这样的手段的道德性（该种手段被用来以高于市场的价值签订公共建筑的出租合同），

① 在纽约市的供气案中，法院判决公众不能拒绝为特权支付利润。

② 参较哈德利，《经济学》，第 159 页。

公众开始有了明确的想法。纽约市法院和宾夕法尼亚州的州议会提供了公众熟悉的案例。当一个公司为了运输或供电向公众征收过高的价格时，当国家或市政当局通过特权或垄断批准了这种高收费时，这与上述的手段有实质上的差别吗？即便不是在下一代，那也很可能是在下个世纪，人们将无法看到后一种程序优良的道德品质。

3. *“不劳而获的增长”*——这个说法最频繁地用在土地或特权的增值上，而这种增值并非由于所有者而是由于社区的发展。一块土地以农田的低价被买走，一个城市发展了。土地所有者可能积极地建造工厂，但他并没有。随着社区
504 的发展，增值随之而来。这增值应为土地所有者独占，还是为社区独占，还是各占一部分呢？供气、供电、运输等特权上的增值，都面临着同样的问题。然而，通常人们并没有意识到，相同的原则也出现在价值(随着需求增长)的每一次增长中。区分的逻辑基础可能是：在某些情况下，需求的增长引发了竞争，然后价格变低了；因而公众以较低的成本获得了部分收益。在其他情况下，尤其是那些刚开始提到的，并没有竞争，因而除非借助法律手段，否则价格往往不会下降，于是整个收益落入了土地所有者或特权持有者的手中。就土地方面的问题而言，欧洲更为严重，在那里，很大一部分土地的所有权是通过掠夺获得的；而在美国，私人的土地所有权主要是通过购买取得的。

个人主义，从自然权利或社会福利的平台来看，或者可以声称个人应该得到所有增益，因为在自由契约的体制下，他们对所有他们能得到的东西都有权利；或者为了社会福利，可以声称容许他们得到所有他们能得到的东西，因为私有财产是公共财富。从自然权利的角度来看，这种答复似乎是毋庸置疑的：社区产生了增益的价值，这价值就属于社区。从社会福利的角度来看，答案并非如此简单了。例如，社会可能愿意通过把由国家发展带来的价值上的增益留给农田的拥有者，以此来鼓励他们，而城市土地的所有者可能不需要这样的诱因。对新形式的公共服务公司的投资者而言，可能需要更大的鼓励，而这对那些成熟企业的投资人来说是公平的。但是，尽管细节十分复杂，社会良知在朝着这个总的原则努力：社区应该共享其产生的价值。如果它不能通过更便宜的商品和更好的服务来实现这种共享，那么，它一定要借助分等级的税收、所有权或者其他一些手段。英国政府早已考虑到了一种确定苏格兰土地价值的方法，这是对该问题作出调整的第一步。

附录

西格教授特别关于工薪阶层的社会立法方案

哥伦比亚大学的亨利·西格(Henry Seager)教授深信,在社会立法领域内, 505
美国远远落后于更为先进的欧洲国家。他在美国劳动立法协会1907年12月30日的一次会议上,提出了以下提纲。这是经他同意之后转载的,作为前几章提及的几个原则的具体阐述。

任何社会立法方案追求的目标都是:

1. 为了保护工人,他们业已习惯了这种持续享受的生活水平。

2. 为了帮助他们达到更高的生活水平。

1. 保护现行生活水平的措施

威胁既有生活水平的最重要的偶发事件是:(1)工业事故;(2)疾病;(3)年老体弱;(4)早逝;(5)失业。事实上,工人们并没有充分防备这些偶发事件。因而他们遭受的损失在缺乏任何社会保障的条件下,以极大的冲击力落到了为他们感到悲伤的家人身上,往往使这个家庭从独立自足的地位落入了令人感到耻辱且对社会毫无益处的附庸地位上。纠正导致这种境况的罪恶的方法如下:

(1) 雇主的义务法没能为工业事故的受害者提供足够的赔偿,因为大多数情况下没有法律追究雇主的责任,而且在这种法律下,诉讼费用昂贵,结果又不
确定。一定要在对工人工业事故的赔偿方式中找到足够的赔偿,这种赔偿要雇 506
主承担(英国体制)或者由强制事故保险承担(德国体制)。前者似乎和美国的观念与传统更接近。

(2) 工人补偿原则可能扩展到包括因贸易危机导致的收入损失的补偿。与雇佣不直接相关的疾病防护保障,可以通过强制疾病保险,或者通过国有或国家控股的疾病保险公司得到。后一个方案似乎比强制疾病保险更符合美国的现状。

(3) 对年老体弱的保护,可以通过强制养老保险或国家养老金来实现。人们相信,尽管后者更加费钱,但如果合理地限制,会比需要复杂的管理体系的强制养老保险更符合美国的现状。

（4）对早逝的保障，万一发生事故或患上不治之症，可以通过增加对工业事故、疾病受害者的家庭的关怀机制来改善。

（5）防范失业带来的损失，面临着巨大的困难，因为失业常常是无能或不愿持久劳动的结果。最有希望预防这一灾难的方案，似乎是通过资助并监督工会，由工会支付补助来刺激他们的主动性。公共劳动局和工业殖民地似乎也能帮助失业工人缓解失业的痛苦。

相信对上述五种偶发事件的充分的社会防护，能够有效地解决社会救助家
507 庭问题。如果这些优惠措施是在社会公平的要求下作出的，那么，比公众舆论现在赞同的更加激进的、针对社会救助人员的政策，就可能有一个好的前景，即把社会救助成员限制在身体、精神和道德上有缺陷者的范围之内。

2. 提高生活水平的措施

对挣工资的工人来说，提高生活水平必要的基本条件是精力和企业，以及让这二者以高工资形式发挥作用的机会。在美国，人们认为，社会立法对提高生活水平最主要的贡献是：(a)通过为储蓄提供安全保障，以鼓励工人为了将来的需要而储备资金的措施；(b)保护挣工资的工人免受不正当竞争削弱的措施；(c)使所有人都能得到企业培训机会的措施。当然，生活水平的提高也能通过几乎一切有利于促进总体福利的措施，诸如税收和关税改革立法、国土安全法、对公司尤其是有垄断特权的公司的公共监管等等，但这些往往不算在社会立法的名下。

（1）在社会立法名下，当下最大的需求是像一些欧洲国家那样建立邮政储蓄银行。邮政储蓄银行优于私人管理银行的地方是其存款分布更加广泛，因为邮局在国家的每个地区都有，而且存款人对这样的银行会有更大的信心。邮政储蓄银行一旦进入保险领域，就像英国的邮政储蓄银行曾经做的那样，不是作为私人管理保险公司的对手，而是给每一个工人带来了保障安全保险的机会。在给自己提供了安全投资和保险的机会之后，政府有极大的责任去执行对私人管理银行和保险公司的监管。尽管最近几年美国在该领域有了进展，但仍然有一
508 些东西留给了社会立法去实现。

（2）如果精力和企业要保持在最大值，就必须防止工人在不健康条件下进行长时间的劳作。熟练的工人通常能够通过工会保护自己，但不熟练的工人、妇女和儿童需要法律保障。因此，熟悉的劳动保护法律就在这个名目下了。以下详述：

(a) 禁止在所有盈利性行业中雇佣 14 岁以下儿童的法律。这样的法律应该在整个美国统一实行，而且应该通过劳工证的方法严格执行；这些劳工证要以可信的年龄和身体检查证明来确保雇工身体的健康。随着免费的公共教育越来越能满足当前的需要，最低年龄可能提高至 16 岁。

(b) 限制 14 岁以上未成年人的劳动时间的法律。这方面的保护应该扩大到 18 岁以上，至少在工厂的劳动关系中，未达到该年龄的所有人都需要劳工证。

(c) 限制妇女劳动时间的法律。在美国的妇女劳动管理中，首先需要的是统一和有效的执法机制。在法律中为受保护阶级规定工作时间的方案极大地促进了后者，而且必须使美国法院看到这种规定的合理性。9 小时工作制和夜间工作的禁止，在更大的统一和更有效的执法能够得到保障之前已经确立了足够高的标准。

(d) 关于卫生和安全设备的规定。关于通风设备等的一般规定，需要更加精确的表述；而且，需要对危险行业的特殊监管给予更多的关注，迄今为止，在美国法律中，这类行业在很大程度上被忽略了。

(3) 限制儿童和年幼者的最主要理由是为了保证儿童和年幼者的身心发展能够无阻碍地进行，进而成熟为强壮、精力充沛、有能力的成年男女。为了达到 509
这一目的，不仅有必要提供有益健康的生活条件和普遍免费的公共教育，而且有必要向年龄较大的儿童提供特殊行业的培训，这些培训优于现代工厂和车间提供的职业培训。目前，学徒体制作为一种工业培训体制是失败的，即使在那些保留着学徒制的少数行业中。社会迫切需要提供综合的工业培训，这类培训作为公立学校系统的一部分，并不会代替如今给予 14 岁以下儿童的培训，而是针对那些在 14 和 16 岁之间的在校学生。由于要满足这种需要，义务教育学校的入学期限可能逐渐延长至 16 岁。在美国，这种工业培训的指导原则应该是：免费公共教育的作用不仅仅要让孩子们能够过上有益的、全面的、幸福的生活，而且要指导他们获取使这种生活成为可能的收入。

上述社会立法方案是朝着实现那个社会公平原则（它为所有人争取平等的工作机会）迈出的一步。人们相信，通过使工人和雇主都变得更加聪明、更加高效且真正地更加民主，有助于提升这个国家的公民权利和义务的标准。因此，它将为这样的可能令人向往的进一步的工业重组铺平道路。

26.

家　庭

510 就道德层面而言，家庭的一个目的是其所有成员的普遍幸福，而这个幸福包括三个方面：(1)婚姻把男女之间的激情或友情转变为追求双方幸福的审慎、亲密、牢固可靠的结合。这个共同目的，比任何一方独自得到的幸福都更高、更广、更充实，它把冲动或自私的感情提升到了道德层面；它是特殊的亲密关系和对志同道合的特殊需求，这赋予了它比普通的友情更大的深度和广度。(2)家庭是重要的种族关怀和培训的社会机构。(3)这种功能影响着父母的品质。温柔、慈爱、自我牺牲、持之以恒、责任心和活力，所有这些都是必须的，而且往往被孩子们唤起。对家庭及其心理基础发展的简要概述，将有助于我们考虑其目前存在的问题。

§1. 现代家庭的历史先例

生物学家对性别划分感兴趣，认为这种划分保障了较大的可变性，并进而使适应和进步具有了更大的可能性。对社会学家来说，其价值也在于它提供了功能上的变化，进而创造了一个更富有的社会。在道德层面上，这些价值及其对上述人格深远影响的实现，很大程度上依赖于婚姻得以形成和维持的条件。婚姻中各方的数量，在家庭关系中的组合模式，其稳定性，家庭中夫妻、长幼之间的关
511 系，已经显示出西方文明的一种趋势；该趋势朝向某种进步的方向，尽管这种进步是不规则的，而且曾被某些停顿或逆转中断。

母系型——早期的家庭，当然，在世界的许多地区，是如此形成的：当一个男人离开父母去寻找他的妻子的时候，即当妇女留在她的氏族中，而男人离开其氏

族和她一起生活的时候。这往往给予妇女持续的保护——也是持续的控制——被她的家人，而且她的孩子归了母亲这族。就像如今的种族人种学家似乎同意的，这并不意味着母系家庭。归根结底，权威是妇女的父亲和兄弟而非妇女本人。同时，在某个体力起决定性作用的时期，相对于即将提及的下一个类型，这类家庭无疑有利于妇女。

父系型——当妇女离开了她的氏族、在丈夫的家里生活时，这就意味着她可能失去支持和地位。但是，这也意味着巨大支配力的获得，这种支配力确保了妻子的忠贞、父亲对孩子的权威和兴趣，并最终确保了家庭的稳固。在西方民众中，在男性掌握生死大权的罗马族长制度下，丈夫和父亲的权力达到了顶峰。在巅峰时期，这种族长制家庭类型确立了统治者和所有者的尊贵与权力，他们自己与其妻儿警惕地守护着的荣誉感，其目的是为了保持清白的名誉；最后，保护者和被保护者各自的态度增强了相互之间的吸引力。在衰落时期，这种制度意味着野蛮的作威作福，既意味着软弱到卑贱的服从，又意味着痛苦到不可救药的不公正。随着这种“父权”的确立，获取妻子的方法有了很大的变化。当男人带走一个妻子而非入赘妻家时，他可能俘获了她，可能买到了她，也可能在为她服务。在任何一种情况下，她在成为他的妻子的同时都可能在某种程度上变成他的财产。这并不一定意味着某种屈辱的感觉。卡菲尔的妇女十分蔑视那种妇女不值得买卖的体系。但从整体关系来说，一种商业的理论明显受到青睐。新娘的同 512
意有时可能是交易的必要部分，但往往并非如此。

父权的影响——这种“父权”的家庭也可能支持如下理论，即在婚姻中，男人应该比妇女有更大的自由。在最低级的文明中，我们经常发现，婚姻关系从我们的角度来看是十分宽松的，尽管我们在第二章已经注意到，这些人往往用诸如谁能结婚或能拥有婚姻关系等的刚性规定补充这种宽松。随着文明及父权的发展，我们很容易发现，族长或其他能够负担得起的人被容许娶多个妻子，即使一般人可能只有一个妻子。在某些情况下，妻子可能是一种经济优势而非负担。在父亲和孩子最为重要的家庭里，妻子甚至可能乐意让他们的仆人生育子女，如果这些子女只能算作她自己的孩子。丈夫因此获得了更大的自由——因为在文明民族中，除了贫困的压迫，一妻多夫似乎已然绝迹。丈夫更大的自由很可能体现在离婚问题上。在众多野蛮民族中，离婚对双方来说都很容易，如果双方都同意的话；但在父权盛行的家庭中，离婚对男人来说，几乎是更加容易。古时的希伯来人可以随意地和他的妻子离婚，但女方并没有相应的权利，而立法者大概也不会遇到这种问题。《汉莫拉比法典》容许男人抛弃他孩子的母亲，只要他给她和孩子适当的抚养费；或者通过退还嫁妆，抛弃不能生养的妻子；但一个行为愚蠢又奢侈浪费的妻子，可能毫无补偿地离婚，或者变为奴隶。妇女也可能要求离婚，“如果她勤俭且贤惠，而她的丈夫经常外出且轻视她”。但是，如果她不能证明她的说法而且显得放荡，“他们将把这个女人扔到水里淹死”。印度和中国有家长制的家庭，而且婆罗门增加了寡妇不能再婚的规定。通过一种十分不平等
513 的婚姻忠实标准，确定了丈夫一方更大的离婚自由。对于不忠的丈夫，往往没有惩罚，即使有也十分轻微；但对于妻子来说，往往是死路一条。

罗马家庭——西方文明中的现代家庭是三种主要力量的产物：罗马律法、条顿风俗和基督教会。早期罗马律法认可丈夫和父亲的极权；妻子和孩子在他的“手中”；所有妇女必须在某个男人的监护之中。妇女根据三种早期的婚姻形式，从其父亲的权力和控制转到了她丈夫的控制下。与此同时，她是唯一的妻子；离婚也很少发生。但是，在罗马共和国即将解体之前，一种新的、容许妇女留在她父亲权力之下的婚姻方式流行起来了，随之而来的是简便离婚的理论。结果，讽刺作家指控其败坏道德；但霍布豪斯认为，总的来说，罗马的已婚妇女似乎已经保住了作为她丈夫的伴侣、安慰和朋友的地位，而这地位是她在那更加严厉的时代拥有的；在那些时代，婚姻依法把她交给丈夫统治。①

德国家庭——日耳曼民族赋予丈夫几乎无限的权力。恺撒也曾评价说，对自由的热爱在他们当中极为流行，但这种热爱似乎并未要求任何为妇女提供自由的措施。事实上，他们和其他民族一样，可以说，通过赋予所有男人自由并且把控制加于妇女，已经符合了自由和控制的两项原则。霍布豪斯从而总结了所有的情况：

> 丈夫的权力得到了强烈的发展；他可能会遗弃幼儿，责打妻子，处置其个人。他不能置她于死地，但如果她不贞，在亲属的容许下，他便是审判官和刽子手。妻子是从她娘家买来的，并没有考虑她的意愿，或者直接通过家庭购买了她。她早期根本什么都没有继承，但在后期，在缺乏男性继承人的

---

① 霍布豪斯，《道德的演变》，第 1 卷，第 216 页。

情况下，她得到了那个权利。她永远受监护、永远顺从，简而言之，就是中国 514
的“三从四德”。随着封建权力的发展，以及国王和其他封建统治者统治的加强，这些规定必然会增加。而在早期法律中，监护权或**保护**没有被直接当作有益于监护人的东西，而是当作防范被监护人的手段，基于这个原因，监护权在市场上是有价值的，而事实上，直到中世纪它仍然是可出售的。最后，德国的妻子尽管被尊敬，却没有了早期罗马已婚妇女享有的在家中的统治地位。事实上，一夫多妻制在早期的日耳曼部族中很少见，但正如我们所见，这通常是男女数量相等地区的情况。一夫多妻制是容许的，而且是由首领实行的。

基督教影响的两个方向——基督教对婚姻和家庭生活的影响在两个互相冲突的方向上。一方面，对玛丽亚和圣徒的敬仰与崇拜往往提升并完善妇女观。此外，婚姻被视为“圣礼”、神圣的奥秘，象征着基督和教会的关系。从一开始，神父的祝福就增添了宗教的神圣感；逐渐地，增加婚礼严肃性的婚礼圣餐仪式(marriage liturgy)迅速发展；而最终，整个仪式成了基督教的典礼而非世俗的宴会。[①] 整个习俗无疑被提升到了更严肃更庄重的地位。但另一方面，一种简朴潮流的影响也追求相似的进程，这种影响随着它的流动而不断加深和扩展。虽然从一开始“禁止结婚”的教义就受到谴责，但很多人还是认为不结婚的生活是更高的荣誉。如果婚姻是一个圣礼，人们依然认为婚姻使男人不适宜执行圣礼。妇女被视为原罪的起源。从这个立场出发，婚姻是对人性弱点的妥协。“大多数男人和女人必须结婚，否则，他们会表现得更糟；因而，婚姻必须简单易行；但极少数人对之极其冷淡，视之为污秽。源自此立场的法律读起来令人极不舒服。”[②]然而，一定要注意：虽然独身主义通过选择性的过程，往往不断使那些更 515
好的、更有抱负的男女消失，而且阻止他们留下任何后代，但它对妇女来说仍旧有十分重大的价值。女修道院一度是一个避难所、一扇通往活力的门。“向女修道院里的修士敞开的事业，远远大于任何现代欧洲历史进程中向妇女开放的

① 霍华德(Howard)，《婚姻制度的历史》(*History of Matrimonial Institutions*)，第1卷，第7章。
② 波洛克和梅特兰，《英国司法史》，第2卷，第383页；霍华德征引，第1卷，第325-326页。

事业。”[①]

对婚姻关系中的公平,因而也是对更好的家庭理论的两个重要贡献,在任何情况下都应被归于教会的信赖。首先,双方的同意是建立有效婚姻需要的唯一条件。“在这方面,教会不仅反对古老的传统和父母的权威,而且反对封建土地领主的权力。为了公正,我们必须承认它解放了卑躬屈膝的妇女,给她们上了与其一生最重要的事情相关的免费课程。”[②]其次,在维持神圣婚姻的永久性上,它主张,违背婚姻的男人和女人一样不道德。旧理论认为,通奸既损害了丈夫财产,又模糊了孩子的身世,这在约翰逊博士关于“无限制”差异的名言中保存了下来。妻子的感受,或者甚至丈夫的感受,除了其对财产和孩子的关心,似乎并没有得到考虑。

因此,教会修正了日耳曼和罗马传统,但并未完全废除它们;因为关于妇女在家庭生活的实际地位方面,她们自己也有分歧。新教教义在反抗罗马的同时,也反对它的婚姻理论。一方面,改革者宣称婚姻并非圣事,而是不依照宗教仪式缔结的民事契约;允许离婚。另一方面,他们视婚姻为最值得拥有的一种状态,进而废除了牧师的独身。然而,“妇女的服从”,尤其是已婚妇女的顺从,一直作为法律理论保留着,直到最近。在英格兰,布拉克斯东时代的理论是:“在婚姻
516 中,妇女的存活或合法存在被悬置了,或者至少被合并统一到丈夫身上。在丈夫的羽翼保护和控制下,她生活着。”根据旧时的律法,他可以给她“适度的惩治”。“但在查理二世温和的统治下,这种惩治的权力开始受到质疑了”。然而,直到1882年,英国的已婚妇女才获得对其财产的支配权。在美国,旧的不公正的习惯法逐渐被成文法所修正,直到财产和孩子方面的实质性平等得到保证。

§ 2. 家庭的心理基础

家庭生活的心理学可以简单地理解为两个主题:丈夫和妻子的心理学,父母和子女、兄弟姐妹间的心理学。

1. 最为复杂的情感,能够在最理想的家庭生活中找到的爱,一方面(i)是一种情感或感情;另一方面(ii)是一个目的、一个意愿。这两个方面都被(iii)为人

---

① 埃肯斯坦(Eckenstein),《修道制度下的妇女》(*Woman under Monasticism*),第 478 页。

② 霍布豪斯,《道德的演变》,第 1 卷,第 218 页。

父母的责任和(iv)社会宗教的影响改善并增强了。

(1) **感情和本能的基础**——作为感情或情感的爱也许有两个基础。一种基于类似品味和兴趣的精神契合,有时出现在感情伊始,但无论如何,这种精神契合有可能在普通生活中令人欢喜的条件下发展,尤其如果有了孩子或共同的工作。但众所周知,这并非全部。朋友是朋友,爱人是爱人。亲密关系不仅要求有更容易描述、更显而易见的心灵与心灵之间的相互吸引;而且要求整个儿人的更深层的和谐,不容许精确计算,显露在微妙的本能反应的情感态度之中。这种异于较理性的、本能的吸引,往往被描述为性格和身体特征的对立面或差异面。但是,这并非导致爱情的自觉因素。在目前的科学条件下,我们能够作出的唯一解释是生物学上的。从生物学的角度来看,当大自然在某些令人愉快的变化下发 517
展出性格稍异的两性,并使他们的结合成了维系物种的必需时,这是一次极为成功的冒险。每个新生儿都结合了父母双方的品质,这使变异的几率极大地提高了,而变异是进步的途径。为了保持水果同样的变异,园艺家培育幼芽或嫁接;为了获得新的变异,他培育新的品种。关系到物种持存的非凡进步已在动植物界展现无遗,这种进步至少部分地是由性的作用引起的。这个长期的进程,逐渐形成了本能选择的若干原则。不论是不是最理想的可能,它们代表着某种确保获得这种既得进步的调节和对现存环境的适应,而忽视它们将是愚蠢的,如果能够忽视的话。从生物学的角度看,贪图财物的婚姻无疑是有问题的。

然而,单单本能基础本身并不足以确保幸福的家庭生活。假如男人过着一种完全本能的生活,那他可能凭本能去建立家庭。但既然他过的是一种理智的、社会的生活,理智和社会因素就一定会发挥作用。选择的本能基础是在这样的条件下确定的,即夫妻之间只需要或多或少地相守一段时间,对子女的照料也只需要那么几年。现代社会要求夫妻相伴终生并照料子女,这就意味着直到子女成年之前,父亲必须提供大量优越的环境而母亲则成为睿智有德的向导和朋友。把这些日益增加的要求的保障委托给本能,注定要失败。在所有关系中,如果更强烈但更不确定的相互吸引要生长为完美的友谊和相互的借鉴,本能就必须由理智指引。

(2) **共同意志**——但是,不论基于本能还是志同道合,任何单独的感情或情感都不足以作为男女共同生活的道德基础。在前面(第 229 页)我已经说过,任何从意志抽象而来的纯粹感情在道德上没有价值,在此同样适用。爱情,在其作 518

为家庭基础的唯一意义上，不是心理学词汇的“爱”——对令人愉快或让人讨厌的气氛的意识；它是双方要追求对方的幸福，或者不如说追求共同幸福的决心，而这种幸福只能通过包含双方自我牺牲的共同生活才能实现。这是康德旨在创造共同幸福的善良意志。它是一个小的“目的王国”的组织，在其中，每个人把对方“当作目的”，并非仅仅是手段；在其中，每个人“既是统治者又是顺从者”；在其中创造出来的共同意志，美化了每一个人，并赋予其更高的道德尊严和道德价值。而正如任何目的都有道德价值的情况一样，有一种像实际结果一样的共同幸福。丈夫和妻子的性格和品德得到了发展和补充。男性在生物学上是更有精力、更易变的，他通常拥有更强的主动性和更大的力量。经济和工业生活突出了这些特征。但是，当他独身一人时，容易变得粗鲁或冷酷无情，进而缺乏体验生活魅力和价值的感情。另一方面，妇女，可能部分是由于本能，但无疑也出于使命感，主要从事各种作为人类健康、舒适和道德基础的护理工作。她往往变得褊狭，除非有男人作补充。总的来说，关系到这种互助进程的感情和情感的价值，正如亚里士多德指出的，在于完善意志。这种完善将温情和活力带入了两性关系，否则，在任何情况下，单方面都将是片面的或者很容易变为虚假的。旧心理学有个意义深远的真理：“心”意味着即刻的品质和激情。

(3) **家长身份的影响**——大自然一次只走一步。如果所有家庭生活的可能结果从一开始就必须被明确地预测、估价和选择，那么，很多人就会畏缩不前。但这大概是因为在实际体验之前，并没有能力理解并欣赏新价值。“灵魂作出的每一个承诺都有无数的满足，每一次实现的快乐都呼唤着新的愿望。”父母的慈
519 爱只有在孩子的真实激发下才能呈现。从一开始，夫妻之间的相互爱恋是充足的；但随着首要的、更加本能和情感的因素相对减弱，更紧密的志同道合需要利益共享，如果它要变得稳固且完整的话。这样的利益共享经常能通过共同承担某个事业或职业而实现，但在目前的工业组织下并不通行。最为普遍和有效的利益共享对象就是孩子。就像约翰·菲斯克(John Fiske)指出的，人类通过延长幼儿期把父母维系在一起，这具有极其重大的道德影响。当下的文明不仅仅要求父母通力在物质上支持孩子 8 年或 10 年，而且这延长带来了第二时期，父母现在必须合作直到孩子读完中学和大学，并成家立业。而孩子优于其他共同利益的地方在于：父母以不同的方式重复这个过程——这个过程使他们走出个人生活，为了相互帮助而结合。如果父母不仅把孩子当作满足或骄傲的来源，而且

当作要过他们自己生活、提高自己能力的个人，那么，父母的人格就得到了极大的提升。通过创造新的关系，夫妻之间的感情变得更加充实了。

(4) *社会和宗教因素*——夫妻之间的关系、父母与子女之间的关系是最为亲密的个人关系，但其中仍然有着某种社会利益。事实上，正因为他们之间是如此的亲密，社会才更加紧密相关。或者，从个人的角度来说，正是因为各方都承担着重要的个人任务，他们才必须把这种关系纳入道德范畴之中。事实上，建立家庭的行为意味着更大程度地参与社会生活；它是对关系的假设，这种关系把各方投入到一种新的更能真切感受到的人类有机部分中。这种社会和宇宙意义被 520
世俗和宗教仪式适当地表征着。在对婚姻合约的控制上，在关于孩童教育和关爱的对策上，社会不停地展现着它的兴趣。所有这些，都给情感和理智原则增添了额外的价值和力量。

2. *父母和子女*——家庭中的另一种关系，即父母和子女、兄弟姐妹之间的关系，不需要详尽的分析。父母对子女的爱，就像男女之间的爱一样，有一种本能的基础。那些关怀自己后代的物种，在生存竞争上有更大的优势。大自然选择了它们，并且不断地减少那些不关心子女而更关心权力、财富或知识的种族或集合的种类。温柔、勇气、责任、活力、耐心、深谋远虑等个人品德——这些并非由普遍意义的孩子，而是由我们自己孩子的需要不断激发的。然而，本能的反应很快就在态度上扩展了，在意义上深化了。提供物质福利和更多为心灵的成熟做准备的需要，激发了智力活动。迫使父母重新认识他的整个世界的问题和答案的交流，以及与模仿和暗示类似的、在所有家庭成员间产生相互礼让的问题和答案的交流，总是有助于流动性和灵活性、容忍性和广泛性。对有思想的父母而言，这些有教育意义的影响，通过道德训练得到了强化。因为在每个家庭中，就像在每个种族中一样，鼓励和监督儿童合理行为的需要，是让老人掌握习俗意义和判断是非权力最为重要的作用之一。从某种角度来看，认为儿童处于不完善的阶段，进而由于其丰富的可能性要寻求其完善、获取其价值是十分自然的。但是，生物学家告诉我们：比起成熟而稳定的成年人，孩子更接近进步的方向。热爱孩子的人相信，如果某个年龄段的人类能靠自己的权利存活，而且“不言而喻是有利的”，那就只有儿童。父亲们为了孩子劳作，不仅仅是需要，更是乐趣。人们为之奋斗、辛劳的目的，在许多(如果不是大多数)情况下，达到之后似乎并不那么令人满意；因为与此同时，人们已经厌倦了那种渴望。孩子成为一个爱的对

521 象，这个对象不断地展现新的力量和新的个人境界。[①] 相反地，同样温柔、耐心、有同情心的权威人物是发展孩子自控力的最好手段。相互礼让的需要，有几个孩子平等地共享、学习相互礼让，可能是训练社会合作最有效的手段。事实上，从作为整体的社会组织的角度看，家庭有两项功能：其一，作为一个小的群体，它提供了培养爱和获得不可能在较大的社会群体中获得的其他品质的机会；其二，它是对未来较大社会群体成员的培养，在这种群体中，上述品质和性格是公民所必需的。[②]

§3. 家庭关系中的普遍因素

性情差异——尽管男女的内在品质把他们带入共同的家庭生活，而且在大多数情况下，孩子的存在是总体强大的连结力量；但是，仍然有某些特征会造成不可避免的紧张，而这些紧张的压力在当前的经济、教育和文化条件下加强了。男女之间的差异，可能是基于他们彼此之间的本能吸引；当然，他们之间也有可能发生摩擦。人们注意到的根本差异是男性更加善变，而女性更加忠诚。至少

522 从生物学的角度看，"*善变无常*"(*varium et mutabile*)被诗人用在了错误的性别上。运用在心智和性格上，这大概不仅意味着作为整体的能力和性情的多变——比女人更有创造力，同时更加愚蠢——而且意味着更高的平均活动水平。

由于职业突显出的差异——和女人更低的辨别力与协作能力相比较，从早期的捕鱼打猎到现代的大量职业，男人天生的活力找到了用武之地。埃利斯[③]和托马斯[④]还指出了一个与这紧密相关的职业差异。原始男性打猎并搏斗。多数的原始工业，即现代工业活动的原型，从其遗存来看，是女性从事的。工业进步是在把女性的工作逐渐分离开来并被男性逐渐掌控和扩张时显现的。男性的工作因而变得更加专业和科学。女性的工作仍旧详细、复杂和分散，她在家里要

---

① "'他们大概会极大地妨碍你的工作，'我对一位在厨房里忙碌着的母亲说，一个 2 岁的孩子正扯着她的裙子。'没有他们，我就做不了事。'她立即反驳道。在她的回答里，我们得到了对我们辛勤工作的母亲情感上怜悯的回答。从事日常生活的繁琐杂务，身边还有小孩子吵吵闹闹，确实是艰苦的；但如果没有孩子在身边，工作就会艰苦十倍，因为完全缺乏某些使工作有价值的东西。"海伦·鲍桑奎(Helen Bosanquet)，《家庭》(*The Family*)，第 313 页。

② 海伦·鲍桑奎，《家庭》，第 2 部分，第 10 章。

③ 埃利斯(Ellis)，《男人与女人》(*Man and Woman*)。

④ 托马斯(W. I. Thomas)，《性别与社会》(*Sex and Society*)。

整理家务、照顾子女，保障所有家庭成员的健康和舒适，这必然牵扯到个人的调整，因而它反对系统化。作为差异的一个结果，男性在越来越大的程度上获得科学而客观的工作标准；女性没有也不能——至少在个人关系的范围内——占上风。商业根据销售数量和净利润率来划分等级。其他行业和专门职业有自己的成功标准。一位科学家有了新发现，律师赢了案子，建筑师修了桥，机械师造了机器；他知道自己能不能做好某项工作，进而相应地获得尊重。他能够恳求他周围的人对其职业作出评判。相对地，行业和职业标准有助于提升个人工作。它 523
是稳定的促进因素，也是稳定的支持。家庭中，女性的工作没有这样的职业促进因素，或职业评判。如果家庭是宽宏大量的，那工作要求就不会很高。另一方面，它必须立即引起相关成员的兴趣，如果他们没有反应，女人就会觉得她没做成什么有价值的事情。如果她的工作不受重视，她就会觉得工作毫无价值。因为评判家庭的成功与否与评判艺术作品的好坏一样，并没有公开的根据。很容易就能找出一幅画或一个家庭令人满意的原因，但如果工作本身不令人信服，那么再怎么公开宣称类似的工作是令人满意的，也没有用处。

在这个问题上，男女与他人的接触方式是另一个因素。男性与他人的接触，在大多数情况下，是一种抽象的方式。他不与具体的男人、女人或孩子打交道，而是与雇主或雇员、顾客、主顾或病人打交道。他不必在不同阶段忍受他们，也不必涉及那些在很大程度上牵扯到应变压力的亲密关系。此外，商业和职业的方式与礼节的使用，也解除了个人努力的必要。“职业方式”在与他人打交道时起着与其在个人生活中所起的相同的作用，它代替了注意力的不停调整。

当一个男人被迫把个人感觉放在一边，忙于应对作为“社会人”的各种严肃境况时，他感觉到了更为巨大的压力。女人的任务没有那么多，但却更加紧张。她必须去照料子女，无论普遍意义的孩子还是“单个”的孩子，都是很重的负担。如果她不了解丈夫的全部，很可能是因为他职业或事业的那一部分没有带回家，而那一部分可能是最为机敏、睿智和有趣的。未由抽象的、不带个人色彩的态度及其带来的抽象化活动所缓解的常见的个人关系，构成了很少有人能理解或忍受的一些压力，并占据了他们的灵魂。因而，目前的劳动分工似乎使男性更加抽象，女性更加个性化，而没有让他们在一定程度上取长补短。 524

对家庭的态度差异——那些基于性情和职业的态度差异似乎还不够，我们再来看看男女对吸引彼此的家庭的态度的深刻差异。男性十分赞成家庭对种族的重要性，但家庭并不意味着对其他雄心壮志的干预，而往往是有助于这雄心壮志的实现。家庭是百利中之一利，而且在他看来，很可能没有他的职业或事业重要。在古代漫游或征战，在现代征服自然或控制妻子和同胞——这是男人一成不变的本能，它甚至激励着长期漂流在外的尤利西斯再次离开故乡伊萨卡岛和妻子佩内洛普，重入汪洋大海。另一方面，女性，如果她成了家，就往往放弃任何其他志向，忘记她先前职业要求的技艺或技能。成为家庭主妇，或许正是她根据使命感作出的选择。如果她注定要有一个家，那往往就没有选择的余地。问题并非在于职业之外的家庭，而在于作为职业的家庭。因此，女性不仅必须视家庭生活为幸事；它必须是善，而且往往是**唯一的**善。

因此，如果一位妇女把家庭作为至善，那么，自然很难对男人视家庭生活为次要的标准表示赞同了。当然，更全面的观察可能会发现，劳动分工和功能上的差异导致了价值标准上的差异；对自然的控制和对家庭的维持，可能既不是绝对的善，也不是生活和进步所必需的。但是，男人和女人往往都不能胜任这种观点，而且不能完全赞同其他观点的相对价值。最为明显的表现，在于对待不忠者的态度上。男人们对玩牌作弊或伪造签名有严厉的规矩，但却比较宽松地看待
525 甚至完全忽视严重破坏家庭的过失。后者似乎不会成为他们政治、事业或社会成功的障碍。女人对圣洁家庭的标准更加严格，尤其在性的方面。但是，可能很难让大多数女人相信偷牌是更恶劣的行径，或者让《玩偶之家》里的娜拉相信伪造签名比不贞更邪恶。这不是说普通男性或女性都认同犯错的形式，而是说两者在对待错误的时候各有侧重。从这些天性、职业和社会标准上的差异出发，人们可能会说，无论夫妻之间有多么恩爱，也很少能完全理解对方。也许，大多数男人根本就不理解女性。与詹姆斯详述过的、他的鄙陋的“心理学家的谬见”相似的，是“男性谬见”和“女性谬见”。

年龄差异——父母与子女之间的年龄差异，对双方的相互理解产生了不可避免的障碍。最周全的说法是：父母和孩子代表着种族延续和个人变异的两个因素，这两者在诸多状况下互相对抗。父母已经在社会体系中找到了他的位置，他是稳定的；同时在一定程度上，社会传统又使他很顽固。孩子，尽管在某种程度上，一直在模仿适应着这个传统，却很少屈从。刺激和对生活的扩展没有在已打开的路径上得到完全的展现，所以，它们不时地创造新的途径。父母的保守可能是更明智、更世故，或者是更麻木不仁、更小气的行为方式；某些孩子的变动对

他自己和社会来说，可能是同样的荒谬有害；另一些孩子可能承诺要创造更大的理性、更包容的社会秩序——但同时，理性与冲动、秩序与变化之间冲突的某些特征也不断显现。价值观的差异也就不可避免了，而这种差异只能靠理智的共同感来缩小。人们很容易认为，孩子们一旦有了自己的整个世界，过去的如此种种对他们来说都无足轻重，即使他真的“过了那个年轻气盛的阶段”，性情受到的影响可能会留存下来，进而影响到性格或感情生活，即使他不能清楚地记得。大多数父母可能没有意识到，那种天然的、有时甚至过分强烈的对“公平”的领悟， *526*
是在孩子小的时候产生的；或者，如果从孩子而不是“成人”的角度来评判，相关行为的背景看起来有多么不同。多数父母和孩子彼此深爱，但只有极少数能够成为知音。

§4. 引发当前问题的特殊情况

除了普遍的家庭生活之外，目前还有一些特殊情况引发了特殊的问题，更准确地说，突显了一直就存在的问题的某些方面。家庭与政治团体极其相似。需要持续地在秩序和进步、社团控制和个人自由之间作出调整。早期的习俗或强制关系，在更加自愿和道德的秩序下不得不逐渐改变。按康德的话说，他治必定要逐渐让位于自治，对等级地位的屈从必定要逐渐让位于平等有尊严的劳动分工。人们可以合理地期待，目前的家庭生活中的压力因素最终将会导致更好的家庭关系格局。那些特殊情况部分是经济的，部分是教育和政治的，但一般的进程是现代文明大发展的一部分，这种大发展伴随着个人发展及其对自由不断增长的渴望。有时，人们好像认为，这只能影响到妇女或儿童；事实上，这也影响到男人，尽管程度很轻，因为他不处于从属位置。

经济因素——工业革命把生产从家庭转移到了工厂。家庭不再是产业单位。纺纱、织布、制衣、做鞋、做肥皂、加工铁器、木工和其他手工艺行业都转到了工厂。男人、未婚女性和某些已婚妇女也跟着来到了工厂。孩子与一位，有时甚 *527*
至是两位家长失去了联系。工业和商业的聚集产生了城市。在当前的交通方式下，对母亲和孩子来说，这意味着房间（apartment）而非房屋（house），意味着更少的自由、更多的约束，也可能意味着对种族的恶劣影响，而目前这种影响尚不能计算。但撇开它对儿童生活的不确定影响，我们注意到它对男人和女人确定的、重大的影响。

可能很难对男人白天离家给家庭生活带来的益处和损失作出精确的判断。一方面，长期的过多接触会产生冲突；另一方面，有可能导致丧失某些共同语言，而在工作时间很长的情况下，很可能完全失去与孩子的接触。如果孩子是极为天然地培养父母温柔和慈爱的力量，那么，父亲被剥夺了受这种教育的机会显然很不幸。人们已经广泛地注意到了工业革命对女人的影响。首先，提供给女人大量的职位，使她们在经济上更加独立。她们不必被迫在婚姻或依赖亲戚之间作出选择。如果她们早就结婚了，即使失去了与先前职业的联系，也不会有同样的要忍受难以容忍的家庭情况的冲动，而再一次试着去自力更生。女性的进入，对有组织、有明确工作时间和客观标准的职业的影响，通过对比其家务身份的推迟到来而得到了凸显。一个要求双倍工作时间、独立工作而不能合作、与雇主保持密切的个人关系、在工作之外要控制品行而最后居于如旧时仆人一样低下的社会地位的职位，很难找到熟练的工人。事实上，家庭主妇即使“尽心尽责”，也不会完全喜欢她的职业。如今，再也没有哪个职业会不顾品味和能力而向所有男人开放了。
528 如果强迫每个男人不仅仅做自己的衣服，包括头上戴的和脚上穿的，而且要做全家的衣服，由于感情生疏或技术不过硬，可能会产生很多不合身的衣服，就像如今不能令人满意的家庭生产的衣服一样多；而且，可能一方会变得易怒和“紧张”，另一方变得言语犀利甚至离家出走，这将增加法院处理离婚案件的压力。对越来越多的妇女来说，“博而不精”的地位是令人气恼的。浪费了大量精力却没得到相应的满意收获，这个念头比实际的艰辛工作更令人厌烦。

对少数不做家务或有人代做家务的妇女来说，工业革命提供了一系列不同的可能性。得到了充分培养的明显的天分，可能有机会去施展，而不受家庭生活的影响，但这样的好运不多。如果妇女不能整天离开家，或者如果丈夫把她所获甚丰的职位视为对他“养家”能力的侮辱，她几乎就被排除在所有职业之外了。如果她有孩子而且对孩子们的心智发展非常重视，那么，科学就有一个无限的发展领域了。但是，如果没有正当的职业，她就不能过正常的生活。用凡勃伦的话说，她的丈夫很可能不理解她为什么不能“代他享受清闲”，然后就此满足。如果她满足了，情况就更糟了。无论她是否满足，在这种状况下，她一定不可能获得精神或道德上的提升，而家庭生活也不会从这种停滞或轻浮中获益。

在某些社会阶层中，有一个经济特征可能是许多小烦恼的原因，而且在某些情况下是真正的精神堕落的原因。当家庭是产业单位的时候，当交换大部分以物易物的时候，很自然地把妇女当作生产的一环。当生产转到了工厂，男工人获得了工资或财富，并能把它装进自己腰包的时候，他很容易把自己当作家庭支柱，他可以负担家庭开支甚至妻子的个人开支，而把这视为对他妻子或孩子的 529
“馈赠”。妇女或多或少默许了这种令人屈辱的观念，而这对幸福和真正的道德关系来说是致命的。这种观念就和把出纳员监守自盗作为对银行的支援，或者把经理监守自盗视为对所有员工的帮助一样荒谬。组建家庭不是为了经济利益，而是为了相互扶助，为了种族的持存和进步。劳动分工并没有划分优劣。当一个人考虑哪一方冒更大的风险、哪一方以更大的决心和诚意为家庭工作时，就应该把“经济依赖的理论早就应该流行起来”的想法看成是一种超级迷信。

文化和政治因素——教育、文化和政治活动重塑个人的见识。教育和文化的发展进步增强了下面这种要求，即妇女的生活应该像男人一样有真正的目标；而且，继续她的工作，不论有没有家庭。通过工作，她可以分享科学精神、科学方法中明智而高效的工作组织所带来的心灵力量、性格磨练和精神自由。政治民主让人们更加注意到个人的尊严，而忽略等级或财富。妇女被赋予越来越多的法律权利，如今在大多数情况下，她们获得了法律面前的平等，尽管选举权在多数情况下仍然是例外。在这种状况下，要维持夫妻双方在自由、责任、尊严和权威上不平等的婚姻就越来越困难了。人们很可能发现，如今的大部分紧张情绪，尤其是在家庭生活中——除了那些在任何体系下都容易出现的不适应——或者因缺乏对这种平等的认知而产生，或者因更普遍的经济条件(作为整体的社会，而非任何特殊的家庭)而产生，必须得到正视和改变。

§5. 悬而未决的问题：(1) 经济问题 530

作为经济单位的家庭，意味着其成员既是社会的生产者又是社会的消费者。

家庭和生产——我们已经注意到工业变化，这些变化似乎致使家庭和外部职业之间有了极大的差别。我们已经看到，目前的工业、商业和职业组织已经把大多数职业从家庭中分离出来了，妇女只好在家庭和某个职业之间进行选择，但往往不能两者兼顾。我们已经提及，由于要求所有妇女做同样的工作，家庭似乎阻止了她们与其才华相应的个人追求，也阻止了她们融入整个科学和技术通行无阻的现代生活。这是不可避免的两难吗？那些如此认为的人分成了两派，分别接受两难中的一方，一方认为，劳动的社会分工一定是男性承担起所有家庭以外的工作，女性通常在家庭里工作；另一方认为，家庭生活必须向工业趋势作出让步。

（1）“家务理论”，或者按鲍桑奎女士的说法，“虚假家务”理论，得到了许多忠实的家庭支持者（其中有男有女）的支持。他们强烈地感受到家庭生活的根本需求，深信他们不是在设法使妇女顺从种族的需要，而是在给她独特的尊严和爱。在家庭之外的工作中，与男人相比，她通常一定处于竞争的劣势，因为大自然赋予她不同功能的身体条件。在家庭中，她“具有最高的统治权”。对大多数女人来说，生活并不那么令人满意，经验不够丰富，个人意识尚未觉醒，直到她们敢于享受所有的家庭关系为止。假使对家庭的维护不单单是为了种族，更是为了妇女自己的利益。此外，他们还会力陈，当妇女参与到家庭之外充满竞争的职
531 业中时，她被降低了薪金等级。这使男人挣钱养家更加艰难，因而他们更不愿意支持妇女的工作。里尔（Riehl）强调指出，不但已婚妇女应该呆在家里；未婚女性也应该在一些家庭当好阿姨或姑姑——他称之为“老姑姑”（*alte Tante*），而且没有必要让这种理论承载太多。

（2）两难的另一端为许多作家尤其是社会主义者所接受。这些作家假设，对妇女来说，家庭必然不仅是她们唯一的家庭生活，而且是她们的经济依靠。他们相信，这种依赖不只是过去野蛮时代的遗习，而且以性吸引来换取经济支持的做法是不道德的。因此，他们愿意放弃家庭或者极大地改进它。它将不再是“强迫性的”，尽管它在当前状况下是强迫性的。

两难之中的谬误——上述双方都包含着一种谬误，这使我们不需要在他们之间作出选择。考虑到道德目的应该决定经济地位，上述谬误的根源是经济地位决定道德目的的观念。

虚假家务理论的谬误之处，在于其假设家庭必须继承旧时的经济结构，否则就要被毁掉。对家庭来说，必要的是丈夫和妻子、父母和孩子应该生活在一种亲密的关系之中，以便他们能互相帮助。但是，没有必要维持目前家庭建立、家务劳动方式和家庭生活的工业地位的稳定不变。男女之间有着必要的劳动分工，那些完全理解婚姻的妇女承认这一点。“这种分工并不是因为妇女无力为了家庭在外工作——当她丈夫的死亡或疾病将生活的重担抛到她身上时，她一直是这样做的；事实上，是因为男人无力承担伴随着生育小孩而来的家务责任。”[①]但

① 海伦·鲍桑奎，《家庭》，第272页。

这不包括妇女生活的全部，也并不意味着在所有的技术进步条件下，要成为一 532
个好妻子、好母亲，每个妇女都必须掌握做饭、缝纫、持家和其他技能。事实上，如果一位女性离开她的职业五年、十年甚至二十年，在大多数情况下，很难再从事该职业了。但也有一些职业不需要完全离职。对另一些职业来说，她积累的经验应该是有价值的，而不应该成为障碍。一位有经验的母亲应该成为一个更有效的老师，充分发挥她对健康和智力的有益影响。在各种带薪或无薪的城市或社会企业中，她应该成为一个更加高效的经理或工人。毫无疑问，现代的教育和社会秩序正在变糟，因为它失去了已婚妇女可能提供的良好服务，就像反过来妇女的状况正在变糟，因为缺乏适合个人能力和品位的职业一样。在经济追求上逐渐增长的自由会改善家庭的状况，而不是损害它。因为任何阻碍家庭正常发展的事物，都不可能证明自身有益于家庭的最高利益。

那些要废除家庭进而把妇女从经济依附中解放出来的人的谬误，在于这样的假设：因为妇女没有从事报酬丰厚的职业，因而她需要男人为了他自己的快乐来养活。这正是接受他们极力谴责的那个荒谬假设的条件。这个理论至多适用于那些完全自私和以营利为目的的婚姻。如果一个男人乐意结婚，愿意出大价钱；如果一个女人为了金钱或抚养而结婚，愿意付出代价，那么，无疑把这称为交易极为妥帖。其结果不是一个道德意义上的家庭，而且仪式或法律形式也不能使它成为道德的。道德意义上的家庭是为了普遍的幸福，而不是为了对他人的利用才存在的。为了保障这种幸福，每位家庭成员都要有所贡献。如果丈夫和妻子都有报酬丰厚的职业，那么很好；如果一个主外一个主内，那也不错。如果
有孩子了，那妇女很可能面临更大的困难和辛劳。不论妇女在家工作还是在外 533
工作，采用哪种计划应该取决于该计划总体上是否更加有益于相关人员，而这在很大程度上又取决于妇女自己的能力和品位、孩子的数量和年龄。经济联系不是最根本的。最根本的在于：不论婚前还是婚后，经济关系应该完全从属于道德意图。

作为消费单位的家庭——作为消费单位的家庭与社会和整个经济进程的关系，在很大程度上也牵扯到重要的道德问题。因为尽管已不再是生产单位，家庭通过其消费动向对生产发生的选择性影响，已经成比例地增加了。而在这个方面，家庭妇女应该是主导因素。到现在为止，我们只考虑了内在方面。大多数妇女认为，节俭、合理地购买、确保食物有益健康并尽可能节约用钱是她们的责任。

但道德责任并不止于此。在确保更好的生产条件方面,消费者也可能产生有益影响,诸如通过"白色标签"(white label)而获得卫生的车间、合理的工时和令人满意的工资。但是,这主要在形成要求健康的工作环境和依法废除血汗工厂及童工等舆论上有价值。消费者掌控的更大领域在于决定应该生产哪种商品。生产什么样的食物,写什么样的书,排演什么样的剧目,制作什么样的衣服,提供什么样的家具装饰——所有这些大多是由消费者决定的。简单实用、货真价实的价值观不只影响到了消费家庭,那些生产假冒伪劣商品的工人几乎不能幸免于难。与生产满足人们暂时需要和虚假需要的产品相关的经济浪费,是我们当今文明的一大特征。据说,在经济进程的主题下,获得所需商品的增加是值得拥有的道德目标。此刻,我们可以附加第三个目标:社会应该学着去追求那类能给予
534 幸福而不仅仅是粗俗的满足感的商品。男人往往最需要那些他们最不想要的。不但生活的幸福程度,而且生活的进步、新内容和新福利的扩展,在很大程度上都是由消费方向决定的。在这方面,妇女是决定性因素。

如果为妇女提供更好、更广泛教育的原因,只是出于对更加明智的消费的期望,那么,社会就有充足的理由去要求这种教育了。

§6. 悬而未决的问题:(2)政治问题

家庭可能被视为政治单位,首先在共同目标对家庭成员的某些控制的结果方面,其次在它与国家权威的关系上。

1. *家庭内部权威*——如果人们清楚地记得家庭的政治特点,那么,家庭成员的内部关系将有一个更加道德的基础,摩擦和个人冲突的理由就会减少。如果有一群人的行动统一,那么,其中一定会有某种领导和控制。大多数情况下,会有一个关于最合适的领导者的共同信仰;但是,对于一个时不时有着利益冲突的固定群体来说,统一或者是由强力或者是由某些被人们视为体现共同意志的机构来维持的。在早期的社会形式中,正如我们所见,往往带上了个人权力的烙印。但是,当政治观念摆脱了个人代理观念时,人们越来越认识到,统治者并不是个人——不是亨利或威廉——而是代表国家的国王或国会。因此,统治成了一个更为有意识的道德行为。服从不再是令人屈辱的,因为社会成员既是统治者又是臣民。不是他治,而是自治。在家庭中,个人关系如此密切,以至于存在一种政治类家庭关系的事实很容易被遮蔽。因而,家长制家庭中的男性已经实践,或者有

法律权利去实践权威。在不平等的合法理论支持下，以下这些就不那么奇怪了： 535
他往往认为，对他的服从是由于他个人，而不是在一些情况下把他当作家庭共同目的的最好代表，就像在另一些情况下妇女最好地代表了同样的目的一样。

平等或不平等——但是，即使认识到这不仅是个人态度的事，问题还是立刻就出现了：家庭成员是否一定要视为同样重要或不同样重要？直到最近，答案才变得清晰明白了。尽管有诸如骑士精神，对于美或智慧的殷勤，或者赠给个人的妻子和母亲的荣誉等这样表面上的例外，但在法律和社会机构面前，妇女还是很少被认真对待的。最近才有了受教育和完全参与文明思想、生活的机会。针对女孩子的公立学校教育，仅仅只有一百年；广义上的妇女大学教育，更是这个世纪才有。但人们逐渐坚信，民主国家不可以把种族中一半人的尊严看得低人一等，或者把这部分人排除在生活的同舟共济之外。在原始社会，一个人首先是氏族或种族的一分子，其次才是一个人。在这种情况下，妇女就一直被看成女人。如今，她正在坚持要求首先被视为一个人，而不是一个女人。这个广泛运动就像经济运动一样，似乎已影响到了未婚女性和极少部分男人对婚姻的态度，从而使家庭关系陷入不稳定的状态。那么，问题是这样的：家庭是否一定需要不平等，或者说，能否在平等的基础上维系家庭？或者换个角度来看，如果家庭和现代运动在平等问题上产生了分歧，哪一方应该退让呢？

在这一方面，有人提出了“虚假家务”理论，这是基于我们前面讨论过的其在家庭经济关系上的普遍观点。它认为，家庭必须被作为完全不同的生活领域来维持，从社会福利来说，该领域与智力、艺术和经济领域一样重要。此外，它还主张，只有当其成为女性生活中独特的、独立于其他领域的支配性影响时，家庭才能获得上述地位。这当然需要把妇女排斥在智力和政治生活之外，因此在发展 536
上有劣势，即使这并非能力上的劣势。有些持这种观点的人主张，在美国，妇女教育和智力的飞速增长已经使她们具有了比一般男人——那些必须很早就离开学校去谋生的男人——更大的优势，以至于她们不愿意结婚了。德语对妇女的“领域”的头韵体定义在“四个 K”(Kriche, Kinder, Küche, und Kleider)——教堂、孩子、烹饪和服装。

如果家庭的稳固建立在这种劣势关系的维持上，事实上，这种稳固就处于危险的境地。所有的社会和政治力量都在要求平等，而从道德立场来看，很难成功地否认穆勒的经典论断——“真正道德情操的唯一学校是平等社会”。但是，某些拥护平等的人已经接受了家庭和现代文化之间谬误性的分离。他们已经假定,家庭生活一定会继续其不科学的方式和微薄的收益。一些妇女像某些男人一样,无疑更加重视书本知识、音乐戏剧娱乐和现代文明的其他副产品,而不是人类的同情和这些产物应该使之丰富的力量。人们很容易认为,妇女作为妻子和母亲的机会与责任仅限于纯粹生理需求的满足,排除了科学方法、智力上的志同道合和道德问题的实际纠缠。

孤立并非出路——因此,解决目前混乱的方法,不可能在强行把家庭作为一方,与文明的智力的、政治的和其他方面作为另一方分离开来的做法中找到,而是要在二者的互相渗透中寻找。有些人十分重视性和父母本能的基本力量,他们假定在一个民族的大部分人中,这些都因为文化利益而被忽视。而假定建立在平等和民主基础上的有机关系,比建立在优势和服从基础上的关系更加不稳
537 定,就是忽视了政治进步的历史。事实上,生活中没有哪个部分如此需要所有现代科学能够提供的东西,而且没有哪个领域能像家庭一样,对智力领悟力和技术组织来说如此重要。伴随着由其作为消费者而对经济过程的控制,家庭通过其与(不断更新社会结构的)孩子的关系,对社会、教育和政治生活造成影响。在现代条件下,实现家庭生活的可能性甚至责任既需要科学的培训,又需要市民的努力。学校为孩子们提供健康、教育和合适的社会生活,为孩子们筹划公园和市政、家政、公共健康和公共道德,这些需要父母的智力兴趣,而且在大多数情况下需要有他们在家庭必需方面的天然动机。要把父母,尤其是母亲限制在"家"之内的理论,首先需要界定"家"的界限。靠房间的四壁来测量它的责任,与假设公正的范围被法庭的四壁限制着一样荒谬。从对孩子和整个家庭利益的关怀的更大意义上来说,针对女性的更为广泛的教育必然是合理的。到目前为止,科学仍未触及对人类生活来说最为重要的事情。相对于健康和疾病,我们更了解天体物理学;相对于食物或教育的浪费,我们更了解蒸汽动力的浪费;相对于引起贫困、酗酒、卖淫和不育(家庭生活最大的敌人)的实际原因,我们更了解古典考古学。考虑到家庭生活实际的可能性和需要,两种观点似乎同样荒谬:一者认为,可以通过使家庭尤其是家庭妇女与文化隔离来,保护家庭生活;另一者认为,家庭不能带来经历一种完整生活的机会。这两者离开了对方就不能得到纠正。正是在家庭和文化生活领域的彼此渗透和互动中,而非在彼此的隔离中,家庭才得到了巩固。在这里,就像在经济领域一样,没有一个家庭能够独自成功。这个问

题在很大程度上是社会问题。但是，每个自由组合的家庭，每个表现出友谊和互 538
相奉献的家庭，都在促使问题的解决，并为发展未来更加完美的家庭准备条件。

2. **超越家庭的权威：离婚**——在先前几段中提及的压力，已经把公众注意力聚集到了不安和不适的外在症候上。因而很大程度上，当前针对家庭问题的讨论可能转向离婚率的增长。由于上述原因，无疑增大了离婚的趋势，而这种趋势可能要继续下去，直到接近更加稳定的状态。既然人们已经比较公开地接受教会的权威了，个人只好自愿地接受他们的控制，那么，不论在婚姻是父母之命的法国，还是在自由恋爱不受父母控制的美国，结果大多是一样的。两类人会离婚。那些为了自私的目的或因为无聊而结婚的有个人主义气质的人，当渴望的幸福没能实现而且新鲜感消失时，很可能觉得婚姻的限制是令人生厌的。这仅仅是一种可能会被舆论或法律约束阻止的不道德行为，但要完全克服它，只能凭借对所有生活更加严肃和公开的态度。另一类人，在某些情况下，在婚姻中找到的是对促进不贞、粗鲁、酗酒和其他不那么粗俗的目的看似致命的那个障碍，但同样有效的行为方式可能对普通生活造成严重破坏并对孩子造成道德上的伤害。或者，精神异化可能使表面的友谊缺乏道德统一性和道德价值，如果并非一定反对自尊的话。这一类人很明显，是以真诚的动机开始婚姻的。社会在多大程度上有理由认可这些状况下家庭的破裂，它在多大程度上可以坚决要求为了更大的社会目的作出适度的个人牺牲，是另一个我们在经济领域内要考虑的问题——个人权利与公共福利的对立。任何外在的规定都不能解决上述问题。解
决方法一方面只能在个人逐渐的社会化中找到，另一方面只能在社会相应的发 539
展——它能尊重所有社会成员并为他们提供更大的自由——中找到。同时，一定不能忽视的是：国家主张的持久婚姻观念，其本身就是针对婚前或婚后经过充分考虑的行为才有效的。如果坚决从更大的社会利益而非从短暂的私人立场来应对这种状况的话，导致摩擦的一些原因可能会消失，某些疏远的倾向也可能得到抑制。

社会健康的一般规律——离婚只是一种症状而非疾病本身。就像工业和经济体制内的疾病一样，在家庭病理学的案例中的主要依靠是沿着现代科学在医学领域内不断探索的思路。它孤立在适宜条件下侵入整个体系，并打破其平衡的某些特殊有机组织。但它发现，对疾病最好的、事实上也是最为根本的防护手段，是生命进程中普遍存在的“抵抗力”。刺激或外科手术可能暂时地有助于这

种能力，但其更新的最终根源，却在于不断地重建新的结构来取代旧的停滞；受损组织的保留，意味着虚弱和危险。社会有机体也逃脱不了这个规律。科学将成功地指出我们承受的许多道德邪恶的具体原因。贫困、犯罪、社会不公平、家庭破裂、政治腐败通常并不全被简单地认为是“罪恶”或“邪恶”。在很多情况下，当我们理解了它们的特殊起因并施以治疗时，它们的数量可能会极大地降低。但是，人们十分相信那种让人类在进步之路上走得如此之远的根本力量。在追求真正的满足、在理想的不断形成、批评和重塑中价值的不断重塑，对更大的生活规律和超越个人的道德秩序的尊重，同情心和爱心的显露，对正义的要求——所有这些都是造就当前的社会体系的力量，如果社会要保持健康或活力，所有这
540 些一定会不断地重塑这个社会体系，使之更加充分地表达真正的道德生活。

我们不知道完整意义上的精神生活从何而来，也不能预知它的未来，尽管站在伦理学的平台上。但是，如果我们的研究已经表明了什么的话，即道德是一种生活过程而非早已成型或一蹴而就的东西，它本身就带着运动和斗争；正是新的严峻情况激发了新的活力，并把它提升到更高的水平。伦理学追踪着这种成长进程，其目的不是创造生活——因为生活早已存在，——而是探索生活的规律和原则。而且，这应该有助于它将来的进步更加有力、更加自由，并因其更加明智而更加自信。

参考文献

On the early history of the Family, see the works cited at close of ch. 2; also Starcke, *The Primitive Family,* 1889; Westermarck, *The History of Human Marriage,* 1901; Howard, *A History of Matrimonial Institutions,* 3 vols., 1904. On present problems: H. Bosanquet, *The Family,* 1906; Parsons, *The Family,* 1906; Bryce, "Marriage and Divorce in Roman and in Englich Law," in *Studies in History and Jurisprudence,* 1901; Ellis, *Man and Woman;* Thomas, *Sex and Society,* 1907; Bebel, *Woman Under Socialism;* Riehl, *Die Familie.*

第一版页码对照

在 1908 年由亨利·霍尔特公司出版第一版《伦理学》到 1932 年出版有很大修改 541
的第二版这段时间里，人们所做的大量的学术研究工作，都以 1908 年版作为参考。下面给出了第一版页码与第二版的对应页码。左边的数字代表 1908 年版的页码；冒号后面的页码代表相应文本在第二版的页码。

iii:3
iv:3 - 4
v:4 - 5
vi:5 - 6
1:7
2:7 - 8
3:8 - 9
4:9 - 10
5:10 - 11
6:11 - 12
7:12
8:12 - 13
9:13 - 14
10:14 - 15
11:15 - 16
12:16 - 17
13:17 - 18
14:18 - 19
15:21
16:22
17:23
18:23 - 24
19:24 - 25
20:25 - 26
21:26 - 27
22:27 - 28
23:28 - 29
24:29 - 30
25:30
26:30 - 31
27:31 - 32
28:32 - 33
29:33 - 34
30:34 - 35
31:35 - 36
32:36
33:36 - 37
34:37 - 38
35:38 - 39
36:39 - 40
37:41
38:41 - 42
39:42 - 43
40:43 - 44
41:44 - 45
42:45 - 46
43:46
44:46 - 47
45:47 - 48
46:48 - 49
47:49 - 50
48:50 - 51
49:51 - 52
50:52 - 53
51:54
52:54 - 55
53:55 - 56
54:56 - 57
55:57 - 58
56:58 - 59
57:59 - 60
58:60
59:60 - 61
60:61 - 62
61:62 - 63
62:63 - 64
63:64 - 65
64:65 - 66
65:66 - 67
66:67
67:67 - 68
68:68 - 69
69:69 - 70
70:70 - 71
71:71 - 72
72:72 - 73
73:74
74:74 - 75
75:75 - 76
76:76 - 77
77:77 - 78
78:78 - 79
79:79 - 80
80:80
81:80 - 81
82:81 - 82
83:82 - 83
84:83 - 84
85:84 - 85
86:85 - 86
87:86
88:86 - 87

542 89:87-88
90:88
91:89
92:89-90
93:90-91
94:91-92
95:92-93
96:93-94
97:94-95
98:95
99:95-96
100:96-97
101:97-98
102:98-99
103:99-100
104:100-101
105:101-102
106:102
107:102-103
108:103-104
109:104-105
110:105
111:106
112:106-107
113:107-108
114:108-109
115:109-110
543 116:110-111
117:111
118:111-112
119:112-113
120:113-114
121:114-115
122:115-116
123:116-117
124:117-118
125:118-119
126:119
127:119-120
128:120-121
129:121-122
130:122-123
131:123-124
132:124-125
133:125-126
134:126
135:126-127
136:127-128
137:128-129
138:129-130
139:130-131
140:131-132
141:132-133
142:134
143:134-135
144:135-136
145:136-137
146:137-138
147:138-139
148:139-140
149:140-141
150:141
151:141-142
152:142-143
153:143-144
154:144-145
155:145-146
156:146-147
157:147-148
158:148-149
159:149
160:149-150
161:150-151
162:151-152
163:152-153
164:153-154
165:154-155
166:155
167:155-156
168:156-157
169:157-158
170:158-159
171:160
172:160-161
173:161-162
174:162-163
175:163-164
176:164-165
177:165-166
178:166
179:166-167
180:167-168
181:168-169
182:169-170
183:170-171
184:171
185:171-172
186:172-173
187:173-174
188:174-175
189:175-176
190:176-177
191:177
192:177-178
193:178-179
194:179-180
195:180-181
196:181-182
197:182-183
198:183
199:185
200:186
201:187
202:187-188
203:188-189
204:189-190
205:190-191
206:191-192
207:192
208:192-193
209:193-194
210:194-195
211:195-196
212:197
213:197-198
214:198-199
215:199-200
216:200-201
217:201-202
218:202
219:202-203
220:203-204
221:204-205
222:205-206
223:206
224:207
225:207-208
226:208-209
227:209-210
228:210-211
229:211-212
230:212-213
231:213
232:213-214
233:214-215
234:215-216
235:216-217
236:217-218
237:218-219
238:219
239:219-220
240:221
241:221-222
242:222-223
243:223-224
244:224-225
245:225-226
246:226
247:226-227
248:227-228
249:228-229
250:229-230
251:230-231
252:231-232
253:232
254:232-233
255:233-234
256:234-235
257:235-236
258:236-237
259:237-238
260:238-239
261:239-240
262:240
263:241
264:241-242

265:242 - 243
266:243 - 244
267:244 - 245
268:245 - 246
269:246 - 247
270:247 - 248
271:248
272:248 - 249
273:249 - 250
274:250 - 251
275:251 - 252
276:252 - 253
277:253 - 254
278:254
279:254 - 255
280:255 - 256
281:256 - 257
282:257 - 258
283:258 - 259
284:259 - 260
285:260
286:261
287:261 - 262
288:262 - 263
289:263 - 264
290:264 - 265
291:265 - 266
292:266 - 267
293:267 - 268
294:268
295:268 - 269
296:269 - 270
297:270 - 271
298:271 - 272
299:272 - 273
300:273
301:273 - 274
302:274 - 275
303:275 - 276
304:276 - 277
305:277
306:278
307:278 - 279
308:279 - 280
309:280 - 281
310:281 - 282
311:282 - 283
312:283
313:283 - 284
314:284 - 285
315:285 - 286
316:286 - 287
317:287 - 288
318:288 - 289
319:289 - 290
320:290
321:290 - 291
322:291 - 292
323:292 - 293
324:293 - 294
325:294 - 295
326:295 - 296
327:296 - 297
328:297
329:297 - 298
330:298 - 299
331:299 - 300
332:300 - 301
333:301 - 302
334:302
335:302 - 303
336:303 - 304
337:305
338:305 - 306
339:306 - 307
340:307 - 308
341:308 - 309
342:309 - 310
343:310
344:310 - 311
345:311 - 312
346:312 - 313
347:313 - 314
348:314 - 315
349:315 - 316
350:316
351:316 - 317
352:317 - 318
353:318 - 319
354:319 - 320
355:320 - 321
356:321 - 322
357:322
358:322 - 323
359:323 - 324
360:324 - 325
361:325 - 326
362:326 - 327
363:327
364:328
365:328 - 329
366:329 - 330
367:330 - 331
368:331 - 332
369:332 - 333
370:333 - 334
371:334
372:334 - 335
373:335 - 336
374:336 - 337
375:337 - 338
376:338 - 339
377:339 - 340
378:340 - 341
379:341
380:341 - 342
381:342 - 343
382:343 - 344
383:344 - 345
384:345 - 346
385:346
386:346 - 347
387:347 - 348
388:348 - 349
389:349 - 350
390:350 - 351
391:351 - 352
392:352 - 353
393:353
394:353 - 354
395:354 - 355
396:355 - 356
397:356 - 357
398:357 - 358
399:359
400:359 - 360
401:360 - 361
402:361 - 362
403:362 - 363
404:363 - 364
405:364
406:364 - 365
407:365 - 366 544
408:366 - 367
409:367 - 368
410:368 - 369
411:369
412:369 - 370
413:370 - 371
414:371 - 372
415:372 - 373
416:373 - 374
417:374 - 375
418:375
419:375 - 376
420:376 - 377
421:377 - 378
422:378 - 379
423:379 - 380
424:380
425:381
426:382
427:383
428:383 - 384
429:384 - 385
430:385 - 386
431:386 - 387
432:387 - 388
433:388 - 389
434:389
435:389 - 390
436:390 - 391
437:391 - 392
438:392 - 393
439:393 - 394
440:394 - 395

441:395
442:395-396
443:396-397
444:397-398
545 445:398-399
446:399-400
447:400-401
448:401-402
449:402
450:402-403
451:404
452:404-405
453:405-406
454:406-407
455:407-408
456:408-409
457:409-410
458:410
459:410-411
460:411-412
461:412-413
462:413-414
463:414-415
464:415-416
465:416-417
466:417
467:417-418
468:418-419
469:419-420
470:420-421
471:421-422
472:422-423
473:423
474:423-424
475:424-425
476:425-426
477:426-427
478:427-428
479:428-429
480:429-430
481:430
482:430-431
483:431-432
484:432-433
485:433-434
486:435
487:435-436
488:436-437
489:437-438
490:438-439
491:439-440
492:440-441
493:441
494:441-442
495:442-443
496:443-444
497:444-445
498:445-446
499:446-447
500:447
501:447-448
502:448-449
503:449-450
504:450-451
505:451-452
506:452-453
507:453-454
508:454-455
509:455
510:455-456
511:456-457
512:457-458
513:458-459
514:460
515:460-461
516:461-462
517:462-463
518:463-464
519:464
520:464-465
521:465-466
522:466-467
523:468
524:468-469
525:469-470
526:470-471
527:471-472
528:472-473
529:473
530:473-474
531:474-475
532:475-476
533:476-477
534:477-478
535:478-479
536:480
537:480-481
538:481-482
539:482-483
540:483-484
541:484-485
542:485
543:485-486
544:486-487
545:487-488
546:488-489
547:489
548:489-490
549:490-491
550:491-492
551:492-493
552:493-494
553:494-495
554:495-496
555:496
556:496-497
557:497-498
558:498-499
559:499-500
560:500-501
561:501-502
562:502
563:502-503
564:503-504
565:504
566:505-506
567:506-507
568:507-508
569:508-509
570:509
571:510
572:510-511
573:511-512
574:512-513
575:513-514
576:514-515
577:515
578:515-516
579:516-517
580:517-518
581:518-519
582:519-520
583:520-521
584:521
585:521-522
586:522-523
587:523-524
588:524-525
589:525-526
590:526-527
591:527
592:527-528
593:528-529
594:529-530
595:530-531
596:531-532
597:532-533
598:533
599:533-534
600:534-535
601:535-536
602:536-537
603:537-538
604:538-539
605:539-540
606:540

文本研究资料

文本说明

《伦理学》的两位作者的职业道路曾有交会。最初，当杜威在明尼苏达大学待了 549
一年后，于 1899 年返回密歇根大学时，他在密歇根与詹姆斯·海登·塔夫茨等哲学同仁们有了第一次会面。这一时期发生于密歇根大学两位哲人之间的合作，适逢杜威在拓展自己的伦理学理论之时。关于那时的种种情况，他在《批判的伦理学理论纲要》[①]中已有讨论。

1891 年，《批判的伦理学理论纲要》问世时，塔夫茨正从密歇根大学退休转投弗莱堡大学继续从事研究。当他从海外回到美国时，在新建的芝加哥大学谋得了一个教席。1894 年，当塔夫茨获知威廉·雷尼·哈珀(William Rainey Harper)校长正在寻找一个人执掌(芝加哥)哲学系时，他热情洋溢地推荐了杜威。[②] 杜威接受了芝加哥大学哲学系主席的职位。临行前，他有关伦理学的第二本著作《伦理学研究(教学大纲)》[③]出版了。此后的十年，杜威都在芝加哥。他和塔夫茨成了密友，他们一起工作，或独立或合作地提出了很多观点。这便是此后发表的《伦理学》的雏形。

1904 年，杜威向芝加哥大学递交辞呈之后，携家眷开始了一次漫长的欧洲旅行。
次年 2 月，他回国以后，接受了哥伦比亚大学的新职位。此后，直到 1908 年《伦理学》 550
出版，两位作者之间的协作大多通过信件沟通和交流。不过，显而易见，该书的总体

---

① 《批判的伦理学理论纲要》(安娜堡，密歇根：来吉斯特出版公司，1891 年)；《杜威早期著作》，第 3 卷，乔·安·博伊兹顿编，卡本代尔：南伊利诺伊出版社，第 3 卷：第 237—388 页。

② 詹姆斯·海登·塔夫茨致威廉·雷尼·哈珀，1894 年度备忘录，特别收藏区(1889—1925)，约瑟夫·雷根斯坦图书馆，芝加哥大学，卷三。

③ 《伦理学研究(教学大纲)》(安娜堡，密歇根：来吉斯特出版公司，1894 年)；《杜威早期著作》，第 4 卷，第 218—362 页。

特色和结构在杜威离开芝加哥前就早已安排好了：在他从欧洲回来在哥伦比亚大学任教三个月时，他在于1905年5月给弗兰克·曼尼(Frank Manny)的信中说："我认为(或者说我希望)，我们的《伦理学》会在明年二三月份发行。这完全不同于我们过去所做的。"[①]由于杜威的新岗位的要求，或者部分地由于两位作者之间的地理隔阂，直到1907年12月9日，杜威和塔夫茨才与亨利·霍尔特出版公司签订了出版《伦理学》的合同，承诺手稿于1908年5月付梓。[②]

由霍尔特出版公司出版的《伦理学》，是始于1879年的美国科学系列中的一卷。[③]截至1908年，很多杰出的学者，比如约翰·霍普金斯大学校长伊拉·伦姆森[④]、密歇根大学的经济学家亨利·卡特·亚当斯[⑤]，还有威廉·詹姆斯[⑥]，他们的赫赫大名都曾出现在这个系列中。[⑦] 杜威、塔夫茨合著的这卷作品，其实是这个系列的压轴之作。这个系列中的大部分卷册都是大众教科书，譬如《伦理学》重印过多次。

551 但是，在《伦理学》出版后不久，在第一批大量令人高兴的评论发表后不久[⑧]，杜威本人尚不能确定该书是否会畅销，他在1908年10月写给塔夫茨的信中说道：

---

① 杜威致曼尼，弗兰克·A·曼尼文集，密歇根大学史料收藏馆，安娜堡，密歇根。

② 詹姆斯·海登·塔夫茨文集，特别典藏区，莫里斯图书馆，南伊利诺伊大学卡本代尔分校。

③《出版者周报》(*The Publishers' Weekly*)关于美国科学系列的宣言说：这将是"至关重要的教科书之一(包括这个国家尚未发表的很多宏观手册在内)"。《出版者周报》，第16卷(1879年10月)，第506页。

④ 伊拉·雷姆森(Tra Remsen)，《化学研究导论》(*An Introduction to the Study of Chemistry*)，美国科学丛书，初级课程(纽约：亨利·霍尔特出版公司，1886年)。

⑤ 亨利·卡特·亚当斯，《金融科学》(*The Science of Finance*)，美国科学丛书(纽约：亨利·霍尔特出版公司，1898年)。

⑥ 威廉·詹姆斯，《心理学》，美国科学丛书，初级课程(纽约：亨利·霍尔特出版公司，1892年)。

⑦ 该丛书的完整列表，还包括在《伦理学》之后出版的两本书中，各自都受到杜威和塔夫茨的影响。

⑧ 首次评论出现在1908年10月24日的《波士顿晚报》上，紧随其后的评论有：*Nation*, 5 November 1908, p. 438; *Journal of Philosophy, Psychology and Scientific Methods* 5 (1908): 636 - 639 (Norman Wilde); *Outlook go* (1908): 595 - 596; *Economic Bulletin* 1 (1908): 335 - 336 (Charles Abram Ellwood); *American Journal of Psychology* 20 (1909): 151 (Evander Bradley McGilvary); *Psychological Bulletin* 6(1909): 14 - 22 (Evander Bradley McGilvary); *American Journal of The-ology* 13(1909): 140 - 143 (Arthur Oncken Lovejoy); *Educational Review* 37 (1909): 210; ibid.: 413 - 416 (Walter Taylor Marvin); *Dial* 46(1909): 146; *American Journal of Sociology* 14(1909): 687 - 690 (Guy Allen Tawney); *Philosophical Review* 18(1909): 221 - 229 (William Caldwell); *School Review* 17(1909): 204 - 206 (Irving Elgar Miller); *Survey* 22(1909): 217 - 218 (Frank Addison Manny); *Science* n. s. 30(1909): 89 - 92 (Frank Thilly); *Inde-pendent* 67(1909): 310; *Monist* 20(1910): 478。

我在霍尔特的时候，看到了来自各个机构卷帙浩繁的订购书目，如《股票平均价格指数相当的低》(密歇根大学，第五册)，这也许是图书馆参考书目的副本。我觉得，在两年光景里只要一年(原文如此——译者)，在一些讲座课程中，人们就能决定把此书用作教材……将这本书推向广大受众的困难是巨大的——书店从不出售被广告宣传作为教材的书；任何一本教科书，在这种情况下所要克服的迟滞(原文如此——译者)是非常巨大的。我还没有找到很好的解决办法——我为这些书已被广而告之感到欣慰。①

不论广告的效应如何，抑或说那四篇在1908年底前面世的、言辞热情的评论的结果如何，杜威在1909年元月写给塔夫茨的信中说：

那天我遇见了伯奈特——他说，目前真正的销售量介于1200到1300册之间；我们的书大约被30所大学引入，最大一笔订购来自太平洋沿岸的华盛顿大学！他预计，今年过后的几年时间里，会达到年均3000册左右。②

不计其数的赞许评论在1909年纷至沓来，到1910年仍有一篇迟来的评论。鉴于《伦理学》是作为教材出版的，这些评论时常提起这点，譬如《民族》，他们说，作者"把这本书提升到了超越教材的水准之上了"(1908年12月5日，第438页)。麦吉尔夫雷在《心理学公告栏》(*Psychological Bulletin*)上评论说："本书不仅仅是一本教科书。它有太多的创新观点，应该归于每一位高年级的理科专业 552
学生必须认真研读的系统论文之列。"(第14页)此外，阿瑟·O·洛夫乔伊在《美国神学期刊》(*American Journal of Theology*)(第13期，1909年)中评论说，使这本书"真正区别于汗牛充栋的伦理学教材的正是这个事实，即使伦理学的学习变得有用、重要；与事实密切相关，能切实地对人类现今真正质疑的问题作出贡献。这非但是了不起的美德，而且是一个在所有同类书中奇妙而稀有的一点"(第140页)。

评论者也留意到，这本书"不仅是一本教科书"，而是能吸引广泛的读者。

---

① 杜威致塔夫茨，28(存疑)，1908年10月，《塔夫茨文集》。

② 杜威致塔夫茨，1909年1月16日，《塔夫茨文集》。

《波士顿晚报》备加赞扬，称它是“一本出色的著作，门外汉可读，专业的道德学家亦可读”。麦吉尔夫雷说，“甚至广大读者……会在并非浅尝辄止而是对书本熟稔后获得回报”。欧文·米勒(Irving Miller)在《学术评论》中撰写道：“这本书应该为对道德问题感兴趣的所有阶层的市民广为阅读，这些道德问题渗透在我们的社会、工业、经济和政治生活之中。”

察觉到这本书被包含在一系列带“美国科学”标识的丛书中，许多评论者也强调了两位作者的伦理学研究的科学进程。查尔斯·A·艾利伍德(Charles A. Ellwood)在《经济学公告栏》(*Economic Bulletin*)(第1期，1909年)中说，此书的方法“阐明了存在于近代伦理科学与其他社会科学之间的紧密依赖性……伦理学有意识地从心理学和社会科学的根基中发展起来，最少形而上学的书写方式长久以来已成为一种必需；在这本书中，我们发现了这些”(第335—336页)。

《一元论者》(*Monist*)的评论家指出(第20期，1910年)，“这本书决非霍尔特出版公司的‘美国科学丛书’中不起眼的成员，它带给年轻学生集中的科学道德准则的视域，直至当下的光景”(第478页)。总而言之，用在此书上的描述性形容词，从“成绩斐然”、“力量强大”到《独立人》(*Independent's*)(第67期，1909年)的“生动而有说服力，果敢而创新”(第310页)。

553 1908年，杜威和塔夫茨很可能在《伦理学》截稿期前就已经交稿；该著作在1908年6月登记版权(A208523)，国会图书馆的版权记录表明两册副本于1908年8月3日收到。第一版持续印刷发行，直到1932年第二版的修订本面世为止。

尽管《伦理学》第一版的确切版次现已无从断定，有证据表明，至少整体上有25个版次。从1908年到1913年，标题页上开始出现印刷时间。没有标题页日期却在版权页上有版次数字的，也查了出来；这些数字是“9”、“10”和“11”。后面标有数字但没有印刷日期的书册，被多种出版于1909年和1910年间的标题页自身所证实，也为持续增长的有印刷数字但没有日期的破旧损坏的书页所证实。在1923年到1929年期间，印刷日期(但没有印刷版次)出现在版权页上：1923年12月；1924年6月；1925年2月；1926年2月；1929年3月。未标注日期的批次，出现在1929年3月后。标注日期的频率和规则，在早期和后期都是一样的。封面和扉页的迹象表明：该书至少每年重印一次，而在一些年份中重印两次(1909年，也可能在1913年和1916年)，这便形成了整个至少25个版次。

“美国科学丛书”的标识在第 9 次印刷时，出现在该系列每一本的书脊上（第 10 次印刷的情况相同，版本也找到了）；在此后的版本中，此标识连同出版商印在广告页上的芝加哥的地址一同消失不见了。丛书的广告页，不管怎么说，涵盖了该书有史以来的出版状况。第 10 次印刷中的一本有“美国科学丛书”的书脊字样，另有两册的印刷品，其他的所有地方都与之雷同，这印证了第 10 个版次有两个不同的封面（1915 年，存疑）的推测。同样，第 11 次印刷的两册（1916 年，存疑）与之前的印刷拥有同样的开本和版权页；这其中的一册是下文将要讨论的， 554
是在英国发行的。另外两本第 11 次印刷的书籍有小一些的开本，其中一本上印着“美国印刷”，这在该书印刷史上是首次出现的。注意版权页。这些在第 11 次印刷中的差异表明，就先前的印刷而言，是两个不同的封面。然而，这一共四个副本在文本的内容上毫无差异。

在第一次印刷之后，扉页上的“伦敦：乔治·贝尔及其子”出现在“纽约/亨利·霍尔特出版公司”这行的下方。只找到一本顺序是颠倒的：“伦敦/G·贝尔及其子，有限公司/纽约：亨利·霍尔特出版公司”。尽管贝尔的名字没有出现在 1908 年的版次上，《伦理学》最初极有可能在英格兰地区传播。杜威在 1908 年 10 月下旬写信给塔夫茨说：“我希望我们能引起《希伯特杂志》（*Hibbert Journal*）的注意。所有英语的评论都由英国的代理商处理，这解释了他们为何不在霍尔特的书单上。”①该书不完全的出版记录，只有一处与英国的发行相关，那是一条注释：“1910 年 12 月 31 日……超过 2000 册书在七点钟时发往英格兰。”②

尽管不可能辨认每一批次的序号和印刷年份，但每个批次的文本中的改动可以在合理的确定性下得到裁决。因此，版本用“E”代表，并且版次的末两位数可用来辨认此处被讨论的印次——E08、E09^{a}、E09^{b}、E13、E29、E29＋。

没有一个版权机构留有 1908 年《伦理学》的遗存手稿。因而，为了准备目前的版本，1908 年的三个印刷本的书名页经过西门校对机的校勘，没有发现不同。为排除未标注日期的版权页上印有“版权，1908/亨利·霍尔特出版公司”字样的印刷本先于 1908 年出版的可能——如果这样，就可能有先于 1908 年出版的书册——未标注日期的印次也要由机器与 1908 年当年版本的比对；那次校准显示 555

① 杜威致塔夫茨，1908 年 10 月 28 日（日期存疑），《塔夫茨文集》。

② 亨利·霍尔特出版公司的档案，普林斯顿大学，新泽西州。

出两个版本间有大量实质和偶发的不同。机器校核将未注明日期的版本和最近标注日期的 1929 年 3 月的版本进行对比,表明未注明日期的印刷品是在 1929 年 3 月版之后的版本:同样的实质或偶发的差异显现出来,但未注明日期的版本显现出额外的破损的印版,以及更多损坏字体的情况。这一未注日期的印刷品,已经被归类为 E29+。

1908 年的第一版已经被用作本卷的范本。对 E08 和 E29 的杜威部分的机器校对,揭示出这两个印次之间在文本内容上有 22 处实质的不同和 15 处次要的不同。这表明在过去 20 多年来,相对来说,《伦理学》的重印中几乎没有多少印版的改动。在塔夫茨撰写的部分,只有 5 处明显的更改和 7 处次要的更改。人工校对证实,在 E08 这个印次之后,有 25 处实质的和 19 处次要的变化——主要是更正——在第 2 次印刷(E09[a])时,如索引部分有三处更正;一处主要的实质的更正和注释部分的两处更正在第 3 次印刷(E09[b])①时作了修订。文本本身未作进一步的改动;然而,在 1913 年的印次(E13)中,页码数字“286”丢失了,而且未在此后的任何印次中得到恢复;在 E16,即第 11 个印次(1916 年,存疑)中,“幸福”之后的逗号(274n. 12)丢失了,没有再恢复。实际上,1909 年之后,除了印版磨损和破坏造成的两处遗漏,书籍中唯一的改变在于版权页、装订以及上文提到的开本的变化。

556 至少有两个人找出了 1908 年第一次印刷中的诸多错误。在出版于 1909 年的评论中,麦吉尔夫雷呼吁留意以下有讹误的部分:36. 33,“bound”被写成“bond”; 115. 30,“Erinnys”被写成“Erinnyes”; 119. 18,“Philip”被写成“Alexander”;235. 7,“motive”和“intention”发生了对调;356. 2,“of”写成“or”。同样,在 1909 年 1 月,杜威致信塔夫茨:“我前些日子收到了一封来自 I·E·米勒的信。据他说,他将会给你寄一张印刷错误的表格。”②

麦吉尔夫雷在阅读中,建议将 36. 33 的“bound”改成“bond”,认为 bound 是

① 那很可能是第 3 次的印刷版本,而不是第二版第 2 次的说明,普林斯顿的亨利·霍尔特出版公司档案馆的开销和账目的簿册部分记录了具体的情况。作者们与亨利·霍尔特(塔夫茨文集)的接触,约定了前 1000 册书销售后将有 10%的版税交付作者。到 1908 年 12 月,累积售出 1359 册,其中的 359 册书按照 12. 5%的版税偿付,因 1000 册之后的销售按此版税计算。1909 年 6 月实际售出的数额无从得知,但 12 月的数字为 1296 册,均按照 15%的税率计。这表明,到那个时候(未被记录的)的 6 月,付款已经包含其中,销量已经超过 2000 册。早期大约每印次 1000 册。

② 杜威致塔夫茨,1909 年 1 月 16 日,《塔夫茨文集》。

一个错误;事实上,它是正确的,在以后的印本中从未改动。难以理解的是:即使剩下的条目有讹误,唯一曾被更正的也只有“motive”和“intention”的对调。对于米勒的勘误表,我们一无所知;然而,E09ª 里面既有实质的又有偶然的改变,它们都是简单的更正。在杜威撰写的部分,E09ª 里实质的更正有:210.32“is”替换“of”;214.22,“depends”替换“depended”;218.39,“an overt”替换“a overt”;296.32,“agent's dispositon”替换“disposition agent”;378.19,“every”之后的“one”被删除;419.37,“gives”替换“give”;429.25,“emphasize”替换“emphasizes”。几乎很少影响到文本含义的四处额外的实质改变是:258.8,“only”被移到“bad”之后;266.18,在“conduce”这个单词之前的“do”被删除;292.8,“equally”改成“just”;356.11,“may”被替换成“might”。其他 9 处 E09ª 的具体更改在实质上改变含义的有:三个词在 5.36—37 发生改变,以致重写了这个句子;“motive”和“intention”在 235.7 中对调;“however”在 276.25 中被删去;277.2 中的“such”改成“common”;296.32 中的“and”改成“nor”;365.4 中用“an ideal embodied”替换“and was embodied”;365.15 中用“general”替换“another”。在塔夫茨撰写的部分,E09ª 添加了一个脚注编号和 87.17 的脚注,129.31 里的“term”改成“turn”,181.34 中的“an essentially”改成“as essentially”,480.22 中的“word”改成“work”,532.9 中的“had”改成“has”。

E09ª 里次要的更改,是一些更正、澄清或必要的由实质内容发生变化引起
的变动。它们是:在 3.8,删掉了两个逗号,导致实质含义的改变;在 196.2,逗号 557
改成分号,和相反的分号改成逗号,以此更正参考书目的两个清单部分;221.23 中,在“what”前后增加引号,以与同一段落中的其他术语一致;287.5 中有一处将问号改成句号;在 296.32 添加撇号,使“disposition agent”改成“agent's disposition”;删除一个逗号,以便澄清在 415.35 中的意义;317.32 中添加了一个脚注标号。在塔夫茨撰写的部分,在 E09ª 里有一些次要的更正:33.13 的逗号改成句号,删除 52.14 的逗号,115.35 的逗号改成分号,120.12 和 120.14“state”大写,在 120.36 添加引号,在 125.4 句号改冒号,在 452n.2“and”从罗马字体改为斜体,对有错误的书名标题列表修订。

在第 2 次印刷之前,一个未被提及的实质错误是 234.5—6 中遗漏了一整行对边沁著作的引文,加之“apparently”在这个句子中重复出现,很容易被解释为排字工人的讹误;省略的结果无论怎么说,导致了与边沁所说的内容完全相反的

意思。缺失句子的部分在 E09^b 中得到了补足，结果使这一页比之前出版的版本多出了两行，在之后所有的印次里是一个异常。同样，在 E09^b 里，注释 233n.1 和 234n.4—5 的两处错误的参考文献得到了更正。

在第二和第三次印刷时，麦吉尔夫雷或米勒的意见是否引起作者们的注意，以及在他们自己对文本的阅读和使用过程中是否发现错误，这些并不重要；除了必要的更正，由于在许多地方作了实质的改动，所以超越了一个编辑的范围。因此，以上提及的每一处改动(除了掉落的铅字以外)已被认为是拥有授权，并且这一切都被接受为对范本的修订本。本卷中大量额外的更正，在此处是首次作出的。

558 一个新的、经过全面修订的《伦理学》的版本出现在 1932 年。《1932 年序言》的开篇第一句是，“称这个版本为 1932 年修订本，还是称它为一本全新的书，这确实有待商榷……目前版本大约有三分之二的内容重写了，频繁变更的细节将在此书的其余部分列出”(序言，第 3 页)。因为大幅度的修订，也因为第一版以后时隔 24 年后才发行第二版，《伦理学》的两个版本作为独立书目都被收录于《杜威全集》之中。其中，每一个版本都有其自身的出版史，并按时间顺序进行了适当的编排。

文本注释

165.22　come] 此处动词的偶然省略,在1932年《伦理学》修订本中得到了更正;根据那一权威版本,遗漏处已补充到现行的文本中。 559

241.31—242.2　"Strictly ... pleasure."] 尽管此处有引号,这一来源于边沁的句子是对杜威详尽引述的同样内容的改述,也是他的《批判的伦理学理论纲要》,《杜威早期著作》,第3卷,22n.1—263n.21.

284.27—44　A man ... uniformity] 由于杜威开始时将这段材料作为一个摘要,对康德原典的参照出现在引文的更正中。杜威此处的引号,无论如何,区分出了直接引用与改述。

286.20—21　"Each ... one"] 约翰·斯图亚特·穆勒对于"边沁箴言录"的"每个人都算一个,也就没有人会比一个更多"(《论文与讨论集》,1874,3:388.22—23)显然是杜威此处用语的出处。它并未在边沁的著作里找到,而且,罗布森(J. M. Robson)、《约翰·斯图亚特·穆勒著作全集》的编辑,引用了穆勒很可能基于自己引言的类似表述(第10卷,第515页)。

322.7　disobedience] 所引用句子的意思清晰地表明,杜威意欲使用贝恩的话,"违抗"而不是"顺从"。这里的标注令人困惑,然而,在他的《伦理学研究(课程大纲)》中,他的确引用了相同的段落;他使用了"他的顺从",而不是"违抗"。在《伦理学研究(课程大纲)》,(《杜威早期著作》,第4卷,第330页)中,贝恩的见解已经得到了保留。

386.10—11　counties] 从"教区"到"国家"(nations)的进展,每一步都伴随着一个更高的单位,表明"国家"(countries)是一个排字上的错误,原词是"郡县"(counties)。

校勘表

560 范本中大量的或偶然的校勘均被记录在下表中，除了一些形式上的变化。方括号左边的词条出自本版，括号后面是首次出现的校勘内容来源的缩写。其后是一个分号，分号后面是范本的校勘内容。

以下这些形式的或机械的更改遍及全书：

1. 书名和杂志名改为斜体；文章和书的章节名加了引号。

2. 脚注形式被补全并保持一致；“op. cit”被删除，“ibid”只用于名称被简写的情况；章、节和篇号用阿拉伯数字表示，卷号用罗马数字表示；缩写已调整；书名在需要的地方加以补充或扩展。

3. 下列单词(方括号左边)的拼写已更改为杜威的风格。

centre] center 16.15,297.35,375.13; (-s) 322.18,349.32,404.4
cooperate] coöperate 224.20 - 21,407.16,425.13; (-ion) 16.2,276.12 - 13,276.23,277,1,386.15 - 16; (-ive) 276.23,285.31 - 32,299.37,405.29,428.35
coordinated] coördinated 312.1
engrained] ingrained 327.4
fibre] fiber 231.13
labeled] labelled 296.27
meagre] meager 385.32
mold] mould 321.25
561 preeminently] preëminently 369.26,372.15 - 16
reenforce] reënforce 259.24 - 25,288.7 - 8,325.21,362n.1; (-ment) 204.31,248.6,259.31; (-ed) 286.28 - 29,316.15; (-ing) 327.25; (-s) 330.28

self-defense] self-defence 15.7
self-enclosed] self-inclosed 4.19
Shakespere's] Shakspere's 215.24
skillful] skilful 187.14,192.30

3.8	typical.] E09[a]; ~,
3.8	social.] E09[a]; ~,
5.36	political state] E09[a]; political
5.36 - 37	economic order] E09[a]; economic
5.37	the family] E09[a]; and that of the family
8n.1	§ 320 ff.] W; ~
11.26	"attitude."] W; ~.
11.39	σεμνά] W; σέμνα
14.22	desire,] W; ~.
17.14	aspects:] W; ~.
18.19	4th] W; 3rd
18.25	1885;] W; ~,
18.29	1882.] W; ~;
18.31	by] W; in part by
18.36	*Ethics*:] W; ~,
18.38	1888] W; 1887
18.40	1901] W; 1900
18.41	1901] W; 1902
19.7	Vol.I, Part I, 1887] W; 2 vols., 1881 - 92
19.17 - 18	University ... Publications] W; [*ital.*]
19.19	*Self-Realization*] W; *Self-realization*
19.20	Publications in Philosophy, I,] W; Publications: *Philosophy,* I.,
19.21 - 22	Articles on Economic Theory] W; Article *Economic Theory*
19.22	*Dictionary*.] W; *Dict*.
186.3 - 4	Plato ... *Protagoras*] W; Plato, dialogues entitled *Republic, Laws, Protagoras*
186.5	*finibus*] W; *Finibus*
186.5	*officiis*] W; *Officiis*
186.6	*Discourses*] W; *Conversations*
186.8	*Ethics*;] W; ~,
186.9	Concerning] W; *concerning*
186.13	*Fundamental Principles*] W; *Foundations*
186.14	*Positive Philosophy*] W; Course of Positive Philosophy
186.19	the Introduction to this volume] W; ch.i. of Part I
188.16	factor.] W; ~,

191.20 Vol. I,] W; [*not present*]

194.29 present] W; presents

195.38 *Ethics:*] W; ～,

562 196.2 Vol. I.;] W; Vol. I. ; E09[a]; Vol. I. ,

196.2 *Theory,*] E09[a]; ～;

198.5 consistent,] W; ～;

198.40 advance,] W; ～;

199.1 selfishness:] W; ～;

199.8 reflection] W; ～,

202.32 administration] W; admistration

203.34 supernatural,] W; ～.

206.21 [1]ch. 1] W; ch. i. of Part I.

206.24 "Introduction,"] W; [*not present*]

208n.4 Hegel,] W; Hegel's

208n.4 § 150] W; 150

208n.6-7 § 258 (pp. 240-41)] W; 258 (p. 241)

208n.8 Hegel, *Werke,* Vol.] W; *Werke,* Book

209.2 ἐμπειρικός] W; ἐμπειρικōs

210.32 side is] E09[a]; side of

213.14 (1)] W; [*not present*]

214.22 depends] E09[a]; depended

214.30 will,] W; ～;

215.31 (1.)] W; 1.

218.39 *an overt*] E09[a]; *a overt*

220.15 *et seq. Ethics* (1901),] W; *Ethics,*

221.23 "what,"] E09[a]; ～,

222.16 Kant,] W; ～:

222.26; 223.16, 39; 313.31 *Theory of Ethics,*] W; *Ibid.*,

224.33 achievement] W; achievment

232n.1 James,] W; [*not present*]

233n.1 Bentham,] W; [*not present*]

233n.1 xi] E09[b]; ii

234.5-6 which ... such as are] E09[b]; [*not present*]

234n.3 Bentham, *Principles of Morals and Legislation,*] W; *Ibid,*

234n.4-5 Bentham, ... 28] W; *Ibid.*, § § 27 and 28 E09[b]; *Ibid.*, § § 17 and 18

235.7 on ... motive] E09[a]; on motive not upon intention

235n.3 "he is thoughtful of,"] W; ～,

235n.4 "considerate of,"] W; ～,

235n.4 "regardful of,"] W; ～,

235n.4	"mindful of,"] W; ‸∼,‸
235n.4	"attentive to,"] W; ‸∼,‸
236.22	appeals] W; appeal
236.23	stirs] W; stir
237n.7	203–204] W; 199–200
237n.14	all-important] W; ∼‸∼
240.12 *et seq.*	*Progress* (1891)] W; *Progress*
240.13–14	"Introduction,"] W; [*not present*]
240.18	Lectures] W; chs.
240.22	further] W; farther 563
240.24	203] W; 200
242n.6	third ... from] W; third, and fourth from
242n.7	ch. xiii.] W; ch. xiii.; and the last from ch. ii
243.28	philanthropic] W; philanthrophic
243n.2	p.42] W; pp.42
244.19	that‸] W; ∼,
245.31	light] W; lights
246.22–23	*Judgment*; ... *Happiness*.] W; *Judgment*.
246.31–32	"supposing ... satisfaction"] W; ‸∼...∼‸
250.5	Capreæ] W; Capræ
251.16	are regarded] W; regarded
252.14	*vice-versa*] W; ∼‸∼
255.25	VI] W; III
255.33	others." "Human] W; ∼.‸‸∼
258.8	bad only] E09[a]; only bad
260.7	Book II.] W; Book II., Branch iv.
260.10	§§ 14–17] W; § 14–17
260.21; 357.32	*Ethical Principles*] W; *Principles of Ethics*
260.22	*Lectures on the Ethics*] W; *The Ethics*
260.22–23	*Mr. Herbert Spencer*,] W; *Herbert Spencer*‸
260.25	901] W; 903
261.16	*Ethics* [1877],] W; *Ethics*,
262n.1	Green,] W; [*not present*]
263n.1	Green, *Prolegomena to Ethics*,] W; *Ibid.*,
264n.7	Kant,] W; Abbott's *Kant's*
264n.8; 267n.5; 268n.1; 269n.1	Mill,] W; [*not present*]
266.2	*Principles*, ch. xvii] W; *Ibid.*, ch. xix
266.6	*Principles*,] W; *Ibid.*,
266.18	conduce] E09[a]; do conduce
267n.5, 6	Mill, *Early Essays*,] W; *Ibid.*,
268n.1	1873, pp.143–144] W; 1884, p.143

272n.6-7 Essay on Bentham, p.362] W; *Op. cit.*, p.356
276.24-25 be confessed, however,] E09[a]; be, however, confessed
277.2 common] E09[a]; such
278.2 LIFE:] W; ~;
278n.5 ix, 2] W; ch. ix
279.20 *intueor*:] W; ~;
279.29 The] W; the
281.20 insoluble"] W; ~."
281.20;282.20 *Theory of Ethics,*] W; Abbott's *Kant,*
281.21 p.36).] W; ~.)
283.17,22-23 *Theory of Ethics,*] W; *Op. cit.*,
283.26 deed,] W; ~;
284.22 nature.] W; ~."
284.26 exist."] W; ~.
564 286n.1 Kant,] W; *Kant's*
287.5 reason.] E09[a]; ~?
290n.1;303.37-38 *Human*] W; *the Human*
292.8 just] E09[a]; equally
293.13 follow;] W; ~:
296.32 agent's disposition] E09[a]; disposition agent
296.32 nor] E09[a]; and
299.3 Essay on Bentham] W; [*ital.*]
303.30 *on the Ethics*] W; *on Ethics*
303.39-40 *A Review ... Evolution*] W; *Review of Evolutional Ethics*
304.7-8 Essay on ... Judgment] W; [*ital.*]
304.15 chs. i-ii] W; chs. i.-iii.
306n.1 Arnold,] W; [*not present*]
306n.1 "Preface."] W; preface.
311.12 II.] W; (2)
313.10 *Theory*] W; *Kant's Theory*
314.16 *Theory of Ethics*] W; *Kant's Theory*
314.34-35 affections, leads] W; ~.~
316.23 *Theory of Ethics*] W; Abbott
317.32 *sake*:] W; ~;
319.29 quotation] W; quotations
319n.4-5 'when ... another.'"] W; ~... ~."
320.15 (c)] W; (3)
*322.7 disobedience] W; obedience
322.31 ‸*the reasons ..., "the*] W; "~..., ~
323.9 remains,‸] W; ~,"
324.29-30 *Principles of Ethics,* Vol. I,] W; *Ibid.*,
324.37;325.8 Spencer, *Principles of Ethics,* Vol. I,] W; *Ibid.*,

326.24 4] W; 3

327.39 *Morality Independent of*] W; *Morals, without*

329.13 place] W; plece

341n.5 James,] W; [*not present*]

345.12 perfecting.] W; ~,

346n.1;370n.2 *Psychology*] W; *Principles of Psychology*

356.2 or happiness] W; of happiness

356.11 may have] E09[a]; might have

357.18 - 19 *Polity,* Vol. I, "Introductory Principles,"] W; *Politics,* Introduction,

357.19 Vol.II] W; Part II.,

357.24 - 25 *the Bees*] W; Bees

357.36 *Field*] W; *Heart*

365.4 an ideal embodied] E09[a]; and was embodied

365.36 *Negative* ... negative] W; Negative Phase: — Self-control. A negative

366.15 general] E09[a]; another

368.28 *Courage*[8]] W; ~.

370n.3 Second Series] W; Vol.II.,

371.32 *Senses.*—(1) In] W; Senses.[1]— In E09[a]; Senses.— In

375.29 Greeks] W; Greek 565

378.19 Every] E09[a]; Every one

380.16 *Spencer,*] W; ~.

380.19 VIII.- IX.] W; VII.- IX.

380.22 Book] W; Part

380.23 Book III.,] W; Book II.,

380.27 *Methods of Ethics* (1901)] W; [*not present*]

382.4 Bergemann] W; Bergmann

382.8 Leslie, *Essays*] W; Ritchie, *Studies*

382.8 - 9;403.8 1879;2d ed., 1888] W; 1888

382.15 1821] W; 1820

382.17 - 18 (1902, 1905)] W; Vol.I., 1902, Vol.II., 1905.

385n.1 Hobhouse, *Morals in Evolution*] W; [*not present*]

385n.3 Green,] W; [*not present*]

*386.10 - 11 counties] W; countries

386.36 possibilities] W; posibilities

402.36 1796] W; 1798

402.37 1895] W; 1893

403.7 Leslie] W; Stephen

403.16 Lallemand] W; L'Allemand

403.17 1898 - 99] W; 1898

405.10 Modes] W; 1. Contract Rights. — Modes

405.19 - 20	upon. ... — Rights of] W; upon. (1) Contract rights. Rights of
410n.5	*Morals in Evolution,*] W; *op. cit.*,
411n.1	§ § 873 - 874] W; 873
411n.7	*History of English Law,*] W; *op. cit.*,
411n.8	Westermarck, ... I,] W; *op. cit.*,
411n.9	"cause"] W; ‸~‸
411n.9	"to blame"] W; ‸~‸
412n.1 - 2	*History* ... p.30] W; *op. cit.*, II., p.469; I., 30
412n.4	*of England*] W; *in England*
412n.7;414n.2	*Origin* ... I,] W; [*not present*]
414.18	results‸] W; ~;
415.35	consequences‸] E09[a]; ~,
416n.1	*History* ... *Law*,] W; [*not present*]
419.37	gives] E09[a]; give
420n.1	Emerson,] W; [*not present*]
424n.6	*Lectures*] W; *Essays*
429.25	emphasize] E09[a]; emphasizes
433.36	1895] W; 1888
433.38	1891] W; 1901
434.3	1872] W; 1882
434.7	1869] W; 1859
434.8	*Between*] W; *between*
434.11	Addams,] W; [*not present*]
434.12	*Progress*:] W; ~,
434.15	pp.361 - 379] W; p.361

塔夫茨部分修订表

下面的清单列举了在作为范本的《伦理学》第一版的塔夫茨部分中，除了脚注中作者姓名和标题扩展外的变化和修改，还用符号标明了校阅中第一次修订出现的地方。 566

这里也标出杜威部分在文献和标题形式方面相同形式的变化。此外，编辑对括号前的典型的塔夫茨用法进行了规范修改：

centre] center 37.9, 37.14, 59.24, 66.38, 91.23; (-s) 153.30, 174.5
cooperate] coöperate 163.3, 487.28, 519.13, 519.15; (-tion) 31.16, 41.9, 45.32, 46.2, 46.10, 46.13-14, 46.16, 46.32, 47.10, 48.5, 48.26, 48.27, 52.12, 52.25, 83.36, 120.18, 435.23-24, 439.36, 454.14, 463.4, 477.34, 497.37, 498.15; (-tive) 446.29, 453.19
cooperation] co-operation 78.13
coordinate] coördinate 141.25, 535.38
entrench] intrench 175.7
fibre] fiber 177.20
fulfill] fulfil 157.5
meagre] meager 536.22
preeminent] preëminent 87.24; (-ly) 157.20; (-ence) 137.35, 478.12
preeminent] pre-eminent 127n.3
ready-made] ready made 540.7
reenforce] reënforce 60.9-10, 529.19; (-ment) 45.26, 83.2, 147.1-2, 521.20-21; (-d) 55.32, 474.10-11
reenforced] reinforced 38.33, 66.25
reenter] reënter 532.6
reestablishment] reëstablishment 151.9
Shakespere] Shakspere 145.7, 182.8

skillful] skilful 77.16
theatre] theater 154.23

22.7 1897] W; 1902
22.10 1906] W; 1907
567 22.11 Bergemann] W; Bergmann
22.15 1892] W; 1759
24n.1 Moellendorff, *Aristoteles*] W; Möllendorf, *Aristotle*
29n.20 McLennan] W; MacLennan
32.38 responsibility] W; Responsibility
33.13 this.] E09[a]; ～,
33.33 group] W; Group
34.17 *saraad*] W; *saraal*
35.19 unites] W; units
38n.1 *Colonus*.] W; *Colonus,* vv. 186f.
39.23 *Organizations ... Marriage*] W; *Organization and Group Marriages*
39.26 1870] W; 1871
39.29 Mindeleff in 15th] W; Mendeleff in 19th
39.36-37 Fustel de Coulanges] W; Coulanges
39.37 1874] W; 1873
39.41 Starcke] W; Starke
40.7 Thomas, "Sex and] W; Thomas, *Relation of Sex to*
45n.1 *Aid: A Factor of*] W; *Aid*$_\wedge$ *a Factor in*
52.14 sphere$_\wedge$] E09[a]; ～,
52.35 Savage] W; the Savage
52.36 1902] W; 1892
52.37-38 *Aid: A Factor of*] W; *Aid, a Factor in*
52.38 *Sociology*] W; *Society*
53.3 1905] W; 1906
53.6 *Origins*] W; *Origin*
57.6 approval] W; Approval
59n.1 *in*] W; *of*
68n.2 1906] W; 1905
72.36 *Kafir*] W; *Kaffir*
72.38 1906-07] W; 1907-
73.1-2 3 vols., 1905-08] W; 2 vols., 1905
73.7 1888,] W; 1888;
73.8 *Entwickelungsgeschichte*] W; *Entwicklungsgeschichte*
73.9 1884,] W; 1884$_\wedge$
73.10 1895] W; 1899
81.34 life,"] W; ～",
87.17 powers.[5]... [5]Kant, ... View."] W; ～."[1]... [1]Kant, *Idea of a Universal Cosmopolitical History* Eo9[a]; powers."
88.28-29 "Idea ... View"] W; *The Idea of a Universal Cosmopolitical History*

88.30 1871;] W; 1871,1882 - 1887;
88.34 1896] W; 1895
88.36 *um's*] W; *ums*
95.18 first-born] W; $\sim_{\wedge}\sim$
98n.2 Genung, *The*] W; Genung, *Job, The*
99n.1 *Life*] W; *in Life*
100n.1 16;] W; 16, *568*
101n.11 35;] W; 35,
101n.11 19;] W; 19,
105.15 *Israel*] W; *the Old Testament*
105.16 1898 - 1899] W; 1899
105.24 1892 - 1899] W; 1899
105.24 1873] W; 1891
105.27 Hastings's] W; Hastings'
115.30 Erinyes] W; Erinnys
115.35 discredited;] E09^{a}; $\sim$,
116.9 union,"] W; $\sim$",
117.24 convention,"] W; $\sim$",
117.37 nature,"] W; $\sim$",
119.18 Alexander] W; Philip
120.12, 14 State] E09^{a}; state
120.36 "in . . . attained"] E09^{a}; $_{\wedge}\sim_{\wedge}$
123.5 thing:] E09^{a}; $\sim$.
125.4 judges:] E09^{a}; $\sim$.
125.30 Or] W; Of
126.6 Eudaimonism] W; Eudaemonism
126.31 mean."] W; $\sim$".
127n.22 iii, 29 - 34] W; vi - viii
129.31 turn] E09^{a}; term
130n.1 *Ethics,* Book X$_{\wedge}$, vii, 8.] W; *Ethics,* X., vii.
131.38 evildoers] W; evil doers
133.6 - 7 1901 - 1905);] W; 1900 - 1905),
133.8 *Sceptics*);] W; $\sim$),
133.8 Windelband;] W; $\sim$,
133.14 - 15 4 vols., 1899 - 1907] W; 3 vols., 1896
133.17 - 18 Conception] W; *Theory*
133.18 Wilamowitz - Moellendorffl] W; Wilamovitz - Möllendorf
133.18 - 19 *Aristoteles*] W; *Aristotle*
133.19 1893] W; 1900
133.23 1856.] W; 1856 - 1875.
133.28 1872,] W; 1872;
133.29 *Sokrates*] W; *Socrates*
148.5 restriction] W; restrictions
158.27 - 28 *English Utilitarians*] W; *Utilitarians*

158.40 1894] W; 1895

159.2 1887] W; 1877

159.7 1898 - 1900,] W; 1900;

159.9 1894 - 1898] W; 1894

159.10 1897 - 1898] W; 1897

159.13 1899] W; 1901

159.17 1895,] W; 1895;

159.18 *Between*] W; *of*

159.20 - 21 *Nineteenth Century Literature*, 1901 - 1905] W; *the Literature of the Nineteenth Century*, 1905

569 159.22 1896] W; 1895

159.23 *Culturentwickelung*] W; *Culturentwicklung*

*165.22 come such] W; such

176.32 become] W; becomes

178n.15 *them.*] W; ~:

181.34 as essentially] E09[a]; an essentially

452n.2 reprinted by Taylor] W; reprinted

452n.2 *Charities and*] E09[a]; *Charities* and

452n.22 - 23 10. Inability ... wages.] W; [*not present*]

452n.24 11] W; 10

459.6 *Volkswirtschaftslehre*] W; *Staatswirtschaftslehre*

459.10 Cooke - Taylor] W; Taylor

459.17 1906] W; 1907

462.38 *Methods*$_{\wedge}$] W; ~.

467.16 to] W; *toward*

478.28 *Socialism*] W; *Socialism and Social Reform*

478.31 - 32 *Critiques and Addresses*] W; Essays

479.2 1889] W; 1890

480.22 work] E09[a]; word

488.37 is] W; it

489n.1 XV] W; xiv

496n.3 *Van Norden*] W; *Van Norden's*

496n.4 1904] W; 1905

501.23 religious] W; "~ religous

503.2 "velvet."] W; "~.$_{\wedge}$

515n.1 Eckenstein] W; Eckstein

526.33 transferred] W; tranferred

532.9 has] E09[a]; had

540.23 1907] W; 1906

540.24 *Under*] W; *and*

行末连字符号的使用

I. 范本表 570

以下是编辑给出的一些在范本的行末使用了连字符的可能的复合词：

14.1	ready-made	349.25	so-called
94.1	non-moral	375.32	non-existent
109.12	subject-matter	425.5	law-making
109.23	all-controlling	449.21	overcharged
127.23	ongoing	480.33	play-grounds
129.23	preexistence	481.31	anti-social
177.31	cooperation	482.22	cooperators
339.7	anti-social	510.11	cooperation

II. 校勘文本表

在当前版本的副本中，被模棱两可断开的可能的复合词中的行末连字符均未保留，除了以下这些：

13.36	middle-ground	349.5	breaking-point
104.32	peace-makers	364.1	whole-hearted
127n.2	high-mindedness	371.4	ostrich-like
148.32	money-lender	378.24	all-exhaustive
176.35	high-minded	410.6	quasi-physical
215.34	truth-telling	424.1	ballot-box
216.19	non-progressive	473.15	wage-workers
241.4	subject-matter	507.28	post-offices
265.25	semi-social	517.28	life-long
265.26	semi-social	527.36	old-time
296.26	pigeon-holes		

引文勘误

571 杜威用诸多方法再现引用材料，从记忆性复述到逐字逐句引用。有时，杜威会完全引用材料；有时，他仅仅提到作者姓名，有时干脆不标注参考文献。

本卷中包含在引号里的所有资料（除了引号明显是用于强调或重复以外）出处都已核对，引文内容也已核实，并在必要时对文献资料进行了搜证和校勘。尽管就文献资料的校勘，在《文本的校勘原则和程序》中已有陈述；但是，考虑到杜威的引用与原著之间差异的重要性，编辑仍将其列出。这些改变可以在“校勘表”中找到。

除此之外，在本书中，所有引文均保留了其首次发表时的原貌。为防止可能的排版或打印错误，与原文本相比所发生的实质变异在校勘表中同样被标以“W”。引文的形式变动显示出，杜威对形式的准确性并不关心，正如同时代的许多学者一样。然而，所引资料中的许多变化也可能是在印刷过程中出现的。例如，对比原著与杜威的引用可以看出，所引资料除了杜威自己的变动之外，也带上了一些杂志社特有的印刷风格。因此，在当前版本中，这些材料的拼写有所改动，除了杜威修改了其来源形式的某些概念词中的大写形式。

杜威在所引材料中最为频繁的变动是改动或省略标点符号，他不常使用省略号
572 或使用引号去显示资料有省略。倘若变动只是局限在省略或改变标点符号（包括省略号）这种情况的话，就不会有杜威引文材料或原文之间差异的引文问题了。在杜威省掉省略号的情况下，一些被省掉的短语可能在上下文中出现；否则，如果有一行或者更多的内容被省略，则会以方括号夹省略号的方式（[…]——译者）来提醒读者注意。有时，在杜威引文材料与原文之间，由于引文出现的上下文引起了很大的差别，这种差别本书不作标示。

参考书目中的斜体字通常被认为是偶发拼写。当杜威省略了资料来源中原本使用的斜体的时候，这样的省略没有注明，但是杜威自己添加的斜体仍被列了出来。倘若改变的或省略的偶发拼写具有重要的内涵，就像某些表示概念的单词的大写中的情况那样，引文则予以注明。

杜威式的引文材料与其资料来源中的原文出现在同一表格中，这种形式旨在帮助读者判定杜威是将资料摆在案头，还是仅凭自己的记忆。这部分的标注符号遵循这样的格式：首先是当前版本中的页码，随之是首单词和末单词的文本缩写形式，以便足够清晰；然后是半个方括号；接着是标示杜威某个作品的符号；分号后边紧跟的是必要的更正，根据需要，这个更正可以是一个单词，也可以是一个比较长的段落。最后，圆括号里分别是：作者的姓氏，逗号，“参考书目”中的来源简称，然后是逗号和参考资料的页码。

10.12 reserved] reserved only (Bacon, *Advancement*, 421.39)
10.13 the Angels] Angels (Bacon, *Advancement*, 421.39)
10.20 A life] the life (Plato, *Apology*, 335.29)
10.20-21 unexamined, uncriticized] which is unexamined$_{\wedge}$ (Plato, *Apology*, 335.30)
10.21 worthy of man] worth living (Plato, *Apology*, 335.30)
190.32 reading] or reading (Spencer, *Ethics*, 1:5.6)
190.33 morality] Morality (Spencer, *Ethics*, 1:5.7)
191.8 of the] of (Spencer, *Ethics*, 1:5.36)
191.13 But if] If (Spencer, *Ethics*, 1:6.10)
191.15 indifferent. Again] indifferent. [...] Again (Spencer, *Ethics*, 1:6.12-16)
191.18 while] while taking (Spencer, *Ethics*, 1:6.19)
191.19 one] one or other (Spencer, *Ethics*, 1:6.20)
193.2 nature] Nature (Goldsmith, *Vicar*, 49.29)
208.7 *state of feeling*] [*rom.*] (Spencer, *Ethics*, 1:46.12) 573
208.9 *to ... beings*] [*rom.*] (Spencer, *Ethics*, 1:46.14)
208.9 an] an inexpugnable (Spencer, *Ethics*, 1:46.14)
208.20 The individual] he (Hegel, *Philosophy*, 240.33)
208.21 the State. His] it. [...] His (Hegel, *Philosophy*, 241.1-3)
211.9 one. If motives] *one*. [...] If they (Bentham, *Principles*, 1:169.26-170.14)
211.14-15 If this law determines] The law in that case determines (Kant, *Critique*, 153.21-22)
211.17 principle] maxim (Kant, *Critique*, 153.23)
215.24 right or wrong] either good or bad (Shakespeare, *Hamlet*, 2.2.255)

217.33 *opinions*] [*rom.*] (Mill, “Bentham,” 339.28)
217.33 *method*] [*rom.*] (Mill, “Bentham,” 339.29)
217.35 *detail*] [*rom.*] (Mill, “Bentham,” 340.1)
221.32 out] even out (Kant, *Critique,* 9.1)
221.33 called Good] called good (Kant, *Critique,* 9.2)
222.3 individually] undoubtedly (Kant, *Critique,* 9.5)
222.9 Good Will] good will (Kant, *Critique,* 9.13)
222.10 mind. Moderation] mind. [...] Moderation (Kant, *Critique,* 9.13–24)
222.10 [2]of] in (Kant, *Critique,* 9.25)
222.15 bad. The] bad, and the (Kant, *Critique,* 10.3)
222.15 villain] villain not only (Kant, *Critique,* 10.3)
222.16 both] far (Kant, *Critique,* 10.4)
222.16 and] but also directly makes him (Kant, *Critique,* 10.4)
223.17 Good Will] good will (Kant, *Critique,* 10.7)
223.18–19 *not ... end*] [*rom.*] (Kant, *Critique,* 10.8–9)
223.24 Good Will] good will (Kant, *Critique,* 10.17)
223.25 assuming] summoning (Kant, *Critique,* 10.18)
223.27 fruitfulness] usefulness (Kant, *Critique,* 10.20)
223.34 *object of desire*] [*rom.*] (Kant, *Critique,* 16.9)
223.35 effect] effects (Kant, *Critique,* 16.11)
223.36 the actions an] to actions any (Kant, *Critique,* 16.12)
223.38 Will,] *will*∧ (Kant, *Critique,* 16.15)
225n.5 assuming all the] summoning of all (Kant, *Critique,* 10.18)
227.32 inspiring] improving (Bentham, *Principles,* 1:178.4)
228.2 *intention*] [*rom.*] (Mill, *Utilitarianism* [1864], 27n.21)
228.3 *what*] [*rom.*] (Mill, *Utilitarianism* [1864], 27n.21)
228.4 made] makes (Mill, *Utilitarianism* [1864], 27n.22)
228.4 when] if (Mill, *Utilitarianism* [1864], 27n.22)
228.12 *when*] if (Mill, *Utilitarianism* [1864], 27n.22)
228.1 *it ... act*] [*rom.*] (Mill, *Utilitarianism* [1864], 27n.22–23)
574 232.17 acting] of acting (James, *Psychology,* 2:562.13)
233.21 *agent*] [*rom.*] (Mill, *Utilitarianism* [1864], 27n.24)
233.26 which can] that can properly (Bentham, *Principles,* 1:218.7–8)
234.15–16 *and ... motives*] [*rom.*] (Bentham, *Principles,* 1:237.11)
242.7 interests are] interest is (Bentham, *Principles,* 1:3.5)
242.10 the only] only (Bentham, *Principles,* 1:2n.1)
242.12 Only ... do the] When thus interpreted, the (Bentham, *Principles,* 1:6.14)
242.12–13 words ... have] words *ought,* and *right* and *wrong,* and others of that stamp, have (Bentham, *Principles,* 1:6.15–16)
242.13 an intelligent ... actions;] a meaning: (Bentham, *Principles,* 1:6.16)
242.14 otherwise∧] when otherwise, (Bentham, *Principles,* 1:6.16–17)
242.14 not] none (Bentham, *Principles,* 1:6.17)
242.29 happiness] Happiness (Bain, *Moral Science,* 27.25)

242.30 procedures] pursuit (Bain, *Moral Science*, 27.25)

242.32 judgments] judgment (Bain, *Moral Science*, 27.27)

243.1–2 it. In] it; [...] In (Mill, "Utilitarianism," 3:348.24–26)

243.2 proof that] evidence (Mill, "Utilitarianism," 3:348.27)

243.18 else] other (Carlyle, *Sartor Resartus*, 153.16)

243.23 honesty] an Honesty (Carlyle, *Past and Present*, 25.30–31)

244.9–10 *point ... do*] [*rom.*] (Bentham, *Principles*, 1:1.9–10)

244.22 *shall*] [*rom.*] (Bentham, *Principles*, 1:1.11)

246.4 itself] itself as such (Hazlitt, "Bentham," 7.5)

246.5 *idea*] [*rom.*] (Hazlitt, "Bentham," 7.6)

246.31 aroused or created] excited (Green, *Prolegomena*, 168.41)

250.5 pillar or] column, of (Stephen, *Ethics*, 44.26)

250.8 mystics,] mystics, cynics, (Stephen, *Ethics*, 44.29)

252.21–22 balance ... good] balance, if it be on the side of pleasure, will give the *good* (Bentham, *Principles*, 1:52.9–10)

255.16 man wills] man, then, wishes for (Aristotle, *Ethics*, 73.17)

255.16 intent,] wish; (Aristotle, *Ethics*, 73.18)

255.17 desires] wishes for (Aristotle, *Ethics*, 73.18)

255.17 anything] anything whatever (Aristotle, *Ethics*, 73.19)

255.17–20 just as ... correctly] just as [...] correctly (Aristotle, *Ethics*, 73.19–24)

255.21 right about pleasure] right (Aristotle, *Ethics*, 40.2) *575*

255.22 man is apt] man (Aristotle, *Ethics*, 40.2)

255.25 principle] principles (Aristotle, *Ethics*, 205.4–5)

261.11–12 is the Utilitarian] forms the utilitarian (Mill, *"Utilitarianism,"* 3:323.12)

261.14 Utilitarianism] utilitarianism (Mill, "Utilitarianism," 3:323.15)

261.20 produces] will produce (Sidgwick, *Methods*, 379.18)

261.20 *on the whole*] [*rom.*] (Sidgwick, *Methods*, 379.19)

261.64 ∧Universalistic hedonism.∧] "Universalistic Hedonism." (Sidgwick, *Methods*, 379.22)

261.26 principle] theory (Bain, *Emotions*, 303.2)

261.28 interests to the] interest to that (Bain, *Emotions*, 303.4)

264.10 wants,] Charles wishes (Kant, *Critique*, 116.12)

264.10 want too] wish also (Kant, *Critique*, 116.12)

264.11 namely] viz. (Kant, *Critique*, 116.12)

264.24 obtainable] attainable (Mill, "Utilitarianism," 3:349.5)

265.37 on] in (Bentham, *Principles*, 2:238.24)

265.40 and] or (Bentham, *Principles*, 2:238.28)

266.1 motives of amity] motives of love of amity (Bentham, *Principles*, 2:238.29–30)

266.4 Dictates of Utility] dictates of utility (Bentham, *Principles*, 1:202.10)

267.15 Self-culture,] self-education; (Mill, *Early Essays*, 357.9–10)

268.31 - 32 *he . . . body*] [*rom.*] (Mill, "Utilitarianism," 3:343.29 - 30)

269.5 - 6 from without] by the power of society (Mill, "Utilitarianism," 3:347.19)

269.6 to be] for them to be (Mill, "Utilitarianism," 3:347.20 - 21)

269.8 *bear*] [*rom.*] (Mill, "Utilitarianism," 3:347.30)

269.8 line] plan (Mill, "Utilitarianism," 3:347.31)

270.6 happiness of] happiness or (as, speaking practically, it may be called) the interest of (Mill, "Utilitarianism," 3:323.23 - 25)

272n.3 in check] under government (Mill, "Bentham," 1:362.19)

274n.4 thought$_{\wedge}$] thoughts, (Eliot, *Romola,* 516.19)

278n.3 amount] extent (Aristotle, *Ethics,* 55.18)

278n.3 aim"$_{\wedge}$] object, (Aristotle, *Ethics,* 55.19)

278n.4 manner - this is] manner, is (Aristotle, *Ethics,* 55.20)

278n.4 - 5 any one can easily do.] everybody can do, and is by no means easy; (Aristotle, *Ethics,* 55.20 - 21)

576 281.19 of determining] to determine (Kant, *Critique,* 36.4)

281.19 certainly] certainly and universally (Kant, *Critique,* 36.4)

281.20 insoluble] completely insoluble (Kant, *Critique,* 36.5 - 6)

283.7 trouble] difficulty (Kant, *Critique,* 19.18)

283.11 - 12 personally] presently (Kant, *Critique,* 19.23)

283.14 no such thing as a] no (Kant, *Critique,* 19.25)

283.14 - 15 promise. . . . or,] promises [. . .] or$_{\wedge}$ (Kant, *Critique,* 19.25 - 28)

283.16 one] me (Kant, *Critique,* 19.28)

283.16 one's] my (Kant, *Critique,* 19.28)

283.16 - 17 coin . . . opportunity] coin (Kant, *Critique,* 19.29)

283.22 universal law of nature] *Universal Law of Nature* (Kant, *Critique,* 39.8)

284.22 nature. We] nature. [. . .] Now we (Kant, *Critique,* 39.15 - 20)

284.23 by which] of which (Kant, *Critique,* 39.21)

284.24 feeling . . . nature] feeling whose special nature (Kant, *Critique,* 39.22)

284.25 maintenance] improvement (Kant, *Critique,* 39.22 - 23)

284.27 - 34 (2$_{\wedge}$) A man who has a certain talent . . . serve for all] $_{\wedge}$3.$_{\wedge}$ A third finds in himself a talent [. . .] serve him, and have been given him, for all (Kant, *Critique,* 40.27 - 41.8)

284.35 - 44 (3$_{\wedge}$) A prosperous man . . . uniformity.] $_{\wedge}$4.$_{\wedge}$ A fourth, who is in prosperity [. . .] he desires. (Kant, *Critique,* 41.91 - 28)

298.18 - 19 It is no small] Nor is it a small (Locke, *Essay on Human Understanding*, 1:80.2)

298.19 another] another, to have the authority (Locke, *Essay on Human Understanding*, 1:80.3)

299.14 act] art (Mill, "Utilitarianism," 3:333.29)

299.17 already] ready (Mill, "Utilitarianism," 3:333.32)

300.34 *self-suggested*] [*rom.*] (Grote, *plato,* 1:252.7)

306.20 with] as to (Arnold, *Last Essays,* xvi.16)

306.21 however we may$_{\wedge}$] how we will, (Arnold, *Last Essays*, xvi.17)

306.23 over men] in man (Arnold, *Last Essays,* xvi.19)

313.8 prove that] make us believe that (Kant, *Critique,* 13.27)

313.9 so] has so (Kant, *Critique,* 13.27)

313.29 *The idea*] *the concept* (Kant, *Critique,* 154.7)

315.30 *law, but*] *law (of which it seems as if it must be the foundation), but* (Kant, *Critique,* 154.8 - 9)

315.26 Then ... enjoin] Then do with disdain, that which thy duty commands. (Schiller, *Works,* 1:146.15 - 16)

316.3 by knowledge$_{\wedge}$] with knowledge, (Emerson, "Worship," 240.22 - 577
23)

316.5 spontaneous. When] spontaneous. [...] When (Emerson, "Spiritual Laws," 133.22 - 26)

316.20 man] man as (Kant, *Critique,* 128.20)

316.21 with a sense of] with mental dissatisfaction by the consciousness of (Kant, *Critique,* 128.20 - 21)

316.22 - 23 as morally ... character] as in the main basis of his character, at least in some degree, morally good (Kant, *Critique,* 128.22 - 23)

319.33 *ought to*] ought, as far as depends upon the legislator, to (Bentham *Principles*, 1:41.10 - 11)

321.33 action] actions (Bain, *Emotions,* 286.10)

322.9 his] the (Bain, *Emotions,* 315.12)

322.24 added on and] added, and the conscience is then a triple compound, and (Bain, *Emotions,* 316.3 - 4)

322.25 action] actions in question (Bain, *Emotions,* 316.4)

322.26 - 27 *protective ... sympathies*] protective of the general interests of those who have engaged our sympathies (Bain, *Emotions,* 316.28 - 29)

322.29 *an ... interests*] [*rom.*] (Bain, *Emotions,* 316.31)

322.31 - 32 *the character ... transformed*] [*rom.*] (Bain, *Emotions,* 318.25 - 26)

324.27 *necessary ... results*] [*rom.*] (Spencer, *Ethics,* 1:120.23)

337n.5 individual] citizen (Spencer, *Ethics,* 1:169.22)

340n.7 service. In] service. [...] In (Stephen, *Ethics,* 241.16 - 19)

341.9 seat; it is] seat, is (James, *Psychology,* 1:320.26)

341.10 *them*] [*rom.*] (James, *Psychology,* 1:320.26)

341.14 true] true that (James, *Psychology,* 1:320.33)

341.18 - 19 lust$_{\wedge}$ and] lusts, and (James, *Psychology,* 1:320.39)

341n.1 pain as your pain at all] pain so far as it is your pain (Stephen, *Ethics,* 241.20)

341n.1 to some] by some (Stephen, *Ethics,* 241.21)

341n.2 consequences] consequence (Stephen, *Ethics,* 241.21)

367n.3 *extraordinary excitement*] [*rom.*] (Hazlitt, "Bentham," 13.19 - 20)

384.5 No savage is free] The savage is nowhere free (Lubbock, *Origin of*

Civilisation, 486.18 – 19)

384.7 apparently] often (Lubbock, *Origin of Civilisation,* 486.20)

385.11 – 12 *and ... organization*] and are therefore the care of society as a whole rather [than] of any partial group organization (Hobhouse, *Morals,* 368.11 – 13)

578 385.19 person of] persons of (Green, *Prolegomena,* 262.35)

401.18 of a life of excessive] of excessive (Ma shall, *Economics,* 4.5)

411.19 the sow] whilst the sow (Westermarck, *Origin and Development,* 1: 257.20)

416n.2 – 3 Formulation ... the twin-sister] formalism is the twin-born sister (Pollock and Maitland, *English Law,* 2:561.13 – 14)

杜威参考书目清单

为了和原著保持准确一致，杜威在书中和参考文献中列举的书名和作者都已经过核对和完善；所有这些修正都出现在"校勘表"中。 579

这里给出了杜威所引著作的全部出版信息。在杜威给出引用著作页码的地方，我们通过参考文献来确定其版本。同样，杜威个人藏书也被用来核对他的某个具体版本的引文。至于其他的参考文献，这里列出的版本是杜威和塔夫茨由于出版地和出版时间，或者根据通信和其他材料以及在当时通行的缘故，更愿意使用的版本及可能使用的版本。

Abelard, Peter. *Opera*. Edited by Victor Cousin. 2 vols. in 4. Paris: A. Durand, 1849-1859.

Adams, George Burton. *Civilization During the Middle Ages, Especially in Relation to Modern Civilization*. New York: Charles Scribner's Sons, 1894.

Adams, Thomas Sewell, and Sumner, Helen L. *Labor Problems: A Text Book*. Edited by Richard T. Ely. London: Macmillan and Co., 1905.

Addams, Jane. *Democracy and Social Ethics*. The Citizen's Library of Economics, Politics, and Sociology. Edited by Richard T. Ely. New York: Macmillan Co., 1902.

——. *Newer Ideals of Peace*. The Citizen's Library of Economics, Politics, and Sociology. Edited by Richard T. Ely. New York: Macmillan Co., 1906, 1907.

——, et al. *Philanthropy and Social Progress: Seven Essays*. New York: Thomas Y. Crowell Co., 1893.

Aeschylus. *The Tragedies of Aeschylus*. Translated by E. H. Plumtree. New York: George Routledge and Sons, [n.d.]. 580

Albee, Ernest. *A History of English Utilitarianism*. New York: Macmillan Co., 1902.

Alexander, Samuel. *Moral Order and Progress: An Analysis of Ethical Conceptions*. London: Trübner and Co., 1889. [2d ed. London: Kegan Paul, Trench, Trübner, and Co., 1891.]

American and English Decisions in Equity. Annual. First Series. 10 vols. Philadelphia: M. Murphy, 1895 – 1905.

Angell, James Rowland. *Psychology: An Introductory Study of the Structure and Function of Human Consciousness*. New York: Henry Holt and Co., 1904.

Annual Report of the Commissioners of Taxes and Assessments. New York. 1907.

Aristophanes. *The Comedies of Aristophanes*. Bohn's Classical Library. Translated by William James Hickie. 2 vols. London: George Bell and Sons, 1901 – 1902.

Aristotle. *The Nicomachean Ethics of Aristotle*. 2d ed. Translated by F. H. Peters. London: Kegan Paul, Trench and Co., 1884.

——. *The Politics of Aristotle*. Translated by J. E. C. Welldon. London: Macmillan and Co., 1883.

Arnold, Matthew. *Culture and Anarchy, An Essay in Political and Social Criticism*. New York: Macmillan Co., 1902.

——. *Last Essays on Church and Religion*. London: Smith, Elder and Co., 1877.

Ashley, Sir William James. *An Introduction to English Economic History and Theory*. 2d ed. 2 vols. London: Longmans, Green, and Co., 1892 – 1893.

Aurelius Antoninus, Marcus. *Meditations of Marcus Aurelius*. Translated by John Jackson. Oxford: Clarendon Press, 1906.

——. *The Thoughts of the Emperor Marcus Antoninus Aurelius*. Translated by George Long. Boston: Little, Brown and Co., 1899.

Austin, John. *Lectures on Jurisprudence; or, The Philosophy of Positive Law*. 2 vols. London: John Murray, 1869. [4th ed., rev. Edited by Robert Campbell. 2 vols. London: John Murray, 1873.]

Bacon, Francis. *Advancement of Learning*. In *The Works of Francis Bacon,* edited by James Spedding, Robert Leslie Ellis, and Douglas Denon Heath, 3:253 – 492. 14 vols. Vols. 1 – 8: new ed. London: Longmans and Co., 1857 – 1890.

——. *New Atlantis*. In *Works,* 3:119 – 166. 1876.

Bagehot, Walter. *Physics and Politics*. International Scientific Series, vol. 2. New York: D. Appleton and Co., 1890.

Bain, Alexander. *The Emotions and the Will*. London: John W. Parker and Son, 1859.

——. *Moral Science: A Compendium of Ethics*. New York: D. Appleton and Co., 1882.

581 Baldwin, James Mark, ed. *Dictionary of Philosophy and Psychology.* 3 vols. in 4. New York: Macmillan Co., 1901 – 1905.

——. *Social and Ethical Interpretations in Mental Development: A Study in Social Psychology*. 3d ed., rev. and enl. New York: Macmillan Co., 1902.

Barton, George Aaron. *A Sketch of Semitic Origins, Social and Religious*. New York: Macmillan Co., 1902.

Bebel, August. *Woman Under Socialism*. 33d ed. Translated by Daniel De Leon. New York: New York Labor News, 1904.

Benn, Alfred William. *The Philosophy of Greece Considered in Relation to the Character and History of Its People*. London: G. Richards, 1898.

Bentham, Jeremy. *An Introduction to the Principles of Morals and Legislation*. New ed. 2 vols. London: Printed for W. Pickering, 1823.

——. "Fragment on Government; or, A Comment on the Commentaries." In *The Works of Jeremy Bentham,* edited by John Bowring, 1: 221 - 295. Edinburgh: William Tait, 1843.

Bergemann, Paul. *Ethik als Kulturphilosophie*. Leipzig: J. Hoffman, 1904.

Beyschalg, Willibald. *New Testament Theology*. Translated by Rev. Neil Buchanan. 2 vols. Edinburgh: T. and T. Clark, 1895.

Bonar, James. *The Intellectual Virtues*. New York: Macmillan Co., 1894.

——. *Philosophy and Political Economy in Some of Their Historical Relations*. Library of Philosophy. Edited by J. H. Muirhead. New York: Macmillan Co., 1893.

Bosanquet, Bernard, ed. *Aspects of the Social Problem*. New York: Macmillan Co., 1895.

——. *Civilization of Christendom and Other Studies*. The Ethical Library. New York: Macmillan Co., 1893. ["The Antithesis Between Individualism and Socialism Philosophically Considered," pp. 304 - 357.]

——. *The Philosophical Theory of the State*. New York: Macmillan Co., 1899.

——. *Psychology of the Moral Self*. New York: Macmillan Co., 1897.

Bosanquet, Helen. *The Family*. New York: Macmillan Co., 1906.

——. *The Standard of Life*. New York: Macmillan Co., 1898.

Bowne, Borden P. *The Principles of Ethics*. New York: Harper and Bros., 1892.

Bradley, Andrew Cecil. "Aristotle's Conception of the State." In *Hellenica: A Collection of Essays on Greek Poetry, Philosophy, History and Religion,* pp. 181 - 243. Edited by Evelyn Abbott. New York: Longmans, Green, and Co., 1880.

Bradley, Francis Herbert. *Ethical Studies*. London: H. S. King and Co., 1876. ["Why Should I Be Moral?", pp. 53 - 77.]

Brandes, George Morris Cohen. *Main Currents in Nineteenth Century Literature*. 582
Translated by Diana White and Mary Morison. 6 vols. [Vols. 1, 2, and 5 by both; 3, 4, and 6 by Morison.] London: W. Heineman, 1901 - 1905.

Brooks, John Graham. *The Social Unrest: Studies in Labor and Socialist and Labor Movements*. New York: Macmillan Co., 1903.

Brown, Thomas. *Lectures on the Philosophy of the Human Mind*. 4 vols. London: Longman, Hurst, Rees, Orme, and Brown, 1820.

Bruce, William Straton. *The Ethics of the Old Testament*. Edinburgh: T. and T. Clark, 1895.

Bryant, Sophie. *Short Studies in Character*. The Ethical Library, vol. 2. Edited by J. H. Muirhead. New York: Macmillan Co., 1894.

Bryce, James Bryce, viscount. *The Holy Roman Empire*. New ed., rev. and enl. New York: Macmillan Co., 1904.

——. *Studies in History and Jurisprudence*. 2 vols. Oxford: Clarendon Press,

1901. ["Marriage and Divorce in Roman and in English Law," 2:782-859.]
Bücher, Karl. *Arbeit und Rythmus*. 3d ed., enl. Tübingen: H. Laupp, 1901.
——. *Industrial Evolution*. 3d ed. Translated by S. Morley Wickett. New York: Henry Holt and Co., 1901.
Budde, Karl Ferdinand Reinhart. *Religion of Israel to the Exile*. American Lectures on the History of Religions, 4th series, 1898-99. New York: G.P. Putnam's Sons, 1899.
Burckhardt, Jakob Christoph. *The Civilisation of the Renaissance in Italy*. Half Guinea International Library. Translated by S.G.C. Middlemore. London: Swan Sonnenschein and Co., 1892.
Burnet, John. "Law and Nature in Greek Ethics." *International Journal of Ethics* 7 (1897):328-333.
Burns, Robert. *The Complete Poetical Works of Robert Burns*. New York: Thomas Y. Crowell Co., 1900.
Butler, Joseph. *Fifteen Sermons*. London: Longman, Brown, Green, and Longmans, 1856.
Caesar. *Caesar's Gallic War*. Allen and Greenough's edition. Reedited by James B. Greenough, Benjamin L. D'Ooge, and M. Grant Daniell. Boston: Ginn and Co., 1898.
Caird, Edward. *The Critical Philosophy of Immanuel Kant*. 2 vols. Glasgow: James Maclehose and Sons, 1889.
——. *The Evolution of Theology in the Greek Philosophers*. 2 vols. Glasgow: James Maclehose and Sons, 1904.
——. *The Social Philosophy and Religion of Comte*. New York: Macmillan Co., 1885.
Calderwood, Henry. *Handbook of Moral Philosophy*. 14th ed. London: Macmillan and Co., 1888.
583 ——. "The Relation of Intuitionism to the Ethical Doctrine of Self-Realization." *Philosophical Review* 5(1896):337-351.
Carlyle, Thomas. *The Works of Thomas Carlyle*. Centenary Edition. 31 vols. London: Chapman and Hall, 1898-1907. [*Sartor Resartus: The Life and Opinions of Herr Teufelsdröch,* vol.1,1897; *On Heroes, Hero-Worship and the Heroicin History,* vol. 5, 1904; *Past and Present,* vol. 10, 1899; *Latter-Day Pamphlets,* vol.20,1907; *Critical and Miscellaneous Essays,* vol.27,1905.]
Carriere, Moriz. *Die Kunst im Zusammenhang der Culturent-wickelung und die Ideale der Menschheit*. 3d ed., rev. 5 vols. Leipzig: F.A. Brockhaus, 1877-1886.
Cherry, Richard Robert. *Lectures on the Growth of Criminal Law in Ancient Communities*. New York: Macmillan Co., 1890.
Cicero, Marcus Tullius. *De finibus bonorum et malorum libri V*. 3d ed., rev. Edited by Johan Nicolai Madvig. Copenhagen: Glydendal, 1876.
——. *De legibus libri tres*. Edited by W.D. Pearman. Cambridge: J. Hall and Son, 1881.
——. *De natura deorum libri tres*. Edited by J.H. Swanson. 3 vols. Cambridge: University Press, 1883-1891.

——. *De officiis libri tres*. 7th ed. Edited by Hubert Ashton Holden. Cambridge: University Press, 1891.

Clark, John Bates. *Essentials of Economic Theory as Applied to Modern Problems of Industry and Public Policy*. New York: Macmillan Co., 1907.

Clifford, William Kingdon. *Lectures and Essays*. 2d ed. Edited by Leslie Stephen and Sir Frederick Pollock. New York: Macmillan Co., 1886. ["On the Scientific Basis of Morals," pp. 287–299.]

Comte, Auguste. *Cours de philosophie positive*. 6 vols. Paris: Bachelier, 1830–1842.

——. *The Positive Philosophy of Auguste Comte*. Translated by Harriet Martineau. 2 vols. London: Trübner and Co., 1875. [Translation and abridgement of *Cours de philosophie positive*.]

——. *System of Positive Polity*. Translated by John Henry Bridges et al. 4 vols. London: Longmans, Green, and Co., 1875–1877.

Cone, Orello. *Paul: the Man, the Missionary, and the Teacher*. New York: Macmillan Co., 1898.

——. *Rich and Poor in the New Testament: A Study of the Primitive Christian Doctrine of Earthly Possessions*. New York: Macmillan Co., 1902.

Cooke-Taylor, Richard Whately. *The Modern Factory System*. London: Kegan Paul, Trench, Trübner and Co., 1891.

Cooley, Charles Horton. *Human Nature and the Social Order*. New York: Charles Scribner's Sons, 1902.

Crawley, Alfred Ernest. *The Mystic Rose: A Study of Primitive Marriage and of* 584
Primitive Thought in Its Bearings on Marriage. New York: Macmillan Co., 1902.

Cunningham, William. *An Essay on Western Civilization in Its Economic Aspects*. Cambridge Historical Series, edited by G.W. Prothero, 2 vols. Cambridge: University Press, 1898–1900.

——. *The Growth of English Industry and Commerce*. 3 vols. [Vol. 1, 3d ed.] Cambridge: University Press, 1896–1903.

Darwin, Charles Robert. *The Descent of Man*. 2 vols. New York: D. Appleton and Co., 1871.

Denis, Jacques François. *Histoire des théories et des idées morales dans l'antiquité*. 2d ed. 2 vols. Paris: E. Thorin, 1879.

Dewey, John. *Logical Conditions of a Scientific Treatment of Morality*. Chicago: University of Chicago Press, 1903. [*Middle Works* 3:3–39.]

——. *Outlines of a Critical Theory of Ethics*. Ann Arbor: Register Publishing Co., 1891. [*Early Works* 3:237–388.]

——. *The School and Society*. Chicago: University of Chicago Press, 1900. [*Middle Works* 1:1–237.]

——. *The Study of Ethics: A Syllabus*. Ann Arbor: Register Publishing Co., 1894. [*Early Works* 4:219–362.]

——. "The Evolutionary Method as Applied to Morality." I. Its Scientific Necessity, *Philosophical Review* 11 (1902): 107–24; II. Its Significance for

Conduct, *Philosophical Review* 11(1902):353 - 371. [*Middle Works* 2:3 - 38.]

——. "Interpretation of Savage Mind." *Psychological Review* 9(1902):217 - 230. [*Middle Works* 2:39 - 52.]

——. "Moral Theory and Practice." *International Journal of Ethics* 1(1891):186 - 203. [*Early Works* 3:103 - 109.]

——. "Self-Realization as the Moral Ideal." *Philosophical Review* 2(1893):652 - 64. [*Early Works* 4:42 - 53.]

Dicey, Albert Venn. *Lectures on the Relation Between Law and Public Opinion in England During the Nineteenth Century*. New York: Macmillan Co., 1905.

Dickinson, Goldsworthy Lowes. *The Meaning of Good: A Dialogue* New York: McClure, Phillips and Co., 1906.

Dinsmore, Charles Allen. *Atonement in Literature and Life*. Boston: Houghton Mifflin Co., 1906.

Donisthorpe, Wordsworth. *Individualism: A System of Politics*. New York: Macmillan Co., 1889.

Doring, August. *Die Lehre des Sokrates als sociales Reformsystem: Neuer Versuch zur Lösung des Problems der Sokratischen Philosophie*. Munich: C.H. Beck, 1895.

Dorsey, James Owen. "Omaha Sociology." In *Third Annual Report of the Bureau of Ethnology to the Secretary of the Smithsonian Institution 1881 - 1882*, pp. 205 -370. Washington: Government Printing Office, 1884.

585 ——. "A Study of Siouan Cults." In *Eleventh Annual Report of the Bureau of Ethnology to the Secretary of the Smithsonian Institution 1889 - 1890*, pp. 361 - 544. Washington: Government Printing Office, 1894.

Draper, John William. *History of the Intellectual Development of Europe*. Rev. ed. 2 vols. New York: Harper and Bros., 1876.

Dunning, William Archibald. *A History of Political Theories Ancient and Medieval*. New York: Macmillan Co., 1902.

——. *A History of Political Theories from Luther to Montesquieu*. New York: Macmillan Co., 1905.

Durkheim, Émile. *De la division du travail social: Étude sur l'organisation des sociétés supérieures*. Paris: F. Alcan, 1893.

Eastman, Charles Alexander. *Indian Boyhood*. New York: McClure, Phillips and Co., 1902.

Eckenstein, Lina. *Woman Under Monasticism: Chapters on Saint-Lore and Convent Life Between A.D. 500 and A.D. 1500*. Cambridge: University Press, 1896.

Eddy, Arthur J. *The Law of Combinations Embracing Monopolies, Trusts, and Combinations of Labor and Capital*. 2 vols. Chicago: Callaghan and Co., 1901.

Eicken, Heinrich von. *Geschichte und System der mittelalterlichen Weltanschauung*. Stuttgart: J.G. Cotta, 1887.

Eliot, George. *Romola*. Novels of George Eliot, vol. 5. New York: Harper and Bros., 1872.

Ellis, Havelock. *Man and Woman: A Study of Secondary Sexual Characters*. The Contemporary Science Series. Edited by Havelock Ellis, vol. 24. New York:

Charles Scribner's Sons, 1894.

Ely, Richard T. *The Labor Movement in America*. New York: Thomas Y. Crowell Co., 1886.

——. *Socialism: An Examination of Its Nature, Its Strength and Its Weakness, with Suggestions for Social Reform*. Library of Economics and Politics, edited by Richard T. Ely, no. 3. New York: Thomas Y. Crowell Co., 1894.

Emerson, Ralph Waldo. "Compensation." In *Essays: First Series. The Complete Works of Ralph Waldo Emerson,* vol. 2. Boston: Houghton Mifflin Co., 1903.

——. "Domestic Life." In *Society and Solitude. Works,* vol. 7. 1904

——. "Man the Reformer." In *Nature: Addresses and Lectures. Works,* vol. 1. 1903.

——. "Spiritual Laws." In *Essays: First Series. Works,* vol. 2. 1903.

——. "Worship." In *Conduct of Life. Works,* vol. 6. 1904.

Encyclopedia Biblica. Edited by Thomas Kelly Cheyne and John Sutherland Black. 4 vols. New York: Macmillan Co., 1899 - 1903.

Epictetus. *The Discourses of Epictetus*. Translated by Gorege Long. 2 vols. 586
London: George Bell and Sons, 1903.

Erdmann, Johann Eduard. *A History of Philosophy*. 2d ed. Translated by Williston S. Hough. 3 vols. London: Swan Sonnenschein and Co., 1892 - 1897.

Euripides. *The Tragedies of Euripides in English Verse*. Edited and translated by Arthur S. Way. 3 vols. New York: Macmillan Co., 1894 - 1898.

Fagan, J. O. "Confessions of a Railroad Signalman." *Atlantic Monthly* 101(1908): 80 - 87, 225 - 232, 497 - 505, 684 - 692, 805 - 815; 102(1908): 109 - 120.

Falckenberg, Richard Friedrich Otto. *History of Modern Philosophy from Nicolas of Cusa to the Present Time*. Translated by Andrew Campbell Armstrong, Jr. New York: Henry Holt and Co., 1893.

Farnell, Lewis Richard. *The Cults of the Greek States*. 4 vols. Oxford: Clarendon Press, 1899 - 1907.

Fewkes, Jesse Walter. "Hopi Katcinas." In *Twenty-First Annual Report of the Bureau of Ethnology to the Secretary of the Smithsonian Institution 1899 - 1900,* pp. 13 - 126. Washington: Government Printing Office, 1903.

——. "Tusayan Katcinas." In *Fifteenth Annual Report of the Bureau of Ethnology to the Secretary of the Smithsonian Institution 1893 - '94,* pp. 245 - 313. Washington: Government Printing Office 1897.

Fichte, Johann Gottlieb. *The Popular Works of Johann Gottlieb Fichte*. The English and Foreign Philosophical Library. 4th ed. Translated by William Smith. 2 vols. London: Trübner and Co., 1889. ["Characteristics of the Present Age," 2:1 - 288.]

——. *The Science of Rights*. Translated by A. E. Kroeger. Philadelphia: J. B. Lippincott and Co., 1869.

Fisher, George Park. *History of the Christian Church*. New York: Charles Scribner's Sons, 1887.

Fiske, John. *Outlines of Cosmic Philosophy*. 4 vols. Boston: Houghton Mifflin Co., 1903.

——. *Through Nature to God*. Boston: Houghton Mifflin Co., 1899. ["The Cosmic Roots of Love and Self-Sacrifice," pp. 57 – 130.]

Fison, Lorimer, and Howitt, Alfred William. *Kamilaroi and Kurnai*. Melbourne: G. Robertson, 1880.

Fite, Warner. *An Introductory Study of Ethics*. New York: Longmans, Green, and Co., 1903.

——. "The Theory of Democracy." *International Journal of Ethics* 18 (1907): 1 – 18.

Fletcher, Alice C. "The Hako: A Pawnee Ceremony." In *Twenty-Second Annual Report of the Bureau of Ethnology to the Secretary of the Smithsonian Institution 1900 – 1901*. 2 parts. 2:1 – 368. Washington: Government Printing Office, 1904.

587 Francke, Kuno. *Social Forces in German Literature: A Study in the History of Civilization*. New York: Henry Holt and Co., 1896. [Beginning with 4th edition the title was changed to *A History of German Literature as Determined by Social Forces*.]

Frazer, Sir James George. *The Golden Bough: A Study in Magic and Religion*. 2d ed., ver. and enl. 3 vols. New York: Macmillan Co., 1900.

Freund, Ernst. *The Police Power: Public Policy and Constitutional Rights*. Chicago: Callaghan and Co., 1904.

Fustel de Coulanges, Numa Denis. *The Ancient City: A Study on the Religion, Laws, and Institutions of Greece and Rome*. Translated by Willard Small. Boston: Lee and Shepard, 1874.

Genung, John Franklin. *The Epic of the Inner Life: Being the Book of Job*. Boston: Houghton Mifflin Co., 1900.

George, Henry. *Progress and Poverty: An Inquiry into the Cause of Industrial Depressions, and of Increase of Want with Increase of Wealth—The Remedy*. Author's ed. San Francisco: W. M. Hinton and Co., 1879.

Giddings, Frankin Henry. *Democracy and Empire: With Studies of Their Psychological, Economic, and Moral Foundations*. New York: Macmillan Co., 1901. ["The Costs of Progress," pp. 67 – 96.]

——. *Inductive Sociology: A Syllabus of Methods, Analyses and Classifications, and Provisionally Formulated Laws*. New York: Macmillan Co., 1901.

——. *The Principles of Sociology: An Analysis of the Phenomena of Association and of Social Organization*. 3d ed. New York: Macmillan Co., 1896.

Gizyeki, Georg von. *A Student's Manual of Ethical Philosophy*. Translated by Stanton Coit. London: Swan Sonnenschein and Co., 1889.

Godwin, William. *Godwin's "Political Justice": A Reprint of the Essay on "Property" from the Original Edition*. Edited by Henry Stephens Salt. 1890. Social Science Series, vol. 11. St. Clair shores, Michigan: Scholarly Press. [1969?].

Goldsmith, Oliver. *The Vicar of Wakefield*. Edited by Mary A. Jordan. New York: Longmans, Green, and Co., 1898.

Gomperz, Theodor. *Greek Thinkers: A History of Ancient Philosophy*. Authorized ed. 3 vols. (Vol. 1 translated by Laurie Magnus, 1901; vols. 2 and 3 translated by George Godfrey Berry, 1905.) London: John Murray, 1901 - 1905.

Gray, John Henry. *China: A History of the Laws, Manners, and Customs of the People*. Edited by William Gow Gregor. 2 vols. London: Macmillan and Co., 1878.

Green, Thomas Hill. *Lectures on the Principles of Political Obligation*. Reprinted
from Green's Philosophical Works, vol. 2 (*Works of Thomas Hill Green*. Edited 588
by R.L. Nettleship. 3 vols. 1855 - 1888). London: Longmans, Green, and Co., 1895.

——. *Prolegomena to Ethics*. Edited by A. C. Bradley. Oxford: Clarendon Press, 1883.

Grosse, Ernst. *Die Formen der Familie und die Formen der wirthschaft*. Freiburg and Leipzig: J.C.B. Mohr (P. Siebeck), 1896.

Grote, George. *plato and Other Companions of sokrates*. 3d ed. 3 vols. London: John Murray, 1875. [4 vols. London: John Murray, 1888.]

——. *A History of Greece: From the Earliest Period to the Close of the Generation Contemporary with Alexander the Great*. 4th ed. 10 vols. London: John Murray, 1872.

Grote, John. *An Examination of the Utilitarian Philosophy*. Cambridge: Deighton, Bell, and Co., 1870.

Gummere, Francis Barton. *The Beginnings of Poetry*. New York: Macmillan Co., 1901.

Guyau, Jean Marie. *A Sketch of Morality Independent of Obligation or Sanction*. 2d ed. Translated by G. Kapteyn. London: Watts and Co., 1898.

Hadley, Arthur Twining. *Economics: An Account of the Relations Between Private Property and Public Welfare*. New York: G.P. Putnam's Sons, 1896.

——. *The Relations Between Freedom and Responsibility in the Evolution of Democratic Covernment*. New York: Charles Scribner's ons, 1903.

——. "Constitutional Position of Property in America." *Independent* 64 (1908): 834 - 838.

Halévy, Élie. *La Formation du Radicalisme Philosophique.* 3 vols. Paris: F. Alcan, 1901 - 1904.

Hall, Arthur Cleveland. *Crime in Its Relations to Social Progress*. New York: Columbia University Press, 1901.

Hammurabi, King of Babylonia. *The Oldest Code of Laws in the World*. Translated by C.H.W. Johns. Edinburgh: T. and T. Clark, 1903.

Hardy, Edmund. *Der Begriff der Physis in der griechischen Philosophie*. Vol. I. Berlin: Weidmann, 1884. [No more published.]

Harnack, Adolf von. *What Is Christianity*? 2d ed., rev Translated by Thomas Bailey Saunders. New York: G.P. Putnam's Sons, 1901.

Harris, George. *Inequality and Progress*. Boston: Houghton Mifflin Co., 1897.

——*Moral Evolution*. Boston: Houghton Mifflin Co., 1896. Harrison, Jane Ellen. *Prolegomena to the Study of the Greek Religion*. Cambridge: University Press, 1903.

Hastings, James et al., eds. *A Dictionary of the Bible*. 5 vols. New York: Charles 589

Scribner's Sons, 1898 - 1904.

Hazlitt, William. "Jeremy Bentham." In *The Spirit of the Age; or, Contemporary Portraits. The World's Classics*, vol. 57. *The Works of William Hazlitt*, 4:1 - 16. London: Henry Froude, 1904.

Hearn, Lafcadio. *Japan: An Attempt at Interpretation*. New York: Macmillan Co., 1904.

Hearn, William Edward. *The Aryan Household, Its Structure and Development: An Introduction to Comparative Jurisprudence*. London: Longmans, Green, and Co., 1879.

Hegel, Georg Wilhelm Friedrich. *Lectures on the Philosophy of History*. Bohn's Philosophical Library. Translated from the 3d German ed. by John Sibree. London: George Bell and Sons, 1881.

——. *Philosophy of Right*. Translated by S. W. Dyde. London: George Bell and Sons, 1896.

——. *Ueber die wissenschaftlichen Behandlungsarten des Naturrechts*. Vol. 1 of Werke. 2d ed. Edited by Phillip Marheineke et al. 8 vols. Berlin: Duncker and Humblot, 1845.

Held, Adolf, *Zwei Bücher zur socialen Geschichte Englands*. Leipzig: Duncker and Humblot, 1881.

Henderson, Charles Richmond. *Social Elements, Institutions, Characters, Progress*. New York: Charles Scribner's Sons, 1898.

Hensel, Paul. "Problems of Ethics." Translated by J. H. Woods. In *Congress of Arts and Science: Universal Exposition, St. Louis, 1904,* edited by Howard J. Rogers, 1:403 - 414. Boston: Houghton Mifflin. Co., 1905.

Hirn, Yrjö. *The Origins of Art: A Psychological and Sociological Inquiry*. New York: Macmillan Co., 1900.

Hobbes, Thomas *Leviathan*. 3d ed. London: George Routledge and Sons, 1887.

Hobhouse, Leonard Trelawney. *Morals in Evolution: A Study in Comparative Ethics*. 2 vols. New York: Henry Holt and Co., 1906.

Hobson, John Atkinson. *The Evolution of Modern Capitalism: A Study of Machine Production.* The Contemporary Science Series, edited by H. Ellis, vol. 25. New York: Charles Scribner's Sons, 1894.

——. *The Social Problem: Life and Work*. London: J. Nisbet and Co., 1901.

Höffding, Harald. *Ethik*. Translated form *Etik,* Copenhagen, 1887, by F. Bendixen. Leipzig: Reisland, 1888.

——. *A History of Modern Philosophy: A Sketch of the History of Philosophy from the Close ofthe Renaissance to Our Own Day*. Translated by B. Ethel Meyer. 2 vols. London: Macmillan and Co., 1900.

——. *Outlines of Psychology*. Translated by Mary E. Lowndes. London: Macmillan and Co., 1891.

590 ——. "The Principles of Welfare." *Monist* 1(1891):525 - 551.

Hollander, Jacob Harry, and Barnett, George Ernest, eds. *Studies in American Trades Unionism*. New York: Henry Holt and Co., 1906.

Holmes, Oliver Wendell, Jr. *The Common Law*. Boston: Little, Brown and

Co., 1881.
Homer. *The Odyssey of Homer*. Translated by George Herbert Palmer Boston: Houghton Mifflin Co., 1891.
Howard, George Elliot. *A History of Matrimonial Institutions Chiefly in England and the United States*. 3 vols. Chicago: University of Chicago Press, Callaghan and Co., 1904.
Howitt, Alfred William. *The Native Tribes of South-East Australia*. London: Macmillan and Co., 1904.
Hume, David. *A Treatise of Human Nature*. Edited by T. H. Green and T. H. Grose. 2 vols. London: Longmans, Green, and Co., 1898.
——. "An Inquiry Concerning the Principles of Morals." In *Essays: Moral, Political, and Literary*, edited by T. H. Green and T. H. Grose, 2:169 - 287. London: Longmans, Green, and Co., 1889.
Hunter, Robert. *Socialists at Work*. New York: Macmillan Co., 1908.
Hutcheson, Francis. *A System of Moral Philosophy*. 2 vols. 1775. Reprint (2 vols. in I). Reprints of Economic Classics. New York: Augustus M. Kelly, 1968.
Huxley, Thomas Henry. *Critiques and Addresses*. New York: Macmillan Co., 1890. ["Administrative Nihilism," pp. 3 - 32.]
Ihering, Rudolph von. *Der Kampf um's Recht*. 15th ed. Vienna: Manz, 1903.
——. *Der Zweck im Recht*. 3d rev. ed. Leipzig: Breitkopf and Härtel, 1893.
Illinois Supreme Court Reports. *A. R. Branes & Co., et al. Appellees,* v. *The Chicago Typographical Union No.* 16 *et al. Appellants*. 232 (Feb. 1908): 424 - 440.
Illinois Supreme Court Reports. *John O'Brien* v. *The People ex rel. Kellogg Switchboard and Supply Co.*, 216(Oct. 1905):354 - 376.
James, William. *The Principles of Psychology*. 2 vols. New York: Henry Holt and Co., 1893.
——. "The Moral Philosopher and the Moral Life." *International Journal of Ethics* 1(1891):330 - 354.
Janet, Paul Alexandre René. *Histoire de la science politique dans ses rapports avec la morale*. 3d ed. 2 vols. Paris: F. Alcan, 1887.
——. *The Theory of Morals*. Translated by Mary Chapman. Edinburgh: T. and T. Clark, 1884.
Jevons, Frank Byron. *An Introduction to the History of Religion*. 2d ed., rev. London: Methuen and Co., 1902.
Jewish Encyclopedia. Edited by Isidore Singer et al. 12 vols. New York: Funk and Wagnalls Co., 1901 - 1906. 591
Jodl, Friedrich. *Geschichte der Ethik in der neueren Philosophie*. 2 vols. Stuttgart: Cotta, 1882 - 1889.
Kant, Immanuel. *Critique of Practical Reason and Other Works on the Theory of Ethics*. 4th rev. ed. Translated by Thomas Kingsmill Abbott. London: Longmans, Green, and Co., 1889.
——. *Fundamental Principles of the Metaphysics of Ethics*. 3d ed. Translated by Thomas Kingsmill Abbott. London: Longmans, Green, and Co., 1907.

——. *Kant's Principles of Politics, Including His Essay on Perpetual Peace*. Edited and translated by William Hastie. Edinburgh: T. and T. Clark, 1891. ["Idea of a Universal History from a Cosmopolitical Point of View," pp. 1 – 29.]

——. *The Philosophy of Law: An Exposition of the Fundamental Principles of Jurisprudence as the Science of Right*. Translated by William Hastie. Edinburgh: T. and T. Clark, 1887.

Kelly, Florence. *Some Ethical Gains Through Legislation*. The Citizen's Library of Economics, Politics, and Sociology, edited by Richard T. Ely. New York: Macmillan Co., 1905.

Kidd, Dudley, *The Essential Kafir*. London: A. and C. Black, 1904.

——. *Savage Childhood: A Study of Kafir Children*. London: A. and C. Black, 1906.

Köstlin, Karl Reinhold von. *Geschichte der Ethik*. Vol. 1, pt. 1. Tübingen: H. Laupp, 1887. [No more published.]

Kovalevsky, Maxime. *Tableau des origines et de l'évolution de la famille et de la propriété*. Stockholm: Samson and Wallin, 1890.

Krauss, Friedrich Salomon. *Sitte und Brauch der Südslaven*. Vienna: A. Holder, 1885.

Kropotkin, Petr Aleksiêvich. *Mutual Aid: A Factor of Evolution*. New York: McClure, Phillips and Co., 1902.

Ladd, George Trumbull. *Philosophy of Conduct: A Treatise of the Facts, Principles, and Ideals of Ethics*. New York: Charles Scribner's Sons, 1902.

Lallemand, Léon. *Histoire de la charité*. 4 vols. in 5. Paris: A. Picard, 1902 – 1912. [Vols. 1 – 3, 1902 – 1906; vol. 4, 1910 – 1912.]

Lankester, Sir Edwin Ray. *The Kingdom of Man*. London: A. Constable and Co., 1907.

Lecky, William Edward Hartpole. *History of European Morals: From Augustus to Charlemagne*. 3d ed., rev. 2 vols. New York: D. Appleton and Co., 1879.

Leslie, Thomas Edward Cliffe. *Essays in Political and Moral Philosophy*. Dublin: Hodges, Foster, and Figgis, 1879.

——. *Essays in Political Economy*. 2d ed. Edited by J. K. Ingram and C. F. Bastable. Dublin: Hodges, Figgis and Co., 1888.

592 Lioy, Diodato. *The Philosophy of Right*. Translated by William Hastie. 2 vols. London: Kegan Paul, Trench, Trübner, and Co., 1891.

Loch, Charles Stewart. "Charity and Charities." *The Encyclop ∂edia Britannica*. 10th edition. 1902 – 1903.

Locke, John. *Essay on Human Understanding*. *The Works of John Locke*, vols. 1 – 3. 1823. Reprint, Berlin: Scientia Verlag Aalen, 1963.

Lubbock, Sir John, the Right Honorable Lord Avebury. *The Origin of Civilisation and the Primitive Condition of Man: Mental and Social Condition of Savages*. 6th ed. London: Longmans, Green, and Co., 1902.

Lucretius Carus. Titus *T. Lucreti Cari de rerum matura libri sex*. 4th ed., rev. Translated by Hugh A. J. Munro. 3 vols. London: George Bell and Sons, 1898 – 1900.

Lyall, Sir Alfred Comyn. *Asiatic Studies, Religious and Social*. 2d ed. London: John Murray, 1882.

McGilvary, Evander Bradley. "The Consciousness of Obligation." *Philosophical Review* 11(1902):333 - 352.

Mackenzie, John Stuart. *An Introduction to Social Philosophy*. Glasgow: James Maclehose and Sons, 1890.

——. *A Manual of Ethics*. The University Tutorial Series. 4th ed. London: University Correspondence College Press, 1900.

——. "Moral Science and the Moral Life." *International Journal of Ethics* 4(1894): 160 - 173.

——. "Self-Assertion and Self-Denial." *International Journal of Ethics* 5(1895): 273 - 295.

McLennan, John Ferguson. *Studies in Ancient History: Comprising a Reprint of Primitive Marriage*. New ed. London: Macmillan and Co., 1886.

Maine, Sir Henry Sumner. *Ancient Law: Its Connection with the Early History of Society, and Its Relation to Modern Ideas*. London: John Murray, 1861. [10th ed., 1885.]

——. *Ancient Law*. Introduction and notes by Sir Frederick Pollock. London: John Murray, 1906.

——. *Dissertations on Early Law and Custom*. Author's ed. New York: Henry Holt and Co., 1886.

——. *Lectures on the Early History of Institutions*. New York: Henry Holt and Co., 1888.

Mallock, William Hurrell. *Socialism*. New York: The National Civic Federation, 1907.

Mandeville, Bernard. *The Fable of the Bees*. Edinburgh: Mundell and Sons, 1806.

Marett, Robert R. "Is Taboo a Negative Magic?" In *Anthropological Essays Presented to Edward Burnett Tylor*, edited by W. H. R. Rivers, R. R. Marett, and Northcote W. Thomas, pp. 219 - 234. Oxford: Clarendon Press, 1907.

Marshall, Alfred. *Principles of Economics*. Vol. 1. 4th ed. London: Macmillan and Co., 1898. [No more published to September 1919.] 593

Marti, Karl. *The Religion of the Old Testament: Its Place among the Religions of the Nearer East*. Crown Theological Library, vol. 19. Edited by Rev. William Douglas Morrison. Translated by Rev. Gustav Adolph Bienemann. New York: G. P. Putnam's Sons, 1907.

Martineau, James. *Types of Ethical Theory*. 2 vols. Oxford: Clarendon Press, 1885. [3d ed., rev. 2 vols. in 1. New York: Macmillan Co., 1891.]

Marx, Karl, and Engels, Frederick. *Manifesto of the Communist Party*. Authorized English translation. Edited by Frederick Engels. Chicago: C. H. Kerr and Co., 1902.

Matthews, Shailer. *The Social Teaching of Jesus: An Essay in Christian Sociology*. New York: Macmillan Co., 1897.

Maurice, John Frederick Denison. *The Conscience*. London: Macmillan and Co., 1868.

594 Mead, George H. "The Philosophical Basis of Ethics." *International Journal of Ethics* 18(1908):311 - 323.

Menger, Anton. *The Right to the Whole Produce of Labor*. Translated by M. E. Tanner. London: Macmillan and Co., 1899.

Merz, John Theodore. *A History of European Thought in the Nineteenth Century*. [Vol. 1, 2d unaltered ed., 1904; vol. 2, 1903.] Edinburgh: William Blackwood and Sons, 1903 - 1904.

Mezes, Sidney Edward. *Ethics: Descriptive and Explanatory*. New York: Macmillan Co., 1901.

Mill, James. *Analysis of the Phenomena of the Human Mind*. New ed. Edited by John Stuart Mill. 2 vols. London: Longmans, Green, Reader and Dyer, 1869.

Mill, John Stuart. *Autobiography*. London: Longmans, Green, Reader and Dyer, 1873.

——. *Considerations on Representative Government*. London: Parker, Son, and Bourn, 1861.

——. *Dissertations and Discussions: Political, Philosophical, and Historical*. 2 vols. London: John W. Parker and Son, 1859. ["Bentham," 1:330 - 391.]

——. *Dissertations and Discussions: Political, Philosophical, and Historical*. 4 vols. New York: Henry Holt and Co., 1874. ["Utilitarianism," 3:300 - 391.]

——. *Early Essays*. Selected from the original sources by J. W. M. Gibbs. London: George Bell and Sons, 1897.

——. *On Liberty*. New York: Henry Holt and Co., 1859.

——. *Principles of Political Economy*. The New Science Library, vols. 12 - 13. New York: J. A. Hill and Co., 1904.

——. *The Subjection of Women*. Philadelphia: J. B. Lippincott and Co., 1869.

——. *Utilitarianism*. Reprinted from "Fraser's Magazine." 2d ed. London: Longman, Green, Longman, Roberts, and Green, 1864.

Milton, John. *The Tenure of Kings and Magistrates*. In *The Prose Works of John Milton*, edited by J. A. St. John, 2:1 - 47. Bohn's Standard Library. 5 vols. London: George Bell and Sons, 1875 - 1883.

Mindeleff, Cosmos. "The Repair of Casa Grande Ruin, Arizona, in 1891." In *Fifteenth Annual Report of the Bureau of Ethnology to the Secretary of the Smithsonian Institution* 1893 - 1894, pp. 315 - 349. Washington: Government Printing Office, 1897.

Mitchell, John. *Organized Labor: Its Problems, Purposes and Ideals and the Present and Future of American Wage Earners*. Philadelphia: American Book and Bible House, 1903.

Moore, George Edward. *Principia Ethica*. Cambridge: University Press, 1903.

Morgan, Lewis Henry. *Ancient Society: or, Researches in the Lines of Human Progress from Savagery, through Barbarism to Civilization*. New York: Henry Holt and Co., 1877.

——. *Houses and House-Life of the American Aborigines*. Contributions to North American Ethnology, vol. 4. Washington: Government Printing Office, 1881.

——. *League of the Ho-dé-no-sau-nee, or Iroquois*. Rochester, N. Y.: Sage and

Brothers, 1851.

——. *Systems of Consanguinity and Affinity of the Human Family*. Smithsonian Contributions to Knowledge, vol. 17. Washington: Smithsonian Institution, 1870.

Muirhead, John Henry. *The Elements of Ethics: An Introduction to Moral Philosophy*. New York: Charles Scribner's Sons, 1892.

Mulford, Elisha. *The Nation: The Foundations of Civil Order and Political Life in the United States*. New York: Hurd and Houghton, 1872.

Murray, John Clark. *An Introduction to Ethics*. Boston: De Wolfe Fiske and Co., 1891.

Newman, William Lambert. *Introduction to the Politics*. The Politics of Aristotle, vol. I. Edited by W. L. Newman. Oxford: Cambridge University Press, 1887-1902.

New York Supplement. *Rogers et al. v. Evarts et al*. 17(11 Feb.-24 Mar. 1892): 264-70. St. Paul: West Publishing Co., 1892.

Nicholl, Sir George. *History of the English Poor Law, in Connection with the State of the Country and the Condition of the People*. New ed., rev. 2 vols. New York: G.P. Putnam's Sons, 1898-1899.

Nietzsche, Friederich Wilhelm. "The Antichrist: An Essay towards a Criticism of Christianity." Translated by Thomas Common. In *Works*, edited by Alexander
Tille, 11:233-351. New York: Macmillan Co., 1896. 595

——. *Beyond Good and Evil: Prelude to a Philosophy of the Future*. Authorised translation by Helen Zimmern. Edinburgh: T.N. Foulis, 1907.

——. *Der Wille zur Macht: Versuch einer Umwerthung aller Werthe*. Leipzig: C.G. Naumann, 1901.

Nitobé, Inazo Ota. *Bushido, The Soul of Japan: An Exposition of Japanese Thought*. 10th rev. and enl. ed. New York: G.P. Putnam's Sons, 1905.

Paley, William. *The Principles of Moral and Political Philosophy*. 2 vols. in 1. Boston: N. H. Whitaker, 1828.

Palmer, George Herbert. *The Field of Ethics*. Boston: Houghton Mifflin Co., 1901.

——. *The Nature of Goodness*. Boston: Houghton Mifflin Co., 1903.

Parsons, Elsie Clews. *The Family: An Ethnological and Historical Outline*. New York: G.P. Putnam's Sons, 1906.

Pater, Walter Horatio. *Marius the Epicurean: His Sensations and Ideas*. 2d ed. London: Macmillan and Co., 1885.

Paulsen, Friedrich. *System der Ethik*. 2 vols. in 1. Berlin: Besser, 1889. [5th rev. ed. 2 vols. Berlin: W. Hertz, 1900.]

——. *A System of Ethics*. Edited and translated by Frank Thilly. New York: Charles Scribner's Sons, 1899.

Peake, Arthur Samuel. *The Problem of Suffering in the Old Testament*. London: Robert Bryant, 1904.

Pfleiderer, Otto. *Paulinism: A Contribution to the History of Primitive Christian Theology*. Translated by E. Peters. 2 vols. London: Theological Translation

Fund Library, 1873.
——. *Primitive Christianity: Its Writings and Teachings in Their Historical Connections*. Theological Translation Library, vol. 22. Edited by William Douglas Morrison. Translated by William Montgomery. London: Williams and Norgate, 1906.
Plato. *The Dialogues of Plato*. Translated by Benjamin Jowett. 4 vols. Boston: Jefferson Press, 1871. [*Protagoras*, 1:97 - 162; *Apology*, 1:303 - 339; *Crito*, 1: 341 - 359; *Republic*, 2:1 - 452; *Gorgias*, 3:1 - 119; *Theaetetus*, 3:301 - 419; *Laws*, 4:1 - 480.]
——. *The Republic of Plato*. Golden Treasury Series. Translated by John Llewelyn Davies and James Vaughan. New York: Macmillan Co., 1897.
pöhlmann, Robert von. *Geschichte des antiken Kommunismus und Sozialismus*. 2 vols. Munich: C. H. Beck, 1893 - 1901.
Pollock, Sir Frederick. *The Expansion of the Common Law*. London: Stevens and Sons, 1904.
——. *Oxford Lectures and Other Discourses*. 1890. Essay Index Reprint Series. Freeport, N. Y.: Books for Libraries Press, 1972.
596 ——, and Maitland, Frederic William. *The History of English Law Before the Time of Edward I*. 2 vols. Cambridge: University Press, 1895. [2d ed., 1899.]
Post, Albrt Hermann. *Die Grundlagen des Rechts und die Grundzüge seiner Entwickelungsgeschichte*. Oldenburg: Schulze (A. Schwartz), 1884.
——. *Grundriss der ethnologischen Jurisprudenz*. 2 vols. Oldenburg: Schulze, 1894 - 1895.
Powell, John Wesley. "On the Evolution of Language." In *First Annual Report of the Bureau of Ethnology to the Secretary of the Smithsonian Institution* 1879 - 1880, pp. 1 - 16. Washington: Government Printing Office, 1881.
——. "Sketch of the Mythology of the North American Indians." *In First Annual Report of the Bureau of Ethnology to the Secretary of the Smithsonian Institution* 1879 - 1880, pp. 17 - 56. Washington: Government Printing Office, 1881.
——. "Wyandot Government: A Short Study of Tribal Society." In *First Annual Report of the Bureau of Ethnology to the Secretary of the Smithsonian Institution* 1879 - 1880, pp. 57 - 86. Washington: Government Printing Office, 1881.
Pratt, James Bissett. *The Psychology of Religious Belief*. New York: Macmillan Co., 1907.
Rae, John. *Contemporary Socialism*. Half Guinea International Library. 2d ed., rev. and enl. London: Swan Sonnenschein and Co., 1891.
Rambaud, Alfred Nicolas, *Histoire de la civilisation francaise*. 2 vols. [Vol. 1, 7th ed., 1898; vol. 2, 6th ed., 1897.] Paris: A. Colin, 1897 - 1898.
Rand, Benjamin. *Bibliography of Philosophy, Psychology, and Cognate Subjects*. Vol. 3, Parts 1 and 2, of *Dictionary of Philosophy and Psychology*, edited by James Mark Baldwin. New York: Macmillan Co., 1905.
Rashdall, Hastings. *The Theory of Good and Evil: A Treatise on Moral Philosophy*. Oxford: Clarendon Press, 1907.
——. *The Universities of Europe in the Middle Ages*. 2 vols. in 3. Oxford:

Clarendon Press, 1895.

Ratzel, Friedrich. *The History of Mankind*. Translated from the 2d German edition by Arthur John Burler. 2 vols. London: Macmillan and Co., 1896 – 1898.

Reeve, Sidney Aaron. *The Cost of Competition: An Effort at the Understanding of Familiar Facts*. New York: McClure, Phillips and Co., 1906.

Reinach, Salomon. *Cultes, mythes et religions*. 3 vols. Paris: E. Leroux, 1905 – 1908.

Rickaby, Joseph John, S. J. *Moral Philosophy; or, Ethics and Natural Law*. English Manuals of Catholic Philosophy. New York: Benziger Brothers, 1888.

——. *Political and Moral Essays*. New York: Benziger Brothers, 1902. 597

Riehl, Wilhelm Heinrich. Die *Naturgeschichte des Volkes als Grundlage einer deutschen Sozial-Politik*. 4 vols. Stuttgart: Cotta, 1892 – 1899. [Vol. 3, *Die Familie*, 11th ed., 1897.]

Ritchie, David George. *Darwin and Hegel*. London: Swan Sonnenschein and Co., 1893.

——. *Natural Rights: A Criticism of Some Political and Ethical Conceptions*. London: Swan Sonnenschein and Co., 1895.

——. *Philosophical Studies*. Edited by Robert Latta. London: Macmillan and Co., 1905.

——. *The Principles of State Interference: Four Essays on the Political Philosophy of Mr. Herbert Spencer, J. S. Mill, and T. H. Green*. London: Swan Sonnenschein and Co., 1891.

——. "On the Meaning of 'Motive'." *International Journal of Ethics* 4(1894): 236 – 238.

——. "On the Meaning of the Term 'Motive,' and on the Ethical Significance of Motives." *International Journal of Ethics* 4(1893):89 – 94.

Rivers, William H. R. "On the Origin of the Classificatory System of Relationships." In *Anthropological Essays Presented to Edward Burnett Tylor,* edited by W.H.R. Rivers, R.R. Marett, and Northcote W. Thomas, pp. 309 – 323. Oxford: Clarendon Press, 1907.

Robbins, Hayes. "The Personal Factor in the Labor Problem." *Atlantic Monthly* 99 (1907):729 – 736.

Robertson, John Mackinnon. *A Short History of Free Thought*. 2d ed., rewritten and enl. 2 vols. London: Swan Sonnenschein and Co., 1899.

Robinson, James Harvey, and Beard, Charles A. *The Development of Modern Europe: An Introduction to the Study of Current History*. 2 vols. Boston: Ginn and Co., 1907 – 1908.

La Rochefoucauld, Francois VI, duc de. *Maxims and Moral Reflections*. New York: D. Appleton and Co., 1899.

Rohde, Erwin. *Psyche: Seelencult und unsterblichkeitsglaube der Griechen*. 2 Parts. Freibury in Breisgau and Leipzig: J.C.B. Mohr, 1894.

Ross, Edward Alsworth. *Foundations of Sociology*. The Citizen's Library of Economics, Politics, and Sociology. New York: Macmillan Co., 1905.

——. *Sin and Society: An Analysis of Latter-Day Iniquity*. Boston: Houghton

Mifflin Co., 1907.

Rousseau, Jean Jacques. *The Social Contract*. Translated by Henry J. Tozer. London: Swan Sonnenschein and Co., 1895. Royce, Josiah. *Nature, Man, and the Moral Order*. The World and the Individual, second series. New York: Macmillan Co., 1901.

598 ——. *Studies of Good and Evil: A Series of Essays Upon Problems of Philosophy and of Life*. New York: D. Appleton and Co., 1898. ["The Problem of Job," pp. 1-28.]

Runze, Georg. *Praktische Ethik*. Ethik: Encyklopädische Skizzen u. Literaturangaben, vol. 1. Berlin: Carl Duncker, 1891. [No more published.]

Santayana, George. *The Life of Reason*. 5 vols. New York: Charles Scribner's Sons, 1905-1906.

Schiller, Johann Christoph Friedrich von. *Schiller's Complete Works*. Edited, revised and translated by Charles J. Hempel. 2 vols. Philadelphia: I. Kohler and F. Leypoldt, 1863.

Schmidt, Leopold Valentine. *Die Ethik der alten Griechen*. 2 vols. Berlin: W. Hertz, 1882.

Schmoller, Gustav Friedrich von. *Grundriss der allgemeinen Volkswirtschaftslehre*. 2 vols. Leipzig: Duncker and Humblot, 1900-1904.

Schoolcraft, Henry Rowe. *Information Respecting the History, Conditions and Prospects of the Indian Tribes of the United States*. Ethnological Researches, Respecting the Red Man of America. 6 vols. Philadelphia: Lippincott, Grambo and Co., 1851-1857.

Schultz, Hermann. *Old Testament Theology: The Religion of Revelation in Its Pre-Christian Stage of Development*. Translated from the 4th German edition by Rev. James Alexander Paterson. 2 vols. Edinburgh: T. and T. Clark, 1892.

Schurman, Jacob Gould. *The Ethical Import of Darwinism*. New York: Charles Scribner's Sons, 1887. [Another printing, 1888.]

——. "The Consciousness of Moral Obligation." *Philosophical Review* 3 (1894): 641-654.

Schurtz, Heinrich. *Altersklassen und Männerbünde*. Berlin: G. Reimer, 1902.

——. *Urgeschichte der Kultur*. Leipzig and Vienna: Bibliographisches Institut, 1900.

Seebohm, Frederic. *Tribal Custom in Anglo-Saxon Law*. London: Longmans, Green, and Co., 1902.

——. *The Tribal System in Wales: Being Part of an Inquiry into the Structure and Methods of Tribal Society*. London: Longmans, Green, and Co., 1895.

Selby-Bigge, Sir Lewis Amherst, ed. *British Moralists: Being Selections from Writers Principally of the Eighteenth Century*. 2 vols. Oxford: Clarendon Press, 1897.

Seth, James. *A Study of Ethical Principles*. 6th ed., rev. New York: Charles Scribner's Sons, 1902.

——. "The Evolution of Morality." *Mind* 14 (1889): 27-49.

Shaftesbury, Anthony Ashley Cooper, 3d Earl of. *Characteristics of Men, Manners,*

Opinions, Times, etc. Edited by John M. Robertson. 2 vols. London: G. Richards, 1900.
——. "An Inquiry Concerning Virtue or Merit." In *Characteristics,* 1: 225 – 338. 599
London: G. Richards, 1900.
Shakespeare, William. *Hamlet*. 11th ed. London: J.M. Dent and Co., 1905.
Sharp, Frank Chapman. "An Analysis of the Idea of Obligation." *International Journal of Ethics* 2(1892):500 – 513.
——. "An Analysis of the Moral Judgment." In *Studies in Philosophy and Psychology,* edited by James Hayden Tufts et al., pp. 101 – 135. Boston: Houghton Mifflin Co., 1906.
Shaw, George Bernard, ed. *Fabian Essays in Socialism*. London: n. p., 1889. [American edition. Edited by H.G. Wilshire. New York: Humboldt Publishing Co., 1891.]
Sidgwick, Henry. *The Elements of Politics*. London: Macmillan and Co., 1891.
——. *Lectures on the Ethics of T. H. Green, Mr. Herbert Spencer, and J. Martineau*. London: Macmillan and Co., 1902.
——. *The Methods of Ethics*. London: Macmillan and Co., 1874. [2d ed., 1877; 6th ed., 1901.]
——. *Outlines of the History of Ethics, for English Readers*. 3d ed. London: Macmillan and Co., 1892.
——. *Practical Ethics: A Collection of Addresses and Essays*. London: Swan Sonnenschein and Co., 1898. ["Public Morality," pp. 52 – 82.]
Simcox, Edith J. *Natural Law: An Essay in Ethics*. The English and Foreign Philosophical Library, vol. 4. London: Trübner and Co., 1877.
Simmel, Georg. "The Sociology of Secrecy and of Secret Societies." *American Journal of Sociology* 11(1906):441 – 498.
Simmons, Duane B. "Notes on Land Tenure and Local Institutions in Old Japan." Edited by John H. Wigmore. *Transactions of the Asiatic Society of Japan* 19 (1891):37 – 270.
Skeat, Walter William, of the Malay Civil Service. *Malay Magic: Being an Introduction to the Folklore and Popular Religion of the Malay Peninsula*. London: Macmillan and Co., 1900.
Small, Albion Woodbury. *General Sociology: An Exposition of the Main Development in Sociological Theory from Spencer to Ratzenhofer*. Chicago: University of Chicago Press, 1905.
——. *The Significance of Sociology for Ethics*. Chicago: University of Chicago Press, 1902.
Smith, Adam. *The Theory of Moral Sentiments*. New ed. London: George Bell and Sons, 1892.
Smith, Arthur Henderson. *Chinese Characteristics*. 2d ed., rev. New York: Fleming H. Revell Co., 1894.
——. *Village Life in China: A Study in Sociology*. New York: Fleming H. Revell Co., 1899.
Smith, Henry Preserved. *Old Testament History*. The International Theological 600

Library. New York: Charles Scribner's Sons, 1903.

Smith, James Allen. *The Spirit of American Government: A Study of the Constitution*. The Citizen's Library of Economics, Politics, and Sociology, edited by Richard T. Ely. New York: Macmillan Co., 1907.

Smith, Munroe. "Judge-made Constitutional Law." *Van Norden Magazine*, February 1908, pp. 25 - 32.

Smith, William Robertson. *Kinship and Marriage in Early Arabia*. Cambridge: University Press, 1885.

——. *Lectures on the Religion of the Semites*. First Series, The Fundamental Institutions. Burnett Lectures 1888 - 1889. New ed., rev. London: A. and C. Black, 1894.

——. *The Prophets of Israel and Their Place in History to the Close of the Eighth Century B.C. Eight Lectures*. New ed. London: A. and C. Black, 1895.

Sophocles. *The Tragedies of Sophocles*. Translated by E. H. Plumtree. New York: George Routledge and Sons, [1881?]. [*Oedipus at Colonos*, 57 - 125; *Antigone*, 127 - 177; *Philoctetes*, 341 - 397.]

Sorley, William Ritchie. *On the Ethics of Naturalism*. London: William Blackwood and Sons, 1885.

——. *Recent Tendencies in Ethics: Three Lectures to Clergy, given at Cambridge*. London: William Blackwood and Sons, 1904.

Spahr, Charles B. *An Essay on the Present Distribution of Wealth in the United States*. Library of Economics and Politics, edited by Richard T. Ely, number 12. New York: Thomas Y. Crowell Co., 1896.

Spargo, John. *Socialism: A Summary and Interpretation of Socialist Principles*. New York: Macmillan Co., 1906.

Spencer, Herbert. *The Data of Ethics*. New York: D. Appleton and Co., 1879.

——. *Essays: Scientific, Political, and Speculative*. Library ed. 3 vols. New York: D. Appleton and Co., 1891.

——. *The Man Versus the State*. London: Williams and Norgate, 1892.

——. *The Principles of Ethics*. 2 vols. New York: D. Appleton and Co., 1892 - 1893.

——. *The Principles of Psychology*. 2 vols. New York: D. Appleton and Co., 1872 - 1873.

——. *The Principles of Sociology*. 3 vols. London: Williams and Norgate, 1876 - 1896. [3 vols. in 4. New York: D. Appleton and Co., 1880 - 1897.]

——. *Social Statics*. Abridged and rev. New York: D. Appleton and Co., 1897.

Spencer, Sir Walter Baldwin, and Gillen, Francis James. *The Native Tribes of*
601 *Central Australia*. London: Macmillan and Co., 1899.

——. *The Northern Tribes of Central Australia*. London: Macmillan and Co., 1904.

Spinoza, Benedict de. *Ethic*. Translated by William Hale White. London: Trübner and Co., Ludgate Hill, 1883.

Starcke, Carl Nicolai. *The Primitive Family in Its Origin and Development*. The International Scientific Series. American ed., vol. 65. New York: D. Appleton and Co., 1889.

Stein, Ludwig. *Die Sociale Frage im Licht der Philosophie*. Stuttgart: F. Enke, 1897.

Steinmetz, Sebald Rudolf. *Ethnologische Studien zur ersten Entwicklung der Strafe*. 2 vols. Leipzig: O. Harrassowitz, 1894.

Steinthal, Heymann. *Allgemeine Ethik*. Berlin: G. Reimer, 1885.

Stephen, Sir James Fitzjames, Bart. *A History of the Criminal Law of England*. 3 vols. London: Macmillan and Co., 1883.

——. *Liberty, Equality, Fraternity*. London: Smith, Elder and Co., 1873.

Stephen, Leslie. *The English Utilitarians*. 3 vols. New York: G. P. Putnam's Sons, 1900.

——. *History of English Thought in the Eighteenth Century*. 3d ed. 2 vols. New York: G.P. Putnam's Sons, 1902.

——. *The Science of Ethics*. London: Smith, Elder and Co., 1882.

——. *Social Rights and Duties: Addresses to Ethical Societies*. The Ethical Library. 2 vols. London: Swan Sonnenschein and Co., 1896.

Stevenson, James. "Ceremonial of Hasjelti Dailjis and Mythical Sand Painting of the Navajo Indians." In *Eighth Annual Report of the Bureau of Ethnology to the Secretary of the Smithsonian Institution* 1886–1887, pp. 229–285. Washington: Government Printing Office, 1891.

Stevenson, Matilda Coxe. "The Zuñi Indians: Their Mythology, Esoteric Fraternities, and Ceremonies." In *Twenty-Third Annual Report of the Bureau of Ethnology to the Secretary of the Smithsonian Institution* 1901–1902, pp. 3–608. Washington: Government Printing Office, 1904.

Stuart, Henry Waldgrave. *The Logic of Self-Realization*. University of California Publications in Philosophy, vol. 1, no. 9, pp. 175–205. Berkeley: University Press, 1904.

——. "Valuation as a Logical Process." *Studies in Logical Theory* by John Dewey et al. The Decennial Publications, second series, vol. 11. Chicago: University of Chicago Press, 1903.

Sturt, Henry. "Duty." *International Journal of Ethics* 7(1897): 334–345.

Sumner, William Graham. *Folkways: A Study of the Sociological Importance of Usages, Manners, Customs, Mores, and Morals*. Boston: Ginn and Co., 1906. 602

——. *What Social Classes Owe to Each Other*. New York: Harper and Bros., 1883.

Sutherland, Alexander. *The Origin and Growth of Moral Instinct*. 2 vols. London: Longmans, Green, and Co., 1898.

Tarde, Gabriel de. *Les lois de l'imitation: étude sociologique*. 2d ed., rev. and enl. Paris: F. Alcan, 1895.

Taylor, Alfred Edward. *The Problem of Conduct: A Study in the Phenomenology of Ethics*. London: Macmillan and Co., 1901.

——. "Self-Realization.—A Criticism." *International Journal of Ethics* 6(1896): 356–371.

Taylor, Graham Romeyn. "The Chicago Industrial Exhibit." *Charities and the Commons* 18(1907): 39–45.

Taylor, Henry Osborn. *Ancient Ideals: A study of Intellectual and Spiritual Growth from Early Times to the Establishment of Christianity*. 2 vols. New York: Macmillan Co., 1900.

Thilly, Frank. *Introduction to Ethics*. New York: Charles Scribner's Sons, 1900.

Thomas, Northcote Whitridge. *Kinship Organisations and Group Marriage in Australia. Cambridge Archaeological and Ethnological Series*. Cambridge: University Press, 1906.

——, ed. *The Native Races of the British Empire*. 4 vols. London: A. Constable and Co., 1906 – 1907. [No more published.]

Thomas, William Isaac. *Sex and Society: Studies in the Social Psychology of Sex*. Chicago: University of Chicago Press, 1907. ["Sex and Primitive Social Control," pp. 55 – 94.]

Thomas Aquinas, Saint. *Aquinas Ethicus; or, The Moral Teaching of St. Thomas*. Translated by Joseph John Rickaby. 2 vols. London: Burns and Oates, 1896. [On t.-p. of vol. 2, "Second Edition."]

Tolstoi, Lev Nikolaevich. *What Is Art?* Translated by Aylmer Maude. London: G. Richards, 1904.

Toynbee, Arnold. *Lectures on the Industrial Revolution of the 18th Century in England: Popular Addresses, Notes, and Other Fragments*. 3d ed. London: Longmans, Green, and Co., 1890.

Traill, Henry Duff, ed. *Social England*. 6 vols. London: Cassell and Co., 1894 – 1898.

Tufts, James Hayden. *The Individual and His Relation to Society as Reflected in the British Ethics of the Eighteenth Century*. [Vol. 1, no. 6, *University of Chicago Contributions to Philosophy*.] New York: Macmillan Co., 1904.

——. "On Moral Evolution." In *Studies in Philosophy and Psychology,* edited by J. H. Tufts et al., pp. 3 – 39. Boston: Houghton Mifflin Co., 1906.

603 ——. "Some Contributions of Psychology to the Conception of Justice." *Philosophical Review* 15(1906): 361 – 379.

——, and Thompson, Helen B. *The Individual and His Relation to Society as Reflected in British Ethics*. Part 1. The Individual in Relation to Law and Institutions. [*University of Chicago Contributions to Philosophy,* no. 5, 1896.] Chicago: University of Chicago Press, 1898.

Tylor, Edward B. *Primitive Culture: Researches into the Development of Mythology, Philosophy, Religion, Language, Art, and Culture*. 4th ed., rev. 2 vols. London: John Murray, 1903.

Ueberweg, Friedrich. *History of Philosophy, from Thales to the Present Time*. Translated by George Sylvester Morris. 2 vols. New York: Charles Scribner's Sons, 1892.

Uhlhorn, Gerhard. *Christian Charity in the Ancient Church*. Translated. New York: Charles Scribner's Sons, 1883.

United States Reports. *Bacon* v. *Walker. Error to the Supreme Court of the State of Idaho*. 204(1907): 311 – 320.

Veblen, Thorstein. *The Theory of Business Enterprise*. New York: Charles

Scribner's Sons, 1904.
——. *The Theory of the Leisure Class*. New York: Macmillan Co., 1899.
Voigt, Moritz. *Das jus naturale, aequum et bonum, und jus gentium der Römer*. 4 vols. Leipzig: Voigt and Gunther, 1856 - 1876. [Vol. 1. *Die Lehre vom jus naturale, aequum et bonum, und jus gentium der Römer*, 1856.]
Waitz, Theodor. *Anthropologie der Naturvölker*. 6 vols. Leipzig: F. Fleischer, 1859 - 1872.
Wallace, William. *Epicureanism*. New York: Pott, Young, and Co., 1880.
——. *Lectures and Essays on Natural Theology and Ethics*. Edited by Edward Caird. Oxford: Clarendon Press, 1898.
Watson, John. *Hedonistic Theories from Aristippus to Spencer*. New York: Macmillan Co., 1895.
Webb, Sidney James, Baron Passfield, and Webb, Beatrice Potter, Baroness Passfield. *The History of Trade Unionism*. London: Longmans, Green, and Co., 1894.
——. *Industrial Democracy*. New ed. London: Longmans, Green, and Co., 1902.
——. *Problems of Modern Industry*. London: Longmans, Green, and Co., 1898.
Webster, Hutton. *Primitive Secret Societies: A Study in Early Politics and Religion*. New York: Macmillan Co., 1908.
Wells, Herbert George. *New Worlds for Old*. New York: Macmillan Co., 1907.
Wendt, Hans Hinrich. *The Teaching of Jesus*. Translated by Rev. John Wilson. 2 vols. Edinburgh: T. and T. Clark, 1892 - 1899. [On t.-p. of vol. 2: Second English Edition.]
Westermarck, Edward Alexander. *The History of Human Marriage*. 3d ed. 3 vols. 604
London: Macmillan and Co., 1901.
——. *The Origin and Development of the Moral Ideas*. 2 vols. London: Macmillan and Co., 1906 - 1908.
——. "The Influence of Magic on Social Relationships." *Sociological Papers* 2 (1906): 141 - 174.
Whewell, William. *The Elements of Morality, Including Polity*. New York: Harper and Bros., 1856.
——. *Lectures on the History of Moral Philosophy in England*. New ed. Cambridge: University Press, 1862.
Wilamowitz-Moellendorff, Ulrich von. *Aristoteles und Athen*. 2 vols. Berlin: Weidmann, 1893.
Williams, Cora May. *A Review of the Systems of Ethics Founded on the Theory of Evolution*. New York: Macmillan Co., 1893.
Willoughby, Wester Woodbury. *An Examination of the Nature of the State: A Study in Political Philosophy*. New York: Macmillan Co., 1896.
——. *Social Justice: A Critical Essay*. New York: Macmillan Co., 1900.
Wilson, John Matthias, and Fowler, Thomas. *The Principles of Morals*. 2 vols. [Vol. 1 by Wilson and Fowler, 1886; vol. 2 by Fowler, 1887.] Oxford: Clarendon Press, 1886 - 1887.
Wilson, Woodrow. *The State: Elements of Historical and Practical Politics*. Rev.

ed. Boston: D.C. Heath and Co., 1899.

Windelband, Wilhelm. *History of Ancient Philosophy*. Translated by Herbert Ernest Cushman. New York: Charles Scribner's Sons, 1899.

——. *A History of Philosophy with Especial Reference to the Formation and Development of Its Problems and Conceptions*. 2d ed., rev. and enl. Translated by James Hayden Tufts. London: Macmillan and Co., 1901.

Woods, Robert Archey. "Democracy, A New Unfolding of Human Power." In *Studies in Philosophy and Psychology,* edited by James Hayden Tufts et al., pp. 71-100. Boston: Houghton Mifflin Co., 1906.

Wundt, Wilhelm Max. *Ethik: Eine Untersuchung der Thatsachen und Gesetze des sittlichen Lebens*. Stuttgart: F. Enke, 1886. [3d rev. ed. 2 vols. 1903.]

——. *Ethics: An Investigation of the Facts and Laws of the Moral Life*. 3 vols. (Vol. 1. *Introduction: The Facts of the Moral Life*. Translated by Julia Henrietta Gulliver and Edward Bradford Titchener. 1897. Vol. 2. *Ethical Systems.* Translated by Margaret Floy Washburn. 1897. Vol. 3. *The Principles of Morality and the Departments of the Moral Life*. Translated by Washburn. 1901.) London: Swan Sonnenschein and Co., 1897-1901.

Xenophon. *The Anabasis; or, Expedition of Cyrus*. Translated by Rev. John Selby Watson. Boston: W. Small, 1893.

605 ——. *The Memorabilia of Socrates*. Pocket Literal Translation of the Classics. Translated by Rev. John Selby Watson. Philadelphia: David McKay Co., 1899.

Zeller, Eduard. *Aristotle and the Earlier Peripatetics*. Translated by B. F. C. Costelloe and J.H. Muirhead. London: Longmans, Green, and Co., 1897.

——. *Plato and the Older Academy*. New ed. Translated by Sarah Frances Alleyne and Alfred Goodwin. London: Longmans, Green, and Co., 1888.

——. *Socrates and the Socratic Schools*. 3d ed., rev. Translated by Oswald J. Reichel. London: Longmans, Green, and Co., 1885.

——. *The Stoics, Epicureans and Sceptics*. New ed., rev. Translated by Oswald J. Reichel. London: Longmans, Green, and Co., 1880.

Ziegler, Theobald. *Die geistigen und socialen Strömungen des neunzehnten Jahrhunderts*. Berlin: G. Bondi, 1899.

索 引[①]

① 本索引的每个条目后所附的页码均为英文原版书页码,即本书边码。——译者

译后记

本卷的主体部分是杜威和塔夫茨合著的《伦理学》。该书虽然原来是作为教材撰写的，但其中有许多创新的观点，得到了学术界广泛的赞誉，故而在伦理学史上是一部重要的学术经典。全书分为三部分，塔夫茨负责撰写第一和第三部分，杜威负责撰写第二部分。虽然两人是分工完成的，然而在撰写过程中彼此经常交流讨论，因此其中的许多观点可以看作是两位作者共同的观点。

参与本卷翻译工作的有魏洪钟、乐小军、杨仁瑛、郭峰、姜宇辉。具体分工如下：魏洪钟负责第二部分和封面、封底、前后勒口的文字，以及目录、导论、第1版页码对照、塔夫茨部分修订表、行末连字符表、引文勘误表、杜威参考书目清单和索引的翻译；乐小军负责第一部分和修订版导论的翻译；杨仁瑛负责第三部分第20—23节的翻译，郭峰负责第24—26节的翻译；姜宇辉负责文本说明、文本注释、校勘表的翻译和第三部分的校对工作。最后，魏洪钟对全书进行了总的校订工作。

正如《杜威早期著作》的部分译者所言，杜威的著作看似通俗易懂，其实翻译起来异常困难，甚至有的句子连主语都找不到。因此，虽然译者竭尽全力，但由于水平有限，译文肯定会存在错讹不当之处，恳请学界同仁和广大读者不吝赐教。

在此，我们特别要感谢华东师范大学出版社的编辑同志。她们在本书的翻译过程中，在联系沟通、敦促以及校对、审核方面付出了大量的心血，其辛苦程度实在是非言语可表的。

魏洪钟

2012年2月于上海

图书在版编目(CIP)数据

杜威全集.中期著作.第5卷:1908/(美)杜威(Dewey, J.)著;魏洪钟,乐小军,杨仁瑛译.—上海:华东师范大学出版社,2012.7
(杜威全集)
ISBN 978-7-5617-9692-4

Ⅰ.①杜… Ⅱ.①杜…②魏…③乐…④杨… Ⅲ.①杜威,J.(1859~1952)—全集 Ⅳ.①B712.51-52

中国版本图书馆CIP数据核字(2012)第160000号

国家社科基金重大项目资助(项目批准号:12&ZD123)
以及复旦大学"985工程"三期整体推进人文学科
研究项目的资助(项目批准号:2011RWXKZD007)

杜威全集·中期著作(1899—1924)
第五卷(1908)

著　　者　(美)约翰·杜威
译　　者　魏洪钟　乐小军　杨仁瑛等
策划编辑　朱杰人
项目编辑　王　焰　曹利群
审读编辑　朱华华
责任校对　王　卫
装帧设计　高　山

出版发行　华东师范大学出版社
社　　址　上海市中山北路3663号　邮编 200062
网　　址　www.ecnupress.com.cn
电　　话　021-60821666　行政传真 021-62572105
客服电话　021-62865537　门市(邮购)电话 021-62869887
地　　址　上海市中山北路3663号华东师范大学校内先锋路口
网　　店　http://hdsdcbs.tmall.com

印 刷 者　常熟市华通印刷有限公司
开　　本　787×1092　16开
印　　张　33.25
字　　数　572千字
版　　次　2012年12月第1版
印　　次　2012年12月第1次
印　　数　1—2100
书　　号　ISBN 978-7-5617-9692-4/B·718
定　　价　108.00元

出 版 人　朱杰人

(如发现本版图书有印订质量问题,请寄回本社客服中心调换或电话021-62865537联系)